Standpunkte der Ethik

Lehr- und Arbeitsbuch für die Sekundarstufe II/ Kursstufe

Herausgegeben von Hermann Nink

Erarbeitet von Carl Gneist,
Burkhard Hoffmann und Hermann Nink

Schöningh

www.schoeningh-schulbuch.de
Schöningh Verlag, Jühenplatz 1–3, 33098 Paderborn

Druck 7 6 5 / Jahr 2010 09 08
Die letzte Zahl bezeichnet das Jahr dieses Druckes.

Umschlaggestaltung: Yvonne Junge-Illies, Berlin unter Verwendung von Paul Klee, Das Tor zur Tiefe (1936), © VG Bild-Kunst, Bonn 2004. Foto: Peter Lauri, Bern
Druck und Bindung: westermann druck GmbH, Braunschweig

ISBN 978-3-14-025004-7

Inhalt

Biografien

Methodik und Methodentraining

Selbst denken! Philosophie als Grundlage der Ethik

Auguste Rodin (1840–1917): Der Denker

Max Klinger (1857–1920): Philosoph

Markus Lüpertz (geb. 1941): Philosophin

Beschreiben und deuten Sie die Kunstwerke. Achten Sie dabei auf die Kopf- und Handhaltung der Figuren. Was sagt die Körperhaltung über den Charakter der Figuren und über ihre Art zu philosophieren aus?

Philosophie (gr.): Freundschaft / Liebe zur Weisheit

G.W. Friedrich Hegel (1770–1831) während einer Vorlesung am Katheder

Was wirklich ist, ist auch vernünftig.
G. W. Friedrich Hegel (1770–1831)

Ich weiß, dass ich nichts weiß.
Sokrates (ca. 470–399 v. Chr.)

Wohin du auch gehst,
du nimmst dich immer mit.
Volksweisheit

Zwei Dinge erfüllen das Gemüt mit immer neuer und zunehmender Bewunderung und Ehrfurcht, je öfter und anhaltender sich das Nachdenken damit beschäftigt: der bestirnte Himmel über mir und das moralische Gesetz in mir.
Immanuel Kant (1724–1804)

Der Mensch ist zur Freiheit verdammt.
Jean-Paul Sartre (1905–1980)

Wovon man nicht sprechen kann, darüber muss man schweigen.
Ludwig Wittgenstein (1889–1951)

Es gibt kein richtiges Leben im falschen.
Theodor W. Adorno (1903–1969)

Ich denke, also bin ich.
René Descartes (1596–1650)

Lernen, ohne zu denken, ist nutzlos. Denken, ohne zu lernen, ist gefährlich.
Konfuzius (551–497 v.Chr.)

René Descartes (1596–1650) auf einem Spaziergang in Amsterdam

Was immer ich tue, verändert die Welt.
Heinz von Foerster (1911 – 2002)

Was du auch tust, du wirst es bereuen.
Sokrates (ca. 470 – 399 v. Chr.)

Der Weg ist das Ziel.
Laotse (ca. 3./4. Jh. v. Chr.)

Man kann nicht sagen, wie das Leben ist, es sei denn, man erzählt Geschichten.
Hannah Arendt (1906 – 1975)

Man kann nicht zweimal in denselben Fluss steigen.
Heraklit (um 530 – 480 v. Chr.)

Wer sind wir? Wo kommen wir her? Wohin gehen wir? Was erwarten wir? Was erwartet uns?
Ernst Bloch (1885 – 1977)

Bertrand Russell (1872–1970, rechts sitzend) bei einer Demonstration gegen Atomrüstung

Immanuel Kant (1724–1804) im Kreis seiner Freunde und Bekannten bei regelmäßigen Tischgesellschaften

❶ Beschreiben Sie, in welchen Situationen sich die abgebildeten Philosophen befinden. Welche Rückschlüsse auf ihr Verständnis von Philosophie lässt dies zu?

❷ Bilden Sie Gesprächsgruppen zu den einzelnen Zitaten und erörtern Sie deren Sinn und Bedeutung. Klären Sie dabei, welche Erfahrungen die Zitate artikulieren, welche Fragen bzw. Themen angesprochen werden und worin das Philosophische an diesen Aussagen besteht.

❸ Formulieren Sie im anschließenden Plenum mögliche Grundfragen der Philosophie.

Karl Jaspers (1883–1969), deutscher Philosoph und Psychiater. Der nebenstehende Text stammt aus seiner Schrift „Einführung in die Philosophie“ (1950).

Karl Jaspers: Anfang und Ursprung der Philosophie

Die Geschichte der Philosophie als methodisches Denken hat ihre Anfänge vor zweieinhalb Jahrtausenden, als mythisches Denken aber viel früher.

Doch Anfang ist etwas anderes als Ursprung. Der Anfang ist historisch und bringt für die Nachfolgenden eine wachsende Menge von Voraussetzungen durch die nun schon geleistete Denkarbeit. Ursprung aber ist jederzeit die Quelle, aus der der Antrieb zum Philosophieren kommt. Durch ihn erst wird die je gegenwärtige Philosophie wesentlich, die frühere Philosophie verstanden.

Dieses Ursprüngliche ist vielfach. Aus dem *Staunen* folgt die Frage und die Erkenntnis, aus dem *Zweifel* am Erkannten die kritische Prüfung und die klare Gewissheit, aus der *Erschütterung des Menschen* und dem Bewusstsein seiner Verlorenheit die Frage nach sich selbst. Vergegenwärtigen wir uns zunächst diese drei Motive.

Erstens: Plato sagte, der Ursprung der Philosophie sei das *Erstaunen*. Unser Auge hat uns „des Anblicks der Sterne, der Sonne und des Himmelsgewölbes teilhaftig werden lassen“. Dieser Anblick hat uns „den Trieb zur Untersuchung des Alls gegeben. Daraus ist uns die Philosophie erwachsen, das größte Gut, das dem sterblichen Geschlecht von den Göttern verliehen ward“. Und Aristoteles: „Denn die Verwunderung ist es, was die Menschen zum Philosophieren trieb: Sie wunderten sich zuerst über das ihnen aufstoßende Befremdliche, gingen dann allmählich weiter und fragten nach den Wandlungen des Monds, der Sonne, der Gestirne und der Entstehung des Alls.“

Sich wundern drängt zur Erkenntnis. Im Wundern werde ich mir des Nichtwissens bewusst. Ich suche das Wissen, aber um des Wissens selber willen, nicht „zu irgendeinem gemeinen Bedarf“.

Das Philosophieren ist wie ein Erwachen aus der Gebundenheit an die Lebensnotdurft. Das Erwachen vollzieht sich im zweckfreien Blick auf die Dinge, den Himmel und die Welt in den Fragen: was das alles und woher das alles sei – Fragen, deren Antwort keinem Nutzen dienen soll, sondern an sich Befriedigung gewährt.

Zweitens: Habe ich Befriedigung meines Staunens und Bewunderns in der Erkenntnis des Seienden gefunden, so meldet sich bald der *Zweifel*. Zwar häufen sich die Erkenntnisse, aber bei kritischer Prüfung ist nichts gewiss. Die Sinneswahrnehmungen sind durch unsere Sinnesorgane bedingt und täuschend, jedenfalls nicht übereinstimmend mit dem, was außer mir unabhängig vom Wahrgenommenen an sich ist. Unsere Denkformen sind die unseres menschlichen Verstandes. Sie verwickeln sich in unlösbare Widersprüche. Überall stehen Behauptungen gegen Behauptungen. Philosophierend ergreife ich den Zweifel, versuche ihn radikal durchzuführen, nun aber entweder mit der Lust an der Verneinung durch den Zweifel, der nichts mehr gelten lässt, aber auch seinerseits keinen Schritt voran tun kann – oder mit der Frage: wo denn Gewissheit sei, die allem Zweifel sich entziehe und bei Redlichkeit jeder Kritik standhalte. Der berühmte Satz des Descartes „Ich denke, also bin ich“ war ihm unbezweifelbar gewiss, wenn er an allem anderen zweifelte. Denn selbst die vollkommene Täuschung in meinem Erkennen, die ich vielleicht nicht

„Philosophisch reden, doch das Handeln lassen – solche Menschen finde ich zum Hassen!“
Michel de Montaigne (1533–1592)

„Man kann Philosophie nicht lernen, man kann höchstens nur Philosophieren lernen.“
Immanuel Kant (1724–1804)

„Die Philosophie ist eigentlich Heimweh – Trieb, überall zu Hause zu sein.“
Novalis (1772–1801)

„Die Philosophen haben die Welt nur verschieden interpretiert; es kommt darauf an, sie zu verändern.“
Karl Marx (1818–1883)

„Philosophie ist eine Bewegung, mit deren Hilfe man sich, nicht ohne Anstrengung und Zögern, nicht ohne Träume und Illusionen, von dem freimacht, was für wahr gilt, und nach anderen Spielregeln sucht.“
Michel Foucault (1926–1984)

„Philosophie ist – ähnlich wie Lesen, Schreiben und Rechnen – eine elementare Kulturtechnik humaner Lebensführung und Lebensgestaltung.“
Ekkehard Martens (geb. 1943)

durchschaue, kann mich nicht auch darüber täuschen, dass ich doch bin, wenn ich in meinem Denken getäuscht werde.

Der Zweifel wird als methodischer Zweifel die Quelle kritischer Prüfung jeder Erkenntnis. Daher: ohne radikalen Zweifel kein wahrhaftiges Philosophieren. Aber entscheidend ist, wie und wo durch den Zweifel selbst der Boden der Gewissheit gewonnen wird.

Und nun *drittens:* Hingegeben an die Erkenntnis der Gegenstände in der Welt, im Vollzug des Zweifels als des Weges zur Gewissheit bin ich bei den Sachen, denke ich nicht an mich, nicht an meine Zwecke, mein Glück, mein Heil. Vielmehr bin ich selbstvergessen befriedigt im Vollzug jener Erkenntnisse.

Das wird anders, wenn ich meiner selbst in meiner Situation mir bewusst werde.

Der Stoiker Epiktet sagte: „Der Ursprung der Philosophie ist das *Gewahrwerden der eigenen Schwäche und Ohnmacht.*“ Wie helfe ich mir in der Ohnmacht? Seine Antwort lautete: indem ich alles, was nicht in meiner Macht steht, als für mich gleichgültig betrachte in seiner Notwendigkeit, dagegen, was an mir liegt, nämlich die Weise und den Inhalt meiner Vorstellungen, durch Denken zur Klarheit und Freiheit bringe.

Vergewissern wir uns unserer menschlichen Lage. Wir sind immer in Situationen. Die Situationen wandeln sich, Gelegenheiten treten auf. Wenn sie versäumt werden, kehren sie nicht wieder. Ich kann selber an der Veränderung der Situation arbeiten. Aber es gibt Situationen, die in ihrem Wesen bleiben, auch wenn ihre augenblickliche Erscheinung anders wird und ihre überwältigende Macht sich in Schleier hüllt: Ich muss sterben, ich muss leiden, ich muss kämpfen, ich bin dem Zufall unterworfen, ich verstricke mich unausweichlich in Schuld. Diese Grundsituationen unseres Daseins nennen wir *Grenzsituationen.* Das heißt, es sind Situationen, über die wir nicht hinauskönnen, die wir nicht ändern können. Das Bewusstwerden dieser Grenzsituationen ist nach dem Staunen und dem Zweifel der tiefere Ursprung der Philosophie.

Pier Francesco Mola (1612–1666): Sokrates mit dem Spiegel

Stoa: Philosophen-Schule in der Antike (s. S. 391)

❶ Worin besteht nach Jaspers der Unterschied zwischen Anfang und Ursprung der Philosophie?

❷ Nennen und erklären Sie die drei Ursprünge der Philosophie.

❸ Setzen Sie Jaspers' Beispiele in Bezug zu Ihren eigenen Erfahrungen.

❹ Nach Jaspers stellt die Philosophie Fragen, deren Antwort „keinem Nutzen dienen soll“. Was meint er damit? Diskutieren Sie diese Auffassung.

❺ Formulieren Sie selbst philosophische Fragen, die Sie zurzeit besonders beschäftigen.

❻ Zu dem Gemälde: Beschreiben Sie Haltung und Ausdruck der Personen. Inwiefern kann das Bild die Aussagen Jaspers' über das Philosophieren veranschaulichen?

Edward Hopper (1882–1967), amerikanischer Maler. Seine Bilder zeigen typisch amerikanische Landschaften, Städte und Situationen, in denen Menschen in ihrer Einsamkeit und Verlorenheit dargestellt sind. Seine Malweise ist gekennzeichnet von einem zur Stilisierung neigenden Realismus mit einer besonderen Art der Lichtgestaltung.

Edward Hopper: Exkursion in die Philosophie (1959)

1 Versuchen Sie, bevor Sie den Text lesen, eine eigene Beschreibung und Deutung des Bildes. Überlegen Sie, worin der Zusammenhang zwischen Bild und Titel besteht.

Wilhelm Schmid: „Exkursion in die Philosophie" – Edward Hoppers Bild

Ein Ausschnitt aus dem Alltag zweier Menschen: Ein grübelnder Mann, die Stirn in Falten gelegt und mit strengen Bügelfalten in den Hosenbeinen, sinnt angestrengt über etwas nach. Er ist nicht allein, nicht zu übersehen ist die halb entblößte Frau hinter ihm, hingestreckt auf eine Liege, an deren Rand er sitzt, und abgewandt von ihm, ihr Gesicht ist nicht sichtbar. Die quer übers Kopfkissen hingegossenen Haare könnten verraten, dass sie sich abrupt von ihm weggedreht hat, und sie macht nicht die geringsten Anstalten, sich ihm wieder zuzuwenden. Auch er schenkt ihr keinen Blick, er bleibt am Rand der Liege sitzen, in sich zusammengesunken und etwas verkrampft, eine Gestalt der Ratlosigkeit. Unklar bleibt das Verhältnis zwischen beiden, unklar, ob es um dieses Verhältnis geht, unklar, ob es noch ein Verhältnis gibt, unklar erst recht, welchen Sinn in diesem Bild von 1959 die „Exkursion in die Philosophie" haben soll. [...] Platon[1] zufolge sollte das Individuum sich von der unmittelbar sinnlichen Erfahrung abwenden, um der Idee der „wahren Schönheit" sich zuzuwenden, die nie enttäuschend sein würde. So versucht es wohl auch der Protagonist, der die „Exkursion in die Philosophie" unternimmt. Seine Haltung ist beinahe die des Denkers von Rodin[2], der über dem Höllentor brütet. Die Sorge zerfurcht seine Stirn. Die sinnliche Schönheit, die hin-

[1] Platon (427–347 v. Chr.): griechischer Philosoph. Zu dem hier angesprochenen Zusammenhang vgl. das Höhlengleichnis S. 66f.

[2] Auguste Rodin (1840–1914): französischer Bildhauer, s. S. 5

ter ihm liegt, hat er verraten oder sie hat ihn verlassen. Welches Buch hat der Mann da aufgeschlagen? Es scheint unwichtig zu sein, denn er hat es bereits wieder aus der Hand gelegt. Sollte es ein Buch der Philosophie gewesen sein, so hilft ihm deren große Weisheit in dieser Situation wohl auch nicht weiter. Oder er hat dem Buch eine wichtige Anregung entnommen und sinnt weiter darüber nach. [...]
Exemplarisch festgehalten ist der Moment des *Innehaltens*, das Innehalten als Moment der Philosophie, der Reflexion, verkörpert von der sitzenden und sinnenden Gestalt, eine Darstellung des Denkens im seitlich einfallenden Licht, die in der Geschichte der Kunst zur Metapher der Philosophie geworden ist. Man kann bemängeln, dass die Darstellung den männlichen Protagonisten privilegiert. Aber auch die Frau hält inne, sie verbirgt ihr Gesicht. Die antike Philosophie legt bereits Zeugnis ab von dieser merkwürdigen Haltung des Innehaltens: Sokrates, der zum Symposion[1] geht, bleibt plötzlich stehen, irgendetwas beschäftigt ihn, er will es durchdenken und kommt erst später nach. Ähnlich der Protagonist in Hoppers Bild, der sein Symposion vielleicht schon hinter sich hat und über die Erfahrungen nachdenkt, die er gemacht hat. Das Buch der großen Weisheit legt er zur Seite und beginnt selbst Fragen zu stellen, denn darin besteht die Exkursion in die Philosophie: Was habe ich gemacht und vielleicht falsch gemacht? Warum ist es so gekommen, wie es nun ist? Wie kann ich mit der Situation zurechtkommen? Wie kann das Leben gelebt, wie geändert werden? Die Exkursion in die Philosophie ist das anfängliche Nachdenken über das, was ist und was geschehen ist, aber auch das sorgsame Vorbereiten der Reise in den weit vorausliegenden Raum, um ihn zu erforschen und zu erschließen. Das ist der Sinn der Exkursion: Das *Danach* ist zugleich ein *Davor* – zwar nach einer Erfahrung, aber immer schon vor einer anderen.

2. Wie deutet Schmid das Bild und worin sieht er die „Exkursion in die Philosophie“?

3. Vergleichen Sie das Philosophieverständnis von Schmid mit dem von Jaspers. Welche Gemeinsamkeiten und Unterschiede stellen Sie fest?

4. Welche Aussagen in den Texten von Jaspers und Schmid und in den Zitaten haben eine ethische und moralische Dimension?

5. Verfassen Sie einen Essay (s. S. 73) zu der Frage „Was ist Philosophie?“.

Zum Verstehen und Deuten von Texten (Hermeneutik)

Texte zu ethischen Fragestellungen sind meist philosophische Texte. Sie erfordern eine sinngerechte Auslegung (Deutung, Interpretation). Die Geisteswissenschaften entwickelten hierzu die sogenannte **„hermeneutische Methode“** (von gr. hermeneuein = auslegen), eine Methodenlehre, die sich als verstehend-deutendes Verfahren gegen das kausalgesetzlich-erklärende Verfahren der Naturwissenschaften abgrenzt.
Dieses Verstehensmodell, der „hermeneutische Zirkel“, gliedert sich dabei in drei Phasen: *Vorläufiges Gesamtverständnis* (Primärverständnis, subjektive Leseeindrücke, Assoziationen, Deutungshypothese, Themenanalyse), *Analyse von Einzelmerkmalen* (u.a. Wechselbeziehungen von Inhalt, Aufbau, Stil; Stoffsammlung; Gliederung; ohne vorschnelle Deutung), *Synthese der Einzelelemente zu einem reflektierten, differenzierten Sekundär- bzw. Gesamtverständnis.*

[1] Symposion (gr.): in der Antike ein Gastmahl, bei dem das philosophische Gespräch im Vordergrund stand

Antony Gormley (geb. 1950): Learning to think

Wie hat der Künstler in seiner Installation den Prozess des Denkens dargestellt?

Christoph Helferich: Geschichte der Philosophie, München (dtv) 1998

50 Klassiker: Philosophen. Denker von der Antike bis heute, dargestellt von Edmund Jakoby, Hildesheim (Gerstenberg) [2]2002

Philosophie. Ideen, Denker und Begriffe, Mannheim (Brockhaus) 2004

Richard David Precht: Wer bin ich und wenn ja, wie viele? Eine philosophische Reise, München (Goldmann) 2007

Rolf Elberfeld (Hg.): Was ist Philosophie? Programmatische Texte von Platon bis Derrida, Stuttgart (Reclam) 2006

Michael Hauskeller: Ich denke, aber bin ich? Phantastische Reisen durch die Philosophie, München (Beck) 2003

Otto A. Böhmer: Sternstunden der Philosophie, München (Beck) 2003

Warum moralisch sein? Wesen und Ziele der Ethik

Der fade Geschmack von Weißkohl und Tofu ließ Stechmücke Günther stark an seiner Entscheidung zweifeln, aus ethischen Gründen auf das Blutsaugen zu verzichten.

(Bernd Pfarr)

1. Worüber denkt „Stechmücke Günther“ nach?

2. An welche Lebenssituationen erinnert Sie die Karikatur?

Braucht der Mensch Werte und Normen?

Die **Ethik** (gr. ethos: gewohnter Ort des Lebens, Sitte, Charakter) ist als Teilbereich der Philosophie die Wissenschaft bzw. die Lehre von der Moral. Sie analysiert und bewertet moralische Normen und Werte und stellt Moralsysteme auf bzw. begründet sie. Wegen ihrer Ausrichtung auf konkretes Entscheiden und Handeln wird sie auch als „praktische Philosophie" bezeichnet.
Die Ethik wurde als wissenschaftliche Disziplin von dem griechischen Philosophen **Aristoteles** (384–322 v. Chr., Biografie s. S. 381) begründet.
Man unterscheidet je nach der Grundfrage und der Methodik drei **Grundtypen der Ethik**: **deskriptive** (beschreibende) Ethik, **normative** (normbildende, normbegründende) Ethik und **Metaethik** (sprachanalytische Ethik). (s. Grafik S. 53)

Im privaten und im gesellschaftlichen Leben werden häufig moralische Entscheidungen verlangt. Wenn man damit nicht ständig gefordert und zuweilen überfordert sein will, vertraut man auf eine Alltagsmoral, die von der überwiegenden Zahl der Menschen geteilt und praktiziert wird, auf die man sich verlassen kann und die dem Einzelnen oder der Gesellschaft Orientierung gibt. Institutionen wie Familie und Schule können eine solche Wertevermittlung leisten (s. S. 18f.). Nun scheint aber die Gewissheit über das, was man kann, darf und soll, welche Moral, welche Norm zu gelten hat, brüchig und fragwürdig geworden zu sein. Manch einer glaubt sogar, dass die traditionelle Moral den heutigen Lebensverhältnissen, Ansprüchen und Problemen nicht mehr gerecht werde und man deshalb eine „neue Ethik" brauche. Immer häufiger werden deshalb sogenannte Ethikkommissionen einberufen, um sich über die moralische Dimension von Entscheidungen und Vorhaben klarzuwerden und zu einem moralischen Konsens zu kommen.
Darüber, dass bestimmte Werte und Normen notwendig sind, herrscht weitgehend Einigkeit. Welche Werte aber könnten die Grundpfeiler einer konsensfähigen Moral bilden? Welchen Grad an Verbindlichkeit sollte diese Moral haben? Und wie sollte sie vermittelt und durchgesetzt werden?

1999

2004

❶ Diskutieren Sie: Welcher der beiden Zeitschriftentitel kennzeichnet am ehesten die heutige Situation?

❷ Überprüfen Sie, ob die in dem neueren Spiegel-Titel genannten Begriffe „Werte" bezeichnen.

Gierige Norweger können sich auf eine Moralpredigt gefasst machen

Norwegen droht moralisch zu verarmen. Findet Ministerpräsident Bondevik, der nun einzugreifen gedenkt: Mit einer „Wertekommission“ will die Regierung Gier und Materialismus zu Leibe rücken.

Oslos Regierungsvertreter haben unter ihren Landsleuten eine „Habgier-Kultur“ ausgemacht. Im reichen Ölland Norwegen mache sich seit geraumer Zeit „wachsender Materialismus“ breit. So darf es nicht weitergehen, findet der Ministerpräsident, der nun eine „gesellschaftsethische Mobilisierung“ plant. Zu diesem Zweck hat er eine „Wertekommission“ eingesetzt, die sich damit beschaftigen soll, auf welche ethischen Grundlagen die künftige norwegische Gesellschaft aufbauen kann.

Frankfurter Rundschau, 7.2.1998

Werte: Grundhaltungen und Zielvorstellungen, die ein Individuum oder eine Gesellschaft als erstrebenswert bzw. verbindlich anerkennt (z. B. Freiheit).

Normen: konkrete Handlungsvorschriften und Erwartungen, die in einer Gruppe verbindlich gelten und an denen sich das Verhalten der Menschen orientieren soll (z. B. freie Meinungsäußerung).

Moral, Ethos, Sitte: bezeichnen die tatsächlich gelebten oder angestrebten Verhaltensweisen eines Individuums (Individualmoral), einer Gruppe (Gruppenmoral) oder der Gesellschaft (gesellschaftliche Moral).

„So wollen wir unser Schulleben gestalten“

Respekt voreinander

Wertschätzung, Toleranz, Gewaltlosigkeit, Ehrlichkeit, Fairness

Die Persönlichkeit fördern

Selbstvertrauen stärken, zur Kritik anregen, Kritik sinnvoll verarbeiten lernen, Gesprächs- und Streitkultur einüben, Demokratie bewusst erleben, Zivilcourage fordern und praktizieren, zur Arbeit im Team befähigen, Kreativität initiieren, gegen Sucht jeglicher Art stark machen

Verantwortungsbewusstsein

Gemeinschaftssinn, Integration, Engagement für die Schulgemeinschaft, Vorbildfunktion, Ordnung, Umweltschutz

Leistungsbereitschaft

Leistungswillen, Fleiß und Ausdauer, Bereitschaft, sich motivieren zu lassen

Umgangsformen

Höflichkeit, Zuverlässigkeit, Pünktlichkeit, Freundlichkeit, angemessene Kleidung

aus dem Werte- und Normenkatalog einer Schule, beschlossen von Lehrern, Eltern und Schülern in einer Gesamtkonferenz

3. Setzen Sie sich kritisch mit der „Schulverfassung“ auseinander. Analysieren Sie die Begrifflichkeiten und ihre inhaltlichen Füllungen. Unterscheiden Sie dabei zwischen Werten und Normen.

4. Nehmen Sie an, Sie seien Mitglied einer „Wertekommission“. Erstellen Sie einen für die Schule und/oder die Gesellschaft verbindlichen Werte- und Normenkatalog. Versuchen Sie, in Ihrer Gruppe einen Konsens herzustellen.

5. Wer vermittelt Ihrer Meinung nach wichtige Werte? Begründen Sie Ihre Antwort anhand von Beispielen.

Wie wird Moral vermittelt?

Hans-Christoph Schaefer: Wertevermittlung durch Vorbilder?

Der Jurist Hans-Christoph Schaefer war Generalstaatsanwalt und hatte es in dieser Funktion häufig mit Wirtschaftskriminalität und Korruption zu tun. Die zentralen Ursachen für die Kriminalität sieht er in mangelndem Unrechtsbewusstsein und dem Verlust von Werten.

Nach der Niederlage der Fußball-Nationalmannschaft gegen Kroatien im Viertelfinale der Weltmeisterschaft 1998 hat der damalige deutsche Bundestrainer eine einmalige Chance vergeben, nämlich vor aller Welt kundzutun, dass die Deutschen in der Lage seien, fair zu verlieren und die sportliche Leistung des anderen auch anzuerkennen. Statt sich an den eindrucksvollen Gratulationsszenen der englischen oder italienischen Trainer ein Beispiel zu nehmen, verschlimmerte Berti Vogts auch nach der Bedenkzeit einer Nacht noch den fatalen Eindruck[1]. Offensichtlich war ihm zu dieser Zeit nicht bewusst, dass er als Prominenter eine Vorbildfunktion wahrzunehmen hatte, an der sich Fußballer, Sportler, auch Menschen allgemein hätten orientieren können.

Dieses Verhalten hat viel Ähnlichkeit mit dem Verhalten anderer, die in unserer Gesellschaft herausragende Positionen wahrnehmen und durch ihre Prominenz eine Vorbildfunktion haben, sie aber nicht wahrnehmen und sich auch dessen wenig bewusst sind. Der Vorsitzende der Deutschen Bischofskonferenz, der Mainzer Bischof Lehmann, fragte vor einigen Monaten, wo unsere Gesellschaft eigentlich noch Werte vermittele. Er machte diese Äußerung im Zusammenhang mit seiner Kritik an der Einführung eines Ethik- anstelle des Religionsunterrichts in einem Bundesland. Es soll dahingestellt bleiben, ob auch die Kirche immer die Werte vermittelt, die sie für sich beansprucht. Die Frage aber ist berechtigt: Wo sind die Werte in unserer Gesellschaft, die durch gute Beispiele, eben durch Vorbilder, vermittelt werden? Ein wirksamer Schutz der Gesellschaft gegen innere und äußere Gefahren, d. h. auch gegen Kriminalität und Extremismus, erfolgt nicht nur durch repressive[2] Maßnahmen, wie etwa das Strafrecht, dessen ultima-ratio-Funktion[3] allerdings oft verkannt wird, sondern auch durch die wesentlich wirksamere Prävention[4] und schließlich durch eine Wertorientierung, durch die eine Gesellschaft stabilisiert wird.

Wichtig ist zunächst eine Wertediskussion, d. h. die Gesellschaft muss sich darüber klarwerden, dass sie Orientierungslinien benötigt. Dies gilt besonders für eine „multikulturelle" Gesellschaft, in die ganz verschiedene Werte ungesteuert Einzug halten. Es genügt nicht, ständig nach äuße-

Die meisten Deutschen verzichten auf Vorbilder

Hamburg, 26. Juli (afp). Den Deutschen fehlen die Vorbilder. Nur 31 Prozent aller Bundesbürger haben noch jemanden, an dem sie sich in Lebensführung, Zielen und Werten orientieren, ergab eine am Mittwoch veröffentlichte Forsa-Umfrage. 69 Prozent können dagegen kein Vorbild benennen. Von dem knappen Drittel der Deutschen, die sich an anderen orientieren, nannten die meisten die eigenen Eltern als Vorbild (33 %). An zweiter Stelle rangieren abgeschlagen Politiker (9 %) noch vor Familienmitgliedern (7 %) und Sportlern (4 %). Jesus Christus als Vorbild nannten demnach 1 Prozent.

Frankfurter Rundschau, 27.7.2000

[1] Vogts machte indirekt den Schiedsrichter und den Internationalen Fußballbund für die Niederlage verantwortlich.

[2] repressiv: hemmend, unterdrückend

[3] ultima-ratio (lat.): letztes Mittel

[4] Prävention: Vorbeugung

ren Schutzmaßnahmen zu rufen, ob repressiv oder präventiv, die Gesellschaft selbst muss auch bereit sein, darüber nachzudenken, wie sie sich stabilisieren kann. Was kann z. B. die Gesellschaft tun, um ihre innere Sicherheit zu gewährleisten, d.h. sich auch gegen Kriminalität zu wehren? Natürlich kann die Gesellschaft zunächst versuchen, kriminogene[1] Ursachen zu beseitigen, die sie selbst gesetzt hat. Ein Steuerrecht etwa, das in seiner Unübersichtlichkeit und seinen Privilegien dazu einlädt, zu tricksen und den Staat zu hintergehen, ist allein schon aus diesem Grund dringend reformbedürftig. Andere Beispiele gibt es vielfach. Aber dies ist ein anderes Thema, und es soll hier auch nicht behauptet werden, dass die Gesellschaft ihre Kriminalität selbst hervorbringe. Die Gesellschaft kann aber durch ihre Werteorientierung und das Vorleben dieser Werte abwehrbereiter gegen Kriminalität werden. Ein Beispiel ist die Korruption in einem umfassenden, über das Strafrechtliche hinausgehenden Sinne verstanden: d.h., dazu gehören moralisch-ethische Verhaltensweisen, bei denen der Eindruck oder der Anschein der Käuflichkeit erzeugt wird. Korruption ist auch Ausdruck von Werteverfall, fehlendem Unrechtsbewusstsein und Doppelmoral. Korruption bewirkt eine Erosion von Normen. [...] Wollen wir eine Kultur, in der Korruption, d.h. Käuflichkeit beim Umgang mit einem Amtsträger oder im Rahmen eines Wettbewerbs, dazugehört, oder wollen wir Integrität und Unbestechlichkeit? Diese Eigenschaften müssen dann aber auch vorgelebt werden. [...] Negative Vorbilder in Staat und Gesellschaft durch Verhaltensweisen von Politikern und hohen Verantwortlichen, die durch „Geschenke“ und Inanspruchnahme ihnen nicht zustehender Vergünstigungen zugänglich wirken, erzeugen Nachahmeeffekte. [...] Wirksam ist das Vorleben und Vermitteln von Solidarität in diesem Zusammenhang. Es muss Respekt und Achtung vor den Mitmenschen gezeigt werden. Eine (partei-) politische Auseinandersetzung etwa, in der dem Gegner alles abgesprochen, er verächtlich gemacht wird, ihm niemals zugestanden wird, dass er vielleicht auch einmal etwas Vernünftiges gedacht oder getan hat, wirkt abstoßend und findet in vielfältiger Form Nachahmungen. Die einseitige Hervorhebung von Wohlstandsdenken, Egoismus, ausschließlichem Markt- und Leistungsdenken und damit die Überbetonung der Gesetze des Stärkeren gegenüber dem Schwächeren fördern nicht den Respekt vor und die Solidarität mit dem Mitmenschen. Sie begünstigt die Ausgrenzung von anderen, Andersartigen, Fremden, Schwachen und Hilfebedürftigen und animiert die Gewaltbereitschaft bei denen, die aus den verschiedensten persönlichen und soziologischen Gründen dafür anfällig sind. [...]

Innere Sicherheit und Werteordnung gehören zusammen. Auch die pluralistische, säkularisierte[2] Gesellschaft am Ende des 20. Jahrhunderts kann ohne Werte und ihre Vermittlung durch Vorbilder nicht auskommen. Die weite Werteordnung der Verfassung, die im Wesentlichen sich darauf beschränkt, den Freiheitsraum des Einzelnen zu schützen, muss insofern mit Leben ausgefüllt werden.

1. Unterscheiden Sie zwischen Idol und Vorbild.
2. Haben Sie Vorbilder? Wenn ja, für welche Werte stehen sie?
3. Welche unmoralischen Verhaltensweisen kritisiert der Autor?
4. Worin sieht der Autor die Wichtigkeit von Vorbildern? Diskutieren und ergänzen Sie seine Beispiele.
5. Welche Werte hält der Autor für unerlässlich? Wie begründet er dies?
6. Diskutieren Sie die Schlussfolgerungen des letzten Abschnitts. Was meint der Autor mit seiner Feststellung von der „weiten Werteordnung der Verfassung“?

[1] kriminogen: zu Verbrechen führend
[2] säkularisiert: verweltlicht

Nach Auffassung des Philosophen **Arnold Gehlen** (1904–1976) ist der Mensch ein „Mängelwesen“, das seine lückenhafte Instinktausstattung mit einer „zweiten Natur“, der Kultur, deren Grundpfeiler die Institutionen sind, ausgleichen muss, um überleben zu können. Seinem Plädoyer für eine Stärkung der Institutionen widersprach u. a. der Philosoph **Theodor W. Adorno** (1903–1969, s. S. 45).

Institution (lat.: Einsetzung, Anordnung): System, durch das moralische und rechtliche Normen dauerhaft, aber nicht unbedingt starr festgeschrieben und vermittelt werden (z. B. Familie, Schule, Kirche).

Arnold Gehlen/Theodor W. Adorno: Wertevermittlung durch Institutionen?

ADORNO: Wir sind uns darüber einig, dass die Menschen heute [...] von den Institutionen und das heißt hier in erster Linie von der ins Ungeheuerliche zusammengeballten Wirtschaft und in zweiter von den Verwaltungen in einem umfassenden Sinn, die aber mit der Wirtschaft teils fusioniert und teils ihr nachgebildet sind, dass die Menschen also davon abhängig sind [...]. Sie sind dazu geneigt, diese Institutionen als eine Notwendigkeit aufgrund der Mangelsituation des Menschen [...] zu bejahen, prinzipiell, und zu sagen: „Ohne diese Übermacht der auch den Menschen gegenüber verselbstständigten“ oder wie ich sagen würde, verdinglichten und entfremdeten – „Institutionen würde es nicht gehen. Sie entlasten die Menschen, die sonst unter der Last aller möglichen Dinge, die sie gar nicht mehr bewältigen können, zusammenbrechen würden. Sie geben den Menschen allerhand Direktiven“ [...]. – Demgegenüber würde ich sagen: Auf der einen Seite ist genau diese Macht der Institutionen über die Menschen das, was man in der alten Sprache der Philosophie als heteronom[1] bezeichnete, [...] sie stehen den Menschen als eine fremde und bedrohliche Macht entgegen. [...] Sie sind geneigt, [...] diese Art Fatalität[2] als etwas Schicksalhaftes und letztlich auf die Natur des Menschen Zurückweisendes zu akzeptieren. Und ich würde sagen, diese Fatalität selber liegt daran, dass menschliche Verhältnisse und Beziehungen zwischen Menschen selbst undurchsichtig geworden sind und dadurch, dass sie von sich selbst – nämlich als Beziehungen zwischen Menschen – nichts mehr wissen, den Menschen gegenüber diesen übermächtigen Charakter angenommen haben. [...] Dem würde zunächst einmal entgegenzustellen sein die Analyse, die kritische Analyse dieser Institutionen und dann schließlich die Frage, [...] ob diese Institutionen zu verändern wären und solche an ihre Stelle zu setzen, die für die Menschen vielleicht [...] weniger entlastend sind als die Institutionen heute, aber auch dafür nicht diese entsetzlich drückende Last sind, die jeden Einzelnen unter sich zu begraben droht und die schließlich so etwas wie die Bildung eines freien Subjekts überhaupt nicht mehr zulässt. [...] Ich meine die Frage, ob die Institutionen wirklich eine Notwendigkeit der Menschennatur sind oder ob sie Frucht einer geschichtlichen Entwicklung sind, deren Gründe durchsichtig sind und die sich unter Umständen auch verändern lässt [...].

GEHLEN: Ich bin geneigt, wie Aristoteles [...] dem Gesichtspunkt der Sicherheit eine große Rolle einzuräumen. Ich glaube, dass die Institutionen Bändigungen der Verfallsbereitschaft des Menschen sind. Ich glaube auch, dass die Institutionen den Menschen vor sich selbst schützen. Gewiss auch Freiheit beschränken. Aber man sieht ja immer wieder, dass es Revolutionäre gibt. [...]

ADORNO: Diese Verpflichtung kann [...] ebenso die Gestalt der Anpassung und der Unterordnung haben, die Sie mir stärker zu betonen scheinen, wie auch die, die ich stärker betonen würde, [...] das zu verändern, was verhindert – und zwar alle Menschen verhindert – innerhalb dieser ge-

[1] heteronom (gr.): fremdbestimmt (Gegensatz: autonom)
[2] Fatalität (lat.): Verhängnis

gebenen Verhältnisse ihre eigene Möglichkeit zu leben und also das zu verwirklichen, was als Potenzial in ihnen steckt.

GEHLEN: […] Woher wissen Sie denn, was als Potenzial in den Menschen ungelenkt steckt?

ADORNO: […] Ich weiß aus allen möglichen […] Teilansichten, dass die Anpassungsprozesse, denen die Menschen heute gerade unterworfen sind, in einem unbeschreiblichen Umfang […] auf Verkrüppelung der Menschen hinauslaufen. […] Allein die psychologische Beobachtung all der ungezählten defekten Menschen […] berechtigt dazu, zu sagen, dass die Potenzialitäten der Menschen durch die Institutionen in einem noch nie da gewesenen Maß verkümmern und unterdrückt werden.

GEHLEN: Das glaube ich eben nicht. Nicht wahr, wir sind beide ungefähr gleich alt und wir haben nun alles erlebt: vier Regierungsformen, drei Revolutionen und zwei Weltkriege.

ADORNO: Ja.

GEHLEN: In der Zeit ist doch ungeheuer viel an Institutionen zerrieben und abgebaut worden. […] Da bin ich doch dafür, dass man das, was an Institutionen da ist, nun auch […] konserviert.

ADORNO: Das würde ich auch zugeben. Ich meine nur, mit der Unsicherheit ist es so furchtbar weit nicht her. […] Ich mache eigentlich […] die Beobachtung, dass die Menschen sich viel zu genau in den ihnen vorgezeichneten Bahnen bewegen, dass sie viel zu wenig Widerstand überhaupt noch aufbringen. […] Die Menschen sind heute wesentlich Anhängsel der Maschinerie und nicht die ihrer selbst mächtigen Subjekte. Ich will ja gar nichts anderes, als dass die Welt so eingerichtet wird, dass die Menschen nicht ihre überflüssigen Anhängsel sind, sondern dass die Dinge um der Menschen willen da sind und nicht die Menschen um der Dinge willen, die sie noch dazu selbst gemacht haben. […]

GEHLEN: Ja, das Kind, das sich hinter der Schürze der Mutter versteckt, das hat zugleich Angst und das Minimum oder Optimum an Sicherheit, das die Situation hergibt. Herr Adorno, Sie sehen hier natürlich wieder das Problem der Mündigkeit. Glauben Sie wirklich, dass man die Belastung mit Grundsatzproblematik, mit Reflexionsaufwand, mit tief nachwirkenden Lebensirrtümern, die wir durchgemacht haben, weil wir versucht haben, uns freizuschwimmen, dass man die allen Menschen zumuten sollte? […]

ADORNO: Ja! Ich habe eine Vorstellung von objektivem Glück und objektiver Verzweiflung, und ich würde sagen, dass die Menschen so lange, wie man sie entlastet und ihnen nicht die ganze Verantwortung und Selbstbestimmung zumutet, dass so lange auch ihr Wohlbefinden und ihr Glück in dieser Welt ein Schein ist. Und ein Schein, der eines Tages platzen wird. Und wenn er platzt, wird das entsetzliche Folgen haben.

GEHLEN: Da sind wir nun genau an dem Punkt, wo Sie „Ja" und ich „Nein" sage […]. Alles, was man vom Menschen seit je bis heute weiß und formulieren kann, würde dahin weisen, dass ihr Standpunkt ein anthropologisch utopischer […] ist.

Schuluniformen in England

1 Von welchen Institutionen sprechen die beiden Philosophen?

2 Stellen Sie in einer Tabelle die gegensätzlichen Positionen und Argumente gegenüber.

3 Wie würde Adorno die Institution des „Freiwilligen Sozialen Jahres" beurteilen?

4 Wie bewerten Sie den Einfluss der Institution Schule auf Ihr Leben? Verfassen Sie dazu einen Essay.

5 Klären Sie, was Adorno unter Glück versteht (Z. 81ff.).

6 Mutet Adorno dem einzelnen Menschen zu viel oder zu wenig zu? Diskutieren Sie dies an konkreten Beispielen.

Norbert Hoerster (geb. 1937) war bis 1998 Professor für Rechts- und Sozialphilosophie an der Universität Mainz.

Norbert Hoerster: Wertevermittlung durch verbindliche Minimalmoral?

In jeder menschlichen Gruppe oder Gesellschaft sollten einige wenige, inhaltlich feststehende Normen – eine (wie ich es nennen möchte) „Minimalmoral" – allgemein akzeptiert, d.h. in Geltung sein. [...] Der Kern meines Argumentes lautet wie folgt: Wie unterschiedlich die verschiedenen Individuen auch in ihren einzelnen Wünschen, Idealen, Präferenzen und damit in die diesen dienenden moralischen Forderungen („moralisch" im weiteren Sinne des Wortes verstanden) auch sein mögen, sie müssen rationalerweise (nämlich im Sinne einer Zweck-Mittel-Rationalität) praktisch alle ein Interesse daran haben, dass gewisse Rahmenbedingungen des sozialen Zusammenlebens allgemein akzeptiert und in der Regel befolgt werden. Diese normativen Rahmenbedingungen sind in meiner Sichtweise im Wesentlichen die folgenden: **Schutz des Lebens** (einschließlich seiner ökonomischen Voraussetzungen); **Schutz der körperlichen Integrität und der Bewegungsfreiheit; Einhaltung von Verträgen und Abmachungen; Wahrheit der Mitteilungen; Privateigentum** (im Sinne eines ausschließlichen Zugriffs) **an Konsumgütern.**

Der Grund, den m.E. praktisch jedes Individuum hat, gerade dieses System von Normen zu akzeptieren, ist der folgende: Die Vorteile (die Rechte), die das System gewährt, wiegen für jeden auf lange Sicht schwerer als die Nachteile und Opfer (die Pflichten), die es auferlegt. Wir können uns das etwa am generellen Tötungsverbot oder am generellen Verbot der Lüge verdeutlichen: Jeder mag gelegentlich ein Interesse daran haben, etwa einen unliebsamen Rivalen aus dem Weg zu schaffen und umzubringen. Doch größer als dieses gelegentliche Interesse ist sein anhaltendes Interesse, nicht selbst von einem anderen umgebracht zu werden. Jeder hat gelegentlich ein Interesse daran, die Unwahrheit zu sagen. Doch größer ist sein Interesse (insbesondere mit Rücksicht auf die Bedeutung zutreffender Informationen für eine rationale Zukunftsplanung), jedenfalls in der Regel von anderen die Wahrheit gesagt zu bekommen. Der Wunsch nach sozialer Geltung der genannten Normen beruht somit auf einer Interessenabwägung, die jedes Individuum vernünftigerweise vornimmt.

Dies ist im Kern genau die Argumentation, die Thomas Hobbes[1] für die Existenz von Staat und Rechtsordnung vorbringt. In Abweichung von Hobbes möchte ich allerdings behaupten: Staat und Rechtsordnung sind ergänzungsbedürftig, und zwar ergänzungsbedürftig durch die informellen Regeln und Institutionen einer allgemein geltenden Moral. Denn es ist nicht sinnvoll, die Einhaltung sämtlicher wünschenswerter Minimalnormen durch das schwere Geschütz staatlicher Sanktionen zu sichern (wie Hobbes es tun möchte). Nehmen wir etwa das Verbot der Lüge oder das Gebot der Einhaltung von Versprechen. In diesen Fällen erscheinen die Nachteile staatlich-rechtlicher Sanktionen, die Kosten, die sie für Individuum wie Gesellschaft beinhalten, eindeutig zu groß. Die billigeren und weniger einschneidenden Druckmittel der Moral erweisen sich hier als durchaus ausreichend.

Strafgesetzbuch (StGB), § 186: Üble Nachrede

Wer in Beziehung auf einen anderen eine Tatsache behauptet oder verbreitet, welche denselben verächtlich zu machen oder in der öffentlichen Meinung herabzuwürdigen geeignet ist, wird, wenn nicht diese Tatsache erweislich wahr ist, mit Freiheitsstrafe bis zu einem Jahr oder mit Geldstrafe und, wenn die Tat öffentlich oder durch Verbreiten von Schriften begangen ist, mit Freiheitsstrafe bis zu zwei Jahren oder mit Geldstrafe bestraft.

[1] Thomas Hobbes (1588–1679): engl. Philosoph und Staatstheoretiker (s. S. 148ff.)

Das setzt allerdings voraus, dass diese Moral in der betreffenden Gruppe oder Gesellschaft allgemein akzeptiert, dass sie von dieser Gruppe oder Gesellschaft als Institution gestützt und getragen wird. Sofern das der Fall ist, entwickelt die Moral nämlich eigene Sanktionsmechanismen, die zwar nicht so massiv wie die staatlich-rechtlichen sind, aber – was eben Hobbes nicht erkannte – doch ausreichen, um jedenfalls in der Regel ein moralkonformes Verhalten sicherzustellen. Diese spezifisch moralischen Sanktionsmechanismen sind insbesondere: Lob und Bewunderung sowie Tadel und Verachtung durch die Mitmenschen, die öffentliche Meinung. Es sind aber die inneren Sanktionen des sogenannten „schlechten Gewissens"; sie wirken in der Weise, dass der Einzelne von Kind auf durch Erziehung und Umwelt angehalten wird, die betreffenden moralischen Normen zu internalisieren, d.h. sie sich als prima-facie-Regeln[1] des Verhaltens, als generelle Verhaltensdispositionen zu eigen zu machen.

Robert Spaemann: Ethik und Recht

Das Gebiet des Rechts nimmt gegenüber dem der Ethik eine eigentümliche Stellung ein. Einerseits liegt das Recht für alle Mitglieder einer Gemeinschaft bzw. Gesellschaft verbindlich fest: Wer aufgrund ethischer Erwägungen bestimmten Rechtsvorschriften nicht gehorcht, muss mit Strafe rechnen. Andererseits unterliegt der Inhalt des Rechts selbstverständlich eminent ethischen Maßstäben: Der Gesetzgeber, der Recht schafft, und der Richter, der Recht spricht, sind an etwas gebunden, was nicht selbst wieder schon fest vorgegeben ist. Die Verfassung und die einzelnen Gesetze sind keine Gestaltungsinstrumente, die man nur automatisch anzuwenden brauchte, damit Staat und Gesellschaft gerecht gestaltet werden. Und selbst wenn man noch so genaue und detaillierte Rechtsetzung betreiben würde, müssten ja die Prinzipien dieser Rechtsetzung wieder moralisch gerechtfertigt werden können. Zugleich bleibt festzuhalten, dass nirgendwo grundsätzliche Entscheidungen konkreter und mitunter schmerzhafter ins Leben des Einzelnen eingreifen als auf dem Gebiet des Rechts. Wer unmoralisch lebt, mag sich selbst und vielleicht die, die damit in Berührung kommen, gefährden, wer jedoch schlechte Gesetze macht und ihre Einhaltung erzwingt, führt unter Umständen ganze Staaten und damit eine Vielzahl von Menschen ins Verderben. Auf der anderen Seite gilt wiederum: Wäre die sittliche Entscheidung des Einzelnen allem Recht übergeordnet, so wäre Gesetzlichkeit überhaupt unmöglich.

1 Aus welchen Gründen hat nach Meinung Hoersters jeder Mensch ein Interesse an der Gültigkeit von Normen? Wie lassen sich diese Normen durchsetzen? Klären Sie in diesem Zusammenhang den Begriff „Zweck-Mittel-Rationalität" (Z. 8).

2 Stellen Sie fest, ob und inwieweit die von Hoerster genannten Normen (Z. 12ff.) a) in Deutschland Verfassungsrang haben und b) in der UN-Menschenrechtskonvention (s. S. 289) festgeschrieben sind.

3 Welche Einschränkung macht das Grundgesetz bezüglich des Eigentums (GG, Art 14)? Welche Position bezieht dazu die katholische Kirche (s. S. 353)?

4 Nennen Sie weitere Beispiele für „moralische Sanktionsmechanismen" (Z. 48) und bewerten Sie deren Wirksamkeit.

5 Wie bestimmt Spaemann das Verhältnis von Ethik und Recht? (Zur Vertiefung dieses Aspekts s. S. 266f.)

[1] prima facie (lat.): in erster Hinsicht

Ist in der Moral alles relativ?

„Europäische“ versus „asiatische“ Werte?*

Die **Wertvorstellungen und moralischen Grundüberzeugungen des europäischen Kulturkreises**, die z. B. den Verfassungen der europäischen Nationen (und auch der UN-Menschenrechtsdeklaration von 1948) zugrunde liegen, haben ihre Wurzeln in der griechisch-römischen Antike (z. B. die Idee der Demokratie), im Christentum (z. B. die Lehre von der Nächstenliebe), in der Aufklärung (z. B. die Idee der Menschenrechte) und in der Französischen Revolution (die Idee von Freiheit, Gleichheit, Brüderlichkeit). Speziell das Grundgesetz der Bundesrepublik Deutschland und die Menschenrechtserklärung der UN basieren darüber hinaus auf den Erfahrungen mit dem Faschismus und entstanden unter dem Eindruck des Völkermordes an den Juden und der Gräuel des Zweiten Weltkrieges.

Das **Werteverständnis in den Ländern Ostasiens** beruht auf den philosophischen Systemen und Moralvorstellungen des Buddhismus und des Taoismus, vor allem aber auf der Lehre des Philosophen Konfuzius. Der „Konfuzianismus“ bewahrte China vor großen gesellschaftlichen Krisen, war bis 1912 sogar offizielle Staatsdoktrin und verhalf dem Land, als einziges Staatswesen und als einzige Kultur der Antike die Jahrhunderte zu überdauern.

Im Konfuzianismus hat man auch den Grund für den wirtschaftlichen Erfolg asiatischer Länder gesehen. Dessen Moral pries man als vorbildlich gegenüber dem angeblich übertriebenen Individualismus und Liberalismus des Westens, der zur Entsolidarisierung und zur Zerstörung sozialer Bande führe. Andererseits machte man das Festhalten an überkommenen autoritären Staats- und Gesellschaftsstrukturen für die wirtschaftlichen und gesellschaftlichen Krisen asiatischer Länder verantwortlich und bezeichnete sie als Hindernis für ein erfolgreiches Bestehen in einer Welt zunehmender „Globalisierung“.

Taoismus (von Tao: der Weg, die Bahn): religiös-philosophische Lehre in China, deren Handlungsnorm das Angleichen an das Tao, der alles hervorbringende und erhaltende Welturgrund, ist. Dieser ist nicht mit dem Verstand, sondern nur in mystischer Versenkung erfassbar. Begründer war der chinesische Philosoph **Laotse** (4./3. Jh. v. Chr.).

Aus den Lehren des Konfuzius

Konfuzius sprach: „Fordere viel von dir selbst und erwarte weniger von anderen. So wird dir Ärger erspart bleiben.“

Konfuzius sprach: „Will man Gehorsam durch Gesetze und Ordnung durch Strafe, dann wird sich das Volk den Gesetzen und Strafen zu entziehen versuchen und alle Skrupel verlieren. Wird man hingegen nach sittlichen Grundsätzen regiert und die Ordnung durch Beachtung der Riten und der gewohnten Formen des Umgangs erreicht, so hat das Volk nicht nur Skrupel, sondern wird auch aus Überzeugung folgen.“

Konfuzius sprach: „Ein junger Mensch soll in der Familie ehrfürchtig und gehorsam gegenüber seinen Eltern sein. Außer Haus begegne er den Menschen so, wie sich ein jüngerer Bruder gegenüber seinem älteren Bruder verhält, mit Achtung und Aufrichtigkeit; er sei durchdrungen von

Liebe zu allen und eng mit dem Guten verbunden. Wenn ihm bei all dem noch Kraft bleibt, dann soll er sich den Büchern widmen.“

Zi-zhang fragte Konfuzius, was es heiße, sittlich zu handeln. Der Meister antwortete: „Überall fünf Grundsätze verwirklichen – das ist Sittlichkeit.“ – Zi-zhang wollte daraufhin wissen, was das für Grundsätze seien. Konfuzius sagte: „Höflichkeit, Großmut, Aufrichtigkeit, Eifer und Güte. Der Höfliche genießt mehr Achtung, durch Großmut gewinnt man Sympathie, Aufrichtigkeit schafft Vertrauen, Eifer bringt Erfolg, wer Güte hat, kann anderer Menschen Herr und Leiter sein.“

Zi-gong fragte den Konfuzius: „Gibt es ein Wort, das ein ganzes Leben lang als Richtschnur des Handelns dienen kann?“ Konfuzius antwortete: „Das ist ‚gegenseitige Rücksichtnahme‘. Was man mir nicht antun soll, will ich auch nicht anderen Menschen zufügen.“

Konfuzius sprach: „Dem Edlen geht es um innere Werte, der Gemeine hingegen ist auf Materielles aus. Der Edle denkt an die richtigen Vorbilder, der Gemeine strebt nach Gunst.“

Ji Kang-zi fragte: „Wie kann man erreichen, dass das Volk ehrerbietig und ergeben ist und sich die Menschen zum Guten ermahnen?“ – Der Meister antwortete: „Seid gegenüber dem Volk ernst und würdevoll, dann wird es auch Achtung und Ehrerbietung zeigen. Wenn Ihr selbst dafür ein Beispiel gebt, dann wird Euch auch das Volk ergeben sein. Fordert jene, die es wert sind, und unterweist die, die nichts können. Dann werden sich die Menschen gegenseitig zum Guten ermahnen.“

Konfuzius (551 – 479 v. Chr.)

Konfuzianismus: philosophisch begründete Ethik, benannt nach dem chinesischen Philosophen Konfuzius (Kuntzu, Konfutse, 551 – 479 v. Chr.). Das Fundament der Moral liegt einerseits in der Orientierung an den fünf Tugenden **gegenseitige Liebe, Rechtschaffenheit, Weisheit, Sittlichkeit, Aufrichtigkeit,** andererseits in der Verwirklichung der „drei unumstößlichen Beziehungen“: **Unterordnung des Sohnes unter den Vater, des Volkes unter den Herrscher, der Frau unter den Mann.** Konfuzius’ Lehre ist niedergelegt in den „Lun Yü“ („Gespräche“, „Erörterungen“), einer in 20 Bildern zusammengefassten Sammlung von Dialogen, kurzen Aussprüchen und Aphorismen. Zentrales Ziel der Lehre ist das Erreichen des „Yen“, der „Menschlichkeit“.

Stellen Sie in einer Tabelle die Grundzüge konfuzianischer Ethik den „westlichen“ Wertvorstellungen gegenüber (z. B. Gleichberechtigung von Mann und Frau).

Eun-Jeung Lee (geb. 1963) ist Dozentin am Institut für Politikwissenschaft der Universität Halle und an der Universität Tsukuba in Japan. Der nebenstehende Aufsatz erschien im August 2003.

Eun-Jeung Lee: „Asien" und seine „asiatischen Werte"

„Asien" ist ein europäischer Begriffsentwurf. Er stammt aus der griechisch-römischen Antike. [...] „Asien" als solches existiert aber tatsächlich nirgendwo; zumindest nicht in Form einer übergreifenden Kultur, eines Zusammengehörigkeitsgefühls. [...] In den Neunzigerjahren haben sogenannte „asiatische Werte" den Wertehimmel internationaler Debatten bewölkt. In der Auseinandersetzung um Menschenrechte, in der Diskussion über wirtschaftliche, politische und soziale Entwicklung, überall war und ist – zum Teil bis heute – der Begriff „asiatische Werte" zu finden. Es wurde sogar die Frage aufgeworfen, ob der dominierende zivilisatorische Paradigmenanspruch[1] des Westens zu halten ist und ob ihm nicht konkurrierende Zivilisationsleitbilder – besonders aus Asien – mit einem eigenen Führungsanspruch entgegentreten. Es wurde sogar angenommen, dass es asiatische Werte und soziale Normen gebe, die Lösungen für die gegenwärtigen Probleme der westlichen Zivilisationen anbieten. Umso mehr muss man sich fragen, was unter „asiatischen Werten" überhaupt zu verstehen ist. [...]

Seit Anfang der Neunzigerjahre haben sich der frühere Premierminister Singapurs und der Premierminister Malaysias offensiv in die politischen Diskurse eingebracht, in denen seit der „Zeitenwende" 1989 und dem Niedergang des Realsozialismus nach einer „Neuen Weltordnung" gesucht wird. Sie propagierten dabei ihre autoritäre Politik als „den asiatischen Weg". Ihre Länder seien durch „asiatische Werte" zur viel gerühmten Kombination von wirtschaftlichem Fortschritt und gesellschaftlicher Disziplin geführt worden. „Asiatische Werte" seien also für die Stärke und den Erfolg Ostasiens verantwortlich. Um ihre Argumente zu untermauern, griffen sie in den Neunzigerjahren auf die These vom **„konfuzianischen Kapitalismus"** der Modernisierungstheorie zurück. Die Vertreter der konfuzianischen Kapitalismusthese haben im Hinblick auf den Erfolg Japans und der vier Tigerstaaten (Hongkong, Singapur, Südkorea, Taiwan) seit den Sechzigerjahren immer wieder behauptet, die konfuzianische Tradition sei das Geheimnis der wirtschaftlichen Erfolge dieser Länder. Dabei betonten sie **Loyalität, Sparsamkeit, Fleiß, Bildung, Friedfertigkeit und Harmonie als wesentliche ethische Merkmale dieser Tradition**. [...]

Seit den Siebzigerjahren leiden Westeuropa und Nordamerika unter geringen Wachstumsraten, steigender Arbeitslosigkeit und immer größer werdenden staatlichen Schuldenbergen. Vermehrt wurde der Wohlfahrtsstaat als die Wurzel dieser Leiden angesehen. Selbstzweifel und Selbstkritik nahmen zu, der Neo-Konservatismus versprach einen Ausweg und bereitete das ideologische Terrain für neoliberale Wirtschafts- und Gesellschaftspolitik vor. In dieser Situation avancierten die aufstrebenden kapitalistischen Gesellschaften Ostasiens, in denen man die fortdauernde Wirksamkeit traditioneller Werte meinte erkennen zu können, zum vorbildhaften Anschauungsmaterial für diese konservative Reformbewegung.

Neoliberale Wirtschaftspolitik beruft sich auf den klassischen Wirtschaftsliberalismus, indem sie fordert, dass sich der Staat weitgehend aus der Wirtschaft heraushalten soll (s. S. 346f.).

[1] Paradigma: Beispiel; hier: Denkmuster, das die Weltsicht einer Zeit prägt

Dabei wurde die tatsächliche Entwicklung in den Gesellschaften Ostasiens einfach ignoriert, obwohl dort ganz offensichtlich traditionelle gesellschaftliche Ordnungen u.a. durch schon in den Sechzigerjahren einsetzende Individualisierungsprozesse aufgeweicht worden sind. So rückt die Selbstständigkeit des Individuums auch dort in den Mittelpunkt des Denkens und Handelns. Die autoritär-konservativen Politiker Ostasiens reagierten auf diese fortschreitenden Individualisierungsprozesse, indem sie versuchten, diese rückgängig zu machen – eben durch das Beharren auf „konfuzianischer Tradition" bzw. auf „asiatischen Werten". So warfen sich die autoritär-konservativen Politiker Asiens und die Neokonservativen des Westens, insbesondere der USA, gegenseitig mit „asiatischen Werten" bestückte Bälle zu: Im Westen wurde die „asiatische" Genüg- und Fügsamkeit der Arbeiter zur Disziplinierung der Arbeiterschaft und zum Abbau des Sozialstaates instrumentalisiert. In Ostasien hat man die internationale Anerkennung seiner wirtschaftlichen Erfolge zur Rechtfertigung autoritärer Herrschaft benutzt.

Die Intensität der Diskussion über „asiatische Werte" ist allerdings nicht nur durch dieses Zusammenspiel zu erklären. Ein tiefer greifender Grund liegt in der über 200 Jahre alten Tradition, die zwischen Kultur und wirtschaftlicher Entwicklung einen kausalen Zusammenhang herstellt und deshalb die Kulturen je nach ihrem relativen Entwicklungsniveau als überlegen oder unterlegen betrachtet. In der Intensivierung der Debatte über „asiatische Werte" spiegelt sich die Angst des Westens, dass er angesichts des Aufkommens eines neuen weltpolitischen Gravitationszentrums[1] im westpazifischen Raum seine weltpolitische Hegemonie[2] verlieren könnte. [...]

Natürlich kann man nicht bestreiten, dass die kulturellen Gegebenheiten eines Landes in der Gestaltung seiner Politik und der wirtschaftlichen Entwicklung eine gewisse Rolle spielen. Die entscheidenden Ursachen für Entwicklungserfolge und Entwicklungsmisserfolge sind jedoch in der Beschaffenheit der politischen und sozialen Institutionen eines Landes, in der Struktur seiner Eliten, im Ablauf seiner kolonialen und postkolonialen Geschichte und nicht zuletzt in seiner Stellung im internationalen Wirtschafts- und Machtsystem zu suchen. **Kulturelle Wertorientierungen können nur im Zusammenhang mit sozialen und politischen strukturellen Rahmenbedingungen entwicklungshemmend oder -fördernd wirken.** Zudem wandeln sich Wertvorstellungen im Zeitablauf.

Zum Schluss: Das Leben in den Großstädten Ostasiens und des Westens unterscheidet sich heutzutage nur unwesentlich – wobei die Städte in Ostasien sogar einen „moderneren" Eindruck machen. MTV, Madonna, McDonald's usw. üben auf die Jugendkulturen in der Region einen ähnlich dominierenden Einfluss aus wie in den USA oder Europa. Trotzdem bleiben einige Intellektuelle und Politiker weiterhin auf der Suche nach dem „Asiatischen". Ob es ihnen jemals gelingen wird herauszufinden, was das „eigentlich" Asiatische ist?

1 Was ist unter „konfuzianischem Kapitalismus" (Z. 26) zu verstehen?

2 Von wem und aus welchen Gründen werden Konfuzius und seine Ethik für eine bestimmte Wirtschaftspolitik reklamiert?

3 Die Autorin spricht von „sogenannten asiatischen Werten". Aus welchem Grund?

4 Was ist nach Ansicht der Autorin für eine erfolgreiche Entwicklungs- und Wirtschaftspolitik entscheidend? Welche Rolle spielen dabei die Werte?

5 Lesen Sie zum Problem der Instrumentalisierung von Werten den moralkritischen Text auf S. 42f. und bearbeiten Sie die dort gestellten Aufgaben.

[1] Gravitation: Schwerkraft, Anziehungskraft

[2] Hegemonie: Vorherrschaft, Vormachtstellung

Annemarie Pieper ist Professorin für Philosophie an der Universität Basel.

Annemarie Pieper: „Andere Länder – andere Sitten“ – Ist in der Moral alles relativ?

Nirgends sind die Meinungsverschiedenheiten und die Widersprüche zwischen miteinander unverträglichen Standpunkten größer als in der Beurteilung von Handlungen bezüglich ihrer Richtigkeit und Moralität. Was der eine für gut hält, lehnt der andere rigoros ab und ist oft nicht einmal dazu bereit, seinen Standpunkt zu problematisieren, d.h. der Kritik auszusetzen und Gegenargumenten zu begegnen. Solche dogmatisch als unangreifbar behaupteten, zu bloßen Vorurteilen erstarrten Haltungen sind Formen eines „Moralisten-“ oder „Pharisäertums“, das Freiheit nicht als Freiheit aller begreift, sondern als Freiheit einiger weniger Auserwählter. Die Folgen eines solch unkritisch verallgemeinerten Ethos sind bekannt: religiöse Verfolgung, Diffamierung von Minderheiten, Rassendiskriminierung, Ächtung politisch oder ideologisch Andersdenkender, Verfemung moralisch Andershandelnder usf. [...] **Freiheit als Fundament menschlicher Praxis ist keine regellose Willkürfreiheit**, der gemäß jeder tun und lassen kann, was ihm beliebt. [...] Vielmehr besteht die menschliche Freiheit als moralische Freiheit darin, sich selber Regeln im Hinblick auf das, was man als von Bedürfnissen und Trieben abhängiges, durch diese aber nicht schlechthin determiniertes Sinnenwesen ist, zu geben und diese Regeln aus Freiheit und zur Erhaltung der Freiheit zu befolgen. **Erst durch die Selbstbindung an solche Regeln der Freiheit entsteht so etwas wie Verbindlichkeit und damit eine Moral.** [...]

Jede Moral ist als geschichtlich entstandener und geschichtlich sich mit dem Freiheitsverständnis von Menschen verändernder Regelkanon immer eine Gruppenmoral, deren Geltung nicht ohne Weiteres über die Mitglieder der Gruppe hinaus ausgedehnt werden kann. [...]

Der Versuch, eine **umfassende Menschheitsmoral** aus der Vielzahl vorhandener Moralen zu destillieren, würde letztlich weniger daran scheitern, dass über universale Basisnormen bzw. Grundwerte keine Einigung zustande käme: Es lässt sich wohl bis zu einem gewissen Grad einsichtig machen, dass keine Moral ohne die Ideen Freiheit, Gleichheit, Menschenwürde, Gerechtigkeit u.a. auskommen kann. Die eigentliche Schwierigkeit besteht vielmehr darin, die Regeln einer solchen Universalmoral im Kontext unterschiedlicher, geschichtlich gewachsener Lebensformen und Kulturkreise „anzuwenden“, d.h. mit den jeweiligen Lebensbedingungen (Klima, geographische Lage, religiöse Überzeugungen, wirtschaftlicher Status, Stand der Zivilisation etc.) zu vermitteln. Auch Tradition und Konvention bestimmen den durch den jeweiligen Moralkodex repräsentierten Sinnhorizont einer Sozietät wesentlich mit und führen zu unterschiedlichen, ja manchmal sogar entgegengesetzten Ausprägungen ein und derselben Basisnorm. [...]

Ein extremes Beispiel mag dies veranschaulichen: Bei manchen ‚primitiven‘ Gruppen, z.B. bei den Eskimos, soll es Brauch gewesen sein, alte und schwache Leute zu töten. Diese Regel steht in krassem Widerspruch zu unserem Verständnis von Menschenwürde und wird nur nachvollziehbar vor dem Hintergrund extremer Lebensverhältnisse, die durch große Unwirtlichkeit des Lebensraumes und knappe Lebensmittel gekennzeichnet sind. Nur so ist es verstehbar, dass die moralische Norm,

Toleranz (lat. Duldung) meint das Gelten- und Gewährenlassen (passive Toleranz), besser noch: die Achtung, sogar freie Anerkennung (aktive u. kreative Toleranz) andersartiger Anschauungen und Handlungsweisen [...]. Als persönliche Haltung gegenüber den Mitmenschen ist T. keineswegs an Gleichgültigkeit gegen religiöse, weltanschauliche, sittliche und politische Fragen gebunden (T. als Alibi des Nihilismus). Vielmehr setzt sie voraus, dass man feste Überzeugungen hat und trotzdem die anderen respektiert [...]. Toleranz gründet in der Einsicht, dass kein Mensch schlechthin irrtums- und vorurteilsfrei ist [...] und ermöglicht ein von Freiheit und Humanität bestimmtes Zusammenleben. Sie endet dort, wo es um die Missachtung der Rechte anderer geht [...]. Die Toleranz dient auch der Wahrheit, denn die freie Auseinandersetzung befreit von Vorurteilen und setzt neue Erkenntnis frei.

Otfried Höffe (Hg.): Lexikon der Ethik. München (Beck) [6]2002

seinen Eltern Gutes zu tun und ihnen Leid zu ersparen, dadurch erfüllt wird, dass man ihnen einen qualvollen Tod erspart, indem man sie auf schmerzlose Weise tötet und somit die Überlebenschancen der Jungen vergrößert. [...] Wohlgemerkt: Die Tötung alter Menschen geschah bei den Eskimos nicht gegen den Willen der Alten, sondern mit ihrem Einverständnis. Sie waren mit dieser Regel bereits aufgewachsen und wussten um ihre Bedeutung. Ihnen wurde also keineswegs Zwang oder Gewalt im eigentlichen Sinn angetan.

Die Frage, die sich in diesem Zusammenhang stellt, ist die, **wie solche unterschiedlichen Praktiken ethisch zu beurteilen** sind. Hier ist es sicher nicht mit Toleranz getan, wie der Ethnologe Herskovits meint, der folgende drei Thesen aufstellt: „1. Das Individuum verwirklicht seine Persönlichkeit im Rahmen seiner Kultur; daher gebietet die Achtung individueller auch die Achtung kultureller Verschiedenheiten ... 2. Die Achtung kultureller Unterschiede folgt aus der wissenschaftlichen Tatsache, dass noch keine Methode zur qualitativen Bewertung von Kulturen entdeckt worden ist ... 3. Maßstäbe und Werte sind relativ für die Kultur, aus der sie sich herleiten. Daher würde jeder Versuch, Postulate zu formulieren, die den Überzeugungen oder dem Moralkodex nur einer Kultur entstammen, die Anwendbarkeit einer Menschenrechtserklärung auf die Menschheit als Ganze beeinträchtigen." Die ethische Schlussfolgerung in Bezug auf den oben beschriebenen Fall müsste vielmehr die sein, dass alles darangesetzt wird, die Lebensverhältnisse und die wirtschaftlichen Bedingungen dieser Menschen so zu verbessern, dass die geschilderten Praktiken von selbst obsolet werden. [...]

Wer aus der kulturellen Verschiedenheit von Normen den Schluss zieht, in der Moral sei letztlich alles relativ, daher dürfe und könne man keine normativ verbindlichen ethischen Aussagen über die Gültigkeit von moralischen Normen machen, übersieht zwei Dinge. Erstens hat er den Unterschied zwischen Basisnormen und den aus diesen abgeleiteten Folgenormen nicht beachtet. Zweitens ist er nicht in der Lage, seine eigene normative Schlussfolgerung zu begründen, denn wenn in der Moral schlechthin alles relativ ist, kann niemand beanspruchen, ein gültiges normatives Urteil darüber abzugeben, wie man sich in moralischen Angelegenheiten generell verhalten soll.

Nehmen wir als Beispiel den Fall des Schriftstellers Salman Rushdie. **Wie steht es mit unserer Toleranz in Bezug auf den weltweiten Aufruf, Rushdie zu töten?** Nach christlicher und ethischer Auffassung in den westlichen Ländern ist ein Menschenleben das größte Gut und damit ein Wert, der als unverletzlich gilt. Wer – und noch dazu im Namen eines Gottes – zur Tötung eines Menschen aufruft, muss nach unseren Maßstäben schärfstens als widermoralisch verurteilt werden. [...] Aus islamischer Sicht hingegen gibt es einen höheren Wert als den eines Menschenlebens: Das ist der Wert der Religiösität. Wer das religiöse Gefühl eines Menschen verletzt und damit Gott beleidigt, der hat damit sein Recht auf Leben verwirkt. Ein solcher Frevel kann nicht anders als durch den Tod gesühnt werden – so steht es auch im Koran. [...]

Die Fronten stehen sich also unversöhnlich gegenüber, und es ist zu fragen, ob wir uns ethisch richtig verhalten, wenn wir uns über den Mordaufruf empören. Sind wir vielleicht sogar verpflichtet, ihn und letztlich

Diskussion im Fishbowl

Bei kontroversen Themen bietet sich eine sogenannte Fishbowl-Diskussion an. Neben einer inhaltlichen Klärung und Auseinandersetzung werden auch Verlauf und Stil der Diskussion reflektiert. Die Diskussionsteilnehmer (ca. 4–6 Personen der Gesamtgruppe) setzen sich in einen Stuhlkreis, wobei ein Stuhl freibleibt. Der Rest der Gruppe platziert sich in einem äußeren Kreis und verfolgt das Gespräch (ggf. mit Beobachtungsaufträgen), ohne in die Diskussion einzugreifen. Der Diskussionsleiter gibt bei Bedarf einem Zuhörer die Möglichkeit, den freien Platz einzunehmen und sich (zeitweise) an der Diskussion zu beteiligen.

Auswertungsfragen: Wie zufrieden bin ich mit dem Ergebnis? Wie wurde argumentiert? Wie haben sich die Gesprächsteilnehmer verhalten? Wie war das Gesprächsklima?

(Themenvorschlag: S. 28, Aufgabe 4)

Hans Joas, Klaus Wiegand (Hg.): Die kulturellen Werte Europas, Frankfurt am Main (Fischer) 2005

Der indisch-britische Schriftsteller **Salman Rushdie** wurde 1989 wegen angeblicher Beleidigung des Islam vom iranischen Klerus zum Tode verurteilt und hielt sich jahrelang versteckt. Ende 2004 wurde der holländische Filmregisseur **Theo van Gogh** von einem muslimischen Fanatiker auf offener Straße ermordet. Van Gogh hatte dem Islam Frauenfeindlichkeit vorgeworfen und dies mit drastischen Mitteln zum Ausdruck gebracht.

sogar Rushdies Tod zu dulden? Diese Frage ist mit Nein zu beantworten. Wir sind ganz im Gegenteil nach den für uns verbindlichen Maßstäben zu kritischer Intoleranz aufgerufen und können dies auch rechtfertigen. Zunächst einmal haben wir das Recht, uns dagegen zu wehren, dass die Prinzipien einer regional gültigen religiösen Moral über die Grenzen ihres Geltungsbereiches hinaus ausgedehnt werden. In Europa gelten andere ethische Maßstäbe als im Iran. Wir müssen also auf unserem Boden nicht die Ausübung eines Rechts dulden, das in unseren Augen als ein Verbrechen an Leib und Leben gilt, auch wenn wir religiöse Gefühle grundsätzlich respektieren und als unverletzlich ansehen.

Aber wie steht es umgekehrt mit dem Anspruch auf Geltung unserer Normen außerhalb unseres Geltungsbereiches? Müssen wir grundsätzlich alles tolerieren, was nicht auf unserem Boden geschieht? [...] Auch hier lautet die Antwort: Nein. Aber diesbezüglich gilt es zu differenzieren. Wir dürfen uns nicht deshalb einmischen, weil wir meinen, eine bessere Moral oder Religion zu haben, die absolut gilt, sondern weil wir davon ausgehen, dass es auf einer übergeordneten, neutralen Ebene möglich sein muss, über solche Praktiken vernünftig miteinander zu reden. Ohne eine solche Annahme stünde eine Organisation wie Amnesty International nicht nur moralisch auf verlorenem Posten, sondern wäre sogar illegitim. Aber gerade solche Institutionen haben ja ihre Legitimation darin, **dass es so etwas wie einen überregionalen Bereich gibt, in dem man sich über das, was wir als Menschenrechte bezeichnen, die jedem Menschen unangesehen seiner Rasse, Religion und Volkszugehörigkeit unverbrüchlich zustehen, verständigen kann.** Wer die Rede und damit jede Kommunikation verweigert, also jeglichen Verständigungswillen vermissen lässt, muss sich Kritik gefallen lassen und Protest dazu. [...]

Auch wenn sich auf der Ebene der Moral keine einzige materiale Form, kein einziger Wert finden ließe, der in jeder Gesellschaft Verbindlichkeit beansprucht, so würde das nicht bedeuten, dass in Sachen Moral am Ende alles gleichgültig ist. [...] Die Tatsache, dass in moralischen Disputen oft kein Konsens erzielt wird, kann nicht als Beleg dafür angeführt werden, dass mit der Moral etwas nicht stimmt, denn faktisches Verhalten kann in keiner Weise über die normative Gültigkeit einer Regel oder Norm entscheiden.

1. Worin bestehen Chancen und Schwierigkeiten einer „umfassenden Menschheitsmoral" (Z. 26)?

2. Welche Werte stehen sich in den im Text genannten Beispielen gegenüber? Welchen Toleranzbegriff lehnt die Autorin in diesem Zusammenhang ab? Mit welchen Argumenten?

3. „Ist in der Moral alles relativ?" Wie beantwortet Pieper diese Frage? Welchen Umgang mit dem Pluralismus der Werte empfiehlt sie?

4. Diskutieren Sie die Problematik an aktuellen Beispielen aus dem beruflichen Bereich (z. B. Tragen von Kopftüchern am Arbeitsplatz), aus dem staatlichen Bereich (z. B. Todesstrafe) und aus dem privaten Bereich (z. B. frühkindliche Beschneidung bei Mädchen und Jungen).

Marion Gräfin Dönhoff: Vom Recht auf Würde

Es war eine große Befriedigung und Genugtuung, als nach dem Terror der Nazidiktatur die Vereinten Nationen 1948 die Erklärung der Menschenrechte verkündeten. Gewiss, es gab Bürgerrechte, beispielsweise Wahl- und Niederlassungsrecht, aber Menschenrechte, die von einem sittlichen Menschenbild ausgehen und die Würde und Unversehrtheit des Menschen in den Mittelpunkt stellten, die gab es nicht. Die Menschenrechte garantieren das Leben und die körperliche Unversehrtheit, die Freiheit der Person, des Glaubens und des Gewissens. Von einer wirklichen Garantie kann keine Rede sein, denn die Erfüllung hängt von der Bereitschaft des jeweils Regierenden und von dem guten Willen der Bürger ab.

Es gibt dabei viele Schwierigkeiten: Die Auffassung von dem, worum es sich bei den Menschenrechten handelt, hat mit Kultur und Tradition, Sitte und Religion zu tun. Die Auffassung der westlichen Welt geht vom Individuum aus, während in großen Teilen der Dritten Welt, in Afrika und Asien, die Solidarität des Familien- und Stammesverbundes das Wichtigste ist. In diesen Ländern bekommt man als Westler immer wieder den Vorwurf zu hören: „Eure Menschenrechte dienen ja nur eurem Hegemoniestreben. Früher, im Kolonialzeitalter, da habt ihr uns beherrscht, weil ihr die Stärkeren wart und wir die Schwachen. Heute versucht ihr es, indem ihr eure spezifische Auffassung der Menschenrechte der ganzen Welt zu oktroyieren[1] versucht.“ Derlei Eurozentrismus sei unstatthaft, so meinen sie.

Übrigens mit einem gewissen Recht. Natürlich sind manche unserer Maßstäbe, die den bürgerlichen Alltag betreffen, jener Welt diametral entgegengesetzt: Beispielsweise ist Polygamie[2] bei uns strafbar, in einzelnen Ländern der Dritten Welt aber nicht nur zulässig, sondern sogar erwünscht. Prügelstrafe ist in Teilen der Welt keineswegs anstößig, sondern üblich. [...] Zwar haben die Menschenrechte inzwischen völkerrechtliche Verbindlichkeit erlangt, zum Beispiel mit der Europäischen Menschenrechtskonvention und der Einrichtung des Europäischen Gerichtshofes für Menschenrechte; aber erzwingen lassen sie sich nicht, wie wir durch die Bürgerkriege in Ruanda oder auch in Bosnien erfahren haben. Manchmal könnte man auch spotten über den Aufwand an moralischem Wortgeklingel, mit dem etwa die Amerikaner die Forderung nach Einhaltung der Menschenrechte begleiten; dabei sind sie es, die nicht selten mit double standards arbeiten: Dort, wo ihre Interessen auf dem Spiel stehen, wo strategische Gesichtspunkte eine Rolle spielen, wie im Irak, werden die Menschenrechte überaus ernst genommen. Dort, wo dies nicht der Fall ist, wo es, wie in Saudi-Arabien, um die Sicherung der Ölzufuhr geht, schaut Washington gern weg. Und dass die Todesstrafe in Amerika noch immer praktiziert wird, ist auch nicht gerade im Sinne der Menschenrechte. [...]

Es muss Geländer geben, an denen die Bürger in dieser chaotischen Welt sich entlanghangeln können; auch wenn die Menschenrechte nur ein Appell bleiben, es ist wichtig, sie ernst zu nehmen.

[1] oktroyieren: aufzwingen
[2] Polygamie (gr.): Mehrehe

Marion Gräfin Dönhoff (1909–2002) war Chefredakteurin und danach Mitherausgeberin der Wochenzeitung „Die Zeit“. 1971 erhielt sie den Friedenspreis des Deutschen Buchhandels. Ein nach ihr benannter Preis für internationale Verständigung und Versöhnung wurde erstmals 2003 vergeben (s. S. 44).

Warum hält die Autorin universal gültige Wertmaßstäbe für notwendig? Wie reagiert sie auf den Vorwurf des „Eurozentrismus“ (Z. 21)?

Johannes Reiter (geb. 1944) ist Professor für Theologie und Mitglied der Enquete-Kommission „Ethik und Recht der modernen Medizin“ des Deutschen Bundestages.

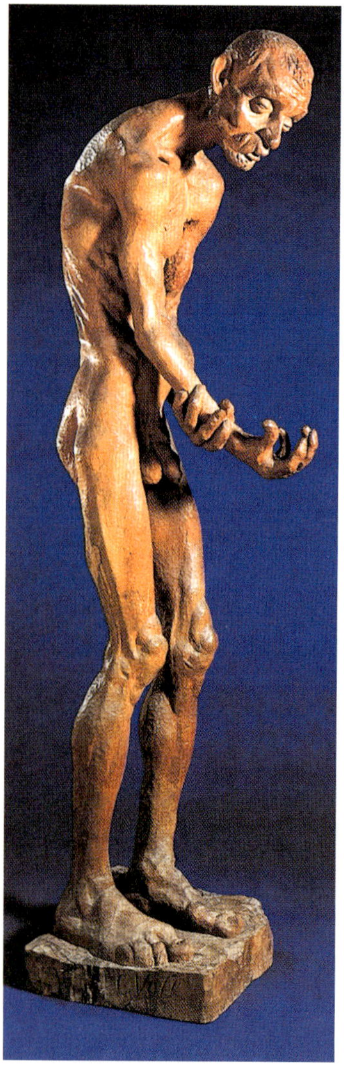

Christoph Voll: Akt, Ecce homo (1924/25)

Der Ausspruch „Ecce homo“ (lat.: „Siehe den Menschen“) stammt aus dem Neuen Testament. Pilatus ließ den gefolterten und blutüberströmten Jesus in der vergeblichen Hoffnung auf eine mitleidige Reaktion des Volkes öffentlich vorführen.

Johannes Reiter: Menschenwürde als Maßstab – Begriffsgeschichte und Begründung der Menschenwürde

Wir müssen zugeben, dass unsere Gesellschaft kein einheitliches Welt- und Menschenbild mehr besitzt. Der **Pluralismus der Weltanschauungen** in der modernen Welt ist eine Tatsache. Deshalb erscheint auch ein gemeinsames Handeln aufgrund gemeinsamer Wertvorstellungen kaum mehr möglich. [...] Dieser Pluralismus ist für uns umso bedrängender, als wir heute global in Konfrontation mit anderen Nationen, ja sogar mit völlig anderen Kulturen – alten und neuen – stehen, die den gleichen Wahrheitsanspruch stellen wie wir.

Als Orientierungspunkt innerhalb dieses breit gefächerten Pluralismus wird gerne und vermehrt die Menschenwürde herangezogen. **Sie scheint offenbar der allgemeine Nenner zu sein, der das ethische Grundanliegen der modernen Welt zum Ausdruck bringt und auf den alle Forderungen nach Humanität bezogen werden können.** Die Menschenwürde will den für das geordnete Zusammenleben notwendigen Konsens herstellen. Weil sie für den Menschen als solchen gilt – also unabhängig von ethnischer Zugehörigkeit, politischen Überzeugungen, gesellschaftlicher Stellung, Gesundheitszustand, Geschlecht und wodurch sich sonst noch Menschen unterscheiden mögen –, kann sie grundlegend für alle politisch-gesellschaftlichen Ordnungen sein. [...]

Um den Gehalt der Menschenwürdegarantie genauer herauszuarbeiten, muss ihre ideengeschichtliche Tradition ins Auge gefasst werden.

In der **antiken Philosophie** wird die Würde in zwei recht unterschiedlichen Kontexten gebraucht. Zum einen ist mit Würde die Kennzeichnung einer sozialen Position innerhalb der Gesellschaft gemeint. [...] Würde ist zum anderen dasjenige, was jeden Menschen vor der nichtmenschlichen Kreatur auszeichnet. Deshalb kommt allen Menschen dieselbe Würde zu. Beide Bedeutungsvarianten des Begriffs lassen sich bereits bei *Cicero*[1] nachweisen. Als Grund für die zuletzt genannte Auffassung von der unverlierbaren Menschenwürde galt der *Stoa*[2] die Teilhabe des Menschen an der Vernunft, den christlichen Autoren der Antike und des Mittelalters die Gottebenbildlichkeit des Menschen und seine unmittelbare Beziehung zu Gott, die durch die Menschwerdung in Jesus Christus bestätigt wurde.

Eine neue Sicht der Menschenwürde bringt die **Renaissance**. Der italienische Humanist *Pico della Mirandola* (1463–1494) kommt aufgrund von Überlegungen über die Ähnlichkeit des Menschen mit Gott zu der auf stoische Lehren zurückgehenden Überzeugung, dass der Mensch alles in sich vereint, also einen Mikrokosmos darstellt, in dem alle Möglichkeiten angelegt sind. Zwischen diesen Möglichkeiten eine Wahl zu treffen, dies ist nach *Pico della Mirandola* die dem Menschen von Gott gegebene Bestimmung. Die den Menschen auszeichnende Würde ist also seine Freiheit.

[1] Cicero (106–43 v. Chr.): röm. Politiker und Philosoph

[2] Stoa: antike Philosophenschule (s. S. 391)

Mit der beginnenden **Neuzeit** rückt erneut die Vernunftbestimmung in den Mittelpunkt. Während der **Aufklärung** wird die Auffassung der Würde als Freiheit mit der stoischen Auffassung der Würde als Teilhabe an der Vernunft verbunden. Der französische Philosoph *Blaise Pascal*[1] und der Staats- und Völkerrechtstheoretiker *Samuel Pufendorf*[2] sehen die Würde in der Freiheit des Menschen, das durch die Vernunft Erkannte zu wählen und zu tun. Pufendorf, dessen Lehre übrigens Einfluss auf die amerikanische Erklärung der Menschenrechte von 1776 hatte, verbindet diesen Gedanken der Würde mit dem der Gleichheit aller Menschen, da allen Menschen als solchen diese Eigenschaft zukomme.

Eine wichtige Stellung nimmt der Begriff der Menschenwürde sodann in der Moralphilosophie *Immanuel Kants* ein, wie er sie in der „Grundlegung zur Metaphysik der Sitten" (1785) entwickelt. Kant unterscheidet im Bereich menschlicher Zwecksetzungen zwischen dem, was einen Preis, und dem, was eine Würde hat. „Was einen Preis hat, an dessen Stelle kann auch etwas anderes als Äquivalent gesetzt werden; was dagegen über allen Preis erhaben ist, mithin kein Äquivalent gestattet, das hat eine Würde." Nur ein Wesen, das in der Lage ist, sich selbst Zwecke zu setzen, kommt als letzter Bezugspunkt, als Selbstzweck jeder Zwecksetzung, infrage. Der Grund dafür, dass die menschliche Natur Würde hat, ist nach Kant die Autonomie des Menschen, das heißt seine Möglichkeit, in Freiheit einem Gesetz unterworfen zu sein, also sittlich sein zu können.

Um die **Mitte des 19. Jahrhunderts** wird der Begriff Menschenwürde dann zu einem politischen Schlagwort der Arbeiterbewegung. Die Forderungen nach einem menschenwürdigen Dasein und nach menschenwürdigen Zuständen gehören zu den Hauptparolen der frühen Sozialisten. *Ferdinand Lasalle (1825–1864)* fordert, dass die materielle Lage der arbeitenden Klasse verbessert und den Arbeitern zu einem wahrhaft menschenwürdigen Dasein verholfen wird. [...]

Eine erneute Besinnung auf die Menschenwürde setzt danach erst wieder im **20. Jahrhundert** ein, nicht zuletzt unter dem Eindruck der den Menschen entwürdigenden Vorgänge im „Dritten Reich". Nach dem Zweiten Weltkrieg findet der Menschenwürdebegriff vermehrt Eingang sowohl in das nationale wie auch in das internationale Recht. In der Bundesrepublik Deutschland bildet die Menschenwürde den Mittelpunkt des Wertsystems der Verfassung und die Basis sowie den Geltungsgrund der Grundrechte. [...] Die Vereinten Nationen folgen, ebenso wie später die Bundesrepublik Deutschland, einem universalistischen Verständnis der Menschenwürde. Würde kommt dem Menschen bereits als Mitglied der Gattung Mensch zu. Das heißt, sie gilt für alle Menschen, ohne dass dafür erst bestimmte Leistungen erbracht oder bestimmte Qualitäten erfüllt werden müssen.

„Die Anerkennung der allen Mitgliedern der menschlichen Familie innewohnenden Würde und ihrer gleichen und unveräußerlichen Rechte bildet die Grundlage der Freiheit, der Gerechtigkeit und des Friedens in der Welt."

aus der Präambel der UN-Menschenrechtsdeklaration

„Die Würde des Menschen ist unantastbar. Sie zu achten und zu schützen ist Verpflichtung aller staatlichen Gewalt."

Grundgesetz der Bundesrepublik Deutschland, Artikel 1

1. Bestimmen Sie den Begriff „Menschenwürde" und vergleichen Sie ihn mit den im Text genannten Inhalten und mit Definitionen aus Lexika.

2. Nennen Sie Beispiele für Verletzungen der Menschenwürde.

3. „Christoph Voll wollte mit seinem ‚Ecce homo' einen seine Würde einfordernden Menschen darstellen." Überlegen Sie, ob diese Deutung zutrifft.

[1] Blaise Pascal (1623–1662): frz. Mathematiker, Physiker und Religionsphilosoph (s. S. 76)

[2] Samuel Pufendorf (1632–1694): dt. Jurist und Historiker, systematisierte das Naturrecht und das Völkerrecht (s. S. 249)

Dilemma-Diskussion

1. Erarbeitung und Präzisierung von Situation und Fragestellung
2. Formulierung einer eigenen vorläufigen Position
3. • Austausch und Diskussion der verschiedenen Positionen (in Kleingruppen)
   • Festhalten der wichtigsten Argumente, Sortieren nach Art und Gewicht der Argumente, Zuordnung zu ethischen Grundpositionen (s. S. 49)
   • Kritische Überprüfung der Argumente (z. B. Überzeugungskraft, gedankliche-logische Stimmigkeit)
4. (Schriftliche) Darstellung des abschließenden eigenen Urteils

Ist die Moral alters- und geschlechtsspezifisch?

Wie kommen wir zu unseren moralischen Überzeugungen? Wie entwickeln sich im Individuum moralische Grundhaltungen? Wie verändern sie sich im Laufe des Lebens? Orientieren sich Erwachsene in ihren moralischen Urteilen und Handlungen an anderen Maßstäben als Kinder? Ist das moralische Bewusstsein eines Menschen abhängig von seinem Alter und seinem Geschlecht? Haben Männer strengere und engere Moralvorstellungen als Frauen? Mit diesen Fragen beschäftigen sich die Texte und Abbildungen auf den nächsten Seiten.

Moralische Dilemmata*

Die folgenden moralischen Dilemmata und Konfliktsituationen sind nicht unbedingt alltäglich. Sie können jedoch Ihr moralisches Urteilen herausfordern und zur Diskussion über moralische Wertungen einladen. Es geht dabei nicht um das Handeln in einer konkreten Situation, sondern um das Urteilen über Handlungen.
Die ersten beiden Dilemmata haben die Entwicklungspsychologen Jean Piaget (s. S. 34) und Lawrence Kohlberg (s. S. 34f.) Menschen unterschiedlichen Alters zur Beurteilung vorgelegt, um Erkenntnisse über die Entwicklung des Moralbewusstseins zu erhalten.

Das „Heinz"-Dilemma

Irgendwo in Europa stand eine krebskranke Frau kurz vor dem Tod. Es gab ein Medikament, das sie u. U. retten könnte, eine Radiumverbindung, die ein Apotheker in jener Stadt vor kurzem entdeckt hatte. Der Apotheker verlangte dafür 2 000 Euro, das Zehnfache dessen, was ihn die Herstellung des Medikaments kostete. Der Mann der kranken Frau, Heinz, bat alle seine Bekannten, ihm Geld zu borgen, aber er konnte nur etwa die Hälfte des Preises zusammenbringen. Er sagte dem Apotheker, dass seine Frau im Sterben liege, und bat ihn, ihm das Medikament billiger zu verkaufen oder ihn später bezahlen zu lassen. Aber der Apotheker sagte Nein. In seiner Verzweiflung brach der Ehemann in die Apotheke ein und stahl das Medikament für seine Frau.

Durfte Heinz das Medikament stehlen? Warum? Warum nicht?

Strafe für Hans und Heinz

Ein kleiner Junge namens Hans war in seinem Zimmer. Man rief ihn zum Essen. Er ging ins Speisezimmer. Aber hinter der Tür stand ein Stuhl. Auf dem Stuhl war ein Tablett und auf dem Tablett standen 15 Tassen. Hans konnte nicht wissen, dass all dies hinter der Tür war. Er trat ein: Die Tür stieß an das Tablett und bums!, die 15 Tassen waren zerbrochen.
Es war einmal ein kleiner Junge, der hieß Heinz. Eines Tages war seine Mama nicht da, und er wollte Marmelade aus dem Schrank nehmen. Er stieg auf einen Stuhl und streckte den Arm aus. Aber die Marmelade war

1 Führen Sie zu dem „Heinz-Dilemma" eine Diskussion nach o. a. Muster.

zu hoch, und er konnte nicht drankommen. Als er es doch versuchte, stieß er an eine Tasse. Die Tasse fiel herunter und zerbrach.

Wer muss härter bestraft werden – Hans oder Heinz?

Das Buchgeschenk

A hat sich von B ein Buch geliehen, was B aber schon vergessen hat, da ihm an dem Buch wenig gelegen ist. C sieht dieses Buch bei A und sagt, dass er von diesem Buch schon lange ein antiquarisches Exemplar suche. A gibt sich als Eigentümer des Buches aus und schenkt es C.

Beurteilen Sie die Handlungsweise von A.

Eine zerstörte Brücke und die Folgen

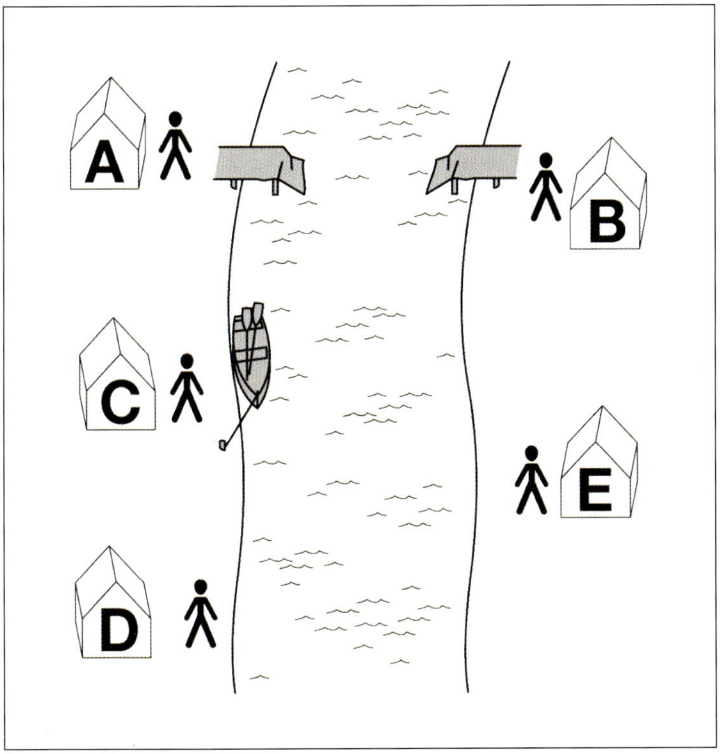

A und B lieben sich, sind aber durch die zerstörte Brücke über dem Fluss voneinander getrennt. Nur C besitzt ein Boot, dessen Verleih von der Gewährung sexueller Gefälligkeiten abhängig gemacht wird. A lehnt ab, geht zu D und bittet um Hilfe. D bekundet völliges Desinteresse an dem Vorgang. Verzweifelt unterwirft sich A nun doch den Bedingungen von C, bekommt das Boot, rudert in freudiger Erwartung zu B und berichtet wahrheitsgemäß von den Ereignissen. Daraufhin wendet sich B wütend und vorwurfsvoll von A ab. Verzweifelt bittet A E um Rat und Vermittlung, woraufhin E entrüstet B ohrfeigt.

Wer verhält sich Ihrer Meinung nach am verwerflichsten? Überlegen Sie, wer von den Beteiligten männlich und wer weiblich ist.

2 Lassen Sie die vier Situationen auch von Freunden, Geschwistern und Erwachsenen beurteilen. Vergleichen Sie die Urteile. Versuchen Sie eine Auswertung in Bezug auf Alter und Geschlecht. Halten Sie Ihre Ergebnisse in einer Grafik oder einem Text fest. Diskutieren Sie die Ergebnisse.

Lawrence Kohlberg (1927–1987), amerikanischer Entwicklungspsychologe, griff mit seinem Modell der Moralentwicklung auf die Erkenntnisse des Schweizer Psychologen **Jean Piaget** (1896–1980) zurück und übertrug dessen Modell der Entwicklung des Denkvermögens (kognitive Entwicklung) auf die Entwicklung der moralischen Urteilsfähigkeit und der Geschlechtsidentität.

Ebene: das Niveau des jeweiligen Moralbewusstseins. Präkonventionell: das Niveau des Kleinkindes; konventionell: das Niveau des Kindes und des Jugendlichen; postkonventionell: das Niveau des mündigen Erwachsenen.

Die Stufen moralischer Entwicklung nach Kohlberg*

Wie kommt der Mensch überhaupt zu moralischem Bewusstsein? Der Philosoph Rousseau hatte im 18. Jh. noch die Auffassung vertreten, der Mensch sei von Natur aus gut und es gebe ein „angeborenes Prinzip der Gerechtigkeit und Tugend" (s. S. 82). Genauere Erkenntnisse über Herkunft und Unterschiede der Moral konnten allerdings erst mit der wissenschaftlichen Erforschung der Psyche und des Unbewussten, die im 20. Jh. durch die Psychoanalyse begann, gewonnen werden. Demnach entwickelt sich moralisches Bewusstsein in verschiedenen Entwicklungsstufen. Vor allem das Entwicklungsmodell des amerikanischen Psychologen Lawrence Kohlberg (1927–1987) hat als Erklärungsversuch große Bedeutung erlangt.

Kohlberg nahm an, dass die moralische Entwicklung von der Kindheit zum Erwachsenenalter in sechs Stufen verlaufe: je zwei Stufen auf der **präkonventionellen**, auf der **konventionellen** und auf der **postkonventionellen Ebene**. Dabei erweitert sich der Kreis des ins moralische Bewusstsein Einbezogenen ständig.

Auf der präkonventionellen Ebene (Stufen 1 und 2) erfolgt die moralische Orientierung an Belohnung und Strafe. Auf der noch rein ichbezogenen Stufe 1 gilt als gut, was belohnt, als schlecht, was bestraft wird. Auf der zweiten Stufe gilt darüber hinaus als gut, was zuweilen auch anderen nutzt. Auf der konventionellen Ebene (Stufen 3 und 4) erweitert sich der Kreis der moralischen Aufmerksamkeit auf Kleingruppe und Gesellschaft. Stufe 3 berücksichtigt die Interessen und Bedürfnisse der eigenen Bezugsgruppe (Familie, Bekanntenkreis). Stufe 4 orientiert sich an staatlichen Gesetzen und dem Wohlergehen der eigenen Gesellschaft (staatliche und soziale Ordnung).

Die postkonventionelle Ebene (Stufen 5 und 6) schließlich findet ihre Orientierung in übergeordneten ethischen Prinzipien. Hier überwiegt „das Bemühen, moralische Werte und Prinzipien zu bestimmen, die unabhängig von der Autorität der Gruppen und Personen, die diese Prinzipien vertreten, und unabhängig von der Identifikation des Individuums mit diesen Gruppen gültig sind und Anwendung finden" (Kohlberg). Stufe 5 orientiert sich dabei an verfassungsgemäßen und demokratischen Werten und Verfahren (von etwa einem Viertel der Erwachsenen erreicht), Stufe 6 darüber hinaus an universalen ethischen Prinzipien wie z. B. dem kategorischen Imperativ Immanuel Kants (s. S. 157) (von weniger als 5 % erreicht).

Diese schrittweise erfolgende Entfaltung des Moralbewusstseins besteht also aus (a) einer **Erweiterung des Blickes auf soziale Zusammenhänge**, (b) einer fortschreitenden **Selbstständigkeit des moralischen Standpunktes** und (c) einer zunehmenden Fähigkeit, moralische Begründungen auf **Vernunftargumenten** aufzubauen.

Kohlbergs Grundannahme ist, dass diese Moralentwicklung von jedem Individuum in derselben Reihenfolge durchlaufen wird, dass keine Stufe übersprungen werden kann, und dass diese Entwicklung unabhängig von Kultur und Religion abläuft, also universal gültig ist.

Während der Philosoph Jürgen Habermas Kohlbergs Theorie in sein Konzept der „kommunikativen Kompetenz" (s. „Ethik des Diskurses",

S. 84ff.) übernahm, warf die Kritik Kohlberg vor, nur die eigenen (westlichen) Werte zum Maßstab zu machen und damit keine universelle Gültigkeit für sein Modell beanspruchen zu können.

Auch eine andere Annahme Kohlbergs stieß auf Kritik. Kohlberg hatte nämlich ursprünglich die Auffassung vertreten, dass Frauen oft auf Stufe 3 des von ihm entwickelten Schemas stehen blieben, während Männer zu Stufe 4 fortschritten. Der daraus ableitbare Gedanke, dass Frauen als moralisch „unterentwickelt" zu gelten hätten, provozierte heftige Kritik. Den entschiedensten Widerspruch zu Kohlberg formulierte dessen Mitarbeiterin, die Psychologin **Carol Gilligan**. Sie suchte in ihren Untersuchungen den Nachweis zu führen, dass die Moralentwicklung zu zwei verschiedenen Moralen führe: einerseits eine **männliche, gerechtigkeitsorientierte Moral**, die eine strikte bzw. rigide Geltung abstrakter Normen beinhalte, und andererseits eine **weibliche, fürsorgliche Moral**, die Regeln flexibel und gefühlvoll-situationsbezogen im Sinne einer „Ethik der Anteilnahme" anwende.

1. Formulieren Sie für jede der von Kohlberg genannten Stufen ein Beispiel für ein moralisches Urteil.

2. Nach Kohlberg bildet für den größten Teil der Erwachsenen Stufe 4 die oberste Stufe des Moralbewusstseins. Diese Menschen sind demnach darauf aus, vorgefundene gesellschaftliche Gesetze und Regeln unkritisch zu befolgen und lediglich ihre Pflicht zu erfüllen. Durchdenken Sie diese Ansicht.

3. Diskutieren Sie Kohlbergs Behauptung, dass Frauen oft nur Stufe 3 erreichen.

4. Ordnen Sie die Urteile zu den moralischen Dilemmata (s. S. 32f.) in das Kohlberg'sche Schema ein.

Ebene	Orientierung	Wesentliche Elemente
Vorkonventionell (Handlungsfolgen)	1. Bestrafung und Belohnung	Respekt vor Macht; Vermeidung von Sanktionen
	2. Naiv egoistisches Nützlichkeitskalkül	Bedürfnisbefriedigung des Selbst, der anderen
Konventionell (Rollen, Erwartungen)	3. Ideal des braven Jungen, des netten Mädchens	Billigung durch das persönliche Umfeld
	4. Gesetz und Ordnung, Aufrechterhaltung von Autorität an sich	Pflichtbewusstes Handeln aus Respekt vor Autorität und Ordnung
Nachkonventionell (Gemeinsame Rechte, Prinzipien)	5. Rechtlich zugestandene Gleichwertigkeit	Anerkennung von Rechtsmaßstäben der Gesellschaft
	6. Ethische Prinzipien	Universalisierbarkeit der ethischen Prinzipien

Hunold, Laubach, Greis (Hg.): Theologische Ethik, Tübingen/Basel (Francke) 2000, S. 121 (leicht bearbeitet)

Carol Gilligan (geb. 1936), amerikanische Entwicklungspsychologin, entwickelt in ihrer Auseinandersetzung mit Kohlberg die These von den „zwei Moralen". Sie betont, dass Kohlberg die Rolle der Frau in seinen Forschungen unterbewertet habe und damit ein verkürztes Moralkonzept vertrete. Unter Gerechtigkeit versteht Gilligan die Orientierung an Verträgen und moralischen Prinzipien.

Carol Gilligan: Gerechtigkeit und Fürsorge

Die Unterscheidung zwischen Gerechtigkeit und Fürsorge als alternative Perspektiven oder moralische Orientierungen ist empirisch[1] auf die Beobachtung gegründet, dass ein Wechsel der Aufmerksamkeitsfokussierung von Gerechtigkeitserwägungen zu Fürsorgeerwägungen die Definition dessen, was ein moralisches Problem konstituiert, verändert und dazu führt, dass die gleiche Situation auf unterschiedliche Weise wahrgenommen wird. Theoretisch liegt die Unterscheidung zwischen Gerechtigkeit und Fürsorge quer zu den Einteilungen in Denken und Fühlen, Egoismus und Altruismus[2], theoretisches und praktisches Urteil. Sie lenkt die Aufmerksamkeit auf den Umstand, dass alle menschlichen Beziehungen, öffentliche wie private, *sowohl* mit Rekurs auf Gleichheit *wie* auf Bindung charakterisiert werden können, und dass sowohl Ungleichheit wie Trennung oder Gleichgültigkeit moralische Probleme aufwerfen können.

Da jedermann von Unterdrückung wie von Verlassenheit betroffen werden kann, gibt es in der menschlichen Erfahrung allenthalben zwei moralische Sichtweisen – die der Gerechtigkeit und die der Fürsorge. Die beiden moralischen Gebote, anderen gegenüber nicht unfair zu handeln und jemanden, der in Not ist, nicht im Stich zu lassen, entsprechen diesen beiden Sichtweisen. [...]

Die systematische Forschung über Probleme der moralischen Orientierung als einer Dimension moralischen Urteilens und Handelns bezog sich ursprünglich auf drei Fragen:

(1) Werden bei der Diskussion eines moralischen Dilemmas Probleme der Gerechtigkeit und der Fürsorge artikuliert?

(2) Gibt es eine Tendenz, die Aufmerksamkeit auf nur eine Art von Problemen zu konzentrieren und die anderen nur minimal zu berücksichtigen?

(3) Besteht ein Zusammenhang zwischen moralischer Orientierung und Geschlecht?

Empirische Untersuchungen, die im Hinblick auf die Erfahrung realer moralischer Konflikte bei vergleichbaren Stichproben männlicher und weiblicher Befragter die gleichen Fragen verwendeten, liefern positive Ergebnisse auf alle drei Fragen. [...]

Bemerkenswert ist erstens, dass die Möglichkeit der Konzentration auf Fürsorge im moralischen Urteil zum Verschwinden gebracht würde, wenn keine Frauen in die Untersuchungsstichprobe einbezogen würden. Obwohl eine Dominanz der Fürsorgeperspektive keineswegs für alle Frauen charakteristisch war, war sie doch in dieser Stichprobe von Nordamerikanern von höherem Bildungsgrad ein nahezu ausschließlich weibliches Phänomen.

Zweitens bedeutet die Tatsache, dass es sich um Frauen mit einem höheren Bildungsgrad handelte, dass die Betonung der Fürsorge nicht ohne Weiteres einem Mangel an Bildung oder beruflicher Benachteiligung zu-

„Die Natur hat die Frauenzimmer so geschaffen, dass sie nicht nach Prinzipien, sondern nach Empfindung handeln sollen."
Georg C. Lichtenberg (1742–1799)

„Gerechtigkeit ist mehr die männliche, Menschenliebe mehr die weibliche Tugend."
Arthur Schopenhauer (1788–1860)

[1] empirisch: erfahrungsgemäß
[2] Altruismus: Uneigennützigkeit

geschrieben werden kann – womit Kohlberg und andere Autoren das Ergebnis erklärten, dass Gerechtigkeitsurteile bei Frauen ein geringeres Niveau aufwiesen. Vielmehr lenkt die Betonung der Fürsorge in moralischen Urteilen von Frauen die Aufmerksamkeit auf die Beschränktheit einer allein auf Gerechtigkeit ausgerichteten Moraltheorie, und sie hebt die Existenz von Fürsorgegesichtspunkten im moralischen Denken sowohl der Frauen wie der Männer hervor. In dieser Hinsicht kommt der aus einem Drittel der Frauen und einem Drittel der Männer zusammengesetzten Gruppe, die Fürsorge- und Gerechtigkeitsaspekte thematisieren, besonderes Interesse zu. [...]

Wenn, drittens, der Bereich der Moral zumindest zwei moralische Orientierungen umfasst, dann legt die Präferenz[1] für eine Perspektive die Vermutung nahe, dass Menschen dazu neigen, die andere Perspektive aus dem Blick zu verlieren, wenn sie zu einer moralischen Entscheidung gelangen – eine Neigung, die von beiden Geschlechtern in gleicher Weise geteilt wird. [...]

Wenn die Moraltheorie eine kohärentere[2] und begrifflich besser durchgearbeitete Perspektive der Fürsorge zur Verfügung stellen könnte, dann würde sie es den Frauen leichter machen, über ihre Erfahrungen und Wahrnehmungen zu sprechen, und sie könnte andere befähigen, zuzuhören und zu verstehen. Gleichzeitig legt der Nachweis einer im moralischen Denken von Frauen dominanten Fürsorgeperspektive die Erwartung nahe, dass das Studium der weiblichen Entwicklung eine Naturgeschichte der moralischen Entwicklung zu liefern vermag, in der Fürsorge vorherrschend ist und in der Möglichkeiten deutlich werden, wie die Schaffung und die Erhaltung von verantwortlicher Verbundenheit mit anderen ein zentrales moralisches Interesse werden oder bleiben kann.

Die Hoffnung, die sich mit der Verbindung von Frauen und Moraltheorie verknüpft, besteht darin, dass das Überleben der Menschheit im späten 20. Jahrhundert weniger von formaler Übereinstimmung abhängen dürfte als von menschlicher Verbundenheit.

1 Erläutern und veranschaulichen Sie, was Gilligan unter den „zwei Moralen" versteht.

2 Was wäre, wenn politische Entscheidungen sich entweder ausschließlich an der „Gerechtigkeitsmoral" oder an der „Fürsorgemoral" orientierten? (Mögliche Beispiele: Bekämpfung von Kinderarbeit, Eindämmung von Aids) Beurteilen Sie in diesem Zusammenhang das Wirken von Mutter Teresa und Rupert Neudeck (s. S. 44).

3 Bewerten Sie ausgehend von Ihren Überlegungen die Aussagen Gilligans im letzten Abschnitt.

4 Zur Karikatur: Diskutieren Sie, ob die karikierten Verhaltensweisen typisch männlich bzw. typisch weiblich sind. Mit welchen Argumenten könnten die Partner ihr Verhalten begründen?

[1] Präferenz: Vorrang
[2] kohärent: zusammenhängend

Gertrud Nunner-Winkler ist Professorin für Soziologie und arbeitet am Max-Planck-Institut für Kognitions- und Neurowissenschaften in München.

Gertrud Nunner-Winkler: Gibt es eine weibliche Moral?

Unsere Ergebnisse legen folgende – Kohlbergs Beschreibung der präkonventionellen Phase differenzierende – Deutung des moralischen Lernprozesses nahe: Zuerst lernt das Kind, dass es moralische Regeln gibt und warum diese Geltung beanspruchen. Danach aber bedarf es noch eines weiteren Lernprozesses, bis die Kinder begreifen, dass es nicht genügt, Normen zu kennen und zu verstehen, sondern dass man Normen befolgen wollen soll, auch dann, wenn es den eigenen Interessen zuwiderläuft, d. h. bis den Kindern die Befolgung der Normen selbst zum Bedürfnis wird (Verinnerlichung). Dieser zweite Lernschritt erstreckt sich über mehrere Jahre. Unsere Daten zeigen, dass von den 4-Jährigen noch 75 %, von den 8-Jährigen immer noch knapp über 50 % erwarten, dass der Täter sich nach der Übertretung gut fühlen werde; die anderen erwarten nunmehr, er werde sich schlecht fühlen, weil er etwas Böses getan hat.

In diesen Daten lassen sich – trotz der unbestrittenen unterschiedlichen Bedeutung, die eine frühkindliche Mutterbindung für Jungen und Mädchen besitzt – keine Geschlechtsunterschiede im Moralverständnis von Vorschulkindern nachweisen. Ohnedies ist es ein Missverständnis, zu glauben, Moral erwachse aus Mitgefühl und spontaner Empathie. Diese vermögen zwar in der Tat altruistische[1] Handlungen anzuleiten. Dass aber als gültig anerkannte moralische Normen auch denen gegenüber einzuhalten sind, mit denen man spontan Empathie nicht empfindet, und dass sie auch dann einzuhalten sind, wenn dies den eigenen Interessen widerspricht – das muss erst mühsam gelernt werden. Dieser zweite moralische Lernprozess verläuft – wie die Daten zeigen – bei den einzelnen Kindern unterschiedlich schnell und sicherlich auch unterschiedlich erfolgreich. Diese Unterschiede aber sind individuelle Unterschiede – nicht geschlechtsspezifische.

Seit den 1960er-Jahren wird in Geschlechterforschung zwischen biologischem Geschlecht (sex) und Geschlechtsidentität (gender) unterschieden. Dies soll zum Ausdruck bringen, dass Geschlechtsidentität sich nicht biologisch begründen lässt, sondern auf einer kulturell-gesellschaftlichen Setzung beruht.

Auch bezüglich der Adoleszenzphase (Pubertät, Jugendzeit) und für die Phase des frühen Erwachsenenlebens referiert die Autorin empirische Ergebnisse. Dabei sieht sie nicht in der Geschlechtszugehörigkeit, sondern in den verschiedenen Rollenmustern den Grund für spätere Unterschiede in den moralischen Präferenzen der Geschlechter.

In der Krisenerfahrung (der Adoleszenz) rebellieren die Jugendlichen gegen gesellschaftliche Rollenzumutungen oder dominante Wertorientierungen. Die krisenhaften Frauen rebellieren gegen die traditionelle weibliche Geschlechtsrollenzuschreibung, die krisenfreien Frauen hingegen übernehmen sie. [...] Wer die traditionelle weibliche Geschlechtsrollenidentität bruchlos (krisenfrei) übernimmt, nach der die Frau primär in affektive[2], diffuse[3], partikularistische[4] Rollenzusammenhänge eingebettet bleibt, der mag in der Tat Gilligans Fürsorglichkeitsperspektive generalisieren und spontan bei der Beurteilung der unterschiedlichen sozialen Konflikte anwenden. Wer hingegen die Autonomie und Unabhängig-

1 Worin sieht Nunner-Winkler Gründe für geschlechtsspezifische moralische Überzeugungen bzw. Verhaltensweisen? In welchen Punkten widerspricht sie Gilligan (s. S. 36f.)?

2 „Man kommt nicht als Frau zur Welt, man wird es." Simone de Beauvoir (1908–1986), französische Schriftstellerin. Diskutieren Sie diese Aussage.

[1] Altruismus: Uneigennützigkeit, Selbstlosigkeit; Ggs. zu Egoismus
[2] affektiv: gefühlsbetont, gefühlsbezogen
[3] diffus: hier: für alle Problembereiche zuständig
[4] partikularistisch: hier: besondere Verpflichtung gegenüber Nahestehenden implizierend

keit für sich beansprucht, die bislang eher den Männern zustanden oder auch zugemutet werden, urteilt eher nach Gilligans Gerechtigkeitsethik. [...]
Um es kurz zusammenzufassen: Wenn Frauen mehr Fürsorglichkeit zeigen, dann nicht, weil sie die Fähigkeit haben, Kinder zu gebären, und nicht, weil sie aufgrund einer engeren frühkindlichen Mutteridentifikation ein beziehungs- und fürsorgeorientiertes Selbst aufgebaut haben, sondern weil sie häufiger diffuse Rollen innehaben.

In Deutschland stellen Frauen rund 40% der Akademiker, jedoch gelangen weniger als 10% in Führungspositionen (2003).

Haben Frauen ein Problem mit der Macht?

Interview mit Heinz Schulz-Wimmer, Personaltrainer und Berater

Frage: Frauen behaupten oft, keine Lust an der Macht zu empfinden, selbst wenn sie in Führungspositionen tätig sind. Welches Bild von Macht steckt dahinter?

Schulz-Wimmer: Sie sehen Macht als rücksichtsloses Durchsetzen und als Sammeln von überflüssigen Statussymbolen. Dadurch riskieren sie, auf sogenannte weiche Themen etwa im sozialen Bereich festgelegt zu werden. Dabei ist Macht eine natürliche Motivation aller Menschen, die bei jedem Einzelnen unterschiedlich stark ausfällt. Im Beruf sollten Frauen Macht als unverzichtbaren Teil der Führungsaufgabe sehen, als Instrument, um gemeinsam Ziele zu erreichen.

Frage: Was unterscheidet typisch männliche und weibliche Machtstrategien?

Schulz-Wimmer: Männer tendieren eher zu Selbstbehauptung und Überlegenheit, streben nach höheren Positionen. Frauen bevorzugen mehr sogenannte gehemmte Strategien, die die negativen Seiten der Macht vermeiden sollen. Sie üben ihren Einfluss dadurch häufiger sozial geschickt aus.

Frage: Wo liegen diese Hemmschwellen?

Schulz-Wimmer: Tendenziell haben Frauen durch ihre Sozialisation wohl mehr Hemmungen, sich als durchsetzungsstark zu exponieren. Sie sehen Macht weniger als Selbstzweck, sondern verbinden sie mit konkreten Zielen.

Frage: Männlichen Vorgesetzten scheint es leichter zu fallen, die Konsequenzen einer Führungsposition zu tragen, wie z. B. Distanz und Ablehnung.

Schulz-Wimmer: Alle Menschen mit ausgeprägter Macht- und geringer Bindungsmotivation können das. Frauen haben häufig eine größere Bindungsmotivation: Die Nähe und der Kontakt zu Menschen ist ihnen persönlich wichtig, nicht nur für die gemeinsam zu erreichenden Ziele. Männer neigen stärker zu offener Konkurrenz und akzeptieren diese untereinander. Beide sollten sich prüfen, ob ihre Motivation wirklich zu den Anforderungen an eine Führungskraft passt. Wer den Preis für die Macht nicht zahlen will, sollte verzichten.

Süddeutsche Zeitung, 13./14.9.2003, S. V1/17

3 Worin sieht Schulz-Wimmer die Ursachen einer geschlechtsspezifischen Einstellung gegenüber der Macht?

4 Entsprechen seine Aussagen eher den Thesen Kohlbergs, Gilligans oder Nunner-Winklers? Begründen Sie Ihre Zuordnung.

5 Setzen Sie sich kritisch mit Schulz-Wimmers Machtbegriff und seiner Beschreibung von Führungsqualität auseinander.

Gertrud Nunner-Winkler (Hg.): Weibliche Moral. Die Kontroverse um eine geschlechtsspezifische Ethik, München (dtv) 1995

Annemarie Pieper: Gibt es eine feministische Ethik? Paderborn (Fink) 1998

Moral und Normen – fragwürdige Erfindungen?

Was ist und will Moralkritik?*

Wie steht es heute eigentlich mit der tatsächlich gelebten Moral? Da bestrafen Eltern ihr Kind für eine Lüge, verkünden aber andererseits vor ihren Freunden mit Stolz, wie sie ihr schrottreifes Auto durch Verdecken der Schäden zu einem hohen Preis verkaufen konnten. Da verlangen Arbeitgeber einerseits Teamfähigkeit und soziale Kompetenz von ihren Mitarbeitern, andererseits fördern sie den Konkurrenzkampf der Arbeitnehmer durch „Leistungsanreize“ untereinander. Unwichtig, ob es sich bei diesen und ähnlichen Beispielen um Ausnahmen oder um Regelfälle handelt: Sie nähren jedenfalls den Zweifel an der tatsächlichen Gültigkeit der von einer Gesellschaft propagierten Werte und Normen.

Wenn moralische Wertvorstellungen und Normen nicht mehr als selbstverständlich hingenommen und fraglos anerkannt werden, sondern ihre Geltung fragwürdig wird, kann sich eine systematische Kritik an der in einer Gesellschaft oder Kultur geltenden Moral entwickeln. Eine solche Moralkritik stellt zum Beispiel die Frage, ob überlieferte Werte und Normen veränderten gesellschaftlichen Bedingungen angepasst und daher verändert werden müssen. Andererseits könnte man auch einfordern, dass sich die Menschen wieder auf die eigentlichen Grundprinzipien der tradierten Moral zurückbesinnen müssen. Einer solchen **„rechtfertigenden“ Moralkritik** geht es darum, den Zerfall von Wertvorstellungen aufzuhalten. Sie macht aufmerksam auf Widersprüche zwischen den tatsächlich geltenden und den scheinbar angestrebten Werten und Normen einer Gesellschaft.

Die Moralkritik kann aber noch weitaus radikalere Züge annehmen. So kann man die Frage stellen, ob die Befolgung moralischer Werte und Normen nicht hauptsächlich persönliche Nachteile bringt. Sind moralische Minimalforderungen wie zum Beispiel die Toleranz gegenüber Andersdenkenden für viele Menschen nicht bereits „Überforderungen“? Noch weiter gehend könnte man fragen, ob Moral lediglich dazu dient, die tatsächliche Unmoral einer Gesellschaft zu verschleiern. Erfüllen Werte und Normen vielleicht verborgene Zwecke, die ihren vorgeblichen Zielen widersprechen? Sollen sie zum Beispiel gesellschaftliche Ungerechtigkeiten verschleiern? Dienen sie dazu, die Menschen zu unterdrücken, sie zum Beispiel in ihrer Freiheit einzuschränken?

Eine solche **„entlarvende“ Moralkritik** trägt vor allem herrschafts- und ideologiekritische Züge. Sie kann so weit gehen, dass sie die komplette moralische Grundlage einer Kultur zu erschüttern versucht. Ihr geht es oft um die Zerstörung bestimmter Wertvorstellungen.

Bereits in der Antike wurde von den sogenannten Sophisten Kritik an der damals herrschenden Moral geübt. Im 19. und 20. Jahrhundert haben viele Denker die Moral sehr radikal kritisiert. So übt etwa der Philosoph Friedrich Nietzsche eine fundamentale Kritik an der abendländischen Moral, Religion und Philosophie. Die marxistische Kritik versucht demgegenüber, die Funktion der Moral im Kapitalismus zu entlarven.

Allerdings geht es der Moralkritik nicht selbstzweckhaft um die Zerstörung des Bestehenden und das Jammern über die in einer Gesellschaft herrschende Unmoral. Sie möchte den Menschen die Augen öffnen, sie aufklären über ihre Abhängigkeit von politischen und religiösen Illusionen und Mächten. Dabei hat sie aber selbst zumeist den moralischen Anspruch, mit ihrer Kritik zu einer besseren Welt beizutragen.

Moralkritik der Antike: Die Sophisten*

Luciano De Crescenzo: Geschichte der griechischen Philosophie, Zürich (Diogenes) 1986

Die Ablösung der Aristokratie durch die Demokratie im Athen des 5. Jh. v. Chr. führte zu einem starken Interesse der Bürger an Bildung, vor allem begriffen als die Kunst, durch Reden zu überzeugen. Die Sophisten („Weisheitslehrer") erkannten die so entstandene Chance und boten als freischaffende Lehrer den Bürgern **Unterweisung in der Rhetorik**, der Redekunst, an. Ihr Wirken lässt sich aber nicht auf diese (eigentlich unphilosophische) Tätigkeit reduzieren, denn zugleich waren sie auch **Aufklärer**. Dabei richteten sich ihre Analysen und ihre Kritik auf die gesellschaftliche Praxis, auf die Rechtsordnung und auf die Religion.
Gesetze und moralische Werte bestanden für die Sophisten nicht von Natur aus, sondern lediglich aufgrund von Vereinbarungen. *Hippias, Thrasymachos, Antiphon* und *Kallikles* etwa vertraten die Auffassung, dass natürliches Recht und gesetztes Recht Gegensätze sind. In ihrer Berufung auf ein Naturrecht kamen sie jedoch zu unterschiedlichen Erkenntnissen. So begründet nach *Antiphon* das Naturrecht die Gleichheit aller Menschen, wohingegen *Kallikles* daraus die Überlegenheit der Starken ableitet.
Mit ihrer Kritik an den tradierten Rechts- und Moralvorstellungen verbanden die Sophisten die Religionskritik. Für *Kritias* etwa ist die Religion ein von den Herrschenden geschaffenes Instrument, um die Einhaltung der Gesetze zu gewährleisten.
Im Gegensatz zu der Naturphilosophie stellten die Sophisten **den Menschen in den Mittelpunkt philosophischen Denkens**. *Protagoras* z. B. erklärte: „Der Mensch ist das Maß aller Dinge, des Seienden für das Sein, des Nichtseienden für sein Nichtsein" („Homo-Mensura-Satz"). Diese Aufwertung des Menschen bedeutete auch eine Aufwertung des Individuums und seiner Interessen.
Mit ihrer radikalen Kritik der traditionellen moralischen Wertmaßstäbe, aber auch mit dem Zweifel an scheinbar unumstößlichen Wahrheiten schufen die Sophisten die **Voraussetzung für eine vernunftbegründete und autonome Ethik**. Kein Geringerer als Sokrates entwickelte schließlich in der Auseinandersetzung mit den Sophisten seine Philosophie.
Die Sophisten wurden von den meisten Philosophen als skrupellose Opportunisten[1] und als Pragmatiker ohne Ideale abgelehnt. Auch heute versteht man unter einem Sophisten einen „Wortverdreher", dem es nicht darum geht, andere durch Argumente zu überzeugen, sondern der die Rhetorik dazu benutzt, andere zu manipulieren.

1. Fassen Sie die zentralen Informationen des Textes „Was ist und was will die Moralkritik?" in einem Schaubild zusammen.

2. Inwiefern sind die Texte von Pieper (s. S. 26ff.), Schaefer (s. S. 16f.) und Lee (s. S. 24f.) moralkritisch?

3. Informieren Sie sich über Leben und Denken der Sophisten. Stellen Sie Ihre Ergebnisse in Kurzreferaten vor.

[1] Opportunismus: bereitwillige Anpassung des Denkens und Handelns an die jeweilige Situation aus reinem Eigeninteresse

Der griechische Philosoph **Platon** (427–347 v. Chr., Biografie s. S. 386) war Schüler des Sokrates (470–399 v. Chr.). Dessen Lehre ist durch die Aufzeichnungen Platons überliefert.
Der nebenstehende Text stammt aus Platons „Politeia" („Der Staat"). Darin vertritt Sokrates die These, dass ein richtiger Herrscher in seinem Reden und Handeln auf das Wohl der Untergebenen achtet und nicht auf seinen eigenen Vorteil. Ihm widerspricht der **Sophist Thrasymachos**.

Thrasymachos: Die Gerechtigkeit ist der Vorteil des Ungerechten

THRASYMACHOS: Du erkennst weder Herde noch Hirt.

SOKRATES: Ja, wieso denn?, fragte ich.

THRASYMACHOS: Weil du glaubst, die Schaf- und Rinderhirten achten nur auf das Wohl ihrer Herden und mästen und betreuen sie zu einem anderen Zweck als zum Vorteil ihrer Herren und ihrem eigenen. Und ebenso meinst du, die Herrscher in den Staaten, und zwar die wahren Herrscher, verhielten sich anders zu ihren Untergebenen als der Hirt zu seiner Herde, und ihr Ziel bei Tag und Nacht sei ein anderes als ihr eigener Vorteil. Und so tief bist du in das Wissen von Recht und Gerechtigkeit, von Unrecht und Ungerechtigkeit eingedrungen, dass dir ganz entgeht, wie die Gerechtigkeit und das Gerechte in Wahrheit der Vorteil des anderen ist, nämlich des Mächtigen und Herrschenden, zugleich aber der eigene Schaden des Gehorchenden und Untertanen; wie andererseits die Ungerechtigkeit, das Gegenteil davon, über die wahrhaft Einfältigen und Gerechten herrscht, während die Untertanen nur den Vorteil des Mächtigen ausführen und ihn durch ihren Dienst glücklicher machen, sich selbst jedenfalls nicht. Wie sehr, mein einfältigster Sokrates, der Gerechte überall dem Ungerechten unterlegen ist, erkennt man bei folgender Überlegung. Zunächst im Vertrags- und Geschäftsverkehr: Wo solche Menschen Partner sind, findest du bei einer Auflösung der Partnerschaft niemals den Gerechten reicher als den Ungerechten, sondern umgekehrt. Dann im öffentlichen Leben: Wenn es Steuern zu zahlen gilt, zahlt der Gerechte vom gleichen Ertrag mehr als der andere, geht es um Zuschüsse, erhält der eine nichts, der andere viel. Schließlich bei der Verwaltung eines öffentlichen Amtes: Der Gerechte hat, wenn schon keinen anderen Schaden, so die Zerrüttung seiner Vermögensverhältnisse zu beklagen, weil er sich nicht darum kümmern kann; aus den Staatsgeldern schlägt er sich infolge seiner Gerechtigkeit keinen Gewinn heraus; dazu macht er sich bei Freunden und Bekannten unbeliebt, weil er ihnen wider das Gesetz nichts zukommen lassen will. Beim Ungerechten liegt alles umgekehrt. Ich meine da den Mann, den ich eben erwähnt habe, der große Vorteile zu gewinnen versteht. Ihn musst du im Auge haben, wenn du beurteilen willst, wie viel größeren persönlichen Vorteil er aus der Ungerechtigkeit als aus der Gerechtigkeit gewinnt. Am allerleichtesten erkennst du das, wenn du dir die vollendetste Ungerechtigkeit vorstellst, die den Ungerechten zum glücklichsten Menschen, die Geschädigten, die selbst ein Unrecht nicht einmal begehen wollten, zu den Unseligsten macht. Das ist die Tyrannis: Sie reißt das fremde Gut, ob es Göttern oder der Welt, Privaten oder dem Staat gehört, nicht im Kleinen an sich, sei es heimlich oder mit Gewalt, sondern alles auf einmal. Wer solche Verbrechen im Einzelnen begeht und dabei gefasst wird, den erwartet Strafe und höchste Schmach. Denn man schilt solche dann Tempelräuber, Sklavendiebe, Einbrecher, Räuber, Diebe, wenn sie diese Untaten einzeln verüben. Wer aber außer ihrem Besitz die Bürger selbst unterwirft und versklavt, den schmäht und schimpft man nicht, sondern preist ihn glücklich und selig; das machen nicht nur die Bürger, sondern alle, die

1. Wie begründet Thrasymachos, dass die Gerechtigkeit der Vorteil des Ungerechten und der Nachteil des Gerechten sei?
2. Was versteht er unter Gerechtigkeit?
3. Antworten Sie an Sokrates' Stelle auf die Rede des Thrasymachos.
4. Diskutieren Sie, ob Thrasymachos ein skrupelloser Opportunist bzw. ein „Pragmatiker ohne Ideale" ist.

seine volle Schurkerei erfahren. Denn wer die Ungerechtigkeit schmäht, macht es nicht aus der Furcht vor dem Unrechttun, sondern vor dem Unrechtleiden! So ist, mein Sokrates, die Ungerechtigkeit stärker, edler und mächtiger als die Gerechtigkeit, wenn sie nur groß genug ist; und wie ich am Anfang sagte, der Vorteil des Mächtigen ist das Gerechte, das Ungerechte aber, was sich selber Nutzen und Vorteil schafft.

Friedrich Nietzsche: Moral als Ressentiment[1]

Friedrich Nietzsche geht es in seinem Werk „Zur Genealogie der Moral" (1887), aus dem der folgende Text stammt, vor allem um die Entlarvung dessen, was seiner Meinung nach Werte und Normen verbergen und verleugnen sollen. Er spricht von zwei unterschiedlichen Moralen, einer ursprünglichen „Herrenmoral", die nur die Unterscheidung „gut" (in der Bedeutung von „vornehm", „edel") und „schlecht" kennt, und einer „Sklavenmoral", die den moralisch abwertenden Gegensatz von „gut" und „böse" entwickelt und die Nietzsche als „Ressentiment" gegen die „Herren" bezeichnet.

(Die Sklavenmoral entwickelt sich) gerade umgekehrt wie bei dem Vornehmen, der den Grundbegriff „gut" voraus und spontan, nämlich von sich aus konzipiert und von da aus erst eine Vorstellung von „schlecht" sich schafft! Dies „schlecht" vornehmen Ursprungs und jenes „böse" aus dem Braukessel des ungesättigten Hasses – das Erste eine Nachschöpfung, ein Nebenher, eine Komplementärfarbe, das Zweite dagegen das Original, der Anfang, die eigentliche *Tat* in der Konzeption einer Sklavenmoral – wie verschieden stehen die beiden scheinbar demselben Begriff „gut" entgegengestellten Worte „schlecht" und „böse" da! Aber es ist *nicht* derselbe Begriff „gut": vielmehr frage man sich doch, *wer* eigentlich „böse" ist, im Sinne der Moral des Ressentiment. In aller Strenge geantwortet: *eben* der „Gute" der anderen Moral, eben der Vornehme, der Mächtige, der Herrschende, nur umgefärbt, nur umgedeutet, nur umgesehen durch das Giftauge des Ressentiment.
Hier wollen wir eins am wenigsten leugnen: Wer jene „Guten" nur als Feinde kennenlernte, lernte auch nichts als böse Feinde kennen, und dieselben Menschen, welche so streng durch Sitte, Verehrung, Brauch, Dankbarkeit [...] in Schranken gehalten sind, die andererseits im Verhalten zueinander so erfinderisch in Rücksicht, Selbstbeherrschung, Zartsinn, Treue, Stolz und Freundschaft sich beweisen, – sie sind nach außen hin dort, wo das Fremde, die Fremde beginnt, nicht viel besser als losgelassene Raubtiere. Sie genießen da die Freiheit von allem sozialen Zwang, sie halten sich in der Wildnis schadlos für die Spannung, welche eine lange Einschließung und Einfriedung in den Frieden der Gemeinschaft gibt.

Der deutsche Philosoph **Friedrich Nietzsche** (1844–1900, Biografie s. S. 385) wird oft als erster Psychologe unter den Philosophen bezeichnet, weil er die Entstehung des Gewissens untersuchte. Über die herkömmliche Moral urteilt er: „Diese Werkstätten, wo man Ideale fabriziert – mich dünkt, sie stinken vor lauter Lügen."

5 Stellen Sie die sogenannte „Sklavenmoral" der Moral der „Vornehmen" gegenüber. Veranschaulichen Sie dabei die Gegensatzpaare „gut – böse" und „gut – schlecht".

6 Setzen Sie sich kritisch mit Nietzsches Auffassung auseinander, dass Moral auf Ressentiment beruht.

[1] Ressentiment (frz.): gefühlsmäßige Abneigung, auf Neid, Unterlegenheitsgefühl u. Ä. beruhend

Bertolt Brecht (1898–1956), deutscher Schriftsteller

Bertolt Brecht: Was nützt die Güte?

1
Was nützt die Güte
Wenn die Gütigen sogleich erschlagen
werden, oder es werden erschlagen
Die, zu denen sie gütig sind?

Was nützt die Freiheit
Wenn die Freien unter den Unfreien leben müssen?

Was nützt die Vernunft
Wenn die Unvernunft allein das Essen verschafft, das jeder
benötigt?

2
Anstatt nur gütig zu sein, bemüht euch
Einen Zustand zu schaffen, der die Güte ermöglicht, und besser:
Sie überflüssig macht!

Anstatt nur vernünftig zu sein, bemüht euch
Einen Zustand zu schaffen, der die Unvernunft der einzelnen
Zu einem schlechten Geschäft macht!

(Aus lizenzrechtlichen Gründen ist dieser Text nicht in reformierter Rechtschreibung gedruckt.)

1. Worin besteht Brechts Kritik an der moralischen Haltung der Güte?

2. Überlegen Sie, ob Brechts Kritik auch auf das Wirken von Mutter Teresa und Rupert Neudeck zutrifft. Informieren Sie sich dazu über Leben und Werk dieser Personen.

3. Was fordert Brecht vom Einzelnen und der Gesellschaft? Wie müsste eine Gesellschaft beschaffen sein, damit der von Brecht geforderte Zustand erreicht wird? Welche Chancen sehen Sie für dessen Realisierung?

„Was nützt die Güte?“ – Das Wirken Mutter Teresas und Rupert Neudecks

Die mazedonische Nonne Agnes Gonxha Bojayhiu, genannt **„Mutter Teresa“** (gest. 1997), gründete in Indien mehrere Krankenhäuser, in denen sie sich zusammen mit anderen Ordensschwestern um Schwerstkranke und Sterbende kümmerte. Sie galt als „Engel der Armen“ und bekam für ihre Arbeit 1979 den Friedensnobelpreis. Sie war eine entschiedene Gegnerin von Geburtenkontrolle und Abtreibung. Ihre Arbeit war nicht politisch motiviert, sondern galt ausschließlich der Pflege, Heilung, Tröstung der Patienten und der „Rettung der Seelen“.

Der Philologe, Philosoph und Journalist **Rupert Neudeck** (geb. 1939) gründete 1979 (mit Unterstützung von Heinrich Böll) das Komitee „Ein Schiff für Vietnam“ und rettete mit dem gecharterten Frachter „Cap Anamur“ fast 10 000 Menschen („Boatpeople“) aus dem Südchinesischen Meer. Seit über 20 Jahren ist seine Organisation „Cap Anamur/Deutsche Notärzte e.V.“ in zahlreichen Ländern tätig, so wurden z. B. mit Spendengeldern Krankenhäuser in Vietnam, Nordirak und Äthiopien gebaut und Hilfe bei der Minenräumung in Angola geleistet. Der „humane Quälgeist“ bekam 2003 den Marion Gräfin Dönhoff-Preis für internationale Verständigung und Versöhnung.

Theodor W. Adorno: Toleranz und Gleichheit

Melange.[1] – Das geläufige Argument der Toleranz, alle Menschen, alle Rassen seien gleich, ist ein Bumerang. Es setzt sich der bequemen Widerlegung durch die Sinne aus, und noch die zwingendsten anthropologischen Beweise dafür, dass die Juden keine Rasse seien, werden im Falle des Pogroms[2] kaum etwas daran ändern, dass die Totalitären ganz gut wissen, wen sie umbringen wollen und wen nicht. Wollte man demgegenüber die Gleichheit alles dessen, was Menschenantlitz trägt, als Ideal fordern, anstatt sie als Tatsache zu unterstellen, so würde das wenig helfen. Die abstrakte Utopie wäre allzu leicht mit den abgefeimtesten Tendenzen der Gesellschaft vereinbar. Dass alle Menschen einander glichen, ist es gerade, was dieser so passte. Sie betrachtet die tatsächlichen oder eingebildeten Differenzen als Schandmale, die bezeugen, dass man es noch nicht weit genug gebracht hat, dass irgendetwas von der Maschinerie freigelassen, nicht ganz durch die Totalität bestimmt ist. Die Technik der Konzentrationslager läuft darauf hinaus, die Gefangenen wie ihre Wächter zu machen, die Ermordeten zu Mördern. Der Rassenunterschied wird zum absoluten, damit man ihn absolut abschaffen kann, wäre es selbst, indem nichts Verschiedenes mehr überlebt. Eine emanzipierte Gesellschaft jedoch wäre kein Einheitsstaat, sondern die Verwirklichung des Allgemeinen in der Versöhnung der Differenzen. Politik, der es darum im Ernst noch ginge, sollte deswegen die abstrakte Gleichheit der Menschen nicht einmal als Idee propagieren. Sie sollte stattdessen auf die schlechte Gleichheit heute, die Identität der Film- mit den Waffeninteressen deuten, den besseren Zustand aber denken als den, in dem man ohne Angst verschieden sein kann. Attestiert man dem Neger[3], er sei genau wie der Weiße, während er es doch nicht ist, so tut man ihm insgeheim schon wieder Unrecht an. Man demütigt ihn freundschaftlich durch einen Maßstab, hinter dem er unter dem Druck der Systeme notwendig zurückbleiben muss, und dem zu genügen überdies ein fragwürdiges Verdienst wäre. Die Fürsprecher der unitarischen[4] Toleranz sind denn auch stets geneigt, intolerant gegen jede Gruppe sich zu kehren, die sich nicht anpasst: Mit der sturen Begeisterung für die Neger verträgt sich die Entrüstung über jüdische Unmanieren. Der melting pot[5] war eine Einrichtung des losgelassenen Industriekapitalismus. Der Gedanke, in ihn hineinzugeraten, beschwört den Martertod, nicht die Demokratie.

Theodor W. Adorno
(1903–1969) war Philosoph und Sozialwissenschaftler. Der Text stammt aus seinem Werk „Minima Moralia“ (1951), eine Sammlung von Aphorismen, die er in der Emigration in den USA verfasste.

4 Welche Kritik übt Adorno an der Berufung auf Toleranz und Gleichheit? Zeigen Sie, welche Bedeutungen er den beiden Begriffen gibt.

5 Veranschaulichen Sie an einem Beispiel, inwiefern die „unitarische Toleranz“ zu Intoleranz führen kann.

6 Vergleichen Sie Adornos Kritik mit den Ausführungen zur Toleranz auf S. 26f.

7 Wie würde Adorno die abgebildete Illustration beurteilen? Bewerten Sie selbst deren Aussage und Gestaltung.

[1] Melange (frz.): Mischung
[2] Pogrom: Verwüstung, Verfolgung einer Bevölkerungsgruppe
[3] Neger: hier nicht im diskriminierenden Sinne gebraucht
[4] unitarisch: vereinheitlichend
[5] melting pot (engl.): Schmelztiegel; hier zu verstehen als Verschmelzung verschiedener Ethnien und Kulturen, z. B. in New York

Ludwig Thoma (1867–1921), deutscher Schriftsteller. Der nebenstehende Textauszug stammt aus seiner 1908 entstandenen Komödie „Moral".

Ludwig Thoma: Moral

Fritz Beermann ist Vorsitzender eines von angesehenen Bürgern der Stadt gegründeten Sittlichkeitsvereins, der öffentlich für die Hebung der Volksmoral eintritt. Bei der Verhaftung einer Prostituierten wird deren Tagebuch beschlagnahmt, in dem ihre Kunden, darunter auch Fritz Beermann, verzeichnet sind. Besorgt sucht dieser den zuständigen Polizeibeamten Ströbel auf.

STRÖBEL: Übrigens, der Inhalt des Tagebuchs wird Ihnen ein Geheimnis bleiben, Herr Beermann: Ich darf Ihnen nichts darüber sagen.

BEERMANN: Nein, nein, ich will nichts davon wissen.

STRÖBEL: Sie erfahren später alles, wenn die Gerichtsverhandlung ist.

BEERMANN *(bestürzt)*: Ja, wird es da verlesen?

STRÖBEL: Selbstverständlich. Heute kann ich Ihnen nicht mehr sagen, als dass wir rücksichtslos vorgehen werden. Darüber kann Ihr Verein beruhigt sein.

BEERMANN *(aufstehend)*: Ich bin aber gar nicht beruhigt, wenn ich an die Folgen denke.

STRÖBEL *(ebenso)*: Was kümmern Sie die Folgen? Sie haben sich ein hohes Ziel gesteckt in Ihrem Verein. In Ihrem Programm heißt es, dass Sie mit eiserner Energie die Auswüchse beseitigen wollen. Jetzt erleben Sie die Genugtuung.

BEERMANN: In unserem Programm heißt es, dass wir für die Erhaltung der Ehe eintreten unter nationalen, sittlichen und sozialen Gesichtspunkten. Und die Ehe wird untergraben, wenn das alles bekannt wird.

STRÖBEL: Was sind das für sittliche Gesichtspunkte?

BEERMANN: Aber soziale! Weil gerade die besitzende Klasse kompromittiert wird!

STRÖBEL: Das wird sich die selbst zuschreiben.

BEERMANN: Das ist einfach unmöglich! Es muss sich ein Ausweg finden lassen.

STRÖBEL: Aus dem Bereich des Gesetzes gibt es keine Auswege.

BEERMANN: Wem sagen Sie das? Dann gibt es eben Umwege.

STRÖBEL *(verweisend)*: Herr Beermann!

BEERMANN: Jawohl! Ich bin alt genug, um das zu wissen. Die Polizei hat – weiß Gott – nicht die Aufgabe, einen solchen Riesenskandal zu provozieren. Da geht Autorität verloren. Da wird bei den Massen der Respekt erschüttert.

STRÖBEL: Den Skandal haben diese Herren *(auf das Tagebuch klopfend)* provoziert. [...]

BEERMANN: Man muss also hilflos zusehen, wie das Unglück kommt?

STRÖBEL: Man muss konsequent sein ...

BEERMANN: Da können Bekannte dabei sein, Verwandte.

STRÖBEL: Sie müssen konsequent sein. Die Gründung Ihres Vereins ist doch jetzt glänzend gerechtfertigt.

BEERMANN *(wütend)*: Ach, lassen Sie mich in Ruhe mit dem dummen Sittlichkeitsverein! Man bleibt doch 'n Mensch!

STRÖBEL: Ich begreife Sie nicht.

BEERMANN: Sehen Sie, ich habe die schwersten Gewissensbisse. Heute Nacht, wie ich mir also vorstellte, was kommen wird, dieses Familienunglück, da habe ich mich gefragt, was ist wichtiger: dass man Moral besitzt oder dass man an unsere Moral glaubt?

STRÖBEL: Und Sie haben die Antwort nicht gefunden?

BEERMANN: Doch, ich bin mir vollständig klar darüber geworden, dass es viel wichtiger ist, wenn das Volk an unsere Moral glaubt.

STRÖBEL: Dazu hätten Sie keinen Verein gebraucht.

BEERMANN: Erst recht. Moralisch s e i n, das bringe ich in meinem Zimmer allein fertig, aber das hat keinen erzieherischen Wert. Die Hauptsache ist, dass man sich öffentlich zu moralischen Grundsätzen bekennt. Das wirkt günstig auf die Familie, auf den Staat.

STRÖBEL: Ich muss sagen, von der Seite habe ich die Sache noch nicht betrachtet.

BEERMANN: Denken Sie bloß nach! Mit der Moral ist es genau wie mit der Religion. Man muss immer den Eindruck haben, dass es eine gibt, und einer muss vom anderen glauben, dass er eine hat. Meinen Sie denn, dass es noch eine Religion geben würde, wenn die Kirche unsere Sünden öffentlich verhandeln würde? Aber sie vergibt im Stillen, und so schlau sollte der Staat auch sein.

STRÖBEL: Es klingt manches richtig von dem, was Sie sagen.

BEERMANN: Es ist richtig. Sie können sich darauf verlassen.

STRÖBEL: Theoretisch vielleicht. Aber das hilft uns nichts. Solange das Gesetz es vorschreibt, werden diese Sünden *(auf das Tagebuch klopfend)* öffentlich verhandelt.

BEERMANN: Auch wenn man weiß, dass der Staat Schaden leidet?

STRÖBEL *(zuckt die Achseln)*: Tja!

BEERMANN: Nehmen wir an – ich weiß es ja nicht, aber nehmen wir an, nur e i n angesehener Mensch hätte mal 'ne schwache Stunde gehabt und stände in dem Buch ...

STRÖBEL *(energisch)*: Dann wird er vorgeladen, ohne Gnade und Barmherzigkeit.

BEERMANN *(schreit)*: Aber das ist ja der helle Blödsinn!

STRÖBEL *(verweisend)*: Es ist Pflichterfüllung. *(Lehrhaft:)* Sehen Sie, Herr Beermann, Sie sind Laie. Bei Ihnen darf das Gefühl eine Rolle spielen. Wir Beamte dagegen stoßen mit unseren Empfindungen an die eherne Mauer der Pflicht.

BEERMANN *(hält sich die Ohren zu)*: Hören Sie auf!

1 Gestalten Sie den Text als Rollenspiel.

2 Stellen Sie die beiden Auffassungen von Moral gegenüber. Wie unterscheiden sich die normativ-ethischen Positionen der beiden Protagonisten? (Lesen Sie dazu den Text „Normative Ethik und Metaethik" von Norbert Hoerster, S. 48f.)

3 Welcher Position geben Sie selbst den Vorzug? Begründen Sie.

Moralisches Argumentieren

Sowohl in der Ethik als auch in der Moral gibt es viele verschiedene und auch gegensätzliche Überzeugungen und Grundhaltungen. Dies führt zu der weit verbreiteten Behauptung, dass sich über moralische Fragen eigentlich nicht streiten und diskutieren ließe. Die Ethik als Lehre von der Moral ist aber mehr als bloße Meinungsäußerung zu moralischen Fragen; sie versucht mit Argumenten zu überzeugen und sollte sich daher an den Grundlagen der Vernunft orientieren, d.h. ihre Aussagen müssen rationalen und logischen Kriterien genügen. Neben der analytischen Dimension moralischen Argumentierens (z. B. Argumentationsanalyse) ist auch dessen hermeneutische (s. S. 11), kommunikative (z. B. Dilemma-Diskussion, s. S. 32) und kreativ-konstruktive Dimension (z. B. Gedankenexperiment, s. S. 99 und Essay, s. S. 73) von großer Bedeutung.
Im Folgenden zeigt Norbert Hoerster die Notwendigkeit auf, verschiedene Ebenen des Sprechens über Moral zu unterscheiden. David Hume und George Edward Moore liefern Kriterien, mit denen man moralische Aussagen auf ihre logische Stimmigkeit hin überprüfen kann. Bertrand Russell verdeutlicht die Unterschiede, aber auch die Gemeinsamkeiten von Ethik und empirischer Wissenschaft.

Norbert Hoerster (geb. 1937) war Professor für Rechts- und Sozialphilosophie. Er vertritt eine Variante der „Egoistischen Ethik“ und beschäftigt sich u. a. auch mit Fragen des Embryonenschutzes (s. S. 328ff.).

Norbert Hoerster: Normative Ethik und Metaethik

Die Funktion, die obersten Prinzipien des moralisch (sittlich) Richtigen und Guten zu ermitteln, macht den Bereich der **normativen Ethik** aus. Wir möchten wissen, was letztlich richtig oder unrichtig, gut oder schlecht ist, das heißt was uns als letztes Kriterium unseres Verhaltens im moralischen Bereich dienen kann: Wir suchen nach den grundlegenden Normen menschlichen Verhaltens. Die normative Ethik ist somit eine Theorie, die Normen aufstellt und deren Gegenstand Handlungen sind.
Anders verhält es sich mit jener weiteren Funktion der Ethik, die Begründungs- und Rechtfertigungsmethoden moralischer Urteile zu diskutieren. Sie fällt in den Bereich der **Metaethik**, die gegenüber der normativen Ethik auf einer logisch höheren Ebene (einer Metaebene) liegt. Gegenstand der Metaethik sind nicht Handlungen, sondern Urteile über Handlungen. [...]
Machen wir uns den **Unterschied zwischen normativer Ethik und Metaethik** an einem Beispiel klar.
Angenommen, A möchte sich von seiner Frau scheiden lassen, um seine Sekretärin zu heiraten. B, ein Freund des A, macht ihm deshalb Vorhaltungen; er hält A's Schritt für moralisch falsch. B macht sich also das moralische Urteil zu eigen: „A sollte sich nicht scheiden lassen.“ Im Zuge der von A geforderten Begründung dieses Urteils könnte B früher oder später (je nach seiner moralischen Grundüberzeugung) etwa die folgenden Sätze ins Treffen führen:

(1) „Wenn du dich scheiden lässt, versündigst du dich; nach dem Willen Gottes darf eine gültig geschlossene Ehe zu Lebzeiten der Ehegatten nicht aufgelöst werden"; oder

(2) „Du hast deiner Frau durch die Eheschließung in bindender und feierlicher Form versprochen, zeitlich unbegrenzt eine enge Lebensgemeinschaft mit ihr zu führen. Ein solches Versprechen darf man nicht brechen, nur weil man jemanden kennengelernt hat, den man momentan attraktiver findet"; oder

(3) „Das Unglück, das du durch eine Scheidung über deine Frau und deine Kinder brächtest, würde das Glück, das du in deinem Alter noch für dich und deine neue Frau erwarten könntest, weit überwiegen. Man darf sein eigenes Glück nicht auf Kosten anderer verfolgen"; oder

(4) „Auf die Dauer gesehen würdest du dir in deiner Situation mit einer Scheidung und einer Wiederheirat nur schaden. Man sollte nie etwas tun, wodurch man auf lange Sicht die eigenen Interessen verletzt."

Man beachte, dass in jedem der vier Argumente mindestens zwei verschiedene Behauptungen enthalten sind: Zum einen vertritt B jeweils ein **bestimmtes moralisches Prinzip** („Wer Gottes Willen zuwiderhandelt, ... Wer ein Versprechen bricht, ... Wer andere unglücklich macht, ... Wer sich selber schadet, handelt moralisch falsch"). Und zum anderen behauptet B, dass A in seiner konkreten Situation unter dieses moralische Prinzip fällt und daher, wenn er sich scheiden lässt, moralisch falsch handelt.
Dementsprechend bieten sich für A zwei grundsätzlich verschiedene Möglichkeiten der Erwiderung auf B's Argumente: Er kann bestreiten, dass er tatsächlich unter das entsprechende Prinzip fällt, oder er kann das von B geltend gemachte moralische Prinzip selbst attackieren.
Dabei repräsentieren die vier alternativen Argumente des B die vier **wichtigsten normativ-ethischen Positionen** innerhalb der Ethik: die Positionen einer **religiösen**, einer **deontologischen**, einer **utilitaristischen** und einer **egoistischen** Ethik.
Der Streit über das moralische Problem, ob es für A richtig sei, sich scheiden zu lassen, führte A und B in unserem fingierten Beispiel dazu, sich mit **normativer Ethik** zu beschäftigen. Wir dagegen haben, indem wir den möglichen Verlauf des Streites analysiert haben, **Metaethik** betrieben: A und B ging es um das richtige Verhalten (und in diesem Zusammenhang um die obersten Prinzipien jedes richtigen Verhaltens), uns ging es darum, in welcher Form und mit welchen Methoden A und B ihr Problem in Angriff nahmen. Gegenstand unserer Überlegungen war also die Sprache der Moral (die Sprache, in der über moralisch richtiges Verhalten geredet wird), die Art der Argumentation.
Während die **normative Ethik** fragt: „Was ist letztlich moralisch richtig?", fragt die **Metaethik**: „In welcher Weise lassen sich moralische Urteile über das moralisch Richtige rechtfertigen?"

Modelle normativer Ethik

Deontologische Ethik: Pflichtenethik, Gesinnungsethik, Sollensethik (von gr. déon: das Erforderliche, die Pflicht). Sie begründet eine Handlung von einem Prinzip her (s. S. 156ff.).

Utilitaristische Ethik: Nützlichkeitsethik, Folgenethik (von lat. utilis: nützlich). Sie begründet und bewertet eine Handlung von ihren möglichen Folgen her (s. S. 174ff.).

Egoistische Ethik: eine Ethikbegründung, die auf langfristigen egoistischen Interessen aufgebaut ist (s. S. 146ff.).

Religiöse (oder theologische) **Ethik:** eine Ethik, die auf Erkenntnissen aufbaut, die aus dem Glauben an Gott gewonnen werden (s. S. 195ff.).

1. Formulieren Sie eine ausführliche Erwiderung des A auf die Argumente des B.

2. Treffen Sie anschließend eine Entscheidung über A's Vorhaben und begründen Sie diese.

Das Sein-Sollen-Problem und der naturalistische Fehlschluss*

Der englische Philosoph **David Hume** (1711–1776, s. S. 167f.), der zur Skepsis gegenüber *allen* Wahrheitsansprüchen aufforderte, hatte ethische Begründungstheorien zum Gegenstand seiner Überlegungen gemacht. In deren Mittelpunkt rückte er die Frage: **„Ist das Sein von etwas auch gleichzeitig das Argument dafür, dass es sein sollte?"**
Die analytische Ethik des 20. Jahrhunderts versuchte durch eine Analyse ethischen Argumentierens eine wissenschaftliche Grundlegung und Fundierung der Ethik. So zeigte z. B. der englische Philosoph **George Edward Moore** (1873–1958) an einer Analyse der Verwendung des Wortes „gut" in der Alltagssprache den von ihm so bezeichneten „naturalistischen Fehlschluss" auf.

Es ist statistisch erwiesen, dass alle Menschen lügen. Daher ist das Lügen moralisch erlaubt. Oder: Der Mensch hat wie alle anderen Lebewesen ein grundlegendes Interesse an der Erhaltung seiner Art. Daher sind homosexuelle Beziehungen moralisch falsch und abzulehnen.
Diese Art von Schlussfolgerungen klingt zwar zunächst einleuchtend, bei näherer Betrachtung kommen einem jedoch Zweifel. Wie wird hier argumentiert?
Von der Beobachtung einer Tatsache (Menschen lügen) wird darauf geschlossen, welche Konsequenzen moralischer Art daraus zu ziehen sind (Lügen ist statthaft).
Hier liegt aber nun ein logischer Fehler vor. Denn der Beobachtung wird etwas hinzugefügt, was außerhalb der beobachteten Tatsache liegt. Aus einer Aussage über ein Sein wird also eine Aussage über ein Sollen abgeleitet.
In seiner „Abhandlung über die menschliche Natur" hat der Philosoph David Hume den Grundsatz aufgestellt, dass man aus Prämissen, die sagen, was ist, war oder sein wird, nicht ableiten kann, was sein soll. Hume möchte zeigen, dass moralische Unterscheidungen nicht durch die Vernunft erfasst, sondern gefühlsmäßig getroffen werden. Wenn wir unsere Welt erforschen, tun wir dies mithilfe der Vernunft. Wir analysieren die Natur mit dem Anspruch, sie so zu erfassen, wie sie tatsächlich ist. Dies lässt sich jedoch nur erreichen, wenn wir von uns als den moralischen Beurteilern absehen. Dies tun wir in der Regel aber nicht, sondern verbinden es gleich mit einer (moralischen) Wertung. Das Gute und Böse finden wir aber nicht in den Gegenständen unserer Betrachtung vor, sondern lediglich in uns selbst.
Diesen kritischen Ansatz in der Analyse unserer moralischen Urteile führte der Philosoph George Edward Moore weiter. Er stellte die Frage, ob sich „gut" überhaupt definieren lässt. Ein Blick in die Philosophiegeschichte zeigt, dass solche Definitionen tatsächlich vorliegen. Ein Hedonist etwa sagt, das Gute sei das Lustvolle. Ein Utilitarist dagegen sieht in dem Guten das Nützliche. Moore lässt diese Aussagen, wenn sie als Handlungsanweisung (z. B.: „Lebe lustvoll") gemeint sind, durchaus gelten. Als Definition aber sind sie unbrauchbar, weil sich seiner Ansicht nach „gut" überhaupt nicht definieren lässt. Dies liegt daran, dass „gut" ein einfacher Begriff ist, der nicht weiter zerlegbar ist. Er dient, wie auch

der Begriff „rund“, zur Definition komplexer Begriffe und nur solche lassen sich überhaupt definieren. Daher lässt sich nach Moore nur sagen: „Gut“ ist „gut“ wie „rund“ „rund“ ist. Wenn man nun aber behauptet, dass „gut“ = „lustvoll“ ist, wie es der Hedonist tut, so sitzt man einem Fehlschluss auf, den Moore als den „naturalistischen Fehlschluss“ bezeichnet. Der Fehler, den der Hedonist begeht, ist also seine absolute und vollständige Gleichsetzung des Guten mit dem Lustvollen. Mit dem gleichen Recht und Wahrheitsanspruch könnte der Utilitarist behaupten, das Gute sei das Nützliche.
Für die Ethik und das ethische Argumentieren bedeutet dies, dass Vorsicht gegenüber Wahrheitsansprüchen moralischer Art geboten ist und dass ethische Werturteile und Sollensansprüche eine andere Qualität haben als rein beschreibende Aussagen. In Werturteilen nämlich sind immer auch Gesichtspunkte enthalten, die bei dem Urteilenden selbst liegen und somit dem betrachteten und beurteilten Gegenstand eine ganz eigene, mitunter ihm sogar fremde Qualität geben.

1. Suchen Sie weitere Beispiele für das „Sein-Sollen-Problem“ und den „naturalistischen Fehlschluss“.
2. Inwiefern leiten die Sophisten (s. S. 41ff.) aus der Beschreibung des Seins ein Sollen ab?
3. „Fressen und Gefressenwerden – das ist ein Grundprinzip der Natur, dem auch wir Menschen unterliegen.“ Setzen Sie sich mit dieser Aussage kritisch auseinander.

Bertrand Russell: Gibt es ein sittliches Wissen?

Humes und Moores Ausführungen legen die weit verbreitete Auffassung nahe, dass ethische Urteile Gefühlssache und rein subjektiv seien. Objektivität scheint demnach in der Ethik, im Gegensatz zur Wissenschaft, nicht möglich zu sein. Ist demnach in der Ethik alles „relativ“? Sind ethische Begründungen damit letztlich unverbindlich?
Gegen einen solchen **„ethischen Relativismus“** argumentiert der englische Mathematiker und Philosoph Bertrand Russell.

Der englische Mathematiker, Philosoph und Sozialwissenschaftler **Bertrand Russell** (1872–1970) erlangte Weltruhm mit seinem Werk „Principia Mathematica“, das den Zusammenhang zwischen der Logik und der Mathematik aufzeigt. Während des Ersten Weltkrieges kam er wegen Aufforderung zur Kriegsdienstverweigerung ins Gefängnis. Er erregte als Pazifist mit Appellen (z. B. der „Einstein-Russell-Appell“ 1955) und Tribunalen (z. B. das „International War Crimes Tribunal“ zum Vietnamkrieg 1966) internationales Aufsehen (s. S. 7 u. 152f.).

Die Ethik unterscheidet sich von der Wissenschaft dadurch, dass ihre grundlegenden Gegebenheiten, Gefühle und Empfindungen, nicht Wahrnehmungen sind. Das ist wörtlich zu verstehen: Die Gegebenheiten sind die Gefühle und Empfindungen als solche, nicht die Tatsache, dass wir sie haben. Dass wir sie haben, ist ein wissenschaftliches Faktum wie andere auch; wir erkennen es in der üblichen wissenschaftlichen Weise durch Wahrnehmung. Ein sittliches Urteil dagegen sagt kein Faktum aus; es drückt, wenn auch häufig in verkappter Form, eine Hoffnung oder eine Befürchtung, ein Begehren oder eine Abneigung, Liebe oder Hass aus. Es sollte in der Form des Optativs oder Imperativs, nicht aber im Indikativ ausgesprochen werden. In der Bibel heißt es: „Du sollst deinen Nächsten lieben wie dich selbst“, und ein moderner Mensch könnte angesichts der unter den Staaten herrschenden Zwietracht in die Worte ausbrechen: „Möchten doch alle Menschen einander lieben!“ Das sind rein moralische Sätze, die sich selbstverständlich nicht durch bloßes Summieren von Tatsachen beweisen oder widerlegen lassen. [...]
Aber wenn man auch die grundlegende Bedeutung des Fühlens und Wünschens zugibt, so bleibt doch die Frage, ob es so etwas wie ein sittliches Wissen gibt. „Du sollst nicht töten!“ ist ein Imperativ; „Morden ist böse!“ dagegen ist anscheinend ein Indikativ und die Behauptung, dass etwas falsch oder richtig ist. „Möchten doch alle Menschen glücklich sein!“ ist ein Optativ, während „Das Glück ist gut“ die gleiche grammatische Form hat wie „Sokrates ist sterblich“. Ist diese grammatische Form

irreführend, oder gibt es auch in der Sittlichkeit „richtig“ und „falsch“ wie in der Wissenschaft? [...] Damit hängt ein anderes Problem eng zusammen, nämlich die Frage der Subjektivität sittlicher Urteile. Wenn ich behaupte, Austern seien etwas Gutes, und Sie sagen, sie seien abscheulich, dann wissen wir beide, dass wir nur unserem persönlichen Geschmack Ausdruck geben, und über den Geschmack lässt sich nicht streiten. Wenn aber die Nazis behaupten, es sei gut, Juden zu quälen, und wir sagen, es sei schlecht, dann haben wir nicht das Gefühl, nur einen Geschmacksunterschied auszudrücken; wir sind sogar bereit, für unsere Überzeugungen zu kämpfen und zu sterben, was wir nicht wären, um unsere Ansicht über Austern durchzusetzen. Trotz aller Argumente, die sich dafür geltend machen lassen, dass es sich um zwei gleich gelagerte Fälle handelt, werden doch die meisten Menschen davon überzeugt sein, dass irgendwo ein Unterschied besteht, mag es auch schwierig sein, zu sagen welcher. Ich glaube, dieses Gefühl verdient respektiert zu werden, auch wenn es nicht entscheidend ist; es sollte uns davor bewahren, uns blindlings auf den Standpunkt zu stellen, alle moralischen Urteile seien völlig subjektiv.

Man könnte vielleicht sagen, dass, wenn Hoffnungen und Wünsche in der Ethik von grundlegender Bedeutung sind, schlechthin alles auf dem Gebiet des Moralischen subjektiv sein müsse, da Hoffnungen und Wünsche es sind. Doch dieses Argument ist nicht so überzeugend, wie es klingt. Die wissenschaftlichen Gegebenheiten sind individuelle Wahrnehmungen; sie sind viel subjektiver, als der gesunde Menschenverstand glaubt, und doch ist auf dieser Grundlage das imposante Gebäude der unpersönlichen Wissenschaft errichtet worden. Das war möglich, weil in gewissen Beziehungen die Wahrnehmungen der meisten Menschen übereinstimmen und die abweichenden Wahrnehmungen von Farbenblinden oder von Opfern irgendwelcher Halluzinationen nicht ins Gewicht fallen. Vielleicht kann man auf ähnlichem Wege zur Objektivität in der Moral kommen; wenn ja – denn es macht einen Appell an die Mehrheit erforderlich –, dann gelangen wir damit aus dem Bereich der persönlichen Ethik in den der Politik, die in der Tat sehr schwer von der Ethik abzugrenzen ist.

1. Welche Unterschiede bestehen nach Russell zwischen Wissenschaft und Ethik?

2. Suchen Sie Antworten auf Russells Frage, ob es auch in der Sittlichkeit „richtig“ und „falsch“ gibt.

3. Welche Gründe lassen sich für die Behauptung anführen, moralische Urteile seien „rein subjektiv“? Was sagt Russell zu dieser Position?

4. Diskutieren Sie die Aussagen des letzten Satzes.

Otfried Höffe (Hg.): Lesebuch zur Ethik. Philosophische Texte von der Antike bis zur Gegenwart, München (Beck) [3]2002

Otfried Höffe (Hg.): Lexikon der Ethik, München (Beck) [6]2002

Annemarie Pieper: Einführung in die Ethik, Tübingen (Francke) 2002

Martin Cohen: 99 moralische Zwickmühlen. Eine unterhaltsame Einführung in die Philosophie des richtigen Handelns, München (Piper) 2005

Ethik als Teilbereich der Philosophie

Ihre Stellung im System der wichtigsten philosophischen Disziplinen

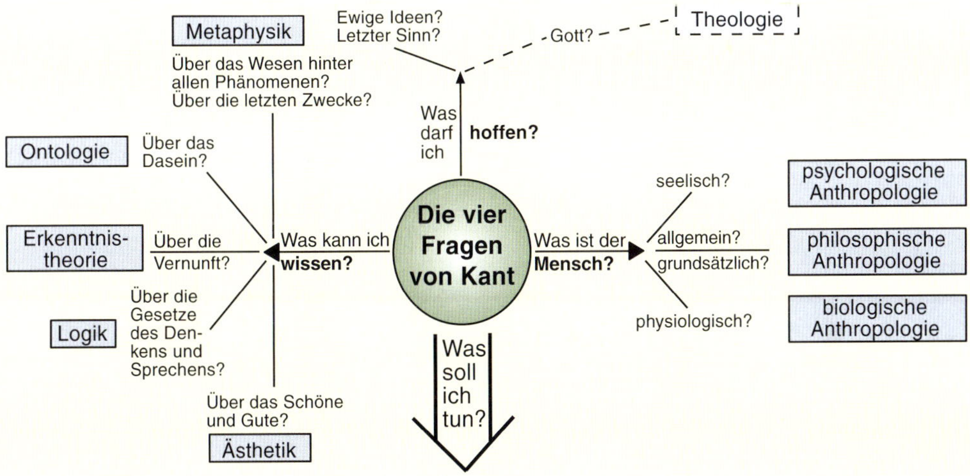

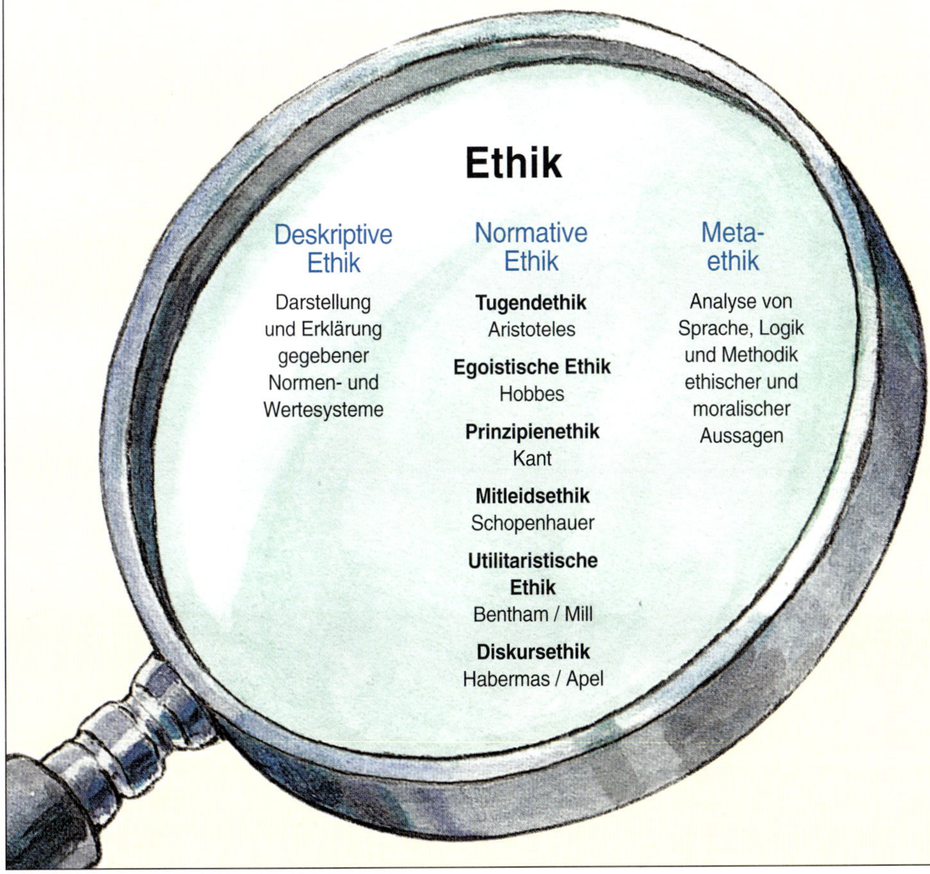

Folgerichtig und stimmig argumentieren

1. Logisches Argumentieren

Ein **Argument** ist eine Begründung für eine Behauptung bzw. These. In der **Logik**[1] bezeichnet der Begriff Argument verschiedene Formen von Schlussfolgerungen. Ein Argument in diesem Sinne besteht aus mehreren Sätzen: Die Sätze, die die Gründe für eine Schlussfolgerung enthalten, nennt man Vordersätze oder **Prämissen**; den Satz, der die Schlussfolgerung enthält, Nachsatz oder **Konklusion**. Zwei dieser Schlussformen sind besonders wichtig:

Deduktion (der Schluss vom Allgemeinen zum Besonderen)

Alle Menschen sind sterblich.	Prämisse
Sokrates ist ein Mensch.	Prämisse
Sokrates ist sterblich.	Konklusion

Wenn die Prämissen als wahr behauptet werden, dann ist auch die Konklusion notwendig wahr. Ob die Prämissen tatsächlich wahr sind (s. S. 194), spielt für die **logische Gültigkeit** eines Arguments keine Rolle, da diese sich rein **formal** nur auf das **Schlussverfahren** bezieht. So kann ein Argument gültig sein, auch wenn eine Prämisse und die Konklusion nach unserem Kenntnisstand unwahr sind: Alle Menschen sind unsterblich. Sokrates ist ein Mensch. Sokrates ist unsterblich. **Gültig** ist demnach ein deduktives Argument, wenn die Bejahung der Prämissen und der Konklusion keinen logischen Widerspruch ergeben. Ein **logischer Widerspruch** ist die Verknüpfung einer Aussage mit der Verneinung dieser Aussage, zum Beispiel wenn man behauptet, alle Menschen seien sterblich und Sokrates ist ein Mensch, aber Sokrates sei nicht sterblich.

Induktion (von besonderen Fällen zu einem allgemeinen Grundsatz oder Gesetz)

Alle Philosophen, die bis zum Tag X beobachtet worden sind, sind gestorben. (Prämisse)

Alle Philosophen sind sterblich. (Konklusion)

Wenn die Prämisse(n) wahr sind, folgt daraus nicht notwendig die Wahrheit der Konklusion, da hier aus zeitlich und räumlich gebundenen Einzelfällen auf eine allgemein gültige Aussage geschlossen wird. So könnte ja in Zukunft ein Philosoph geboren werden, der nicht stirbt. Die Konklusion eines induktiven Arguments geht also über den Gehalt der Prämissen hinaus. Daher sollte man induktive Konklusionen als **Hypothesen** ansehen, die zu überprüfen und ggf. zu korrigieren sind (s. S. 318).

2. Wichtige Argumentationstypen zur Begründung von Thesen

Analogieargument: Ein erörterter Sachverhalt wird mit einem anderen Bereich verglichen.
Autoritätsargument: Zur Stützung der These beruft man sich auf eine anerkannte Autorität, z. B. auf die Aussagen eines Philosophen oder einer Institution (z. B. Grundgesetz, Kant).
Empirisches Argument: Man nimmt Bezug auf gemeinsame, von allen nachvollziehbare Erfahrungen oder auf wissenschaftlich gesicherte Fakten.
Normatives Argument: Allgemein akzeptierte Wertmaßstäbe und Normen (Meinungsfreiheit, Menschenwürde) werden zur Begründung einer These herangezogen.

1. Welchen Erkenntniswert haben Deduktionen und Induktionen?

2. Finden Sie Beispiele für die einzelnen Argumentationstypen.

---

[1] Logik (gr.): Lehre vom folgerichtigen Denken und Argumentieren

Was ist der Mensch? – Anthropologische Grundfragen

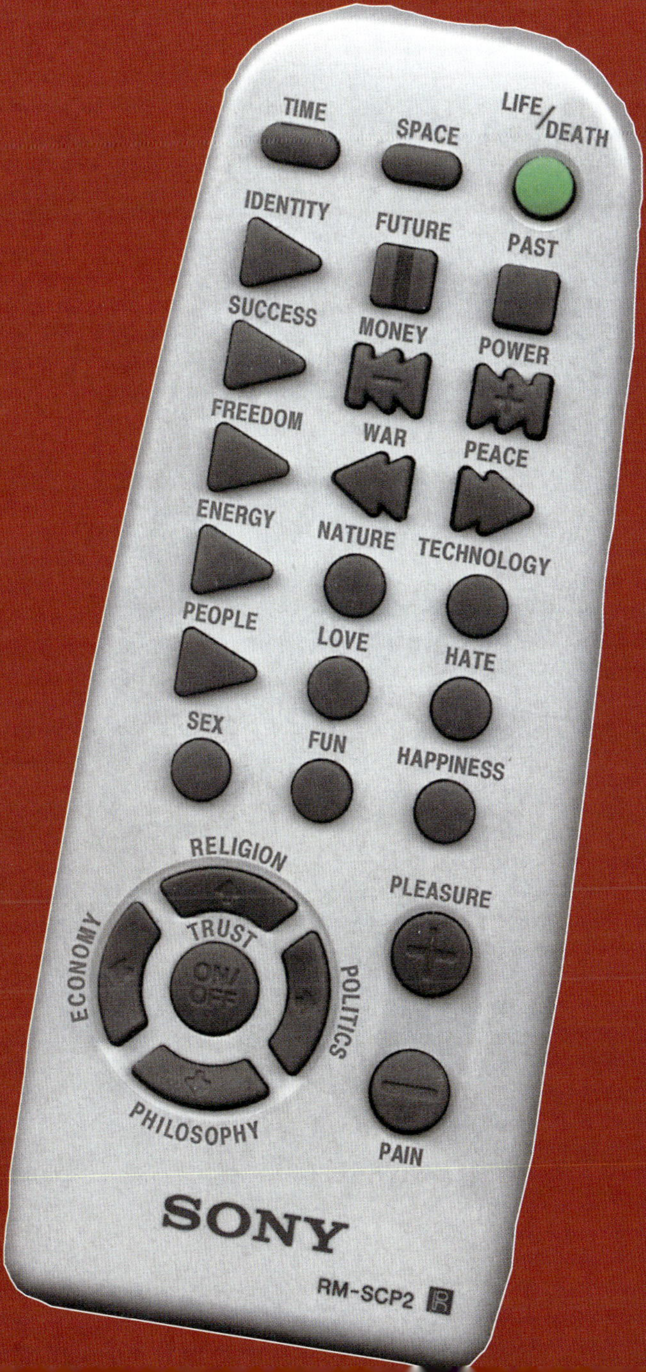

Nebojsa Seric-Shoba (geb. 1968): Remote Control

1. Überlegen Sie: Welche Tasten wurden in Ihrem bisherigen Leben am häufigsten bedient? Wer hat diese Tasten betätigt?

2. Fehlen Ihrer Meinung nach bestimmte Tasten? Wenn ja, welche?

3. Welches Bild vom Leben des Menschen entwirft das Kunstwerk? Setzen Sie sich damit kritisch auseinander.

4. Welche Tasten würden Sie in Zukunft am liebsten bedienen? Begründen Sie. Was würde dann wohl auf dem Bildschirm erscheinen?

Ballett-Tänzer

Der Mensch ist ...

Der Mensch ist weder Engel noch Tier, und das Unglück will es, dass, wer einen Engel aus ihm machen will, ein Tier aus ihm macht.
Blaise Pascal (1623 – 1662), französischer Mathematiker, Physiker und Religionsphilosoph

Wir vergöttern die Vollkommenheit, weil wir sie nicht erreichen können; wir würden sie verwerfen, wenn wir sie hätten. Das Vollkommene ist unmenschlich, denn das Menschliche ist unvollkommen.
Fernando Pessoa (1888 – 1935), portugiesischer Dichter

Jedoch der schrecklichste der Schrecken, das ist der Mensch in seinem Wahn.
Friedrich Schiller (1759 – 1805), deutscher Dichter

Der Mensch ist das Maß aller Dinge.
Protagoras (um 481 – 411 v. Chr.), griechischer Philosoph

Es irrt der Mensch, solang er strebt.
Johann Wolfgang Goethe (1749 – 1832), deutscher Dichter

Der Mensch ist vor allen anderen Geschöpfen ein auf Hoffnung gestelltes Lebewesen.
Friedrich Schlegel (1772 – 1829), deutscher Dichter

Man kann nie wissen, was man wollen soll, weil man nur ein Leben hat, das man weder mit früheren Leben vergleichen noch in späteren korrigieren kann.
Milan Kundera (geb. 1929), tschechischer Schriftsteller

Anna Chromy: Der Tänzer

Der Mensch ist ein nützliches Lebewesen, weil er dazu dient, durch den Soldatentod Petroleumaktien in die Höhe zu treiben, durch den Bergmannstod den Profit der Grubenherren zu erhöhen, sowie auch Kultur, Kunst und Wissenschaft.
Kurt Tucholsky (1890 – 1935), deutscher Schriftsteller

Vieles ist ungeheuer, nichts aber ist ungeheurer als der Mensch.
Sophokles (um 496 – 406 v. Chr.), griechischer Dichter

Jeder Mensch ist ein Abgrund; es schwindelt einem, wenn man hinabsieht.
Georg Büchner (1813 – 1837), deutscher Dichter

Alle Menschen sind frei und gleich an Würde und Rechten geboren. Sie sind mit Vernunft und Gewissen begabt und sollen einander in Brüderlichkeit begegnen.
UN-Menschenrechtsdeklaration (Art. 1, 1948)

Hans Baldung, gen. Grien (1484 – 1545): Die Lebensalter und der Tod

Charles-Auguste Mengin (1853 – 1933): Sappho

Sappho (um 600 v. Chr.) war die bedeutendste Lyrikerin der Antike.

1. Welche Aussagen über den Menschen enthalten die Bilder und Zitate?
2. Welchen der Aussagen stimmen Sie zu, welchen nicht? Verfassen Sie zu einer der Aussagen einen Essay (s. S. 73).
3. Formulieren Sie eine eigene Antwort auf die Frage „Was ist der Mensch?“.

Menschenbilder in Mythen, Philosophie und Wissenschaft

Selbstdeutungen des Menschen im Mythos

Franz von Stuck (1863–1928): Narziss

Der schöne Jüngling Narziss verliebte sich dem Mythos zufolge in sein Spiegelbild. Aus Verzweiflung über die Unerfüllbarkeit dieser Liebe grämte er sich zu Tode und wurde von den Göttern in die gleichnamige Blume verwandelt.

Wesen und Lebendigkeit des Mythos*

„Amors Pfeil hat sie getroffen", „er ist schön wie Adonis", „sie leisten eine wahre Sisyphusarbeit", „narzisstische Persönlichkeitsstörung", „mit Argusaugen beobachten", „Achillesferse": einige wenige Beispiele für die Gegenwart mythischer Figuren in unserer Alltagssprache. Und während man einerseits lobt, dass ein Mythos (z. B. eines Autos, eines Ereignisses usw.) weiterlebt, sagt man jedoch andererseits abwertend, dass etwas in den „Bereich der Mythen" gehöre, demnach märchenhaft und erlogen sei. Was ist ein Mythos? Worin liegt seine „Wahrheit"? Ursprünglich bedeutet das griechische Wort so viel wie „Wort", „Gesagtes", „Erzählung", „Sage". Vor der Entstehung abstrakten und rein begrifflichen Denkens haben die Menschen versucht, typische Lebenssituationen und Verhaltensweisen („Archetypen"[1]), aber auch (unerklärliche) Vorgänge in der Natur mittels bildhaften Erzählens festzuhalten, zu erklären und weiterzugeben. Die „Wahrheit" und bleibende Aktualität dieser Geschichten besteht darin, dass in ihnen Grundmuster menschlicher Existenz (z. B. Liebe, Schuld, Leid usw.) ausgesprochen und in einer erlebbaren Form überliefert und vermittelt sind. Darüber hinaus geben sie Auskunft über mögliche konkrete Lebensvollzüge und über Weltbilder früherer Kulturen. Dabei sind Mythen oft mehrdeutig und beschäftigen daher bis heute nicht nur Dichter, Philosophen und Künstler, sondern finden sich auch in der Alltagskultur wieder. Für den Philosophen Karl Jaspers beginnt mit dem mythischen Denken die Philosophie (s. S. 8f.), wobei der Mythos für ihn keinen festen Erkenntnisinhalt vermittelt, sondern rätselhaft und geheimnisvoll ist und bleibt und deshalb immer wieder zu neuer Auslegung herausfordert.

Bei einem Gastmahl (Symposion) erzählte der Dichter Aristophanes den Mythos vom Urmenschen. Diese Geschichte zeichnete Platon in seinem Werk „Symposion" auf.

Der griechische Mythos vom Eros (nach Platon)

Unsere urprüngliche Natur war nicht die gleiche wie jetzt, sondern ganz anders. Denn erstlich gab es drei Geschlechter von Menschen, nicht wie jetzt nur zwei, männliches und weibliches, sondern es gab noch ein drittes dazu, welches das gemeinschaftliche war von diesen beiden. [...] Ferner war die ganze Gestalt eines jeden Menschen rund, sodass Rücken

---

[1] Archetypus (gr./lat.): zuerst geprägt, Urbild; in der Psychologie: urtümliche, allen Menschen angeborene und unbewusste Leitbilder von Verhaltensweisen und Erfahrungen

und Brust im Kreise herumgingen. Und vier Hände hatte jeder und Schenkel ebenso viel als Hände und zwei Angesichter, auf einem kreisrunden Halse einander genau ähnlich, und einen gemeinschaftlichen Kopf für beide einander gegenüberstehende Angesichter und vier Ohren, auch zweifache Schamteile und alles Übrige, wie es sich hieraus ein jeder weiter ausmalen kann. Man ging aber nicht nur aufrecht wie jetzt, nach welcher Seite man wollte, sondern auch wenn jemand schnell wohin wollte, so machte er es, wie wenn man Purzelbäume schlägt und mit emporgestreckten Beinen sich im Kreise überschlägt. [...]

Zeus also und die anderen Götter ratschlagten, was sie mit ihnen tun sollten, und wussten nicht was. Denn es war weder tunlich, sie zu töten und wie bei den Giganten das ganze Geschlecht mit dem Blitz zu vernichten, denn dann wären sie auch um die Verehrung und die Opfer vonseiten der Menschen gekommen, noch konnten sie sie weiter freveln lassen. Mit Mühe endlich hatte Zeus sich etwas ersonnen und sagte: Ich glaube nun ein Mittel zu haben, wie es noch weiter Menschen geben kann und sie doch aufhören müssen mit ihrer Ausgelassenheit, wenn sie nämlich schwächer geworden sind. Denn jetzt, sprach er, will ich sie, jeden von ihnen, in zwei Hälften zerschneiden, so werden sie schwächer sein. [...]

Mit diesen Worten zerschnitt er die Menschen in zwei Hälften, wie wenn man Früchte zerschneidet, um sie einzumachen. Sobald er aber einen zerschnitten hatte, befahl er dem Apollon, ihm das Gesicht und den halben Hals herumzudrehen nach der Schnittfläche hin, damit der Mensch seine Zerschnittenheit vor Augen habe und sittsamer würde, und das Übrige befahl er ihm zu heilen. Als so ihre natürliche Gestalt entzweigeschnitten war, sehnte sich jedes nach seiner anderen Hälfte, und so kamen sie zusammen, umfassten sich mit den Armen und umschlangen einander in dem Bestreben, zusammenzuwachsen. [...]

Da erbarmte sich Zeus und gab ihnen ein anderes Mittel an die Hand, indem er ihnen die Schamteile nach vorne verlegte, denn vorher trugen sie auch diese nach außen und zeugten nicht eines in dem anderen, sondern in die Erde wie Zikaden. Nun aber verlegte er sie ihnen nach vorne und bewirkte vermittels ihrer das Zeugen ineinander, in dem weiblichen durch das männliche, deshalb, damit in der Umarmung, wenn der Mann eine Frau träfe, sie zugleich zeugten und Nachkommenschaft entstände, wenn aber ein Mann den anderen, sie doch Befriedigung hätten durch ihr Zusammensein und erquickt sich zu ihren Geschäften wenden und was sonst zum Leben gehört besorgen könnten ... Wenn aber einmal einer seine wahre eigne Hälfte antrifft, ein Knabenfreund oder jeder andere, dann werden sie wunderbar entzückt zu freundschaftlicher Einigung und Liebe wollen und wollen sozusagen auch nicht die kleinste Zeit voneinander lassen. [...]

Hiervon ist nun dies die Ursache, dass unsere ursprüngliche Naturanlage diese war und wir ein Ganzes waren, und dies Verlangen eben und Trachten nach dem Ganzen heißt Liebe. Und vordem, wie gesagt, waren wir eins. Jetzt aber sind wir wegen unserer Ungebärdigkeit von dem Gott auseinander gelegt und verteilt worden.

Ren Rong (geb. 1960): Pflanzenmensch

1. Informieren Sie sich über die im Text „Wesen und Lebendigkeit des Mythos" genannten mythologischen Figuren.
2. Skizzieren Sie das Aussehen der urtümlichen Kugelmenschen im Mythos vom Eros.
3. Wie werden Homo- und Heterosexualität hier dargestellt?
4. Wie entsteht Liebe unter den Menschen?
5. Wie gestaltet der Künstler Rong das Verhältnis der Geschlechter zueinander und zur Natur?

Der Text stammt aus **Platons Dialog „Protagoras“**, in dem er die anthropologische Deutung, die Protagoras dem Mythos von Prometheus gab, wiedergibt.

Der griechische Mythos von Prometheus

Es war also einmal eine Zeit, da gab es schon Götter, aber noch keine sterblichen Wesen. Als nun auch für diese die Zeit gekommen war, die das Schicksal für ihre Entstehung bestimmt hatte, formten die Götter sie im Schoß der Erde aus einem Gemisch von Erde und Feuer und allem, was sich mit Feuer und Erde verbinden lässt. Als sie im Begriffe waren, sie ans Licht zu bringen, gaben sie Prometheus[1] und Epimetheus[2] den Auftrag, diese Wesen auszustatten und einem jeglichen die Fähigkeiten zu verleihen, die ihm zukommen. Epimetheus erbat sich von Prometheus, diese Zuteilung selbst vorzunehmen. „Wenn ich damit fertig bin“, sagte er, „so prüfe mein Werk.“ So überredete er ihn und begann mit der Verteilung. Dabei verlieh er den einen Stärke, aber keine Schnelligkeit, und die Schwächeren stattete er dafür mit Schnelligkeit aus. Den einen schenkte er Waffen, den anderen gab er eine wehrlose Natur und dachte für sie eine andere Fähigkeit aus, mit der sie sich erhalten konnten. Denjenigen Wesen, die er in Kleinheit gehüllt hatte, gab er Flügel, mit denen sie fliehen konnten, oder eine unterirdische Behausung; den anderen, die er zur Größe ausdehnte, gab er gerade darin die Möglichkeit zur Rettung, und mit allen Gaben schaffte er so einen Ausgleich. Das aber richtete er ein aus Vorsorge, damit keine ihrer Gattungen vertilgt werde. Nachdem er sie aber hinreichend vor der gegenseitigen Ausrottung geschützt hatte, dachte er auch einen Schutz für sie aus gegen die Jahreszeiten, die Zeus uns sendet, er umkleidete sie mit dichten Haaren und einer festen Haut, die ausreichten, um die Kälte abzuhalten, die aber auch die Hitze abwehren und, wenn sie zur Ruhe gingen, einem jeden Lebewesen als eigene und selbst gewachsene Decke dienen konnten.

[...]

Weil nun aber Epimetheus nicht eben sehr gescheit war, hatte er, ohne es zu merken, alle Fähigkeiten für die vernunftlosen Wesen aufgebraucht; so blieb ihm als Einziges das Menschengeschlecht, das noch nicht ausgestattet war, und er wusste keinen Rat, was er damit anfangen sollte. Wie er noch in Verlegenheit ist, kommt Prometheus und will die Verteilung in Augenschein nehmen; er sieht, dass die übrigen Lebewesen mit allem angemessen ausgestattet sind, dass aber der Mensch nackt, ohne Schuhe, ohne Decken und ohne Waffen geblieben ist. Und schon war der schicksalhafte Tag da, an dem auch der Mensch aus der Erde ans Licht treten sollte. In seiner Verlegenheit, welches Mittel zur Rettung und Erhaltung er für den Menschen finden könnte, stiehlt er dem Hephaistos[3] und der Athene ihr kunstreiches Handwerk samt dem Feuer – denn es war unmöglich, es ohne Feuer zu erwerben oder nutzbar zu machen – und schenkt beides dem Menschen. Die Kunst, sein Leben zu führen, erhielt also der Mensch auf diese Weise; die Staatskunst hingegen besaß er noch nicht. Denn diese lag bei Zeus.

Die griechische Göttin Athene

Dem Mythos zufolge entsprang Athene dem Haupt des Zeus und wurde als Göttin der Weisheit, der Städte, der Künste und der Wissenschaft verehrt. Die meisten Abbildungen zeigen sie mit Helm und Lanze oder mit einer Eule, dem Symbol der Weisheit.

[1] Prometheus (gr.): vorbedacht, der Vorausdenkende
[2] Epimetheus (gr.): nachbedacht, der Nachherdenkende, Bruder des Prometheus
[3] Hephaistos: (gr.): Gott des Feuers und der Schmiedekunst

Gustave Moreau (1826–1898): Die Leiden des Prometheus

50 Klassiker: Die bekanntesten Mythen der griechischen Antike, dargestellt von G. Dommermuth-Gudrich, Hildesheim (Gerstenberg) [7]2004

Der Mythos von Prometheus erfuhr mancherlei Wandlungen und Ergänzungen. So heißt es z.B. bei Hesiod[1], dass Prometheus aus in der Erde verborgenem Samen die Menschen erschuf und sie mit von den Tieren entlehnten guten und bösen Eigenschaften versah. In der Göttin Athene fand er eine Gönnerin, die diese Schöpfung bewunderte und ihr Geist und Weisheit gab. Da Zeus den Menschen das Feuer vorenthielt, stahl Prometheus dies vom Sonnenwagen, unterwies die Menschen in dessen Gebrauch und unterrichtete sie darüber hinaus in Wissenschaften und Kunstfertigkeiten. Daraufhin wurde Zeus auf die Menschen eifersüchtig und sann auf Rache. Er ließ eine wunderschöne Frau namens Pandora (die Allbeschenkte) formen, stattete sie mit einem Gefäß voller Unheil, von dem die Menschen bisher verschont geblieben waren, aus, schickte sie zu Epimetheus und brachte ihn gegen das Anraten des Prometheus dazu, das Geschenk anzunehmen. Pandora öffnete das Gefäß und es entwichen Übel wie Krankheit, Neid, Habgier, die von den Menschen Besitz ergriffen. Ein einziges Gut, das unten im Gefäß lag, die Hoffnung, konnte nicht entweichen, da Pandora den Deckel für immer zuschlug. Auch an Prometheus rächte sich Zeus, indem er ihn an einen Felsen schmieden und einen Adler täglich an seiner nachwachsenden Leber fressen ließ. Erst nach langen Qualen wurde Prometheus von Herakles befreit, musste aber weiterhin seine Ketten tragen.

1. Wie unterscheidet der Mythos in den beiden Versionen zwischen Mensch und Tier?
2. Warum will Zeus dem Menschengeschlecht das Feuer vorenthalten?
3. Worin liegen Verdienst und Elend des Prometheus? (s. dazu auch S. 320ff.)
4. Mit welcher Haltung hat der Maler den Prometheus dargestellt?
5. Lesen Sie das Gedicht „Prometheus“ von J.W. Goethe und zeigen Sie, wie er den Prometheus-Mythos interpretiert.

[1] Hesiod (um 700 v. Chr.): griechischer Dichter

Der biblische Mythos von der Erschaffung des Menschen und vom Sündenfall

Die Erschaffung des Menschen

Das **Alte Testament** schildert im Buch **Genesis** (Entstehung) in zwei verschiedenen Erzählungen, die um 1000 bzw. 500 v. Chr. entstanden sind, die Erschaffung der Welt als ein Werk Gottes. Während in einem der Berichte dargestellt wird, wie Gott den Menschen aus Erde bildete und ihm den göttlichen Atem einhauchte (Gen 2, 4b – 3, 3,24), ist in dem anderen, jüngeren Bericht von einem 6-Tage-Werk die Rede, wonach der Mensch am sechsten Tag, demnach als Abschluss und Höhepunkt der Schöpfung, erschaffen wurde (Gen 1 – 2,4 a).
„Die Erzählungen der Urgeschichte sind weder als naturwissenschaftliche Aussagen noch als Geschichtsdarstellung, sondern als Glaubensaussagen über das Wesen der Welt und des Menschen und über deren Beziehung zu Gott zu verstehen" (Vorwort zur Einheitsübersetzung der Bibel, 1980).

Genesis 1, 26 – 31:

(26) Dann sprach Gott: Lasst uns Menschen machen als unser Abbild, uns ähnlich. Sie sollen herrschen über die Fische des Meeres, über die Vögel des Himmels, über das Vieh, über die ganze Erde und über alle Kriechtiere auf dem Land. (27) Und Gott schuf also den Menschen als sein Abbild; als Abbild Gottes schuf er ihn. Als Mann und Frau schuf er sie. (28) Gott segnete sie und sprach: Seid fruchtbar und vermehrt euch, bevölkert die Erde, unterwerft sie euch und herrscht über die Fische des Meeres, über die Vögel des Himmels und über alle Tiere, die sich auf dem Land regen. (29) Dann sprach Gott: Hiermit übergebe ich euch alle Pflanzen auf der ganzen Erde, die Samen tragen, und alle Bäume mit samenhaltigen Früchten. Euch sollen sie zur Nahrung dienen. (30) Allen Tieren des Feldes, allen Vögeln des Himmels und allem, was sich auf der Erde regt, was Lebensatem in sich hat, gebe ich alle grünen Pflanzen zur Nahrung. So geschah es. (31) Gott sah alles an, was er gemacht hatte: Es war sehr gut. Es wurde Abend, es wurde Morgen: der sechste Tag.

Michelangelo (1475–1564): Die Erschaffung Adams

Genesis 2, 1 – 2:

(1) So wurden Himmel und Erde vollendet und ihr ganzes Gefüge. (2) Am siebten Tag vollendete Gott das Werk, das er geschaffen hatte, und er ruhte am siebten Tag, nachdem er sein Werk vollbracht hatte.

Sündenfall und Vertreibung aus dem Paradies

Nach der Schöpfung bestand die Erde aus dem Garten Eden, dem Paradies. Dort gab es neben anderen Bäumen den sogenannten „Baum der Erkenntnis" (von Gut und Böse), dessen Früchte zu essen den ersten Menschen von Gott verboten war. Aufgrund der Verführung durch eine Schlange aßen Adam und Eva dennoch die verbotene Frucht.

Massacio (1401–1428): Die Vertreibung aus dem Paradies

Genesis 3, 7–24: (7) Da gingen beiden die Augen auf und sie erkannten, dass sie nackt waren. Sie hefteten Feigenblätter zusammen und machten sich einen Schurz. (8) Als sie Gott, den Herrn, im Garten gegen den Tagwind einherschreiten hörten, versteckten sich Adam und seine Frau vor Gott, dem Herrn, unter den Bäumen des Gartens. (9) Gott, der Herr, rief Adam zu und sprach: Wo bist du? (10) Er antwortete: Ich habe dich im Garten kommen hören; da geriet ich in Furcht, weil ich nackt bin, und versteckte mich. (11) Darauf fragte er: Wer hat dir gesagt, dass du nackt bist? Hast du von dem Baum gegessen, von dem zu essen ich dir verboten habe? (12) Adam antwortete: Die Frau, die du mir beigesellt hast, sie hat mir von dem Baum gegeben, und so habe ich gegessen. (13) Gott, der Herr, sprach zu der Frau: Was hast du getan? Die Frau antwortete: Die Schlange hat mich verführt, und so habe ich gegessen. (14) Da sprach Gott, der Herr, zur Schlange: Weil du das getan hast, bist du verflucht / unter allem Vieh und allen Tieren des Feldes. / Auf dem Bauch sollst du kriechen / und Staub fressen alle Tage deines Lebens. (15) Feindschaft setze ich zwischen dich und die Frau, / zwischen deinen Nachkommen und ihrem Nachwuchs. / Er trifft dich am Kopf, / und du triffst ihn an der Ferse. (16) Zur Frau sprach er: Viel Mühsal bereite ich dir, sooft du schwanger wirst. / Unter Schmerzen gebierst du deine Kinder. / Du hast Verlangen nach deinem Mann; / er aber wird über dich herrschen. (17) Zu Adam sprach er: Weil du auf deine Frau gehört und von dem Baum gegessen hast, von dem zu essen ich dir verboten hatte: So ist verflucht der Ackerboden deinetwegen. / Unter Mühsal wirst du von ihm essen, / alle Tage deines Lebens. (18) Dornen und Disteln lässt er dir wachsen, / und die Pflanzen deines Feldes musst du essen. (19) Im Schweiße deines Angesichts / sollst du dein Brot essen, / bis du zurückkehrst zum Ackerboden; / von ihm bist du ja genommen. / Denn Staub bist du, zum Staub musst du zurück. (20) Adam nannte seine Frau Eva (Leben), denn sie wurde die Mutter aller Lebendigen. (21) Gott, der Herr, machte Adam und seiner Frau Röcke aus Fellen und bekleidete sie damit. (22) Dann sprach Gott, der Herr: Seht, der Mensch ist geworden wie wir; er erkennt Gut und Böse. Dass er jetzt nicht die Hand ausstreckt, auch vom Baum des Lebens nimmt, davon isst und ewig lebt! (23) Gott, der Herr, schickte ihn aus dem Garten von Eden weg, damit er den Ackerboden bestellt, von dem er genommen war. (24) Er vertrieb den Menschen und stellte östlich des Gartens von Eden die Kerubim auf und das lodernde Flammenschwert, damit sie den Weg zum Baum des Lebens bewachten.

1. Welche Aussagen macht der Mythos der Erschaffung des Menschen über die Stellung des Menschen in der Welt und sein Verhältnis zu Gott und Natur?
2. Worin besteht die Ursünde des Menschen? Welche Folgen resultieren daraus?
3. Worin bestehen Funktion und „Wahrheit" dieser mythischen Erzählungen? Was bedeutet der Mythos für das Leben eines gläubigen Menschen?
4. Zu den Bildern: Wie hat Michelangelo den biblischen Text interpretiert? Wie stellt Massacio den Sündenfall dar?

Der Mythos der australischen Ureinwohner

Bruce Chatwin (1940–1989), englischer Weltenbummler, Journalist, Kunstexperte und Romancier, lebte eine Zeit lang bei den Aborigines, den australischen Ureinwohnern, und gewann ihr Vertrauen. Dadurch gelang es ihm, in die Geheimnisse ihres Erdentstehungs-Mythos einzudringen. Über diese Erfahrungen schrieb er das Buch „Traumpfade". Darin erzählt er, wie die Aborigines die Wege, die ihre Ururahnen einst gingen, immer wieder abschreiten müssen, damit die Welt nicht verschwindet. Auf geheimnisvolle Weise ist jedem Ureinwohner auch heute noch der besondere Weg seiner persönlichen Ahnen bekannt, obwohl es darüber keine Karten oder Aufzeichnungen gibt. So ist ganz Australien von diesen Traumpfaden durchzogen, an Knotenpunkten kreuzen sie sich – deshalb sind dort heilige Orte. Inzwischen hat die Regierung diese Pfade und ihre Knotenpunkte anerkannt und berücksichtigt sie manchmal bei der Streckenführung im Straßenbau. Dazu werden dann Experten herangezogen, die selbst Aborigines sind.

Bruce Chatwin: Traumpfade

Am Anfang war die Erde eine unendliche, finstere Ebene, getrennt vom Himmel und vom grauen Salzmeer und in schattenhaftes Zwielicht getaucht. Es gab weder Sonne noch Mond noch Sterne. Doch in weiter Ferne lebten die Himmelsbewohner: jugendlich unbekümmerte Wesen, mit menschlicher Gestalt, aber den Füßen von Emus[1], und ihr goldenes Haar glitzerte wie Spinnweben im Sonnenuntergang; zeitlos und ohne zu altern lebten sie seit eh und je in ihrem grünen, wasserreichen Paradies jenseits der westlichen Wolken.

Auf der Oberfläche der Erde waren die einzigen Merkmale einige Höhlungen, die eines Tages Wasserlöcher sein würden. Es gab keine Tiere und keine Pflanzen, doch um die Wasserlöcher ballte sich eine breiige Fülle von Materie: Klumpen von Ursuppe – lautlos, blind, nicht atmend, nicht wach und nicht schlafend –, und jeder Einzelne trug die Substanz des Lebens oder die Möglichkeit der Menschwerdung in sich.

Unter der Erdkruste jedoch glitzerten die Konstellationen, die Sonne schien, der Mond nahm zu und nahm ab, und alle Formen des Lebens lagen schlafend da: das Scharlachrot einer Wüstenwicke, das irisierende Licht auf einem Schmetterlingsflügel, der zuckende weiße Schnurrbart des alten Kängurumannes – sie ruhten wie Samen in der Wüste, die auf einen vorbeiziehenden Regenschauer warten müssen.

Am Morgen des ersten Tages hatte die Sonne das Verlangen, geboren zu werden. Am selben Abend sollten Sterne und Mond folgen. Die Sonne brach durch die Oberfläche, überflutete das Land mit goldenem Licht, wärmte die Höhlungen, unter denen jeder Ahne schlief.

Anders als die Himmelsbewohner waren diese Alten nie jung gewesen. Es waren lahme, erschöpfte Graubärte mit steifen Gliedern, und sie hatten in Abgeschiedenheit ewige Zeiten durchschlafen.

So kam es, dass an diesem ersten Morgen jeder schlummernde Ahne die Wärme der Sonne auf seinen Augenlidern lasten spürte und spürte, wie sein Körper Kinder gebar. Der Schlangenmann spürte, wie Schlangen aus seinem Nabel glitschten. Der Kakadumann spürte Federn. Der Witchettymann[2] spürte ein Schlängeln, die Honigameise ein Kitzeln, das Geißblatt spürte, wie seine Blätter und Blüten sich öffneten. Der Bandikutmann[3] spürte, wie junge Bandikuts unter seinen Armhöhlen hervorquollen. Alle „lebenden Geschöpfe", ein jedes an seiner eigenen, gesonderten Geburtsstätte, streckten sich dem Licht des Tages entgegen.

---

[1] Emu: australischer Straußenvogel

[2] Witchetty: In dem Witchetty-Busch leben die Witchetty-Grubs; Raupen, die bei den Aborigines als Nahrung beliebt sind.

[3] Bandikut: Beuteldachs, Säugetier aus der Gattung der Beuteltiere; lebt in höheren Gebieten Australiens

Auf dem Grund ihrer Höhlungen, die sich jetzt mit Wasser füllten, bewegten die Alten zuerst ein Bein, dann das andere Bein. Sie schüttelten ihre Schultern und reckten ihre Arme. Sie richteten ihre Körper aus dem Schlamm empor. Ihre Augenlider platzten auf. Sie sahen ihre Kinder im Sonnenschein spielen.

Der Schlamm fiel von ihren Schenkeln, wie Plazenta von einem Neugeborenen. Dann, dem ersten Schrei eines Neugeborenen ähnlich, öffnete jeder Ahne den Mund und rief „ICH BIN." „Ich bin Schlange ... Kakadu ... Honigameise ... Geißblatt!" Und dieses erste „Ich bin!", diese uranfängliche Namensgebung, galt – in diesem Augenblick und für alle nachfolgende Zeit – als die geheimste und heiligste Strophe des Ahnen-Lieds.

Jeder der Alten, die sich jetzt im Sonnenlicht wärmten, setzte seinen linken Fuß voran und rief einen zweiten Namen. Er setzte seinen rechten Fuß voran und rief einen dritten Namen. Er benannte das Wasserloch, die Riedbeete, die Gummibäume – er rief nach rechts und nach links, er rief alle Dinge ins Dasein und verwob ihre Namen zu Versen.

Die Alten sangen ihren Weg durch die ganze Welt. Sie sangen die Flüsse und Bergketten, die Salzpfannen und Sanddünen. Sie jagten, aßen, liebten, tanzten, töteten: Wo immer ihre Pfade hinführten, hinterließen sie eine musikalische Spur.

Sie hüllten die ganze Welt in ein Liednetz ein, und als die Erde schließlich gesungen war, fühlten sie sich müde. Wieder spürten sie in ihren Gliedern die eisige Bewegungslosigkeit ewiger Zeiten. Einige versanken in der Erde, auf der sie standen. Einige verkrochen sich in Höhlen. Einige schleppten sich zu ihrer „ewigen Heimstatt", zu den uralten Wasserlöchern, die sie geboren hatten.

Alle kehrten sie „zurück ins Innere".

1. Erklären Sie den komplizierten Mythos der Erdentstehung: Wie sah die Welt ganz zu Anfang aus? Wie kam es zu Licht und zur Gestalt der Erde? Wie entstand tierisches, pflanzliches und mineralisches Leben?

2. Welche Beziehung besteht zwischen Mensch und Umwelt für den, der mit diesem Mythos aufwächst?

3. Beschreiben Sie aus der Sicht von Aborigines unsere heutige Welt.

4. Vergleichen Sie das Verhältnis zwischen Mensch und Welt im biblischen, im prometheischen und im Aborigines-Mythos.

Selbstdeutungen des Menschen in Philosophie und Wissenschaft

Der griechische Philosoph **Platon** (427–347 v. Chr., Biografie s. S. 386) verwendet ähnlich wie im Mythos ein Bild, um einen abstrakten Zusammenhang zu veranschaulichen. Anders aber als im Mythos, wo das Bild für sich selbst spricht, hat es hier die Funktion, eine philosophische Auffassung zu verdeutlichen.
Das Höhlengleichnis hat mancherlei Deutungen erfahren: als bildhafte Darstellung der Ideenlehre, als Beschreibung eines Lern- und Bildungsprozesses, als Sinnbild für Möglichkeiten und Grenzen menschlichen Erkennens.

Platons Höhlengleichnis – ein philosophischer Mythos

„Und jetzt will ich dir ein Gleichnis für uns Menschen sagen, wenn wir wahrhaft erzogen sind und wenn wir es nicht sind. Denke dir, es lebten Menschen in einer Art unterirdischer Höhle, und längs der ganzen Höhle zöge sich eine breite Öffnung hin, die zum Licht hinaufführt. In dieser Höhle wären sie von Kindheit an gewesen und hätten Fesseln an den Schenkeln und am Halse, sodass sie sich nicht von der Stelle rühren könnten und beständig geradeaus schauen müssten. Oben in der Ferne sei ein Feuer, und das gäbe ihnen von hinten her Licht. Zwischen dem Feuer aber und diesen Gefesselten führe oben ein Weg entlang. Denke dir, dieser Weg hätte an seiner Seite eine Mauer, ähnlich wie ein Gerüst, das die Gaukler vor sich, den Zuschauern gegenüber, zu errichten pflegen, um darauf ihre Kunststücke vorzuführen."
„Ja, ich denke es mir so."
„Weiter denke dir, es trügen Leute an dieser Mauer vorüber, aber so, dass es über sie hinwegragt, allerhand Geräte, auch Bildsäulen von Menschen und Tieren aus Stein und aus Holz und überhaupt Erzeugnisse menschlicher Arbeit. Einige dieser Leute werden sich dabei vermutlich unterhalten, andere werden nichts sagen."
„Welch seltsames Gleichnis! Welch seltsame Gefangene!"
„Sie gleichen uns! – Haben nun diese Gefangenen wohl von sich selber und voneinander etwas anderes gesehen als ihre Schatten, die das Feuer auf die Wand der Höhle wirft, der sie gegenübersitzen?"
„Wie sollten sie! Sie können ja ihr Leben lang nicht den Kopf drehen."
„Ferner: von den Gegenständen, die oben vorübergetragen werden? Doch ebenfalls nur ihre Schatten?"
„Zweifellos."
„Und wenn sie miteinander sprechen können, so werden sie in der Regel doch wohl von diesen Schatten reden, die da auf ihrer Wand vorübergehen." „Unbedingt." „Und wenn ihr Gefängnis auch ein Echo von der Wand zurückwirft, sobald ein Vorübergehender spricht, so werden sie gewiss nichts anderes für den Sprecher halten als den vorüberkommenden Schatten." „Entschieden nicht."
„Überhaupt werden sie nichts anderes für wirklich halten als diese Schatten von Gegenständen menschlicher Arbeit."
„Ja, ganz unbedingt." „Nun denke dir, wie es ihnen ergeht, wenn sie frei werden, die Fesseln abstreifen und von der Unwissenheit geheilt werden. Es kann doch nicht anders sein als so. Wenn einer losgemacht wird, sofort aufstehen muss, den Hals wenden, vorwärtsschreiten und hinauf nach dem Licht schauen muss – das alles verursacht ihm natürlich Schmerzen, und das Licht blendet ihn so, dass er die Gegenstände, deren Schatten er bis dahin sah, nicht erkennen kann –, was wird er dann wohl sagen, wenn man ihm erklärt: bis dahin habe er nur eitlen Tand gesehen; jetzt sei er der Wahrheit viel näher und sähe besser; denn die Gegenstän-

de hätten höhere Wirklichkeit, denen er jetzt zugewendet sei! Und weiter, wenn man auf die einzelnen Gegenstände hinzeigt und ihn fragt, was sie bedeuten. Er würde doch keine einzige Antwort geben können und würde glauben, was er bis dahin gesehen, hätte mehr Wirklichkeit, als was man ihm jetzt zeigt." „Weit mehr." „Und zwingt man ihn, das Licht selber anzusehen, so schmerzen ihn doch die Augen. Er wird sich umkehren, wird zu den alten Schatten eilen, die er doch ansehen kann, und wird sie für heller halten als das, was man ihm zeigt." „Ja, das wird er tun." „Und zieht man ihn gar den rauen, steilen Ausgang mit Gewalt hinauf und lässt nicht ab, bis man ihn hervor ins Sonnenlicht gezogen hat, so steht er doch Qualen aus, wehrt sich unwillig, und, ist er oben im Licht, so hat er die Augen voller Glanz und kann kein einziges von den Dingen sehen, die wir wirklich nennen." „Nein, wenn es plötzlich geschieht, nicht." „Er muss sich an das Licht gewöhnen, wenn er die Gegenstände oben sehen will. Zuerst wird er wohl am besten die Schatten erkennen, später die Spiegelungen von Menschen und anderen Gegenständen im Wasser, dann sie selber. Weiter wird er die Himmelskörper sehen und den Himmel selber, und zwar besser bei Nacht die Sterne und den Mond, als bei Tage die Sonne und ihre Strahlen." „Freilich." „Schließlich wird er in die Sonne selber sehen können, also nicht bloß ihre Spiegelbilder im Wasser und anderswo hier unten erblicken, sondern sie selber oben an ihrem Ort. Er wird ihr Wesen begreifen." „Unbedingt." „Und dann vermag er den Schluss zu ziehen, dass sie es ist, die Jahreszeiten und Jahre hervorbringt, die über die ganze sichtbare Welt waltet und von der in gewissem Sinne alles, was man sieht, ausgeht."

„Klar, so weit würde er allmählich kommen!" „Nun weiter! Wenn man ihn dann an seine erste Wohnung, an sein damaliges Wissen und die Mitgefangenen dort erinnerte, würde er sich dann nicht glücklich preisen wegen seines Ortswechsels und die anderen bedauern?" „Gar sehr!" „Wenn sie damals Ehrenstellen und Preise untereinander ausgesetzt haben und Auszeichnungen für den Menschen, der die vorbeiziehenden Gegenstände am schärfsten erkannt und sich am besten gemerkt hat, welche vorher und welche nachher und welche zugleich vorbeizogen, und daher am besten auf das Kommende schließen könne, wird da nun dieser Mann besondere Sehnsucht nach ihnen haben und jene beneiden, die bei ihnen in Ehre und Macht sind? Oder wird es ihm gehen, wie Homer sagt, er begehre heftig *Arbeit, um Lohn zu verrichten. Bei einem ärmlichen Mann auf dem Lande* ... und alles eher erdulden, als wieder nun jene bloßen Meinungen zu besitzen und auf jene Art zu leben?" „Lieber wird er alles über sich ergehen lassen als dort zu leben!"

1 Gestalten Sie in einem szenischen Spiel die Situation in der Höhle.

2 Stellen Sie die einzelnen Etappen des Gangs aus der Höhle ans Licht dar. Welches Bild von Welt und Mensch entwirft Platon?

3 „Platons Gleichnis besitzt heute noch Aktualität." Prüfen Sie, ob diese Behauptung zutrifft.

Der Mensch als kulturschaffendes Wesen

Aristoteles (384–322 v. Chr., Biografie s. S. 381), griechischer Philosoph, entwickelte ein auf genauer Naturbeobachtung basierendes Verfahren, die Welt zu analysieren. Er bestimmte den Menschen als ein **„zoon politicon"** (gr.), ein Staaten bildendes Wesen.
In den nebenstehenden Texten zeigt sich sein **teleologisches Weltbild**, das alle Abläufe in Welt und Natur auf ein Ziel gerichtet sieht (s. auch S. 81).

Aristoteles: Die Hand – „Werkzeug aller Werkzeuge"

Der Mensch ist das einzige Geschöpf mit aufrechter Haltung, weil seine Natur und sein Wesen göttlich sind. Die Aufgabe des göttlichen Wesens ist aber Denken und Sinnen. Dies wird erschwert, wenn die Körperlast von oben zu groß wird, weil die Last das Denken und den Allgemeinsinn zu unbeweglich macht. [...]
Da der Mensch aber nun aufrecht geht, braucht er vorn keinerlei Schenkel, und so hat ihm die Natur dafür Arme und Hände gegeben. Anaxagoras[1] meint, der Mensch sei deswegen das vernünftigste Geschöpf geworden, weil er Hände habe. Sinnvoller jedoch ist es, dass er Hände bekommen habe, weil er das vernünftigste Geschöpf ist. Denn die Hände sind ein Werkzeug, die Natur teilt aber, wie ein verständiger Mensch, jedes Werkzeug nur dem zu, der damit umgehen kann. Es ist ja auch passender, einem Flötenspieler Flöten zu geben, als einen nur deswegen als Flötenspieler zu bezeichnen, weil er Flöten besitzt. Sie fügt dem Größeren und Bedeutsameren das Geringere an, aber nicht dem Geringeren das Ehrwürdigere und Größere. Wenn es nun so besser ist, die Natur aber immer von allen Möglichkeiten die beste verwirklicht, **dann ist der Mensch nicht deshalb so vernünftig, weil er Hände hat, sondern er hat Hände, weil er das vernünftigste Geschöpf ist**. Denn der Vernünftigste kann auch wohl mit den meisten Werkzeugen gut umgehen, und die Hand bedeutet nicht nur ein Werkzeug, sondern viele, sie ist gleichsam das Werkzeug aller Werkzeuge. [...]
Diejenigen aber, die den Bau der Menschen bemängeln und ihn für das bedauernswerteste Geschöpf erklären, weil er ohne Schuhe sei und nackt und ohne Waffen zum Kampf, tun nicht recht daran. Denn die anderen Geschöpfe haben alle immer nur ein Hilfsmittel, das sie nicht mit einem anderen vertauschen können, sondern sie müssen gleichsam gestiefelt und gespornt schlafen und alles tun und können das Wärmekleid um ihren Leib niemals ablegen noch die Waffe, die sie nun mal haben, gegen eine andere vertauschen. Dem Menschen dagegen sind viele Hilfsmittel gegeben, und er kann diese noch verändern, er kann sich die Waffe aussuchen, wie er sie will und wo, da die Hand ihm zur Kralle, zur Schere, zum Horn wird und zum Speer, zum Schwerte und jeder anderen Waffe und jedem Werkzeug. Dies alles ist ja die Hand, weil sie es alles ergreifen und halten kann.

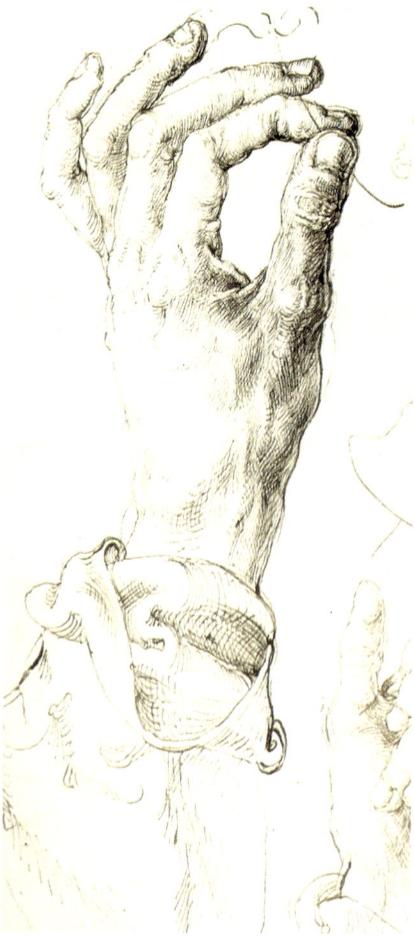

Albrecht Dürer (1471–1528): Studie einer Hand

[1] Anaxagoras (4. Jh. v. Chr.): griechischer Philosoph

Aristoteles: Der Mensch braucht Gemeinschaft

Es ist also notwendig, dass sich zuerst diejenigen Individuen verbinden, die ohne einander nicht sein können, also einmal Weibliches und Männliches der Fortpflanzung wegen [...], dann zweitens von Natur Herrschendes und Beherrschtes der Erhaltung wegen. [...]

Aus diesen beiden Gemeinschaften nun entsteht zuerst das Haus. So ist denn die für das tägliche Zusammenleben bestehende natürliche Gemeinschaft das Haus oder die Familie. [...] Dagegen ist die erste Gemeinschaft, die aus mehreren Familien um eines über den Tag hinaus reichenden Bedürfnisses entsteht, die Dorfgemeinde. [...]

Endlich ist die aus mehreren Dorfgemeinden gebildete vollkommene Gesellschaft der Staat (polis), eine Gemeinschaft, die gleichsam das Ziel vollendeter Selbstgenügsamkeit (Autarkie) erreicht hat, die um des Lebens willen entstanden ist und um des vollkommenen Lebens willen besteht. Darum ist alles staatliche Gemeinwesen von Natur, wenn anders das Gleiche von den ersten und ursprünglichen menschlichen Vereinen gilt. Denn der Staat verhält sich zu ihnen wie das Ziel (telos), nach dem sie streben; das ist aber eben die Natur. [...]

Hieraus erhellt also, dass der Staat zu den von Natur bestehenden Dingen gehört und der Mensch von Natur ein staatliches Wesen ist und dass jemand, der von Natur und nicht bloß zufällig außerhalb des Staates lebt, entweder schlecht ist oder besser als ein Mensch, wie auch der von Homer[1] als ein Mann „ohne Geschlecht und Gesetz und Herd" gebrandmarkte. Denn er ist gleichzeitig von Natur ein solcher und „nach dem Kriege begierig", indem er isoliert dasteht wie ein Stein im Brett.

Dass aber der Mensch mehr noch als jede Biene und jedes schwarm- oder herdenweise lebende Tier ein Vereinswesen ist, liegt am Tage. Die Natur macht, wie wir sagen, nichts vergeblich. Nun ist aber einzig der Mensch unter allen animalischen Wesen mit der Sprache begabt. Die Stimme ist das Zeichen für Schmerz und Lust und darum auch den anderen Sinneswesen verliehen, indem ihre Natur so weit gelangt ist, dass sie Schmerz und Lust empfinden und beides einander zu erkennen geben. Das Wort aber oder die Sprache ist dafür da, das Nützliche oder das Schädliche und so denn auch das gerechte und das ungerechte anzuzeigen. Denn das ist den Menschen vor den anderen Lebewesen eigen, dass sie Sinn haben für Gut und Böse, für gerecht und ungerecht und was dem ähnlich ist. Die Gemeinschaftlichkeit dieser Ideen aber begründet die Familie und den Staat.

Darum ist denn auch der Staat der Natur nach früher als die Familie und als der einzelne Mensch, weil das Ganze früher sein muss als der Teil. [...]

Darum haben denn alle Menschen von Natur in sich den Trieb zu dieser Gemeinschaft, und der Mann, der sie zuerst errichtet hat, ist der Urheber der größten Güter. Denn wie der Mensch in seiner Vollendung das vornehmste Geschöpf ist, so ist er auch, des Gesetzes und Rechtes ledig, das schlechteste von allen.

1. Wodurch unterscheidet sich der Mensch nach Aristoteles von den anderen Lebewesen?

2. Wie deutet er die körperlichen Eigenheiten des Menschen? Untersuchen Sie in diesem Zusammenhang seine Argumentation gegen Anaxagoras (S. 68, Z. 7–9).

3. Wie begründet Aristoteles seine Auffassung, dass „der Mensch von Natur ein staatliches Wesen" sei?

4. „Wer nicht in Gemeinschaft leben kann oder ihrer nicht bedarf, ist entweder ein Tier oder ein Gott." Diskutieren Sie diese These des Aristoteles.

5. Welche Vorstellungen des Aristoteles gelten Ihrer Meinung nach heute noch?

[1] Homer (8. Jh. v. Chr.): griechischer Dichter

Karl Marx (1818–1883, Biografie s. S. 384), deutscher Philosoph, entwickelte eine einflussreiche Lehre („Marxismus"), die dem Idealismus (Ideen bestimmen das menschliche Leben) eine materialistische Weltauffassung gegenüberstellt: Das Denken der Menschen fußt auf ihrer Arbeit, auf ihrer Produktion von materiellen Gütern und auf ihren Lebensbedingungen („Das Sein bestimmt das Bewusstsein."). (s. auch S. 125)

Karl Marx: Durch die Arbeit verändert der Mensch seine eigene Natur

Die Arbeit ist zunächst ein Prozess zwischen Mensch und Natur, ein Prozess, worin der Mensch seinen Stoffwechsel mit der Natur durch seine eigene Tat vermittelt, regelt und kontrolliert. Er tritt dem Naturstoff selbst als eine Naturmacht gegenüber. Die seiner Leiblichkeit angehörigen Naturkräfte, Arme und Beine, Kopf und Hand, setzt er in Bewegung, um sich den Naturstoff in einer für sein eignes Leben brauchbaren Form anzueignen. **Indem er durch diese Bewegung auf die Natur außer ihm wirkt und sie verändert, verändert er zugleich seine eigene Natur.** Er entwickelt die in ihr schlummernden Potenzen und unterwirft das Spiel ihrer Kräfte seiner eigenen Botmäßigkeit. Wir haben es hier nicht mit den ersten tierartig instinktmäßigen Formen der Arbeit zu tun. Wir unterstellen die Arbeit in einer Form, worin sie dem Menschen ausschließlich angehört. Eine Spinne verrichtet Operationen, die denen des Webers ähneln, und eine Biene beschämt durch den Bau ihrer Wachszellen manchen menschlichen Baumeister. Was aber von vorneherein den schlechtesten Baumeister vor der besten Biene auszeichnet, ist, dass er die Zelle in seinem Kopf gebaut hat, bevor er sie in Wachs baut. **Am Ende des Arbeitsprozesses kommt ein Resultat heraus, das beim Beginn desselben schon in der Vorstellung des Arbeiters, also schon ideal vorhanden war.** Nicht dass er nur eine Formveränderung des Natürlichen bewirkt; er verwirklicht im Natürlichen zugleich seinen Zweck, den der weiß, der die Art und Weise seines Tuns als Gesetz bestimmt und dem er seinen Willen unterordnen muss. Und diese Unterordnung ist kein vereinzelter Akt. Außer der Anstrengung der Organe, die arbeiten, ist der zweckmäßige Wille, der sich als Aufmerksamkeit äußert, für die ganze Dauer der Arbeit erheischt, und umso mehr, je weniger sie durch den eigenen Inhalt und die Art und Weise ihrer Ausführung den Arbeiter mit sich fortreißt, je weniger er sie daher als Spiel seiner eigenen körperlichen und geistigen Kräfte genießt.

Jonathan Borofsky (geb. 1942): Hammering Man

Die sich in ständiger Bewegung befindende Skulptur steht vor dem Messegelände in Frankfurt/Main.

1. Wie grenzt Marx die Tätigkeit des Tieres von der Arbeit des Menschen ab?
2. Inwiefern verändert der Mensch durch seine Arbeit auch seine eigene Natur? Setzen Sie die Aussage von Marx in Bezug zu Ihren eigenen Erfahrungen.
3. Warum stellt Arbeitslosigkeit nicht nur ein materielles Problem dar?

Arnold Gehlen: Der Mensch als Mängelwesen und als Prometheus[1]

Sieht man den Menschen theoretisch unbefangen an, so bemerkt man einige Merkmale, die zunächst einmal aufgezählt seien.

Er ist ‚organisch mittellos', ohne natürliche Waffen, ohne Angriffs- oder Schutz- oder Fluchtorgane, mit Sinnen von nicht besonders bedeutender Leistungsfähigkeit, denn jeder unserer Sinne wird von den ‚Spezialisten' im Tierreich weit übertroffen. [...] Die Gesamtheit dieser Merkmale fasst man unter dem Begriff der ‚Unspezialisiertheit' zusammen, und daher stammt die Berechtigung, den Menschen in einen beschreibenden und vergleichenden Gegensatz zum Tier zu bringen. [...]

Wir sehen weiter, wo wir auch hinblicken, den Menschen über die Erde verbreitet und trotz seiner physischen Mittellosigkeit sich zunehmend die Natur unterwerfen. Es ist dabei keine ‚Umwelt', kein Inbegriff natürlicher und urwüchsiger Bedingungen angebbar, der erfüllt sein muss, damit ‚der Mensch' leben kann, sondern wir sehen ihn überall, unter Pol und Äquator, auf dem Wasser und auf dem Lande, in Wald, Sumpf, Gebirge und Steppe ‚sich halten'. **Und zwar lebt er als ‚Kulturwesen', d. h. von den Resultaten seiner *voraussehenden*, geplanten und gemeinsamen Tätigkeit**, die ihm erlaubt, aus sehr beliebigen Konstellationen von Naturbedingungen durch deren voraussehende und tätige Veränderung sich Techniken und Mittel seiner Existenz zurechtzumachen. Man kann daher die ‚Kultursphäre' jeweils den Inbegriff tätig *veränderter* Bedingungen nennen, innerhalb deren der Mensch allein lebt und leben kann. Irgendwelche Waffen, Organisationsformen gemeinsamer Tätigkeit und Schutzmaßnahmen vor Feinden, vor der Witterung usw. gehören daher zu den Beständen auch der primitivsten Kultur, und ‚Naturmenschen', d. h. kulturlose gibt es überhaupt nicht.

Man muss die Resultate dieser geplanten, verändernden Tätigkeit einschließlich der dazugehörigen Sachmittel, Denk- und Vorstellungsmittel zu den *physischen* Existenzbedingungen des Menschen rechnen, und diese Aussage gilt für kein Tier. Die Bauten der Biber, die Vogelnester usw. sind niemals voraussehend geplant und gehen aus rein instinktiven Betätigungen hervor. Den Menschen als *Prometheus* zu bezeichnen, hat daher einen exakten und einen guten Sinn. [...]

Der Mensch ist organisch ‚Mängelwesen' *(Herder*[2]*)*, **er wäre in jeder natürlichen Umwelt lebensunfähig, und so muss er sich eine zweite Natur, eine künstlich bearbeitete und passend gemachte Ersatzwelt, die seiner versagenden organischen Ausstattung entgegenkommt, erst schaffen**, und er tut dies überall, wo wir ihn sehen. Er lebt sozusagen in einer künstlich entgifteten, handlich gemachten und von ihm ins Lebensdienstliche veränderten Natur, die eben die Kultursphäre ist. Man kann auch sagen, dass er biologisch zur Naturbeherrschung gezwungen ist.

Arnold Gehlen (1904–1976), deutscher Philosoph und Soziologe. Eines seiner wichtigsten Werke ist „Der Mensch. Seine Natur und seine Stellung in der Welt" (1940). Er versuchte die Erkenntnisse der modernen Naturwissenschaften, insbesondere der Biologie, für das philosophische Denken nutzbar zu machen (s. auch S. 18f.).

4. Worin ist der Mensch dem Tier unterlegen und wodurch gleicht er dies aus?

5. Wie interpretiert Gehlen den Prometheus-Mythos (s. S. 60f.)? Stimmen Sie dieser Deutung zu?

6. Diskutieren Sie: Hat der Mensch sich durch seine „zweite Natur" in neue Abhängigkeiten begeben?

[1] Prometheus: der Vorausdenkende; Figur in der gr. Mythologie (s. S. 60f.)

[2] Johann Gottfried Herder (1744–1803): deutscher Schriftsteller, Philosoph und Theologe

Die Wendung zum Diesseits – das Menschenbild im Humanismus

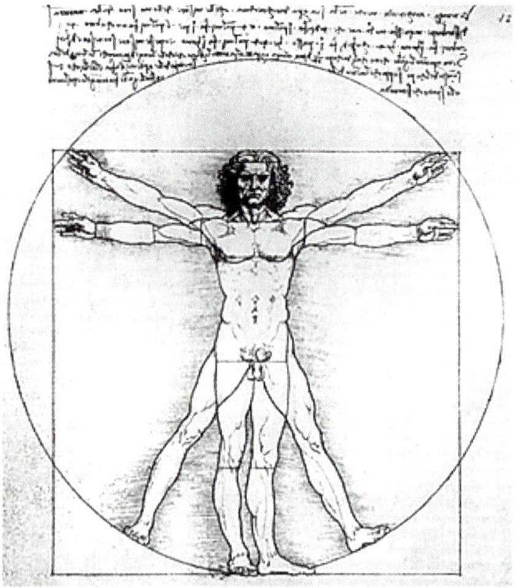

Leonardo da Vinci: Studie der menschlichen Proportionen nach Vitruv (1496)

In Anlehnung an die Proportionslehre des römischen Architekten und Ingenieurs Vitruv (gest. 27 v. Chr.) schuf Leonardo ein an Idealmaßen und hohem Selbstbewusstsein orientiertes Menschenbild.

Ursprung und Zielsetzung des Humanismus*

„Schöpfend aus den kulturellen, religiösen und humanistischen Traditionen Europas ..." So lautet der Anfang der Präambel der ersten europäischen Verfassung (2004). Was versteht man unter den „humanistischen Traditionen Europas"?

Der Begriff Humanismus leitet sich von dem lateinischen humanus = menschlich ab. Als Epochenbegriff bezeichnet der Humanismus eine wissenschaftliche, kulturelle und philologische[1] Bewegung des 14. – 16. Jahrhunderts, die sich im Zeitalter der Renaissance von zu starker Bevormundung durch Theologie und Kirche mit ihrem vom Jenseits bestimmten Menschenbild befreite und sich um eine von Menschenwürde und freier Persönlichkeitsentfaltung gekennzeichnete Gestaltung des Lebens und der Gesellschaft bemühte.

Orientierungspunkt für die Humanisten war das neu entdeckte geistige Gut der griechisch-römischen Antike. Im Zentrum ihrer Bestrebungen stand die Beschäftigung mit der antiken lateinischen und griechischen (später auch hebräischen) Sprache und Dichtung, deren Studium nach Auffassung der Humanisten wesentlich zur Bildung beiträgt und einen Anschluss an die überragende Zivilisation der antiken Welt des Mittelmeerraums bietet. Diese war durch die mittelalterliche Theologie verfälscht und aus dem öffentlichen Bewusstsein verdrängt worden. Deshalb sahen viele Humanisten ihre Aufgabe im Auffinden und in der textkritischen[2] Veröffentlichung der Schriften antiker Autoren. Dies geschah jedoch nicht nur der eigenen Bildung wegen, sondern auch im Hinblick auf die Erziehung junger Menschen, die in gründlicher Auseinandersetzung mit den antiken Klassikern und Vorbildern (wie z. B. Cicero, Vergil, Ovid, Sappho, Penelope, Lucretia) nicht nur klüger, sondern auch sittlich reifer würden („humanistisches Bildungsideal").

Das geistige Zentrum und der Ausgangspunkt dieser Bewegung war Italien (vor allem Florenz), das außer den Dichtern *Francesco Petrarca* (gest. 1374, „der erste Humanist") und *Giovanni Boccacio* (gest. 1375) so herausragende Künstler wie *Leonardo da Vinci* (gest. 1519) und *Michelangelo* (gest. 1564) hervorbrachte.

Andere bedeutende Humanisten waren der Holländer *Erasmus von Rotterdam* (gest. 1536, s. S. 244), der Franzose *Michel de Montaigne* (gest. 1592) und der Engländer *Thomas Morus* (gest. 1535), der z. B. energisch darauf bestand, dass Mädchen die gleiche Erziehung erhalten sollten wie

Die Kultur des Humanismus, hg. von Nicolette Mout, München (Beck) 1998

[1] Philologie (gr.): Wissenschaft, die sich mit Sprache und Schrifttum befasst

[2] textkritisch: Verfahren zur möglichst wortgetreuen Erschließung eines nicht mehr oder nur verändert erhaltenen ursprünglichen Textes

Jungen. Herausragende Vertreter in Deutschland waren u.a.: *Johannes Reuchlin* (1455–1522, „der erste deutsche Humanist"), *Philipp Melanchthon* (gest. 1560) und *Ulrich von Hutten* (gest. 1523).

Michel de Montaigne: „Nicht fürs Leben, für die Schule lernen wir, leider"

Eine junge Dame sagte mir, als sie auf eine bestimmte Person zu sprechen kam, wer so viele große und denkstarke fremde Gehirne in sich aufnehmen wolle, müsse zwangsläufig das eigene verengen, zusammenziehen und verkleinern, um den anderen Platz zu machen. [...] In Wirklichkeit jedoch verhält es sich anders, denn unsere Seele weitet sich um so mehr, je mehr sie in sich aufnimmt, und aus den Beispielen des Altertums kann man ersehen, daß gerade umgekehrt die zur Führung der öffentlichen Angelegenheiten fähigen Männer, die großen Feldherren und die großen Berater der Staatsmänner, zugleich bedeutende Gelehrte waren. [...]

Nicht fürs Leben, für die Schule lernen wir, leider. Um dem abzuhelfen, darf man das Wissen nicht einfach der Seele anhängen, man muß es ihr einverleiben; man darf sie nicht nur besprühen, man muß sie durchtränken damit; wenn es sie jedoch nicht ändert und ihren unvollkommenen Zustand nicht vervollkommnet, ist es gewiß viel besser, es fahren zu lassen: Das Wissen ist ein gefährliches Schwert, das seinen Träger selbst, hat er eine schwache Hand und vermag es nicht zu führen, behindert und verletzt, *so daß es besser wäre, nichts gelernt zu haben.* [...] Jedes Wissen schadet dem, der kein Wissen vom Guten hat. [...]

Der Lehrer soll von seinem Zögling verlangen, daß er nicht nur den Wortlaut der jeweiligen Lektion wiederzugeben vermag, sondern auch deren Sinn und Substanz; und zum Prüfstein für den Nutzen, die der Zögling hieraus zog, nehme er nicht dessen Gedächtnis, sondern seine Lebensführung. [...] Wenn jemand seine Speise wieder so erbricht, wie er sie hinuntergeschlungen hat, beweist dies, daß sie roh und unverdaut geblieben ist. Unterläßt es der Magen, Form und Beschaffenheit dessen umzuwandeln, was man ihm zur Verdauung gab, hat er sein Werk nicht getan.

(Aus lizenzrechtlichen Gründen ist dieser Text nicht in reformierter Rechtschreibung gedruckt.)

Thomas Morus: Die Vermittlung der Gelehrsamkeit

Unter den besonderen Vorzügen, die die Gelehrsamkeit dem Menschen einträgt, halte ich kaum etwas anderes für so vorrangig wie das, was uns die Bildung lehrt, nämlich, dass wir beim Studium der Wissenschaften nicht nach dem Lob schauen, sondern nach dem Nutzen. Das freilich ist uns von den Gelehrtesten anempfohlen worden, vornehmlich von den Philosophen, die dem menschlichen Leben Maßstäbe geben. [...] Auch bin ich der Meinung, es wirkt sich nicht auf die Ernte aus, ob Mann oder Frau sie gesät haben. Denn beiden gebührt der Name ‚Mensch', dessen Natur sich vom Tier durch die Vernunft unterscheidet. Beide, sage ich, sind geeignet infolge der gleichen wissenschaftlichen Kenntnisse (wodurch die Vernunft gehegt wird) und bringen wie ein Acker, der mit guten Lehren besät ist, Frucht aus dem Samen hervor.

Michel de Montaigne (1533–1592), französischer Schriftsteller und Philosoph. Seine Reflexionen über Philosophie, Geschichte, Politik und Literatur verfasste er in der von ihm geschaffenen, eigenständigen literarischen Form des **Essays** (s. auch S. 368f.).

Thomas Morus (1478–1535), englischer Staatsmann und Humanist, entwarf in „Utopia" das Modell einer idealen menschlichen Gesellschaft.

Essay: ein Prosatext, der betont subjektiv, aber facettenreich, mehrperspektivisch und meist skeptisch zu einer wissenschaftlichen oder zu einer aktuellen Frage des geistigen Lebens verfasst ist. Als offene Form unterscheidet er sich von einer streng wissenschaftlichen Abhandlung, ist aber geistreich, argumentativ und stilistisch anspruchsvoll.

1. Referieren Sie über die im Text „Ursprung und Zielsetzung des Humanismus" genannten Humanisten und deren antiken Vorbilder.
2. Welchen Bildungsbegriff und welche Erziehungsziele vertreten Montaigne und Morus?
3. Was versteht man unter „humanistischer Bildung"? Halten Sie dieses Bildungsideal heute noch für zeitgemäß?
4. Aus welchem Grund beruft sich die europäische Verfassung u.a. auch auf den Humanismus?

Ist der Mensch eine Maschine? – das Leib-Seele-Problem

René Descartes (1596–1650), französischer Mathematiker und Philosoph. Er begründete den neuzeitlichen **Rationalismus**, eine Denkrichtung, die davon ausgeht, dass die Welt mithilfe der Vernunft vollständig erklärbar sei. Indem er alle menschliche Erkenntnis einem methodischen Zweifel unterwarf (s. S. 9), versuchte er eine unerschütterliche Grundlage allen Denkens zu finden. Das Ergebnis dieses Verfahrens fand Ausdruck in dem berühmt gewordenen Satz **„Cogito ergo sum"** (Ich denke, also bin ich). Hierin zeigt sich auch sein **dualistisches Welt- und Menschenbild**, das in der radikalen Trennung von Geist (res cogitans) und Materie (res extensa) besteht.

René Descartes: Körper und Geist sind verschieden

Daraus also, dass ich weiß, ich existiere und dass ich inzwischen bemerke, dass durchaus nichts anderes zu meiner Natur oder Wesenheit gehöre, als allein, dass ich ein denkendes Ding bin, schließe ich mit Recht, dass **meine Wesenheit allein darin besteht, dass ich ein denkendes Ding bin**. Und wenngleich ich vielleicht – oder vielmehr gewiss, wie ich später auseinandersetzen werde – einen Körper habe, der mit mir sehr eng verbunden ist, so ist doch – da ich ja einerseits eine klare und deutliche Idee meiner Selbst habe, sofern ich nur ein denkendes *(res cogitans)*, nicht ein ausgedehntes Ding *(res extensa)* bin, und andererseits eine deutliche Idee vom Körper, sofern er nur ein ausgedehntes, nicht denkendes Ding ist – so viel gewiss, dass ich von meinem Körper wahrhaft verschieden bin und ohne ihn existieren kann. [...]

Und wenngleich der ganze Geist mit dem ganzen Körper verbunden zu sein scheint, so erkenne ich doch, dass, wenn man den Fuß oder den Arm oder irgendeinen anderen Teil des Körpers abschneidet, darum nichts vom Geiste weggenommen ist. Auch darf man nicht die Tätigkeit des Wollens, Empfindens, Erkennens als seine Teile bezeichnen, ist es doch ein und derselbe Geist, der will, empfindet und erkennt. Im Gegenteil aber kann ich mir kein körperliches, d. h. ausgedehntes Ding denken, das ich nicht in Gedanken unschwer in Teile teilen und eben dadurch als teilbar erkennen könnte, und das allein würde hinreichen, mich zu lehren, dass der Geist vom Körper gänzlich verschieden ist. [...]

Wenn es Maschinen mit den Organen und der Gestalt eines Affen oder eines anderen vernunftlosen Tieres gäbe, so hätten wir gar kein Mittel, das uns nur den geringsten Unterschied erkennen ließe zwischen dem Mechanismus dieser Maschinen und dem Lebensprinzip dieser Tiere; gäbe es dagegen Maschinen, die unseren Leibern ähnelten und unsere Handlungen insoweit nachahmten, wie dies für Maschinen wahrscheinlich möglich ist, so hätten wir immer zwei ganz sichere Mittel zu der Erkenntnis, dass sie deswegen keineswegs wahre Menschen sind. *Erstens* könnten sie nämlich niemals Worte oder andere Zeichen dadurch gebrauchen, dass sie sie zusammenstellen, wie wir es tun, um anderen unsere Gedanken bekannt zu machen. [...] *Das zweite Mittel* ist dies: Sollten diese Maschinen auch manches ebenso gut oder vielleicht besser verrichten als irgendeiner von uns, so würden sie doch zweifellos bei vielem anderen versagen, wodurch offen zu Tage tritt, dass sie nicht aus Einsicht handeln, sondern nur zur Folge der Einrichtung ihrer Organe. Denn **die Vernunft ist ein Universalinstrument**, das bei allen Gelegenheiten zu Diensten steht, während diese Organe für jede besondere Handlung einer besonderen Einrichtung bedürfen; was es unwahrscheinlich macht, dass es in einer einzigen Maschine genügend verschiedene Organe gibt, die sie in allen Lebensfällen so handeln ließen, wie uns unsere Vernunft handeln lässt.

1. Skizzieren Sie Descartes' Menschenbild.

2. Nach Descartes verfügt der Mensch über zwei verschiedene Substanzen. Wie kann gemäß dieser Auffassung aus einem Gedanken eine körperliche Tätigkeit werden?

3. Entspricht die heutige Unterscheidung zwischen Hirntod und klinischem Tod (s. S. 343) dem Menschenbild Descartes'?

Julien Offray de La Mettrie: Der Mensch ist eine Maschine, der Geist ist ein Teil davon

Da nun aber einmal alle Funktionen der Seele dermaßen von der entsprechenden Organisation des Gehirns und des gesamten Körpers abhängen, dass sie offensichtlich nichts anderes sind als diese Organisation selbst, haben wir es ganz klar mit einer Maschine zu tun. [...] Ein paar Rädchen und Triebfedern mehr als bei den vollkommensten Tieren, ein Gehirn, das proportional näher beim Herzen liegt und somit bei gleichen Verhältnissen besser mit Blut versorgt ist, und ... was weiß ich? ... Unbekannte Ursachen brächten stets das empfindliche und verletzliche Gewissen sowie das Schuldgefühl hervor, das zur Materie genauso gehört wie das Denkvermögen; brächten, mit einem Wort, den ganzen Unterschied hervor, den man hier immer geltend macht. [...] **„Seele" ist also nur ein leeres Wort**, von dem man keinerlei inhaltliche Vorstellung hat. Ein seriöser Denker sollte es nur gebrauchen, um den Teil in uns zu bezeichnen, der denkt. [...]

Ich glaube, *Descartes* wäre ein in jeder Hinsicht achtenswerter Mann, wenn er in ein Zeitalter geboren worden wäre, das er nicht erst hätte aufklären müssen. Dann hätte er verstanden, welcher **Wert in Erfahrung und Beobachtung** liegt und welche Gefahr darin, wenn man sie ignoriert. [...] Zwar hat sich dieser berühmte Philosoph in vielem getäuscht, aber schließlich war er es, der die tierische Natur erkannt und als Erster hieb- und stichfest bewiesen hat, dass Tiere reine Maschinen sind. [...] Denn so sehr er auch die Verschiedenheit zweier Substanzen gepriesen hat, so offensichtlich war dies schließlich nur eine List, eine formale Finesse, um die Theologen ein Gift schlucken zu lassen, das einer Analogie beigemischt ist, die jedermann durchschaut, nur sie nicht. Denn es ist sie, es ist diese ins Auge springende Analogie, die jeden Gelehrten und wahrhaft Kundigen zwingt zuzugeben, dass jene arroganten und eitlen Wesen – besser erkenntlich an ihrem Dünkel als an dem Namen Mensch – nichts als Tiere bzw. senkrecht kriechende Maschinen sind, so sehr sie sich auch darüber erheben wollen. [...]

Maschine sein, empfinden, denken, gut von böse genauso zu unterscheiden wissen wie blau von gelb ... kurz: mit Intelligenz und sicherem moralischen Instinkt geboren und nichts als Tier zu sein – dies also sind Dinge, die nicht widersprüchlicher sind als Affe oder Papagei zu sein und sich Lust zu verschaffen wissen.

Bei dieser Gelegenheit möchte ich Folgendes bemerken: Hätte man wohl je *a priori*[1] sagen können, dass ein Tropfen der Flüssigkeit, die bei der Paarung ausgestoßen wird, himmlische Freuden empfinden lässt; und dass aus ihm ein kleines Geschöpf entsteht, das, bestimmte Gesetzmäßigkeiten zugrunde gelegt, eines Tages gleiche Wonnen genießen wird? **Ich halte das Denken für so wenig unvereinbar mit der organisierten Materie, dass es mir geradezu eine ihrer Eigenschaften zu sein scheint: wie die Elektrizität, die Selbstbewegung, die Undurchdringlichkeit, die Ausdehnung usw.**

[1] a priori (lat.): vor jeder Erfahrung

Julien Offray de La Mettrie (1709–1751), französischer Arzt und Philosoph. Als überzeugter Materialist und Atheist verwarf er u. a. den Glauben an die Unsterblichkeit der Seele und die Willensfreiheit. Er wurde in Frankreich und Holland wegen seiner Ansichten verfolgt und fand Zuflucht am Hof Friedrich des Großen in Potsdam, dem er als Arzt und als eine Art Hofnarr diente. Sein berühmtestes Werk trägt den Titel „L'homme machine" (1748).

4 De La Mettrie gilt als Vertreter eines materialistischen Menschenbildes. Weisen Sie dies an dem Text nach.

5 In welchen Punkten stimmen Descartes und de La Mettrie überein? Worin unterscheiden sie sich?

6 „Von zwei Ärzten ist immer derjenige der bessere, der sich mit der Physik bzw. Mechanik des Körpers besser auskennt." (de La Mettrie) Ist hiermit das entscheidende Kriterium für die Arztwahl genannt? (s. auch das Kapitel „Medizin und Ethik", S. 334ff.)

Der nebenstehende Text ist ein Auszug aus einem von elf führenden deutschen Hirnforschern Ende 2004 verfassten „Manifest“. Darin geben sie Rechenschaft über den gegenwärtigen Forschungsstand und zeigen die Möglichkeiten und Grenzen zukünftiger Forschung und deren Folgen für traditionelle Menschenbilder auf.

„Das Herz hat seine Ordnung; der Geist hat die seine, die besteht in Grundsätzen und Beweisen. Das Herz hat eine andere. Man beweist nicht, dass man uns lieben solle durch geordnete Darlegung der Ursachen der Liebe, das würde lächerlich sein.“

Blaise Pascal (1623–1682), französischer Mathematiker, Physiker und Philosoph

Blade Runner (Regie: Ridley Scott, USA 1982)

1. Prüfen Sie, ob die Positionen Descartes' und de La Mettries von den Hirnforschern bestätigt oder verworfen werden.

2. Diskutieren Sie die Aussagen des letzten Abschnittes. Beziehen Sie dabei das Zitat von Blaise Pascal mit ein.

„Gehirn und Geist“ – Aus einem Manifest von Hirnforschern

Wir haben herausgefunden, dass im menschlichen Gehirn neuronale[1] Prozesse und bewusst erlebte geistig-psychische Zustände aufs Engste miteinander zusammenhängen und unbewusste Prozesse bewussten in bestimmter Weise vorausgehen. Die Daten, die mit modernen bildgebenden Verfahren[2] gewonnen wurden, weisen darauf hin, dass **sämtliche innerpsychische Prozesse mit neuronalen Vorgängen in bestimmten Hirnarealen einhergehen** – zum Beispiel Imagination, Empathie, das Erleben von Empfindungen und das Treffen von Entscheidungen beziehungsweise die absichtsvolle Planung von Handlungen. Auch wenn wir die genauen Details noch nicht kennen, können wir davon ausgehen, dass alle diese Prozesse grundsätzlich durch physikochemische Vorgänge beschreibbar sind. Diese näher zu erforschen ist die Aufgabe der Hirnforschung in den kommenden Jahrzehnten.

Geist und Bewusstsein – wie einzigartig sie von uns auch empfunden werden – fügen sich also in das Naturgeschehen ein und übersteigen es nicht. Und: Geist und Bewusstsein sind nicht vom Himmel gefallen, sondern haben sich in der Evolution der Nervensysteme allmählich herausgebildet. Das ist vielleicht die wichtigste Erkenntnis der modernen Neurowissenschaften. […]

Wie entstehen Bewusstsein und Ich-Erleben, wie werden rationales und emotionales Handeln miteinander verknüpft, was hat es mit der Vorstellung des „freien Willens“ auf sich? Die großen Fragen der Neurowissenschaften zu stellen ist heute schon erlaubt – dass sie sich bereits in den nächsten zehn Jahren beantworten lassen, allerdings eher unrealistisch. […]

Auf lange Sicht werden wir dementsprechend eine „Theorie des Gehirns“ aufstellen. […] Dann werden die Ergebnisse der Hirnforschung in dem Maße, in dem sie einer breiteren Bevölkerung bewusst werden, auch zu einer Veränderung unseres Menschenbilds führen. **Sie werden dualistische Erklärungsmodelle – die Trennung von Körper und Geist – zunehmend verwischen.** […]

Aller Fortschritt wird aber nicht in einem Triumph des neuronalen Reduktionismus enden. Selbst wenn wir irgendwann einmal sämtliche neuronale Vorgänge aufgeklärt haben sollten, die dem Mitgefühl beim Menschen, seinem Verliebtsein oder seiner moralischen Verantwortung zugrunde liegen, so bleibt die Eigenständigkeit dieser „Innenperspektive“ dennoch erhalten. Denn auch eine Fuge von Bach verliert nichts von ihrer Faszination, wenn man genau verstanden hat, wie sie aufgebaut ist. **Die Hirnforschung wird klar unterscheiden müssen, was sie sagen kann und was außerhalb ihres Zuständigkeitsbereichs liegt**, so wie die Musikwissenschaft – um bei diesem Beispiel zu bleiben – zu Bachs Fuge einiges zu sagen hat, zur Erklärung ihrer einzigartigen Schönheit aber schweigen muss.

[1] neuronal: auf der Aktivität von Nervenzellen beruhend
[2] bildgebende Verfahren: Methoden zur Messung und optischen Darstellung von Gehirnaktivitäten

Der Mensch – Von der Vermessung zur technischen Reproduktion

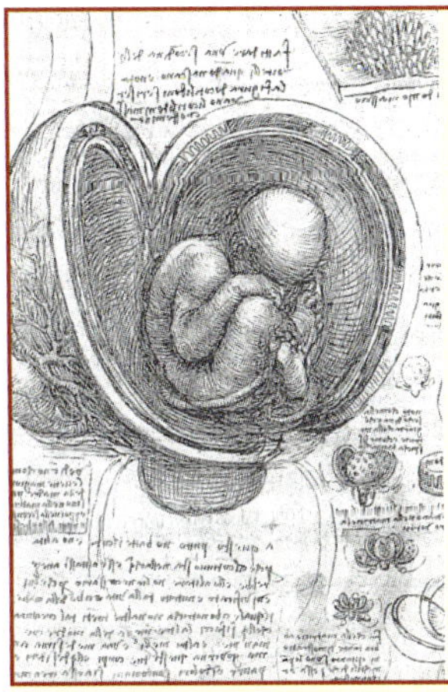

Leonardo da Vinci (1452–1519): Der Fötus und die Innenwand der Gebärmutter

Der italienische Maler, Bildhauer, Architekt, Kunsttheoretiker, Naturforscher und Ingenieur gab in seinen anatomischen Zeichnungen vielfältige Einblicke in Bau und Funktionsweise des menschlichen Körpers.

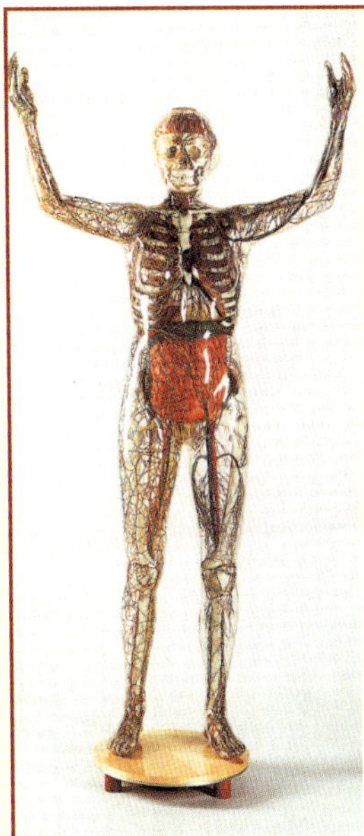

„Gläserner Mensch"

Der 1930 vom Deutschen Hygiene-Museum in Dresden präsentierte „Gläserne Mensch" erregte weltweites Aufsehen. Die aus Kunststoff bestehende „durchsichtige Haut" erlaubte erstmals eine dreidimensionale Sicht in das Innere des menschlichen Körpers. Einen vorläufigen Höhepunkt der Einblicke in den menschlichen Körper stellte die im Jahr 1997 erstmals präsentierte Ausstellung „Körperwelten – Einblick in den menschlichen Körper" dar, in der mit einem speziellen Verfahren Leichen und deren Körperteile haltbar gemacht und einem Millionenpublikum unter dem Motto „Faszination des Echten" gezeigt wurden.

Der Uhrmacher Henri-Lois Jaquet-Droz baute 1773 eine künstliche Frau, die Klavier spielen konnte. Sie ist ein Beispiel für zahlreiche Versuche im 18. Jahrhundert, menschenähnliche Maschinen zu konstruieren. In E.T.A. Hoffmanns Novelle „Der Sandmann" (1817) verliebt sich ein junger Student in „Olimpia", einen solchen Androiden.

CD-Cover-Gestaltung der Musikgruppe „Kraftwerk" (1991)

In den 70er-Jahren des vergangenen Jahrhunderts ließ die Gruppe „Kraftwerk" ihre vollelektronisch produzierte Musik von roboterähnlichen Gestalten auf der Bühne inszenieren. Die Verschmelzung von Mensch und Maschine fand ihren Ausdruck in der programmatischen Textzeile „Wir sind die Roboter". Damit bereitete „Kraftwerk" den Weg für eine Musik vor, die ausschließlich an und von Computern hergestellt und gespielt wird.

3 Skizzieren und bewerten Sie die in den Bildern und Texten gezeigte Entwicklung der Beschäftigung des Menschen mit sich selbst.

4 „Der Mensch ist die erste Spezies der bekannten Welt, der die Bedingungen geschaffen hat, sich selbst zu ersetzen." Michel Houellebecq (geb. 1958), frz. Schriftsteller. – „Der Mensch in 100 Jahren" Wagen Sie eine Prognose.

„Der Mensch ist nicht einmal Herr im eigenen Haus“ – Das Menschenbild der Psychoanalyse

Niki de St. Phalle (geb. 1930): La mort

Die französische Künstlerin gestaltet die Freud'sche Annahme zweier Grundtriebe, den des Eros (Lebenstrieb) und den des Thanatos (Todestrieb), auf eine eigenwillige Art und Weise: Die Frau, deren übertriebene Körperlichkeit auf Fruchtbarkeit und bunte Lebensfülle hinweist, bringt zugleich den Tod, indem sie Leben vernichtet. Diese Ambivalenz von Leben-geben und Leben-nehmen zeigt sich auch in der Grundgestaltung des Pferdeumhangs und der Erde: Fruchtbares Hervorbringen steht neben soghaftem Verschlingen (in den Wellenlinien des Wassers).

Die Ergebnisse der Psychoanalyse haben das Menschenbild seit dem 20. Jahrhundert nachhaltig beeinflusst. Sie basieren auf Hypothesen und Theorien, die zwar plausibel erscheinen, aber in der Fachwissenschaft nicht unumstritten sind.

Sigmund Freud, der Begründer der Psychoanalyse, stellte sein Werk in eine Reihe mit den Entdeckungen von Kopernikus[1] und Darwin[2]. Nach der „kopernikanischen Wende“ standen Erde und Mensch nicht mehr im Mittelpunkt des Universums; Darwins Evolutionstheorie verstand den Menschen nicht mehr als eigenständiges und vom Tierreich losgelöstes Geschöpf Gottes.

Diese Entdeckungen bezeichnete Freud als „Kränkungen“ der „naiven Eigenliebe der Menschheit“. Seine Erkenntnis der zentralen Rolle des Unbewussten für das menschliche Handeln wertete er als die „empfindlichste“ dieser Kränkungen: „Der Mensch ist nicht einmal Herr im eigenen Haus.“

Ich – Es – Über-Ich: Der seelische Apparat nach Freud

Das Ich ist der Kern der Persönlichkeit, die bewusste Instanz, die Erlebnisse und Handlungen einer Person steuert. In der Psychoanalyse wird das Ich als diejenige Organisationsinstanz des psychischen Apparates neben dem **Es** und dem **Über-Ich** angesehen, die zwischen den Erfordernissen der Realität (Umwelt), den Triebwünschen des Es und den moralischen Forderungen des Über-Ichs (Gewissen) vermittelt. [...]

Das Es umfasst die Gesamtheit des Unbewussten. Neben den triebhaften Bedürfnissen und Impulsen findet sich im Es auch das Abgewehrte und Verdrängte. Das Es kann man sich als einen „brodelnden Kessel“ vorstellen, in dem sich alle Wünsche und Bedürfnisse gleichzeitig rühren; es kennt keine Ordnung und keine Zeit, sondern nur das Lustprinzip. Die Triebenergie des Es ist der Motor menschlichen Fühlens und Handelns: Die Libido (ein Teil des Lebenstriebes) bildet die Grundlage für Interesse, Freundschaft und Liebe, der Aggressionstrieb die Basis für Kampf und Zerstörung, aber auch für alles, was Initiative und Zupacken erfordert, wie zum Beispiel die Arbeit. Freud sah es als Aufgabe des Ichs an, das Es zu zügeln; das kommt in der berühmten Formulierung zum Ausdruck: „Wo Es war, soll Ich werden.“

Brockhaus Psychologie, Leipzig/Mannheim 2001, S. 258, 149

---

1 Nikolaus Kopernikus (1473–1543): Astronom und Mathematiker

2 Charles Darwin (1809–1882): Naturforscher

Sigmund Freud: Die Macht des Es

Sigmund Freud (1856–1939), österreichischer Arzt und Psychologe (Biografie s. S. 382)

Die Macht des Es drückt die eigentliche Lebensabsicht des Einzelwesens aus. Sie besteht darin, seine mitgebrachten Bedürfnisse zu befriedigen. Eine Absicht, sich am Leben zu erhalten und sich durch die Angst vor Gefahren zu schützen, kann dem Es nicht zugeschrieben werden. Dies ist die Aufgabe des Ichs, das auch die günstigste und gefahrloseste Art der Befriedigung mit Rücksicht auf die Außenwelt herauszufinden hat. Das Über-Ich mag neue Bedürfnisse geltend machen, seine Hauptleistung bleibt aber die Einschränkung der Befriedigungen.

Die Kräfte, die wir hinter den Bedürfnisspannungen des Es annehmen, heißen wir *Triebe*. Wir haben uns entschlossen, nur zwei Grundtriebe anzunehmen, den *Eros* und den *Destruktionstrieb*. [...] Das Ziel des ersten ist, immer größere Einheiten herzustellen und so zu erhalten, also Bindung, das Ziel des anderen im Gegenteil, Zusammenhänge aufzulösen und so die Dinge zu zerstören. Beim Destruktionstrieb können wir daran denken, dass als sein letztes Ziel erscheint, das Lebende in den anorganischen Zustand zu überführen. Wir heißen ihn darum auch *Todestrieb*. Wenn wir annehmen, dass das Leben später als das Leblose gekommen und aus ihm entstanden ist, so fügt sich der Todestrieb der erwähnten Formel, dass ein Trieb die Rückkehr zu einem früheren Zustand anstrebt. In den biologischen Funktionen wirken die beiden Grundtriebe gegeneinander oder kombinieren sich miteinander. So ist der Akt des Essens eine Zerstörung des Objekts mit dem Endziel der Einverleibung, der Sexualakt eine Aggression mit der Absicht der innigsten Vereinigung.

Dieses Mit- und Gegeneinanderwirken der beiden Grundtriebe ergibt die ganze Buntheit der Lebenserscheinungen. Über den Bereich des Lebenden hinaus führt die Analogie unserer beiden Grundtriebe zu dem im Anorganischen herrschenden Gegensatzpaar von Anziehung und Abstoßung. Es kann keine Rede davon sein, den einen oder anderen der Grundtriebe auf eine der seelischen Provinzen einzuschränken. Sie müssen überall anzutreffen sein. Einen Anfangszustand stellen wir uns in der Art vor, dass die gesamte verfügbare Energie des Eros, die wir von nun ab *Libido* heißen werden, im noch undifferenzierten Ich-Es vorhanden ist und dazu dient, die gleichzeitig vorhandenen Destruktionsneigungen zu neutralisieren. (Für die Energie des Destruktionstriebes fehlt uns ein der Libido analoger Terminus.) Späterhin wird es uns verhältnismäßig leicht, die Schicksale der Libido zu verfolgen, beim Destruktionstrieb ist es schwerer. Es ist unverkennbar, dass die Libido somatische[1] Quellen hat, dass sie von verschiedenen Organen und Körperstellen her dem Ich zuströmt. Man sieht das am deutlichsten an jenem Anteil der Libido, der nach seinem Triebziel als Sexualerregung bezeichnet wird. Die hervorragendsten der Körperstellen, von denen diese Libido ausgeht, zeichnet man durch den Namen *erogene Zonen* aus, aber eigentlich ist der ganze Körper eine solche erogene Zone. Das Beste, was wir vom Eros, also von seinem Exponenten, der Libido, wissen, ist durch das Studium der Sexualfunktion gewonnen worden, die sich ja in der landläufigen Auffassung, wenn auch nicht in unserer Theorie, mit dem Eros deckt.

Cordelia Schmidt-Hellerau (Hg.): Sigmund Freud. Das Lesebuch, Frankfurt am Main (S. Fischer) 2006

1. Stellen Sie den „psychischen Apparat“ als Schaubild dar. Verdeutlichen Sie dabei die Rolle und die Aufgabe des Ichs.

2. Warum ist nach Freud der Mensch „nicht einmal Herr im eigenen Haus“? Erläutern Sie das Wirken der beiden Triebe anhand von Beispielen.

3. „Freuds Menschenbild reduziert den Menschen auf seine Triebe.“ Diskutieren Sie diese Aussage.

4. Führen Sie verschiedene Wissenschaftler und Philosophen dieses Kapitels in einer Diskussionsrunde zum Thema „Der Mensch im 21. Jahrhundert“ zusammen.

[1] somatisch (gr.): körperlich

Der Mensch in der Geschichte

Ist Geschichte sinnlos?

Georg Büchner (1813–1837), Autor und Arzt, ist einer der herausragendsten Dichter des 19. Jahrhunderts. Er kämpfte für die Armen, obgleich er die Vergeblichkeit des Kampfes voraussah. Mit seinen Theaterstücken „Woyzeck", „Danton" und „Leonce und Lena" schuf er Werke von hohem Rang. Wegen seiner revolutionären Schrift „Der Hessische Landbote", in der er die Macht der Fürsten 1832 angriff, musste er in die Schweiz fliehen. Dort schrieb er in einem Brief an seine Braut, was er in der Geschichte zu erkennen glaubte.

Georg Büchner: Der Fatalismus[1] in der Geschichte

„Gießen, um den 9.–12. März 1834.

Schon seit einigen Tagen nehme ich jeden Augenblick die Feder in die Hand, aber es war mir unmöglich, nur ein Wort zu schreiben. Ich studierte die Geschichte der Revolution. Ich fühlte mich wie zernichtet unter dem grässlichen Fatalismus der Geschichte. Ich finde in der Menschennatur eine entsetzliche Gleichheit, in den menschlichen Verhältnissen eine unabwendbare Gewalt, Allen und Keinem verliehen. Der Einzelne nur Schaum auf der Welle, die Größe ein bloßer Zufall, die Herrschaft des Genies ein Puppenspiel, ein lächerliches Ringen gegen ein ehernes Gesetz, es zu erkennen das Höchste, es zu beherrschen unmöglich [...] Was ist das, was in uns lügt, mordet, stiehlt? Ich mag dem Gedanken nicht weiter nachgehen. Könnte ich aber dies kalte und gemarterte Herz an deine Brust legen!"

John Gast: Amerikanischer Fortschritt (1872)

Manhattan nach der Zerstörung des World-Trade-Centers (11.9.2001)

1. Überlegen Sie: Besteht nicht ein Widerspruch zwischen Büchners politischem Einsatz und seiner Geschichtsauffassung?

2. Versuchen Sie für die vergangene Woche eine Zeitleiste von Ereignissen anzulegen, aus der sich so etwas wie ein Sinn oder eine Entwicklung zum Besseren hin ablesen lässt. Diese Aufgabe kann gut mit einer Gruppenarbeit verbunden werden.

3. Betrachten Sie die Bilder unter der Fragestellung, welche Einstellung zur geschichtlichen Entwicklung sie nahelegen.

[1] Fatalismus (von lat. fatum = das Geschick): Resignation vor dem Schicksal, Schicksalsergebenheit

Arthur Schopenhauer: Der Kreis als allgemeinste Form der Natur

Arthur Schopenhauer
(1788 – 1860), deutscher Philosoph (Biografie s. S. 389)

Durchgängig und überall ist das echte Symbol der Natur der Kreis, weil er das Schema der Wiederkehr ist: Diese ist in der Tat die allgemeinste Form in der Natur, welche sie in Allem durchführt, vom Laufe der Gestirne an, bis zum Tod und der Entstehung organischer Wesen […]. So weilt Alles nur einen Augenblick und eilt dem Tode zu. Die Pflanze und das Insekt sterben am Ende des Sommers, das Tier, der Mensch, nach wenig Jahren: Der Tod mäht unermüdlich. Desungeachtet aber, ja, als ob dem ganz und gar nicht so wäre, ist jederzeit Alles da und an Ort und Stelle, eben als wenn Alles unvergänglich wäre. Jederzeit grünt und blüht die Pflanze, schwirrt das Insekt, steht Tier und Mensch in unverwüstlicher Jugend da, und die schon tausend Mal genossenen Kirschen haben wir jeden Sommer wieder vor uns. Auch die Völker stehen da, als unsterbliche Individuen; wenn sie gleich bisweilen die Namen wechseln: Sogar ist ihr Tun, Treiben und Leiden allezeit dasselbe; wenngleich die Geschichte stets etwas Anderes zu erzählen vorgibt: Denn diese ist wie das Kaleidoskop, welches bei jeder Wendung eine neue Konfiguration zeigt, während wir eigentlich immer dasselbe vor Augen haben. Was also drängt sich unwiderstehlicher auf, als der Gedanke, dass jenes Entstehen und Vergehen nicht das eigentliche Wesen der Dinge treffe, sondern dieses davon unberührt bleibe, also unvergänglich sei, daher denn Alles und Jedes, was da sein WILL, wirklich fortwährend und ohne Ende da ist.

Wenn die Geschichte der Menschheit nicht als ungeordnete und willkürlich-zufällige Ansammlung einzelner Ereignisse erscheint, stellt sich die Frage nach einem bestimmten, gesetzmäßig ablaufenden Plan, der in ihr wirkt. Bewegt sie sich als *Universalgeschichte* in einem linearen, universalen Fortschrittsprozess auf ein Ziel (z. B. einer „klassenlosen Gesellschaft“) hin (= teleologische Geschichtsauffassung)? Oder ist sie ein ewiger, unvermeidlicher Kreislauf des Immer-Gleichen (= zyklische Geschichtsauffassung)? Andererseits: Hat sich die Idee einer Universalgeschichte mit ihrer Berufung auf politisch, philosophisch oder religiös begründete „letzte Prinzipien“ und Sinnzuschreibungen nicht als unhaltbare Fiktion erwiesen? Sollte die Geschichte vielleicht vielmehr als „*Multiversalgeschichte*“ verstanden werden? Mit solchen und ähnlichen Fragen beschäftigt sich die **Geschichtsphilosophie**.

Apokatastasis[2]

Schon die Pythagoreer sollen eine Apokatastasis gelehrt haben. Auch Heraklit nimmt einen ewigen Kreislauf des Geschehens an: Die aus dem Urfeuer hervorgegangene Welt kehrt nach bestimmten Zeiten immer wieder, periodisch, zurück. Die Stoiker fügen hinzu, dass wegen der Gleichheit der Gesetze, denen die Weltbewegung folgt, die aufeinanderfolgenden Welten sich so ähnlich sind, dass in ihnen die gleichen Personen, Dinge, Ereignisse wiederkommen. Unabhängig von diesen (aber im Anschluss an Heraklit) glaubt Nietzsche an eine „Wiederkunft des Gleichen“. Er leitet sie aus der von ihm angenommenen Endlichkeit der Weltkraft ab. „Hätte die Welt ein Ziel, so müsste es erreicht sein.“ Die Welt hat kein Ziel, kein Vermögen zur ewigen Neuheit. Der Satz vom Bestehen der Energie fordert die ewige Wiederkehr aller Dinge, Ereignisse, Zustände.

Rudolf Eisler: Wörterbuch der philosophischen Begriffe, Berlin, 1904

4 Was ist nach Ihrer Meinung im menschlichen Leben oder auf der Welt
- immer wiederkehrend,
- einmalig, jedes Mal neu?

[1] teleologisch (von gr. telos = Ziel): zielgerichtet
[2] Apokatastasis (gr.): Wiederherstellung, Wiederkunft

Gab es einen guten Urzustand in der Geschichte?

Um die Frage beantworten zu können, nach welchem Gesetz sich die Geschichte bewegt, da doch die Gegenwart so niederdrückend, so ungerecht und düster erschien, wandten sich die Geschichtsphilosophen dem Anfang der Menschheitsgeschichte zu und überlegten, wie dieser wohl ausgesehen habe. Davon erhofften sie sich eine Hilfestellung, um den Maßstab zu schaffen, mit dem sie die Geschichte einordnen und beurteilen könnten.

Jean-Jacques Rousseau
(1712–1778, Biografie s. S. 387), französischer Philosoph. Besonders einflussreich wurde Rousseau als einer der geistigen Vorbereiter der Französischen Revolution. Er nahm an, dass der frühe Mensch besser und glücklicher war als der Mensch seiner Zeit, weil er nicht in Unterdrückung lebte.

Jean-Jacques Rousseau: Der gute Mensch des Anfangs

Der Erste, der ein Stück Land eingezäunt hatte und es sich einfallen ließ zu sagen: *dies ist mein* und der Leute fand, die einfältig genug waren, ihm zu glauben, war der wahre Gründer der bürgerlichen Gesellschaft. Wie viele Verbrechen, Kriege, Morde, wie viel Not und Elend und wie viele Schrecken hätte derjenige dem Menschengeschlecht erspart, der die Pfähle herausgerissen oder den Graben zugeschüttet und seinen Mitmenschen zugerufen hätte: „Hütet euch, auf diesen Betrüger zu hören; ihr seid verloren, wenn ihr vergesst, dass die Früchte allen gehören und die Erde niemandem." [...]

Pygmäen-Familie in Zentralafrika

Solange die Menschen sich mit ihren ländlichen Hütten begnügten, solange sie sich darauf beschränkten, ihre Kleider aus Häuten mit Dornen oder Gräten zu nähen, sich mit Federn und Muscheln zu schmücken, sich den Körper mit verschiedenen Farben zu bemalen, ihre Bogen und ihre Pfeile zu vervollkommnen oder zu verschönern, mit scharfen Steinen einige Fischerboote oder einige krude Musikinstrumente zu schnitzen; mit einem Wort: Solange sie sich nur Arbeiten widmeten, die ein Einzelner bewältigen konnte, und Künsten, die nicht das Zusammenwirken mehrerer Hände erforderten, lebten sie so frei, gesund, gut und glücklich, wie sie es ihrer Natur nach sein konnten, und fuhren sie fort untereinander die Süße eines unabhängigen Verkehrs zu genießen. Aber von dem Augenblick an, da ein Mensch die Hilfe eines anderen nötig hatte, sobald man bemerkte, dass es für einen Einzelnen nützlich war, Vorräte für zwei zu haben, verschwand die Gleichheit, das Eigentum kam auf, die Arbeit wurde notwendig und die weiten Wälder verwandelten sich in lachende Felder, die mit dem Schweiß der Menschen getränkt werden mussten und in denen man bald die Sklaverei und das Elend sprießen und mit den Ernten wachsen sah. [...] Die extreme Ungleichheit in der Lebensweise, das Übermaß an Müßiggang bei den einen, das Übermaß an Arbeit bei den anderen; [...] – das sind die unheilvollen Beweise dafür, dass die Mehrzahl unserer Leiden unser eigenes Werk sind und dass wir sie beinahe alle vermieden hätten, wenn wir die einfache, gleichförmige und solitäre Lebensweise beibehalten hätten, die uns von der Natur vorgeschrieben wurde.

1. Worin besteht für Rousseau die Ursünde der Menschheitsgeschichte?
2. Welche Folgen für das Zusammenleben hatte sie?
3. Vergleichen Sie das Leben einer Pygmäen-Familie mit unserem Leben. Wer lebt Ihrer Meinung nach glücklicher?

David Hume: Der Naturzustand ist nur erdichtet

David Hume (1711–1776), englischer Philosoph und Naturwissenschaftler (s. S. 167)

Die Jahreszeiten waren in dieser ältesten Naturperiode, wenn wir den Dichtern glauben dürfen, so gemäßigt, dass die Menschen keine Kleidung und keine Häuser als Schutz gegen Wärme und Kälte brauchten. Die Flüsse bestanden aus Wein und Milch, die Eichen gaben Honig, und die Natur brachte von selbst die größten Leckerbissen hervor. Von Geiz, Ehrgeiz, Grausamkeit, Selbstsucht hörte man nichts; herzliche Zuneigung, Mitleid, Teilnahme waren die einzigen Regungen, die der Menschengeist kannte. Selbst der Unterschied zwischen Mein und Dein war aus dieser glücklichen Rasse von Sterblichen verbannt. [...] Dies muss natürlich als müßige Erdichtung betrachtet werden.
Ich betrachte zunächst die Menschen in ihrem wilden und vereinsamten Zustand und setze voraus, dass sie sich des Elends dieses Zustands bewusst sind und die Vorteile voraussehen, die ihnen aus der Gesellschaft entstehen würden, und dass demgemäß einer des anderen Gesellschaft sucht und sie sich gegenseitigen Schutz und Beistand anbieten. Ich nehme weiter an, dass diese Menschen mit hinreichendem Scharfsinn begabt sind, um sofort zu bemerken, dass das Haupthindernis bei diesem Plan der Gründung einer Gesellschaft oder Genossenschaft in der Begierde oder Selbstsucht liegt, die ihnen natürlicherweise anhaften, und dass sie, um diesem Übel abzuhelfen, eine Übereinkunft zur Sicherung des Besitzes und zur gegenseitigen Beschränkung und Rücksichtnahme eingehen.

Kant kritisiert Rousseau*

Für Kant wirken im Menschen sich widersprechende Kräfte von Vereinzelung und Egoismus einerseits und andererseits ein Bedürfnis nach Gemeinsamkeit. Kant nennt dies den „Antagonismus[1] der ungeselligen Geselligkeit“. Es ist dem Menschen angeboren, sich durchzusetzen gegen andere, ebenso wie es ihm angeboren ist, sich den anderen anzuschließen, von denen er doch nur Widerstand gegen die Durchsetzung seiner Interessen erwarten kann. Dieser Widerstreit nun stachelt ihn an, „seine Faulheit zu überwinden und, getrieben durch Ehrsucht, Herrschsucht und Habsucht, sich einen Rang unter seinen Mitgenossen zu verschaffen, die er wohl nicht leiden kann, von denen er aber auch nicht lassen kann“. Diese Spannung im Menschen, diese „Zwietracht“ treibt die kulturelle Entwicklung an, in der Kant den Zweck, das Ziel der menschlichen Gattung sieht.

Immanuel Kant: Idee zu einer allgemeinen Geschichte in weltbürgerlicher Absicht

Die Menschen, gutartig wie die Schafe, die sie weiden, würden ihrem Dasein kaum einen größeren Wert verschaffen, als dieses ihr Hausvieh hat; sie würden das Leere der Schöpfung in Ansehung ihres Zwecks, als vernünftige Natur, nicht ausfüllen. Dank sei also der Natur für die Unvertragsamkeit, für die missgünstig wetteifernde Eitelkeit, für die nicht zu befriedigende Begierde zum Haben oder auch zum Herrschen! Der Mensch will Eintracht, aber die Natur weiß besser, was für seine Gattung gut ist: Sie will Zwietracht. Er will gemächlich und vergnügt leben; die Natur will aber, er soll aus der Lässigkeit und untätigen Genügsamkeit hinaus sich in Arbeit und Mühseligkeit stürzen [...].

[1] Antagonismus (gr.): Widerstreit

4 Warum kommt es nach Hume zu einer menschlichen Gesellschaft?

5 Vergleichen Sie die Behauptungen, die Hume über den Urzustand der Menschen aufstellt, mit denen von Rousseau. Welche erscheint Ihnen überzeugender, gemessen an Ihren Erfahrungen heutzutage?

6 Wieso wendet sich Kant gegen die idyllischen Zustände, die Rousseau schildert?

7 Vergleichen Sie die Geschichtsauffassungen von Rousseau, Hume und Kant mit der von Hobbes (s. S. 151).

Folgt die Geschichte einem verborgenen Plan?

Trotz des Chaos der Daten, der sinnlosen Vernichtung von menschlichem Leben, des Untergangs großer Reiche und ihrer jeweiligen, einstmals strahlenden Kultur muss es für Denker, die an einen Gott glauben, irgendwo ein verborgenes Gesetz geben, denn, wie Einstein sagte: „Gott würfelt nicht."

Diesen Gedanken verfolgte der Philosoph Hegel, der im 19. und 20. Jahrhundert den stärksten Einfluss auf alle diejenigen haben sollte, die sich nicht damit abfinden wollten, dass die menschliche Geschichte so sinnlos wie Roulette und ebenso wie dieses Spiel nur mit Wahrscheinlichkeitsrechnung zu erklären ist. Hegel bestimmte die Vorstellung von Geschichte bis in unsere Tage.

Der Weltgeist in der Geschichte – die Geschichtsphilosophie von G. W. F. Hegel*

Georg Wilhelm Friedrich Hegel (1770–1831), deutscher Philosoph, dessen Geschichtsauffassung Karl Marx (s. S. 125) stark beeinflusste.

Hegel entwickelte einen völlig systematischen, in sich logischen Verlauf der Weltgeschichte.

Gott ist der absolute Geist, die Kraft, die in allem wirkt: der Weltgeist. Diese Kraft kann nicht zufällig, wirr, sinnlos sein oder wirken. Sie ist vernünftig und in sich stimmig, eben göttlich. Die von Gott geschaffenen Naturgesetze sind nachweisbar logisch, also muss auch die menschliche Geschichte vernünftig organisiert sein. Alles, was real ist, ist vernünftig gestaltet, meint Hegel, auch wenn wir es vielleicht nicht gleich auf den ersten Blick erkennen. Irgendwann werden wir schon hinter die Gesetzlichkeit kommen, denn wir Menschen haben ebenfalls Geist, da wir von Gott (= absoluter Geist) ebenbildlich geschaffen wurden.

Hegel war überzeugt, in seiner „Philosophie der Geschichte" diese vernünftige Gesetzlichkeit aufgespürt zu haben. Das Prinzip heißt: Fortschritt in der Freiheit des Menschen. Freiheit wiederum bedeutet Einsicht in die große, alles durchwaltende Vernunft, mit der die Welt gestaltet ist, sodass auch alle menschlichen Verhältnisse kompromisslos vernünftig gestaltet werden können.

Nun konstruiert Hegel eine große Erzählung vom Durchgang der Weltgeschichte von den Orientalischen Reichen bis zu seiner Zeit, dem Deutschland des 19. Jahrhunderts.

„Das Erste, womit wir anzufangen haben, ist daher der ***Orient****. Er ist das* ***Kindesalter*** *der Geschichte."* Noch ist nur einer frei, der große Priesterkönig, der die Gesetze der Götter symbolisiert, dem alles gehört. Die Pracht orientalischer Paläste veranschaulicht diese überragende Freiheit der orientalischen Despoten für die Untertanen, die unfrei sind – für uns ist dieses Verhältnis heute immer noch in den Pyramiden der Pharaonen sichtbar.

Die griechische Antike, vor allem die Stadt Athen, stellt das **Jünglingsalter** der Weltgeschichte dar: *Denn hier bilden sich Individualitäten heraus.* Die Idee der menschlichen Freiheit ist zunächst nur in den schönen Kör-

Ein Beispiel für das Sich-selbst-Opfern eines Römers für den Staat – Eine alte Sage
Der etruskische König Porsena belagerte Rom und wollte die verängstigte Stadt aushungern. Der junge Mucius Scaevola ging mit einem Dolch ins Lager des Königs, um diesen umzubringen. Von den Wachen ertappt wurde er vor den König gebracht. Als dieser drohte, ihn verbrennen zu lassen, ging Mucius zum nächsten Kohlenbecken und ließ mit unbewegtem Gesicht seine Hand langsam darin verbrennen. Erschrocken von dieser Tapferkeit brach Porsena die Belagerung ab.

Artemis von Gabii (4. Jh. v. Chr.)

pern der Individuen verdeutlicht, so wie wir sie in den athenischen Plastiken des Phidias erkennen. Noch ist die Individualität nicht durchdacht und nicht in staatlichen Gesetzen festgestellt, sie wird gelebt. Der freie Mensch fühlt sich frei, indem er sich zu seiner freien Polis bekennt, die er gegen die orientalischen Reiche (z. B. die Perser) auch mit seinem Leben verteidigt. Die vielgestaltige Götterwelt steht in direktem Bezug zu den schönen Menschengestalten (s. S. 133).

Die Zeit des **Römischen Reiches** ist für Hegel das **Mannesalter** der Geschichte. Hier ist nicht der Einzelne, sondern der Staat zum höchsten Zweck geworden, dem sich der Mensch unterwirft, dem er sich auch opfert. Allerdings: Der Staat ist das Gesetz. Die römische Zeit entwickelt ein logisch durchdachtes *ius*, von dem unsere Rechtlichkeit abgeleitet ist. (Noch heute müssen Studenten der Rechte das Römische Recht lernen, z. B. in dubio pro reo[1] oder nulla poena sine lege[2].) Auf diese Gesetze kann sich jeder einzelne Staatsbürger berufen. Insofern hat ein *„Fortschritt in der Entwicklung der Freiheit“* stattgefunden, die Voraussetzung für die letzte Stufe der Weltgeschichte: die **germanische Zeit**. Sie ist das **Greisenalter** der Geschichte. *„Das natürliche Greisenalter ist Schwäche, das Greisenalter des Geistes aber ist seine vollkommene Reife.“* Nun ist das Ziel der Weltgeschichte erreicht. Der Staat ist völlig vernünftig nach geistigem Prinzip durchorganisiert, der Einzelne ist völlig frei, insofern er in einer vernünftigen Gesellschaft lebt, deren logische Gesetze er erkennt, auf die er sich berufen und mit denen er sich identifizieren kann. Glaube an Gott und Staat und Einzelleben sind versöhnt, die Kirche ist im Staat aufgegangen, weil der absolute Geist = Gott jetzt zur Ruhe gekommen ist.

Endlich ist das Auf und Ab der vorläufigen, scheinbar chaotischen, tatsächlich aber planvollen Historie zu Ende. Jetzt beginnt die **eigentliche Menschheitsgeschichte, eine glückliche Zeit**.

Als 1989 die Mauer in Berlin fiel und mit ihr der Ostblock zusammenbrach, als das Prinzip des freien Marktes vom Westen aus die ganze Welt eroberte (was man heute Globalisierung nennt), als mit dem freien Markt die Freiheit des Individuums und die Demokratie zu einem Siegeszug aufzubrechen schienen, schrieb der amerikanische Regierungsberater Fukuyama einen Bestseller, in dem er die schmerzliche Geschichte der Menschheit für beendet erklärte und eine Zeit der Versöhnung, des Glücks und der Freiheit vorhersagte. Dabei berief er sich ausdrücklich auf Hegels Geschichtsphilosophie.

1 Hegels Ausgangspunkt heißt: „Alles, was wirklich ist, ist vernünftig!“
Versuchen Sie, diesen Satz zu widerlegen oder zu bestätigen.

2 Zwei Sätze aus Hegels Geschichtsphilosophie: „Geschichte ist Fortschritt im Bewusstsein der Freiheit.“
„Freiheit ist Einsicht in die Notwendigkeit.“
Erklären Sie diese Zitate vor dem Hintergrund der hier vorgestellten Geschichtsphilosophie.

3 Welchen Sinn können Sie in den Ereignissen der heutigen Geschichte erkennen? Oder ist nach Ihrer Überzeugung das menschliche Handeln völlig sinnlos?
Ziehen Sie konkrete Daten der Jetzt-Zeit heran, um auf die Fragen zu antworten.

[1] in dubio pro reo (lat.): im Zweifel für den Angeklagten
[2] nulla poena sine lege (lat.): keine Strafe ohne Gesetz

Ist die Geschichte ein endloser Fortschritt im Wissen über die Welt?

Auguste Comte (1798–1857), französischer Philosoph und Begründer des Positivismus. Das 19. Jahrhundert war gekennzeichnet von einem ungeheuren Aufschwung der Naturwissenschaften und der Technik. Innerhalb der Philosophie reagierte darauf der sogenannte **Positivismus**. Dieser besagt, dass die Wissenschaft sich nur auf die Beschreibung von Tatsachen, d. h. aufgrund sinnlicher Erfahrung „positiv" (= tatsächlich) gegebener Phänomene gründen solle. Metaphysische Kräfte, die hinter den Fakten stehen könnten, dürften keine Berücksichtigung finden.

Auguste Comte: Der Fortschritt der Geschichte in drei Stadien

Bei dem Studium der Entwicklung des menschlichen Geistes von seinem einfachsten Ansatz bis auf unsere Zeit glaube ich ein großes Gesetz entdeckt zu haben, dem die Entwicklung unterworfen ist. Ein solches Gesetz kann meiner Ansicht nach aufgestellt werden, indem man es entweder auf die Beweise stützt, die sich aus der Erkenntnis unserer Organisation ergeben, oder auf die Bestätigungen der Geschichte, die sich aus der Prüfung der Vergangenheit ergeben. Dieses Gesetz lautet: Jeder Zweig unserer Kenntnisse durchläuft der Reihe nach drei verschiedene theoretische Zustände (Stadien), nämlich den theologischen oder fiktiven Zustand, den metaphysischen oder abstrakten Zustand und den wissenschaftlichen oder positiven Zustand. Mit anderen Worten: Der menschliche Geist wendet in allen seinen Untersuchungen der Reihe nach verschiedene und sogar entgegengesetzte Methoden bei seinem Philosophieren an; zuerst die theologische Methode, dann die metaphysische und zuletzt die positive. Die erste ist der Punkt, an dem die Erkenntnis beginnt; die dritte der feste und endgültige Zustand, die zweite dient nur als Übergang von der ersten zur dritten.

Im theologischen Zustand richtet der menschliche Geist seine Untersuchungen auf die innere Natur der Dinge und auf die ersten Ursachen und letzten Ziele aller Erlebnisse, die ihn treffen; mit einem Wort: auf die absolute Erkenntnis. Die Vorgänge gelten ihm hier als die Taten weniger oder zahlreicher übernatürlicher Wesen und deren Einwirkungen erklären ihm alle auftretenden Unregelmäßigkeiten der Welt.

Im metaphysischen Zustand, der nur eine Abwandlung des vorgehenden ist, werden die übernatürlichen Mächte durch abstrakte Kräfte oder Entitäten[1] ersetzt, die den verschiedenen Wesen der Welt innewohnen sollen. Sie sollen imstande sein, alle beobachteten Erscheinungen zu erzeugen, deren Erklärung darin besteht, dass man ihnen die jeweilig entsprechende Entität zuweist.

Im positiven Zustand erkennen wir endlich die Unmöglichkeit zu absoluten Begriffen zu gelangen; wir geben es auf, den Ursprung und die Bestimmung des Weltalls zu ermitteln und die inneren Ursachen der Erscheinungen zu erkennen. Stattdessen suchen wir deren Gesetze durch gemeinsamen Gebrauch der Vernunft und der Beobachtungen zu entdecken, d. h. deren Beziehungen im Nacheinander und der Ähnlichkeit nach. Die Erklärung der Tatsachen besteht nur noch darin, dass man die einzelnen Erscheinungen in Beziehung setzt zu allgemeinen Tatsachen, deren Zahl der Fortschritt der Wissenschaft stetig zu vermindern strebt.

1. Übertragen Sie die drei Stadien der Geschichte in eine verständliche, heutige Sprache.

2. Hat Comte Recht, dass die Menschen des 21. Jahrhunderts sich nur noch mit Tatsachen beschäftigen? Begründen Sie Ihre Auffassung.

[1] Entität (lat.): etwas Daseiendes

Gegen den seit Hegel üblichen Fortschrittsoptimismus, dass es in der Menschheitsgeschichte immer vorangehe, erhebt sich in unserer Zeit Widerspruch.

Breyten Breytenbach: Es gibt keinen Fortschritt

Die Geschichte ließ sich in jeder Phase als Schritt nach vorn verstehen, das wussten wir einfach, und sie kündete von einem wachsenden Bewusstsein, das Verbesserungen des Zustands der Menschheit versprach. [...] Das menschliche Leben würde sich unaufhörlich mit wachsender Industrialisierung, schnellerer Kommunikation, zunehmender Mobilität, mit Antibiotika und Plastik verbessern. [...] Mit der Freiheit ging es voran. Wir wussten, wer der Feind war. Wir würden das Gefüge von Ungerechtigkeit und unrechtmäßig erworbenem Reichtum niederreißen, um dem Fortschritt den Weg zu ebnen; wir würden einen Krieg um den Frieden führen!

Nur dass ich etwas kurzsichtig war. Zu gegebener Zeit und um viele Erfahrungen reicher, die mir eine blutige Nase und ein trauriges Herz eingetragen hatten, wurde deutlich, dass es im Verlauf der Geschichte, jedenfalls so weit unsere Erinnerungen und Recherchen zurückreichten, wohl nur minimale Änderungen im Verhalten und Bewusstsein des Menschen gegeben hatte [...]. Außerdem: Jeder „Fortschritt" in den uns gemeinsamen Lebensbedingungen setzte einen dialektischen Prozess in Gang, durch den wir ebenso viel verloren, wie wir gewannen, mehr noch vielleicht. [...]

Bald besaß beinahe jeder ein Auto oder träumte davon – sodass es plötzlich Millionen zweifelhafter Gründe gab, Straßen und Autobahnen zu verstopfen. Wir legten uns ein Handy zu, und heute gleichen wir Scharen pausenlos schnatternder Individuen, die sich nichts zu sagen haben und wie taube Vögel vereinsamen. Wir alle gewöhnten uns an das Fernsehen wie Fische ans trübe Wasser, und jetzt haben wir abgedroschene Fantasien, die davon infiziert sind, ständig Lügen und dem Reiz von Wünschen ausgesetzt zu sein, die niemals befriedigt werden können. Bald gab es für das, was man sich nicht im Kino anschauen konnte, keine Tabus mehr – im Namen unserer freien Meinungsäußerung! –, und gegenüber Vergewaltigung, Pädophilie und der Pornografie sinnloser Morde sind wir jetzt abgestumpft. Wir holen uns die Neuigkeiten aus dem Netz, und wir werden überschwemmt von Geschwätz. [...]

Ein Hühnchen liegt auf fast jedem Teller, und wir sind mit Hormonen und Antibiotika voll gestopft. Wir werden reich und fett durch abertausend gezüchtete Schweine und können das Wasser unserer Erde nicht mehr trinken. Wir konsumieren nach Herzenslust und ersticken in Abfall und Müll. Wir zerstören die Erde in einer Orgie der Umweltverschmutzung. [...] Wir wurden darauf abgerichtet, zu kaufen, zu kaufen und nochmals zu kaufen, und die Armen wurden ärmer.

Breyten Breytenbach (geb. 1939), südafrikanischer Schriftsteller, lebt derzeit in den USA. Er hat diese Rede für den Berliner Kongress „Der Begriff Fortschritt in den Weltkulturen" geschrieben.

3 Weshalb wurde das Foto vom Untergang der „Erika" zusammen mit dem Artikel Breytenbachs abgedruckt?

4 Schreiben Sie eine kurze Rede mit dem Titel: „Und es gibt ihn doch – den Fortschritt!"

5 Podiumsdiskussion: Je ein Vertreter von Schopenhauers, Rousseaus, Humes und Hegels Geschichtsauffassung diskutieren über den Aufsatz Breytenbachs: Gibt es keinen echten Fortschritt in der Geschichte?
Wozu brauchen wir überhaupt Geschichtsunterricht in den Schulen?

Untergang des hochmodernen Öltankers „Erika" im Dezember 1999

Der Mensch zwischen Gut und Böse

Facetten des Bösen

Der „Höllendämon“ Etrigan, Bildausschnitt aus dem Comic Sandman, Bd. 1: Präludium/Notturno (1988/1989)

Der englische Schriftsteller Neil Gaiman ist der Autor der fantastischen und düsteren Geschichten um den Sandman, den Herrn der Träume, der gegen zerstörerische dämonische Kräfte kämpfen muss, um die zerbrochene Ordnung des Universums wiederherzustellen.

„Ich bin der Geist; der stets verneint! / Und das mit Recht; denn alles, was entsteht / Ist wert, dass es zugrunde geht; / Drum besser wär's, dass nichts entstünde. / So ist denn alles, was ihr Sünde, / Zerstörung, kurz das Böse nennt, / Mein eigentliches Element.“
Mephistopheles in Johann Wolfgang Goethes (1749–1832) „Faust, 1. Teil“ (1808)

„Wenn ich ihn schlecht nenne, so darum, weil er das Gute ebenso aus einer Laune, aus einem Einfall tut wie das Schlechte, welches ich ihm zutraue. Er wird nie das Böse tun, um etwas zu erreichen, wie andere ihre Verbrechen begehen, um Geld zu besitzen, eine Frau zu erobern oder Macht zu gewinnen, er wird es tun, wenn es sinnlos ist, vielleicht, denn bei ihm sind immer zwei Dinge möglich, das Schlechte und das Gute, und der Zufall entscheidet.“
Friedrich Dürrenmatt (1921–1990): Der Richter und sein Henker (1952)

Das Beunruhigende an der Person Eichmanns war doch gerade, dass er war wie viele und diese vielen weder pervers noch sadistisch, sondern schrecklich und erschreckend normal waren und sind.
Hannah Arendt (1905–1975) über den Naziverbrecher Adolf Eichmann

Im Gegensatz zum Inhalt vieler moderner Kindergeschichten ist im Märchen das Böse so gegenwärtig wie das Gute. In fast allen Märchen sind Gut und Böse in bestimmten Figuren und Handlungen verkörpert – so wie Gut und Böse auch im Leben jederzeit gegenwärtig sind und wie der Hang zu beidem in jedem Menschen liegt.
Bruno Bettelheim (1903–1990), Psychologe

Monstrosität fasziniert uns, weil sie den konservativen Republikaner im dreiteiligen Anzug anspricht, der in uns allen haust. Wir lieben und brauchen das Konzept der Monstrosität, weil es eine Bestätigung der Ordnung ist, nach der wir uns als Menschen alle sehnen, und ich möchte darüber hinaus noch die Mutmaßung anstellen, dass es nicht die körperliche oder geistige Missbildung selbst ist, die uns entsetzt, sondern vielmehr das Fehlen von Ordnung, auf die diese Deformierungen hinzudeuten scheinen.
Stephen King (geb. 1947), Schriftsteller

Der schwarze Mann in unseren Träumen mag verschwinden, wenn wir aufwachen. Und trotzdem wird er in der darauffolgenden Nacht zurückkehren, um uns erneut zu quälen. Unsere Lebensspanne mag begrenzt sein, doch die bösen Mächte des Universums währen ewig.

John Badham (geb. 1939), Filmregisseur

Das Land, in dem er (Kommissar Wallander) aufgewachsen war, sein Schweden, das Land, das nach dem Krieg aufgebaut worden war, hatte nicht so felsenfest auf Urgestein gestanden, wie sie geglaubt hatten. Unter dem Ganzen hatte sich verdeckter Morast befunden. Schon damals waren die neuen Wohnblocksiedlungen als „unmenschlich" bezeichnet worden. Wie konnte man verlangen, dass Menschen, die dort lebten, ihre „Menschlichkeit" unversehrt bewahren würden? Menschen, die sich in ihrem eigenen Land überflüssig oder gar unwillkommen fühlten, reagierten mit Aggressivität und Verachtung. Wallander wusste, dass es keine sinnlose Gewalt gab. Jede Gewalt hatte für den, der sie ausübte, einen Sinn.

Henning Mankell (geb. 1948): Die fünfte Frau (1998)

Titus Lerner (geb. 1954): Faust-Mephisto

In Sergio Leones Kult-Western „Spiel mir das Lied vom Tod" (1968) spielt Henry Fonda den gedungenen Mörder Frank, der für seine Auftraggeber und seine eigenen Interessen skrupellos und eiskalt tötet.

1. Welche Erscheinungsformen des Bösen zeigen sich in den Texten und Bildern? Ordnen Sie Ihre Überlegungen in einer Mindmap.

2. Versuchen Sie, eine Definition des Bösen zu verfassen.

3. Gestalten Sie eine Collage zum Thema „Facetten des Bösen".

Theodizee (gr. theos = Gott, dike = Gerechtigkeit): Versuch, die Existenz eines allmächtigen und gütigen Gottes angesichts des Übels und des Bösen in der Welt zu rechtfertigen.
Der Philosoph Gottfried Wilhelm **Leibniz** (1646–1716), der diesen Begriff prägte, bezeichnete unsere Welt als die „beste unter allen möglichen Welten". Alle Einwände bezüglich der Unvollkommenheit sind nach Leibniz auf das Unvermögen des Menschen, die „universale Harmonie zu verstehen", zurückzuführen.
Ähnlich sah dies der englische Dichter Alexander **Pope** (1688–1744): „Alles Übel in der Welt ist nur ein Teilaspekt, im Gesamtzusammenhang der Schöpfung muss es als Gutes angesehen werden. Alles ist gut."
Demgegenüber schrieb der französische Philosoph **Voltaire** (1694–1778, s. S. 224f.) in einem Gedicht über das Erdbeben in Lissabon (1755): „Ihr ruft mit kläglicher Stimme: Alles ist gut, doch das Weltall straft euch Lügen!"

Das Böse – theologische und philosophische Deutungen*

„Wie kommt das Böse in die Welt?" Diese Frage stellt sich der Mensch seit Urzeiten angesichts seiner alltäglichen Erfahrung von Bosheit, Grausamkeit, Ungerechtigkeit, Zerstörung und Leid. Eine andere Frage: Wie ist die Existenz des Bösen mit dem Wirken eines allmächtigen und gütigen Gottes vereinbar? Ist seine Macht doch begrenzt oder hat er nicht nur das Gute im Sinn? So lautet das Grundproblem der **Theodizee**.
Der religiöse **Monismus**[1] versucht das Problem dadurch zu lösen, dass er dem Bösen keine Eigenwirklichkeit zubilligt. Die göttliche Ordnung sei in sich gut, und das Böse sei auf die Begrenztheit und Unzulänglichkeit menschlichen Wissens zurückzuführen. Demgegenüber geht eine **dualistische** Deutung wie der Manichäismus[2] davon aus, dass das Böse die radikale Verneinung des Guten sei, und damit doch Eigenwirklichkeit besitze. Nach der dualistischen Auffassung stehen das Gute und das Böse im ewigen Kampf gegeneinander, beide können vom Menschen bejaht und verehrt werden.
Die Theologie, aber auch die neuzeitliche Philosophie und Wissenschaft seit der Aufklärung versuchten das Böse dadurch zu verstehen und zu bändigen, dass sie zwischen **metaphysischem**[3], **natürlichem** und **moralischem** Bösen unterschieden. Die Religion gab dem natürlichen Bösen (z. B. Erdbeben) einen metaphysischen Sinn, indem sie etwa eine Naturkatastrophe als Strafe Gottes für menschliches Fehlverhalten deutete. Dadurch rückte der Mensch selbst als der für das Böse letztlich Verantwortliche in den Mittelpunkt, was durch den Begriff des moralisch Bösen zum Ausdruck gebracht wird. Philosophen wie etwa Rousseau waren der Überzeugung, dass das Böse im Menschen durch Erziehung und Bildung bekämpft werden kann. Die neuzeitliche, von der Naturwissenschaft beeinflusste Philosophie versuchte den Glauben an eine sinnvoll geordnete Welt mit der gegenteiligen Erfahrung von Chaos und Sinnlosigkeit zu vereinbaren, indem sie das sogenannte natürliche und metaphysische Böse als durch natürliche Gesetzmäßigkeiten erklärbare und durch moderne Technik berechenbare und zunehmend beherrschbare Katastrophen deutete. Nach Friedrich Nietzsche[4] ist das natürliche Böse lediglich eine Projektion von Menschen, die zwanghaft nach einem Sinn in der Welt suchen, anstatt die Sinnlosigkeit anzuerkennen und auszuhalten. Der Mensch schreibe der Natur unzulässigerweise moralische Merkmale zu, die diese gar nicht aufweise.
So ist das Böse im Lauf der Geschichte ein weitgehend **moralischer** und **anthropologischer** Begriff geworden. Wie schon im biblischen Sünden-

[1] Monismus: Lehre, die alles Sein auf *ein* Grundprinzip zurückführt (Gegensatz: Dualismus)
[2] Manichäismus: iranische Religion, die von Mani (ca. 216–277 n. Chr.) begründet wurde
[3] Metaphysik: philosophische Disziplin, die nach den letzten Gründen des Seienden sucht, um die Wirklichkeit erschöpfend zu erklären
[4] Friedrich Nietzsche (1844–1900): deutscher Philosoph (Biografie s. S. 385)

Ricardo Bellver (1845–1924): Der gefallene Engel

Das weltweit einzige Luziferdenkmal wurde 1878 im Retiro-Park in Madrid aufgestellt. Am Fuß des Denkmalsockels bewachen acht Drachenköpfe symbolisch die Hölle, die der gefallene Engel nicht mehr verlassen kann. Der Engel wurde dafür bestraft, dass er so sein wollte wie Gott.

Im Lauf der Geschichte kam es zu einer Identifizierung der römisch-mythologischen Figur des *Luzifer* („Lichtbringer") mit der des *Satans* (hebr.: „böser Engel", „Widersacher"), der Personifikation des Bösen. Seit dem Mittelalter wird Satan synonym mit *Teufel* (gr.: diabolos) gebraucht. Die Faust-Sage (wie auch Goethes „Faust") verwendet die Bezeichnung *Mephisto(pheles)* (s. S. 88f.).

fallmythos angelegt (s. S. 63), erscheint das Böse seit der Aufklärung als eine Konsequenz der Wahl- und Entscheidungsfreiheit des Menschen. Nach Kant ist das Böse das Produkt eines bösen Willens. Eine Verkörperung dieser Vorstellung ist der Verbrecher, der bewusst und absichtlich Böses tut, obwohl er sich für das Gute entscheiden könnte. Doch auch dieser Versuch, das Böse auf einen Begriff zu bringen, hat sich als unzureichend erwiesen. So verdeutlicht Hannah Arendts Begriff der **„Banalität des Bösen"** im Zusammenhang mit Naziverbrechern (s. S. 160f.), dass Menschen Böses aus Gleichgültigkeit, Gedankenlosigkeit, Routine tun, ohne dabei zwangsläufig mit dem Vorsatz zu handeln, Schrecken, Angst und Zerstörung zu verbreiten. Auch die Taten religiös oder politisch motivierter Selbstmordattentäter lassen sich nicht auf böse Motive reduzieren. Sie glauben Gutes zu tun, wenn sie Menschen töten.

Das Böse scheint sich demnach einer rationalen, erschöpfenden Erklärung zu entziehen. So wird der Mensch in seiner Auseinandersetzung mit dem Bösen immer wieder mit den Grenzen seiner Vernunft konfrontiert. Vielleicht liegt hier auch einer der Gründe für die eigentümliche Faszination, die der Mensch für das Böse empfindet und die bis heute ungebrochen scheint. Sie zeigt sich in Mythen, Märchen, literarischen Texten, aber auch in Filmen, Comics und Computerspielen. Diese Bilder vom Bösen sind sehr vielfältig: Das Böse erscheint als abstrakte, nicht greifbare Bedrohung unseres Alltags, als hässliche Monstrosität und Formlosigkeit im Gegensatz zur Schönheit und vollendeten Form, als Bestie in Menschengestalt oder als unscheinbarer Bürger, den die Verkettung verschiedener Umstände zum Amokläufer werden lässt.

● Stellen Sie die Aussagen des Textes in einer graphischen Übersicht dar. Ordnen Sie die auf den vorherigen Seiten geäußerten Ansichten (einschließlich Ihrer eigenen) in diese Übersicht ein.

Jean-Jacques Rousseau (1712–1778, Biografie s. S. 387), französischer Philosoph, propagierte in dem erzählerisch-pädagogischen Buch „Emile oder Von der Erziehung", aus dem der nebenstehende Auszug stammt, erzieherische Grundsätze, die im behutsamen Wachsenlassen und Lenken der natürlichen und daher „guten" Fähigkeiten des Kindes bestehen.

Jean-Jacques Rousseau: Mensch, die Übel rühren von dir her!

Mensch, suche nicht weiter nach dem Urheber des Übels: Dieser Urheber bist du selbst. Es gibt kein anderes Übel als das, das du tust oder erleidest, und beide rühren von dir her. Das allgemeine Übel kann nur in der Unordnung liegen, und ich sehe im System der Welt eine Ordnung, die sich nie verleugnet. [...] Weil alles gut ist, gibt es keine Ungerechtigkeit. Die Gerechtigkeit ist unzertrennlich mit der Güte verbunden. Die Güte aber ist die notwendige Wirkung einer unbegrenzten Macht und die Selbstliebe, die jedem fühlenden Wesen eigen ist. [...] Besinnen wir uns auf uns selbst, mein junger Freund! Stellen wir jedes persönliche Interesse zurück und prüfen wir, wohin uns unsere Neigungen führen. Woran haben wir größere Freude: am Unglück oder am Glück der anderen? Was tun wir am liebsten und was lässt uns nach der Tat einen angenehmeren Eindruck zurück: eine Wohltat oder eine Bosheit? Was interessiert euch im Theater am meisten? Sind es die Missetaten, die euch Vergnügen machen? Weint ihr über die bestraften Verbrecher? Alles, sagt man, ist uns gleichgültig, unser Vorteil ausgenommen! Und doch trösten uns im Gegenteil Freundschaft und Menschenliebe in unserem Leid. Und selbst in unserer Freude wären wir zu einsam, zu unglücklich, wenn wir niemanden hätten, der sie mit uns teilt. Wenn es keine Moral im menschlichen Herzen gibt, woher kommt dann unsere Begeisterung für heroische Taten und diese Liebeswallung für große Seelen?

Franz M. Wuketits (geb. 1955), Professor für Wissenschaftstheorie unter besonderer Berücksichtigung der Biowissenschaften. Er schrieb u. a.: „Warum uns das Böse fasziniert. Die Natur des Bösen und die Illusionen der Moral" (1999)

Franz M. Wuketits: Die Natur des Bösen

Das Böse hat Karriere gemacht und fasziniert, „während das Gute aufgrund seiner Unauffälligkeit und Selbstverständlichkeit fast schon den Anstrich des Langweiligen hat" (A. Pieper). „Das Böse genießt einen Bonus. Es fesselt unsere Aufmerksamkeit. Schurken bemächtigen sich unserer Fantasie mit einer Kraft, mit der kein Tugendbold jemals mithalten kann" (L. Watson). Was wären auch unsere Mythen und Märchen ohne böse Hexen und Dämonen, was wäre unser Fernsehen ohne Krimis mit Übeltätern, denen keine Variante des Bösen fremd ist? Woher kommt diese Faszination? Haben wir uns tatsächlich erst durch unsere eigene Zivilisation aus dem sprichwörtlichen Paradies vertrieben? War am Anfang alles gut? Kaum, wie jedenfalls evolutionstheoretische Überlegungen dringend nahelegen.

Die Natur kennt keine Moral. Sie ist moralisch absolut neutral. Gut und Böse sind Erfindungen des Menschen. Als wertendes Lebewesen neigt der Mensch allerdings dazu, auch die Natur nach seinen (moralischen) Vorstellungen zu beurteilen. Doch gibt es weder moralische noch unmoralische Tiere; was in der Natur zählt, ist das (genetische) Überleben, und dabei sind alle Mittel recht.

Der Wettbewerb ist in der Natur allgegenwärtig, und aggressives Verhalten gegenüber Artgenossen steht auf der Tagesordnung. Aggression ist gleichsam eine notwendige Kraft in der Evolution, und ohne Wettbewerb könnte die natürliche Auslese nicht stattfinden. Aber sie hat nichts mit Moral oder Unmoral zu tun. [...] Ebenso zu verabschieden ist der Mythos

Psycho (Regie: Alfred Hitchcock, USA 1960)
Elephant (Regie: Gus Van Sant, USA 2004)

vom „edlen Wilden". Bekanntlich huldigte Rousseau der Meinung, dass der Mensch ursprünglich, im Naturzustand, gut gewesen und erst durch seine Kultur und Zivilisation böse geworden sei. So willkommen eine derartige Vorstellung auch heute noch vielen ist – sie ist nicht haltbar. Der vorgeschichtliche Mensch war kein Humanist, er kämpfte bloß um sein Überleben. Auch die im 20. Jh. lancierte These von der Friedfertigkeit der „Naturvölker" (oder „Wildbeuter", wie man heute sagt) entbehrt jeder Grundlage. Aggressives Verhalten kommt, wenngleich in abgestufter Form, in allen Gesellschaften vor. Hass, Neid und Rivalität sind gleichsam anthropologische Universalien (allgemein gültige Grundlagen menschlichen Zusammenlebens). [...] Wie alle anderen Lebewesen hatte Homo sapiens von vornherein „nur" ein Grundproblem zu lösen: das seines individuellen genetischen Überlebens. Und wie alle übrigen Arten war er bei der Wahl der Mittel nie zimperlich. Moralische Überlegungen sind ein Spätprodukt der Evolution, die Kategorien „Gut" und „Böse" waren in unserer Entwicklungsgeschichte die längste Zeit unbekannt.
Das Böse kam also nicht mit unserer Zivilisation in die Welt, sondern ist elementarer Bestandteil unserer Natur. Michel Lacroix schreibt: „Statt nach Gründen zu suchen, aus denen der Mensch, der von Natur aus gut ist, am Ende das Böse begeht, ist es vielleicht realistischer anzunehmen, dass die Neigung zum Bösen seiner Natur entspricht." Diese Annahme ist auf jeden Fall realistischer als die gegenteilige Vermutung, dass der Mensch von Natur aus gut – und irgendwann erst böse geworden – sei. Genau gesagt ist der Mensch von Natur aus weder gut noch böse, sondern trägt beide Anlagen in sich. [...]
Der menschlichen Natur wohnt eine Bosheit inne, die aus der Erfahrung „erwächst". Das Milieu, in dem ein Mensch aufgezogen wird, die sozialen Rahmenbedingungen seiner Existenz können den Hang zum Bösen verstärken. Aber der Mensch trägt, wie gesagt, durchaus auch die Neigung zur Hilfsbereitschaft in sich, die Neigung zum Guten. Seiner Veranlagung zu aggressivem Verhalten steht sein Hang zur Geselligkeit gegenüber, er kann Freude am sozialen Leben empfinden und ist imstande, sein Glück mit anderen zu teilen. [...] Die Zivilisation ist nicht als Gegensatz zur menschlichen Natur zu deuten, sondern kann die natürlichen Potenziale des Menschen verstärken – sei es zum Guten, sei es zum Bösen. So wie es aussieht, hat sie sich allerdings mit dem Bösen ganz gut arrangiert. Sollte sich die Menschheit eines Tages selbst ausrotten (was nicht auszuschließen ist), dann wird das die Folge von durch die Zivilisation potenzierten Naturkräften sein.

1 Welches Bild von Welt und Mensch entwirft Rousseau? Überlegen Sie, warum Rousseau den Menschen als Urheber des Bösen sieht.

2 Welches Bild von Natur und Mensch entwirft Wuketits? Wie begründet er, dass die Natur keine Moral kenne?

3 Überprüfen Sie, ob Wuketits' Kritik an Rousseau berechtigt ist. Antworten Sie aus der Sicht Rousseaus (s. auch S. 104).

Rüdiger Safranski (geb. 1945), philosophischer Essayist. Er schrieb u. a.: „Das Böse und das Drama der Freiheit" (1997)

Rüdiger Safranski: „Wir müssen uns dem Bösen stellen" – Ein Interview

Ist die Sehnsucht nach einem geordneten System ein Versuch, das Böse abzuwehren?

Safranski: Zunächst muss man fragen, was die Lust an der Ordnung, an der systemischen Geschlossenheit ist. Die Kehrseite dieser Lust ist die Angst vor der Unordnung. Ein starker Ordnungswille konzipiert unterschwellig eine bestimmte Form des Bösen – das Böse ist das Zufällige, das Ungeordnete, das Chaotische. Das Chaos zu disziplinieren, in eine Form zu bringen, ist eine Wiederauflage des alten Schöpfungsmythos[1]. Am Anfang war das Chaos und dann tritt der liebe Gott ein und schafft Ordnung.

Warum wird das Chaotische als bedrohlich empfunden?

Safranski: Alles, was nicht kontrollierbar, was Schicksal, was Gnade ist, alles das, was nicht zur Verfügung steht, ist nicht einfach eine Herausforderung, sondern ist zunächst eine Beängstigung. Aus diesem Beängstigungspotenzial, dem In-der-Welt-Sein, Im-Ungewissen-Sein, kommt ein Bedürfnis nach Berechenbarkeit auf. Es muss viel Arbeit aufgewandt werden, um die dramatische Ungerechtigkeit, die durch die Natur ins Leben kommt, wenigstens zu verstehen. [...] Unsere westliche Kultur ist besonders stark auf Sicherheit programmiert, und das erzeugt natürlich auch ganz große Schwächen. Je mehr man Sicherheit will, umso mehr gewöhnt man sich auch an sie und umso hysterischer wird man bei jeder kleinen Unsicherheit. Auch Religionen sind unter anderem große imaginäre Versicherungssysteme. [...] Es gab immer wieder Versuche, ultimative Lösungen zu schaffen durch „Reinigung" der Wirklichkeit, Beseitigung der Störquellen. Projekte wie zum Beispiel der real existierende Sozialismus in der Sowjetunion unter Stalin[2] waren Großversuche am Menschen. Durch die Eliminierung des Klassenfeindes und einer bestimmten Produktionsstruktur sollten die quasi objektiven Quellen des Bösen verstopft werden. Auch der Nationalsozialismus war ein solches Reinigungsprojekt. Die Gesellschaft sollte von Gift gereinigt werden. Für die Nazis waren die Juden und Kosmopoliten Gift. [...] Was für das Herrschaftsinteresse als das Böse galt, musste ausgerottet werden, um eine funktionierende Gesellschaft gestalten zu können. [...] Die Illusion der Reinigung der Welt und der Gesellschaft durch eine ultimative, vollständige Ausscheidung des Bösen, zum Beispiel durch Eroberung von „Schurkenstaaten", kann selber zu einem Mechanismus werden, der die schlimmen Dinge erst produziert.

---

[1] Schöpfungsmythos: hier: Altes Testament, Buch Genesis (s. S. 62)

[2] Stalin (1879–1953): sowjetischer Revolutionär und Politiker, wurde 1922 Generalsekretär der KP und errichtete eine diktatorische Herrschaft, indem er alle inneren Gegner umbringen („große Säuberung") oder in Lagern („Gulags") internieren ließ

Was sagt der alttestamentarische Mythos von Kain und Abel über das Böse?

Safranski: Auch im Mythos von Kain und Abel[1] wird eine Grundsituation vorgeführt. Zwei Brüder, die sich vergleichen. Kain ist mit einer großen Ungerechtigkeit konfrontiert. Sein Opfer wird von Gott weniger wohlgefällig aufgenommen als das seines Bruders Abel. Es ist nicht einzusehen, warum der Unterschied gemacht wird. Und weil der Unterschied gemacht worden ist, scheidet er sich von seinem Bruder ab, indem er ihn totschlägt. Er will den Unterschied eliminieren. Einen Unterschied zu meinen eigenen Ungunsten nicht ertragen zu können und darauf mit einer gewalttätigen Eliminierung des Unterschiedenen zu reagieren, das ist im Mythos von Kain und Abel in sehr konzentrierter Form festgehalten. Mit diesem Modell können wir sehr viel begreifen, was immer noch geschieht: das Ressentiment[2], der Neid, die Empörung über die „Ungerechtigkeit“ der Natur, des Zufalls ...

Bartolomeo Manfredi (1587–1620/21): Kain erschlägt Abel

Bedeutet immer freier zu werden auch immer böser zu werden?

Safranski: Es kommt mir zunächst darauf an, dass der Zusammenhang, der zwischen der Freiheit und dem Bösen besteht, als grundsätzlich begriffen wird. Es macht keinen Sinn über Freiheit zu reden, wenn man nicht zugleich feststellt, dass Freiheit heißt, nicht von einem Instinktprogramm gesteuert zu sein, sondern Optionen zu realisieren, und in dieser Skala der Optionen geht es von hell nach dunkel. Es gibt auch die Möglichkeit der Selbstvernichtung und der Vernichtung des anderen. Ich sage nicht, dass Freiheit das Böse ist, sondern Freiheit ist der Möglichkeitsraum, der es mit sich bringt, dass wir auch für die Negativität offen sind. Wir können Nein sagen, wir können auch das Nichts und die Vernichtung wählen. Wer sagt, dass gerade dann, wenn das sogenannte Böse in Erscheinung tritt, die Freiheit fehlt und nur der Triebzwang regiert, der hat einen sehr lebensfernen Begriff von Freiheit. Freiheit ist kein Erfolgsprogramm und das Böse ist nicht das Kranke, sondern es ist dasjenige, was ich tun kann, gerade weil ich ein freies Wesen bin. Deswegen ist die Freiheit das Abenteuer des Lebens und zugleich das Risikopotenzial. Steigerung der Freiheit heißt, dass man auch frei genug ist, die zerstörerischen Möglichkeiten, die man hat, selber zu zivilisieren. Steigerung der Freiheit heißt, die Negativität so integrieren zu können, dass etwas daraus wird. Steigerung der Freiheit ist nicht zugleich Steigerung des Bösen, sondern Steigerung der Freiheit bedeutet einen Gewinn an Fähigkeiten, mit unserer riskanten Natur produktiv umzugehen.

1 Der Autor nennt Beispiele für beabsichtigte „Reinigungen“ der Welt und der Gesellschaft (Z. 23ff.) und bezeichnet diese als „Illusion“. Erörtern Sie diese Ansicht.

2 Worin sieht Safranski das „Drama der Freiheit“? (s. auch das Kapitel „Der Mensch zwischen Freiheit und Determination“, S. 98ff.)

3 Nennen Sie Beispiele für eine geglückte „Integration der Negativität“ (Z. 77).

[1] Altes Testament, Genesis 4, 1–16

[2] Ressentiment (frz.): auf Vorurteilen, Neid u. Ä. beruhende gefühlsmäßige Abneigung

Jacques Vergès (geb. 1925), französischer Jurist und Anwalt. In zahlreichen Gerichtsverfahren übernahm er u. a. die Verteidigung von Naziverbrechern (z. B. Klaus Barbie), Terroristen (z. B. Carlos) und despotischen Staatsmännern.

Jacques Vergès: „Das Böse ist die Erniedrigung" – Ein Interview

Herr Vergès, Sie haben sich in einem Buch selbst als „Anwalt des Teufels" bezeichnet. Welcher der Teufel, die Sie verteidigt haben, war der schlimmste?

Vergès: Es gibt keinen schlimmsten. Im Herzen noch des schlimmsten Kriminellen gibt es einen geheimen Garten der Unschuld. Und im Herzen auch des meistrespektierten Ehrenmannes gibt es eine Hölle. [...]

Haben Sie eine Definition des Bösen im Menschen?

Vergès: Jeder von uns hat eine lebhafte Vorstellung vom Bösen. Für mich ist das Böse die Erniedrigung. Böse ist ein Mensch, der dem anderen die Menschlichkeit abspricht. Ich bin in Thailand geboren, mein Vater war Franzose, meine Mutter Vietnamesin. Ich habe lange Zeit in kolonisierten Ländern gelebt. Und ich habe die Herabwürdigung von Menschen nie akzeptiert.

Was verstehen Sie unter Herabwürdigung?

Vergès: Nehmen Sie die Engländer als Kolonialherren in Tasmanien. Sie haben die Ureinwohner gejagt wie die Tiere. Zu dem Zeitpunkt, als man die Urteile in den Kriegsverbrecherprozessen in Nürnberg spricht, 1948, werden in Australien die Ureinwohner bei Volkszählungen übergangen, weil man sie als Teil der Tierwelt deklariert. Oder nehmen Sie den deutschen General von Trotha, der vor hundert Jahren in Südwestafrika die Herero ausrottete. Zu dieser Zeit schreibt ein deutscher Theoretiker: Wer sich um Negerstämme schert, hat nicht die Autorität, ein Land zu regieren. Hitler definierte wenig später Juden und Slawen als nicht vollwertige Menschen. Das sind für mich Beispiele für das absolut Böse. [...]

Ist die Idee, andere Menschen als Untermenschen zu betrachten, typisch männlich?

Vergès: Nein, das können Frauen genauso gut wie Männer. In diesem Punkt halte ich die Gleichberechtigung für erreicht.

Obwohl die Verantwortlichen für große Verbrechen zumeist ...

Vergès: ... Männer sind, ja. Aber ihre Frauen haben sie unterstützt. [...]

Heißt das, Sie handeln aus anti-kolonialistischer Überzeugung?

Vergès: Ganz sicher. Ich bin kein zerrissenes Wesen, aber ich bin ein doppeltes Wesen. Ich habe eine französische, europäische Kultur. Aber meine Empfindungen sind die eines Menschen, der in der Dritten Welt gelebt hat.

1. Was ist für Vergès das Böse?
2. Welches Menschenbild vertritt er?
3. Was mag ihn bewogen haben, „Anwalt des Teufels" zu werden?

Walter Schulz: Verharmlosen Aufklärung und Wissenschaft das Böse?

Walter Schulz (1912–2000), deutscher Philosoph

Das Böse lässt sich nicht eindeutig definieren, weder wissenschaftstheoretisch noch moralphilosophisch oder metaphysisch. Gleichwohl: Was wir mit dem Bösen meinen, ist ein sehr realer Sachverhalt, gleichsam ein anthropologisches „Urphänomen“, dessen Wurzeln der *Egoismus* und dessen eklatanteste Ausprägung der Hang des Menschen zur Grausamkeit ist. Das sich in der *Grausamkeit* in seiner radikalen Form zeigende Böse erscheint uns als eine ständig drohende Gefahr des Menschen, und diese Tatsache wird – so meinen wir – durch die heute maßgebende Ethik der rationalen Aufklärung zugedeckt. [...]

Wie ist es möglich, dass Grausamkeiten nicht aus Mangel an aufklärerischer Emanzipation oder in irrationalem Rausch passieren, sondern in bürokratischer Überlegung rational geplant werden? Diese Frage lässt sich, so argumentiert man, nur beantworten, wenn man das negative Verhalten auf seine verschiedenen Faktoren hin analysiert. [...] Es wäre sicher verkehrt, solche Untersuchungen von Grund auf als verfehlt anzusehen. [...] Aber man muss zugleich wissen, dass die verwissenschaftlichte Fragestellung die Gefahr einer Verharmlosung der Probleme mit sich bringt. Dieser Gefahr begegnet man nur, wenn man sich von vornherein klarmacht, dass das Böse in all seinen Erscheinungen nicht wissenschaftlich restlos zu erklären ist – gelänge dies, dann würde das Böse kein wirklich ernst zu nehmendes Problem darstellen.

Das besagt für uns: Eine zeitgemäße Ethik muss sich gegen die Illusion wenden, dass eines Tages der Mensch, emanzipiert, mündig und sich selbst reflektierend, nur noch von der Vernunft gesteuert wird, jenseits von Gut und Böse. Die Ethik muss den Menschen sehen, wie er ist, und trotzdem an seine Freiheit appellieren. Dieser Appell wird gerade heute nur in der Verbindung mit der wissenschaftlichen Erforschung der menschlichen Situation im Allgemeinen und im Besonderen sinnvoll sein. Aber die wissenschaftliche Forschung und die von ihr her mögliche technologische Manipulation ersetzt nicht die Dimension verantwortlichen Tuns, die unter den Grundworten „Gut“ und „Böse“ steht. [...] Die Menschen müssen sich immer um eine Ordnung ihres Zusammenlebens bemühen, weil sie selbst diese Ordnung gefährden. Dass die Gestalten der Ordnung wechseln, ist klar. Aber die Differenz zwischen Ordnung und deren Negation ist ein Urphänomen des menschlichen Lebens. Auf diese Differenz weisen die beiden Begriffe Gut und Böse hin. Sie zeigen an, dass der Mensch selbst die Ordnung als das Gute nur herstellen kann im Gegenzug gegen seine eigene Tendenz zu deren Negation, das heißt dem Bösen.

Francisco Goya (1746–1828): Der Schlaf der Vernunft gebiert Ungeheuer

4 Beschreiben Sie das Bild und benennen Sie das Anliegen des Malers.

Das spanische Wort für „Schlaf“ kann auch „Traum“ bedeuten. Überlegen Sie, inwiefern sich durch die verschiedene Übersetzung die Aussageabsicht ändert.

5 Verharmlosen Rousseau und Wuketits (s. S. 92f.) das Böse (Z. 22f.)?

6 Was fordert Schulz von einer „zeitgemäßen Ethik“ (Z. 29)?

Der Mensch zwischen Freiheit und Determination

Junge Nonkonformisten

Caspar David Friedrich (1774–1840): Wanderer über dem Nebelmeer

Freiheit und Bindung*

Ohne Bindungen und Verpflichtungen kann menschliches Zusammenleben nicht funktionieren und ohne Zusammenleben kann kein Mensch überleben. Und doch ist das Verlangen nach Freiheit sehr groß.
Freiheit ist einer der zentralen Begriffe der Philosophie und der Politik in der Neuzeit. Ursprünglich diente dieses Wort (z. B. im Germanischen oder Römischen Recht) nur der Unterscheidung des vollwertigen Bürgers vom Sklaven. Seit in der sog. „Aufklärung" des 18. Jhdts. die Menschenrechte des Individuums formuliert wurden, besteht eine unauflösliche Verbindung zwischen der Individualität und der Freiheit. Denn für das unwiederholbare menschliche Einzelwesen (= Individuum) muss es mehr geben als ein reines Funktionieren nach vorgegebenen Normen wie ein Sozialautomat. Freiheit meint von nun an, dass der Mensch nicht von außen gezwungen wird, etwas zu tun; dass er nicht von anderen Menschen, von sozialen und politischen Mächten fremdbestimmt (= **heteronom**[1]) wird in seinem Handeln.
Was aber unterscheidet den Menschen von allen anderen Wesen?
Die abendländische kulturelle Tradition seit der Antike sagt uns: die Fähig-

1 Welche Formen von Freiheit werden in den Bildern deutlich?

2 Welche dieser Freiheiten halten Sie für sich persönlich für unverzichtbar?

[1] heteronom: von gr. hetero = fremd und nomos = Gesetz; dagegen autonom: zusammengesetzt aus gr. auto = selbst und nomos = Gesetz

Aus der Werbung eines Kaufhauses

Freiheitsstatue in New York

keit zum reflexiven Denken. Das Denken ist frei und macht uns frei. Unsere Gedanken werden nicht von jemand anderem außerhalb unseres Selbst gelenkt. Wir können konzentriert, sprunghaft, weitschweifend denken, wie es uns gefällt: Das ist die Quelle der Inspiration, des Schöpferischen im Menschen.

Im positiven Sinne bedeutet Freiheit also die **Autonomie**, die Selbstbestimmung des Menschen: Er selbst bestimmt sein Tun, er hat die Freiheit zu denken, was er will, und demgemäß zu handeln (**Willens-**, **Entscheidungs- und Handlungsfreiheit**). Der freie Mensch ist souverän. Von dieser Souveränität gibt er nur etwas ab an von ihm gewählte Repräsentanten in Form eines „Gesellschaftsvertrages" (**Rousseau**), um seine eigene Freiheit und die der anderen zu sichern.

So weit die politische Theorie der Moderne, die sich in den Verfassungen der Demokratien seit der Erklärung der Menschenrechte 1776 in den USA und 1789 in Frankreich niederschlägt.

Steht aber nicht die alltägliche Lebenserfahrung diesem Modell der Freiheit entgegen? Wir leben in einem Netz sich überschneidender Lebenslinien. Weite Bereiche und Entscheidungen unseres Lebens liegen doch offensichtlich nicht in unserer Hand, scheinen vorherbestimmt von genetischen, biografischen, sozialen, geographischen und historischen Zufällen.

Gibt es den freien Raum des Denkens, die freie Entscheidung, die freie Tat in der Realität des Alltags wirklich?

3 Was würde sich in Ihrem Lebensgefühl verändern, wenn Sie wüssten, dass alle Menschen um Sie herum nicht selbstständig denken, sondern von einer höheren Macht wie Automaten gelenkt würden?

Freiheit – Schicksal – Zufall – Schuld

Der schwedische Journalist, Autor und Lyriker **Stig Dagerman** (1923 – 1954, Freitod) war schon mit zweiundzwanzig Jahren nach seinem ersten Roman anerkannt und berühmt in seinem Land. Er schrieb auch eine einfühlsame Reportage über das Elend im zerstörten Deutschland von 1945 („Deutscher Herbst").

Stig Dagerman: Ein Kind töten

Es ist ein leichter Tag, und die Sonne steht schräg über der Ebene. Bald läuten die Glocken, denn es ist Sonntag. Zwischen ein paar Roggenäckern haben zwei junge Menschen einen Pfad gefunden, den sie noch nie gegangen sind, und in den drei Dörfern der Ebene glänzen die Fensterscheiben. Männer rasieren sich vor ihren Spiegeln auf den Küchentischen, Frauen schneiden trällernd den Kuchen zum Kaffee, und die Kinder sitzen am Boden und knöpfen sich ihr Leibchen zu. Es ist der glückliche Morgen eines schlimmen Tages, denn an diesem Tage wird im dritten Dorf ein Kind von einem glücklichen Manne getötet werden. Noch sitzt das Kind am Boden und knöpft sich sein Leibchen, und der Mann, der sich rasiert, sagt, heute wollten sie eine Ruderfahrt auf dem Fluss machen, und die Frau trällert und legt den frisch geschnittenen Kuchen auf eine blaue Schüssel.

Kein Schatten fährt über die Küche dahin, und dennoch steht der Mann, der das Kind töten wird, an einer roten Tankpumpe im ersten Dorf. Es ist ein glücklicher Mann, der da in seine Kamera blickt, und im Sucher sieht er ein kleines blaues Auto und neben dem Auto ein junges Mädchen, das lacht. Während das Mädchen lacht und der Mann das schöne Bild knipst, schraubt der Tankwart den Deckel des Benzintanks fest und sagt: „Sie werden einen schönen Tag bekommen." Das Mädchen setzt sich ins Auto, und der Mann, der das Kind töten wird, zieht seine Brieftasche hervor und sagt, sie wollten bis ans Meer fahren, und am Meer wollten sie sich ein Boot leihen und weit, weit hinausrudern. Durch die hinuntergedrehten Fensterscheiben hört das Mädchen auf dem Vordersitz, was er sagt, sie schließt die Augen, und mit geschlossenen Augen sieht sie das Meer und den Mann neben sich im Boot. Er ist kein schlechter Mann, er ist froh und glücklich, und bevor er ins Auto steigt, bleibt er einen Augenblick vor dem Kühler stehen, der in der Sonne blitzt, und hat seinen Genuss an dem Glanz und dem Duft von Benzin und vom Faulbaum. Kein Schatten fällt über das Auto, und die blanke Stoßstange hat keine Beulen und ist auch nicht rot von Blut.

Aber zur gleichen Zeit, als der Mann im Auto im ersten Dorf auf den Anlasserknopf drückt, öffnet die Frau in der Küche im dritten Dorf ihren Schrank und kann keinen Zucker finden. Das Kind, das sein Leibchen zugeknöpft und seine Schuhe zugeschnürt hat, kniet auf der Küchenbank und sieht den Fluss, der sich zwischen den Erlen schlängelt, und den schwarzen Kahn, der aufs Gras heraufgezogen worden ist. Der Mann, der sein Kind verlieren wird, ist fertig rasiert und klappt gerade den Spiegel zusammen. Auf dem Tisch sind die Kaffeetassen, der Kuchen, die Sahne und die Fliegen. Nur der Zucker fehlt, und die Mutter sagt zu ihrem Kind, es solle zu Larssons laufen und ein paar Stückchen leihen. Und während das Kind die Tür öffnet, ruft der Mann hinter ihm her, es solle sich eilen, das Boot warte am Strand, und sie wollten so weit fortrudern wie noch nie zuvor. Während das Kind durch den Garten läuft, denkt es die ganze Zeit an den Fluss und an die Fische, die darin plätschern, und niemand flüstert ihm zu, dass es nur noch acht Minuten zu leben hat und dass der Kahn den ganzen Tag an seinem Platz liegen bleiben wird und noch viele andere Tage.

Es ist nicht weit bis zu Larssons, nur schräg über die Landstraße, und während das Kind über die Straße läuft, fährt das kleine Auto in das zweite Dorf ein. Es ist ein kleines Dorf mit roten Häusern und gerade erst aufgewachten Menschen, die mit erhobenen Kaffeetassen in ihren Küchen sitzen und das Auto auf der anderen Seite der Hecken vorbeirasen sehen in einer hohen Wolke von Staub. Es fährt sehr schnell, und der Mann im Auto sieht die Pappeln und die frisch geteerten Telegrafenstangen wie graue Schatten vorbeihuschen. Sommer weht über die Windscheibe, sie rasen aus dem Dorf hinaus, sie gleiten fest und sicher mitten auf der Landstraße dahin, und sie sind allein auf der Straße – noch allein. Es ist herrlich, ganz allein auf einer weichen, breiten Landstraße zu fahren, und draußen auf der Ebene geht es noch feiner. Der Mann ist glücklich und stark, und mit dem rechten Ellbogen spürt er den Körper des Weibes. Er ist kein schlechter Mann. Er eilt zum Meer. Er will keiner Wespe etwas zuleide tun, und doch wird er gleich ein Kind töten. Während sie auf das dritte Dorf zurasen, schließt das Mädchen wieder die Augen und sagt sich zum Spaß, dass sie sie nicht eher wieder öffnen will, bis sie das Meer sehen kann. Und im Takt mit den weichen Schwenkungen des Autos träumt sie von dem blanken Meeresspiegel.

Denn so unbarmherzig ist das Leben konstruiert: Eine Minute, bevor ein glücklicher Mann ein Kind tötet, ist er noch glücklich, und eine Minute, bevor eine Frau vor Entsetzen aufschreit, kann sie noch mit geschlossenen Augen vom Meer träumen, und während der letzten Minute im Leben eines Kindes können die Eltern dieses Kindes in einer Küche sitzen und auf den Zucker warten und von den weißen Zähnen ihres Kindes sprechen und von einer Bootsfahrt, und das Kind selbst kann eine Pforte schließen und sich anschicken, mit ein paar Stückchen Zucker in einem weißen Papier in seiner rechten Hand eine Landstraße zu überqueren, und es kann diese ganze letzte Minute lang nichts anderes vor Augen sehen als einen langen, blanken Fluss mit großen Fischen darin und einen breiten Kahn mit stillen Rudern.

Nachher ist alles zu spät. Nachher steht ein blaues Auto quer auf der Landstraße, und eine schreiende Frau nimmt die Hand von ihrem Mund, und die Hand blutet. Nachher öffnet ein Mann eine Autotür und versucht auf seinen Beinen zu stehen, obwohl er ein Loch des Entsetzens in sich trägt. Nachher liegen ein paar weiße Zuckerstückchen sinnlos zwischen Blut und Kies und ein Kind liegt bewegungslos auf dem Bauch, das Gesicht dicht an die Landstraße gepresst. Nachher kommen zwei blasse Menschen, die ihren Kaffee noch nicht getrunken haben, durch eine Pforte gelaufen und sehen ein Bild auf der Landstraße, das sie nie wieder vergessen werden. Denn es ist nicht wahr, dass die Zeit alle Wunden heilt. Die Zeit heilt nicht die Wunden eines getöteten Kindes, und sie heilt

● Dieses Mahnmal haben Bürger in Potsdam errichtet. Ist das Wort „geopfert" berechtigt? Begründen Sie Ihre Entscheidung.

sehr schlecht den Schmerz einer Mutter, die vergessen hat, Zucker zu kaufen, und ihr Kind über die Straße schickt, um welchen zu leihen, und ebenso schlecht heilt sie die Gewissensangst eines ehedem glücklichen Menschen, der es getötet hat. Denn wer ein Kind getötet hat, fährt nicht ans Meer. Wer ein Kind getötet hat, fährt langsam und stillschweigend heim, und neben ihm sitzt eine stumme Frau mit verbundener Hand, und in all den Dörfern, durch die sie fahren, ist nicht ein einziger froher Mensch zu sehen. Alle Schatten sind sehr dunkel, und wenn sie sich trennen, geschieht es immer noch stillschweigend, und der Mann, der das Kind getötet hat, weiß, dass dies Stillschweigen sein Feind ist und dass er Jahre seines Lebens braucht, um es zu besiegen, um es mit dem ständig wiederholten Schrei zu besiegen, es sei nicht seine Schuld gewesen. Aber er weiß, dass das Lüge ist, und in den Träumen seiner Nächte wird er sich stattdessen wünschen, eine einzige Minute seines Lebens zurückzubekommen, um diese einzige Minute anders zu gestalten. Aber so unbarmherzig ist das Leben denen gegenüber, die ein Kind getötet haben, dass nachher alles zu spät ist.

1 Der Mann „weiß, dass das eine Lüge ist". Worin könnte seine Schuld bestehen?

2 Kann es so etwas wie „schuldlos schuldig werden" nach Ihrer Auffassung geben oder ist jede Schuld persönlich festzumachen? (s. auch S. 286)

3 Entscheiden Sie nach der Diskussion im Kurs: Wirkt in dieser Geschichte eher Schicksal oder persönliche Schuld?

Voltaire: Was heißt es, frei zu sein?

Voltaire (1694–1778) war der berühmteste der französischen Philosophen in der Epoche der Aufklärung (s. S. 224). Sein vielfältiges Werk umfasst Essays, Briefwechsel, Romane und Geschichtsschreibung. Mit Ironie und Witz bekämpfte er vor allem die religiösen und politischen Glaubenssätze seiner Zeit. Deswegen befand er sich in einem Dauerkonflikt mit dem absolutistischen Staat Frankreichs und der Kirche.

A. Da vorn steht eine Batterie Kanonen, die vor unseren Augen feuern; haben Sie die Freiheit, das zu hören oder nicht zu hören?

B. Ohne Zweifel kann ich nicht umhin, es zu hören.

A. Möchten Sie, dass diese Kanone Ihren Kopf fortträgt und den Ihrer Frau und Ihrer Töchter, die mit Ihnen spazieren gehen?

B. Welchen Vorschlag machen Sie mir da? Ich kann es nicht wollen, solange ich bei Troste bin; das ist für mich unmöglich.

A. Gut; Sie hören notwendigerweise diese Kanone, und Sie wollen notwendigerweise nicht mit Ihrer Familie beim Spazierengehen an einem Kanonenschuss sterben; Sie haben weder die Macht, es nicht zu hören, noch die Macht, hierbleiben zu wollen.

B. Das ist klar.

A. Sie haben infolgedessen etwa dreißig Schritte zurückgelegt, um sich vor der Kanone in Deckung zu bringen; Sie haben die Macht gehabt, diese paar Schritte mit mir zu gehen?

B. Das ist ebenfalls sehr klar.

A. Und wenn Sie gelähmt gewesen wären, dann hätten Sie es nicht vermeiden können, vor dieser Batterie ohne Deckung zu sein; Sie hätten nicht die Macht gehabt, zu sein, wo Sie jetzt sind: Sie hätten notwendigerweise einen Kanonenschuss gehört und bekommen, und Sie wären notwendigerweise gestorben?

B. Nichts ist wahrer.

A. Worin besteht also Ihre Freiheit, es wäre denn in der Macht, die Ihr Individuum ausgeübt hat, um das zu tun, was Ihr Wille mit absoluter Notwendigkeit verlangte?

B. Sie verwirren mich; die Freiheit ist demnach nichts anderes als die Macht, zu tun, was ich will?

A. Denken Sie darüber nach und sehen Sie zu, ob Freiheit anders verstanden werden kann.

B. In diesem Fall ist mein Jagdhund genauso frei wie ich; er hat notwendigerweise den Willen zu laufen, wenn er einen Hasen sieht, und die Macht zu laufen, wenn er nicht krank an den Beinen ist. Ich habe also nichts vor meinem Hund voraus – Sie bringen mich auf den Stand der Tiere hinab!

A. Das sind die armseligen Sophismen der armseligen Sophisten, die Ihre Lehrer waren. Sie sind also ziemlich krank daran, dass Sie so frei sein sollen wie Ihr Hund! Aber ähneln Sie nicht Ihrem Hund in tausend Dingen? Haben Sie nicht den Hunger, den Durst, das Wachen, den Schlaf und Ihre fünf Sinne mit ihm gemein? Möchten Sie anders als durch die Nase riechen? Weswegen wollen Sie anders frei sein als er?

B. Aber ich habe eine Seele, die oft vernünftig denkt, und mein Hund denkt schwerlich vernünftig. Er verfügt fast nur über einfache Ideen, ich aber habe tausend metaphysische Ideen.

A. Nun ja, Sie sind tausendmal freier als er, Sie haben tausendmal mehr Macht zu denken als er; aber Sie sind nicht anders frei als er.

B. Was? Ich bin nicht frei, zu wollen, was ich will?

A. Was verstehen Sie darunter?

B. Ich verstehe darunter, was alle Welt darunter versteht. Sagt man nicht alle Tage: „Der Wille ist frei“?

A. Ein Sprichwort ist kein Argument; erklären Sie sich genauer.

B. Ich verstehe darunter, dass ich frei bin zu wollen, wie es mir immer beliebt.

A. Mit Verlaub, das gibt keinen Sinn; sehen Sie nicht, dass es lächerlich wäre zu sagen: „Ich will wollen“? Sie wollen notwendigerweise infolge der Ideen, die Ihnen gegenwärtig wurden. Wollen Sie sich verheiraten, ja oder nein?

B. Aber wenn ich Ihnen sagte, dass ich weder das eine noch das andere will?

A. Dann antworteten Sie wie jener, der gesagt hat: „Die einen glauben, dass Kardinal Mazarin gestorben ist, die anderen glauben, dass er lebt, ich aber glaube weder das eine noch das andere.“

B. Nun gut, ich will mich verheiraten.

A. Aha, das nenne ich eine rechte Antwort! Warum wollen Sie sich verheiraten?

B. Weil ich verliebt bin in ein junges Mädchen, schön, lieblich, wohlerzogen, es singt sehr gut, seine Eltern sind sehr anständige Leute, und ich schmeichle mir, dass ich von ihm geliebt und bei seiner Familie recht sehr willkommen bin.

A. Das ist ein Grund. Sie sehen, dass Sie nicht ohne Grund wollen können. Ich erkläre Ihnen, dass Sie frei sind, sich zu verheiraten; das heißt, dass Sie die Macht besitzen, den Ehevertrag zu unterzeichnen.

B. Wieso? Ich kann nicht wollen ohne Grund? Aber was wird dann mit jenem anderen Sprichwort: „Sit pro ratione voluntas“: Mein Wille ist mein Grund, ich will, weil ich will?

A. Das ist absurd, mein lieber Freund: Es gäbe dann in Ihnen eine Wirkung ohne Ursache. [...]

B. Aber noch einmal: Ich bin also nicht frei?

A. Ihr Wille ist nicht frei, aber Ihre Handlungen sind es. Sie sind frei, etwas zu tun, wenn Sie die Macht haben, es zu tun.

Sophist ist abgeleitet von gr. sophistos = Weisheitslehrer, der als Wanderlehrer gut bezahlt die attische Oberschicht in Wissenschaft und Redekunst ausbildete. Später wurde darunter der spitzfindige Wortverdreher, der trickreiche Debattierer verstanden. Entsprechend sind **Sophismen** dann geschickte Scheinbeweise in einer Debatte (s. S. 41f.).

4 Übertragen Sie die Definition von A. im letzten Satz des Textes auf Ihr Leben, z.B. auf die Situation, in der Sie jetzt als lesender Schüler sind: Begründen Sie, ob Sie frei sind oder nicht.

Jean-Jacques Rousseau (1712–1778), französischer Philosoph (Biografie s. S. 387)

Jean-Jacques Rousseau: Das Gewissen und das Gefühl der Freiheit

Es ist also wahr, dass der Mensch König der Erde ist, die er bewohnt. Denn er zähmt nicht nur alle Tiere, er verfügt nicht nur durch seine Geschicklichkeit über die Elemente, sondern er allein auf der Erde versteht es, sie zu nutzen. Er macht sich durch Beobachtung selbst die Sterne zu eigen, obwohl er sich ihnen nicht nähern kann. **Man zeige mir ein Tier auf der Erde, das mit dem Feuer umgehen und die Sonne bewundern kann.** Wie! ich kann die Wesen und ihre Beziehungen beobachten und erkennen? Ich kann empfinden, was Ordnung, Schönheit und Tugend ist? Ich kann das Weltall betrachten, mich zur Hand erheben, die es regiert; **ich kann das Gute lieben und tun – und ich vergleiche mich mit den Tieren!** Verworfene Seele, deine traurige Philosophie macht dich ihnen ähnlich; oder vielmehr, du willst dich umsonst erniedrigen. Dein Geist zeugt gegen deine Prinzipien, dein wohltätiges Herz straft deine Lehren Lügen. Der Missbrauch deiner Fähigkeiten selbst beweist dir zum Trotz ihre Vortrefflichkeit. [...]

Kein materielles Wesen ist durch sich selbst tätig; ich aber bin es. Man kann es mir bestreiten, ich fühle es, und dieses Gefühl, das zu mir spricht, ist stärker als die Vernunft, die es bestreitet. Ich habe einen Körper, auf den die anderen ebenso einwirken wie er auf sie. Diese Wechselwirkung ist nicht zu bezweifeln; aber mein Wille ist unabhängig von meinen Sinnen. Ob ich zustimme oder widerstehe, unterliege oder siege, ich fühle ganz deutlich in mir, ob ich getan habe, was ich tun wollte, oder ob ich meinen Leidenschaften nur nachgebe. Immer habe ich die Macht zu wollen, nicht immer die Kraft auszuführen. [...] Das Gefühl meiner Freiheit erlischt in mir nur, wenn ich verlottere und wenn ich die innere Stimme hindere, sich gegen das Gesetz des Körpers zu erheben. [...]

Wenn der Mensch aktiv und frei ist, so handelt er aus freiem Antrieb. Alles, was er aus freiem Entschluss macht, gehört nicht in das geordnete System der Vorsehung und kann ihr nicht zur Last gelegt werden. Sie will das Böse nicht, das der Mensch tut, indem er die Freiheit missbraucht, die sie ihm gegeben hat. [...] Sie hat ihn frei gemacht, damit er aus freier Wahl das Gute tue und nicht das Böse.

1 Auf welche Passage im vorherigen Dialog Voltaires könnten Sie diese Sätze Rousseaus (fett) beziehen?

2 Was würde Rousseau der Figur A in Voltaires Dialog auf deren letzten Satz antworten?

3 Rousseau hat im letzten Absatz eine Theodizee formuliert. Theodizee heißt: Rechtfertigung, dass in der Schöpfung Gottes das Böse vorhanden ist, obgleich Gott selbst gut ist (gr. theos = Gott; dike = Recht). Wie begründet Rousseau seine Theodizee?

Arthur Schopenhauer (1788–1860), deutscher Philosoph (Biografie s. S. 389)

Arthur Schopenhauer: Freiheit ist Charakter

Ich kann tun, was ich will: Ich kann, WENN ICH WILL, alles, was ich habe, den Armen geben und dadurch selbst einer werden, – wenn ich WILL! – Aber ich vermag nicht, es zu WOLLEN; weil die entgegenstehenden Motive viel zu viel Gewalt über mich haben, als dass ich es könnte. **Hingegen wenn ich einen andern Charakter hätte**, und zwar in dem Maße, dass ich ein Heiliger wäre, dann würde ich es wollen können; dann aber würde ich auch nicht umhinkönnen, es zu wollen, würde es also tun **müssen**.

4 Ein Gedankenexperiment: Versuchen Sie, Schopenhauer zu widerlegen, indem Sie mit aller Kraft eine bestimmte Handlung wollen. Gelingt es Ihnen wirklich, den starken Willen zu handeln herzustellen, also den Willen zu fühlen?

Thomas Nagel: Pfirsich oder Torte?

Der amerikanische Philosoph **Thomas Nagel** (geb. 1937) lehrt heute an der New York University.
Er spielt die Frage von Freiheit oder Bedingtheit an dem Dessert eines Menüs durch. Soll ich den gesunden Pfirsich oder die dickmachende Sahnetorte bestellen?

Einige Leute haben geglaubt, dass es uns in diesem absoluten Sinne niemals möglich ist, etwas anderes als das zu tun, was wir in Wirklichkeit tun. Sie gestehen uns zu, dass das, was wir *tun*, von unserer Wahl, unseren Entscheidungen und Wünschen abhängt, und dass wir in unterschiedlichen Situationen unterschiedlich wählen: Wir drehen uns nicht wie die Erde mit monotoner Gleichförmigkeit um unsere eigene Achse. Sie sind jedoch der Auffassung, dass die vor unserer Handlung bestehenden Umstände in jedem Fall unsere Handlungen determinieren und unvermeidlich machen. Die Summe aller Erfahrungen, Wünsche und Erkenntnisse einer Person sowie ihre Erbanlagen, die gesellschaftlichen Bedingungen und der Charakter der Entscheidung, mit der sie konfrontiert ist, wirken mit anderen Faktoren, die uns möglicherweise unbekannt sind, zusammen und machen eine bestimmte Handlung unter den gegebenen Umständen unausweichlich.
Diese Auffassung bezeichnet man als DETERMINISMUS. [...]
Wenn das wahr ist, dann war es, selbst während Sie sich über Ihren Nachtisch klarzuwerden versuchten, immer schon durch die Vielzahl der in Ihnen und auf Sie einwirkenden Faktoren festgelegt, dass Sie den Kuchen wählen würden. Sie *konnten* den Pfirsich *nicht* gewählt haben, wenn Sie auch glauben, dies gekonnt zu haben: Ein Entscheidungsprozess ist nichts anderes als ein Vorgang, der ein vorherbestimmtes Ergebnis im Bewusstsein zum Vorschein kommen lässt.
Falls der Determinismus für alles gilt, was überhaupt geschieht, so stand es bereits vor Ihrer Geburt fest, dass Sie zur Torte greifen würden. Ihre Entscheidung war durch die unmittelbar vorhergehende Situation determiniert, und *diese* Situation durch die *ihr* vorhergehende, und so fort, wie weit Sie auch zurückgehen wollen. [...]
Offenbar hat dies ernste Konsequenzen. Nicht nur können Sie sich nicht mehr sinnvoll dafür verantwortlich machen, dass Sie die Torte gegessen haben, Sie können wahrscheinlich überhaupt niemanden mehr für schlechte Taten verantwortlich machen oder für gute Taten loben. Wenn es vorherbestimmt war, dass der andere dies tun würde, so war es unvermeidlich: Er konnte unter den gegebenen Umständen nichts anderes getan haben. Wie kann man ihn dann noch zur Verantwortung ziehen? [...]
Hierüber sind die Leute unterschiedlicher Meinung. Einige glauben, dass niemand, falls der Determinismus wahr ist, sinnvollerweise für etwas gelobt oder getadelt werden kann, wie man auch den Schnee nicht dafür loben oder tadeln kann, dass er fällt. Andere glauben, dass es selbst dann noch sinnvoll ist, gute Handlungen zu loben und schlechte zu tadeln, wenn diese Handlungen unausweichlich waren. Schließlich bedeutet der Umstand, dass jemandes schlechtes Verhalten vorherbestimmt war, nicht, dass er sich nicht schlecht verhalten hat. [...]
Andererseits betrachten wir ihn, wenn wir annehmen, dass seine Tat vorherbestimmt war, dann eher wie einen Hund, der dafür bestraft wird, dass er am Teppich kaut. Wir halten ihn nicht verantwortlich für das, was er getan hat; wir sind nur darum bemüht, sein künftiges Verhalten zu beeinflussen.

5 Definieren Sie mit eigenen Worten, was Determinismus bedeutet.

6 Spielen Sie die Problematik am Beispiel eines amerikanischen Gerichtsverfahrens durch. Spielanleitung:
Der Kurs/ein Teil des Kurses stellt die Geschworenen. Sie haben sich in Klausur begeben, um auf schuldig oder unschuldig zu entscheiden. Die eine Gruppe der Geschworenen hat ein Menschenbild, das von Rousseau beeinflusst ist, die andere Gruppe vertritt einen reinen Determinismus, die dritte Gruppe folgt ihrem Gefühl für Gerechtigkeit.
Der Fall:
Ein Jugendlicher versucht von einem Mitschüler (entwerfen Sie selbst die Biografien der beiden) ein teures Handy zu erpressen, indem er ihn mit dem Messer erst bedroht und dann sogar verletzt.

Freiheit und Verantwortung: überholt?

Ethische Probleme der Hirnforschung*

Der rasante Fortschritt der Naturwissenschaft und Technik im 19. und 20. Jahrhundert erzeugte bei vielen Menschen die Hoffnung, dass alle Rätsel des Lebens entschlüsselt werden könnten. Es schien so, als ob man nur das zugrunde liegende Gesetz entdecken müsse, das die Vorgänge steuert.
Die erstaunlichen Erkenntnisse der Hirnforschung in den letzten Jahrzehnten machen die Abläufe der sinnlichen Wahrnehmung und des Denkens verständlicher. Entsprechend groß ist die Hoffnung der Forscher, das Funktionieren des menschlichen Hirns vollständig erklären und infolgedessen steuern zu können. Wo bleibt dann die Willensfreiheit, die Grundlage der Individualität und damit der Menschenrechte?
Obwohl noch nicht einmal das geheimnisvolle Phänomen „Bewusstsein" von der Forschung hinreichend durchschaut wurde, gibt es Hirnphysiologen, die heute schon behaupten, dass der menschliche Wille bestimmt sei von den biochemischen Vorgängen im Gehirn.
Viele Philosophen, aber auch manche Naturwissenschaftler widersprechen dieser Auffassung heftig. Der Kernphysiker und Nobelpreisträger Werner Heisenberg (1901 – 1976) hatte nachgewiesen, dass der Weg des Teilchens in der Nebelkammer nicht exakt, sondern nur mit der Wahrscheinlichkeitsrechnung vorhergesagt werden kann. Auch in der Natur gibt es also Unbestimmbarkeiten. Schließt hier das Reich der menschlichen Freiheit an?
Aus diesen Überlegungen heraus scheinen sich zwei einander ausschließende Anschauungen in der Frage der Willens- und Handlungsfreiheit zu ergeben:
Entweder wir meinen, der Mensch könne sich in seinen Entscheidungen über die materiellen Naturgesetze stellen, dann müssten wir so etwas wie eine Seele haben; die Verbindung Seele – Handlung ist aber nicht nachzuweisen, bleibt also spekulativ.
Oder wir meinen, alle sogenannten freien Entscheidungen seien wie das gesamte Leben von Naturgesetzen abhängig; dann ist der freie Wille nur eine Illusion.
Die Radikalität solcher Gegenüberstellungen führt nicht weiter. Denn Tatsache ist: Im alltäglichen Leben erfahren wir uns in unseren Entscheidungen als frei, in welchen biologischen, chemischen und physikalischen Gesetzmäßigkeiten dieses Freiheitsempfinden auch immer verankert sein möge. Wir treffen eine Wahl zwischen verschiedenen Motiven oder Wünschen, die durchaus von außen bedingt oder beeinflusst werden können. Blitzschnell oder nach langem Nachdenken entscheidet das Gehirn zwischen diesen Motiven und wir identifizieren uns mit der Entscheidung – je stärker dabei nachgedacht wird, umso größer die Entscheidungsfreiheit. Das ist eben unser Ich, diese im Laufe des Lebens anwachsende Menge an Entscheidungen unseres sich entwickeln-

„Wenn das Atom indeterminiert ist, so ist es der menschliche Geist sicherlich auch, denn wir können nicht gut eine Theorie akzeptieren, in der der Geist mechanistischer ist als das Atom."

Der Physiker A. S. Eddington 1935 mit Bezug auf Heisenbergs Unschärferelation den, immer mehr speichernden Gehirns. Jean-Paul Sartre (s. S. 114ff.) zählt dieses Reservoir an erinnerten Wahlentscheidungen zu der unveränderlichen Vergangenheit eines menschlichen Lebens, zum Faktischen, mit dem jeder Mensch bei jeder neuen Situation des Wählens zwischen verschiedenen Möglichkeiten rechnen muss.

Die scheinbar unlösbare Frontstellung zwischen dem völlig freien Willen und dem fremdbestimmten Willen löst sich im Alltag einfach auf. Es ist eine Tatsache, dass wir von genetischen, gesellschaftlichen, intellektuellen Einflüssen in unserer Freiheit eingeschränkt werden. Aber gerade in diesen Einschränkungen entwickelt sich unser Ich-Charakter. Ein vollständig bedingungsloser Wille, eine vollständig freie Freiheit ist niemand Besonderem, keinem Individuum in seiner Lebenswirklichkeit mehr zuzuordnen, also widersinnig.

Hier lässt sich eine Problematik anschließen, die seit langem von der Kybernetik[1] diskutiert wird: Kann künstliche Intelligenz so etwas wie Individualität, sprich Charakter entwickeln? Solche künstliche Intelligenz müsste Willensfreiheit im oben beschriebenen Sinn erreichen. Ein Roboter kann sich seine Entscheidungen merken und aufgrund dieser immer wieder neu wählen und so wieder erkennbar in seinen Handlungen sein: ich, der Haushaltsroboter Horst Meier.

Aus menschlicher Perspektive kein Problem, neigen wir doch dazu, einen Computer, ein Auto, einen Teddybär zu verlebendigen, ja zu personifizieren, diese Gegenstände anzusprechen.

Aber wird der Roboter auch das Gefühl der Freiheit entwickeln, das Gefühl des Denkens (= Bewusstsein) und damit das Gefühl der Verantwortung?

Figur aus dem Film „Terminator 3", in dem Mischwesen aus Mensch und Computer agieren

Olaf Breidbach: Ohne freien Willen können wir die Welt nicht begreifen (Interview)

Zu vernünftigem Handeln sind Computer nicht in der Lage. [...] Sie haben noch nicht einmal ein eigenes Bewusstsein, ein eigenes Wollen oder das, was man Person nennen könnte. Person ist ja nicht einfach ein Körper, der sich definiert bewegt. Person kennt eine Selbstverleugnung, also ein Bewusstsein davon, dass sie sich irren kann. Eine sich als Person bewusste Existenz, ein Etwas, das um sich weiß, kann sich somit selber relativieren. Ein *Ich* kann helfen, verzichten und sich opfern. Ein Computer geht bestenfalls kaputt. [...] Mag sein, dass es bei Maschinen und recht mechanisch funktionierenden Tieren wie Insekten unter Umständen so aussieht, als sei auch ihr Verhalten gewollt oder zielorientiert; aber durch geeignete Experimente kann man diese Täuschungen aufheben. [...]

Im Gegensatz zu manchen Neurobiologen sprechen Sie Menschen also nicht subjektiven Geist oder freien Willen ab?

Nein, wie könnte man? Das sind ja ganz grundlegende Erfahrungen, ohne die wir die Welt gar nicht interpretieren könnten. Unsere Wahrnehmung ist schließlich immer etwas Subjektives, kein reines Reagieren auf einen Stimulus.

Olaf Breidbach ist sowohl Philosoph als auch Naturwissenschaftler. Er leitet das Ernst-Haeckel-Haus in Jena und ist Professor für Theoretische Biologie an der Universität Jena. Er bezeichnet sich selbst als „Querdenker" und versucht, die Geistes- und Naturwissenschaften miteinander zu verknüpfen.

1. Was würde es für unsere Rechtsprechung bedeuten, wenn es der Hirnforschung gelänge zu beweisen, dass der freie Wille eine Illusion ist?

2. Unter welchen Voraussetzungen würden Sie einer Figur wie aus dem Film „Terminator 3" zugestehen, dass sie mit Ihnen auf gleicher Ebene lebt und handelt?

[1] Kybernetik (gr. Steuermannskunst): Wissenschaft von biologischen, technischen und sozialen Regelungssystemen und ihren Selbststeuerungsmechanismen

Der determinierte Mensch

Tag für Tag*

Magdalena Abakanowicz (geb. 1930): Menge

Es ist Montagmorgen. In Millionen deutscher Haushalte klingelt der Wecker. Die Menschen stehen auf, um sich an die Arbeit zu machen. Eine lange Woche liegt vor ihnen, in Fabriken, Büros, Kliniken, Studios, Universitäten, Schulen und in der Familie. Millionen Frauen, Männer und Kinder bewegen sich schlaftrunken an diesem Montagmorgen zu ihrem Arbeitsplatz mit dem PKW, mit Bussen und Bahnen, mit dem Fahrrad und zu Fuß. Der Verkehr läuft und die Maschinen laufen, ohne dass es den auf sie angewiesenen Menschen ständig bewusst wäre. Der Mechanismus in und hinter den Maschinen ist den meisten unsichtbar: Der Strom kommt auf Knopfdruck, das Benzin aus der Zapfsäule, die Nahrung aus dem Kühlschrank. Nur wenn eine Störung zeitweise einen Stillstand bewirkt, erfährt der Mensch seine Abhängigkeit.
Ebenso maschinengleich läuft in unserem Körper dauernd ein Mechanismus, der uns nicht oder kaum bewusst ist und von dem wir abhängig sind: Herzschlag, Verdauung, Blutbildung, Sekrete unserer Drüsen, Zellbildung, Zellsterben ... In unserem Körper kreist eine Zeit der sich ständig wiederholenden Organ-Funktionen; und andererseits bewegen wir uns auf einem unumkehrbaren Zeitpfeil in Richtung auf ein Ende dieses täglichen Kreislaufs: Irgendwann sterben wir. Meistens denken wir nicht daran, versuchen sogar den unerbittlichen Zwang des Lebens zu verdrängen. Nur wenn eine Stockung in den physischen und psychischen Mechanismen eintritt, wird uns plötzlich, oft schmerzlich, die Determiniertheit und Begrenzung unseres Lebens bewusst.
Alle Menschen sind unverwechselbare, unwiederholbare Individuen. Sie haben alle verschiedene Charaktere, Begabungen und Fertigkeiten. Sie sind autonom, weil sie Menschen sind. Und doch fügen sie sich in einen oft monotonen Ablauf des Lebens, lassen sich von anderen regulieren und produzieren jeden Tag aufs Neue. Warum bricht das höchst komplizierte System unserer Gesellschaft nicht in sich zusammen, indem an jedem Montag zu viele sich dafür entscheiden, einfach nicht mehr mitzumachen, die Tage in einem viel zu kurzen, viel zu kostbaren Leben endlich auszunutzen?
Weil in jeder Großgruppe von Menschen, selbst in noch heute existierenden Naturvölkern wie z. B. den Aborigines in Australien, ungeschriebene und geschriebene Gesetze und Konventionen das Leben regeln. Diese Normen sind für den Schutz der Gesellschaft und des Einzellebens notwendig, deshalb unterwerfen sich die Menschen den Regeln selbst dann, wenn sie das Funktionieren des Systems durchschauen oder sogar darunter leiden. Sie verhalten sich dann wie in einem Theaterstück, sie spielen ihre Rollen und geben ihren Mitspielern die Stichworte. Der Regisseur ist die Gemeinschaft, die alles überwacht.

1. Beschreiben Sie, was in der Installation „Menge“ aus dem einzelnen Menschen wird.

2. Formulieren Sie die wichtigsten ungeschriebenen Regeln (= Konventionen), denen Sie sich am heutigen Tag unterwerfen.

3. Zählen Sie einige der „Rollen“ auf, die Sie im Alltag „spielen“:
   - Sohn/Tochter
   - Schüler/in
   - Verkehrsteilnehmer/in
   - ...

4. Erstellen Sie ein Rollenprofil. Suchen Sie sich eine Rolle aus (z. B. Lehrer, Chef, Angestellter, Arzt, Patient, Richter, Polizist etc.) und notieren Sie Sprechverhalten, Mimik, Gestik, Kleidung. Spielen Sie dann in Gruppen Situationen je nach Rollenprofil.

Günter Wallraff: Am Fließband

Alle anderthalb Minuten rollt ein fertiger Wagen vom Band. Ich bin am letzten Bandabschnitt eingesetzt. Muss kleinere Lackfehler ausbessern, die es an jedem Wagen noch gibt. „Da ist weiter nichts dabei", denke ich anfangs, als ich sehe, wie langsam das Band vorwärts kriecht.
Eine Frau arbeitet mich ein. Sie ist schon vier Jahre am Band und verrichtet ihre Arbeit „wie im Schlaf", wie sie selbst sagt. Ihre Gesichtszüge sind verhärtet.
Linke Wagentür öffnen. Scharniersäule nachstreichen. Das abgeschliffene Scharnier neu streichen. Griff für die Kühlerhaube herausziehen. (Er klemmt oft.) Kühlerhaube aufklappen. Wagennummer mit Lack auslegen. Rechte Wagentür wie bei der linken. Kofferraum öffnen und nach eventuellen Lackfehlern suchen. Zusätzlich noch auf sonstige Lackfehler achten, die bei sorgfältiger Prüfung immer zu finden sind. Mit zwei Pinseln arbeiten. Der große für die Scharniersäule, die von der Wagentür halb verdeckt ist und an die man schlecht herankommt; der kleine für feinste Lackfehler zum Auslegen, was besonders viel Zeit in Anspruch nimmt. Außerdem immer wieder zu den Lacktöpfen zurücklaufen, Pinsel säubern und Farbtöpfe wechseln, weil die Wagen auf dem Band in kunterbunter Reihe erscheinen. Zusätzlich auf den Laufzetteln der Wagen meine Kontrollnummer vermerken.
Punkt 15.10 Uhr ruckt das Band an. Nach drei Stunden bin ich selbst nur noch Band. Ich spüre die fließende Bewegung des Bandes wie einen Sog in mir.
Wenn das Band einmal einen Augenblick stillsteht, ist das eine Erlösung. Aber umso heftiger, so scheint es, setzt es sich danach wieder in Gang. Wie um die verlorene Zeit aufzuholen.
Die Bandarbeit ist wie das Schwimmen gegen einen starken Strom [...]. Die vor mir am Band arbeiten und die hinter mir, kenne ich nicht. Ich weiß auch nicht, was sie tun. Manchmal begegnen wir uns am Band im gleichen Wagen. Sie sind mit der Montage an ihrem Abschnitt nicht fertig geworden und in mein Revier abgetrieben – oder umgekehrt. Dann sind wir uns gegenseitig im Weg.
Da schlägt mir einer eine Wagentür ins Kreuz, oder ich beschütte einen mit Lack. Sich entschuldigen ist hier nicht drin. Jeder wird so von seinen Handgriffen in Anspruch genommen, dass er den andern übersieht.
Das Zermürbende am Band ist das ewig Eintönige, das Nichthaltmachenkönnen, das Ausgeliefertsein. Die Zeit vergeht quälend langsam, weil sie nicht ausgefüllt ist. Sie erscheint leer, weil nichts geschieht, was mit dem wirklichen Leben zu tun hat. [...]
Man hat mir von einem Arbeiter erzählt, der sich auf seine Art gegen das Band zu wehren wusste. Er soll am vorderen Bandabschnitt eingesetzt gewesen sein. Um eine einzige Zigarette rauchen zu können, beging er Sabotage am Band. Statt seinen Pressluftbohrer an die vorgesehene immer gleiche Stelle der Karosserie zu halten, bohrte er kurz ins Band hinein, und alles stand augenblicklich still.

Günter Wallraff (geb. 1942), Journalist und Schriftsteller, entwickelte eine neue Form der dokumentarischen Literatur. Er arbeitete unter fremden Namen monatelang in den Betrieben, über die er berichtete: Nervenheilanstalten, Versicherungen, Fabriken, BILD-Redaktion und McDonald's-Filialen.

Charlie Chaplin in dem Film „Modern Times" (USA, 1936), in dem er die Monotonie der Arbeit und die Herrschaft der Maschine über den Menschen veranschaulicht.

5 Beschreiben Sie die Beziehung des Arbeiters zur Maschine, zu den anderen Arbeitern und zu dem Produkt.

6 Wo und wie wird in dieser Reportage Freiheit sichtbar?

7 Vergleichen Sie diesen Erfahrungsbericht mit Ihren eigenen Ferienjobs und mit der Arbeit in der Schule.

Nicolas Born: Die Welt der Maschine

Es wird immer deutlicher, dass der emanzipierende Effekt der industriellen Entwicklung verbraucht ist. Man kann ihn vereinfachend auf Kühlschrank, Waschmaschine und Fernseher reduzieren, Gegenstände, die allerdings die Hausfrau aus ihrem Berufsbild erlöst haben, wenn auch ihr Lohn größtenteils wieder einfließt in solche arbeitserleichternden Geräte und in die Anschaffung von immer neuem pervertiertem Heimzeug. Mit jedem Massenprodukt wird auch ein neues Massenbedürfnis produziert. Es ist kein Euphemismus, diesen rasch eskalierenden Dauerzustand von Bedürfnis und Befriedigung, in dem das eine das andere in mechanischer Folge hervorbringt, als Sucht zu bezeichnen. Und eine Gesellschaft von Kranken und Süchtigen kann schon ein angedrohter Stromausfall oder der Entzug des abendlichen Fernsehprogramms in bedrohliche Krampfzustände versetzen. Jedes Opfer, außer dem Verzicht, erscheint dann gering, wenn nur die Dosis, die für ein ungestörtes Siechtum notwendig ist, wieder pünktlich eintrifft.

Gero v. Randow ist Wissenschaftsjournalist.

Isaac Asimov (geb. 1920), Naturwissenschaftler und Autor von Sciencefiction-Romanen, hat diese drei Sätze über die Beziehung Mensch – Roboter geschrieben, um die moralische Problematik deutlich zu machen.

Gero v. Randow: Mensch und Maschine

Vor über 45 Jahren formulierte Isaac Asimov drei Gesetze der Roboterethik, die bis heute unangefochten bestehen:

1. Ein Roboter darf kein menschliches Wesen verletzen und auch nicht durch Untätigkeit zulassen, dass ein menschliches Wesen verletzt wird.
2. Ein Roboter muss den vom Menschen gegebenen Befehlen gehorchen, es sei denn, sie kommen mit dem ersten Gesetz in Konflikt.
3. Ein Roboter muss seine eigene Existenz schützen, solange er nicht mit dem ersten oder zweiten Gesetz in Konflikt gerät.

Die ersten kommerziell relevanten Industrieroboter, Joe Engelsbergers „Unimates", brachten gleich mehrere Fabrikarbeiter um. Wie viele Menschen bisher den Industrierobotern zum Opfer fielen, ist unbekannt. Unfallstatistiken geben selten an, ob Roboter am Geschehen beteiligt waren oder nicht. Und in der Bundesrepublik werden Roboterunfälle auch erst seit 1988 extra ausgewiesen. Pro Jahr zählen sie wenige hundert. Die meisten geschehen nicht während des Normalbetriebs, sondern wenn sich der Mensch dem Roboter nähert, um ihn zu programmieren oder zu warten. Der typische Roboterunfall spielt sich folgendermaßen ab: Das Opfer nähert sich der Maschine, die nur auf irgendein Sensorsignal wartet, um sich unversehens mit voller Kraft in Gang zu setzen oder ihren Laserstrahl auf den Menschen zu richten.
Der Robotiker John Kreifeldt formulierte daher die folgenden Regeln:

1. Kehre niemals einem Roboter den Rücken zu.
2. Wenn du dich einem Roboter näherst, dann schalte ihn aus, bevor er dich ausschaltet.

Schöne Verwandtschaft. [...]
Der Animismus[1], den wir Robotern entgegenbringen, kann fatal über ihre Andersartigkeit hinwegtäuschen.

❶ Vergleichen Sie die drei Gesetze der Roboter-Ethik mit menschlichen, moralischen Normen, z. B. der „Goldenen Regel".

❷ Vergleichen Sie Menschen und Maschinen in Form einer Tabelle: Was ist gleich oder ähnlich, was unterscheidet sie grundsätzlich?

MASCHINE	MENSCH
– funktioniert in einem Regelkreis	– funktioniert ...
– ist abhängig von anderen Maschinen	– ist abhängig von anderen Menschen
– leistet Arbeit (produziert, regelt, verteilt ...)	– leistet Arbeit ...

[1] Animismus (von lat. anima = die Seele): die Einstellung, unbelebte Gegenstände zu verlebendigen, zu personalisieren, mit einer Art Seele zu versehen

Robert Walser: Basta

Ich kam dann und dann zur Welt, wurde dort und dort erzogen, ging ordentlich zur Schule, bin das und das und heiße so und so und denke nicht viel. Geschlechtswegen bin ich ein Mann, staatswegen bin ich ein guter Bürger und rangeshalber gehöre ich zur besseren Gesellschaft. Ich bin ein säuberliches, stilles, nettes Mitglied der menschlichen Gesellschaft, ein sogenannter guter Bürger, trinke gern mein Glas Bier in aller Vernunft und denke nicht viel. Auf der Hand liegt, daß mir Ideen fernliegen. Scharfes Denken liegt mir gänzlich fern; Ideen liegen mir vollständig fern, und deshalb bin ich ein guter Bürger, denn ein guter Bürger denkt nicht viel. Ein guter Bürger ißt sein Essen, und damit basta! [...]
Dafür bin ich ja ein guter Bürger, damit ich Ruhe habe, damit ich den Kopf nicht anzustrengen brauche, damit mir Ideen völlig fernliegen und damit ich mich vor zu vielem Denken ängstlich fürchten darf.
Vor scharfem Denken habe ich Angst. Wenn ich scharf denke, wird es mir ganz blau und grün vor den Augen. Ich trinke lieber ein gutes Glas Bier und überlasse jedwedes scharfes Denken leitenden Staatslenkern. Staatsmänner können meinetwegen so scharf denken wie sie wollen und so lang, bis ihnen die Köpfe brechen. Mir wird immer ganz blau und grün vor den Augen, wenn ich den Kopf anstrenge, und das ist nicht gut, und deshalb strenge ich den Kopf so wenig wie möglich an und bleibe hübsch kopflos und gedankenlos. Wenn nur leitende Staatsmänner denken, bis es ihnen grün und blau vor den Augen wird und bis ihnen der Kopf zerspringt, so ist alles in Ordnung, und unsereins kann ruhig sein Glas hier in aller Vernunft trinken, mit Vorliebe gut essen und nachts sanft schlafen und schnarchen, in der Annahme, daß Schnarchen und Schlafen besser sei als Kopfzerbrechen und besser als Dichten und Denken. Wer den Kopf anstrengt, macht sich nur verhaßt, und wer Absichten und Meinungen bekundet, gilt als ungemütlicher Mensch, aber ein guter Bürger soll kein ungemütlicher, sondern ein gemütlicher Mensch sein. Ich überlasse in aller Seelenruhe scharfes und kopfzerbrechendes Denken leitenden Staatsmännern, denn unsereins ist ja doch nur ein solides und unbedeutendes Mitglied der menschlichen Gesellschaft und ein sogenannter guter Bürger oder Spießbürger, der gern sein Glas Bier in aller Vernunft trinkt und gern sein möglichst gutes fettes Essen ißt und damit basta!
Ich heiße so und so, kam dann und dann zur Welt, wurde dort und dort ordentlich und pflichtgemäß in die Schule gejagt, lese gelegentlich die und die Zeitung, bin von Beruf das und das, zähle so und so viele Jahre und verzichte darauf, viel und angestrengt zu denken, weil ich Kopfanstrengungen und Kopfzerbrechen mit Vergnügen leitenden und lenkenden Köpfen überlasse, die sich verantwortlich fühlen. Unsereins fühlt weder hinten noch vorn Verantwortung und denkt nicht viel, sondern überläßt dieses sehr eigenartige Vergnügen Köpfen, die die Verantwortung tragen. Ich ging da und da zur Schule, wo ich genötigt wurde, den Kopf anzustrengen, den ich seither nie mehr wieder einigermaßen angestrengt und in Anspruch genommen habe. Geboren bin ich dann und dann, trage den und den Namen, habe keine Verantwortung und bin keineswegs einzig in meiner Art.

(Aus lizenzrechtlichen Gründen ist dieser Text nicht in reformierter Rechtschreibung gedruckt.)

Der Schweizer Schriftsteller **Robert Walser** (1878–1956) war ein merkwürdiger, versponnener, sehr eigenwilliger Autor, der seine Geschichten und Gedichte in linierte Schulhefte oder auf kleine Zettel („Mikrogramme") schrieb. Er führte ein unstetes Leben mit wechselnden Berufen, einmal war er sogar Diener. Zunächst fast unbekannt, wurde er am Ende seines Lebens berühmt und wird heute mit Franz Kafka verglichen.

3 Die Satire „Basta" wurde um 1916 geschrieben. Entwerfen Sie einen „Basta"- Text für die heutige Zeit.

4 Worin besteht die Unfreiheit des „guten Bürgers" in diesem Text?

5 Entspricht der Mann im Büro, den Hopper malte, völlig dem Typus, der im Text beschrieben wird? Begründen Sie.

Edward Hopper (1882–1967): Kleinstadt-Büro

Der sich befreiende Mensch

Gedankenfreiheit*

Martin Luther behauptete in seiner Schrift „Von der Freiheit eines Christenmenschen", dass der wahre Christ innerlich frei sei, auch wenn er äußeren Zwängen unterliege.
„Ein Christenmensch ist ein freier Herr über alle Dinge und niemandem untertan. [...] Was schadet das der Seele, dass der Leib gefangen, krank und matt ist, hungert, dürstet und leidet, wie er nicht gern wollte? Dieser Dinge reichet keines bis an die Seele, sie zu befreien und gefangen, fromm oder böse zu machen."
Die besondere innere, geistige Freiheit ist wichtiger als die äußere – diese These Luthers war sehr einflussreich. Denn auch ein Eingekerkerter kann das „innere Reich der Freiheit" verwirklichen und tatsächlich beriefen sich ja politisch und religiös Verfolgte durchaus auf diese „Gedankenfreiheit". Aber ist diese Art von Freiheit nicht eine Illusion?
Schon der griechische Philosoph Aristoteles war der Auffassung, der Mensch sei nur fähig zu freiem Denken, wenn die notwendigen Bedürfnisse seines Körpers befriedigt seien. Hunger, Schmerz, Not, Gefangenschaft seien schlechte Bedingungen für Gedankenfreiheit.
Andererseits treten Menschen in Gefängnissen, vor allem politische Gefangene, in den Hungerstreik, d. h. sie befreien sich von den Schmerzen des hungernden Organismus kraft ihrer freien Entscheidung für einen spektakulären Protest gegen die Bedingungen ihrer Haft.

Die Gedanken sind frei

Der Text dieses bekannten Lieds stammt von einem unbekannten Verfasser volkstümlicher Melodien. Das Lied erschien anonym zwischen 1780 und 1800 auf Flugblättern. Es war während der 1848er-Revolution vermutlich von der Zensur verboten, muss aber so viel gesungen worden sein, dass es bis heute populär geblieben ist.

Die Gedanken sind frei! Wer kann sie erraten?
Sie fliehen vorbei wie nächtliche Schatten.
Kein Mensch kann sie wissen, kein Jäger erschießen
Mit Pulver und Blei, die Gedanken sind frei.

Ich denke, was ich will und was mich beglücket,
Doch alles in der Still' und wie es sich schicket.
Mein Wunsch und Begehren kann niemand verwehren,
Es bleibet dabei: Die Gedanken sind frei!

Und sperrt man mich ein im finsteren Kerker,
Das alles sind rein vergebliche Werke;
Denn meine Gedanken, die reißen die Schranken
Und Mauern entzwei: Die Gedanken sind frei!

1 Stellen Sie sich zwei politische Gefangene in einer Zelle vor: Der eine liegt nachts auf seiner Matratze und träumt sich in die Freiheit seiner Gedanken und Überzeugungen; der andere arbeitet sich nachts durch die Zellenwand nach draußen. An dem Tag, an dem der Durchbruch geschafft ist, fragt der Ausbrecher den anderen, ob er mitkommen will. Welche Antwort könnte er bekommen?

Die Gay Pride Parade mit 40 000 amerikanischen Homosexuellen in New York 1983. Sie erinnern an die Gründung der Gay Alliance Association 1969, die sich gegen die Unterdrückung und Diskriminierung von Homosexuellen durch die Polizei gebildet hatte.

12. November 1956: Aufstand in Budapest gegen die russischen Besatzer Ungarns und die von ihnen gestützte kommunistische Regierung. Ein 15-jähriges Mädchen übt mit der Waffe, um gegen die russische Armee Widerstand leisten zu können.

2 Welche Art von persönlichem Befreiungskampf zeigen diese Bilder?

3 Überlegen Sie, welche Risiken diese befreienden Handlungen mit sich bringen.

Freiheit als Wahl

Die Philosophie des Existenzialismus, als dessen einflussreichster Denker Jean-Paul Sartre (1905–1980, Biografie s. S. 388) gilt, behauptet, dass der Mensch gar nicht anders könne, als frei zu sein. Denn in jedem Moment seines Daseins entscheide er sich für oder gegen eine Handlung. Selbst nichts zu tun oder nichts zu sagen bedürfe einer freien Wahl. Also ist der Mensch geradezu zur Freiheit „verdammt".
In seinem Drama „Tote ohne Begräbnis" veranschaulicht Sartre diese These. Gefangene werden in diesem Drama in einer Grenzsituation mit ihrer nie aufzuhebenden Freiheit konfrontiert, sie müssen sich entscheiden.

Frankreich 1944, kurz vor Kriegsende: Fünf Widerstandskämpfer der Résistance wurden bei einer gescheiterten Aktion gefangen genommen. Sie werden von französischen Milizionären (Geheimpolizisten), die mit der Nazi-Besatzung zusammenarbeiten, gefoltert, um sie zu zwingen, das Versteck ihres Anführers preiszugeben. Nacheinander werden sie zum Verhör geholt, die anderen müssen die Schreie der Gequälten mit anhören. Der Gefangene Sorbier hat große Angst vor körperlichen Schmerzen, er fürchtet, die Folter nicht aushalten zu können und zu reden.

Jean-Paul Sartre: Tote ohne Begräbnis

Die Rollen:
Clochet, Landrieu, Pellerin = die französischen Folterer, die mit den Deutschen zusammenarbeiten
Sorbier, Henri, Canoris = die französischen Widerstandskämpfer, die gefoltert werden
Milizionäre = französische Polizisten

II. Akt, 7.–9. Szene

Siebte Szene

Clochet, Landrieu.

CLOCHET: Den Blonden muss man runterbringen. Der ist reif.
LANDRIEU: Den Blonden?
CLOCHET: Sorbier. Das ist ein Feigling.
LANDRIEU: Ein Feigling? Hol ihn!
Clochet ab.

Achte Szene

Pellerin, Landrieu.

PELLERIN: Das sind alles Feiglinge. Nur sind einige stur.
LANDRIEU: Pellerin! Was würdest du tun, wenn man dir die Fingernägel ausreißt?
PELLERIN: Die Engländer reißen keine Fingernägel aus.
LANDRIEU: Aber die Maquisards[1]?
PELLERIN: Man wird uns schon nicht die Fingernägel ausreißen.
LANDRIEU: Warum nicht?
PELLERIN: Man wird uns nicht die Fingernägel ausreißen!
Clochet kommt zurück, hinter ihm Sorbier.
CLOCHET: Lasst mich ihn verhören.

Neunte Szene

Dieselben, Clochet, dann Sorbier, begleitet von Milizionären.

CLOCHET: Nehmt die Handschellen ab! Bindet ihm die Arme an den Stuhl. *Er geht auf Sorbier zu.* Na, da bist du ja wieder. Da bist du wieder auf diesem Stuhl. Und wir sind auch da. Weißt du, warum wir dich runtergeholt haben?

[1] Maquisards: diejenigen, die im Maquis (frz. Unterholz) kämpfen, also Widerstandskämpfer

SORBIER: Nein.

CLOCHET: Weil du ein Feigling bist, und weil du auspacken wirst. Du bist kein Feigling?

SORBIER: Doch.

CLOCHET: Siehst du. Ich habe es an deinen Augen abgelesen. Zeig sie mal her, diese aufgerissenen Augen ...

SORBIER: Du wirst auch solche Augen haben, wenn du aufgehängt wirst.

CLOCHET: Gib nicht so an, das passt nicht zu dir.

SORBIER: Genau solche; wir sind Brüder. Ich ziehe dich an, was? Mich folterst du gar nicht, sondern dich.

CLOCHET *brüsk*: Du bist Jude?

SORBIER *erstaunt*: Ich? Nein.

CLOCHET: Ich schwöre dir, dass du Jude bist.

Er gibt den Milizionären ein Zeichen, sie schlagen ihn.

Du bist nicht Jude?

SORBIER: Doch. Ich bin Jude.

CLOCHET: Gut. Also, hör zu: zuerst die Fingernägel. Das wird dir Zeit zum Nachdenken geben. Wir haben es nicht eilig, wir haben noch die ganze Nacht! Wirst du reden?

SORBIER: Abschaum.

CLOCHET: Was sagst du?

SORBIER: Ich sage: Abschaum. Du und ich, wir sind Abschaum.

CLOCHET *zu den Milizionären*: Nehmt die Zange und fangt an!

SORBIER: Lasst mich! Lasst mich! Ich werde reden. Ich werde euch sagen, was ihr wollt.

CLOCHET *zu den Milizionären*: Zieht ihm trotzdem etwas am Nagel, damit er sieht, dass es ernst ist.

Sorbier stöhnt.

Gut, wo ist dein Anführer?

SORBIER: Bindet mich los, ich kann nicht mehr auf diesem Stuhl sitzen. Ich kann nicht mehr! Ich kann nicht mehr!

Landrieu gibt ein Zeichen. Die Milizionäre binden ihn los. Er steht schwankend auf und geht auf den Tisch zu.

Eine Zigarette.

LANDRIEU: Danach.

SORBIER: Was wollt ihr wissen? Wo der Anführer ist? Ich weiß es. Die anderen wissen es nicht, aber ich weiß es. Ich war sein Vertrauter. Er ist ... *Zeigt abrupt auf einen Punkt hinter ihnen* ... da!

Alle drehen sich um. Er stürzt zum Fenster und springt aufs Gesims.

Ich habe gewonnen! Kommt nicht näher oder ich springe. Ich habe gewonnen! Ich habe gewonnen!

CLOCHET: Spiel nicht den Idioten. Wenn du redest, lassen wir dich laufen.

SORBIER: Denkst du! *Schreiend*: He, ihr da oben! Henri, Canoris, ich habe nicht geredet.

Die Milizionäre stürzen sich auf ihn. Er springt ins Leere.

Guten Abend.

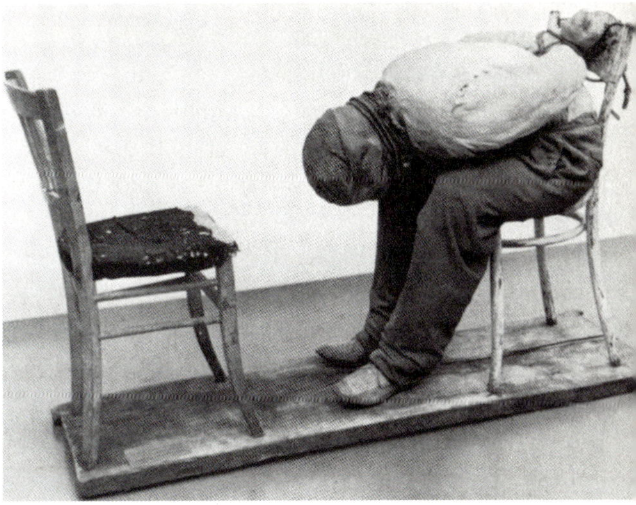

Siegfried Neuenhausen: Denkmal für Joao Borges de Souza (1972)

De Souza war ein brasilianischer Student, der zu Tode gefoltert wurde. Der Künstler will an diesem Beispiel exemplarisch die Situation des gefolterten Menschen zeigen.

1. Erklären Sie die zunächst rätselhaften Sätze des Widerstandskämpfers Sorbier: „Ich sage: Abschaum. Du und ich, wir sind Abschaum."

2. Was will Sorbier mit dem Ausruf „Ich habe gewonnen!" sagen?

Jean-Paul Sartre (1905–1980), französischer Philosoph (Biografie s. S. 388)

Die Freiheit der Wahl – Grundgedanken der existenzialistischen Philosophie Jean-Paul Sartres*

Die Überzeugung von den Grundbedingungen der menschlichen Existenz, die hinter dem Drama „Tote ohne Begräbnis" (s. S. 114f.) stehen, werden in folgenden Sätzen aus Sartres Werk „Das Sein und das Nichts" aufs Äußerste zugespitzt:

„Wenn ich in einen Krieg einberufen werde, ist dieser Krieg m e i n Krieg, weil ich jederzeit mich ihm hätte entziehen können, durch Selbstmord oder Fahnenflucht: Diese äußersten Möglichkeiten sind diejenigen, die uns immer gegenwärtig sein müssen, wenn es darum geht, eine Situation ins Auge zu fassen. Da ich mich ihm nicht entzogen habe, habe ich ihn g e w ä h l t [...], **und ich habe entschieden, dass er existiert.**"

Wie sind diese Behauptungen zu verstehen, wie zu rechtfertigen?
Der Mensch ist wie alle und alles andere zunächst Sein, das mit sich selbst völlig eins und ausgefüllt ist: **Sein-an-sich** (Existenz an sich). Dieses Sein ist sinnlos und zufällig, keinem Plan oder keiner höheren Bestimmung unterworfen, auch keiner Rangordnung verpflichtet. Die Existenz des Menschen ist nicht von vornherein wertvoller oder sinnvoller als die eines Felsens oder Wurmes. Die Erfahrung, reines Dasein an sich zu sein, wie alles um ihn herum, löst im Menschen einen hilflosen **Ekel** aus, so der Titel von Sartres erstem Roman („La nausée").
Die Besonderheit des Menschen aber besteht gegenüber allem anderen Sein darin, dass er auch noch Bewusstsein hat. Der Mensch ist das Wesen, das sich seiner eigenen Existenz bewusst ist, er ist also auch **Für-sich**. Der Mensch kann darüber hinaus die Existenz alles und aller anderen in seinem Bewusstsein spiegeln, zum Gegenstand seines Erkennens machen. Zusammengefasst: Der Mensch kann sich vom reinen Sein losreißen und sich ihm erkennend gegenüberstellen durch sein Bewusstsein. Dieses Bewusstsein, das Für-sich-Sein, definiert Sartre im Bezug auf das reine Sein als das **Nichts**, als die Lücke, den Abstand zum Sein, der es dem Menschen ermöglicht, sich vom reinen Vegetieren zu trennen und zu erkennen, was ist, was sein könnte; was geschehen ist, was geschehen könnte; was er ist, was er sein könnte. Dieses Nichts, dieser **Riss im Dasein** macht den Menschen frei. In der äußersten Form kann dieses Sich-losreißen sogar Freitod bedeuten.
Die menschliche **Freiheit**, die sich aus dem **Nichts** in ihm ergibt, bedeutet zugleich den Zwang, sich zu entwerfen, sich zu entscheiden, eine **Wahl** zu treffen. **Der Mensch ist zur Freiheit verdammt**. Da er nicht reines An-sich-Sein ist, sondern durch sein Bewusstsein in seine Vergangenheit und Zukunft sehen kann (Zeitbewusstsein), wird jeder Lebensakt, jede Handlung zu einer **Entscheidung**. Selbst wenn er nur noch schweigen und im Nichtstun erstarren würde, wäre das die Entscheidung, eben gerade zu schweigen. Das wiederum hat zur Folge, dass der Mensch für sich und sein Leben verantwortlich ist, ausschließlich und allein.
Sartre verneint damit nicht etwa die Realität der gegebenen Bedingungen. Natürlich erfährt sich jeder Mensch, in die Welt geworfen ohne seine Entscheidung, zunächst in bestimmten begrenzten Konditionen:

„Viel mehr als er ‚sich zu machen' scheint, wird der Mensch scheinbar ‚gemacht' vom Klima und der Erde, von der Rasse und der Klasse, der Sprache, der Geschichte des Kollektivs, dem er angehört, von der Erbmasse, den individuellen Umständen seiner Kindheit, den angenommenen Gewohnheiten, den großen und kleinen Ereignissen seines Lebens."

Er wird also geboren in einer Villa oder einer Wellblechhütte. Und doch – so der frühe Sartre – kann er sich nicht des Zwanges entledigen, seine faktische Realität, die sog. **Faktizität**, wahrzunehmen und sie zu bejahen oder zu verneinen, sie anzunehmen oder sie zu bekämpfen. Die so verstandene Freiheit des Menschen heißt also nicht Beliebigkeit oder Willkür, sondern Selbstbestimmung durch Wahl. Und zu dieser Wahl gehören die vorgegebenen Lebensbedingungen, die sich dem Menschen entgegenstellen. Denn wie könnte er Freiheit erfahren ohne diesen Widerstand? Es steht natürlich nicht im Belieben des Menschen, durch einen Plan, einen freien Entwurf die faktische Realität aufzuheben, also etwa aus einem steinigen, trockenen Wüstenboden ein feuchtes Regenwald-Biotop zu zaubern, nur weil er beschlossen hat, dort Orchideen zu züchten. Allerdings könnte er dort ein Gewächshaus bauen und lange Wasserleitungen für seine Orchideenzucht legen lassen, wobei der Wüstenboden immer noch der gleiche ist.

Die Faktizität, das Gegebene muss in den Entwurf aufgenommen werden. Das Zusammenwirken von Gegebenheit und freiem Entwurf erzeugt eine **Situation**. Oder anders gesagt: Nur in Situationen erfahren wir unsere Freiheit, nämlich dann, wenn uns die Fakten entgegenstehen. Entgegenstehen können sie uns nur, wenn wir einen Plan fassen, in dem diese Fakten als zu überwindende Gegenspieler auftauchen.

Anders als in den alltäglichen kleinen Entscheidungssituationen wird das Zusammenspiel von **Faktizität** und **Transzendenz** (= Übersteigen des Gegebenen durch einen Entwurf), aus dem sich Freiheit ergibt, besonders deutlich in den auf die Spitze getriebenen **Grenzsituationen**. So nennt der Philosoph Karl Jaspers (s. S. 8f.) die Herausforderungen wie Tod, Krankheit, Verlust usw.

Eine solche Grenzsituation bestand nach Sartres Auffassung im besetzten Frankreich. Jedes Nein in einem Verhör wurde mit dem Tod oder der Folter bedroht:

„Gerade die Grausamkeit des Feindes trieb uns an die **äußersten Grenzen** unseres Menschseins [...]. Und die **Wahl**, die jeder von sich traf, war echt, weil sie angesichts des Todes fiel, weil sie sich stets in der ‚Form': ‚Lieber den Tod als ...' hätte ausdrücken lassen."

So Sartre in seiner Radioansprache „Republik des Schweigens" im Jahre 1944.

1 Schreiben Sie einen Satz, in dem die Begriffe *Freiheit, Nichts, Entscheidung, Faktizität, Wahl, Situation* sinnvoll verknüpft werden.

2 Überlegen Sie: Ist, gemäß der Philosophie Sartres, die Freiheit eines indischen Bettlers ebenso groß wie die eines Millionärs?

3 Angenommen, Sie würden die Grundaussagen des Existenzialismus über Freiheit und Bedingtheit des Lebens akzeptieren: Was bedeutete das für Ihr persönliches Leben? Spielen Sie diese Frage im Hinblick auf Ihr alltägliches Leben durch, z. B.:
Ist es Freiheit, jeden Tag in der Schule zu sitzen?
Oder: Kann es für einen echten Existenzialisten überhaupt so etwas wie eine Entschuldigung für Zuspätkommen geben? Hat er die Unpünktlichkeit nicht gewollt und gewählt?

Henry David Thoreau (1817–1862) war ein radikaler Individualist, der sich den Normen seiner Umwelt nicht unterwarf. Seine Schriften beeinflussten Gandhi und dessen Lehre vom „gewaltlosen Widerstand". In diesem Essay, den er zuerst 1846 in seiner Heimatstadt Concord (Mass.) öffentlich vortrug, wendet sich Thoreau gegen die Vernichtung der Indianer, die Sklaverei und den amerikanisch-mexikanischen Krieg (1846–1848), in dem die USA Mexiko die späteren Bundesstaaten Texas, New Mexiko, Utah, Nevada, Kalifornien und Arizona entrissen.

Henry David Thoreau: Von der Pflicht des Ungehorsams gegenüber dem Staat

Unter einer Regierung, die irgendjemanden unrechtmäßig einsperrt, ist das Gefängnis der angemessene Platz für einen gerechten Menschen. [...] Der entflohene Sklave, der mexikanische Kriegsgefangene auf Parole und der Indianer mit seinen Anklagen gegen das Unrecht, das man seiner Rasse zufügt: Nur hier sollen sie ihn finden, im Gefängnis; auf diesem abgeschiedenen, aber freien und ehrbaren Boden, wo der Staat jene hinbringt, die nicht *mit* ihm, sondern *gegen* ihn sind: Es ist das einzige Haus in einem Sklavenstaat, das ein freier Mann in Ehren bewohnen kann. Vielleicht glauben manche, dass sie dort ihren Einfluss verlieren, dass ihre Stimme das Ohr des Staates nicht mehr erreicht, sie glauben, dass ihre Feindschaft innerhalb dieser Mauern unwirksam wäre – aber sie wissen nicht, um wie viel die Wahrheit stärker ist als der Irrtum und wie viel ausdrucksvoller und wirksamer sie die Ungerechtigkeit bekämpfen können, wenn sie sie nur ein bisschen an sich selbst erfahren haben. [...]
Vor der Wahl, ob er alle anständigen Menschen im Gefängnis halten oder Krieg und Sklaverei aufgeben soll, wird der Staat mit seiner Antwort nicht zögern. Wenn tausend Menschen dieses Jahr keine Steuern bezahlen würden, so wäre das keine brutale und blutige Maßnahme – das wäre es nur, wenn sie sie zahlten und damit dem Staat erlaubten, Brutalitäten zu begehen und Blut zu vergießen. Das Erstere ist, was wir unter einer friedlichen Revolution verstehen – so weit sie möglich ist. Wenn nun aber – wie es geschehen ist – der Steuereinnehmer oder irgendein anderer Beamter mich fragt: „Was soll ich aber jetzt tun?", so ist meine Antwort: „Wenn du wirklich etwas tun willst, dann gib dein Amt auf." Wenn einmal der Untertan den Gehorsam verweigert und der Beamte sein Amt niedergelegt hat, dann hat die Revolution ihr Ziel erreicht. Doch nehmt ruhig an, dass dabei auch Blut vergossen werden müsste. Wird denn nicht gewissermaßen Blut vergossen, wenn das Gewissen verletzt ist? Durch diese Wunde fließt das wahre Menschentum eines Mannes und seine Unsterblichkeit, und er verblutet zu immerwährendem Tod.
Ich habe sechs Jahre keine Wahlsteuer bezahlt. Einmal wurde ich deshalb für eine Nacht ins Gefängnis gesteckt. Wie ich da stand und mir die massiven Steinmauern betrachtete, die zwei oder drei Fuß dick waren, die Türe aus Holz und Eisen – einen Fuß dick – und das Eisengitter, welches das Licht siebte, kam mir die ganze Dummheit dieser Institution zum Bewusstsein, die mich so behandelte, als wäre ich nicht mehr als Fleisch, Blut und Knochen, was man einschließen kann. [...]
Mit dem inneren Wesen, sei es intellektuell oder moralisch, kann der Staat sich also niemals auseinandersetzen, sondern nur mit dem Körper, mit den Sinnen. Er verfügt weder über größere Vernunft noch Ehrlichkeit, sondern nur über größere physische Gewalt. Ich bin nicht für den Zwang geboren. Ich werde nach meiner Art atmen. Wir wollen doch sehen, wer stärker ist. Was für eine Macht hat eine Masse? Nur die können mich zwingen, die ein höheres Gesetz befolgen als ich. Sie zwingen mich dann, so wie sie zu werden. Ich habe noch nie gehört, dass ein Mensch von einer Menschenmasse *gezwungen* worden wäre, so oder so zu leben. Was wäre das auch für ein Leben!

1. Überlegen Sie, ob Sie dem ersten Satz des Essays zustimmen können.

2. Überdenken Sie die Frage: Ist die in unserem Staat weit verbreitete Steuerhinterziehung Ausdruck eines stillen Protests gegen die Staatsausgaben, also Freiheitsäußerung im Sinne Thoreaus?

Albert Camus: Der Mensch in der Revolte

Albert Camus (1913–1960), französischer Schriftsteller und Philosoph, wuchs in großer Armut in Algerien auf und musste sich seinen Weg zu Bildung und Künstlertum schwer erkämpfen. Davon sind auch seine Romane, Theaterstücke und Essays geprägt, in denen der Einzelne, konfrontiert mit erschütternden Situationen, um den Sinn seiner Existenz ringen muss. In seinem Werk, 1957 mit dem Nobelpreis für Literatur geehrt, wird das Dasein trotz aller Widrigkeiten immer wieder bejaht.

Spartacus
(Regie: Stanley Kubrick, USA 1959/60)

Was ist ein Mensch in der Revolte? Ein Mensch, der Nein sagt. Aber wenn er ablehnt, verzichtet er doch nicht, er ist auch ein Mensch, der Ja sagt aus erster Regung heraus. Ein Sklave, der sein Leben lang Befehle erhielt, findet plötzlich einen neuen unerträglich. Was ist der Inhalt dieses „Nein"? Es bedeutet zum Beispiel: „das dauert schon zu lange", „bis hierher und nicht weiter", „sie gehen zu weit" und auch „es gibt eine Grenze, die sie nicht überschreiten werden". Im Ganzen erhärtet dieses „Nein" das Bestehen einer Grenze. Dieselbe Vorstellung einer Grenze findet man in dem Gefühl des Revoltierenden, dass der andere „übertreibe", dass er sein Recht über eine Grenze erstrecke, jenseits welcher ein anderes Recht ihm entgegentritt und es beschränkt. So ruht die Bewegung der Revolte zu gleicher Zeit auf der kategorischen Zurückweisung eines unerträglich empfundenen Eindringens wie auf der dunklen Gewissheit eines guten Rechts, oder genauer auf dem Eindruck des Revoltierenden, „ein Recht zu haben auf ..." Die Revolte kommt nicht zustande ohne das Gefühl, irgendwo und auf irgendeine Art selbst Recht zu haben. Insofern sagt der Sklave im Aufstand zugleich Ja und Nein. Er bestätigt gleichzeitig mit der Grenze alles, was er jenseits von ihr vermutet und schützen will. Er demonstriert hartnäckig, dass es in ihm etwas gibt, das „die Mühe lohnt", das beachtet zu werden verlangt. In gewisser Weise stellt er der Ordnung, die ihn bedrückt, eine Art Recht entgegen, nicht bedrückt zu werden über das hinaus, was er zulassen kann.

Gleichzeitig mit dem Widerwillen gegen den Eindringling enthält jede Revolte eine völlige und unmittelbare Zustimmung des Menschen zu einem Teil seiner selbst. Er lässt also unausgesprochen ein Werturteil einfließen, und so wenig unverpflichtend, dass er mitten in der Gefahr an ihm festhält. Bisher schwieg er zum Mindesten, jener Verzweiflung hingegeben, in welcher eine Lebensbedingung, selbst wenn man sie für ungerecht hält, hingenommen wird. Schweigen heißt glauben machen, dass man über nichts urteilt und nichts begehrt, und in gewissen Fällen heißt es in der Tat nichts wünschen. Die Verzweiflung beurteilt und begehrt wie das Absurde alles im Allgemeinen und nichts im Besonderen. Das Schweigen drückt sie gut aus. Doch vom Augenblick an, wo sie spricht, sei es auch verneinend, begehrt und beurteilt sie. Wer revoltiert, im etymologischen Wortsinn, macht kehrt. Er schritt unter der Peitsche des Herrn. Nun bietet er ihm die Stirn. Er stellt das Vorzuziehende dem Nichtvorzuziehenden gegenüber. [...]

Mauerdurchbruch in Berlin 1989, vom Westen aus gesehen (links) und vom Osten aus (rechts)

Eine Bewusstwerdung, sei sie noch so unbestimmt, wächst aus der Bewegung der Revolte: die plötzlich durchbrechende Erkenntnis, dass im Menschen etwas ist, womit der Mensch sich identifizieren kann, sei es nur eine Zeit lang. Diese Identifizierung wurde bis jetzt nicht wirklich gefühlt. Alle Erpressungen vor der Aufstandsbewegung hat der Sklave geduldet. Oft hatte er, ohne zu reagieren, empörendere Befehle erhalten als denjenigen, der seine Weigerung auslöste. Er nahm sie mit Geduld auf, sträubte sich vielleicht im Innern gegen sie, aber, da er schwieg, mehr um sein unmittelbares Interesse bekümmert als seines Rechtes schon bewusst. Mit dem Verlust der Geduld, mit der Ungeduld, beginnt im Gegenteil eine Bewegung, die sich auf alles erstrecken kann, was vorher hingenommen wurde. Dieser Aufschwung ist fast immer rückwirkend. Im Augenblick, da er den demütigenden Befehl seines Oberen zurückweist, weist der Sklave auch sein Sklavendasein zurück. Die Bewegung der Revolte trägt ihn über den Punkt seiner einfachen Weigerung hinaus. Er überschreitet sogar die Grenze, die er seinem Gegner gezogen, indem er jetzt als Ebenbürtiger behandelt zu werden verlangt. Was zuerst ein unbeugsamer Widerstand des Menschen war, wird nun der ganze Mensch, der sich mit ihm identifiziert und sich darin erfüllt. Diesen Teil seiner selbst, dem er Respekt verschaffen wollte, stellt er nun über den Rest und verkündet laut, ihn allem, selbst dem Leben, vorzuziehen. Er wird für ihn das höchste Gut. Verharrte er zuvor in einem Kompromiss, so wirft sich der Sklave mit einem Schlag jetzt („da es ja so ist“) an das Alles oder Nichts. […] Äußerstenfalls nimmt er den letzten Verfall hin: den Tod, wenn man ihm jene ausschließliche Anerkennung rauben sollte, die er nun zum Beispiel seine Freiheit nennt. Lieber aufrecht sterben, als auf den Knien leben.

1. Stellen Sie fest, was für den Revoltierenden das „höchste Gut“ wird.
2. Was bedeutet in Sartres Drama das „Schweigen“ (s. S. 114f.), was bedeutet es hier in Camus' Essay?
3. Beschreiben Sie das Gefühl „bis hierher und nicht weiter“ im Alltag von Familie und Schule.
4. Versuchen Sie, eine Verbindung zwischen den Fotos auf S. 119 und Camus' Essay herzustellen.

Gegen die Auswüchse der ökonomischen Globalisierung hat sich eine neue weltweite Protestbewegung namens „Attac“ gebildet. Viele junge Menschen engagieren sich für „Attac“, weil sie die Ungerechtigkeiten des Globalkapitalismus als unerträglich empfinden oder weil sie aus Ländern kommen, die direkt von dem Druck, den die reichen Länder auf die schwächeren Ökonomien ausüben, betroffen sind. Die Protestler versammeln sich zu Tausenden jeweils an dem Ort, an dem die mächtigen Industrieländer sich in einem „Weltwirtschaftsgipfel“ treffen, um ihre Maßnahmen abzustimmen. 2001 fand er in Genua statt. Mit einem riesigen Polizei- und Armeeeinsatz versuchte die italienische Regierung, den Protest kleinzuhalten.

„Widerspruch!“

Total global: Eine neue, erstmals wirklich internationale Protestgeneration heizt Politikern und Konzernchefs ein – und zwar zu Recht. Die globale Weltwirtschaft, mächtig und krisenanfällig zugleich, braucht neue Spielregeln.

Was ist da los, beim großen Gipfel in Genua? Warum ist der Bildschirm in feuriges Rot getaucht? Wer ist der Mann, der da leblos auf dem Asphalt liegt? Die internationalen TV-Stationen berichteten aus der italienischen Hafenstadt wie aus einem Bürgerkriegsgebiet. Der Tod des 23-jährigen Italieners Carlo Giuliani, der am Freitagabend bei den Auseinandersetzungen mit der Polizei erschossen wurde, hat die Welt geschockt.

Eine Stadt im Ausnahmezustand. Die Regierungschefs der sieben größten Industriestaaten und Russlands, von der Globalisierung oft genug selbst zu Zuschauern degradiert, wurden zum Angriffsziel von militanten Demonstranten. Mit Sprechchören und Trillerpfeifen begann, was am Freitagabend in einer auf beiden Seiten gnadenlos geführten Straßenschlacht endete. Schüsse fielen, Banken und Autos brannten, Vermummte zogen durch die Straßen. Dutzende von Schwerverletzten auf beiden Seiten. 10 000 Polizisten und 5 000 Spezialisten der italienischen Armee und anderer Sicherheitsorgane – darunter Fallschirmjäger, Spezialtaucher und Einheiten mit Flugabwehrraketen – waren aufgeboten, um den Tagungsort, einen Palast im Altstadtkern Genuas, zu schützen.

Ein vier Meter hoher Eisenvorhang teilte die verbotene „rote Zone“, in der sich die Staats- und Regierungschefs der acht Teilnehmerstaaten verschanzt hatten, vom freien Teil der Stadt ab. Wichtige Bürgerrechte waren schon vorher außer Kraft gesetzt worden: Die Bewohner des sensiblen Stadtteils durften tagelang keine Besucher empfangen, „kritische“, weil zum Tagungspalast führende, Fenster nicht öffnen. Terrassen und Balkons hatten Scharfschützen der Polizei besetzt.

Zug- und Flugverkehr nach Genua waren vorsichtshalber vom 18. bis 22. Juli ausgesetzt, die Autobahnabfahrten gesperrt, Bus-, U-Bahn- und Straßenbahn-Verkehr weitgehend eingestellt. Aus Sicherheitsgründen übernachteten die hohen Staatsgäste auf einem Kreuzfahrtschiff im Hafen, US-Präsident George W. Bush wurde nächtens gar an einen geheimen Ort, eine nahegelegene US-Kaserne, ausgeflogen. Der Luftraum über dem Hafenstädtchen war durch Luftabwehrraketen gesichert.

Erschossener Demonstrant in Genua

Doch die schlimmste Befürchtung wurde wahr. Mit dem toten Demonstranten hat die Protestbewegung gegen die Globalisierung ihren ersten politischen Toten. Bundeskanzler Gerhard Schröder äußerte sich „erschüttert“ über die Ereignisse.

Die Staats- und Regierungschefs sahen plötzlich wie Getriebene aus, die sich vor ihrem Volk verschanzen müssen. Dabei hatten sich die meisten der über 150 000 Protestler am Freitagabend bereits aus der Altstadt zurückgezogen.

Sie lehnten Gewalt ab, wollten weiterhin friedlich ihren Unmut über den neuen Globalkapitalismus demonstrieren. Auf vielen T-Shirts fand sich nur ein Wort: „Widerspruch!“

Die zentrale Botschaft des Protestes ließ sich durch das martialische Aufgebot einer entfesselten Staatsmacht nicht aufhalten. Der „Widerspruch!“ sauste durch die Straßen von Genua, fand seinen Weg zu den Kameras der TV-Anstalten und den Web-Seiten der Online-Dienste, strahlte von dort mit Mega-Verstärkern hinaus ins globale Dorf.

Die Fakten sind auch von den Politikern unbestritten: Der Globalkapitalismus hat den Reichtum vieler gemehrt und den Abstand zu den Ärmsten dennoch vergrößert. In den Industriestaaten wird die Fraktion der Genießer und Gourmets immer größer, anderswo auf der Welt fehlt vielen die Kraft, sich die Fliegen aus dem Gesicht zu wischen.

Immer weniger Menschen haben immer mehr Macht, die Konzentrationswelle hat ganze Branchen erfasst. Konglomerate, die über alle Klima- und Zeitzonen rund um die Uhr produzieren, sind entstanden – groß, mächtig, kaum mehr steuerbar. Unternehmen Größenwahn.

Dagegen rührt sich jetzt erstmals ein internationaler Widerstand, der mehr ist als ein Haufen versprengter Protestler.

Der Spiegel, Nr. 30, 2001

5 Informieren Sie sich im Internet über die Gruppe „Attac“ (www.attac.de).

6 Warum setzen sich junge Menschen aus dem Westen für die sogenannte Dritte Welt ein? Kann man ihre Haltung mit der Argumentation von Camus begründen?

Utopie (gr. Nirgendwo): Seit Thomas Morus (1478–1535) seinen Zukunftsroman „Utopia“ nannte, ist dieses Wort ein Standard-Begriff für alle Zukunftsvisionen geworden, in denen ein besseres Leben für die Menschen entworfen wird.

Utopien der Freiheit

Tagtraum und Märchen*

Oft stellt sich der Mensch vor, er könne sich auch anders entscheiden oder leben als so, wie er es gerade tut. Seit Jahrhunderten existieren deshalb Wunschbilder einer mühelosen Existenz, die den Menschen von Unterdrückungen und Nöten verschiedener Art befreien. Allerdings ist es für den Einzelnen sehr schwer, gegen oder ohne die anderen, gegen die Gesellschaft und ihre Normen und Bedingungen seine Selbstbestimmtheit zu bewahren. Allzu viel steht dem entgegen: ungerechte Verteilung der Güter; harte, erschöpfende Arbeit für den Lebensunterhalt; ungleiche Bildung und ungleicher Zugang zu Wissen, zu Information; politische Unterdrückung usw.

Lucas Cranach: Paradies (um 1530)

Eine Methode, die bedrückenden Realitäten aufzuheben, ist für alle Menschen der **Tagtraum**. Anders als im Nachttraum wird hier das kontrollierende Bewusstsein, das Ich, erhalten. Wunschbilder eines besseren Lebens werden in die Luft geträumt, Luftschlösser werden auf langen Autofahrten zur Arbeitsstelle oder zum nächsten Termin konstruiert, manchmal wacklig und mit wenig Mühe, manchmal jahrelang in komplizierter, kluger, durchdachter Architektur. Der Tagtraum kann entlastende Flucht aus dem Alltag sein, aber auch bildlich umgesetzter Plan zur Veränderung des eigenen Lebens. Ja, es ist wohl erlaubt zu behaupten, dass jede große Lebensentscheidung Tagträume vorbereitet haben.
Dem Tagtraum verwandt ist das **Märchen**. Es bindet die Sehnsüchte und Ängste vieler in rituellen Erzählungen, die über die Jahrhunderte von Generation zu Generation weitergegeben und ausgestaltet werden.

1. Welche Lebensbedingungen herrschen im Paradies, z. B. in Cranachs mittelalterlichem Bild? Warum ist das „Paradies“ eine Metapher für ersehntes Leben geworden?

2. Können Menschen im „Paradies“ autonom, selbstständig und befreit leben?

3. Suchen Sie in Reisekatalogen oder in Last-Minute-Angeboten im Internet nach sogenannten „Traumparadiesen“. Was versprechen sie dem Urlaubsreisenden?

4. Beschreiben Sie für ein Reiseangebot ein Traumparadies, in dem Sie selbst gern eine Zeit lang wären.

Ernst Bloch: Das Märchen als Hoffnung

Ernst Bloch (1885–1977), deutscher Philosoph, bewies in seinem Hauptwerk „Das Prinzip Hoffnung“ an Träumen, Märchen, Filmen, Mode, Religion und vielen anderen Beispielen, dass das Motiv der Sehnsucht nach einem besseren, befreiten, gesteigerten Leben die Menschen antreibt.

Man kann auf einer Bohnenranke in den Himmel klettern und sieht dort, wie die Engel Geld mahlen. Im Märchen „Der Gevatter Tod“ bietet sich einem armen Mann der liebe Gott selbst als Gevatter an, aber der arme Mann antwortet: „Ich begehre dich nicht zum Gevatter, denn du gibst dem Reichen und lässt den Armen hungern.“ Hier überall, in Mut wie Nüchternheit wie Hoffnung, ist ein Stück Aufklärung, lange bevor es diese gab. Das tapfere Schneiderlein in Grimms Märchen, ein Fliegentöter von Haus aus, zieht in die Welt, weil es meint, die Werkstätte sei zu klein für seine Tapferkeit. Es begegnet einem Riesen, der Riese nimmt einen Stein in die Hand und drückt ihn zusammen, dass das Wasser heraustropft, wirft einen anderen Stein so hoch, dass man ihn kaum noch sehen kann. Doch der Schneider übertrifft den Riesen, indem er statt eines Steins einen Käse zu Brei zerdrückt und einen Vogel so hoch in die Luft wirft, dass er überhaupt nicht wiederkommt. Schließlich, am Ende des Märchens, besiegt der Kluge alle Hindernisse, erringt die Königstochter und die Hälfte des Reichs. So kann im Märchen aus einem Schneider ein König werden, ein König ohne Tabu, der den ganzen feindseligen Mutwillen der Großen abserviert hat. Und wo die Welt noch voller Teufel war, widersteht ein anderer Märchenheld, der Bursche, der auszog, das Fürchten zu lernen, der Angst auf der ganzen Linie, er setzt Leichen ans Feuer, dass sie sich wärmen, kegelt mit Gespenstern im verwunschenen Schloss, nimmt den Obersten der bösen Geister gefangen und erlangt dadurch einen Schatz. Der Teufel selber lässt sich im Märchen betrügen, ein armer Soldat betrügt ihn, indem er ihm die Seele verkauft unter der Bedingung, dass er den Soldatenschuh mit Gold fülle. Aber der Schuh hat ein Loch, der Soldat stellt ihn über eine tiefe Grube, und so muss der Teufel Säcke über Säcke voll Gold beischleppen, bis zum ersten Hahnenschrei, um dann geprellt davonzufahren. Also müssen im Märchen selbst durchlöcherte Schuhe dem, der sich darauf versteht, zum Besten dienen. Leiser Spott über bloßes Wünschen und die märchenhaft einfachen Mittel, ans Ziel zu kommen, fehlt nicht, ebenfalls aufgeklärter, doch er entmutigt nicht. In alten Zeiten, beginnt das Märchen vom Froschkönig, wo das Wünschen noch geholfen hat – das Märchen gibt sich mithin nicht als Ersatz fürs Tun.

Ludwig Richter (1803–1884): Illustration zu „Das tapfere Schneiderlein“

5 Arbeiten Sie die Thesen Blochs heraus und überprüfen Sie diese an verschiedenen Märchen.

6 Übersetzen Sie eines dieser Volksmärchen in eine heutige Fassung, ohne seinen tieferen Sinn zu verändern.

Schon früh haben Denker Gesellschaftsmodelle entworfen, die den Einzelnen insofern von Zwängen und Unterdrückung befreien, als sie weitgehend gerecht, gleich, harmonisch und friedlich organisiert sind. Platon z. B. lässt in dem Buch „Politeia“ den Philosophen Sokrates von einem Staat erzählen, in dem die weisesten Denker die Gesellschaft ohne eigenes Interesse, unbeeinflusst von Egoismus, Trieben und Lüsten, mit unbestechlicher Vernunft regieren.

Staatsutopien

Der Staat der Philosophenkönige*

Wie sollte die notwendige menschliche Gemeinschaft in Form eines Staates organisiert werden, damit das Individuum „gut“ (d. h. seinem Wesen und seinen Fähigkeiten entsprechend) leben kann? Die menschliche Seele, so lässt Platon seinen verehrten Lehrer Sokrates in dem Dialog „Politeia“ sprechen, ist in drei Teile unterschieden: in die Vernunft, den Mut und die Begierde. Geleitet werden sollte der Mensch aber vom obersten Prinzip, der Vernunft. Denn welche Sklaverei wäre es, ausschließlich von seinen Trieben bestimmt zu werden ohne das Korrektiv des Denkens.
Gemäß diesen Seelenanteilen ist auch das Volk in Platons Idealstaat gegliedert. Die große Menge der Menschen darf ihren Bedürfnissen folgen: Sie produziert und konsumiert, treibt Handel und bestellt die Felder, gründet Familien und zeugt Kinder, baut Häuser, häuft Vermögen an und vererbt sie. Eine kleine Anzahl von Bürgern, besonders stark und mutig und trainiert, verteidigt die anderen in der Rolle der „Wächter“ bzw. Krieger. Und eine auserwählte Elite von wenigen, die „Philosophenkönige“, lenken den Staat, treffen die grundsätzlichen Entscheidungen. Diese Untergliederung des Staatsvolkes soll demokratisch zustande kommen.
Zunächst werden alle, sowohl Jungen als auch Mädchen, bis zum 20. Lebensjahr gemeinsam erzogen, erst in Musik und Gymnastik, später auch in Mathematik und Redekunst. Nach einer Prüfung werden die Verbleibenden weitere 10 Jahre geschult. Im 30. Jahr erfolgt eine weitere Aussiebung. Diejenigen, die bestanden haben, werden 5 Jahre lang ausschließlich in Philosophie ausgebildet. Nun, als 35-Jährige, müssen sie sich 15 Jahre lang in der Praxis bewähren und in hohen Ämtern die Staatsgeschäfte ausüben. Erst als 50-Jährige, nachdem sie auch die Schicht der „Wächter“ durchlaufen haben, nehmen sie die obersten Positionen als „Philosophenkönige“ ein.
Damit diese Besten sich ausschließlich am Wohl der Bürger und nicht am Eigeninteresse orientieren, dürfen sowohl die „Wächter“ als auch die „Philosophenkönige“ keine Familien gründen und keinen Besitz anhäufen und haben kein Geld. Der Staat stellt ihnen alles, was sie brauchen, zur Verfügung. Und damit ihre besonderen Fähigkeiten nicht verloren gehen, leben sie mit den Besten der Frauen frei zusammen, zeugen mit ihnen möglichst viele Kinder, die, ohne ihre Eltern zu kennen, vom Staat betreut und erzogen werden. „Und nach welcher Regel werden sie sich paaren?“, wird Sokrates gefragt und er antwortet: „Die Besten mit den Besten möglichst oft und die Schlechtesten mit den Schlechtesten möglichst selten. Und damit sich keiner beklagt, wird das Los entscheiden, welches aber so geschickt manipuliert wird, dass keiner von den Benachteiligten protestieren kann.“ Gerade diese letzte Regelung, die fast auf „Menschenzüchtung“ hinausläuft, hat Platons Idealstaat umstritten gemacht.

1. Der Engländer Thomas Morus (1478–1535) mit seinem Werk „Utopia“, das zum Oberbegriff für alle Zukunftsvisionen wurde, und der italienische Dominikanermönch Campanella (1568–1639) mit seinem Buch „Der Sonnenstaat“ entwarfen oft zitierte Modelle einer besseren Gesellschaft.
Informieren Sie sich über die Autoren und ihre Utopien. Stellen Sie fest, welche der Regeln, die Morus und Campanella in ihren Utopien aufstellen, auch heute noch für unser Zusammenleben nützlich sein könnten.

2. Die Gedanken, die Sokrates über die Fortpflanzung der Besten äußert (s. letzte Sätze des Textes), haben Platons „Staat“ den Vorwurf der „Menschenzüchtung“ eingetragen. Diskutieren Sie diese Regelung.

Karl Marx und Friedrich Engels im Gespräch*

... in einem Pub in London, wohin beide nach der gescheiterten Revolution 1848 in Deutschland geflüchtet waren.

Friedrich Engels (FE): Ich verzweifle schier an dem, was ich hier in England, dem reichsten Land der Erde, sehe!! Arbeitslosigkeit, Massenelend, Slums, Seuchen, die Kinder sterben wie die Fliegen. Ist das alles, was uns dieser ungeheure technische Fortschritt gebracht hat?

Karl Marx (KM): Die Dampfmaschinen, die Eisenbahnen, die Elektrizität, die riesigen Fabriken – sie gehören doch nur wenigen! Und diese wenigen wollen möglichst viel Profit aus ihrem Besitz ziehen. Je schlechter es ihren Arbeitern geht, desto höher ihr Gewinn. Eigentum ist das Problem, Friedrich, Verfügung über fremde Arbeitskraft. Das gab's doch schon in den Sklavengesellschaften. Hat sich bis heute nicht geändert.

FE: Und die Arbeitsteilung, Karl! In der frühen Menschheit machte jeder alles und tauschte, was er nicht hatte, mit anderen. Dann spezialisierte sich der Mensch, wurde zum Bauern, Handwerker, Kaufmann. Und heute im Industriezeitalter kennt sich jeder nur noch in einem ganz kleinen Bereich aus, manchmal ist es sogar nur noch ein einziger, immer gleicher Handgriff an einer Maschine. Ist das noch menschlich? Das kann doch nicht alles sein, wozu der Mensch nach Jahrtausenden geistiger Entwicklung befähigt ist!

KM: Genau, Friedrich! Die immer stärkere Spezialisierung in unserer industrialisierten Welt macht uns unfrei. Wir sind gefesselt an unsere jeweilige Tätigkeit, mit der wir unseren Lebensunterhalt verdienen müssen, ein Leben lang. Höchstens, dass wir noch Freizeit für Hobbys haben ...

FE: Und wenn ich dann heute „freier Markt" höre! Überall hört man: Alles regelt der freie Markt, freier Markt für freie Menschen ... Der freie Markt macht das Individuum nicht frei! Er macht nur die Arbeitskraft zu einer Ware, die wir frei anbieten können. Wir können uns frei verkaufen ... Schöne Freiheit!

KM: Lass uns träumen, Friedrich, von einer Gesellschaft, in der die notwendigen Arbeiten und die Besitztümer auf alle gerecht verteilt sind, in der jeder Mann und jede Frau, je nach ihren Fähigkeiten, morgens Sport treiben, nachmittags vielleicht Drehbücher schreiben oder chemische Experimente austüfteln und abends mit Freunden Theater spielen oder in einer Band Musik machen. Kurz, jeder und jede könnten ihre jeweiligen Persönlichkeiten frei entfalten, ohne ihrem Lebensunterhalt hinterherhetzen zu müssen. Dann wären die Menschen wirklich frei!

FE: Träumen darfst du, Karl. Aber wie willst du eine solche utopische Gesellschaft konkret schaffen?

Karl Marx (1818–1883, Biografie s. S. 384) verfasste zusammen mit **Friedrich Engels** (1820–1895) das **„Manifest der Kommunistischen Partei"** (1848), eine Gesellschaftstheorie und ein revolutionäres Programm zugleich: „An die Stelle der alten bürgerlichen Gesellschaft mit ihren Klassen und Klassengegensätzen tritt eine Association, worin die freie Entwicklung eines jeden die Bedingung für die freie Entwicklung Aller ist."

3 Ersetzen Sie die Fragezeichen in der Illustration durch konkrete Vorschläge.

Friedrich und Karl träumen ...

Spielräume der Freiheit: Das Spiel

Die Menschen der Industriestaaten werden von Tausenden von Gesetzen, Vorschriften, Verbindlichkeiten eingegrenzt und müssen funktionieren, um nicht sozial ausgegrenzt zu werden. Welche Möglichkeiten bleiben im Alltag, Freiheit tatsächlich zu erfahren?

Johan Huizinga (1872–1945), niederländischer Kulturhistoriker, Professor für Geschichte, wurde mit dem Buch „Homo ludens" (1938) sehr bekannt.

Johan Huizinga: Homo ludens – Der spielende Mensch

Damit hat man also ein erstes Hauptkennzeichen des Spiels: Es ist frei, es ist Freiheit. Unmittelbar damit hängt ein zweites Kennzeichen zusammen.

Spiel ist nicht das „gewöhnliche" oder das „eigentliche" Leben. Es ist vielmehr das Heraustreten aus ihm in eine zeitweilige Sphäre von Aktivität mit einer eigenen Tendenz. Schon das kleine Kind weiß genau, dass es „bloß so tut", dass alles „bloß zum Spaß" ist. Die Ausnahme- und Sonderstellung des Spiels wird in bezeichnender Weise darin offenbar, dass es sich so gern mit einem Geheimnis umgibt. Schon kleine Kinder erhöhen den Reiz ihres Spiels dadurch, dass sie eine kleine Heimlichkeit daraus machen. Das ist etwas für uns, nicht für die anderen. Was die anderen da draußen tun, geht uns eine Zeit lang nichts an. *In der Sphäre eines Spiels haben die Gesetze und Gebräuche des gewöhnlichen Lebens keine Geltung.* Wir „sind" und wir „machen" es „anders". Diese zeitweilige Aufhebung der „gewöhnlichen Welt" ist bereits im Kinderleben völlig ausgebildet, ebenso deutlich sieht man sie aber bei den großen, im Kult verankerten Spielen der Naturvölker. Während des großen Einweihungsfestes, bei dem die Jünglinge in die Männergemeinschaft aufgenommen werden, sind nicht nur sie selber von dem gewöhnlichen Gesetz und den gewöhnlichen Regeln entbunden; im ganzen Stamm ruhen die Fehden. Alle Vergeltungstaten sind vorläufig ausgesetzt. Die zeitweilige Aufhebung des gewohnten Gesellschaftslebens einer großen heiligen Spielzeit zuliebe lässt sich auch in fortgeschrittenen Kulturen noch in zahlreichen Spuren finden. Hierzu gehört alles, was mit Saturnalien[1] und Karnevalssitten verwandt ist.

[...] Das Anderssein und das Geheime des Spiels finden sichtbarsten Ausdruck in der Vermummung. In dieser wird „das Außergewöhnliche" des Spiels vollkommen. Der Verkleidete oder Maskierte „spielt" ein anderes Wesen. Er „ist" ein anderes Wesen. Kinderschreck, ausgelassene Lustigkeit, heiliger Ritus und mystische Fantasie gehen in allem, was Maske und Verkleidung heißt, unauflösbar durcheinander.

Der Form nach betrachtet, kann man das Spiel also zusammenfassend eine ***freie Handlung*** *nennen, die als „nicht so gemeint" und außerhalb des gewöhnlichen Lebens stehend empfunden wird und trotzdem den Spieler völlig in Beschlag nehmen kann.*

[1] Saturnalien: altröm. Fest zu Ehren des Gottes Saturn am 17. Dezember, bei dem die Herren die Sklaven auf Staatskosten bedienten

1. Ein Kind hat sich als Clown verkleidet: Welche Möglichkeiten eröffnen sich damit dem kleinen Clown, die er sonst nicht hätte?

2. Beschreiben Sie verschiedene Spiele von Jugendlichen in Sport, Schule, Freundescliquen und klären Sie, ob die abschließende Definition Huizingas stimmt.

3. Viele Jugendliche spielen stundenlang Computerspiele. Untersuchen Sie, ob diese Art Spiele Freiräume eröffnet oder eher abhängig macht.

4. In vielen Gymnasien ist der große Abitur-Schülerstreich zum Gewohnheitsrecht geworden.
   - Was ist sein Sinn?
   - Welches sind seine Regeln?
   - Wann werden nach Ihrer Meinung die Grenzen des Spiels überschritten, die Regeln verletzt?

Wilhelm Schmid: Das Spiel des Lebens als Lebenskunst

Eine mögliche Deutung des Lebens ist, es als Spiel zu verstehen. Die Idee des Lebens als Spiel ist für viele Menschen faszinierend, und der Lebenskunst wird zugetraut, im Leben ein Spiel zu sehen. Vom Leben als Spiel wird erwartet, dass es in derselben Weise wie ein Spiel Freude macht; es wird zuweilen vernachlässigt, dass zum Spiel immer auch die Möglichkeit großer Enttäuschung gehört. In moderner Zeit gewinnt das Leben als Spiel an Bedeutung, denn aufgrund des Freiseins von Bindung und äußerer Zwecksetzung wird es notwendig, zu experimentieren, auszuprobieren und in diesem Sinne zu spielen, jedoch auch Regeln des Spiels individuell festzulegen und Formen der Freiheit für sich selbst zu finden. Das Leben als Spiel zu verstehen, setzt zudem ein wertvolles Nachdenken über das Leben in Gang, seine Bedingungen und Möglichkeiten, auch wenn dabei mehr Fragen aufgeworfen als beantwortet werden. Und schließlich erscheint die Begeisterung, die große Faszination, die das Leben als Spiel auf sich zieht, hilfreich bei der Gestaltung der Existenz, denn sie ist in der Lage, eine starke Bindung ans Leben zu begründen, eine Quelle von großer Ergiebigkeit, aus der das gesamte Leben hindurch geschöpft werden kann, durch alle Widrigkeiten, Irritationen, Anfeindungen, Krankheiten hindurch [...].

Wenn das Leben als Spiel verstanden wird, muss die Lebenskunst zweifellos auch ein Spiel mit dem Widerständigen sein können. Die Frage ist nur, wie dies vorstellbar sein soll, da ein Einfluss darauf nicht möglich ist, zumindest nicht im Nachhinein. Aber die Arbeit der *Gestaltung* besteht ja nicht nur darin, selbst Einfluss zu nehmen, sondern, wenn keine andere Wahl mehr bleibt, auch Einfluss hinzunehmen. Die Hinnahme ist nicht etwa nur eine einfache Angelegenheit, sondern doch wieder eine Situation der Wahl, nämlich mit welcher *Haltung* hingenommen werden soll, sei es aufgrund einer Neigung oder einer Überlegung. Zur Wahl stehen grundsätzlich diese Optionen: das Widerständige zu *ignorieren* (auch wenn es fruchtlos ist, so verschafft es doch eine Atempause), dagegen zu *revoltieren* (das Abreagieren eines Affekts, auch wenn am Geschehenen nichts mehr zu ändern ist), zu *resignieren* (eine bewusst getroffene Wahl, „die Waffen zu strecken“, nicht nur eine Verlegenheit), zu *akzeptieren* (die bloße Zurkenntnisnahme des Geschehenen, die Kräfte sammelnd, „nicht fragen, nicht klagen, nur tragen“), zu *affirmieren* (das Geschehene zu bestärken und sogar zu bejahen, aus welchen Gründen auch immer), zu *utilisieren* (aus dem Geschehenen noch Nutzen zu ziehen, es „umzunutzen“), zu *ironisieren* (Distanz zum Geschehenen einzunehmen, sich „darüber“ zu stellen, um das Betroffensein abzumildern oder gänzlich fern zu halten).

Das Leben wird daher zum Spiel auch dort, wo es aus einem fremdbestimmten oder selbst gewählten Müssen besteht, das kein Spiel mehr zu erlauben scheint: So lässt sich der berühmt gewordene Satz verstehen, der Mensch sei *„nur da ganz Mensch, wo er spielt“*. (Friedrich Schiller im 15. Brief *Über die ästhetische Erziehung des Menschengeschlechts*, 1795)

Wilhelm Schmid (geb. 1953), freier Philosoph, lebt in Berlin und lehrt als Professor an der Universität Erfurt und als Gastdozent in Tiflis. Er ist auch „Philosophischer Seelsorger“ am Spital Affolter bei Zürich (s. S. 10).

5 Spielen Sie in einem Gedankenexperiment die verschiedenen Haltungen durch, die Schmid vorschlägt.
Anlass soll ein Ereignis sein, das nicht leicht zu verarbeiten ist (Trennung der Eltern, Verlassenwerden von Freunden, Sitzenbleiben, längere Krankheit ...).
Was gewinnt man bei den verschiedenen Haltungen?
Welche der vorgeschlagenen Haltungen zu diesem „Widerstand des Lebens“ erscheint Ihnen am sinnvollsten?

Spielräume der Freiheit: Die Kunst

Georg Baselitz (geb. 1938): Der Wald auf dem Kopf

Der international anerkannte deutsche Maler Baselitz malt seine Bilder direkt auf dem Kopf, dreht sie also nicht nach dem Malprozess. Er sagt dazu: „Das neue Bild ist mein Bild. Es geschieht etwas, das bisher nicht geschah. Das Auge folgt einer Spur, die bisher noch nicht verfolgt wurde und die Abenteuer erwarten lässt."

Das Befreiende der Kunst*

„Freie Lebendigkeit spüren, das ist Schönheit."
Thomas Lehnerer, Bildhauer und Philosoph

Künstler sind im Alltag Bürger wie viele andere, mit oder ohne Familie, mit oder ohne Besitz, mit Bankkonto, in Häusern lebend oder in einer Mietwohnung, einkommenssteuerpflichtig, wenn sie einen Text, ein Bild oder eine Melodie verkaufen. Sie sind von vielen Normen und Verpflichtungen ebenso eingeengt wie ihre Mitmenschen. Aber in dem Moment, in dem sie als Künstler ein Werk herstellen, sind sie frei. Was ist das besonders Befreiende des Kunstwerks?

Jedes echte Kunstwerk befreit sich von dem schon Vorhandenen, von den überlieferten Mustern des Erzählens, des Malens, des Musizierens ...

Selbstverständlich arbeiten Künstler mit den gegebenen Traditionen, aber sie gehen immer wieder darüber hinaus: Das noch nie Dagewesene, das noch nie Gehörte, nie Gesehene herzustellen, das treibt sie an. Wäre es anders, würden sie nur Klischees produzieren, also gerade das, was industrielle und kulturelle Massenproduktion auszeichnet, die genormte Serien-Ware herstellt.

Auch der Betrachter von Kunstwerken (Film, Bild, Theaterstück) muss sich von vorgegebenen Mustern der Wahrnehmung lösen, muss sich einlassen auf andersartige Formen von Leben, muss sich befreien.

1. Welches der abgebildeten Kunstwerke ist für Sie befremdend, aufreizend, neuartig oder abstoßend?

2. Wirken die Methoden Pollocks oder Baselitz', ein Bild zu malen, befreiend oder beliebig in dem Sinne: „Das kann doch jeder!"?

Jackson Pollock (1912 – 1956): Die blauen Pfähle

Pollock legte die Leinwand auf den Boden, umging sie und ließ Farbe auf sie tropfen aus dem Pinsel oder direkt aus der Büchse. Das Gemälde entstand also aus einer Aktion (sog. action painting): „Dort am Boden bin ich dem Bild näher und so eher ein Teil von ihm."

Spielräume der Freiheit: Architektur als konkrete Fantasie

Die Verantwortung des Architekten*

Die Architektur ist ein gutes Beispiel für konkrete Fantasie. In ihr verbinden sich Kunst und Handwerk, spielerischer Entwurf und zweckorientierte, reale Umsetzung. Architektur ist eine bodenständige Kunst, auch Wolkenkratzer müssen ein Fundament haben. In der Stadt-Architektur zum Beispiel wird sehr deutlich, wie die Kunst des Entwurfs das Leben von Menschen unmittelbar beeinflusst. Die Wohnungen können so geplant werden, dass sie das Leben der Bewohner bedrücken oder befreien. Das gilt ebenso für imposante öffentliche Gebäude wie für ein schlichtes Einfamilienhaus.

Der deutsche Architekt Günter Behnisch, der die Olympia-Anlage in München baute, aber auch gerne Schulen, wie etwa ein Gymnasium in Dresden, entwirft, spricht vom „Spielraum“, den er und seine Mitarbeiter beanspruchen. „Es kann aber“, so fährt er fort, „nicht nur um Spielräume gehen, die wir selbst, als Architekten, für uns beanspruchen. Wichtig ist, den vielen Raum zu geben, die in und mit gebauter Umgebung spielen wollen. Im Sinne der Freiheit, die Adorno für alles künstlerische Gestalten postuliert hat: Es geht immer darum, die Zwänge der empirischen Realität zurückzuweisen, damit Freiraum entsteht für die Schwächeren, die sonst nicht zu Wort kämen, schwächere Kräfte, schwächere Dinge, schwächere Menschen.“

1 „Mit einer Wohnung kann man einen Menschen ebenso erschlagen wie mit einer Axt.“ (Heinrich Zille)
Untersuchen Sie an Beispielen, ob dieser Ausspruch berechtigt ist.

2 Suchen Sie Beispiele in Ihrer näheren Umgebung (Wohnort, Schule, Unternehmen, Sportstätten usw.), die beweisen, dass menschliche Freiheitsbedürfnisse berücksichtigt wurden. Machen Sie Fotos als Beweisstücke.

2030 werden zwei Drittel der Menschheit in Städten leben

Die Zahl der Menschen, die weltweit in Städten leben, wird laut einer Studie der UNO drastisch steigen: Bereits 2007 werde mehr als die Hälfte der Menschheit in Städten und Ballungsräumen zu Hause sein, 2030 werde der Anteil der Stadtbevölkerung schätzungsweise 61 Prozent betragen. 1950 habe der Anteil der Stadtbevölkerung hingegen lediglich bei 30 Prozent gelegen.

Begriffe definieren

Oft kann man in politischen Debatten, in anspruchsvollen Talk-Shows oder in Unterrichtsdiskussionen erleben, wie die Gesprächsteilnehmer aufeinander einreden, in höchster Lautstärke, mit Eifer und Sachkenntnis – und dennoch nichts dabei herauskommt, weil die Diskutierenden aneinander vorbeireden. Die Sprecher haben nämlich die Begriffe, um die es geht, zuvor nicht bestimmt. Wenn in einem Ethik-Kurs, etwa in einer Diskussion, darum gestritten wird, ob 16-Jährige schon wirklich lieben können, müsste zuvor geklärt werden, was die Kurs-Teilnehmer unter „Liebe" verstehen. Sie müssten den **Begriff definieren** und diese Definition in der Diskussion verwenden.
Ein anderer Kurs streitet sich, was eigentlich mit „Ethik" im Unterschied zu „Moral" überhaupt gemeint ist. Auch hier wird man nicht weiterkommen ohne Definitionen.

Was heißt definieren?
Das Wort leitet sich her von lat. finis: die Grenze, das Ende und heißt also: Abgrenzen einer Wortbedeutung von anderen Bedeutungen.
Das Definieren ist eindeutig zweckbestimmt: Es soll das Gespräch, die Kommunikation zwischen Menschen zu einem Ergebnis führen.

Wie geht man beim Definieren vor?
Es gibt bestimmte Verfahrensweisen, um einen Gegenstand oder Begriff zu klären.

1. **Die ursprüngliche Wortbedeutung** feststellen, evtl. die Herkunft aus einer anderen Sprache. Die Etymologie, die Geschichte des Wortes, erhellt oft die Bedeutung (zu finden z. B. in Friedrich Kluge: Etymologisches Wörterbuch der deutschen Sprache: „Liebe [...] urverwandt mit lat. *lubens* = gern und der altindischen Wurzel **lubh* = begehren [...]").

2. **Den allgemeinen Oberbegriff** (die Gattung) und den **spezifizierenden Unterbegriff** (die Art) finden, wobei der Unterbegriff die wesentlichen, unterscheidenden Merkmale angibt: „Pizza ist ein Nahrungsmittel aus Teig (= Oberbegriff), das in runde, flache Formen geknetet, mit verschiedenen anderen Nahrungsmitteln belegt und schließlich in speziellen Öfen gebacken wird."
   „Liebe ist eine Form der Bindung zwischen Menschen, die ???"
   „Ethik ist ???"
   „Moral ist ???"

Hier lohnt es sich innezuhalten und zu prüfen, ob die bisherigen Abgrenzungen für den Zweck des Gesprächs genügend eng bzw. weit gefasst wurden. Dafür hat sich ein weiteres Verfahren bewährt:

3. **Verwandte Begriffe suchen**, um Feinbestimmungen vornehmen zu können:
   Zu „Ethik": Moral, Gewissen, Spielregeln ... ???
   zu „Liebe": Freundschaft, Verliebtheit, Flirt ... ???
   In der Abgrenzung zu diesen benachbarten Begriffen (Wortfeldern) wird der gesuchte Begriff immer schärfer definiert.
   Ebenso hilfreich ist das Verfahren, den zu klärenden Begriff mit seinem **gegenteiligen Begriff** zu konfrontieren:
   Liebe – Hass
   Ethik – ???
   Moral – ???

4. In einem weiteren Definitionsakt, der sehr praxisnah ist, wird die **Verwendung des Begriffs im alltäglichen Sprachgebrauch** bzw. in feststehenden Redensarten geprüft:
   „Ich bin in dich verliebt"; „ich liebe dich"; „sie machten Liebe"; Mutterliebe; „ich liebe Schokolade"; „in ewiger Liebe, dein ..."
   oder: „Die Mannschaft hat Moral bewiesen!" (Was ist damit gemeint?)
   „ein unmoralischer Mensch ..." (Kann man sagen: „... ein unethischer Mensch"?).

❶ Ersetzen Sie die Fragezeichen durch eigenständige Formulierungen (Punkte 2 bis 4).

❷ Erstellen Sie eine abschließende Definition von Liebe – Moral – Liebesmoral.

Wie lässt sich Moral begründen? – Modelle normativer Ethik

Aristoteles

Glücks- und Tugendethik

„Die Glückseligkeit ist das Endziel des Handelns."

Hobbes

Egoistische Ethik

„Das höchste Gut ist für jeden die Selbsterhaltung."

Mill

Utilitaristische Ethik

„Das Prinzip des größten Glücks ist die Grundlage der Moral."

Kant

Gesinnungsethik

„Kannst du wollen, dass die Maxime deines Willens ein allgemeines Gesetz werde?"

Schopenhauer

Mitleidsethik

„Mitleid ist das Fundament der Moral."

Habermas

Diskursethik

„Die Wahrheit liegt in der Übereinstimmung in einer idealen Kommunikationsgemeinschaft."

Glücks- und Tugendethik

Was macht ein erfülltes Leben aus? – Antworten der antiken Philosophie

Glück und Tugend in der antiken Philosophie – ein Überblick*

„Die Untersuchung des glücklichen Lebens ist der einzige Gegenstand, den sich die Philosophie zum Zweck und Ziel setzen muss." So der römische Philosoph, Politiker und Redner Marcus Tullius Cicero (106 – 43 v. Chr.).
Alle antiken Philosophen sahen als das höchste Ziel des Strebens die „**Eudaimonia**", die **Glückseligkeit**, an, womit der Besitz des größten für den Menschen erreichbaren Gutes gemeint ist. Dieses höchste Lebensziel ist nicht weiter ableitbar: Warum will jemand glücklich werden? Um glücklich zu sein!
Aber wie sollte man leben, um glücklich zu werden? Wie war der Begriff der Glückseligkeit inhaltlich zu füllen? Darüber gingen die Meinungen der Denker auseinander. Aber eine Überzeugung war ihnen gemeinsam: Glück ist machbar, man kann und muss es sich erarbeiten!
Den griechischen und römischen Philosophen ging es vorrangig um die Frage nach der richtigen, dem Menschen gemäßen Art zu leben. Dabei propagierten sie eine Lebensweise, die sich an der **Areté**, der **Tugend** (bzw. Vortrefflichkeit), auszurichten habe. Die griechischen Philosophen **Sokrates** und **Platon** vertraten dabei die Ansicht, die Tugend sei mit dem Wissen um das Gute identisch. Denn derjenige, der das Gute kenne, handle auch danach. Niemand tue nämlich bewusst und freiwillig etwas, von dem er wisse, dass es schlecht sei. Aufgabe der Philosophie sei es daher, den Menschen in den Stand des Wissens (um das Gute) zu versetzen.
Diesen Optimismus teilte **Aristoteles** nicht. Auch für ihn war moralisch gutes Handeln vernunftgeleitet, wegen der menschlichen Willensschwäche würde es sich aber nicht notwendigerweise allein durch das Wissen um das Gute einstellen. Maßstab für die moralische Beurteilung einer Handlung sei daher in erster Linie ihre Freiwilligkeit.
Wie äußert sich tugendhaftes Leben? Als glückselig galt der Mensch, der glücklich und tugendhaft zugleich war und dessen geistige und körperliche Kräfte sich ungehindert entfalteten. Für **Aristoteles** zeigte sich dies in der Verwirklichung der Kardinaltugenden, was sich im politischen und sozialen Engagement offenbarte. Für **Epikur** dagegen zählte von den Kardinaltugenden im Wesentlichen nur die Besonnenheit und er plädierte für ein zurückgezogenes und lustvolles Leben. Der römische Philosoph **Seneca** trat als Vertreter der Philosophie der **Stoa** für ein gesellschaftliches Engagement ein, das der Tugendhafte gelassen und unerschütterlich verwirklicht. Mit **Mark Aurel**, auch ein Anhänger der Stoa, gelangte erstmals ein Philosoph auf den römischen Kaiserthron. Damit erfüllte sich Platons Staatsvorstellung, dass Philosophen den Staat führen sollten (s. S. 124).

Glück/Glückseligkeit (gr. eudaimonia): in der Philosophie der Antike das höchste Lebensziel. Der **Eudämonismus** ist eine die Glückseligkeit als Motiv und als Ziel allen Strebens betrachtende Ethik. Neuere Positionen zum Eudämonismus werden heute oft als **„Lebenskunstlehre"** bezeichnet (s. S. 368ff.).

Unter **Tugend** (gr. areté), ein seit der Antike zentraler Begriff der Ethik, versteht man das Ideal der (Selbst-) Erziehung zu einer sittlich vorbildlichen Persönlichkeit. Seit Platon unterscheidet man vier sogenannte **Kardinaltugenden** (Primärtugenden): *Klugheit, Gerechtigkeit, Tapferkeit* (Mut) und *Besonnenheit* (maßvolles Handeln). Diesen Tugenden hat die christliche Ethik noch *Glaube, Hoffnung* und *Liebe* hinzugefügt (s. S. 208).
Als sogenannte **Sekundärtugenden**, die vorrangig instrumentelle und funktionale Bedeutung haben, gelten u. a. *Fleiß, Pünktlichkeit, Sauberkeit, Ordnungsliebe, Sparsamkeit* und *Disziplin*.
Den vier bzw. sieben Kardinaltugenden gegenübergestellt sind die sogenannten sieben **Laster bzw. Todsünden**: *Stolz, Habsucht, Neid, Zorn, Unkeuschheit, Unmäßigkeit und Trägheit* (s. S. 144).

„Schönheit und Gutheit“ – Das Ideal vom Menschen in der antiken Kunst

„So wie die Tiefe des Meeres allezeit ruhig bleibt ... zeigt der Ausdruck in den Figuren der Griechen bei allen Leidenschaften eine große und gesetzte Seele“, urteilte der Humanist, Archäologe und Begründer der modernen Kunstwissenschaft Johann Joachim Winckelmann (1717–1768) über die griechische Kunst. Er sah in ihrer Menschendarstellung neben einer außerordentlich hohen Kunstfertigkeit und einer vollendeten Verbindung von Naturalismus und Idealismus ein sittlich-tugendhaftes Ideal veranschaulicht, das eine „edle Einfalt und stille Große“ ausstrahle: die sogenannte *Kalokagathia* (gr.), die Verschmelzung von „Schönheit und Gutheit“ als Kennzeichen des vortrefflichen, sittlichen Menschen.

Kapitolinische Venus, römische Kopie nach einem hellenistischen Vorbild (um 150–120 v. Chr.)

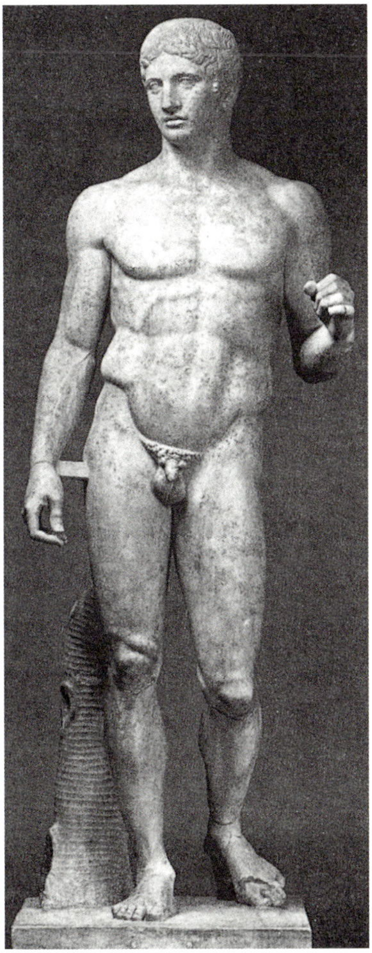

Doryphoros (Speerträger), römische Kopie einer Marmorskulptur von Polyklet (um 440 v. Chr.)

1. Beschreiben Sie das Ideal, das in den Skulpturen zum Ausdruck gebracht werden soll.
2. Vergleichen Sie Ihre Ergebnisse mit der Ansicht Winckelmanns.
3. „Der Körper ist der Übersetzer der Seele ins Sichtbare.“ Überprüfen Sie, ob diese Einheit von Körper und Seele/Geist auch in heutigen Idealbildern angestrebt bzw. sichtbar wird.

Hermes und Dionysos, Marmorskulptur von Praxiteles (um 320 v. Chr.)

Der griechische Philosoph **Aristoteles** (384–322 v. Chr., Biografie s. S. 381) übernahm von seinem Lehrer Platon dessen Lehre der vier Kardinaltugenden. In seiner (nach seinem Sohn Nikómachos benannten) **„Nikomachischen Ethik"** gründete er seine Tugendlehre auf seine anthropologische Überzeugung, wonach der Mensch eine Doppelnatur aufweist: Er ist einerseits Sinneswesen und andererseits Geistwesen. Dieser Natur des Menschen entsprechend unterscheidet Aristoteles zwei Arten von Tugenden. Die **dianoetischen Tugenden** (die das Denkvermögen betreffen, z. B. die Weisheit) bestehen in der Ausweitung und Vervollkommnung der Vernunft. Die **ethischen Tugenden** (die das Handlungsvermögen betreffen, z. B. die Tapferkeit) zeigen sich in der Herrschaft der Vernunft über die Triebe.

Aristoteles: Die drei Wege glückseligen Lebens

Das vollkommen Gute scheint aber ein Endziel zu sein. Wenn es also nur ein einziges Endziel gibt, so wäre dies das Gesuchte, wenn aber mehrere, dann das vollkommenste unter diesen. Derart dürfte in erster Linie die Glückseligkeit sein. Denn diese suchen wir stets wegen ihrer selbst und niemals wegen eines anderen; Ehre dagegen und Lust und Vernunft und jede Tüchtigkeit suchen wir teils ihrer selbst wegen (denn auch wenn wir keinen weiteren Gewinn von ihnen hätten, würden wir jedes Einzelne von ihnen wohl erstreben), teils aber auch um der Glückseligkeit willen, da wir glauben, eben durch jene Dinge glückselig zu werden. Die Glückseligkeit aber wählt keiner um jener Dinge willen und überhaupt nicht wegen eines anderen.
So scheint also die Glückseligkeit das vollkommene und selbstgenügsame Gut zu sein und das Endziel des Handelns. [...]
Nicht ohne Grund scheint man das Gute und die Glückseligkeit an den Lebensformen abzulesen. Die Mehrzahl der Leute und die rohesten wählen die Lust. Darum schätzen sie auch das Leben des Genusses. Es gibt nämlich vor allem **drei hervorstechende Lebensformen**, die eben genannte, die politische und die betrachtende.
Die große Menge erweist sich als völlig sklavenartig, da sie das Leben des Viehs vorzieht. Sie kommen aber zu einer Rechtfertigung, da es vielen unter den Mächtigen ähnlich ergeht wie Sardanapal[1].
Die gebildeten und energischen Menschen wählen die Ehre. Denn dies kann man als das Ziel des politischen Lebens bezeichnen. Aber es scheint doch oberflächlicher zu sein als das, was wir suchen. Denn die Ehre liegt wohl eher in den Ehrenden als in dem Geehrten, vom Guten aber vermuten wir, dass es dem Menschen eigen ist und nicht leicht verlorengehen kann, ferner scheint man die Ehre zu suchen, um sich selbst zu überzeugen, dass man gut sei. Man wünscht ja geehrt zu werden durch die Verständigen und durch jene, die einen kennen, und dies wegen der eigenen Tüchtigkeit. So ist eigentlich für diese die Tüchtigkeit das höhere Ziel. Also könnte man vielleicht die Tüchtigkeit als das letzte Ziel der politischen Lebensform auffassen.
Die dritte Lebensform ist die betrachtende. Sie werden wir im Nachfolgenden untersuchen.
Denn zunächst ist diese Tätigkeit die beste. Der Geist nämlich ist das Beste in uns, und die Objekte des Geistes sind wieder die besten im ganzen Bereich der Erkenntnis. Sodann ist sie die anhaltendste. Anhaltend denken können wir leichter als irgendetwas anderes anhaltend tun.
Ferner glauben wir, dass der Glückseligkeit Lust beigemischt sein muss. Nun ist aber unter allen tugendgemäßen Tätigkeiten die der Weisheit zugewandte eingestandenermaßen die genussreichste. Und in der Tat bietet die Philosophie Genüsse von wunderbarer Reinheit und Beständigkeit; natürlich ist aber die Tätigkeit und das Leben noch genussreicher, wenn man schon weiß, als wenn man erst sucht.

[1] Sardanapal (668–626 v. Chr.): assyrischer König, der bekannt war für seine Genusssucht

Auch was man Autarkie nennt, findet sich am meisten bei der Betrachtung. Was zum Leben erforderlich ist, dessen bedarf der Weise wie der Gerechte und die Übrigen. Sind sie aber mit dergleichen ausreichend versehen, so bedarf der Gerechte noch solcher, gegen die und mit denen er gerecht handeln kann, und dasselbe gilt von dem Mäßigen, dem Tapferen und jedem anderen; der Weise dagegen kann, auch wenn er für sich ist, betrachten, und je weiser er ist, desto mehr. Vielleicht kann er es besser, wenn er Mitarbeiter hat, aber immerhin ist er sich selbst am meisten genug.

Von der Betrachtung lässt sich behaupten, dass sie ihrer selbst wegen geliebt wird. Sie bietet uns außer dem Betrachten nichts; vom praktischen Handeln dagegen haben wir noch einen größeren oder kleineren Gewinn außer der Handlung.

Die Glückseligkeit scheint weiterhin in der Muße zu bestehen.

So sieht man klar, dass in dieser Tätigkeit, soweit es menschenmöglich ist, die Autarkie, die Muße, die Freiheit von Ermüdung und alles, was man sonst noch dem Glückseligen beilegt, sich finden wird. Somit wäre dies die vollendete Glückseligkeit des Menschen, wenn sie auch noch die volle Länge eines Lebens dauert. Denn nichts, was zur Glückseligkeit gehört, darf unvollkommen sein.

Der Glückselige wird als Mensch auch in guten äußeren Verhältnissen leben müssen. Denn die Natur genügt sich selbst zum Betrachten nicht; dazu bedarf es auch der leiblichen Gesundheit, der Nahrung und alles anderen, was zur Notdurft des Lebens gehört. Indessen darf man, wenn man ohne die äußeren Güter nicht glückselig sein kann, darum nicht meinen, dass dazu viele und große Güter erforderlich wären. Denn die Selbstgenügsamkeit und die Möglichkeit des Handelns liegt nicht am Überfluss; man kann auch, ohne über Land und Meer zu herrschen, edel handeln; auch mit mäßigen Mitteln lässt sich der Tugend gemäß handeln. Man kann das deutlich daran sehen, dass die Privatleute den Fürsten im rechten Handeln nicht nachstehen, sondern eher voraus zu sein scheinen. Es genügt also, wenn die nötigen Mittel vorhanden sind. Denn das Leben wird glückselig sein, wenn es in tugendgemäßer Tätigkeit verbracht wird.

1 Veranschaulichen Sie die zentralen Gedanken des Textes in einer Grafik.

2 Wie begründet Aristoteles die Verknüpfung von Tugend und Glück?

3 Setzen Sie den letzten Absatz in eine gedankliche Beziehung zu dem Satz aus Brechts „Dreigroschenoper“: „Erst kommt das Fressen, dann die Moral!“

Aristoteles: Tugend als Mitte

Die ethische Tugend befasst sich mit den **Leidenschaften** und **Handlungen**, und an diesen befinden sich **Übermaß**, **Mangel** und **Mitte**.

So kann man mehr oder weniger Angst empfinden oder Mut, Begierde, Zorn, Mitleid und überhaupt Freude und Schmerz, und beides auf eine unrichtige Art; dagegen es zu tun, wann man soll und wobei man es soll und wem gegenüber und wozu und wie, das ist die Mitte und das Beste, und das kennzeichnet die Tugend. Ebenso gibt es bei den Handlungen Übermaß, Mangel und Mitte. [...]

Die Tugend ist ein Verhalten der Entscheidung, begründet in der Mitte im Bezug auf uns, einer Mitte, die **durch Vernunft bestimmt** wird und danach, wie sie der Verständige bestimmen würde. Die Mitte liegt aber zwischen zwei Schlechtigkeiten, dem Übermaß und dem Mangel. Während die Schlechtigkeiten in den Leidenschaften und Handlungen hinter dem

„Maß und Mitte bewahren – das ist die höchste Tugend. Sie ist selten geworden, seit langem schon."

Konfuzius (551–479 v. Chr.), chinesischer Philosoph (s. S. 22f.)

Gesollten zurückbleiben oder über es hinausgehen, **besteht die Tugend darin, die Mitte zu finden und zu wählen.** Darum ist die Tugend hinsichtlich ihres Wesens und der Bestimmung ihres Was-Seins eine Mitte, nach der Vorzüglichkeit und Vollkommenheit aber das Höchste.

Freilich hat nicht jede Handlung und nicht jede Leidenschaft Raum für eine Mitte. Denn einzelne sind in ihrem Namen schon verbunden mit der Schlechtigkeit, so wie die Schadenfreude, die Schamlosigkeit oder der Neid, und bei den Handlungen der Ehebruch, der Diebstahl und der Mord. Alle diese Dinge werden getadelt, weil sie in sich selbst schlecht sind und nicht ihr Übermaß oder ihr Mangel. Man kann bei ihnen also niemals das Rechte treffen, sondern immer nur sich verfehlen. Es gibt kein Richtig oder Unrichtig im Bezug auf diese Dinge, etwa mit wem und wann und wie man Ehebruch treiben sollte, sondern etwas derart zu tun ist schlechthin falsch. Ebenso steht es, wenn man meinen wollte, es gäbe bei Ungerechtigkeit, Feigheit, Zügellosigkeit eine Mitte, ein Übermaß und einen Mangel. Denn so gäbe es ja eine Mitte in Übermaß und Mangel und ein Übermaß des Übermaßes und einen Mangel des Mangels. Wie es also in der Besonnenheit und Tapferkeit kein Übermaß und keinen Mangel geben kann, weil die Mitte gleichzeitig auch eine Art von Spitze ist, so gibt es Mitte, Übermaß und Mangel auch nicht bei jenem, sondern wie immer man handelt, wird man sich verfehlen. Allgemein gesagt, gibt es weder eine Mitte von Übermaß und Mangel noch ein Übermaß und einen Mangel von der Mitte. [...]

Bei Furcht und Mut ist Tapferkeit die Mitte. Bei Übermaß hat dasjenige in der Richtung auf die Furchtlosigkeit keinen eigenen Namen (wie das oft der Fall ist), dasjenige in Richtung auf den Mut heißt Tollheit; das Übermaß der Angst und der Mangel an Mut heißt Feigheit.

Bei Lust und Schmerz, freilich nicht in jedem Falle und weniger beim Schmerz, heißt die Mitte Besonnenheit, das Übermaß Zügellosigkeit. Mangelhaft in Richtung auf die Lust sind die Menschen kaum. Darum haben solche auch keinen eigenen Namen. Man mag sie stumpf nennen.

Beim Geben und Nehmen von Geld ist die Mitte die Großzügigkeit, Übermaß und Mangel sind Verschwendung und Kleinlichkeit. [...]

Dass nun also die ethische Tugend eine Mitte ist, und wie sie es ist, und dass sie die Mitte zweier Schlechtigkeiten ist, derjenigen des Übermaßes und derjenigen des Mangels, und dass die Tugend solcher Art ist, in den Leidenschaften und Handlungen auf die Mitte zu zielen, dies ist nun hinreichend dargelegt.

Darum ist es auch anstrengend, tugendhaft zu sein. Denn überall ist es mühsam, die Mitte zu treffen. So trifft auch nicht jeder Beliebige, sondern nur der Kundige die Mitte des Kreises. Ebenso kann ein jeder leicht in Zorn geraten und Geld ausgeben und verschwenden. Das Wem, Wieviel, Wann, Wozu und Wie zu bestimmen ist aber nicht jedermanns Sache und ist nicht leicht. Darum ist das Richtige selten, lobenswert und schön.

1. Aus welchen Gründen fordert Aristoteles Maß und Mitte? Ergänzen und problematisieren Sie seine Ausführungen mit eigenen Beispielen.
2. Für welche Handlungen lässt sich nach Meinung des Autors keine maßvolle Mitte finden? Warum nicht?
3. Aristoteles und Konfuzius sprechen davon, dass tugendhaftes Verhalten „selten" sei. Aus welchen Gründen kommen sie zu dieser Ansicht?
4. „Immer den Mittelweg gehen, führt zur Mittelmäßigkeit." Diskutieren Sie diese Aussage.

Epikur: Lust als höchstes Lebensziel

Wer jung ist, soll nicht zögern zu philosophieren, und wer alt ist, soll nicht müde werden im Philosophieren. Denn für keinen ist es zu früh und für keinen zu spät, sich um die Gesundheit der Seele zu kümmern. Wer behauptet, es sei noch nicht Zeit zu philosophieren oder die Zeit sei schon vorübergegangen, der gleicht einem, der behauptet, die Zeit für die Glückseligkeit sei noch nicht oder nicht mehr da. [...] Wir müssen uns also kümmern um das, was die Glückseligkeit schafft: Wenn sie da ist, so besitzen wir alles, wenn sie aber nicht da ist, dann tun wir alles, um sie zu besitzen. Um dessentwillen tun wir nämlich alles: damit wir weder Schmerz noch Verwirrung empfinden. Sobald einmal dies an uns geschieht, legt sich der ganze Sturm der Seele. Das Lebewesen braucht sich dann nicht mehr aufzumachen nach etwas, was ihm noch fehlt, und nach etwas anderem zu suchen, durch das das Wohlbefinden von Seele und Leib erfüllt würde. Dann nämlich bedürfen wir der Lust, wenn uns die Abwesenheit der Lust schmerzt. Wenn uns aber nichts schmerzt, dann bedürfen wir der Lust nicht mehr.

Darum nennen wir auch die Lust Anfang und Ende des seligen Lebens. Denn sie haben wir als das erste und angeborene Gut erkannt, von ihr aus beginnen wir mit allem Wählen und Meiden, und auf sie greifen wir zurück, indem wir mit der Empfindung als Maßstab jedes Gut beurteilen. Und eben weil sie das erste und angeborene Gut ist, darum wählen wir auch nicht jede Lust, sondern es kommt vor, dass wir über viele Lustempfindungen hinweggehen, wenn sich für uns aus ihnen ein Übermaß an Lästigem ergibt. [...]

Wenn wir also sagen, dass die Lust das höchste Lebensziel ist, so meinen wir nicht die Lüste der Wüstlinge und das bloße Genießen, wie einige aus Unkenntnis und weil sie mit uns nicht übereinstimmen oder weil sie uns missverstehen meinen, sondern wir verstehen darunter, weder Schmerz im Körper noch Beunruhigung in der Seele zu empfinden. Denn nicht Trinkgelage und ununterbrochenes Schwärmen und nicht Genuss von Knaben und Frauen und von Fischen und von allem anderen, was ein reich besetzter Tisch bietet, erzeugt das lustvolle Leben, sondern die nüchterne Überlegung, die die Ursachen für alles Wählen und Meiden erforscht und die leeren Meinungen austreibt, aus denen die schlimmste Verwirrung der Seele entsteht.

Für all dies ist der Anfang und das größte Gut die Einsicht. Darum ist auch die Einsicht noch kostbarer als die Philosophie. Aus ihr entspringen alle übrigen Tugenden, und sie lehrt, dass es nicht möglich ist, lustvoll zu leben ohne verständig, schön und gerecht zu leben, noch auch verständig, schön und gut, ohne lustvoll zu leben. Denn die Tugenden sind von Natur aus verbunden mit dem lustvollen Leben, und das lustvolle Leben ist von ihnen untrennbar.

Der griechische Philosoph **Epikur** (341 – 271 v. Chr.) sah die Glückseligkeit im „Freisein von körperlichen Schmerzen und seelischer Aufregung“. Dazu müsse man die Furcht vor den Göttern, den Schmerzen, den unerfüllbaren Wünschen und dem Tod ablegen. Sein Ausspruch „Ich spucke auf das sittlich Gute, wenn es keine Lust verschafft“ trug ihm den (unzutreffenden) Vorwurf ein, er propagiere ein Leben voll zügelloser Sinnenlust. Ein Leben, das sich ausschließlich an der Erfüllung der Lüste orientiert, bezeichnet man bis heute als **„Hedonismus“**, abgeleitet von dem griechischen Wort hedoné, die Lust. (s. auch S. 141)

5 Was verbinden Sie mit dem Begriff „Lust“? Ordnen Sie Ihre Gedanken in einer Mindmap.

6 Was versteht Epikur unter einem lustvollen Leben? Worin liegt der Zusammenhang mit der Glückseligkeit?

7 Worin bestehen die Unterschiede zwischen einer „hedonistischen Spaßkultur“ und den epikureischen Vorstellungen eines lustvollen Lebens?

8 Diskutieren Sie über Epikurs Forderung: „Verbringe dein Leben im Verborgenen!“

Der römische Philosoph, Politiker und Geschäftsmann **Seneca** (4 v. Chr. – 65 n. Chr.) war ein Vertreter der von dem griechischen Philosophen Zenon begründeten Philosophie der **Stoa** (zur Philosophie der Stoiker s. S. 391). Als Lehrer und politischer Berater des späteren Kaisers Nero wurde er von diesem wegen angeblicher Verschwörung zum Tode verurteilt und zum Selbstmord aufgefordert. Seneca wählte den Freitod im Kreis seiner Freunde: „Was spielt es für eine Rolle, wie bald du aus dem Leben scheidest, wenn du sowieso einmal gehen musst? Nicht einem *langen* Leben muss unsere Sorge gelten, sondern einem *befriedigenden.*" Seinen Tod gestaltete er ähnlich wie sein lebenslanges Vorbild Sokrates (s. S. 390) und in Übereinstimmung mit seiner Überzeugung, dass „glücklich nur derjenige genannt werden kann, der, von der Vernunft geleitet, nicht mehr wünscht und nicht mehr fürchtet".

Seneca: Glück, Tugend und Laster

Über Glück und Freude:

Was aber hindert uns, das glückliche Leben als die geistig-seelische Haltung zu beschreiben, die sich durch Freiheit, aufrechten Sinn, Unerschrockenheit und Standfestigkeit auszeichnet, jenseits der Angst und jenseits der Begierde, für welche die Sittlichkeit das einzige Gut und die Unsittlichkeit das einzige Übel darstellt, die alles andere nur als wertlosen Haufen von Dingen betrachtet, die dem Glück nichts nehmen oder hinzufügen und kommen und gehen, ohne das höchste Gut zu mehren oder zu schmälern? Bei einer so stabilen Grundlage muss sich ganz zwangsläufig eine heitere Stimmung einstellen und eine tiefe, aus dem Innersten kommende Freude, da diese an dem, was sie besitzt, Gefallen findet und Größeres als das, was ihr eignet, nicht begehrt.

Über natürliche und unnatürliche Lebensweise:

Glücklich ist nicht derjenige, den die Leute so nennen, der über das große Geld verfügt, sondern der, dessen Hab und Gut geistiger Natur ist; er ist aufrecht, von erhabener Gesinnung, verachtet, was man allgemein bewundert, kennt keinen, mit dem er tauschen möchte, beurteilt einen Menschen nur nach seinem menschlichen Wert; *er sieht in der Natur seine Lehrmeisterin, formt sich nach ihren Gesetzen und lebt nach ihren Vorschriften*; keine Macht der Welt kann ihm seine Güter nehmen, Böses wendet er zum Guten; er ist sicher in seinem Urteil, unerschütterlich und furchtlos; ein Akt der Gewalt empört ihn, raubt ihm aber nicht die Fassung; wenn das *Schicksal* mit aller Kraft das gefährlichste Geschoss, das es hat, gegen ihn schleudert, wird er zwar leicht getroffen – auch das nur selten –, jedoch nicht verwundet. Alle übrigen Geschosse freilich, durch die das Schicksal die Menschheit niederstreckt, prallen von ihm ab wie Hagel, der – ohne jeden Schaden für die Bewohner – prasselnd auf den Dächern aufschlägt und alsbald schmilzt.
Bist du nicht der Meinung, dass die wider die Natur leben, die statt der eigenen Kleidung Frauensachen tragen? Leben nicht die wider die Natur, die darauf aus sind, den strahlenden Charme des Knabenalters über seine Zeit hinaus zu erhalten? Leben nicht die wider die Natur, die sich im Winter eine Rose wünschen und die durch feuchte, warme Umschläge und geschickten Standortwechsel die Lilie, eine Frühlingsblume, im Winter zum Blühen bringen? Leben nicht die wider die Natur, welche die Fundamente ihrer Thermen im Meer errichten und nur dann glauben, den ganzen Komfort ihres Schwimmbads zu genießen, wenn Fluten und Sturm ihr gewärmtes Badewasser umbranden? Haben solche Leute erst einmal begonnen, alles nur im Widerspruch zur natürlichen Gewohnheit tun zu wollen, so brechen sie zuletzt völlig mit ihr.

Über Alkoholmissbrauch:

Wenn du beweisen willst, dass sich ein sittlich guter Mann nicht betrinken darf; wieso greifst du dann zu logischen Schlussfolgerungen? Sag einfach, es sei eine Schande, mehr zu sich zu nehmen, als man verträgt, und nicht zu wissen, wie viel der Magen fassen kann; stell dar, was die Betrunkenen alles tun, dessen sie sich, wenn sie wieder nüchtern sind, schämen, und dass die Trunkenheit nichts anderes ist als frei gewählter Wahnsinn. [...] Die Trunkenheit bringt die Laster nicht hervor, sondern offenbart sie bloß. Dann wartet der Lüstling nicht mehr, bis er im Schlafzimmer ist, sondern überlässt sich umgehend dem ganzen Ausmaß seiner Begierden. [...] Die Trunkenheit hat fast immer die Grausamkeit im Gefolge; die geistige Gesundheit leidet nämlich Schaden und verroht. [...] Mach klar, dass die Vergnügungen, die man als sinnliche Genüsse bezeichnet, zu Strafen werden, sobald sie das Maß überschreiten.

Über die Aufgaben der sittlichen Vollkommenheit:

Der sittlichen Vollkommenheit schreiben wir folgende Aufgaben zu: Sie soll die Leidenschaften zügeln, Ängste beseitigen, voraussehen, was zu tun ist, und jedem das Seine zugestehen. So verstehen wir die Begriffe Mäßigkeit, Tapferkeit, Klugheit, Gerechtigkeit und bestimmen jedem seine zugehörigen Pflichten.

Über Zurückgezogenheit und politische Tätigkeit:

Epikur sagt: „Der Weise wird sich nicht politisch betätigen, es sei denn, es träten besondere Umstände ein." Zenon sagt: „Er wird sich politisch betätigen, es sei denn, es läge ein Hinderungsgrund vor." Der eine sucht die Zurückgezogenheit bewusst, der andere nur aus gutem Grund. Dieser Grund aber wird sehr weit gefasst [...]. Wenn man zu wenig Ansehen, zu wenig Kraft hat [...] oder wenn es ihm sein Gesundheitszustand nicht erlaubt, wird er – so wie er ein leckgeschlagenes Schiff nicht in See stechen lassen oder wie er sich als gebrechlicher Mann nicht zum Kriegsdienst melden würde – keinen Weg beschreiten, von dem er weiß, dass er ungangbar ist.

Über Armut und Reichtum:

Wie viele Dinge überflüssig sind, merken wir erst, wenn wir sie nicht mehr haben; wir benutzten sie, nicht weil wir sie brauchten, sondern weil sie uns zur Verfügung standen. Und wie vieles schaffen wir an, weil es andere auch schon angeschafft haben und weil die meisten es besitzen [...]. Unsere Blödheit zeigt sich wohl auch darin, dass wir nur das als wertvollen Kauf ansehen, wofür wir Geld bezahlt haben, und die Dinge für umsonst halten, für die wir mit unserer Person aufgekommen sind.
Alles kann man verachten, alles haben nicht. Der kürzeste Weg zum Reichtum führt über die Verachtung des Reichtums. [...] Nicht wer zu wenig hat, sondern wer mehr haben will, ist arm.

1 Worin besteht für Seneca die Tugend? Zu welcher Lebenshaltung führt sie?

2 Mit welchen Argumenten verwirft Seneca „unnatürliche" und „unsittliche" Verhaltensweisen? Nehmen Sie dazu kritisch Stellung.

3 Vergleichen Sie Senecas Auffassung von der Bedeutung der Lust und der politischen Betätigung mit der Epikurs (s. S. 137). Welcher Haltung neigen Sie eher zu? Begründen Sie.

3 Beschreiben Sie die Lebenshaltung und Lebensführung eines Stoikers. Beziehen Sie dazu auch den Text über die Stoa (s. S. 391) und die Ausführungen De Crescenzos (s. S. 141) mit ein.

Seneca-Brevier, hg. und übersetzt von Ursula Blank-Sangmeister, Stuttgart (Reclam) 1996

Meister Coetivy (um 1460–1470): Die Philosophie berät Boethius

Der römische Philosoph und Staatsmann **Boethius** (480–524 n. Chr.) wurde zu Unrecht des Hochverrats bezichtigt und nach längerer Haft ohne Urteil hingerichtet. Im Kerker schrieb er eines der im Mittelalter meistgelesenen und kommentierten Bücher, „Vom Trost der Philosophie“, aus dem der nebenstehende Text stammt. Darin erscheint Boethius – als die Vision einer Frau – die Philosophie selbst, die mit ihm u. a. über den Sinn des Lebens und über das Glück spricht.

Boethius: Wahres und falsches Glück

Da hielt sie (die Philosophie) die Augen eine Zeit lang zum Boden gesenkt, und es war, als hätte sie sich in das geweihte Innere ihres Geistes zurückgezogen. Schließlich begann sie:
„Alles Mühen der Menschen, so verschiedenartig ihre Interessen sein mögen, bedient sich zwar verschiedener Wege, aber es gilt nur dem einzigen Ziel, dem echten Glück, der wahren Glückseligkeit. Von einem Gut kann man nur dann sprechen, wenn es, sobald es einem gehört, keinen Wunsch mehr offen lässt. Es ist dann eben das höchste aller Güter, und alle anderen Güter sind darin begriffen; mangelte es ihm an etwas, so wäre es nicht das höchste Gut, da es dann außerhalb noch etwas gäbe, was Ziel eines Wunsches sein könnte. Es ist also klar, dass das echte Glück ein vollkommener Zustand ist, der dann eintritt, wenn sämtliche „Güter“ sich zusammenfinden. [...]
Diesen Zustand, wie gesagt, suchen alle Menschen zu erreichen, und zwar auf verschiedenen Wegen. Dem Geiste der Menschen ist nämlich von Natur aus das Verlangen nach dem wahrhaft Guten zu eigen; nur durch den Irrtum lassen sie sich vom rechten Weg abbringen. Einige von ihnen, die da glauben, es sei der Gipfel des Glücks, an nichts Mangel zu haben, geben sich alle Mühe, im Reichtum zu schwimmen. Andere wieder kennen kein ehrwürdigeres Ideal, als Auszeichnungen zu hamstern, und sie buhlen auf diese Weise um Ansehen bei ihren Mitbürgern. Für manche besteht das höchste Gut in der höchsten Macht; sie wollen entweder selbst herrschen oder sie suchen die Nähe der Herrschenden. [...]
Die überwiegende Mehrzahl jedoch bemisst die Frucht des Guten nach Lust und Freude. Für sie ist die höchste Wonne, im Vergnügen zu schwelgen. [...]
So hast du also eine greifbare Vorstellung von der menschlichen Glückseligkeit: Reichtum, Ehren, Macht, Ruhm, Lüste. Epikur hatte nur allein das Letztere im Auge und zog die Folgerung, das höchste Gut bestehe in der Lust, da alles andere nur dem Geist Annehmlichkeit zu verschaffen scheine.
Und was soll ich über die Lüste des Körpers noch sagen? Vor Angst erzittert man schon im Verlangen danach; einzig *Reue* bringt der Genuss. Welche Unzahl von Krankheiten, welch untragbare Schmerzen kommen immer wieder durch diese Lüste über die Menschen, gewissermaßen als die Früchte des Bösen! Mir ist nicht bekannt, was diese Triebe Angenehmes an sich haben sollen.“

1. Verfassen Sie auf der Grundlage des Textes einen kleinen Ratgeber „Wege zum Glück“.

2. Hat die „Philosophie“ die Lehre Epikurs (s. S. 137) korrekt wiedergegeben (Z. 37f.)?

3. Setzen Sie sich kritisch mit den Aussagen über die „Lüste des Körpers“ auseinander.

Luciano De Crescenzo: Einige Betrachtungen über die Stoiker und die Epikureer

Luciano De Crescenzo (geb. 1928), italienischer Schriftsteller. Der nebenstehende Text stammt aus seinem Werk „Geschichte der griechischen Philosophie“ (1986).

Wer sind heute die Stoiker und wer die Epikureer? Woran soll man sie erkennen? Wie sehen sie aus? Eine sehr schwierige Frage.

Der Stoiker ist ein Mensch, der felsenfest an seine moralische Aufgabe glaubt. Er muss sie erfüllen. Er braucht immer ein großes Projekt, das seinem Leben Sinn verleiht. Aus Angst, dass dieses Projekt tatsächlich zu verwirklichen sein könnte, sucht sich der Stoiker aber im Allgemeinen eine so schwierige Aufgabe aus, die möglichst sogar unlösbar, zumindest aber von einem normalen Sterblichen nicht zu erfüllen ist. Entscheidend für ihn bleibt, dass er im Namen einer Sache leiden kann, die moralischen Wert hat. Stoiker sind all jene, die an die einzige, ewige, unauflösbare große Liebe glauben. Die finden sie natürlich nie, was sie aber nicht daran hindert, sie beharrlich zu suchen, ohne je Kompromisse einzugehen. Ihr Motto lautet: alles oder nichts. Stoiker sind auch die Christen, die wahren Christen. Ihr Ziel ist das Paradies, und dieses wollen sie durch Abtötung des Fleisches und Erhebung des Geistes erreichen. [...] Stoiker sind auch die Marxisten: Das Ziel ihres Lebens ist Gerechtigkeit für alle, ohne jede Ausnahme. Auch dies ist ein Ziel, das kurzfristig nicht erreicht werden kann: Die Sonne der Zukunft ist eben wie gesagt eine Sache der Zukunft. Auf dem Weg dorthin sind Revolutionen, Diktaturen des Proletariats und andere ebenso unangenehme Zwischenphasen vorgesehen. [...]

Der Epikureer ist aus ganz anderem Holz geschnitzt. Im Bewusstsein der Vergänglichkeit des Lebens setzt er sich bescheidene Ziele, die er innerhalb kurzer Frist erreichen kann. Epikureer ist der Angestellte, der eine Gehaltserhöhung verlangt, um ein bestimmtes Problem innerhalb des laufenden Jahres zu lösen. Epikureer ist, wer eine Partei wählt, die ihm nicht Gerechtigkeit, Freiheit und Glück verspricht, sondern ihm durch eine Politik der kleinen Schritte eine stufenweise Verbesserung seines Lebens vorschlägt. Epikureer ist, wer mit einem Partner weiter zusammenlebt, in den er nicht gerade sehr verliebt ist, mit dem er aber doch einen Modus Vivendi[1] gefunden hat, der das Zusammenleben erträglich macht. Beide Denkströmungen haben ebenso viele Vorteile wie Nachteile. Die Epikureer sind im Allgemeinen etwas gelassenere, fast immer lächelnde Menschen, die mit der Welt einigermaßen im Einklang sind. Die Stoiker dagegen sind hervorragende Arbeiter: Auch wenn sie Karten spielen, geben sie ihr Bestes. Der Epikureer verachtet die aktive Politik und macht selten einmal als Industriekapitän Karriere: Er legt mehr Wert auf sein Privatleben als auf Öffentlichkeit. [...]

Man möchte künftigen Ehepartnern raten, sich vor der Heirat weniger für das Sternzeichen des anderen zu interessieren als vielmehr für seinen jeweiligen Stoizismus- und Epikureismus-Index.

4 Überprüfen Sie, ob De Crescenzos Charakterisierung den beiden philosophischen Haltungen gerecht wird.

5 Porträtieren Sie einen typischen Stoiker oder Epikureer aus Ihrem Freundes- oder Bekanntenkreis.

6 Bestimmen Sie Ihren eigenen „Stoizismus- oder Epikureismus-Index“.

[1] Modus Vivendi (lat.): Form eines erträglichen Zusammenlebens ohne völlige Übereinstimmung

Johann Heinrich Füssli (1741–1825): Die Tugend ruft die Jugend zurück (aus den Armen der Sünde)

Renaissance der Tugenden?

In der heutigen gesellschaftlichen Diskussion um Werte, Normen und Moral wird zunehmend von der wichtigen Rolle der Tugenden gesprochen. Tugenden seien in Erziehung und Selbstbildung wieder „modern", so heißt es.
Der Ruf nach Tugenden ist nicht neu und kennzeichnete weite Teile des Bürgertums im 19. Jh., das, enttäuscht von den fehlgeschlagenen Revolutionen, eine vor allem im Privaten angesiedelte Moral lebte, die sich auf Tugenden wirtschaftlich-ökonomischer Art, also auf sogenannte Sekundärtugenden, stützte.
Demgegenüber wurde jedoch der Ruf nach einer stärkeren Ausrichtung an den Kardinaltugenden laut. So forderte z. B. der Philosoph Max Scheler (1874–1928) eine „Rehabilitierung der Tugenden", unter denen er diejenigen Tugenden verstand, welche die antiken Philosophen Platon, Aristoteles und Seneca gelehrt hatten.

Nobel statt Nabel – Das Einhalten von Regeln, das Leben mit althergebrachten Tugenden und Ritualen wird wichtiger

Auf die Frage, ob Höflichkeit, Anstand und Ordnung im Alltag wieder eine wichtige Rolle spielen sollten, antworteten 95 Prozent der 2003 von einem Meinungsforschungsinstitut Befragten mit Ja. [...] Möglich, dass vor allem die akute ökonomische Krise das Erstarken der Bürgerlichkeit fordert, die allmähliche Rückgewinnung von Tugenden wie Höflichkeit, Sauberkeit, Verlässlichkeit, den Mut zur Wiederbelebung althergebrachter Gebräuche, überhaupt die Wiederentdeckung der Form – sie war lange verrufen als steife Verhinderung ungezwungener Selbstverwirklichung, aber sie kann eben auch im irritierenden Durcheinander der Moden und Trends Sicherheit bieten. „Je unsicherer die Welt wirkt", schreibt Florian Illies in seinem neuen Buch „Generation Golf zwei", „umso attraktiver werden die scheinbar altmodischen Werte."
An die Stelle schlaksigen Beziehungsgewusels im Hau-auf-die-Schulter-Unstil tritt lange Verlorenes: klare Verhältnisse, Distanz, gut sitzender Anzug, Respekt. Es war schließlich nicht nur der wirtschaftliche Erfolg, der das Bürgertum einst stark und selbstbewusst gemacht hat. Es war auch – selbst wenn das angesichts zahlloser öffentlicher Skandale vergessen zu sein scheint – die disziplinierte Lebensweise der den verderbten Adel ablösenden neuen Klasse. Für diese Lebensweise gibt es einen altmodischen Sammelbegriff: Sittlichkeit.
Darin steckt das Wort Sitte, das eingeübtes, üblich gewordenes Verhalten meint. Aber auch das Sittliche im Sinne von Anstand, Rücksichtnahme, Diskretion und Würde. Die guten Manieren gehören durchaus dazu. Angenehme Umgangsformen sind kein Naturprodukt, dazu wird der Mensch erzogen. Dies wiederum setzt eine Autorität voraus, die erzieht – selbstbewusste Lehrer und eine intakte Familie.

Susanne Beyer u. a., in: Der Spiegel, Nr. 28, 7.7.03, S. 125f.

1. Sollten Ihrer Meinung nach Höflichkeit, Anstand und Ordnung im Alltag eine wichtige Rolle spielen? Begründen Sie Ihre Ansicht.

2. Welcher Tugend- und Wertbegriff liegt dem nebenstehenden Artikel zugrunde?

3. Definieren Sie den Begriff „Sittlichkeit" und erläutern Sie ihn anhand von Beispielen.

4. Diskutieren Sie über die Aussage des letzten Satzes im „Spiegel"-Artikel.

Iring Fetscher: Ermutigung zur Zivilcourage. Plädoyer für eine zu wenig beachtete Tugend

Tapferkeit ist eine Tugend, Mut eine natürliche Haltung. Mut kann auf mangelndem Bewusstsein der Gefahr beruhen und wird dann zur Tollkühnheit. Der Tollkühne vernachlässigt seine Pflicht zur Selbsterhaltung. Der Tapfere setzt sein eigenes Leben für ein Ziel aufs Spiel, von dem er annimmt, dass es den Wert seines individuellen Lebens übersteigt. Vielleicht sollte man dieses Wort allein für denjenigen reservieren, dessen subjektive Wertschätzung zugleich objektiv „richtig" und human ist. Der Räuber, der sein Leben für die Sache des Raubes, den Erfolg seiner Bande aufs Spiel setzt, wäre dann zwar mutig, aber nicht tapfer. Aber die Grenzen sind nicht immer klar zu bestimmen. Was sollen wir von dem Soldaten sagen, der glaubte, ehrlich glauben konnte, sein Mut diene dem Schutz des Lebens seiner Mitbürger und einer gerechten Sache, der sich aber – ein getäuschtes Opfer seiner Regierung – irrte? Darf man ihn nicht tapfer nennen? Tapfer – gewiss. Aber damit wird nur deutlich, dass auch Tapferkeit eine „sekundäre Tugend" ist, die ihren Wert letztlich erst durch die Ziele erhält, denen sie dient. [...]

Die Missbrauchbarkeit ist freilich nicht nur dieser einen sekundären Tugend eigentümlich. Sie gilt ebenso für andere: etwa den Fleiß oder die Zuverlässigkeit. Fleiß im Begehen einer Missetat und Zuverlässigkeit in der Zusammenarbeit mit einem Verbrecher sind höchst schädliche Verhaltensweisen. [...]

Von jenem Mut und jener Tapferkeit, deren ambivalenten Charakter ich eben angedeutet habe, ist die Zivilcourage prinzipiell zu unterscheiden. [...] In der Demokratie wird sie vielleicht noch mehr benötigt als in monarchischen und aristokratischen Gesellschaften. [...]

Gegenüber wem beweisen wir in der liberalen Demokratie Zivilcourage? Gewiss, auch in der Demokratie gibt es noch „Vorgesetzte", „Behörden", einschüchternde Amtsinhaber, vor deren Drohgebärde Zivilcourage am Platze sein kann. Aber der eigentliche „Souverän" ist doch das Volk, die öffentliche Meinung oder das, was als solche gilt. Zivilcourage muss daher in erster Linie auf einem anderen Felde bewährt werden als in der Monarchie oder unter der Diktatur. Zivilcourage ist nicht das Gleiche wie der oft apostrophierte „Mut zu unpopulären Entscheidungen", den man Abgeordneten oder Regierungen wünscht. Sie hat aber eine gewisse Verwandtschaft mit ihm. Zivilcourage ist eine Haltung einzelner Bürger, nicht von Mitgliedern der Regierung. Sie kann bewiesen werden in der Fähigkeit und Bereitschaft, Vorurteile, die in einer Bevölkerung weit verbreitet sind, infrage zu stellen; gegen den Strom der „öffentlichen Meinung" zu schwimmen; den Zorn eines mächtigen Zeitungsverlegers zu riskieren (wenn es darum geht, eine Verwirrung stiftende, Leser manipulierende Aussage zu kritisieren); dem Konformitätszwang einer Gruppe zu widerstehen und die davon abweichende persönliche Einsicht oder Überzeugung offen einzubekennen. All das sind Äußerungen, zu denen Zivilcourage gefordert ist. Zivilcourage ist, psychoanalytisch ausgedrückt, ein Beweis von „Ich-Stärke". Wer Zivilcourage an den Tag legt, muss nicht immer im Recht sein. Ohne Menschen, die der Zivilcourage fähig sind, geht aber die Freiheit zugrunde.

Iring Fetscher (geb. 1922), dt. Politologe, tritt in seinen Werken dafür ein, „die selbstzerstörerisch gewordene Industriezivilisation durch eine bewusst geplante, qualitativ andere Weltzivilisation abzulösen".

Till Bastian: Zivilcourage. Von der Banalität des Guten. Hamburg, (Rotbuch-Verlag) 1996

5 Der Autor spricht von „Tapferkeit", „Mut" und „Zivilcourage". Grenzen Sie die Begriffe voneinander ab und geben Sie eine Definition von „Zivilcourage".

6 Inwiefern geht in einer Gesellschaft ohne Menschen mit Zivilcourage „die Freiheit zugrunde" (Z. 47)?

7 Nennen Sie Beispiele für Zivilcourage. Überlegen Sie, inwieweit sie auch im Schulsystem gefordert ist.

8 Fetscher spricht in Z. 17 von „Missbrauchbarkeit" der Tapferkeit und anderer Tugenden. Finden Sie dafür Beispiele.

Tugend und Laster

Der Maler und Grafiker **Otto Dix** (1891 – 1969) wurde 1927 Professor an der Kunstakademie in Dresden, nach der Machtübernahme der Nationalsozialisten 1933 aber wieder entlassen. Er erregte besonders mit seinen Kriegsbildern zum Ersten Weltkrieg großes Aufsehen.
Analog zu den Kardinaltugenden gestaltete Dix in dem nebenstehenden Bild (1933) die sieben Laster bzw. Todsünden (s. S. 132). Das ursprünglich blonde Oberlippenbärtchen des Gnomen übermalte Dix nach 1945 schwarz.

Otto Dix: Die sieben Todsünden

1. Beschreiben Sie Aussehen und Haltung der Gestalten und ordnen Sie ihnen das jeweilige Laster zu.

2. Dix bekam 1934 Ausstellungsverbot. Aus welchem Grund?

Jörg von Uthmann: Über den Vorteil des Lasters

Ganz unangefochten blieb der Kanon der Tugenden und Laster freilich nicht. Schon Thomas von Aquin[1], dem „Doctor Angelicus“, der die christlichen Sünden in ein System brachte, dämmerte: „Viel Nützliches würde verhindert werden, wenn alle Sünden streng verboten würden.“ Machiavelli[2] wurde deutlicher: „Wenn man alles genau betrachtet, wird man fin-

[1] Thomas von Aquin (1225–1274): bedeutendster Theologe des Mittelalters (s. S. 248)
[2] Niccolò Machiavelli (1469–1527): ital. Staatstheoretiker (s. S. 264)

den, dass manches, was als Tugend gilt, zum Untergang führt und dass manches andere, was als Laster gilt, Sicherheit und Wohlstand bringt." Den gleichen Gedanken formulierte Lichtenberg so: „Wenn die Menschen plötzlich tugendhaft würden, müssten viele Tausende verhungern." Dass gerade der Wohlstand ohne die Todsünde der avaritia[1] nicht denkbar wäre, sprach der holländische Arzt Bernard de Mandeville in seiner 1714 erschienenen „Bienenfabel" offen aus. In diesem tiefsinnigen Pamphlet, das den Untertitel „Private Laster, öffentlicher Nutzen" trägt, wird eine Gesellschaft von korrupten, genuss- und gewinnsüchtigen „Bienen" geschildert, denen es glänzend geht, da die allgemeine Habgier Handel und Gewerbe fördert. Als ein Moralprediger auftritt und den „Bienen" ins Gewissen redet, werden sie genügsam und ehrlich – mit der Folge, dass die Wirtschaft zusammenbricht und die Gesellschaft in einen archaischen Naturzustand der Armut und des Elends zurückfällt. Mandeville musste für seinen Freimut schwer büßen. Er wurde in England vor Gericht gestellt und genötigt, seine provozierenden Thesen zu widerrufen. Auch Oscar Wilde[2], der das Laster einen Mythos nannte, „den gute Leute erfunden haben, um die rätselhafte Anziehungskraft anderer zu erklären", wurde von der Justiz verfolgt und von der Gesellschaft geächtet. [...] Kein Wunder, dass die meisten vorziehen, dem Laster privat zu frönen und sich öffentlich zur Tugend zu bekennen. „Wer weit kommen will", sagte Talleyrand[3], der seine glanzvolle Laufbahn als Geistlicher begonnen hatte und daher wusste, wovon er sprach, „muss die Tugend lieben und das Laster üben." Als Weltmeister im Bemänteln ihrer Laster gelten die Engländer; für die spezifisch britische Scheinheiligkeit gibt es sogar ein besonderes Wort: *cant*. Wie der Fall des Moralphilosophen Max Scheler[4] zeigt, fehlt es den Deutschen aber nicht an Talent. Als ihm der Kölner Erzbischof Vorwürfe wegen seines anstößigen Lebenswandels machte, fragte Scheler ungerührt zurück: „Haben Eminenz schon einmal einen Wegweiser gesehen, der den Weg, den er wies, selber ging?"

Johann Liss (1597–1631): Herakles am Scheidewege

[1] Avaritia (lat.): Habsucht
[2] Oscar Wilde (1854–1900): engl. Schriftsteller
[3] Talleyrand (1754–1838): frz. Staatsmann und Diplomat
[4] Max Scheler (1874–1928): Philosoph und Anthropologe

Die „sieben Todsünden der modernen Welt" nach Mahatma Gandhi (1869–1948, s. S. 256): Reichtum ohne Arbeit, Genuss ohne Gewissen, Wissen ohne Charakter, Geschäft ohne Moral, Wissenschaft ohne Menschlichkeit, Religion ohne Opferbereitschaft, Politik ohne Prinzipien

3 Worin liegt der Kern der Kritik, die Uthmann mithilfe der angeführten Beispiele übt? Überlegen Sie anhand von Beispielen, ob die Kritik berechtigt ist.

4 Die griechische Mythologie erzählt davon, dass der junge Herakles darüber nachdachte, welchen Lebensweg er einschlagen sollte. Da erschienen ihm zwei Frauen, die ihn beide für sich zu gewinnen versuchten: das Laster und die Tugend.
Wie hat der Maler Johann Liss die Szene gestaltet? Mit welchen Attributen sind Laster und Tugend dargestellt?

5 Lassen Sie das Laster und die Tugend auf Herakles einreden. Welche Argumente würden sie vorbringen? Wie könnte Herakles darauf antworten?

6 Setzen Sie sich mit Gandhis Auflistung „moderner Todsünden" kritisch auseinander. Formulieren Sie einen eigenen Sünden- bzw. Lasterkatalog.

Seinen eigenen Interessen nachgehen: „Egoistische Ethik“

„Mir geht nichts über Mich!“

Was heißt Egoismus?*

„Jeder ist sich selbst der Nächste“, „Nach mir die Sintflut“, „Die Kunst, ein Egoist zu sein“, „Vom Egoismus der Gene“: Solche und ähnliche Parolen sind nicht nur oft zu hören, sondern auch Gegenstand erfolgreicher populärwissenschaftlicher Bücher. Sie befürworten eine Lebenseinstellung, die zwar nicht neu ist, heute aber mit dem Anspruch auf emanzipatorische Selbstverwirklichung gefordert und gerechtfertigt wird. Dennoch wird der Egoismus meist moralisch missbilligt: Er führe zu einer „Ellbogenmentalität“ und seine Anhänger würden „über Leichen“ gehen.

Von einer „egoistischen *Ethik*“ zu sprechen wäre demnach eigentlich ein Widerspruch in sich. Soll sie etwa eine „Ego-Gesellschaft“ begründen bzw. zur Norm erheben? Kann eine Ethik auf einem radikalen Individualismus aufbauen, wie ihn der Philosoph **Max Stirner** fordert?

Man kann den Egoismus jedoch auch anders verstehen. Soziobiologen und Verhaltensforscher sprechen davon, dass der Egoismus eine Haltung ist, die letztlich und eigentlich allen menschlichen Handlungen zugrunde liegt, selbst denen, von denen man glaubt, sie geschähen aus nichtegoistischen Motiven. Eine rigorose Verdammung des Egoismus würde somit Grundgegebenheiten der menschlichen Natur leugnen. Aus dem, was *ist* (dem Egoismus), nun aber auf das zu schließen, was sein *soll* (eine „Ego-Gesellschaft“), unterliegt einem fundamentalen Irrtum, weil aus dem faktisch Vorfindlichen nicht logisch abgeleitet werden kann, dass es auch so sein soll („naturalistischer Fehlschluss“, s. S. 50f.).

Allerdings kann man aus dem Egoismus die normative Theorie entwickeln, nach der der Mensch nicht nur das Recht, sondern auch die *Pflicht* hat, seine eigenen Interessen wirksam zu vertreten. Demnach hat eine „egoistische Ethik“ die Aufgabe, normative Verhaltensmodelle zu begründen, die diesem Menschenbild entsprechen, für alle gelten können und praktisch umsetzbar sind.

1. Sammeln und ordnen Sie Ihre Gedanken zum Begriff Egoismus in einer Mindmap.
2. Vergleichen Sie Ihre Ergebnisse mit den Begriffsbestimmungen im Text.
3. Der „Spiegel“-Titel erschien 1994. Analysieren Sie die Titelbildgestaltung und überlegen Sie, ob seine Aussage auch auf die heutige Gesellschaft zutrifft.
4. Gestalten Sie ein eigenes Titelbild.

Max Stirner: Der Egoist fährt am besten

Der Philosoph **Max Stirner** (1806–1856) gehörte wie Ludwig Feuerbach und Karl Marx zu den sogenannten „Linkshegelianern", die die Philosophie Hegels (s. S. 84f.) in Richtung demokratisch-liberaler und sozialistischer Ideen weiterführten bzw. veränderten. In seinem Buch „Der Einzige und sein Eigentum" (1844) vertrat Stirner einen radikalen Individualismus.

Was soll nicht alles meine Sache sein! Vor allem die gute Sache, dann die Sache Gottes, die Sache der Menschheit, der Wahrheit, der Freiheit, der Humanität, der Gerechtigkeit; ferner die Sache Meines Volkes, Meines Fürsten, Meines Vaterlandes; endlich gar die Sache des Geistes und tausend andere Sachen. Nur *Meine* Sache soll niemals Meine Sache sein. „Pfui über den Egoisten, der so denkt!" Sehen Wir denn zu, wie diejenigen es mit *ihrer* Sache machen, für deren Sache Wir arbeiten, Uns hingeben und begeistern sollen. [...]

Wie steht es mit der Menschheit, deren Sache Wir zur unsrigen machen sollen? Ist ihre Sache etwa die eines anderen und dient die Menschheit einer höheren Sache? Nein, die Menschheit sieht nur auf sich, die Menschheit will nur die Menschheit fördern, die Menschheit ist sich selber ihre Sache. Damit sie sich entwickle, lässt sie Völker und Individuen in ihrem Dienste sich abquälen, und wenn diese geleistet haben, was die Menschheit braucht, dann werden sie von ihr aus Dankbarkeit auf den Mist der Geschichte geworfen. Ist die Sache der Menschheit nicht eine rein egoistische Sache? [...]

Sie stehen sich alle ausnehmend gut dabei, wenn ihnen pflichteifrigst gehuldigt wird. Betrachtet einmal das Volk, das von ergebenen Patrioten geschützt wird. Die Patrioten fallen im blutigen Kampfe oder Kampfe mit Hunger und Not; was fragt das Volk danach? Das Volk wird durch den Dünger ihrer Leichen ein „blühendes Volk"! Die Individuen sind „für die große Sache des Volkes" gestorben, und das Volk schickt ihnen einige Worte des Dankes nach und – hat den Profit davon. Das nenn ich mir einen einträglichen Egoismus.

Aber seht doch jenen Sultan an, der für „die Seinen" so liebreich sorgt. Ist er nicht die pure Uneigennützigkeit selber und opfert er sich nicht stündlich für die Seinen? Jawohl, für „die Seinen". Versuch es einmal und zeige Dich nicht als der Seine, sondern als der Deine: Du wirst dafür, dass du seinem Egoismus dich entzogst, in den Kerker wandern. Der Sultan hat seine Sache auf Nichts als auf sich gestellt: Er ist sich alles in allem, ist sich der Einzige und duldet keinen, der es wagte, nicht einer der „Seinen" zu sein.

Und an diesen glänzenden Beispielen wollt Ihr nicht lernen, dass der Egoist am besten fährt? Ich Meinesteils nehme Mir eine Lehre daran und will, statt jenen großen Egoisten ferner uneigennützig zu dienen, lieber selber der Egoist sein.

Gott und die Menschheit haben ihre Sache auf Nichts gestellt, auf nichts anderes als auf sich. Stelle ich denn meine Sache gleichfalls auf Mich, der Ich so gut wie Gott das Nichts von allem anderen, der Ich mein Alles, der Ich der Einzige bin. [...]

Fort denn mit jener Sache, die nicht ganz und gar Meine Sache ist! Ihr meinet, Meine Sache müsse wenigstens die „gute Sache" sein? Was gut, was böse! Ich bin ja selber Meine Sache, und ich bin weder gut noch böse. Beides hat für Mich keinen Sinn. Das Göttliche ist Gottes Sache, das Menschliche Sache „des Menschen". Meine Sache ist weder das Göttliche noch das Menschliche, ist nicht das Wahre, Gute, Freie etc., sondern allein das *Meinige*, und sie ist keine allgemeine, sondern ist – *einzig* wie Ich einzig bin. Mir geht nichts über Mich!

5 Lesen Sie den Text so, als müssten Sie seinen Inhalt vor einem Publikum vertreten.

6 Fassen Sie Stirners Forderungen zusammen und setzen Sie sich kritisch mit seiner Argumentation auseinander.

7 Diskutieren Sie, ob Stirner ethisch argumentiert.

Egoismus als Grundlage einer Gesellschaft

Der englische Philosoph **Thomas Hobbes** (1588–1679) gilt mit seiner individualistischen **vertragstheoretischen Staatslehre** als Begründer der politischen Philosophie der Neuzeit. Hintergrund seiner Lehre (Hauptwerk: „Der Leviathan", 1651) sind die Gräuel und Verheerungen des 30-jährigen Krieges (1618–1648) und des englischen Bürgerkrieges (1642–1646). In diesen Kriegen offenbart sich für Hobbes die wahre menschliche Natur: Getrieben vom Egoismus und vom Willen zur Selbsterhaltung ist „der Mensch dem Menschen ein Wolf" (homo homini lupus), was in letzter Konsequenz zum Krieg, zum „Kampf aller gegen alle" führt. Zu zähmen ist die Wolfsnatur des Menschen allein durch einen staatlichen Souverän, dem in einem Vertrag alle Macht übertragen wird. Nur der Leviathan, das staatliche Monster, ist in der Lage, den menschlichen Wolf in Schach zu halten. Dem Menschen bleibt somit nur die Wahl zwischen diesem allmächtigen Staat, der die Überlebensinteressen aller um den Preis der Einschränkung von Freiheit sichert, und dem Bürgerkrieg.

Thomas Hobbes: Selbsterhaltung als höchstes Gut – Der Staat als Garant des Friedens

Das höchste Gut ist für jeden die Selbsterhaltung. Denn die Natur hat es so eingerichtet, dass alle ihr eigenes Bestes wünschen. Um das erlangen zu können, müssen sie Leben und Gesundheit wünschen und für beide, soweit es möglich ist, Gewähr für die Zukunft.

Auf der anderen Seite steht unter allen Übeln an erster Stelle der Tod; besonders schlimm ist der Tod unter Qualen; am schlimmsten sind die Leiden des Lebens, die sogar so groß werden können, dass sie, wenn nicht ihr nahes Ende abzusehen ist, uns den Tod als ein Gut erscheinen lassen.

Macht ist, wenn sie bedeutend ist, ein Gut, weil sie uns Mittel zur Lebenssicherung gewährt; darauf aber beruht der Frieden unseres Gemütes. Wenn die Macht nicht bedeutend ist, ist sie unnütz; denn wenn andere gleiche Macht besitzen, bedeutet sie nichts.

Freundschaften sind ein Gut, da sie nützlich sind. Denn auch Freundschaften tragen zur Sicherheit bei. Daher sind Feindschaften etwas Schlechtes, da sie Gefahren mit sich bringen und Erhaltung und Sicherheit bedrohen.

Das höchste Gut oder, wie man es nennt, Glückseligkeit oder ein letztes Ziel kann man in diesem Leben nicht finden. Denn gesetzt, das letzte Ziel ist erreicht, so wird nichts mehr ersehnt, nichts erstrebt. Daraus folgt, dass es von diesem Zeitpunkte an für den Menschen kein Gut mehr gibt, ja dass der Mensch überhaupt nicht mehr empfindet. Denn jede Empfindung ist mit einem Begehren und Widerstreben verbunden, und nicht empfinden heißt: nicht leben.

Das größte der Güter aber ist ein ungehindertes Fortschreiten zu immer weiteren Zielen. Der Genuss selbst des Begehrten ist, während wir genießen, ein Begehren, das, wie wir stückweise genießen, stückweise fortgeht. Denn das Leben ist beständige Bewegung, die in sich selbst kreist, wenn sie geraden Weges nicht fortschreiten kann. [...]

Es gibt kein letztes Ziel oder höchstes Gut, wovon in den Schriften der alten Moralphilosophen[1] die Rede ist. Ein Mensch, der keine Wünsche mehr hat, kann vielmehr ebenso wenig weiterleben wie einer, dessen Empfindungen und Vorstellungen zum Stillstand gekommen sind. Glückseligkeit ist ein ständiges Fortschreiten des Verlangens, von einem Gegenstand zum anderen, wobei das Erlangen des einen Gegenstandes nur der Weg ist, der zum nächsten Gegenstand führt. Der Grund hierfür ist, dass es Gegenstand menschlichen Verlangens ist, auch sicherzustellen, dass seinem künftigen Verlangen nichts im Wege steht. Deshalb gehen die willentlichen Handlungen und Neigungen des Menschen nicht nur darauf aus, sich ein zufriedenes Leben zu verschaffen, sondern auch darauf, es zu sichern.

[1] Gemeint sind Aristoteles, Platon und die Philosophen der Stoa.

Ein schrankenloser Egoismus führe, so Hobbes weiter, zum „Kampf aller gegen alle". Andererseits kann man aber die langfristigen egoistischen Bedürfnisse des Menschen akzeptieren und versuchen, sie zu bändigen und auf ihnen eine Ethik aufzubauen. Ein solches Ethik-Modell legt Hobbes in „Der Leviathan" (Kap. 14 und 18) vor. Dort begründet er die Notwendigkeit eines auf freiwilliger Basis geschlossenen **Gesellschaftsvertrages** und weist dem Staat die Aufgabe zu, eine Minimalethik zu garantieren.

In den Worten liegt nun nicht die Kraft, die Menschen zur Erfüllung ihrer Abkommen zu bewegen. Zweierlei muss dabei mitwirken, entweder der auf der Nichterfüllung des Abkommens zu befürchtende Schaden oder die Besorgnis, durch Treulosigkeit einen Beweis der Schwäche zu geben und sich zu entehren. Letzteres ist Edelmut und wird so selten angetroffen, dass es nicht in Erwägung gezogen werden kann. Nur die Furcht muss man berücksichtigen, sowohl die vor unsichtbar wirkenden Mächten als vor menschlicher Gewalt; sie reicht indessen, wo kein eigentlicher Staat besteht, nicht aus, die Menschen zur Erfüllung der Abkommen zu nötigen. Im Naturzustande wird nur durch den Ausgang des Krieges die größere Macht sichtbar. Vor Gründung der Staaten und sooft sie durch Bürgerkriege erschüttert werden, können daher Abkommen nicht besser gegen die Begierden der Menschen gesichert werden als durch die Furcht vor einem unsichtbaren Wesen, welches von allen Gott genannt und auf verschiedene Weise verehrt wird. Deshalb fand man es zur Festigung der getroffenen Abkommen für nötig, bei dem Gott, den man fürchtete, zu schwören, dass man das Abkommen erfüllen werde.
Alles zu tun, was die natürlichen Gesetze fordern, wie z. B. Gerechtigkeit, Billigkeit und kurz, andern das zu tun, was wir wünschen, dass es uns von andern geschehe, ist, wenn die Furcht vor einer Zwangsmacht wegfällt, den natürlichen Leidenschaften, Zorn, Stolz und den Begierden aller Art, gänzlich zuwider.
Um aber eine allgemeine Macht zu gründen, unter deren Schutz gegen auswärtige und innere Feinde die Menschen bei dem ruhigen Genuss der Früchte ihres Fleißes und der Erde ihren Unterhalt finden können, ist der einzig mögliche Weg folgender: Jeder muss alle seine Macht oder Kraft einem oder mehreren Menschen übertragen, wodurch der Willen aller gleichsam auf einen Punkt vereinigt wird. Es ist eine wahre Vereinigung in einer Person und beruht auf dem Vertrage eines jeden mit einem jeden, wie denn ein jeder zu einem jeden sagt: „Ich übergebe dir mein Recht, mich selbst zu beherrschen, diesem Menschen oder dieser Gesellschaft unter der Bedingung, dass du ebenfalls dein Recht über dich ihm oder ihr abtrittst."
Auf diese Weise werden alle Einzelnen eine Person und heißen Staat oder Gemeinwesen. So entsteht der große Leviathan oder, wenn man lieber will, der sterbliche Gott, dem wir unter dem ewigen Gott allein Frieden und Schutz zu verdanken haben. Dies macht das Wesen eines Staates aus, dessen Definition folgende ist: Staat ist eine Person, deren Handlungen eine große Menge Menschenkraft der gegenseitigen Verträge eines jeden mit jedem als ihre eigene ansehen, auf dass diese nach ihrem Gutdünken die Macht aller zum Frieden und zur gemeinschaftlichen Verteidigung anwende.

Anschließend nennt Hobbes in zwölf Punkten die Rechte und Pflichten von Staat und Bürger. Die Punkte 6 bis 9 lauten:

Sechstens zielt man bei der Gründung eines Staates nur auf Frieden und Schutz. Das Recht auf den Zweck aber gibt auch das Recht auf die Mittel, und wenn einem einzelnen Menschen oder einer Gesellschaft die höchste Gewalt übertragen ist, so hat man ihm oder ihr zugleich die freie Beurteilung der Mittel zum Frieden und Schutz überlassen. [...]
Siebtens ist mit der höchsten Gewalt auch das Recht verbunden zu entscheiden, was zur Erhaltung oder zur Störung des Friedens dienen kann; folglich auch zu bestimmen, zu welcher Zeit, unter welchen Bedingungen und wem es erlaubt sei, das Volk aufzuklären; **welche Bücher verboten werden müssen und wer darüber Aufsicht führen soll**. Handlungen haben ihren Grund in Meinungen; folglich müssen diese unter Aufsicht gestellt werden, wenn man Frieden und Einigkeit in einem Staat erhalten will. [...]
Achtens hat auch die höchste Gewalt das Recht, diejenigen Vorschriften zu erlassen, welche das Eigentum betreffen, damit ein jeder wisse, was ihm gehört, dies ungestört genießen könne und unterrichtet werde, was er mit Recht tun und nicht tun dürfe. Vor der Errichtung der höchsten Gewalt hatten alle ein Recht auf alles: und dies eben veranlasste den Krieg. Die Vorschriften über das Dein und Mein, über das Gute und Böse, Erlaubte und Unerlaubte in den Handlungen müssen daher von dem Oberherrn gemacht werden; denn von alledem hängt der Frieden im Staate ab. Diese Vorschriften bekommen den Namen *bürgerliche Gesetze*. [...]
Neuntens gehört es zur höchsten Gewalt, alle Rechtshändel der Wahrheit und den Rechten nach zu untersuchen und alle Streitigkeiten zu entscheiden, mit einem Worte: das Richteramt. Gäbe es dieses nicht, wären die Bürger gegen Unrecht nicht gesichert; die Gesetze über Dein und Mein wären ohne Kraft, und die Menschen blieben in dem Zustand des Krieges aller gegen alle.

1. Was sind nach Hobbes die grundlegenden Interessen des Menschen? Erläutern und bewerten Sie sein Menschenbild.

2. Auf welche ethische Norm spielt Hobbes in Z. 59 an? Was hindert die Menschen daran, nach dieser Norm zu handeln?

3. Was versteht Hobbes unter Egoismus? Worin unterscheidet sich sein Egoismus-Begriff von dem Max Stirners?

4. Welche Rolle spielt nach Hobbes der Staat als „Leviathan"?

5. Lesen Sie den Text von Norbert Hoerster (s. S. 20f.) und setzen Sie sich mit seiner Kritik an Hobbes auseinander.

6. Diskutieren Sie, ob Sie in einem Staat nach dem Hobbes'schen Modell leben wollten.

Titelbild der Erstveröffentlichung des „Leviathan" von 1651

Das Bild zeigt den Leviathan als eine aus Menschen zusammengesetzte riesenhafte Gestalt, die die Zeichen weltlicher und geistlicher Macht in den Händen hält.
Die Figur des Leviathan ist dem Alten Testament entnommen. Der Leviathan übt im Buch Hiob als schlangenähnliches Ungeheuer und Herr der Tiere eine gewalttätige Schreckensherrschaft aus, bis er schließlich von Gott vernichtet wird.

Hobbes' Entwurf der „einzigen wahren Sittenlehre“*

In Anlehnung an das **naturwissenschaftlich-mechanistische Welt- und Menschenbild** von Bacon (s. S. 296) und Descartes (s. S. 74) sieht Hobbes die Natur als ein mathematisch erfassbares Gebilde mit rein mechanischen Kausalitätsbeziehungen. Dies gilt auch für den Menschen. Nur die nachweisbare, objektive Erkenntnis der menschlichen Natur kann demnach die Grundlage einer Ethik bilden. Hobbes nimmt in seinem gedanklich-theoretischen Modell des menschlichen **„Naturzustandes“** an, dass Wille und Streben des Menschen ausschließlich auf Sinneseindrücke, Neigungen und auf Zustandsäußerungen seines Körpers zurückzuführen sind. Das Wesen des Menschen besteht demnach letztlich in einem unbedingten Selbsterhaltungs- und Überlebenswillen. Da die Durchsetzung der egoistischen Interessen aber mit denen der Mitmenschen kollidiert, empfindet der Mensch eine ständige Bedrohung seiner Sicherheit und seines Lebens. Dies und die daraus resultierende Todesfurcht lassen folglich weder eine wirkliche Willensfreiheit zu noch ein auf Gemeinschaft und soziales Leben gerichtetes Streben. Aus diesem Naturzustand kann der Mensch **„nur durch Vernunft und gewissermaßen durch seine Leidenschaften gerettet“** werden. Denn die egoistischen Leidenschaften, vor allem aber die Todesangst, treiben die Vernunft an und weisen sie zur Beachtung elementarer Regeln gedeihlichen Zusammenlebens an und führen damit auf den Weg zum Frieden. Andererseits mäßigt die Vernunft die Leidenschaften und „liefert uns einige zum Frieden führende Grundsätze, und das sind die natürlichen Gesetze“. Das im Naturzustand herrschende Naturrecht als Recht eines jeden auf alles, was der Selbsterhaltung und dem Eigennutz dient, muss durch das „natürliche Gesetz“ ersetzt werden, um einen Rechtszustand zu schaffen. Somit besteht in der **„Wissenschaft der natürlichen Gesetze die einzige wahre Sittenlehre“**.

Die von der Vernunft gelehrten „natürlichen Gesetze“ sind eine „Vorschrift oder allgemeine Regel, nach welcher keiner dasjenige unternehmen darf, was er als schädlich für sich selbst anerkennt“. Das erste und wichtigste dieser Gesetze lautet: „Suche Frieden und jage ihm nach.“ Aus diesem Gesetz ergibt sich das zweite: „Sobald seine Ruhe und Selbsterhaltung gesichert ist, muss auch jeder von seinem Recht auf alles – vorausgesetzt, dass andere dazu auch bereit sind – abgehen und mit der Freiheit zufrieden sein, die er den Übrigen eingeräumt wissen will.“ Der Verzicht auf alles, was den Frieden stört, führt dann zum dritten Gesetz: „Vertragliche Abkommen müssen eingehalten werden.“ Weitere natürliche Gesetze sind u. a.: „Jeder soll den anderen nützlich sein“, „Alle Menschen sind von Natur untereinander gleich“.

Garant und Hüter der natürlichen Gesetze und damit der Minimalethik kann, so Hobbes, nur ein **absoluter Staat** als eine auf Intelligenz und rationaler Überlegung beruhende menschliche Schöpfung sein. Diesem „sterblichen Gott“ übertragen die Individuen in einem freiwilligen **Vertrag** alle Macht.

7 Worin sieht Hobbes den Zusammenhang zwischen Leidenschaften, Vernunft und dem Recht? Überlegen Sie, ob bzw. inwieweit sich mit dieser Argumentation Menschenrechte (s. S. 288ff.) begründen lassen.

8 Lesen Sie den Text über die Entwicklung des Naturrechtsgedankens (s. S. 269) und bewerten Sie den Naturrechtsbegriff Hobbes'.

9 Vergleichen Sie Hobbes' vertragstheoretisches Modell mit dem von Rousseau (s. S. 387) und Rawls (s. S. 276f.).

Philosophen kritisieren die egoistische Ethik

Bertrand Russell (1872–1970), englischer Mathematiker und Philosoph, engagierte sich als Pazifist gegen jede Form gesellschaftlicher und politischer Unterdrückung. Er rief die „Pugwash-Bewegung", einen Zusammenschluss gegen Krieg und Rüstung engagierter Wissenschaftler, ins Leben (s. S. 51f.). Darüber hinaus organisierte er zahlreiche Demonstrationen und Friedensinitiativen. Er erhielt 1950 den Literatur-Nobelpreis.

Bertrand Russell: Der Mensch ist nicht nur Egoist

Naheliegende Beispiele (zu der These des Egoismus) sind hier natürliche Fälle von Selbstaufopferung – von Männern etwa, die sich für ihr Land, oder von Eltern, die sich für ihre Kinder aufopfern. Aber diese Beispiele sind so naheliegend, dass die egoistische Theorie eine Antwort bereithat. Sie behauptet, dass in solchen Fällen diejenigen, die das Opfer bringen, nicht glücklich wären, wenn sie anders handeln würden, dass sie den Beifall anderer oder den Beifall ihres Gewissens suchen oder dass sie im Augenblick des Opfers das Gefühl einer inneren Erhebung empfinden, in dem ihr höchstes Selbst zur Verwirklichung kommt etc. etc.
Sehen wir uns diese Argumente im Einzelnen an. Zunächst wird behauptet, dass die infrage stehenden Menschen, wenn sie das Opfer nicht brächten, nicht glücklich sein würden. Dies trifft bereits auf viele Fälle nicht zu, aber lassen wir das durchgehen. Aus welchem Grunde würden sie nicht glücklich sein? Entweder weil andere weniger hoch von ihnen denken würden, weil sie Gewissensbisse haben würden oder weil ihnen an dem, was sie durch ihr Opfer erreichen wollen, ernstlich gelegen ist und sie ohne es nicht glücklich sein könnten. Im letzteren Falle wäre zugestanden, dass sie ein Verlangen haben, das sich nicht auf sie selbst bezieht.
Die Vertreter der egoistischen Theorie werden somit in allen Fällen von Selbstaufopferung sagen müssen, dass der außerhalb des Ichs liegende Zweck, der durch das Opfer erreicht werden soll, nicht eigentlich erstrebt wird: Opfert ein Soldat sein Leben, so ist ihm am Sieg seines Landes eigentlich gar nicht gelegen usw. Dies ist an sich selbst schon widersinnig genug und im Widerspruch zu allen bekannten Tatsachen. Aber es ist noch nicht alles. Nehmen wir an, es sei so, wie der Vertreter der egoistischen Theorie behauptet, und stellen wir uns vor, der Akt der Selbstaufopferung sei nicht von einem außerhalb des Ichs liegenden Zweck, sondern von der Furcht vor der Missbilligung anderer diktiert. Wäre dies so, würde es niemals zu einer selbstaufopfernden Tat kommen, solange niemand erführe, dass man sie nicht getan hat. Derjenige, der einen Ertrinkenden sieht, würde demnach keinen Versuch unternehmen, ihn zu retten, wenn er sicher wäre, dass niemand sieht, dass er nicht ins Wasser springt. Auch dies widerspricht den bekannten Tatsachen. Man könnte hier vielleicht sagen, dass man das Verlangen nach dem Beifall anderer und die Angst vor Missbilligung anderer berücksichtigen sollte, und dass man sich des Beifalls der anderen durch geschickte Hinweise auf die eigenen guten Taten leicht versichern kann. Aber es gibt Menschen, die Opfer gebracht haben, die allgemein missbilligt wurden, zum Beispiel dadurch, dass sie unpopuläre Meinungen vertreten haben, und viele haben Opfer gebracht, bei denen ein wesentlicher Teil des Opfers darin bestand, dass es nicht erwähnt werden sollte. Also kann der Vertreter des psychologischen Egoismus am Ende nur noch auf den Beifall des eigenen Gewissens

1. In welchen Fällen stimmt Russell den Vertretern des Egoismus zu, in welchen nicht? Erklären Sie seine Aussagen durch Beispiele.

2. Ergänzen Sie die Schlussfolgerung Russells durch die Überlegungen Schopenhauers (s. S. 168f.) und begründen Sie eine eigene Position.

„Den tapferen Söhnen – Die dankbare Vaterstadt, 1870–71", Kriegerdenkmal in Hamburg

als das eigentliche Motiv der Selbstaufopferung zurückgreifen. Aber es ist einfach unmöglich zu glauben, dass allen, die sich selbst verleugnen, die Gabe der vernünftigen Vorausschau in dem Maße abgeht, wie es diese Theorie impliziert. Für die meisten Menschen sind Gewissensbisse eine durchaus erträgliche Pein, und mit wachsender Übung in der Untugend nimmt ihre Intensität schnell ab. Und in den Fällen, in denen der Akt der Selbstverleugnung den Tod nach sich zieht, muss die Wonne des Selbstgenusses, auf die es der Tugendhafte abgesehen haben soll, ohnehin von recht kurzer Dauer sein.

Ich komme also zu dem Schluss, dass sich die Psychologie des Egoismus nichts anderem als den Erfordernissen einer falschen Theorie verdankt und mit den Tatsachen der menschlichen Natur, wie wir sie in der Erfahrung vorfinden, nicht zu vereinbaren ist.

❸ Was würden Russell und Stirner zu dem abgebildeten Denkmal sagen? Was ist Ihrer Meinung nach eine angemessene Würdigung von im Krieg getöteten Soldaten?

Karl-Otto Apel: Egoismus kann keine Ethik begründen

Karl-Otto Apel (geb. 1922), deutscher Philosoph, vertritt die Auffassung, dass jedes Individuum beim Argumentieren voraussetzt, einer umfassenden Kommunikationsgemeinschaft anzugehören.

Ich frage mich, ob Hobbes tatsächlich gezeigt hat, dass ohne Inanspruchnahme einer besonderen ethischen Motivation, also allein aufgrund des wohlverstandenen Selbstinteresses, eine vertraglich begründete Rechts- und Staatsordnung zustande kommen und funktionieren kann. Ich glaube, dass die Moral des wohlverstandenen Selbstinteresses hier in eine Schwierigkeit gerät.

Lassen Sie mich das am Beispiel des *dritten „natürlichen Gesetzes"* (*„Vertragliche Abkommen müssen eingehalten werden"*) verdeutlichen.

Rein aufgrund meines strategisch durchkalkulierten Selbstinteresses ist erstens mein Wunsch zu verstehen, dass meine Vertragspartner einen mit mir geschlossenen Vertrag auch halten sollen: darüber hinaus auch noch die eigene Bereitschaft, den Vertrag immer dann einzuhalten, wenn der Vertragsbruch bemerkt werden könnte – und dies so lange, wie der Vertrag meinem ursprünglichen Vertragsinteresse entspricht.

Dass ich aber den Vertrag, das Übereinkommen, das Versprechen usw. auch dann halten soll, wenn niemand es bemerken kann, und dass ich Verträge auch dann noch im Interesse aller Vertragsschließenden halten soll, wenn mein ursprüngliches Vertragsinteresse nicht mehr besteht: Diese Forderung kann aus dem strategisch durchkalkulierten Selbstinteresse nicht mehr begründet werden. Das ist ebenso wenig möglich wie eine entsprechende Begründung der Forderung, dass Verträge oder Übereinkommen nicht nur die Interessen der unmittelbar *Beteiligten*, sondern darüber hinaus auch die Interessen aller *Betroffenen* berücksichtigen sollten. Hier zeigt sich unübersehbar der ethische Aspekt des *Gegenseitigkeitsprinzips* und damit der Unterschied zwischen der Hobbes'schen Vernunft, die im Dienst der Klugheit und des Selbstinteresses steht, und einer Vernunft, die selbst eine ethische Motivation des Handelns begründen könnte. [...]

Die ethisch neutrale Sachlichkeit politischen Handelns, die den Vertragsgedanken mit Hobbes rein egoistisch-strategisch begründet, wäre für jedwede Zielsetzung, auch die einer Mafia, zu instrumentalisieren. [...]

Die von Hobbes begründete Legalität einer Rechtsordnung unterscheidet sich prinzipiell nicht von der einer erfolgreichen Räuberbande.

❹ Welche Kritik übt Apel an Hobbes?

❺ Setzen Sie sich kritisch mit den von Apel vorgetragenen Vorbehalten gegenüber dem dritten „natürlichen Gesetz" auseinander.

❻ Welches normativ-ethische Modell könnte Ihrer Meinung nach eine ethische Motivation in diesem Zusammenhang (Einhaltung von Verträgen) besser begründen (Z. 7f.)?

Sich an Prinzipien halten: Gesinnungsethik/Sollensethik

Zwei sittliche Prinzipien: Versprechen halten – Die Wahrheit sagen

❶ Wie beurteilen Sie das Verhalten Max Brods?

❷ Was ist für Sie eine Lüge? Definieren Sie den Begriff.

❸ Mit welchen Argumenten werden Lügen oft missbilligt oder gerechtfertigt?

❹ Wie könnten Gesetzgeber und Richter die untenstehenden rechtlichen Regelungen begründen?

Der Schriftsteller Franz Kafka verfügte testamentarisch, dass man seinen literarischen Nachlass nach seinem Tode vernichten solle. Sein lebenslanger Freund Max Brod, dem er das Versprechen, für die Einhaltung dieses Wunsches zu sorgen, abgenommen hatte, hat sich nach einigem Zögern über diese Verfügung hinweggesetzt, weil er zu der Überzeugung kam, dass Kafkas Nachlass von hohem literarischen Wert sei und deshalb unbedingt erhalten und veröffentlicht werden müsse.
Wie ist das Verhalten Brods ethisch zu beurteilen?
Bewertet man eine Handlung nur nach ihrem Zweck bzw. ihren möglichen Folgen, wird man die Handlungsweise Brods sicherlich gutheißen können. Denn sie hat der Nachwelt Werke eines der bedeutendsten Dichter des 20. Jahrhunderts erhalten.
Betrachtet man aber die Handlung als solche, losgelöst von ihren möglichen Zwecken und Folgen, so hat Brod unmoralisch gehandelt, weil er ein Versprechen brach und damit gegen ein sittliches Prinzip verstieß.
Die Frage nach der Verbindlichkeit moralischer Prinzipien und Grundsätze zeigt sich auch am Beispiel der Lüge. Einerseits findet die Pflicht, die Wahrheit zu sagen, allgemeine Akzeptanz, andererseits versuchen wir im Alltag häufig eine Lüge zu rechtfertigen, indem wir sie z.B. als sogenannte „Notlüge" bezeichnen. Trotzdem findet die Lüge in der Regel unsere moralische Missbilligung und wird in manchen Fällen sogar strafrechtlich verfolgt.

Jurek Becker:
Jakob der Lügner (Roman, 1969), Frankfurt am Main (Suhrkamp) [28]2004

Aus dem Strafgesetzbuch (StGB): § 186 Verleumdung

Wer wider besseres Wissen in Beziehung auf einen anderen eine unwahre Tatsache behauptet oder verbreitet, welche denselben verächtlich zu machen oder in der öffentlichen Meinung herabzuwürdigen oder dessen Kredit zu gefährden geeignet ist, wird mit Freiheitsstrafe bis zu zwei Jahren oder mit Geldstrafe und, wenn die Tat öffentlich, in einer Versammlung oder durch Verbreiten von Schriften begangen ist, mit Freiheitsstrafe bis zu fünf Jahren oder mit Geldstrafe bestraft.

Recht auf Lüge

Kassel, 1. Juli. Die Rechtsprechung des Bundesarbeitsgerichtes (BAG), wonach im Rahmen von Bewerbungen die Frage nach einer Schwangerschaft unzulässig ist, Frauen deshalb ein „Recht auf Lüge" haben, ist am Donnerstag an einem konkreten Fall modifiziert worden. Danach darf eine werdende Mutter nicht „schwindeln", wenn sie auf diesem Arbeitsplatz gar nicht beschäftigt werden kann oder eine Beschäftigung Schwangerer sogar gesetzlich verboten ist. Das BAG wies eine Frau ab, die in einem Labor für Mikrobiologie eingestellt worden war und vom „Recht auf Lüge" Gebrauch gemacht hatte. Laut BAG hätte sie die Frage nach einer Schwangerschaft richtig beantworten müssen, da eine Beschäftigung werdender Mütter in diesem Bereich wegen möglicher Infektionen als gefährlich gilt.

Anne Riedel, in: Frankfurter Rundschau, 2.7.1993

Marcus George Singer: Warum es nicht richtig ist zu lügen

Marcus George Singer (geb. 1926), amerikanischer Philosoph

Ich kann mich nicht enthalten, darauf hinzuweisen, wie ganz und gar fantastisch es wäre, die Frage: „Warum ist es nicht richtig zu lügen?“ oder irgendeine Frage dieser Art so zu beantworten: „Es ist nicht richtig zu lügen, weil die meisten Leute es missbilligen.“ Das wäre überhaupt keine Antwort. Es ist nicht deshalb nicht richtig zu lügen, weil es missbilligt wird, d.h. weil man es nicht für richtig hält.

Plausibler wäre es, wenn man sagte, dass Lügen für nicht richtig gehalten wird, weil es nicht richtig ist, denn zu erklären, warum Lügen nicht richtig ist, ist gleichbedeutend damit zu rechtfertigen, warum man es für falsch hält. Für die Erklärung, warum es nicht richtig ist zu lügen, ist jedoch die Tatsache, dass es missbilligt wird, ebenso irrelevant wie die, dass jemand, der lügt, wahrscheinlich dafür bestraft werden wird. Es ist keine Antwort, wenn man sagt: „Es ist nicht richtig zu lügen, weil ich dich schlagen werde, wenn du es tust.“ Das ist nicht der Weg, mit dem man zeigen kann, dass oder warum es nicht richtig ist zu lügen. [...] Ähnliche Überlegungen gelten für Antworten, die darauf hinweisen, dass etwas allgemeine Missbilligung findet. Sie können als Ratschlag dienen, jemanden vom Lügen abzuhalten. Solche Ratschläge sind oft nützlich. Sie sind aber irrelevant für die Frage, warum es nicht richtig ist zu lügen. Eine Handlung, die nicht richtig ist, könnte nämlich ebenso bestraft oder missbilligt werden. Auch in solchen Situationen ist es nicht richtig zu lügen, in denen man davonkommt, ohne bestraft zu werden oder ohne dass es missbilligt wird. [...]

Der Grund, warum es nicht richtig ist zu lügen, sollte aus dem, was bisher gesagt wurde, schon hinreichend klar geworden sein. Es ist nicht richtig zu lügen im Hinblick auf das, was passieren würde, wenn es jeder täte. Es wäre nichts weniger als verheerend, wenn jeder lügen würde, wann immer es ihm passt, wenn es zur Regel würde, zu lügen, und zur Ausnahme, die Wahrheit zu sagen, was, wenn es auch so aussehen mag, tatsächlich nicht die herrschende Praxis ist. Daraus folgt, dass es im Allgemeinen nicht richtig ist zu lügen oder dass niemand das Recht hat, ohne Grund zu lügen; und dass der Wunsch oder das Verlangen zu lügen allein niemals eine ausreichende Rechtfertigung ist, wird an der weiteren Anwendung des Arguments der Verallgemeinerung gezeigt. Denn nehmen wir einmal an, dass es so wäre und dass ich mit der Begründung, es einfach zu wollen, das Recht in Anspruch nähme zu lügen. Dann hätte jede Person mit ähnlichen individuellen Voraussetzungen, und das heißt in diesem Zusammenhang jeder, der lügen möchte, das Recht zu lügen; das bedeutet, jeder hätte das Recht zu lügen, wann immer er will. Die Folgen davon, dass jeder das täte, wären, wie ich bereits gezeigt habe, nichts weniger als verheerend, und also könnte nicht jeder das Recht dazu haben. Aber wenn nicht jeder das Recht dazu haben kann, dann kann es niemand ohne einen speziellen Grund haben, und hier kann kein spezieller Grund angegeben werden, denn der Wunsch zu lügen ist kein unterscheidendes Merkmal.

Bocca della verita – Der Mund der Wahrheit

In der Vorhalle der Kirche Santa Maria in Cosmedin in Rom ist ein antiker Verschlussdeckel einer römischen Wasserleitung, der einen Triton (Wassergott) darstellt. Ein Lügner sollte sich hüten – so der heute eher scherzhafte, im Mittelalter eher ernste Aberglaube – seine Hand in den Mund zu legen. Es könnte nämlich sein, dass ihm die Finger abgebissen werden. Im Mittelalter hat man dem Gottesurteil manchmal durch ein Schwert, das im Raum hinter der Platte geführt wurde, Wirkung verschafft. Es wurde auch benutzt, wenn ein Mann den Treueschwüren seiner Gattin nicht traute.

5 Welche Gründe für das Wahrheitsgebot führt Singer an, welche lehnt er ab?

6 Setzen Sie sich kritisch mit der Argumentation Singers auseinander.

Die Moralphilosophie Immanuel Kants

Der deutsche Philosoph **Immanuel Kant** (1724–1804, Biografie s. S. 383) entwickelte eine Ethikbegründung, die ausschließlich nach dem Motiv und der Gesinnung des Handelnden fragt. Eine solche „gesinnungs- bzw. prinzipienethische" Normbegründung bezeichnet man als **deontologisch** (von gr. deón = das Erforderliche, die Pflicht).
Seine Ethik hat Kant systematisch entfaltet und in drei Schriften veröffentlicht: „Grundlegung zur Metaphysik der Sitten" (1785), „Kritik der praktischen Vernunft" (1788) und „Metaphysik der Sitten" (1797).

Kants Ethik im Kontext seiner Philosophie*

„Die Aufklärung ist der Ausgang des Menschen aus seiner selbst verschuldeten Unmündigkeit", „Habe Mut, dich deines eigenen Verstandes zu bedienen" – zwei berühmte Aussagen Immanuel Kants.
Unter Aufklärung versteht Kant, sich über die eigenen Voraussetzungen und Grundlagen seines Denkens und Handelns klar zu werden. Dabei darf die Kritik (d. h. genaue Prüfung) nicht von überkommenen Autoritäten beeinflusst werden oder auf sie fußen, diese sind vielmehr selbst Gegenstand der Überprüfung. In der **„Kritik der reinen Vernunft"** (1781) weist er die Absolutheitsansprüche des **Empirismus** (sinnliche Erfahrung als Fundament aller Erkenntnis) und des **Rationalismus** (reines, abstraktes Denken als Fundament aller Erkenntnis) zurück. Kant leitete damit die sogenannte **„kopernikanische Wende"** in der Metaphysik ein, indem er zeigte, dass unsere Erkenntnis nur Aussagen über die Welt zulässt, wie sie uns erscheint und nicht wie sie, unabhängig von uns, ist. Damit verwirft Kant die Metaphysik als wissenschaftliche Disziplin, ordnet sie dem Bereich des Glaubens zu und ersetzt sie durch die Erkenntnistheorie: „Die Erkenntnis richtet sich nicht nach den Gegenständen, sondern die Gegenstände nach der Erkenntnis." Er zeigt, dass unsere Erkenntnis der Welt an subjektive Voraussetzungen gebunden ist, unser Erkenntnisvermögen daher begrenzt ist.
In der **„Kritik der praktischen Vernunft"** (1788) entwirft Kant eine Ethik, die sich nicht mehr auf den Willen Gottes oder anderer religiöser Autoritäten beruft, sondern die auf **Autonomie** und **Willensfreiheit** des Individuums basiert. Er brach auch mit der Tradition ethischer Theorien, die den moralischen Wert einer Handlung in erster Linie durch ihr Ziel oder ihre Folgen bestimmen (teleologische und utilitaristische Ethik), weil sie ihren Anspruch, ein Prinzip zu liefern, das als Orientierung für alle nur denkbaren Entscheidungssituationen dienen kann, nicht einzulösen imstande sind, da sie selbst auf empirischen Grundlagen beruhen. Demgegenüber stellt Kant ein ethisches Prinzip auf, das unabhängig von Erfahrung (a priori), allein auf der Grundlage der Vernunft gewonnen werden kann und immer und überall gültig ist. Die Aufgabe der Vernunft ist es nicht, dem Menschen Glückseligkeit zu verschaffen, sondern zu bestimmen, was unsere moralische Pflicht ist. Über den moralischen Wert einer Handlung entscheidet allein der ihr zugrunde liegende Wille. Dieser Wille ist nur dann gut, wenn er ausschließlich durch die **Pflicht** bestimmt ist. Es reicht nicht aus, wenn eine Handlung, die man aus Neigung oder Interesse begeht, der Pflicht mehr oder weniger zufällig entspricht. Dann hätte man zwar pflichtgemäß, nicht aber aus Pflicht gehandelt. Diese Pflicht besteht in der freiwilligen Unterwerfung unter das **Sittengesetz**, das dem Menschen kraft seiner Vernunft in der Form des **kategorischen Imperativs** gegeben ist.

● „So fängt denn alle menschliche Erkenntnis mit Anschauungen an, geht von da zu Begriffen und endigt mit den Ideen."
So fasst Kant seine Erkenntnistheorie zusammen. Erläutern Sie dies.

Immanuel Kant: Guter Wille und kategorischer Imperativ

Es ist überall nichts in der Welt, ja überhaupt auch außer derselben zu denken möglich, was ohne Einschränkung für gut gehalten werden könnte, als allein ein *guter Wille*. Verstand, Witz, Urteilskraft und wie die *Talente* des Geistes sonst heißen mögen oder Mut, Entschlossenheit, Beharrlichkeit im Vorsatze, als Eigenschaften des *Temperaments*, sind ohne Zweifel in mancher Absicht gut und wünschenswert; aber sie können auch äußerst böse und schädlich werden, wenn der Wille, der von diesen Naturgaben Gebrauch machen soll und dessen eigentümliche Beschaffenheit darum *Charakter* heißt, nicht gut ist. [...] Einige Eigenschaften sind sogar diesem guten Willen selbst beförderlich und können sein Werk sehr erleichtern, haben aber desungeachtet keinen inneren unbedingten Wert, sondern setzen immer noch einen guten Willen voraus, der die Hochschätzung, die man übrigens mit Recht für sie trägt, einschränkt und es nicht erlaubt, sie für schlechthin gut zu halten. Mäßigung in den Affekten und Leidenschaften, Selbstbeherrschung und nüchterne Überlegung sind nicht allein in vielerlei Absicht gut, sondern scheinen sogar einen Teil vom *inneren* Werte der Person auszumachen; allein es fehlt viel daran, um sie ohne Einschränkung für gut zu erklären (so unbedingt sie auch von den Alten gepriesen worden). Denn ohne Grundsätze eines guten Willens können sie höchst böse werden, und das kalte Blut eines Bösewichts macht ihn nicht allein weit gefährlicher, sondern auch unmittelbar in unseren Augen noch verabscheuungswürdiger, als es ohne dieses dafür würde gehalten werden.

Der gute Wille ist nicht durch das, was er bewirkt oder ausrichtet, nicht durch seine Tauglichkeit zur Erreichung irgendeines vorgesetzten Zweckes, sondern allein durch das Wollen, d.i. an sich gut und, für sich selbst betrachtet, ohne Vergleich weit höher zu schätzen als alles, was durch ihn zugunsten irgendeiner Neigung, ja wenn man will der Summe aller Neigungen, nur immer zustande gebracht werden könnte. Wenngleich durch eine besondere Ungunst des Schicksals oder durch kärgliche Ausstattung einer stiefmütterlichen Natur es diesem Willen gänzlich an Vermögen fehlte, seine Absicht durchzusetzen; wenn bei seiner größten Bestrebung dennoch nichts von ihm ausgerichtet würde, und nur der gute Wille (freilich nicht etwa als ein bloßer Wunsch, sondern als die Aufbietung aller Mittel, soweit sie in unserer Gewalt sind) übrig bliebe: wo würde er wie ein Juwel doch für selbst glänzen als etwas, das seinen vollen Wert in sich selbst hat. Die Nützlichkeit oder Fruchtlosigkeit kann diesem Werte weder etwas zusetzen noch abnehmen. [...]

Was kann das aber wohl für ein Gesetz sein, dessen Vorstellung, auch ohne auf die daraus erwartete Wirkung Rücksicht zu nehmen, den Willen bestimmen muss, damit dieser schlechterdings und ohne Einschränkung gut heißen könne? Da ich den Willen aller Antriebe beraubt habe, die ihm aus der Befolgung irgendeines Gesetzes entspringen könnten, so bleibt nichts als die allgemeine Gesetzmäßigkeit der Handlungen überhaupt übrig, welche allein dem Willen zum Prinzip dienen soll, d.i. ich soll niemals anders verfahren als so, **dass ich auch wollen könne, meine Maxime solle ein allgemeines Gesetz werden.** Hier ist nun die bloße Gesetzmäßigkeit überhaupt (ohne irgendein auf gewisse Handlungen be-

Der kategorische Imperativ ist Kants Formel für das oberste, a priori (d.h. voraussetzungslos) gültige Sittengesetz.
Kategorisch bedeutet, dass die Forderung unbedingt, ausnahmslos und allgemein verpflichtend ist. Ein **Imperativ** (als innere Handlungsaufforderung) ist notwendig, weil der Mensch nicht nur durch Vernunft, sondern auch durch Neigungen und Gefühle bestimmt wird, sein Wille also gut oder böse sein kann.
Der kategorische Imperativ bezieht sich nicht direkt auf Handlungen, sondern überprüft Handlungsmaximen auf ihre Verallgemeinerbarkeit. Die geforderte Handlung geschieht um ihrer selbst willen ohne Bezug auf einen Zweck außerhalb. (Im Gegensatz dazu werden alle anderen, bloß **hypothetischen Imperative** „nur in Ansehung einer begehrten Wirkung bestimmt".) Neben der im Text formulierten Fassung des kategorischen Imperativs verwendet Kant auch folgende: **„Handle so, dass du die Menschheit sowohl in deiner Person als in der Person eines jeden anderen jederzeit zugleich als Zweck, niemals bloß als Mittel brauchst."**

Ralf Ludwig:
Kant für Anfänger. Der kategorische Imperativ, München (dtv) 1999

stimmtes Gesetz zum Grunde zu legen) das, was dem Willen zum Prinzip dient und ihm auch dazu dienen muss, wenn Pflicht nicht überall ein leerer Wahn und chimärischer Begriff sein soll; hiermit stimmt die gemeine Menschenvernunft in ihrer praktischen Beurteilung auch vollkommen überein und hat das gedachte Prinzip jederzeit vor Augen.
Die Frage sei z. B.: Darf ich, wenn ich im Gedränge bin, nicht ein Versprechen tun in der Absicht, es nicht zu halten? Ich mache hier leicht den Unterschied, den die Bedeutung der Frage haben kann, ob es klüglich oder ob es pflichtgemäß sei, ein falsches Versprechen zu tun. Das Erstere kann ohne Zweifel öfters stattfinden. Zwar sehe ich wohl, dass es nicht genug sei, mich vermittelst dieser Ausflucht aus einer gegenwärtigen Verlegenheit zu ziehen, sondern wohl überlegt werden müsse, ob mir aus dieser Lüge nicht hinterher viel größere Ungelegenheit entspringen könne, als die sind, von denen ich mich jetzt befreie, und da die Folgen bei aller meiner vermeinten *Schlauigkeit* nicht so leicht vorauszusehen sind, dass nicht ein einmal verlorenes Zutrauen mir weit nachteiliger werden könnte als alles Übel, das ich jetzt zu vermeiden gedenke; ob es nicht *klüglicher* gehandelt sei, hierbei nach einer allgemeinen Maxime zu verfahren und es sich zur Gewohnheit zu machen, nicht zu versprechen als in der Absicht, es zu halten. Allein es leuchtet mir hier bald ein, dass eine solche Maxime doch immer nur die besorglichen Folgen zum Grunde habe. Nun ist es doch etwas ganz anderes, aus Pflicht wahrhaft zu sein als aus Besorgnis der nachteiligen Folgen: indem im ersten Falle der Begriff der Handlung an sich selbst schon ein Gesetz für mich enthält, im zweiten ich mich allererst anderwärtsher umsehen muss, welche Wirkungen für mich wohl damit verbunden sein möchten. Denn wenn ich von dem Prinzip der Pflicht abweiche, so ist es ganz gewiss böse; werde ich aber meiner Maxime Klugheit abtrünnig, so kann das mir doch manchmal sehr vorteilhaft sein, wiewohl es freilich sicherer ist, bei ihr zu bleiben. Um indessen mich in Ansehung der Beantwortung dieser Aufgabe, ob ein lügenhaftes Versprechen pflichtgemäß sei, auf die allerkürzeste und doch untrügliche Art zu belehren, so frage ich mich selbst: Würde ich wohl damit zufrieden sein, dass meine Maxime (mich durch ein unwahres Versprechen aus Verlegenheit zu ziehen) als ein allgemeines Gesetz (sowohl für mich als auch für andere) gelten solle? Und würde ich wohl zu mir sagen können: es mag jedermann ein unwahres Versprechen tun, wenn er sich in Verlegenheit befindet, daraus er sich auf andere Art nicht ziehen kann? So werde ich bald inne, dass ich zwar die Lüge, aber ein allgemeines Gesetz zu lügen gar nicht wollen könne, denn nach einem solchen würde es eigentlich gar kein Versprechen geben, weil es vergeblich wäre, meinen Willen in Ansehung meiner künftigen Handlungen anderen vorzugeben, die diesem Vorgeben doch nicht glauben oder, wenn sie es übereilterweise täten, mich doch mit gleicher Münze bezahlen würden; mithin meine Maxime, sobald sie zum allgemeinen Gesetze gemacht würde, sich selbst zerstören müsse.
Was ich also zu tun habe, damit mein Wollen sittlich gut sei, dazu brauche ich gar keine weit ausholende Scharfsinnigkeit. Unerfahren in Ansehung des Weltlaufs, unfähig auf alle sich ereignenden Vorfälle desselben gefasst zu sein, frage ich mich nur: Kannst du auch wollen, dass deine Maxime ein allgemeines Gesetz werde?

1. Welche Kritik übt Kant an einer Ethik, die von ihren Zielen und Folgen her bestimmt ist?

2. Wie begründet er seine These, dass allein ein guter Wille „ohne Einschränkung für gut gehalten werden“ (Z. 2f.) kann?

3. „Aus gutem Willen ist viel Schlechtes hervorgegangen.“ Prüfen Sie anhand von Beispielen, ob diese Behauptung zutrifft.

4. Fügen Sie dem von Kant gegebenen Beispiel für den kategorischen Imperativ noch weitere hinzu. Was würde Kant zu Max Brods Entscheidung bezüglich der Werke Kafkas sagen?

5. Vergleichen Sie den kategorischen Imperativ mit der Goldenen Regel (s. S. 220f.).

6. Kants Ethik wurde oftmals moralische Kompromisslosigkeit vorgeworfen. Diskutieren Sie, ob dieser Vorwurf berechtigt ist.

Immanuel Kant: Der Mensch als freie, sittliche Persönlichkeit

Kants Grabstein

Pflicht! (du erhabener großer Name, der du nichts Beliebtes, was Einschmeichelung bei sich führt, in dir fassest, sondern Unterwerfung verlangst, doch auch nichts drohest, was natürliche Abneigung im Gemüt erregte und schreckte, um den Willen zu bewegen, sondern bloß ein Gesetz aufstellst, welches von selbst im Gemüte Eingang findet und doch sich selbst wider Willen Verehrung (wenngleich nicht immer Befolgung) erwirbt, vor dem alle Neigungen verstummen (wenn sie gleich insgeheim ihm entgegenwirken): Welches ist der deiner würdige Ursprung, und wo findet man die Wurzel deiner edeln Abkunft, welche alle Verwandtschaft mit Neigungen stolz ausschlägt, und von welcher Wurzel abzustammen die unnachlässliche Bedingung desjenigen Werts ist, den sich Menschen allein selbst geben können? Es kann nichts Minderes sein, als was den Menschen über sich selbst (als einen Teil der Sinnenwelt) erhebt, was ihn an eine Ordnung der Dinge knüpft, die nur der Verstand denken kann, und die zugleich die ganze Sinnenwelt [...] unter sich hat. Es ist nichts anderes als die Persönlichkeit, d.i. die Freiheit und Unabhängigkeit von dem Mechanismus der ganzen Natur [...]

Auf diesen Ursprung gründen sich nun manche Ausdrücke, welche den Wert der Gegenstände nach moralischen Ideen bezeichnen. Das moralische Gesetz ist heilig (unverletzlich). Der Mensch ist zwar unheilig genug, aber die Menschheit in seiner Person muss ihm heilig sein. In der ganzen Schöpfung kann alles, was man will, und worüber man etwas vermag, auch bloß als **Mittel** gebraucht werden; nur der Mensch, und mit ihm jedes vernünftige Geschöpf, ist **Zweck** an sich selbst. Er ist nämlich das Subjekt des moralischen Gesetzes, welches heilig ist, vermöge der Autonomie seiner Freiheit. [...]

Diese Achtung erweckende Idee der Persönlichkeit, welche uns die Erhabenheit unserer Natur (ihrer Bestimmung nach) vor Augen stellt, indem sie uns zugleich den Mangel der Angemessenheit unseres Verhaltens in Ansehung derselben bemerken lässt und dadurch den Eigendünkel niederschlägt, ist selbst der gemeinsten Menschenvernunft natürlich und leicht bemerklich. Hat nicht jeder auch nur mittelmäßig ehrliche Mann bisweilen gefunden, dass er eine sonst unschädliche Lüge, dadurch er sich entweder selbst aus einem verdrießlichen Handel ziehen oder wohl gar einem geliebten und verdienstvollen Freunde Nutzen schaffen konnte, bloß darum unterließ, um sich insgeheim in seinen eigenen Augen nicht verachten zu dürfen? Hält nicht einen rechtschaffenen Mann im größten Unglücke des Lebens, das er vermeiden konnte, wenn er sich nur hätte über die Pflicht wegsetzen können, noch das Bewusstsein aufrecht, dass er die Menschheit in seiner Person doch in ihrer Würde erhalten und geehrt habe, dass er sich nicht vor sich selbst zu schämen und den inneren Anblick der Selbstprüfung zu scheuen Ursache habe?

7 Fassen Sie den Inhalt der vier Abschnitte in eigenen Worten zusammen.

8 Wie begründet Kant, dass nur der Mensch „Zweck an sich selbst“ ist und nicht „bloß als Mittel gebraucht“ werden kann?

9 Bestimmen Sie Kants Begriff der Menschenwürde (Z. 25–30, 42–47). Wie zeigt sich diese? Fügen Sie Kants Beispielen noch weitere hinzu.

Massenmord und kategorischer Imperativ

„Ich kann mir nicht helfen, aber ich glaube, dass das 20. Jh. das gewalttätigste Jahrhundert der Menschheitsgeschichte war." (William Golding, Schriftsteller und Literaturnobelpreisträger) Wie konnten von Europa zwei Weltkriege und die unvorstellbaren Verbrechen des Nationalsozialismus ausgehen, einem Europa, dessen geistig-moralische Wurzeln im Christentum, im Humanismus und in der Aufklärung liegen? „Schützt denn Humanismus vor gar nichts?", fragt der Schriftsteller Alfred Andersch in seiner Erzählung „Der Vater eines Mörders", in der er den Schulleiter eines renommierten humanistischen Gymnasiums porträtiert, der aus einem „alten, humanistisch fein gebildeten Bürgertum" stammt und dessen Sohn, Heinrich Himmler, hauptsächlich für den Genozid an den Juden im Dritten Reich verantwortlich war. Dieser Frage ging auch die Philosophin Hannah Arendt nach, die am Beispiel Adolf Eichmanns, der von seinem Berliner Schreibtisch aus die Transporte der europäischen Juden in die Vernichtungslager organisierte, zeigte, wie verbrecherische Taten sogar unter Berufung auf Kant gerechtfertigt wurden. Vor Gericht sagte Eichmann, er sei „weder ein Mörder noch ein Massenmörder" gewesen, sondern lediglich ein „getreuer, ordentlicher, korrekter und fleißiger [...] Angehöriger der SS", der, „nur von idealen Regungen für mein Vaterland" geleitet, lediglich seine Pflicht getan habe. Ein „innerer Schweinehund und ein Verräter" sei er nie gewesen. Er berief sich dabei ausdrücklich auf Immanuel Kant: „Zur Norm habe ich die Kant'sche Forderung erhoben, und zwar schon sehr lange. Nach dieser Forderung habe ich mein Leben ausgerichtet [...]. Aus dieser Einstellung heraus tat ich reinen Gewissens und gläubigen Herzens meine mir befohlene Pflicht."

Die Philosophin **Hannah Arendt** (1906–1975, Biografie s. S. 380) erhielt die Erlaubnis, als Berichterstatterin an dem Prozess gegen Eichmann teilzunehmen und ihn in seiner Zelle zu befragen. Eichmann war 1961 vom israelischen Geheimdienst in Südamerika aufgespürt und nach Israel gebracht worden, wo er nach einem halbjährigen Prozess zum Tode verurteilt und hingerichtet wurde. Hannah Arendt fasste ihre Beobachtungen und Erkenntnisse in dem Buch „Eichmann in Jerusalem. Ein Versuch über die Banalität des Bösen" (1964) zusammen.

Hannah Arendt: Eichmann und die Ethik Kants

Ein erstes Anzeichen von Eichmanns vager Vorstellung, dass in dieser ganzen Angelegenheit mehr zur Diskussion stehen könnte als die Frage, ob der Soldat auch Befehlen gehorchen müsse, die ihrer Natur nach eindeutig verbrecherisch sind, ergab sich während des Polizeiverhörs, als er plötzlich mit großem Nachdruck beteuerte, sein Leben lang den Moralvorschriften Kants gefolgt zu sein, und vor allem im Sinne des Kant'schen Pflichtbegriffs gehandelt zu haben. Das klang zunächst nur empörend und obendrein unverständlich, da Kants Morallehre so eng mit der menschlichen Fähigkeit zu urteilen, also dem Gegenteil von blindem Gehorsam, verbunden ist. Der verhörende Offizier hatte sich darauf nicht weiter eingelassen, doch Richter Raveh, ob nun aus Neugier oder aus Entrüstung über Eichmanns Versuch, im Zusammenhang mit seinen Untaten sich auf Kant zu berufen, entschloss sich, den Angeklagten hierüber zu befragen. Und zu jedermanns Überraschung konnte Eichmann eine ziemlich genaue Definition des kategorischen Imperativs vortragen: „Da verstand ich darunter, dass das Prinzip meines Wollens und das Prinzip meines Strebens so sein muss, dass es jederzeit zum Prinzip einer allgemeinen Gesetzgebung erhoben werden könnte", was auf Diebstahl oder Mord z. B. nicht gut anzuwenden ist, da der Dieb oder Mörder unmöglich in einem Rechtssystem leben wollen kann, das anderen das Recht gibt, ihn zu bestehlen oder zu ermorden. Auf weitere Befragung fügte er hinzu, dass er Kants Kritik der praktischen Vernunft gelesen habe. Weiter erklärte er, dass er in dem Augenblick, als er mit den Maßnahmen zur „Endlösung" beauftragt wurde, aufgehört habe, nach kantischen Prinzipien zu leben, er habe das gewusst und habe sich mit dem Gedanken getröstet, nicht länger „Herr über sich selbst" gewesen zu sein – „ändern konnte ich nichts". Was er dem Gericht darzulegen unterließ, war, dass er in jener „Zeit [...] der von Staats wegen legalisierten Verbrechen", wie er sie jetzt selber nannte, die kantische Formel nicht einfach als überholt beiseite getan hat, sondern dass er sie sich vielmehr so zurechtbog, bis sie ihm im Sinne von Hans Franks Neuformulierung „des kategorischen Imperativs im Dritten Reich", die Eichmann gekannt haben mag, befahl: „Handle so, dass der Führer, wenn er von deinem Handeln Kenntnis hätte, dieses Handeln billigen würde." Natürlich ist es Kant nie in den Sinn gekommen, das Prinzip des Handelns einfach mit dem Prinzip des jeweiligen Gesetzgebers eines Landes oder den in ihm jeweils geltenden Gesetzen zu identifizieren, da für ihn ja jeder Bürger im Augenblick seines Handelns selbst Gesetzgeber wird durch den Gebrauch seiner „praktischen Vernunft". Dennoch entspricht Eichmanns unbewusste Einstellung dem, was er selbst „den kategorischen Imperativ für den Hausgebrauch des kleinen Mannes" nannte. In diesem „Hausgebrauch" bleibt von Kants Geist nur noch die moralische Forderung übrig, nicht nur dem Buchstaben des Gesetzes zu gehorchen und sich so in den Grenzen der Legalität zu halten, sondern den eigenen Willen mit dem Geist des Gesetzes zu identifizieren – mit der Quelle, der das Gesetz entsprang. In Kants Philosophie war diese Quelle die praktische Vernunft; im Hausgebrauch, den Eichmann von ihr machte, war diese identisch geworden mit dem Willen des Führers. Viel von der gespenstisch peniblen Gründlichkeit, mit der die „Endlösung" in Gang gesetzt und gehalten wurde, [...] lässt sich auf die eigentümliche, in Deutschland tatsächlich sehr verbreitete Vorstellung zurückführen, dass Gesetzestreue sich nicht darin erschöpft, den Gesetzen zu folgen, sondern so zu handeln verlangt, als sei man selbst der Schöpfer der Gesetze, denen man gehorcht. Daraus entwickelt sich leicht die Überzeugung, mehr als seine Pflicht zu tun, sei das Mindeste, was man von sich verlangen müsse.

Wie immer man Kants Einfluss auf die Entstehung der Mentalität „des kleinen Mannes" in Deutschland beurteilen mag, in einer Beziehung hat sich Eichmann ganz zweifellos wirklich an Kants Vorschriften gehalten: Gesetz war Gesetz, Ausnahmen durfte es nicht geben. [...] Diese kompromisslose Haltung bei der Verrichtung seiner mörderischen Pflichten belastete ihn natürlich in den Augen des Gerichts mehr als alles andere, vor sich selbst aber fühlte er sich gerade durch sie gerechtfertigt.

Vernichtungslager Auschwitz-Birkenau

1. Welchen „Hausgebrauch" macht Eichmann von der Ethik Kants? Vergleichen Sie Eichmanns Pflichtbegriff mit dem Kants (s. S. 159). Kommentieren Sie die Ausführungen Eichmanns und seine Berufung auf Kant.

2. Die Richter ließen Eichmanns Verteidigung nicht gelten. Welche Argumente könnten sie vorgebracht haben?

3. „Schützt denn Humanismus vor gar nichts?" (Alfred Andersch) Versuchen Sie eine Antwort auf diese Frage.

Alles Lebendige achten – ein gesinnungsethisches Prinzip

Albert Schweitzer (1875–1965) studierte Theologie, Philosophie und Medizin. Daneben war er Organist und bedeutender Bach-Interpret. Gemäß einem früh gefassten Entschluss verzichtete er auf eine Universitätslaufbahn, um sein Leben als Dienst am Menschen weiterzuführen. Er ging 1913 nach Afrika und gründete in Lambarene (Gabun) ein Tropenkrankenhaus mit einem zusätzlichen Spital zur Bekämpfung der Lepra-Krankheit. Er finanzierte sein bis heute bestehendes Projekt vornehmlich aus den Erlösen seiner Vortrags- und Konzerttätigkeit. 1952 erhielt er den Friedensnobelpreis. Während seiner zahlreichen Europa-Reisen warb er für sein Prinzip der „Ehrfurcht vor dem Leben" und warnte eindringlich vor den Gefahren der Hochrüstung und der Atomwaffen. „Nur das Denken, in dem die Gesinnung der Ehrfurcht vor dem Leben zur Macht kommt, ist fähig, die Zeit des Friedens in unserer Welt anbrechen zu lassen."

Albert Schweitzer: Die Ehrfurcht vor dem Leben

Das Denken muss danach streben, das Wesen des Ethischen an sich zum Ausdruck zu bringen. Dabei kommt es dazu, Ethik als Hingebung an Leben zu bestimmen, die durch Ehrfurcht vor dem Leben motiviert ist. Mag das Wort Ehrfurcht vor dem Leben als sehr allgemein etwas unlebendig klingen, so ist doch das, was damit bezeichnet wird, etwas, das den Menschen, in dessen Gedanken es einmal aufgetreten ist, nicht mehr loslässt. Mitleid, Liebe und überhaupt alles wertvoll Enthusiastische sind in ihm gegeben. Mit rastloser Lebendigkeit arbeitet die Ehrfurcht vor dem Leben an der Gesinnung, in die sie hineingekommen ist, und wirft sie in die Unruhe einer niemals und nirgends aufhörenden Verantwortlichkeit hinein. Wie die sich durch die Wasser wühlende Schraube das Schiff, so treibt die Ehrfurcht vor dem Leben den Menschen an.

Aus innerer Nötigung entstehend, ist die Ethik der Ehrfurcht vor dem Leben nicht davon abhängig, inwieweit und inwiewenig sie sich zu einer befriedigenden Lebensanschauung auszudenken vermag. Sie braucht nicht auf die Frage Antwort zu geben, was das auf Erhaltung, Förderung und Steigerung von Leben gehende Wirken ethischer Menschen im Gesamtverlaufe des Weltgeschehens bedeuten kann. Sie lässt sich nicht irre machen durch die Erwägung, dass die von ihr geübte Erhaltung und Vollendung von Leben neben der gewaltigen, in jedem Augenblick durch Naturgewalten erfolgenden Vernichtung von Leben fast nicht in Betracht kommt. Wirken wollend, darf sie doch alle Probleme des Erfolges ihres Wirkens dahingestellt sein lassen. Bedeutungsvoll für die Welt ist die Tatsache an sich, dass in dem ethisch gewordenen Menschen ein von Ehrfurcht vor dem Leben und Hingebung an Leben erfüllter Wille zum Leben in der Welt auftritt. [...]

Ethik ist ins Grenzenlose erweiterte Verantwortung gegen alles, was lebt. In ihrer Allgemeinheit mutet die Bestimmung der Ethik als Verhalten in der Gesinnung der Ehrfurcht vor dem Leben als kalt an. Aber sie ist die einzig vollständige. Mitleid ist zu eng, um als Inbegriff des Ethischen zu gelten. Es bezeichnet ja nur die Teilnahme am leidenden Willen zum Leben. Zur Ethik gehört aber das Miterleben aller Zustände und aller Aspirationen des Willens zum Leben, auch seiner Lust, seiner Sehnsucht, sich auszuleben, auch seines Dranges nach Vervollkommnung. [...]

In der Tat schafft uns die Sorge um das Los aller Lebewesen, mit denen wir zu tun haben, noch viel zahlreichere und erregendere Konflikte, als wenn wir unsere Opferpflicht auf Menschen beschränken. *Gegenüber den Geschöpfen der Natur geraten wir unausgesetzt in Situationen, die uns zwingen, Leiden zu verursachen und dem Leben Schaden zu tun.* Der Bauer kann nicht alle Tiere leben lassen, die in seiner Herde zur Welt kommen; er kann nur die behalten, für die er Futter hat und deren Aufzucht ihm einen Ertrag verspricht. *In vielen Fällen geraten wir in die Zwangslage, Leben zu vernichten, um anderes Leben zu erhalten.* Wer einen hilflosen Vogel in

Pflege nimmt, sieht sich genötigt, Insekten oder Fische zu töten, um ihn zu füttern.

Indem er so handelt, verhält er sich nach freiem Ermessen. Mit welchem Recht opfert er eine Vielzahl lebender Wesen, um ein einziges zu retten? Und wenn er Tiere ausrottet, die er für schädlich hält, um andere zu schützen, steht er vor der gleichen Gewissensfrage.

Es ist also jedem von uns auferlegt, im Einzelfall zu entscheiden, ob wir vor der unausweichlichen Notwendigkeit stehen, Leiden zu verursachen, zu töten und uns damit abzufinden, dass wir, eben aus Notwendigkeit, schuldig werden. Die Sühne müssen wir darin suchen, dass wir keine Gelegenheit versäumen, lebendigen Wesen Hilfe zu leisten.

Wie viel weiter wären wir, wenn die Menschen über ihre Pflicht nachdenken wollten, den Kreaturen Gutes zu tun, und sich all des Bösen enthielten, das sie ihnen aus Unwissenheit zufügen. Der Kampf gegen die inhumanen Reaktionsweisen, die noch in unserer Epoche Geltung haben, ist unserer Kultur zur Pflicht gemacht, wenn sie ihre Selbstachtung gewahren will. [...]

Auf die Frage, ob ich pessimistisch oder optimistisch sei, antworte ich, dass mein Erkennen pessimistisch und mein Wollen und Hoffen optimistisch ist.

Pessimistisch bin ich darin, dass ich das nach unseren Begriffen Sinnlose des Weltgeschehens in seiner ganzen Schwere erlebe. [...] Schon während meiner Gymnasialzeit war mir klar, dass mich keine Erklärung des Übels in der Welt jemals befriedigen könne, sondern dass sie alle auf Sophistereien[1] hinausliefen und im Grunde nichts anderes bezweckten, als es den Menschen zu ermöglichen, das Elend um sie herum weniger lebhaft mitzuerleben. [...] Das geistige und materielle Elend, dem sich unsere Menschheit durch den **Verzicht auf das Denken und die aus dem Denken kommenden Ideale** ausliefert, stelle ich mir in seiner ganzen Größe vor.

Dennoch bleibe ich optimistisch. Als unverlierbaren Kinderglauben habe ich mir den an die Wahrheit bewahrt. Ich bin der Zuversicht, dass der aus der Wahrheit kommende Geist stärker ist als die Macht der Verhältnisse. Meiner Ansicht nach gibt es kein anderes Schicksal der Menschheit als dasjenige, das sie sich durch ihre Gesinnung selber bereitet. Darum glaube ich nicht, dass sie den Weg des Niedergangs bis zum Ende gehen muss. Finden sich Menschen, die sich gegen den Geist der Gedankenlosigkeit auflehnen und als Persönlichkeiten lauter und tief genug sind, dass die **Ideale ethischen Fortschritts** als Kraft von ihnen ausgehen können, so hebt ein Wirken des Geistes an, das vermögend ist, eine **neue Gesinnung in der Menschheit** hervorzubringen.

Harald Steffahn: Albert Schweitzer, Reinbek bei Hamburg (Rowohlt) [16]2004

1. Steht Schweitzer in der Tradition Kants? Nennen Sie Gemeinsamkeiten und Unterschiede.

2. Entwickeln Sie aus dem Text Schweitzers kategorischen Imperativ.

3. Schweitzer spricht von „Einzelfallentscheidungen“ (Z. 51). Würde Kant dem zustimmen? Begründen Sie Ihre Auffassung.

4. „Ethik ist ins Grenzenlose erweiterte Verantwortung gegen alles, was lebt.“ Bestimmen Sie Möglichkeiten und Grenzen dieses Verantwortungsbegriffs. Vergleichen Sie diese Form der Verantwortung mit dem Verantwortungsbegriff von Hans Jonas (s. S. 320ff.).

5. Worauf gründet Schweitzer seinen Optimismus? Setzen Sie sich mit seiner Haltung kritisch auseinander.

[1] Sophisterei: Spitzfindigkeit, Wortklauberei (Sophisten, s. S. 42)

Max Weber (1864–1920) gilt als Begründer der Soziologie. Der nebenstehende Text stammt aus seiner Rede „Politik als Beruf" (1919), in der er die Tauglichkeit der Gesinnungsethik für den Beruf des Politikers überprüft. Er kommt zu dem Ergebnis, dass einen Politiker drei Qualitäten auszeichnen sollten: **Leidenschaft, Verantwortungsgefühl, Augenmaß**. Eine ausschließliche Orientierung an Gesinnung bzw. Prinzipien (z. B. den radikalen Pazifismus bestimmter christlicher Gruppen) verwirft er.

Kritik an der Gesinnungsethik

Max Weber: Gesinnungsethik und Verantwortungsethik

Wir müssen uns klarmachen, dass alles ethisch orientierte Handeln unter zwei voneinander grundverschiedenen, unaustragbar gegensätzlichen Maximen stehen kann; es kann „gesinnungsethisch" oder „verantwortungsethisch" orientiert sein. Nicht dass die Gesinnungsethik mit Verantwortungslosigkeit und Verantwortungsethik mit Gesinnungslosigkeit identisch wäre. Davon ist natürlich keine Rede. Aber es ist ein abgrundtiefer Gegensatz, ob man unter der gesinnungsethischen Maxime handelt – religiös geredet: „Der Christ tut recht und stellt den Erfolg Gott anheim" – oder unter der verantwortungsethischen: dass man für die (voraussehbaren) Folgen seines Handelns aufzukommen hat. Man mag einem überzeugten gesinnungsethischen Syndikalisten[1] noch so überzeugend darlegen, dass die Folgen seines Tuns die Steigerung der Chancen der Reaktion, gesteigerte Bedrückung seiner Klasse, Hemmung ihres Aufstiegs sein werden – und es wird auf ihn gar keinen Eindruck machen. Wenn die Folgen seiner aus reiner Gesinnung fließenden Handlung üble sind, so gilt ihm nicht der Handelnde, sondern die Welt dafür verantwortlich, die Dummheit der anderen Menschen oder – der Wille des Gottes, der sie so schuf. Der Verantwortungsethiker dagegen rechnet mit eben jenen durchschnittlichen Defekten der Menschen – er hat [...] gar kein Recht, ihre Güte und Vollkommenheit vorauszusetzen, er fühlt sich nicht in der Lage, die Folgen eigenen Tuns, soweit er sie voraussehen konnte, auf andere abzuwälzen. Er wird sagen: Diese Folgen werden meinem Tun zugerechnet. „Verantwortlich" fühlt sich der Gesinnungsethiker nur dafür, dass die Flamme der reinen Gesinnung, die Flamme z. B. des Protestes gegen die Ungerechtigkeit der sozialen Ordnung, nicht erlischt. Sie stets neu anzufachen, ist der Zweck seiner, vom möglichen Erfolg her beurteilt, ganz irrationalen Taten, die nur exemplarischen Wert haben können und sollen.

Aber auch damit ist das Problem noch nicht zu Ende. Keine Ethik der Welt kommt um die Tatsache herum, dass die Erreichung „guter" Zwecke in zahlreichen Fällen daran gebunden ist, dass man sittlich bedenkliche oder mindestens gefährliche Mittel und die Möglichkeit oder auch die Wahrscheinlichkeit übler Nebenerfolge mit in den Kauf nimmt, und keine Ethik der Welt kann ergeben: wann und in welchem Umfang der ethisch gute Zweck die ethisch gefährlichen Mittel und Nebenerfolge „heiligt". [...]

Hier, an diesem Problem der Heiligung der Mittel durch den Zweck, scheint nun auch die Gesinnungsethik überhaupt scheitern zu müssen. Und in der Tat hat sie logischerweise nur die Möglichkeit: *jedes* Handeln, welches sittlich gefährliche Mittel anwendet, zu *verwerfen*. [...] Der Gesinnungsethiker erträgt die ethische Irrationalität der Welt nicht. Er ist kosmisch-ethischer „Rationalist". Sie erinnern sich, jeder von Ihnen, der Dostojewskij kennt, der Szene mit dem Großinquisitor[2], wo das Problem treffend auseinandergelegt ist. Es ist nicht möglich, Gesinnungsethik und

1 Welche Vorwürfe macht Weber dem Gesinnungsethiker? Diskutieren Sie, ob Webers Kritik auf Kant und Schweitzer zutrifft.

2 Welches Menschenbild hat nach Weber der Gesinnungsethiker, welches der Verantwortungsethiker? Ziehen Sie hierzu auch die Ausführungen des Großinquisitors heran.

3 Die amerikanische Regierung rechtfertigte den Abwurf der beiden Atombomben auf Japan 1945 mit dem Ziel der sofortigen Beendigung des Krieges. Überlegen Sie, ob diese Maßnahme als „verantwortungsethisch" im Sinne Webers bezeichnet werden kann.

[1] Syndikalisten: Teil der Arbeiterbewegung am Ende des 19. Jhs.

[2] Dostojevskijs Roman „Die Brüder Karamasov", s. gegenüberliegende Seite

Verantwortungsethik unter einen Hut zu bringen oder ethisch zu dekretieren, welcher Zweck *welches* Mittel heiligen solle, wenn man diesem Prinzip überhaupt irgendwelche Konzessionen macht.

Fjódor M. Dostojevskij: Der Großinquisitor

In seinem 1879/80 erschienenen Roman „Die Brüder Karamasov“ erzählt der russische Dichter **Fjódor M. Dostojevskij** (1821–1881) in einem Teil des fünften Buches, überschrieben mit „Der Großinquisitor“, von einer Begegnung des Großinquisitors mit dem wieder auf der Erde erschienenen Christus. Ort des Geschehens ist die südspanische Stadt Sevilla, in der während der Inquisition im 16. Jh. zahlreiche Glaubensprozesse und Hinrichtungen von „Ketzern“ stattfanden. Der Großinquisitor als Vertreter und Anwalt der Kirche lässt Jesus Christus festnehmen, sucht ihn im Kerker auf und erhebt ihm gegenüber schwerwiegende Vorwürfe.

Und nun sieh, was Du weiter getan hast! Ich sage Dir, der Mensch kennt keine quälendere Sorge als jemanden zu finden, dem er so schnell wie möglich jenes Geschenk der Freiheit übergeben kann, mit der dieses unglückliche Geschöpf geboren wird. Aber nur derjenige bekommt die Freiheit der Menschen in seine Gewalt, der ihr Gewissen beruhigt. [...] Denn das Geheimnis des menschlichen Daseins liegt nicht darin, lediglich zu leben, sondern darin, für irgendeinen Zweck zu leben. Hat der Mensch keine feste Vorstellung von dem Zwecke, für den er lebt, so mag er nicht weiterleben und zieht die Selbstvernichtung dem Verbleiben auf der Erde vor, mögen auch noch so viele Brote um ihn herumliegen. Das ist nun einmal so; aber was begab sich nun? Statt die Freiheit der Menschen in Deine Gewalt zu bringen, vergrößerst Du sie ihnen noch! Oder hattest Du vergessen, dass Ruhe und sogar der Tod dem Menschen lieber ist als die freie Wahl in der Erkenntnis von Gut und Böse? Nichts ist verführerischer für den Menschen als die Freiheit seines Gewissens; aber nichts auch für ihn qualvoller. Statt nun dem Menschen ein für allemal feste Grundlagen zur Beruhigung seines Gewissens zu geben, wiesest Du ihm alles zu, was es Ungewöhnliches, Rätselhaftes und Unbestimmtes gibt, alles, was über die Kraft der Menschen hinausgeht, und handeltest so, als ob Du sie überhaupt nicht liebst, Du, der Du doch gekommen warst, das eigene Leben für sie hinzugeben! Statt die Freiheit der Menschen in Deine Gewalt zu bringen, hast Du sie noch vermehrt und das Seelenleben des Menschen für allezeit mit ihren Qualen belastet. Du wünschtest freie Liebe vonseiten des Menschen; frei sollte er Dir nachfolgen, entzückt und bezaubert von Dir. Statt des festen alten Gesetzes sollte der Mensch künftig mit freiem Herzen entscheiden, was gut und böse sei, und dabei nur Dein Vorbild als Führer vor sich haben. [...] Schau Dich um und urteile selbst: Es sind jetzt fünfzehn Jahrhunderte verflossen; wohlan, mustere die Menschen: Wen hast Du zu Dir emporgehoben? Ich schwöre Dir: Der Mensch ist schwächer und niedriger, als Du von ihm geglaubt hast! Kann er denn, frage ich, kann er denn das überhaupt ausführen, was Du ausgeführt hast? Indem Du ihn so hoch einschätztest, hast Du gehandelt, als ob Du kein Mitleid mehr mit ihm empfändest, denn Du hast gar zu viel von ihm verlangt, Du, der Du ihn doch mehr liebtest als Dich selbst. [...] Wir haben Deine Tat verbessert und sie auf das Wunder, auf das Geheimnis und auf Autorität gegründet. Und die Menschen freuten sich, dass sie wieder wie eine Herde geleitet wurden und dass endlich das so furchtbare Geschenk, das ihnen so viel Qual bereitet hatte, von ihren Herzen weggenommen war. Sprich, waren wir berechtigt, so zu lehren und so zu handeln? Haben wir etwa nicht die Menschheit geliebt, als wir so freundlich ihre Schwäche anerkannten, ihre Bürde liebevoll erleichterten und ihrer schwächlichen Natur sogar die Sünde gestatteten, wenn sie mit unserer Erlaubnis geschah? Warum bist Du denn jetzt gekommen, uns zu stören?

4. Was wirft der Großinquisitor Jesus Christus vor?

5. Verfassen Sie eine Gegenrede aus der Sicht von Jesus oder Kant.

6. Diskutieren Sie, ob der Großinquisitor ein Verantwortungsethiker im Sinne Max Webers ist.

7. „Mit der Bergpredigt kann man keine Politik machen.“ (Altbundeskanzler Helmut Schmidt) Lesen Sie die Bergpredigt (s. S. 206f.) und überprüfen Sie Schmidts Aussage.

Einfühlen und mitempfinden: Ethik des Mitleids

Erst der Film von Steven Spielberg aus dem Jahr 1993 machte auf **Oskar Schindler** aufmerksam, der jüdische KZ-Häftlinge für die Arbeit in seiner Fabrik anforderte und damit vor der Ermordung bewahrte.

Krummes Holz – aufrechter Gang

Da gab es den Oskar Schindler, Kaufmann und Fabrikant – kein Philosoph. Er bewahrte mehr als tausend Menschen vor dem Ermordetwerden. Auch der Film von Steven Spielberg kann uns Schindlers Motive nicht vollständig verständlich machen. Waren sie vielleicht nicht rational? Kein Kritiker dieses Films versäumte es, mehr oder weniger verwundert, diesen Oskar Schindler als schillernde Figur zu charakterisieren: Hasardeur, Spieler, Abenteurer, Weiberheld. Und trotzdem ... So ein Filou – und dann das. Der Mensch war, um ein berühmtes Diktum Immanuel Kants zu zitieren, aus krummem Holz geschnitzt. Und doch handelte er „richtig“, brachte sich selbst in Lebensgefahr, war, was seine wichtigsten Taten betrifft, ein „guter“ Mensch. Wie passt das alles zusammen?

Da gab es eine alte Frau – keine Philosophin. Über einen Volksschulabschluss war sie nicht hinausgekommen. Aber was besagt das schon? Sie sah – es war auch in der Nazizeit – gefangene Polen, die in einem Lager im Freien, von Stacheldraht umgeben, langsam verhungerten. Die alte Frau konnte, anders als Schindler, ihre Polen nicht retten. Aber sie ging immer wieder abends am Stacheldraht vorbei, und in einem günstigen Augenblick warf sie Brot über den Zaun. Auch sie hatte sich in Lebensgefahr begeben, mit Bewusstsein, ohne zu zögern, ohne ihre vorhandene Angst über die diesen Menschen zugewandten Impulse siegen zu lassen. Auch hier haben wir, nach vielen Jahren, eine philosophische Frage zu stellen: Woher wusste diese Frau, was „richtig“, was „gut“ war? Warum handelte sie so, obwohl das Risiko für sie und ihre Familie groß war? Ein Lehrbuch der Ethik hatte sie nie gesehen. Wahrscheinlich kannte sie nicht einmal das Wort. Und trotzdem. [...]

Krummes Holz, aber, wie Ernst Bloch[1] einmal die Metapher Kants ergänzte, aufrechter Gang.

Klaus Podak, in: Süddeutsche Zeitung, 2.4.1994

❶ Versuchen Sie die im Zeitungstext gestellten Fragen zu beantworten.

[1] Ernst Bloch (1885–1977): deutscher Philosoph, Hauptwerk: „Das Prinzip Hoffnung“

David Hume: Über das moralische Gefühl

Keine Rede ist in der Philosophie und auch im täglichen Leben üblicher als die Rede von dem Kampf zwischen Affekt und Vernunft. [...] Manche behaupten, Tugend sei nichts anderes als Übereinstimmung mit der Vernunft; es gebe ewig gültige Unterschiede des Seinsollenden und Nichtseinsollenden in den Dingen, die für jedes vernünftige Wesen, das über sie nachdenkt, dieselben sind; sie meinen, dass unveränderliche Normen, die bestimmen, was Recht und Unrecht ist, nicht nur für die menschlichen Geschöpfe, sondern selbst für die Gottheit verpflichtend sind. [...] Um diese Theorien zu beurteilen, brauchen wir also nur zu erwägen, ob es möglich ist, das sittlich Gute und das sittlich Böse allein durch die Vernunft zu unterscheiden oder ob noch ein anderes Vermögen hinzukommen muss, um eine solche Unterscheidung zu ermöglichen.

Hätte die Sittlichkeit nicht natürlicherweise einen Einfluss auf menschliche Affekte und Handlungen, so wäre es nutzlos, dass man sich so viel Mühe gibt, sie den Menschen einzuprägen. Nichts wäre vergeblicher als die Menge von Regeln und Vorschriften, die man bei den Moralisten im Überfluss findet. Man teilt die Philosophie gewöhnlich in eine spekulative und in eine praktische ein; und die Sittlichkeit wird stets der letzteren zugerechnet. Dem liegt die Voraussetzung zugrunde, dass sie unsere Affekte und Handlungen beeinflusst und über die ruhigen und gleichgültigen Urteile unseres Verstandes hinausgeht. Dies wird denn auch durch die allgemeine Erfahrung bestätigt. Denn diese lehrt uns, dass Menschen von Handlungen zurückgehalten werden, weil sie dieselben für unrecht halten, und durch das Gefühl der Verpflichtung zu anderen Handlungen angetrieben werden. Aus diesem Einfluss der Sittlichkeit auf unsere Handlungen und Neigungen folgt, dass die Sittlichkeit nicht aus der Vernunft hergeleitet werden kann, da ja die Vernunft allein niemals einen solchen Einfluss haben kann. Die Sittlichkeit erregt Affekte und erzeugt oder verhindert Handlungen. Die Vernunft allein aber ist hierzu ganz machtlos; die Regeln der Sittlichkeit sind folglich keine Ergebnisse unserer Vernunft. [...]

Aber auch wenn der Verstand, falls er vollkommen ausgebildet und entwickelt ist, dafür ausreicht, um uns über die schädliche oder nützliche Tendenz von Eigenschaften oder Handlungen aufzuklären, genügt er dennoch nicht, um irgendeine moralische Ablehnung oder Zustimmung hervorzurufen. Nützlichkeit ist nichts anderes als eine Tendenz auf einen bestimmten Zweck hin; und wäre uns der Zweck gänzlich gleichgültig, so würden wir dieselbe Gleichgültigkeit empfinden. Es ist erforderlich, dass sich hier ein *Gefühl* einstellt, damit den nützlichen gegenüber den schädlichen Tendenzen der Vorzug gegeben wird. Dieses Gefühl kann kein anderes sein als eine Sympathie[1] mit dem Glück der Menschheit und eine Empörung über ihr Elend, da dies die verschiedenen Ziele sind, auf deren Förderung Tugend und Laster hinarbeiten. Hier gibt uns also der Verstand Aufschluss über die verschiedenen Tendenzen der Handlungen, und die *Menschlichkeit* macht eine Unterscheidung zugunsten derjenigen, die nützlich und wohltätig sind.

[1] Sympathie (gr.): Mitgefühl

David Hume (1711–1776), englischer Philosoph, war der Meinung, dass es keine Erkenntnis außerhalb der Erfahrung gebe (Ausnahme: die Mathematik). Auf seiner Suche nach der **Grundlage der Moral** untersuchte er daher hauptsächlich das Modell der Familie. In der Liebe der Eltern zu ihren Kindern sah er „das stärkste Band, dessen der Geist fähig ist". In dem im Familienverbund erfahrenen Wohlwollen und in der dort erlebten Kooperationsbereitschaft glaubte er den Kern der Moralität zu entdecken. Grundlegende moralische Fähigkeiten sind demnach **Empathie** (Einfühlungsvermögen) und **Mitgefühl bzw. Mitmenschlichkeit.** Er schrieb u. a.: „Ein Traktat über die menschliche Natur" (1739), „Eine Untersuchung über die Prinzipien der Moral" (1751). (Zu Humes metaethischer Position s. S. 50.)

2 Welcher Zusammenhang besteht nach Hume zwischen der Sittlichkeit und den Neigungen bzw. Affekten?

3 Warum kann die Sittlichkeit nicht aus der Vernunft hergeleitet werden? Welche Rolle weist Hume der Vernunft zu?

4 Worin liegt die Leistung bzw. die Bedeutung des Gefühls?

Der deutsche Philosoph **Arthur Schopenhauer** (1788–1860, Biografie s. S. 389) nahm an, dass die Hauptantriebskraft des Menschen in einem „blinden Lebenswillen" bestehe, der sich in Egoismus und Bosheit zeige. Lediglich das intuitive Gefühl des Mitleids vermöge diese Antriebskräfte zu mildern. Daher sei das Mitleid die Quelle und die Grundlage der Moral. Schopenhauer erweiterte daher das System der antiken Kardinaltugenden (s. S. 132) um die Tugend des Mitleids.

Arthur Schopenhauer: Die Tugend der Menschenliebe

Die Gerechtigkeit ist also die erste und grundwesentliche Kardinaltugend. Als solche haben auch die Philosophen des Altertums sie anerkannt. [...] Hingegen haben sie die Menschenliebe, *caritas,* noch nicht als Tugend aufgestellt. [...] Praktisch und faktisch ist zwar zu jeder Zeit Menschenliebe da gewesen: aber theoretisch zur Sprache gebracht und förmlich als Tugend, und zwar als die größte von allen, aufgestellt, sogar auch auf die Feinde ausgedehnt, wurde sie zuerst vom Christentum, dessen allergrößtes Verdienst eben hierin besteht; wiewohl nur hinsichtlich auf Europa; da in Asien schon tausend Jahre früher die unbegrenzte Liebe des Nächsten eben sowohl Gegenstand der Lehre und Vorschrift, wie der Ausübung gewesen war. [...]

Mir liegt jetzt die philosophische Ableitung dieser Tugend aus meinem Prinzip ob.

Der zweite Grad, in welchem, mittelst des oben tatsächlich Nachgewiesenen, wiewohl seinem Ursprung nach geheimnisvollen Vorgangs des Mitleids, das fremde Leiden an sich selbst und als solches unmittelbar mein Motiv wird, sondert sich von dem ersten deutlich ab, durch den positiven Charakter der daraus hervorgehenden Handlungen; indem alsdann das Mitleid nicht bloß mich abhält, den Andern zu verletzen, sondern sogar mich antreibt, ihm zu helfen. Je nachdem nun teils jene unmittelbare Teilnahme, lebhaft und tief gefühlt, teils die fremde Not groß und dringend ist, werde ich durch jenes rein moralische Motiv bewogen werden, ein größeres oder geringeres Opfer dem Bedürfnis und der Not des Andern zu bringen, welches in der Anstrengung meiner leiblichen oder geistigen Kräfte für ihn, in meinem Eigentum, in meiner Gesundheit, Freiheit, sogar in meinem Leben bestehen kann. Hier also, in der unmittelbaren, auf keine Argumentation gestützten, noch deren bedürfenden Teilnahme, liegt der allein lautere Ursprung der Menschenliebe, der *caritas,* also derjenigen Tugend, deren Maxime ist, *omnes, quantum potes, iuva* (Hilf allen, so viel du kannst), und aus welcher alles das fließt, was die Ethik unter dem Namen Tugendpflichten, Liebespflichten, unvollkommene Pflichten vorschreibt. Diese ganz unmittelbare, ja, instinktartige Teilnahme am fremden Leiden, also das Mitleid, ist die alleinige Quelle solcher Handlungen, wenn sie moralischen Wert haben, d.h. von allen egoistischen Motiven rein sein, und eben deshalb in uns selbst diejenige innere Zufriedenheit erwecken sollen, welche man das gute, befriedigende, lobende Gewissen nennt; wie auch bei dem Zuschauer die eigentümliche Beistimmung, Hochachtung, Bewunderung und sogar demütigen Rückblick auf sich selbst hervorrufen sollen, welcher eine nicht abzuleugnende Tatsache ist. Hat hingegen eine wohltätige Handlung irgendein anderes Motiv; so kann sie nicht anders als egoistisch sein, wenn sie nicht gar boshaft ist. [...]

Wie ist es aber nun möglich, dass ein Leiden, welches nicht meines ist, nicht mich trifft, doch eben so unmittelbar, wie sonst nur mein eigenes, Motiv für mich werden, mich zum Handeln bewegen soll? Wie gesagt, nur dadurch, dass ich es, obgleich mir nur als ein Äußeres, bloß vermittelst der äußern Anschauung oder Kunde gegeben, dennoch empfinde, es

als meines fühle, und doch nicht in mir, sondern in einem Andern, und also […] zwischen leiden sehn und leiden kein Unterschied (ist).
Dies aber setzt voraus, dass ich mich mit dem Andern gewissermaßen identifiziert habe, und folglich die Schranke zwischen Ich und Nicht-Ich, für den Augenblick, aufgehoben sei: nur dann wird die Angelegenheit des Andern, sein Bedürfnis, seine Not, sein Leiden, unmittelbar zum meinigen: dann erblicke ich ihn nicht mehr, wie ihn doch die empirische Anschauung gibt, als ein mir Fremdes, mir Gleichgültiges, von mir gänzlich Verschiedenes; sondern in ihm leide ich mit, trotz dem, dass seine Haut meine Nerven nicht einschließt. Nur dadurch kann sein Wehe, seine Not, Motiv für mich werden: außerdem kann es durchaus nur meine eigene. Dieser Vorgang ist, ich wiederhole es, mysteriös, denn es ist etwas, wovon die Vernunft keine unmittelbare Rechenschaft geben kann, und dessen Gründe auf dem Wege der Erfahrung nicht auszumitteln sind. Und doch ist er alltäglich. Jeder hat ihn oft an sich selbst erlebt, sogar dem Hartherzigsten und Selbstsüchtigsten ist er nicht fremd geblieben.
Er tritt täglich ein, vor unseren Augen, im Einzelnen, im Kleinen, überall wo, auf unmittelbaren Antrieb, ohne viel Überlegung, ein Mensch dem anderen hilft und beispringt, ja, bisweilen selbst sein Leben für einen, den er zum ersten Mal sieht, in die augenscheinlichste Gefahr setzt, ohne mehr dabei zu denken, als eben dass er die große Not und Gefahr des Anderen sieht. Er tritt im Großen ein, wenn, nach langer Überlegung und schwerer Debatte, die hochherzige Britische Nation 20 Millionen Pfund Sterling hingibt, um den Negersklaven in ihren Kolonien die Freiheit zu erkaufen; unter dem Beifallsjubel einer ganzen Welt. Wer diese schöne Handlung im großen Stil, dem Mitleid als Triebfeder absprechen wollte, um sie dem Christentum zuzuschreiben, bedenke, dass im ganzen Neuen Testament kein Wort gegen die Sklaverei gesagt ist; so allgemein auch damals die Sache war; und dass vielmehr, noch 1840, in Nord-Amerika, bei Debatten über die Sklaverei, einer sich darauf berufen hat, dass Abraham und Jakob auch Sklaven gehalten haben.
Was nun in jedem einzelnen Fall die praktischen Ergebnisse jenes mysteriösen inneren Vorgangs sein werden, mag die Ethik in Kapiteln und Paragraphen über Tugendpflichten oder Liebespflichten oder unvollkommene Pflichten oder wie sonst auseinandersetzen. Die Wurzel, die Grundlage von dem allem ist die hier dargelegte, aus welcher der Grundsatz entspringt: *omnes, quantum potes, iuva.*

1. Welche Bedingungen stellt Schopenhauer an das Mitleid?

2. Welcher Vorgang ist für Schopenhauer „mysteriös“?

3. Vergleichen Sie Schopenhauers Moralbegründung mit der von Hume und erarbeiten Sie Gemeinsamkeiten und Unterschiede.

4. Verfassen Sie ein Streitgespräch zwischen Schopenhauer und Hobbes (s. S. 148ff.). Tragen Sie den Disput in verteilten Rollen vor Ihrem Kurs vor.

Der hl. Martin, Bischof von Tours (316/317–397), teilt seinen Mantel mit Armen. Skulptur in Mainz

Berührungen zwischen Philosophie und Religion

Der französische Philosoph **Alain Finkielkraut** (geb. 1949) schließt sich in dem nebenstehenden Text der Ansicht des französischen Philosophen **Emmanuel Lévinas** (1906–1995) an. Dieser stellte in das Zentrum seines Denkens die Bedeutung des Anderen. Er sah in der Begegnung mit dem Anderen, in der Wahrnehmung seiner Erhabenheit, Hilflosigkeit und Nacktheit ein Ereignis, das unmittelbar berührt. Dies kann so weit gehen, dass man sich für den Anderen als Geisel bzw. als Stellvertreter zur Verfügung stellt. Diese Unmittelbarkeit und Unbedingtheit der Zuwendung hat eine zutiefst ethische Dimension. Deshalb ist für Lévinas die Ethik die „prima philosophia", der wichtigste Zweig der Philosophie.

Alain Finkielkraut: Das Antlitz

Jene Wirklichkeit (gemeint ist das Antlitz), über die ich nichts vermag, ist vollkommen ungeschützte Haut. Nacktheit, die sich jedem Attribut versagt und die kein Kleidungsstück verhüllt. Der unzugänglichste Teil des Körpers und der verletzlichste. Überlegenheit und Armseligkeit. Weit über mir, entweicht mir das Antlitz, indem es sich seiner eigenen plastischen Beschaffenheit entledigt, und, schwächer als ich, hemmt es mich, wenn ich in seine schutzlosen Augen blicke. Getrennt von mir, übersteigt es meine Macht. Mittellos, wehrlos, exponiert es sich, sodass ich meiner Kälte oder meiner Heiterkeit mich schäme. Es widersteht mir und verlangt nach mir, ich bin nicht zuerst Betrachter, sondern sein Schuldner. Die Verantwortlichkeit für den Anderen geht der Kontemplation[1] voraus. Das erste Von-Angesicht-zu-Angesicht ist ethisch: Die Ästhetik kommt danach.
Auf Gedeih und Verderb mir ausgeliefert, dargeboten, unendlich zerbrechlich, herzzerreißend wie ein zurückgehaltendes Weinen, ruft das Antlitz mich zu Hilfe, und es liegt etwas Gebieterisches in diesem Flehen: Seine Not erregt nicht mein Mitleid, sondern indem es mir gebietet, ihm zu Hilfe zu kommen, tut es mir Gewalt an. Die demütige Nacktheit des Antlitzes fordert, als ob sie ihm zustehe, meine liebevolle Fürsorge und [...] meine Barmherzigkeit. Denn meine Gesellschaft genügt dem Anderen nicht, wenn er sich mir durch das Antlitz offenbart: er verlangt, dass ich *für ihn* sei und nicht nur *mit ihm*. So bin nicht ich zunächst egoistisch oder selbstlos, sondern es ist das Antlitz in seiner Nacktheit, das mich das Interesse an mir selbst verlieren lässt. Das Gute kommt von außen, die Ethik stößt mir zu, und gegen meinen Willen „geht mein Sein zu einem anderen" (Lévinas).

UNESCO-Plakat aus dem Jahr 1998

1 Welche Rolle weist der Verfasser dem menschlichen Antlitz zu? (Antlitz von ahd. antlitzi = das Entgegenblickende) Warum spricht er von „Antlitz" statt von „Gesicht"?

2 Was meint der Autor mit dem Begriff „Gewalt" (Z. 17)?

3 Überlegen Sie, ob Bild und Text des UNESCO-Plakats den Überlegungen Finkielkrauts entsprechen. Gestalten Sie eine Alternative.

[1] Kontemplation (lat.): innere Sammlung, Versenkung, Betrachtung

Francesco Bassano (1549–1592): Barmherziger Samariter

Neues Testament: Gleichnis vom barmherzigen Samariter

(25) Da stand ein Gesetzeslehrer auf, und um Jesus auf die Probe zu stellen, fragte er ihn: Meister, was muss ich tun, um das ewige Leben zu gewinnen? (26) Jesus sagte zu ihm: Was steht im Gesetz[1]? Was liest du dort? (27) Er antwortete: *Du sollst den Herrn, deinen Gott, lieben aus deinem ganzen Herzen und mit deiner ganzen Kraft und mit deinem ganzen Denken und: Deinen Nächsten sollst du lieben wie dich selbst.* (28) Jesus sagte zu ihm: Du hast richtig geantwortet. Handle danach, und du wirst leben. Der Gesetzeslehrer wollte seine Frage rechtfertigen und sagte zu Jesus: Und wer ist mein Nächster?

(30) Darauf antwortete ihm Jesus: Ein Mann ging von Jerusalem nach Jericho hinab und wurde von Räubern überfallen. Sie plünderten ihn aus und schlugen ihn nieder; dann gingen sie weg und ließen ihn halbtot liegen. (31) Zufällig kam ein Priester denselben Weg herab; er sah ihn und ging weiter. (32) Auch ein Levit kam zu der Stelle; er sah ihn und ging weiter. (33) Dann kam ein Mann aus Samarien, der auf der Reise war. Als er ihn sah, hatte er Mitleid, (34) ging zu ihm hin, goss Öl und Wein auf seine Wunden und verband sie. Dann hob er ihn auf sein Reittier, brachte ihn zu einer Herberge und sorgte für ihn. (35) Am andern Morgen holte er zwei Denare hervor, gab sie dem Wirt und sagte: Sorge für ihn, und wenn du mehr für ihn brauchst, werde ich es dir bezahlen, wenn ich wiederkomme.

(36) Was meinst du: Wer von diesen dreien hat sich als der Nächste dessen erwiesen, der von den Räubern überfallen wurde? (37) Der Gesetzeslehrer antwortete: Der, der barmherzig an ihm gehandelt hat. Das sagte Jesus zu ihm: Dann geh und handle genauso!

(Lukas 10, 25–37)

4 Beurteilen Sie die Handlungsweise von Priester und Levit im Gleichnis. Welche Motive könnten sie für ihr Verhalten gehabt haben? Lesen Sie dazu die entsprechenden Textstellen im Alten Testament, Buch Leviticus.

5 Was bewegt den Samariter? Vergleichen Sie seine Motivation mit den Ansichten von Lévinas/Finkielkraut.

6 Referieren Sie über Ursprung, Namensgebung und Ziel des Arbeiter-Samariter-Bundes (ASB).

[1] Gemeint sind die 5 Bücher Moses, die „Tora“ (s. S. 203).

Philosophen kritisieren das Mitleid

Hans Olde: Nietzsche auf dem Krankenlager, 1899

Der Philosoph **Friedrich Nietzsche** (1844–1900, Biografie s. S. 385) bezeichnete sich als „Gegner der schändlichen modernen Gefühlsverweichlichung". Er nahm 1870 als freiwilliger Krankenpfleger am Deutsch-Französischen Krieg teil und zog sich bei einem Verwundetentransport selbst schwere Erkrankungen zu. Die nebenstehenden Textauszüge stammen aus seinen Werken „Die fröhliche Wissenschaft" (1881) und „Zur Genealogie der Moral" (1887).

Friedrich Nietzsche: Der Wille zum Leiden und die Mitleidigen

Ist es euch selbst zuträglich, vor allem mitleidige Menschen zu sein? Und es den Leidenden zuträglich, wenn ihr es seid? [...] Das, woran wir am tiefsten und persönlichsten leiden, ist fast allen anderen unverständlich und unzugänglich: Darin sind wir dem Nächsten verborgen, und wenn er mit aus einem Topfe isst. Überall aber, wo wir als Leidende *bemerkt* werden, wird unser Leiden flach ausgelegt; es gehört zum Wesen der mitleidigen Affektion, dass sie das fremde Leid des eigentlich Persönlichen *entkleidet*: – unsere „Wohltäter" sind mehr als unsere Feinde die Verkleinerer unseres Wertes und Willens. Bei den meisten Wohltaten, die Unglücklichen erwiesen werden, liegt etwas Empörendes in der intellektuellen Leichtfertigkeit, mit der da der Mitleidige das Schicksal spielt: Er weiß nichts von der ganzen inneren Folge und Verflechtung, welche Unglück für mich oder für dich heißt. [...] Nein, davon weiß er nichts: Die „Religion des Mitleidens" (oder „das Herz") gebietet, zu helfen, und man glaubt am besten geholfen zu haben, wenn man am schnellsten geholfen hat! Wenn ihr Anhänger dieser Religion dieselbe Gesinnung, die ihr gegen die Mitmenschen habt, auch wirklich gegen euch selber habt, wenn ihr euer eigenes Leiden nicht eine Stunde auf euch liegenlassen wollt und immerfort allem möglichen Unglücke von ferne her schon vorbeugt, wenn ihr Leid und Unlust überhaupt als böse, hassenswert, vernichtungswürdig, als Makel am Dasein empfindet: Nun, dann habt ihr, außer eurer Religion des Mitleidens, auch noch eine andere Religion im Herzen, und diese ist vielleicht die Mutter von jener: – *die Religion der Behaglichkeit.* [...]
Ob Hedonismus, ob Pessimismus, ob Utilitarismus, ob Eudämonismus: Alle diese Denkweisen, welche nach *Lust* und *Leid*, das heißt nach Begleitzuständen und Nebensachen den Wert der Dinge messen, sind Vordergrunds-Denkweisen und Naivitäten, auf welche ein jeder, der sich *gestaltender* Kräfte und eines Künstler-Gewissens bewusst ist, nicht ohne Spott, auch nicht ohne Mitleid herabblicken wird. Mitleiden mit *euch*! Das ist freilich nicht das Mitleiden, wie ihr es meint: Das ist nicht Mitleiden mit der sozialen „Not", mit der „Gesellschaft" und ihren Kranken und Verunglückten, mit Lasterhaften und Zerbrochenen von Anbeginn, wie sie rings um uns zu Boden liegen; das ist noch weniger Mitleiden mit murrenden, gedrückten, aufrührerischen Sklaven-Schichten, welche nach Herrschaft – sie nennen's „Freiheit" – trachten. *Unser* Mitleiden ist ein höheres fernsichtiges Mitleiden: – wir sehen, wie *der Mensch* sich verkleinert, wie ihr ihn verkleinert! Und es gibt Augenblicke, wo wir gerade *eurem* Mitleiden mit einer unbeschreiblichen Beängstigung zusehen, wo wir uns gegen dies Mitleiden wehren –, wo wir euren Ernst gefährlicher als irgendwelche Leichtfertigkeit finden. Ihr wollt womöglich – und es gibt kein tolleres „Womöglich" – *das Leiden abschaffen*; und wir – es scheint gerade, wir wollen es noch höher und schlimmer haben, als je es war! Wohlbefinden, wie ihr es versteht – das ist ja kein Ziel, das scheint uns ein *Ende*! Ein Zustand, welcher den Menschen alsbald lächerlich und

1. Welcher Kritik muss sich eine Ethik stellen, die sich nur auf Mitleid gründet?
2. Welche Einwände erhebt Nietzsche gegen das Mitleid?
3. Erklären Sie Nietzsches Begriff von der „Religion der Behaglichkeit".
4. Worin sieht Nietzsche den Sinn des Leidens?

verächtlich so macht, – der seinen Untergang *wünschen* macht! Die Zucht des Leidens, des *großen* Leidens – wisst ihr nicht, dass nur diese Zucht alle Erhöhungen des Menschen bisher geschaffen hat?

Walter Schulz: Zur Kritik an der Mitleidsethik

Walter Schulz (geb. 1912), deutscher Philosoph

Das Mitleid ist von den Philosophen zumeist *negativ* beurteilt worden. Es ist nur ein Affekt. Impulsiv aufbrechend ist es unzuverlässig im Gegensatz zur sich ausweisenden Vernünftigkeit. Sodann: Das Mitleid erscheint sentimental. Vom Gesichtspunkt der Disziplin fordernden Ethik ist es ein Zeichen der Spätkultur, d.h., so meint man, einer „verweichlichten Humanisierung". *Gehlen*[1] gibt in seiner Ethik für diese „Verweichlichung" mehrere Beispiele, die sicher nicht zufällig zumeist das Mitleid gegen Tiere betreffen, so monierte man im späten Rom, dass die Zufahrtstraßen zu den Tempeln für die Tiere zu steil wären, und forderte, dies zu ändern. Und schließlich ist von der psychologischen Sicht her zu sagen, dass das Mitleid ein neugieriges und schamloses Verhalten sei. Man dringt in den intimen Bereich des anderen ein, der unter Umständen dies Eindringen als unangemessen und peinlich empfindet. *Nietzsche*, der immer wieder auf das Mitleid zu sprechen kommt, hat alle diese Einwände gegen das Mitleid herausgestellt. Der eigentliche Grund für seine negative Einschätzung des Mitleids ist aber die Abwertung des Leidenden, d.h. nach ihm, des schwächlichen Lebens überhaupt. Nur das gesunde und starke Leben ist im Recht. Wenn man aber das kranke Leben als abwegig deklariert, muss man es verachten. Man darf ihm nicht helfen. [...]

Im Gegenzug zu diesen Argumentationen erscheint uns das Mitleid als ethische Instanz von hoher Bedeutung. [...] Das Mitleid ist ein *unmittelbares Verhalten*. Es ist ein Gefühl, das direkt einsetzt beim Anblick des Leidens anderer. Man kann es insofern in Gegensatz zur Vernunft setzen, die als Überlegung des Allgemeinen sich wesentlich auf die Gestaltung der großen Ordnungen bezieht. Gleichwohl wäre es vollkommen inadäquat[2], das Mitleid auf das Verhalten innerhalb kleiner Gruppen einzuschränken, insofern für deren Konstitution der personell-individuelle Umgang wesentlich ist. Beim Mitleid sieht man gerade von der bestimmten Person ab und meint nur noch den Leidenden *als Leidenden*. [...] Das Mitleid setzt Nähe voraus, nämlich das anschauliche Leiden eines Gegenüber. Angesichts dieses Leidens erwacht der unmittelbare Wille zu helfen, gleichgültig, woher das Leiden kommt, ob durch unverschuldete Umstände oder durch menschliche Grausamkeit. Dieser unmittelbare Wille zu helfen ist der Wesenscharakter des Mitleids. Von hier aus lässt sich sagen: Das Mitleid ist die äußerste und letzte Möglichkeit, den Menschen in seiner „nackten Existenz" zu retten angesichts der unmittelbaren Negation[3] dieser Existenz.

5 Warum haben die Philosophen das Mitleid „zumeist negativ beurteilt"?

6 Wie begründet Schulz seine Haltung zum Mitleid?

7 Diskutieren Sie, ob sich auf dem Mitleid eine universal geltende Moral gründen lässt. Lesen Sie dazu auch den Text von Nunner-Winkler (s. S. 38f.).

Adolf Holl:
Mitleid. Plädoyer für ein unzeitgemäßes Gefühl, Reinbek bei Hamburg (Rowohlt) 1990

[1] Arnold Gehlen (1904–1976): deutscher Philosoph und Soziologe (s. S. 71)
[2] inadäquat: unpassend
[3] Negation: Verneinung

Das Wohl aller anstreben: Utilitaristische Ethik/Folgenethik

Der klassische Utilitarismus

Was heißt Utilitarismus?*

„Mir geht es nicht so gut. Soll ich zu Hause bleiben oder zur Schule gehen?" „Fahre ich mit dem Auto oder dem Zug?" „Benutze ich den Spickzettel oder nicht?" Jeden Tag werden wir vor eine Vielzahl solcher und ähnlicher Entscheidungen gestellt. Manche davon treffen wir fast automatisch, andere fallen uns weniger leicht, vor allem die, deren Folgen für uns, aber auch für andere Menschen schwer wiegen, etwa wenn sie die berufliche oder private Zukunft betreffen oder wenn eine Situation es erfordert, zwischen unseren Interessen und denen anderer abzuwägen: „Soll ich dem Menschen, der verprügelt wird, helfen, auch wenn ich dabei selbst verletzt werden könnte?" „Soll ich die pflegebedürftige Mutter aufnehmen oder in ein Altersheim schicken?" Besonders gewichtig sind Entscheidungen, die das Leben vieler Menschen oder die Entwicklung einer ganzen Gesellschaft beeinflussen.

Im Übergang zum Industriezeitalter entwickelte sich in England und Amerika der Utilitarismus (lat. utilis: nützlich) als eine Ethik, die den oben aufgezeigten Entscheidungsproblemen gerecht zu werden versucht. Das entscheidende Merkmal einer jeden Handlung ist für den Utilitarismus, dass sie Folgen für alle von ihr Betroffenen hat. Ein ethisches Urteil basiert demnach auf der Kenntnis dieser **Folgen** und gibt an, ob sie den von der Handlung Betroffenen nutzen oder schaden. Das Motiv oder die Gesinnung spielen für den Utilitarismus nur eine untergeordnete Rolle. So besteht die utilitaristische „Grundformel" aus vier Teilkriterien: Diejenige Handlung bzw. Handlungsregel ist moralisch richtig, deren Folgen **(Konsequenzprinzip)** für das Wohlergehen **(hedonistisches Prinzip)** aller Betroffenen **(universalistisches Prinzip)** optimal sind **(Utilitätsprinzip)**.

Ein konsequenter **Handlungsutilitarismus** fordert, dass man für jede einzelne Entscheidung die Folgen bedenken muss, um der Einzigartigkeit der Situation gerecht zu werden. Demgegenüber stützt sich der **Regelutilitarismus** auf bewährte Regeln, deren Folgen uns aus der Erfahrung bekannt sind. Statt also immer wieder neu die Folgen zu bedenken, wendet der Regelutilitarist in einer Entscheidungssituation allgemeine moralische Regeln an, die sich in ähnlichen Situationen bewährt haben. Diese Regeln müssen mit dem Prinzip der Nützlichkeit übereinstimmen.

Der klassische Utilitarismus bestimmt Nutzen als Maximierung von Lust oder Glück. Da diese Begriffe sehr vage und daher schwer zu bestimmen sind, sind für viele Utilitaristen heute die **Präferenzen bzw. Interessen** der von einer Handlung Betroffenen die Grundlage für die moralische Beurteilung.

1. Fassen Sie die Informationen des Textes in einem Schaubild zusammen.

2. Wenn jemand es vorzieht zu sterben, ist es dann moralisch richtig, ihn zu töten?

Jeremy Bentham: Das Prinzip des größten Glücks als Grundlage der Moral

Wenn man also die allgemeine Tendenz einer Handlung, durch die die Interessen einer Gemeinschaft betroffen sind, genau bestimmen will, verfahre man folgendermaßen. Man beginne mit einer der Personen, deren Interessen am unmittelbarsten durch eine derartige Handlung betroffen zu sein scheinen, und bestimme:

a) den **Wert** jeder erkennbaren **Freude**, die von der Handlung in *erster* Linie hervorgebracht zu sein scheint;

b) den Wert jeden **Leids**, das von ihr in *erster* Linie hervorgebracht zu sein scheint;

c) den Wert jeder *Freude*, die von ihr in *zweiter* Linie hervorgebracht zu sein scheint. Dies begründet die **Folgenträchtigkeit** der ersten *Freude* und die **Unreinheit** des ersten *Leids*;

d) den Wert jeden *Leids*, das von ihr in *zweiter* Linie anscheinend hervorgebracht wird. Dies begründet die *Folgenträchtigkeit* des ersten *Leids* und die *Unreinheit* der ersten *Freude*.

e) Man **addiere** die Werte aller *Freuden* auf der einen und die aller *Leiden* auf der anderen Seite. Wenn die Seite der Freude überwiegt, ist die Tendenz der Handlung im Hinblick auf die Interessen dieser *einzelnen* Person insgesamt *gut*, überwiegt die Seite des Leids, ist ihre Tendenz insgesamt *schlecht*.

f) Man bestimme die *Anzahl* der Personen, deren Interessen anscheinend betroffen sind, und wiederhole das oben genannte Verfahren im Hinblick auf jede von ihnen. Man *addiere* die Zahlen, die den Grad der *guten* Tendenz ausdrücken, die die Handlung hat – und zwar in Bezug auf jedes Individuum, für das die Tendenz insgesamt *gut* ist: Das Gleiche tue man in Bezug auf jedes Individuum, für das die Tendenz insgesamt *schlecht* ist. Man ziehe die *Bilanz*; befindet sich das Übergewicht auf der Seite der *Freude*, so ergibt sich daraus für die betroffene Gesamtzahl oder Gemeinschaft von Individuen eine allgemein *gute Tendenz* der Handlung; befindet es sich auf der Seite des *Leids*, ergibt sich daraus für die gleiche Gemeinschaft eine allgemein *schlechte Tendenz*.

Es kann nicht erwartet werden, dass dieses Verfahren vor jedem moralischen Urteil und vor jeder gesetzgebenden oder richterlichen Tätigkeit streng durchgeführt werden sollte. Es mag jedoch immer im Blick sein, und je mehr sich das bei solchen Anlässen tatsächlich durchgeführte Verfahren diesem annähert, desto mehr wird sich ein solches Verfahren dem Rang eines exakten Verfahrens annähern.

Das gleiche Verfahren lässt sich ebenso auf Freude und Leid anwenden, ganz gleich in welcher Gestalt sie auftreten und durch welche Namen man sie voneinander unterscheidet: auf Freude, ob sie nun *Gutes* genannt wird (das eigentlich die Ursache oder das Instrument der Freude ist), *Gewinn* (der entfernte Freude oder die Ursache oder das Instrument entfernter Freude ist), *Annehmlichkeit* oder *Vorteil, Wohltat, Vergütung, Glück* und so fort; auf Leid, ob es nun *Schlechtes* genannt wird (was dem *Guten* entspricht), *Unheil, Unannehmlichkeit, Nachteil, Verlust* oder *Unglück* und so fort.

Jeremy Bentham (1748–1832), englischer Philosoph, gilt als der Begründer des Utilitarismus. Für ihn sind Lust und Schmerz die für das Leben des Menschen entscheidenden Gefühle. Damit steht er in der Tradition des Hedonismus (gr. Hedoné = Lust, s. S. 137), einer philosophischen Lehre, die Lust und Genuss als höchstes Lebensziel ansieht. Bentham erarbeitete einen **„hedonistischen Kalkül"**, um das Glück als höchstmöglichen Nutzen für die größtmögliche Zahl von Menschen zu berechnen.

3 Versuchen Sie, für eine Handlungsentscheidung im Rahmen Ihres Kurses (z. B. „Jeder soll im Zeugnis eine Eins erhalten") den „hedonistischen Kalkül" durchzuführen, gemäß Benthams Anweisung. Welche Schwierigkeiten ergeben sich?

4 Versuchen Sie die fettgedruckten Begriffe eindeutig zu definieren. Welche Schwierigkeiten ergeben sich?

John Stuart Mill (1806–1873), britischer Philosoph und Nationalökonom, war 1865–1868 Mitglied des Unterhauses. Schon sein Vater James Mill war ein bekannter utilitaristischer Philosoph, sein Sohn baute die Ethik dieser Denkrichtung aus.

John Stuart Mill: Die Lebensauffassung des Utilitarismus

Die Auffassung, für die die Nützlichkeit oder das Prinzip des größten Glücks die Grundlage der Moral ist, besagt, dass Handlungen insoweit und in dem Maße moralisch richtig sind, als sie die Tendenz haben, Glück zu befördern, und insoweit moralisch falsch, als sie die Tendenz haben, das Gegenteil von Glück zu bewirken. Unter „Glück" (happiness) ist dabei Lust (pleasure[1]) und das Freisein von Unlust (pain[2]), unter „Unglück" (unhappiness) Unlust und das Fehlen von Lust verstanden. Damit die von dieser Theorie aufgestellte Norm deutlich wird, muss freilich noch einiges mehr gesagt werden, insbesondere darüber, was die Begriffe Lust und Unlust einschließen sollen und inwieweit dies von der Theorie offengelassen wird. Aber solche zusätzlichen Erklärungen ändern nichts an der Lebensauffassung, auf der diese Theorie der Moral wesentlich beruht: dass Lust und das Freisein von Unlust die einzigen Dinge sind, die als Endzwecke wünschenswert sind, und dass alle anderen wünschenswerten Dinge (die nach utilitaristischer Auffassung ebenso vielfältig sind wie nach jeder anderen) entweder deshalb wünschenswert sind, weil sie selbst lustvoll sind oder weil sie Mittel sind zur Beförderung von Lust und zur Vermeidung von Unlust.

Eine solche Lebensauffassung stößt bei vielen Menschen, darunter manche, deren Fühlen und Trachten im höchsten Maße achtenswert ist, auf eingewurzelte Abneigung. Der Gedanke, dass das Leben (wie sie sagen) keinen höheren Zweck habe als die Lust, kein besseres und edleres Ziel des Wollens und Strebens, erscheint ihnen im äußersten Grad niedrig und gemein; als eine Ansicht, die nur der Schweine würdig wäre, mit denen die Anhänger Epikurs ja schon sehr früh verächtlich gleichgesetzt wurden.

Epikur (um 341–270 v. Chr.): gr. Philosoph, für den die Lust, begriffen als Abwesenheit von Schmerz und Unruhe, das ethische Grundprinzip war (s. S. 137ff.)

Auf Angriffe dieser Art haben die Epikureer stets geantwortet, dass nicht sie, sondern ihre Ankläger es sind, die die menschliche Natur in entwürdigendem Lichte erscheinen lassen, da die Anklage ja unterstellt, dass Menschen keiner anderen Lust fähig sind als der, deren auch Schweine fähig sind.

Nur wenige Menschen würden darein einwilligen, sich in eines der niederen Tiere verwandeln zu lassen, wenn man ihnen verspräche, dass sie die Befriedigungen des Tiers im vollen Umfange auskosten dürften. Kein intelligenter Mensch möchte ein Narr, kein gebildeter Mensch ein Dummkopf, keiner, der feinfühlig und gewissenhaft ist, selbstsüchtig und niederträchtig sein – auch wenn sie überzeugt wären, dass der Narr, der Dummkopf oder der Schurke mit seinem Schicksal zufriedener ist als sie mit dem ihren. Das, was sie ihm voraushaben, würden sie auch für die vollständigste Erfüllung all der Wünsche nicht aufgeben, die sie mit ihm gemeinsam haben. Sollte ihnen dies doch einmal in den Sinn kommen, dann nur in Fällen äußersten Unglücks, in denen sie bereit sind, fast jedes andere Schicksal in Kauf zu nehmen, wie wenig sie sich auch von ihm versprechen, nur um dem ihren zu entgehen. Ein höher begabtes Wesen

---

[1] pleasure (engl.): Lust nicht als bloße Triebbefriedigung, sondern als Freude, Vergnügen, Wohlbefinden

[2] pain (engl.): Schmerz, Mühe

verlangt mehr zu seinem Glück, ist wohl auch größeren Leidens fähig und ihm sicherlich in höherem Maße ausgesetzt als ein niedrigeres Wesen; aber trotz dieser Gefährdungen wird es niemals in jene Daseinsweise absinken wollen, die es als niedriger empfindet.

Wir mögen dieses Widerstreben erklären, wie wir wollen: wir mögen es dem Stolz zuschreiben – einem Begriff, mit dem man einige der am meisten und einige der am wenigsten schätzenswerten Gefühle, deren Menschen fähig sind, bezeichnet, wir mögen es der Freiheitsliebe und dem Streben nach Unabhängigkeit zuschreiben, woran die Stoiker appelliert und worin sie eines der wirksamsten Mittel gefunden haben, die Menschen zu diesem Widerstreben zu erziehen; der Liebe zur Macht und zur begeisterten Erregtheit, die beide darin enthalten sind. Aber am zutreffendsten wird es als ein Gefühl der Würde beschrieben, das allen Menschen in der einen oder anderen Weise und im ungefähren Verhältnis zu ihren höheren Anlagen zu eigen ist und das für die, bei denen es besonders stark ausgeprägt ist, einen so entscheidenden Teil ihres Glücks ausmacht, dass sie nichts, was mit ihm unvereinbar ist, länger als nur einen Augenblick lang zu begehren imstande sind. Wer meint, dass diese Bevorzugung des Höheren ein Opfer an Glück bedeutet – dass das höhere Wesen unter den gleichen Umständen nicht glücklicher sein könne als das niedere –, vermengt die zwei durchaus verschiedenen Begriffe des Glücks (happiness) und der Zufriedenheit (content). Es ist unbestreitbar, dass ein Wesen mit geringerer Fähigkeit zum Genuss die besten Aussichten hat, voll zufriedengestellt zu werden; während ein Wesen von höheren Fähigkeiten stets das Gefühl haben wird, dass alles Glück, das es von der Welt, so wie sie beschaffen ist, erwarten kann, unvollkommen ist. Aber wenn diese Unvollkommenheiten überhaupt nur erträglich sind, kann es lernen mit ihnen zu leben, statt die anderen zu beneiden, denen diese Unvollkommenheiten nur deshalb nicht bewusst sind, weil sie sich von den Vollkommenheiten keine Vorstellung machen können, mit denen diese verglichen werden. Es ist besser, ein unzufriedener Mensch zu sein als ein zufriedengestelltes Schwein; besser ein unzufriedener Sokrates als ein zufriedener Narr. Und wenn der Narr oder das Schwein anderer Ansicht sind, dann deshalb, weil sie nur die eine Seite der Angelegenheit kennen. Die andere Partei hingegen kennt beide Seiten. [...]

Nach dem Prinzip des größten Glücks ist, wie oben erklärt, der letzte Zweck, bezüglich dessen und um dessentwillen alles andere wünschenswert ist (sei dies unser eigenes Wohl oder das anderer), ein Leben, das so weit wie möglich frei von Unlust und **in quantitativer wie in qualitativer Hinsicht** so reich wie möglich an Lust ist; wobei der Maßstab, an dem Qualität gemessen und mit der Quantität verglichen wird, die Bevorzugung derer ist, die ihrem Erfahrungshorizont nach – einschließlich Selbsterfahrung und Selbstbeobachtung – die besten Vergleichsmöglichkeiten besitzen. Indem dies nach utilitaristischer Auffassung der Endzweck des menschlichen Handelns ist, ist es notwendigerweise auch die Norm der Moral. Diese kann also definiert werden als die **Gesamtheit der Handlungsregeln und Handlungsvorschriften**, durch deren Befolgung ein Leben der angegebenen Art für die gesamte Menschheit im größtmöglichen Umfange erreichbar ist; und nicht nur für sie, sondern, soweit es die Umstände erlauben, für die **gesamte fühlende Natur**.

Stoa: philosophische Strömung, die vom Hellenismus bis in die Spätantike sehr einflussreich war (s. S. 391)

1. Wie bestimmt Mill die Begriffe Lust und Glück? Benennen Sie auch, was er ausdrücklich nicht darunter versteht.

2. Diskutieren Sie seine These, es sei besser, „ein unzufriedener Sokrates als ein zufriedener Narr zu sein".

3. Vergleichen Sie Mills abschließende Bestimmung des Utilitarismus mit der im ersten Abschnitt. Welche Präzisierungen nimmt er vor?

4. „Der Utilitarismus ist eigentlich eine besonders raffinierte Form des Egoismus." Nehmen Sie Stellung zu dieser Behauptung.

Utilitaristische Ethik anwenden – Abtreibung und das Recht auf Leben

Der Utilitarismus fordert dazu auf, die Folgen einer Handlung oder einer Norm für alle von dieser Handlung Betroffenen zu bedenken. Wie lässt sich feststellen, worin das Interesse der betroffenen Personen besteht? Gibt es Maßstäbe für die unterschiedliche Gewichtung und Bewertung von Interessen? Ist das Leid einer Minderheit gerechtfertigt, wenn es die Lebensqualität der Mehrheit erhöht?

Am Beispiel der Abtreibung soll vor dem Hintergrund dieser Fragen die Praxistauglichkeit des Utilitarismus überprüft werden. Darüber hinaus hat die Diskussion um die Abtreibung zu einer grundsätzlichen Auseinandersetzung über das Recht auf Leben geführt: Wann beginnt menschliches Leben? Besitzen Ungeborene ein Grundrecht auf Leben? Dürfen schwerstbehinderte Ungeborene getötet werden?

Ein Schwangerschaftskonflikt*

Kathrin ist 16 Jahre alt und besucht die 11. Jahrgangsstufe eines Gymnasiums. Seit zwei Jahren ist sie mit Steffen befreundet, der ebenfalls noch zur Schule geht. Beide leben bei ihren Eltern. Als Kathrin erfährt, dass sie schwanger ist, denkt sie zunächst nicht an eine Abtreibung. Ihr Freund hat dafür kein Verständnis. Er sagt ihr, dass sie von ihm keine Unterstützung erwarten könne. In den nächsten Wochen zerbricht ihre Beziehung. Kathrin informiert sich über soziale Hilfen. Ihre Eltern, zu denen sie ein gespanntes Verhältnis hat – sie waren der Meinung, dass sie noch viel zu jung für eine intime Beziehung sei –, bieten ihre Unterstützung ebenso an wie die Eltern des Vaters. Sie geizen aber nicht mit Vorwürfen. Kathrin ist eine sehr gute Schülerin und möchte Psychologie studieren. Sie war sich bis jetzt sicher, den Numerus clausus zu schaffen. Aber nun zweifelt sie daran, dass sie ihren Leistungsstand halten kann, wenn sie gleichzeitig ein Kind versorgen muss. Ihren Mitschülern verschweigt Kathrin die Schwangerschaft, zumal sich bei einer Diskussion im Ethikunterricht herausstellte, dass fast alle Mitschülerinnen abtreiben würden, wenn sie jetzt schwanger würden. Allmählich kommen ihr immer größere Zweifel, ob sie das Kind wirklich haben möchte. Sie merkt, wie ihre Leistungen nachlassen, da sie sich nicht mehr auf ihre Arbeit konzentrieren kann. Sie fühlt sich von aller Welt allein gelassen und ringt um eine Entscheidung.

1. Schreiben Sie einen Dialog, in dem Kathrin und Steffen über eine mögliche Abtreibung sprechen.

2. Bedenken Sie gemeinsam ihre Handlungsmöglichkeiten und benennen Sie Gründe, die für bzw. gegen eine Abtreibung sprechen. Informieren Sie sich hierzu über Hilfsangebote für Frauen in einer solchen Situation.

3. Wie würden Bentham und Mill die verschiedenen Handlungsmöglichkeiten bewerten?

4. „Abtreibung ist Mord." – „Mein Bauch gehört mir." Nehmen Sie Stellung zu diesen Parolen. Welche Normen und Werte stehen hinter Ihrer Stellungnahme?

Das Strafrecht zum Schwangerschaftsabbruch*

Nach § 218 des Strafgesetzbuchs (StGB) wird der, der eine Schwangerschaft abbricht, mit einer Geldstrafe oder einer Freiheitsstrafe bis zu drei, in besonders schweren Fällen bis zu fünf Jahren bestraft. Eine Tat wiegt besonders schwer, wenn der Täter den Abbruch gegen den Willen der Schwangeren vornimmt oder „leichtfertig die Gefahr des Todes oder einer schweren Gesundheitsschädigung der Schwangeren verursacht". Begeht die Schwangere die Tat, so muss sie mit einer Geldstrafe oder Freiheitsstrafe bis zu einem Jahr rechnen. „Handlungen, deren Wirkung vor Abschluss der Einnistung des befruchteten Eis in der Gebärmutter eintritt, gelten nicht als Schwangerschaftsabbruch im Sinne des Gesetzes."
Ein Schwangerschaftsabbruch auf Verlangen der Schwangeren ist unter folgenden Bedingungen straflos: Nachweis der vorgeschriebenen Beratung, Durchführung des Eingriffs frühestens am vierten Tag nach Abschluss der Beratung und bis zum Ende der zwölften Woche nach der Empfängnis durch einen Arzt oder eine Ärztin. Die Entscheidung liegt allein bei der Frau. Ein solcher Abbruch ist aber nicht rechtmäßig, die Kosten werden nicht von der Krankenkasse übernommen. Rechtmäßig ist eine Abtreibung nur, wenn aus ärztlicher Sicht eine **medizinische** oder **kriminologische Indikation** vorliegt. Der Arzt, der über die Indikation entscheidet, darf nicht den Abbruch vornehmen.
Eine medizinische Indikation liegt vor, „wenn der Abbruch der Schwangerschaft unter Berücksichtigung der gegenwärtigen und zukünftigen Lebensverhältnisse der Schwangeren nach ärztlicher Erkenntnis angezeigt ist, um eine Gefahr für das Leben oder die Gefahr einer schwerwiegenden Beeinträchtigung des körperlichen oder seelischen Gesundheitszustandes der Schwangeren abzuwenden und die Gefahr nicht auf andere für sie zumutbare Weise abgewendet werden kann". Es gibt keine Frist für die Durchführung des Abbruchs.
Eine kriminologische Indikation liegt vor, wenn eine Frau durch eine Straftat, z. B. eine Vergewaltigung, schwanger geworden ist. Die Frau muss sich vor dem Eingriff beraten lassen. Es gilt die Frist von zwölf Wochen.
Umstritten ist die Aufhebung der sogenannten **embryopathischen Indikation**. Sie gestattet eine Abtreibung bis zur 22. Woche nach der Empfängnis, wenn dringende Gründe für die Annahme vorliegen, dass das Kind „an einer nicht behebbaren Schädigung seines Gesundheitszustandes leiden wird", die so schwerwiegend ist, „dass von der Schwangeren die Fortsetzung der Schwangerschaft nicht verlangt werden kann". Die Streichung dieser Indikation erfolgte, um die darin latent vorhandene Diskriminierung Behinderter aufzuheben. Fälle dieser Art fallen nun unter die medizinische Indikation.
Die **Grundsätze der Beratung** sind im § 219 geregelt. Darin heißt es u. a.: „Die Beratung dient dem Schutz des ungeborenen Lebens. Sie hat sich von dem Bemühen leiten zu lassen, die Frau zur Fortsetzung der Schwangerschaft zu ermutigen und ihr Perspektiven für ein Leben mit dem Kind zu eröffnen; sie soll ihr helfen, eine verantwortliche und gewissenhafte Entscheidung zu treffen."

Die dargestellte strafrechtliche Regelung gilt seit 1995. Nach Angaben des statistischen Bundesamtes wurden im Jahr 2003 rund 128 000 legale Abtreibungen vorgenommen. Etwa die Hälfte der Frauen war zum Zeitpunkt des Abbruchs ledig, für 40 % wäre es das erste Kind gewesen. 6 % der Frauen waren minderjährig. Weniger als 3 % der Abbrüche erfolgte aus kriminologischer Indikation.

5 Simulieren Sie in einem Rollenspiel ein Beratungsgespräch in einer Beratungsstelle. Beachten Sie die Gesprächsführung und die im Strafrecht genannten Grundsätze der Beratung (s. Z. 42ff.).

6 Wie lassen sich die Rechtsnormen utilitaristisch begründen?

7 Verfassen Sie in Gruppen einen alternativen Gesetzentwurf zur Abtreibung.

Peter Singer (geb. 1947) leitet das „Centre for Human Bioethics" an der Monash-University in Melbourne. Er bezeichnet sich selbst als Utilitaristen und befasst sich vor allem mit Tier- und Bioethik (s. S. 308f.). Seine umstrittenen Thesen zur Tötung schwerstbehinderter Neugeborener machten ihn weltberühmt.

Peter Singer: Nur Personen haben ein Recht auf Leben

Ich glaube, dass man eine liberale Praxis der Abtreibung ethisch durchaus rechtfertigen kann, aber nur, wenn man bereit ist, mit der traditionellen Ethik radikal zu brechen und unsere Auffassung von der Unantastbarkeit menschlichen Lebens zu revidieren. Was unterscheidet den Menschen – nicht nur rein biologisch – von allen anderen Lebewesen und macht sein Leben schützenswerter als das der Tiere? Eine mögliche Antwort ist diese: Es ist die Bewusstheit seiner selbst und die Bewusstheit seiner Zukunft, die sich erst nach der Geburt entwickeln. Entscheidend für das Recht auf Leben ist, so meine ich, diese Entwicklung des Selbst-Bewusstseins. Erst dann würde ich den Menschen als Person anerkennen. Diese Grenze zwischen Lebewesen und einer Person ist nicht präziser, aber sie ist ethisch bedeutsamer als alle anderen Grenzziehungen. Denn nur eine Person mit Selbst-Bewusstsein, die weiß, was es bedeutet, wenn ihr Leben beendet wird, kann sich auch wünschen, weiterzuleben. Das kann ein Lebewesen ohne Selbst-Bewusstsein nicht.

Erscheint etwa irgendjemandem die nur auf den Ort bezogene Unterscheidung zwischen einem Fötus innerhalb oder einem Kind außerhalb der Gebärmutter besser? Warum, fragen wir dann, sollte der Fötus mit 24 Wochen kein Recht auf Leben haben, aber das Frühgeborene zum selben Zeitpunkt sehr wohl? Wenn wir somit zu dem Schluss gekommen sind, dass Neugeborene kein eigenes Recht auf Leben haben, müssen wir auch einräumen, dass nicht alles getan werden muss, um ein Kind unter allen Umständen am Leben zu halten. Doch bis zu welchem Zeitpunkt darf man sich gegen das Leben entscheiden? Das Selbst-Bewusstsein entwickelt sich allmählich, innerhalb der ersten sechs Monate nach der Geburt. Theoretisch wäre also die Tötung noch Monate nach der Geburt ethisch zu rechtfertigen. Das will ich nicht. Wir brauchen einen genaueren und früheren Zeitpunkt, von dem an menschliches Leben zu schützen ist. Man könnte ihn nach dem Ablauf des ersten Monats ansetzen. Innerhalb dieser Frist müsste sich allerdings irgendjemand finden – die Eltern, eine Ersatzfamilie, der Staat –, der sich des Kindes annimmt. Wenn die Ärzte dem Kind nicht ein dauerhaft qualvolles Leben voraussagen, dann wird der Staat, falls die Eltern das Kind ablehnen, einspringen und für das Baby sorgen. Jeder annähernd wohlhabende Staat ist dazu verpflichtet. Tut er das aber nicht, müssen die Eltern – gemeinsam mit dem Arzt – die Entscheidung darüber haben, ob ihr Kind am Leben bleiben soll. [...]

Wer behinderten Menschen sagt, sie müssten sich von meinen Ansichten bedroht fühlen, der schürt ohne jeden Grund Furcht und Empörung. Jahrelang habe ich mich nach Kräften bemüht, die Behinderten besser in die Gesellschaft zu integrieren. Kein Behinderter, der verstehen kann, dass er am Leben ist, wird durch meine Thesen bedroht. Erst wenn neugeborene Kinder verstehen könnten, dass sie am Leben sind und von meinen Ansichten bedroht werden, müssten sie Grund zur Furcht haben – aber dass sie genau das nicht begreifen können, ist die Grundlage meiner Argumentation.

1. Geben Sie Singers Argumentation wieder. Benennen Sie seine Prämissen (Voraussetzungen) und Schlussfolgerungen.

2. Inwiefern argumentiert Singer utilitaristisch?

3. Viele Behinderte fühlen sich von Singers Thesen bedroht. Sie stellen seine Thesen in die Nähe des nationalsozialistischen „Euthanasieprogramms" (s. S. 338 und 344). Diskutieren Sie, ob diese Ängste und Proteste, wie Singer es sieht, unbegründet sind (Z. 308f.).

4. Verfassen Sie eine kritische Stellungnahme zu Singers Thesen.

Robert Spaemann: Alle Menschen sind Personen

Tatsächlich haben diejenigen, die die Begriffe „Mensch“ und „Person“ trennen wollen, ihre Konsequenzen immer noch nicht zu Ende durchgedacht. Nach traditioneller und philosophisch wohl begründeter Auffassung ist Person jedes Wesen einer Spezies, deren normale Mitglieder die Möglichkeit haben, Ich-Bewusstsein und Rationalität zu erwerben. Wenn nun aber nur diejenigen Wesen Personen sind, die tatsächlich aktuell über diese Eigenschaften verfügen, dann darf jeder Schlafende dadurch am Aufwachen gehindert werden, dass man ihn tötet. Denn solange er schläft, ist er offensichtlich keine Person. Die Reduktion der Person auf bestimmte aktuale Zustände von Ich-Bewusstsein und Rationalität löst so am Ende den Begriff „Person“ überhaupt auf. Es gibt gar keine Personen, sondern nur so etwas wie „personale Zustände“ von Organismen. Dass dies unseren elementaren und spontanen Intuitionen widerspricht, ist offensichtlich. Ja, diese Sicht ist insofern selbstwidersprüchlich, als die personalen Bewusstseinszustände gar nicht beschrieben werden können, ohne auf etwas wie eine Identität von Mensch und Person zu rekurrieren[1]. Wenn wir sagen: „Ich wurde da und da geboren“, so meinen wir mit „Ich“ nicht so etwas wie ein Ich-Bewusstsein, das wir ja zur Zeit der Geburt noch gar nicht hatten, sondern wir meinen das Wesen, das schon war, was es ist, ehe es „Ich“ sagen konnte. Ebenso spricht die Mutter, wenn sie zu ihrem erwachsenen Kind sagt: „Als ich mit dir schwanger war ...“ Sie sagt nicht: „Als ich mit jenem Individuum schwanger war, aus dem dann später du wurdest ...“ Dass die Mutter das Kind von Anfang an als Person, als ein Du betrachtet, ist sogar die Bedingung dafür, dass der Mensch jene Bewusstseinszustände erlangt, die dann für Personen charakteristisch sind. Kinder lernen Rationalität und Ich-Bewusstsein nur im Medium der Sprache. Diese aber lernen sie, indem die Mutter mit ihnen wie mit Wesen spricht, die bereits Personen *sind*. Die Mutter lächelt dem Baby zu, und nur so lernt es zurückzulächeln. Kein Mensch würde die Ausdrucksformen des Personseins lernen, wenn man ihn nicht als Person, sondern als ein zu konditionierendes Lebewesen behandelte. Personalität ist deshalb eine Wesensverfassung, nicht eine Eigenschaft, und schon gar nicht eine solche, die – im Unterschied zum Menschsein – allmählich erworben wird. Weil die normalen Individuen der Spezies *homo sapiens* sich durch bestimmte Eigenschaften als Personen zu erkennen geben, müssen wir *alle* Individuen dieser Spezies als Personen betrachten, auch diejenigen, die zu solcher Kundgabe noch nicht, nicht mehr oder überhaupt nicht aktual imstande sind. [...] Die Anerkennung von Personsein ist die Anerkennung eines unbedingten[2] Anspruchs. [...] Personenrechte werden nicht verliehen und nicht zuerkannt, sondern von jedem mit gleichem Recht in Anspruch genommen. „Von jedem“, das heißt: mindestens von jedem Menschen.

Robert Spaemann (geb. 1927) war bis 1992 Professor für Philosophie. Er verteidigt die Strafbarkeit der Abtreibung, auch ist er ein Gegner der aktiven Sterbehilfe. Der Text ist eine direkte Entgegnung auf die Thesen Singers.

5. Welche Argumente setzt Spaemann den Thesen Singers entgegen?

6. Wie begründet er dagegen seine These, dass alle Menschen Personen sind?

7. Welche grundlegenden Einwände gegen den Utilitarismus lassen sich aus Spaemanns Text ableiten?

8. Welche ethische Position liegt Spaemanns Argumentation zugrunde?

---

[1] rekurrieren: (zu etwas) Zuflucht nehmen, sich berufen auf

[2] unbedingt: an keine Bedingung geknüpft, voraussetzungslos

Utilitarismus heute

Der Privatdozent **Bernward Gesang** (geb. 1968) setzt sich in seiner Schrift „Eine Verteidigung des Utilitarismus“ (2003) unter anderem mit den Vorwürfen auseinander, der Utilitarismus widerspreche unseren moralischen Intuitionen und vernachlässige den Schutz von Minderheiten. Er vertritt eine Variante des Präferenzutilitarismus (s. S. 174).

Bernward Gesang: Elemente eines humanen Utilitarismus

In seiner Ausgangskonzeption beruht jeder Utilitarismus auf dem Gedanken, die Interessen *aller* von einer Entscheidung Betroffenen bei seiner „Glücksbilanzierung“ zu berücksichtigen. [...] Ein humaner Utilitarist muss auch die Interessen von nicht direkt betroffenen Menschen in seine Berechnungen einbeziehen, *er kann sie nicht einfach als irrational abqualifizieren und unbeachtet lassen.* [...] **Externe Präferenzen** sind solche, bei denen sich der Präferierende intentional[1] nicht nur auf das eigene, sondern auch auf das Wohl anderer Betroffener bezieht. Die Beachtung externer Präferenzen ermöglicht es, bei den Problemen der Abtreibung und der Kindstötung z. B. auch Präferenzen von Gegnern, die sich oft intensiv dem Kampf gegen Kindstötung und Abtreibung widmen, einzubeziehen. D. h. nicht bloß die Interessen der „primär betroffenen“ Embryo-Eltern zu vergleichen, wie es Singer vorrangig tut. Auf diesem Weg können auch die moralischen Intuitionen breiter Strömungen der Gesellschaft ein Gewicht bei der Lösung moralischer Konflikte erhalten. Auch diese Intuitionen äußern sich in Präferenzen, die im Utilitarismus zu beachten sind. Sie müssen auch auf die „Nutzenwaage“ geworfen werden, was den Ausschlag dieser Waage häufig in Richtung der Mehrheitspräferenzen tendieren lassen wird, insbesondere bei der einhellig abgelehnten Kindstötung. [...] **Rationalitätsstandards** können ein Filter sein, mit dem ein Ethiker bestimmte Meinungen als nicht berücksichtigungswürdig ausscheiden kann. Welche Präferenzen darf ein solcher Filter eliminieren?

Der humane Utilitarist kann zwar die *Rationalität* von Interessen einfordern, aber nur in einem ganz bestimmten „internen“ Sinne. Berechtigt gehen fast alle Utilitaristen davon aus, dass im Idealfall nicht beliebige, sondern nur „aufgeklärte“ Präferenzen zählen sollten. Damit ist grob gesagt gemeint: Die Betroffenen geben dem „Entscheider“ einer strittigen Frage ihre Präferenzen an, von denen man ausgeht, weil sie in aller Regel recht gute Hinweise auf individuelle Gesamtbefriedigungszustände sind. Diese Präferenzen sind im Idealfall zuvor einem gewissen **Prüfungsverfahren** unterworfen worden. In dieser von R. Brandt ausgearbeiteten Prüfung wird z. B. thematisiert, ob die verschiedenen Präferenzen einer Person miteinander konsistent[2] sind und ob sie auf korrekten faktischen Annahmen beruhen. Eine Präferenz von x ist dabei genau dann intern irrational, wenn x *selbst* sie unter idealisierten Informationsbedingungen (Kenntnis und intensive Veranschaulichung aller relevanten Fakten und Folgen) nicht mehr hätte. Dieser Rationalitätsmaßstab ist „intern“, d. h. nicht z. B. auf Rationalität im Lichte moderner Wissenschaft bezogen, denn x selbst ist die Instanz, die über die Rationalität ihrer Präferenzen entscheidet. [...] x wird nicht in irgendeiner Weise bevormundet, sondern

[1] intentional: zielgerichtet

[2] konsistent: zusammenhängend, stimmig

es wird gewährleistet, dass die faktischen Präferenzen von x nicht auf einer Unachtsamkeit, einer Laune, einem Irrtum u.Ä. beruhen. Zuvor muss man sicherstellen, dass x nicht psychisch krank oder aus anderen Gründen unzurechnungsfähig ist. Es muss erkundet werden, ob die faktischen Präferenzen von x auch seine *wahren Präferenzen* sind. [...] Durch die Verwendung eines bloß internen „Rationalitätsfilters" lassen sich im humanen Utilitarismus öffentliche Meinungen und emotionale Abwehrreaktionen (selbst beim Verdacht externer Irrationalität) in die Interessenabwägung einbeziehen, und darin besteht das zentrale Instrument des humanen Utilitarismus. [...]

Ein Utilitarist sollte manchmal auf die **Erstellung einer idealen bzw. idealeren Präferenzlage** hinarbeiten. Als Utilitarist sucht er nach maximalen Nutzenwerten, und die sind beispielsweise in einer Gesellschaft, welche die Rechte von Minderheiten nicht beschränkt oder missachtet, immer leichter zu erreichen. Wenn eine Minderheit „für die Mehrheit geopfert" wird, dann gibt es viele, die eventuell davon profitieren, und einige, die darunter vehement leiden. Anstrebenswert wäre eine utilitaristisch idealere Präferenzlage, in der alle profitieren, weil niemand das Interesse hat, die Minderheit zu opfern. Die Nutzensumme wäre hier jedenfalls größer, als wenn man höchst intensive Interessen von Minderheiten übergehen muss. [...]

Um idealere Präferenzlagen zu begünstigen, stehen dem Utilitaristen mehrere Mittel zur Verfügung: Er kann Präferenzen erst gar nicht entstehen lassen bzw. sie erwecken (*Präferenzerziehung*), er kann bestehende Präferenzen verändern (*Präferenzverschiebung*) oder Trägern bestehender Präferenzen ein Substitut für die Erfüllung ihrer nach wie vor existenten Präferenzen anbieten (*Präferenzsubstitution*).

Ein Beispielfall für die **Präferenzerziehung**: Die Gesamtbefriedigung wäre größer, wenn es keine Präferenzen gegen die Homosexualität geben würde, weil man schon in der Erziehung das Entstehen solcher Präferenzen verhindert hat. Dann gäbe es keinen Grund, die Homosexualität einzuschränken, und niemand würde leiden. [...]

Breite Mehrheitsintuitionen bestimmen unsere Humanitätsvorstellungen und deutlich wirksame externe Präferenzen basieren im Regelfall auf breiten Mehrheitspräferenzen, weshalb deutlich wirksame externe Präferenzen und Humanität gekoppelt sind. Natürlich sind Gegenbeispiele anhand sehr intensiver, z.B. fanatischer externer Präferenzen konstruierbar, aber im Regelfall werden deutlich wirksame externe Präferenzen breite Mehrheitsüberzeugungen widerspiegeln. (Wenn bestimmte sehr intensive und inhumane externe Präferenzen einer Minderheit wirksam werden könnten, erzeugt das bei der anders gesinnten Mehrheit oft externe Präferenzen, die der Humanität im Sinne der Mehrheit dann doch zum Sieg verhelfen.) *Deshalb wird die Zulassung externer Präferenzen viel eher eine Annäherung an intuitive Moralmaßstäbe als eine Entfernung von diesen Maßstäben zur Folge haben.* Gleichzeitig werden die intuitiven Moralmaßstäbe unserer „westlichen Demokratien" in gewisser Weise richtungweisend sein. Sie können am ehesten als intern aufgeklärt gelten, da in den betroffenen Staaten wenigstens im Prinzip eine pluralistische Erziehung und Meinungs- und Pressefreiheit herrschen.

Präferenzverschiebung/ Präferenzsubstitution
Beispiel: Statt realer Gladiatorenkämpfe, wie sie im antiken Rom stattfanden, kann man diese heute in virtueller Form (Film, Video- und Computerspiel) erleben (Präferenzverschiebung). Hätte man im antiken Rom die Menschen dazu bewegt, auf Gladiatorenspiele zu verzichten, indem man ihnen einen befriedigenden Ersatz (Substitut) angeboten hätte, wäre dies eine Präferenzsubstitution gewesen.

1 Was kennzeichnet nach Gesang einen humanen Utilitarismus? Womit versucht er die Einwände gegen den Utilitarismus zu entkräften?

2 Benennen Sie externe Präferenzen im Konfliktfeld Abtreibung/Schutz des ungeborenen Lebens und führen Sie Rationalitätsprüfungen und eine Gewichtung der Präferenzen durch.

3 Ist die gesetzliche Regelung der Abtreibung nur ein „fauler Kompromiss"? Verfassen oder führen Sie ein Streitgespräch zwischen Singer, Spaemann und Gesang.

Miteinander reden: Ethik des Diskurses

Ethische Konflikte und das Gespräch als Vermittlung

❶ Cambridge, Maryland 1964: Während einer Demonstration für die in der amerikanischen Verfassung garantierte Gleichberechtigung stießen Bürgerrechtler und die Staatsgewalt aufeinander (s. Foto). Was könnte die Frau zu dem Nationalgardisten sagen? Was könnte er antworten? Überlegen Sie, wie ein sinnvolles Gespräch zustande kommen könnte.

❷ Suchen Sie in Ihrem näheren Umfeld Beispiele für Dialog-Verweigerung oder Anschweigen in Situationen, in denen es um moralische Entscheidungen geht und unterschiedliche Kulturen oder Traditionen aufeinanderstoßen.

„Kampf der Kulturen"?*

Angesichts der erschütternden Ereignisse, die uns jeden Tag als Nachrichten im Fernsehen und in Zeitungen bedrücken, drängt sich immer wieder die Frage auf: Wäre nicht für die Menschen eine unveränderliche, traditionelle Moral sehr nützlich? Also in der ganzen Welt geltende ethische Maßstäbe, die das menschliche Verhalten steuern wie Instinkte das Verhalten von Tieren und die das Gewissen der Menschen von der ständigen schwierigen Frage entlasten: Wie soll ich handeln?
Das scheint umso notwendiger, als im 21. Jahrhundert einerseits eine weltweite Kommunikationsgemeinschaft durch das Internet entstanden ist, andererseits aber auch ebenso weltweit operierende Terrororganisationen, die die verschiedenen Kulturen, vor allem die westlich-christliche und die islamische, mit immer grausigeren Taten gegeneinander auszuspielen versuchen.
Solche überall anerkannten Maßstäbe festzulegen, scheint äußerst schwierig, denn die ethischen Prinzipien der verschiedenen Kulturkreise widersprechen sich, teilweise sogar krass.
In der Türkei, die darum ringt, in die Gemeinschaft Europas aufgenommen zu werden, kann auf Anordnung von Richtern die Jungfräulichkeit einer zukünftigen Ehefrau zwangsweise festgestellt werden. In Saudi-Arabien, das in intensiven Geschäftsbeziehungen mit den westlichen Industriestaaten steht, dürfen Männer und Frauen in der Öffentlichkeit nicht von Angesicht zu Angesicht miteinander verhandeln. Deswegen saßen bei einer Anhörung zum Thema „Frauenrechte" Männer und Frauen in zwei getrennten Sälen und verständigten sich mit Mikrofonen und Lautsprechern.
Und sogar schon *innerhalb* einer einzigen Kultur stoßen ethisch-moralische Traditionen heftig aufeinander. So verbietet die katholische Kirche den Gebrauch von Verhütungsmitteln, während in unseren staatlichen Schulen im Aufklärungsunterricht die Verwendung von Kondomen geübt wird, um ungewollte Schwangerschaften oder die Verbreitung von Geschlechtskrankheiten zu verhindern. Angesichts dieser Verschiedenheit der traditionellen moralischen Normen und der Heftigkeit, mit der sie oft zusammenprallen, fordert die Diskurs-Ethik: Wir brauchen statt starrer kulturgebundener Normen eher eine anerkannte Methode, mit der in Gesprächen, Verhandlungen und Konferenzen (= Diskursen) ethische Prinzipien geprüft und für alle Teilnehmer verbindlich beschlossen werden können (s. S. 226).

Sokrates als Vater des verstehenden Gesprächs*

Die ersten schriftlichen Beweise für ein methodisches, zielgerichtetes Gespräch, das die Maßstäbe des Handelns überprüft, liegen uns in Form der Dialoge des Sokrates vor. Allerdings hat er sie nicht selbst aufgezeichnet, sondern sein Schüler, der Philosoph Platon. Insofern können wir heute nicht genau wissen, was von Sokrates und was von Platon stammt.

Platon ging davon aus, dass das Wesentliche jeder Sache oder Handlung ihre dahinterliegende, also verborgene, allgemeine Idee ist.

Der unvergängliche Teil im Menschen, die Seele, erblickte einst die übergeordnete Welt der Ideen, hat sie aber beim Eintritt in den jeweiligen menschlichen Körper vergessen. In der Innenschau kann sich die Seele, sprich der Mensch, an diese Ideen, sprich an die Wahrheit, wieder erinnern. Jede Erkenntnis ist als Wiedererinnerung (= gr. anamnesis) zu verstehen.

Die sokratischen Dialoge sind deshalb von einer Methode des Wiederentdeckens gesteuert. Sokrates ging auf die Menschen zu und verwickelte sie auf dem Markt oder bei einem Gastmahl in ein Gespräch über ein Thema, bei dem sie glaubten, sich besonders gut auszukennen. Folglich zog er einen General in eine Diskussion über Tapferkeit, einen Philosophen in ein Gespräch über den Lebenssinn, mit einem Politiker stritt er über Gerechtigkeit. In der Auseinandersetzung mit Sokrates wurde seinen Gesprächspartnern klar, dass sie gedankenlos alltägliche Begriffe verwenden, ohne das Wesen der Dinge und Probleme erfasst zu haben. Sie stürzten darüber in eine große Ratlosigkeit und Verwirrung. Mit dem **logos** (= Vernunft in Form sprechenden Denkens) überprüfte Sokrates das scheinbare Wissen, verunsicherte den Gesprächspartner in seinen festgefügten Ansichten und hatte damit den Boden bereitet für ein tieferes, bohrendes Nachdenken darüber, was nun eigentlich wahr oder wesentlich ist.

Dabei übte Sokrates als Dialogführer eine deutliche Dominanz aus, was im modernen Diskurs so nicht gestattet wäre. Aber dennoch kann man die sokratische Technik der Mäeutik (= „Hebammenkunst") als eine frühe Vorform des modernen Diskurses bezeichnen. Im Dialog mit Theaitetos hatte Sokrates sich auf seine Mutter, die Hebamme war, berufen und als Ziel des Gesprächs die „Entbindung der Wahrheit" bezeichnet. Dabei bediente er sich vor allem der Methode der „Elenktik" (= gr. elenchos: Gegenbeweis). Dadurch wollte er aber nicht etwa dem anderen sein überlegenes Wissen vorführen: „Ich selbst bin überhaupt nicht weise", sagte er zu Theaitetos. Er wollte seinem Gegenüber zu einer gesicherten Erkenntnis verhelfen. Hierin liegt unter anderem ein Anknüpfungspunkt für den modernen Diskurs, wie ihn Habermas für unsere heutige Zeit in der „idealen Sprechsituation" konstruiert hat (s. S. 188).

Sokrates (470–399 v. Chr.), griechischer Philosoph (Biografie s. S. 390)

Platon (427–347 v. Chr.), griechischer Philosoph, Schüler von Sokrates (Biografie s. S. 386)

3 Informieren Sie sich über die Technik der Psychoanalyse und vergleichen Sie sie mit der „Mäeutik" von Sokrates.

Marktplatz des antiken Athen (Rekonstruktion)

Hier zog Sokrates die Athener Bürger ins Gespräch.

Der nebenstehende Dialog kreist um das Thema der **areté**, einen Zentralbegriff der griechischen Philosophie, der nur unzulänglich mit dem deutschen Wort „Tugend“ wiedergegeben werden kann. Gemeint ist eine prinzipielle Lebenshaltung, die den Menschen befähigt, richtig und gut zu handeln. Menon schlägt vor, dass Tugend (also areté) z.B. die Gerechtigkeit oder die Besonnenheit sei. Sokrates ist mit dieser Definition nicht zufrieden (s. dazu das Kapitel „Glücks- und Tugendethik“, in dem die Kardinaltugenden untersucht werden, S. 132ff.).

Sokrates im Gespräch mit Menon: Was ist die Tugend?

Sagten wir nicht vorhin, die Gerechtigkeit, die Besonnenheit und dergleichen seien Teile der Tugend?

Ja.

Na, Menon, spielst du mit mir?

Wieso, Sokrates?

Ich habe dich gerade gebeten, mir die Tugend weder zu zerbrechen noch zu zerbröseln, und dir Beispiele gegeben, wie du definieren sollst. Du aber kümmerst dich nicht darum, sondern sagst mir, die Tugend läge darin, etwas Gutes durch Gerechtigkeit zu bewirken; das sei ein Teil der Tugend.

Das behaupte ich.

Also folgt aus deiner Erklärung, es sei Tugend, alles, was man tut, mit einem Teil der Tugend zu tun. Denn du sagst, die Gerechtigkeit sei ein Teil der Tugend, und Entsprechendes gelte für andere Teile.

Ist es nicht so?

Ich erinnere dich an meine Bitte, die Tugend im Ganzen zu bestimmen. Aber du bist weit davon entfernt, anzugeben, was sie ist, sondern sagst, jede Handlung sei Tugend, wenn sie mit einem Teil der Tugend vollbracht wird, als hättest du schon erklärt, was die Tugend im Ganzen ist, und als würde ich sie schon erkennen, auch wenn du sie in lauter Teile zerstückelst. Also muss man, wie ich meine, noch einmal ganz von vorn mit dieser Frage anfangen, o Menon: Was ist die Tugend, wenn jede Handlung, in der ein Teil der Tugend steckt, Tugend sein soll? Denn das behauptet jemand, der sagt, jede mit Gerechtigkeit vollzogene Handlung sei Tugend. Oder meinst du nicht, man müsse noch einmal nach ihr fragen, sondern glaubst du, jemand begreife einen Teil der Tugend in dem, was dieser für sich ist, ohne sie selbst zu kennen?

Das glaube ich nicht.

Antworte also nochmals von Anfang an [...]: Was, sagst du, sei die Tugend?

O Sokrates, schon bevor ich mit dir zusammengekommen bin, habe ich bereits gehört, dass du nie anders als selbst verworren bist und andere in Verwirrung bringst. Auch jetzt kommt es mir so vor, als ob du mich bezauberst und mit künstlichen Mitteln gänzlich in den Bann schlägst, sodass ich in totale Ausweglosigkeit geraten bin. Und überhaupt scheinst du mir, wenn ich etwas scherzen darf, an Gestalt und im Ganzen jenem breiten Seefisch zu gleichen: dem Zitterrochen. Denn auch der lässt jeden, der ihm nahekommt und ihn berührt, erstarren. Und jetzt hast du, wie ich spüre, auch mir so etwas angetan, dass ich erstarre. Tatsächlich, an Leib und Seele bin ich starr geworden und weiß dir nicht zu antworten, obwohl ich schon tausendmal vielerlei Reden über die Tugend gehalten habe, vor vielen Leuten, und zwar sehr gute, wie ich meine. Jetzt aber kann ich überhaupt nicht mehr sa-

Athenisches Vasenbild um 500 v. Chr.

Älterer und junger Mann im Gespräch. In solchen öffentlichen Gesprächen, an denen jeder teilnehmen konnte, bildete sich die politische oder philosophische Überzeugung heraus.

gen, was sie ist. Und ich glaube, es ist wohl ratsam, dass du nicht von hier wegfährst, auch nicht absegelst. Denn tätest du als Fremdling in einer anderen Stadt dergleichen wie hier, man würde dich wohl als Zauberer abführen.

Schlau bist du, o Menon, und hättest mich beinahe überlistet.

Wieso, Sokrates?

Ich weiß, warum du mich so dargestellt hast.

Weshalb? Was meinst du?

Damit auch ich ein Bild von dir entwerfen soll. Ich weiß das von allen Schönen: Sie lieben es, abgebildet zu werden. Denn es ehrt sie; meiner Meinung nach sind nämlich auch die Bilder von Schönen schön. Ich aber werde kein Bild von dir entwerfen. Wenn nun dein Zitterrochen selbst erstarrt, sobald er andere in Erstarrung bringt, dann gleiche ich ihm; wenn aber nicht, dann nicht. Keineswegs bin ich selbst problemlos, wenn ich andere in Aporien[1] stürze; vielmehr stecke auch ich völlig in Verwirrung und ziehe andere mit in den Strudel. So eben jetzt, wo es um die Tugend geht. Ich weiß nicht, was sie ist. Du hast es vielleicht früher gewusst, ehe du mich berührtest; nun aber bist du einem Unwissenden ganz ähnlich. Trotzdem will ich mit dir nachdenken und prüfen, was sie wohl ist.

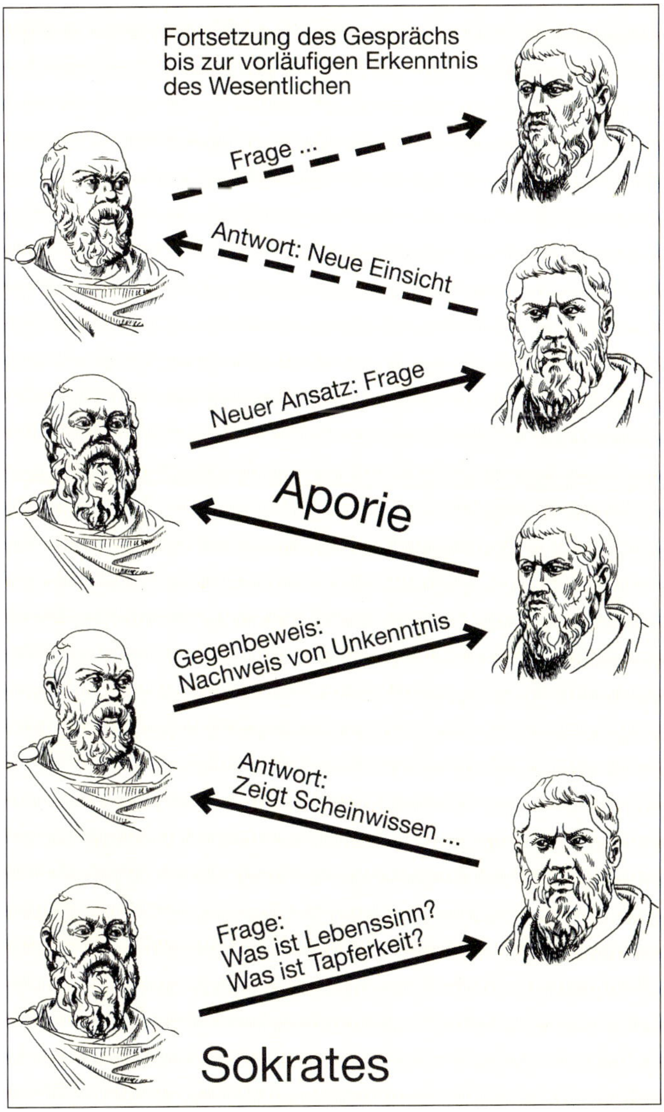

Aber auf welche Weise willst du etwas suchen, Sokrates, wovon du überhaupt nicht weißt, was es ist? Als was für ein Etwas willst du es dir vornehmen und untersuchen, wenn du es gar nicht kennst? Und wenn du es noch so gut träfest, wie willst du erkennen, ob es das ist, was du nicht wusstest?

Ich verstehe, was du sagen willst, Menon! Siehst du, was für einen streiterfüllten Gedanken du herbringst? Dass es nämlich einem Menschen unmöglich ist, etwas zu suchen: weder was er kennt, noch was er nicht kennt. Was er schon kennt, braucht er nicht mehr zu suchen. Kennt er etwas nicht, so weiß er ja nicht einmal, was er suchen soll.

[1] Aporie (gr.): zusammengesetzt aus a = nicht und poros = Weg. Eine Aporie ist eine gedankliche Sackgasse, eine scheinbare oder tatsächliche Ausweglosigkeit.

1. Vergleichen Sie den Dialog zwischen Sokrates und Menon mit der Modellzeichnung: An welchem Punkt endet der Textauszug?

2. Entwerfen Sie einen möglichen Fortgang des Dialogs, indem Sie neu ansetzen: Wie kann man ein gutes Lebenskonzept definieren? Suchen Sie dazu passende heutige Worte für „areté“ = Tugend und setzen Sie diese in den Text ein.

Die heutige Theorie der Diskursethik

Die gegenwärtigen Überlegungen zur Diskursethik berufen sich auf die lange abendländische Tradition der Begründung von moralischen Maßstäben und Entscheidungen, wie sie Sokrates vorführte. Dazu hatte sich Sokrates immer einen realen Gesprächspartner gewählt. Das muss aber nicht so sein, denn auch das einsame Denken für sich allein ist ein leises, inneres Argumentieren, ein Als-ob-Dialog.

Kant hat sich dann ca. 2000 Jahre später mit seinem Modell des kategorischen Imperativs (s. S. 157) an Sokrates' Prüfverfahren angeschlossen. Jeder soll vor seiner Vernunft, die wie eine Art innerer Gerichtshof wirkt, überprüfen, ob seine moralischen Entscheidungen für alle gültig sein könnten. In unserer Zeit griffen vor allem die deutschen Philosophen Habermas und Apel diese Tradition wieder auf und entwickelten sie weiter. An die Stelle des einsamen Grüblers bei Kant setzen sie jedoch eine Gemeinschaft von Sprechenden, die ihre verschiedenen Perspektiven und Interessen in die Argumentation einbringen können.

Jürgen Habermas (geb. 1929) gilt als einer der meistgelesenen und meistdiskutierten Denker der sog. „Kritischen Theorie" (begründet und entwickelt von Theodor W. Adorno und Max Horkheimer). Er geht davon aus, dass Herrschaft über Menschen sich rechtfertigen muss und dass diese Rechtfertigungen (= Legitimationen der Macht) mit Begriffen arbeiten, die kritisch geprüft werden müssen. In seinen Büchern untersucht er Möglichkeiten, wie sich die Bürger der komplizierten modernen Industriegesellschaft an der notwendigen staatlichen Macht beteiligen können mittels allgemein anerkannter, demokratisch legitimierter Verfahren. Das Recht auf Einspruch und Mitsprache löst Habermas für sich selbst ein, indem er sich zu großen gesellschaftlichen und politischen Themen öffentlich mit viel beachteten Zeitungsartikeln zu Wort meldet, so z. B. zur Gentechnik (s. S. 329f.).

Jürgen Habermas: Die ideale Sprechsituation

Wie ist der Entwurf einer idealen Sprechsituation mithilfe der Sprechakte, die jeder kompetente Sprecher ausführen kann, möglich? Ideal nennen wir im Hinblick auf die Unterscheidung des wahren vom falschen Konsensus eine Sprechsituation, in der die Kommunikation nicht nur nicht durch äußere zufällige Einwirkungen, sondern auch nicht durch Zwänge behindert wird, die aus der Struktur der Kommunikation selbst sich ergeben. Die ideale Sprechsituation schließt systematische Verzerrung der Kommunikation aus. Nur dann herrscht ausschließlich **der eigentümlich zwanglose Zwang des besseren Arguments, der die methodische Überprüfung von Behauptungen sachverständig zum Zuge kommen lässt und die Entscheidung praktischer Fragen rational motivieren kann.** Ich möchte nur nachweisen, dass die Kommunikationsstruktur selber dann und nur dann keine Zwänge produziert, wenn für alle möglichen Beteiligten eine symmetrische Verteilung der Chancen, Sprechakte auszuwählen und auszuüben, gegeben ist. Dann besteht nämlich nicht nur prinzipielle Austauschbarkeit der Dialogrollen, sondern eine effektive Gleichheit der Chancen bei der Wahrnehmung von Dialogrollen, d. h. auch bei der Wahl und der Performanz der Sprechakte. Aus dieser allgemeinen Symmetrieannahme lassen sich spezielle Annahmen für jede der genannten vier Klassen von Sprechakten ableiten. Unter der Voraussetzung, dass alle Gesprächsteilnehmer die gleiche Chance haben, KOMMUNIKATIVA zu verwenden, d. h. Kommunikationen herbeizuführen sowie durch Rede und Gegenrede, Frage und Antwort fortzusetzen, kann durch eine chancengleiche Verwendung der KONSTATIVA (und des für Empfehlungen/ Warnungen bedeutsamen Teils der REGULATIVA), d. h. durch eine Gleichverteilung der Chancen, Deutungen, Behauptungen, Erklärungen und Rechtfertigungen aufzustellen und deren Geltungsansprüche zu begründen oder zu widerle-

gen, die Grundlage dafür geschaffen werden, dass keine Vormeinung auf Dauer der Thematisierung und der Kritik entzogen bleibt.
Mit diesen beiden Annahmen sind die Sprechakte, die wir in Diskursen verwenden, ideal geregelt. Gleichwohl sind die Bedingungen für eine ideale Sprechsituation, die nicht nur uneingeschränkte, sondern auch herrschaftsfreie Diskussion allein aufgrund ihrer Situationsmerkmale, d.h. ihrer Struktur, sichert, noch nicht vollständig angegeben. Denn die bisherigen Bestimmungen sind noch keine Garantie dafür, dass die Gesprächsteilnehmer nicht bloß wähnen, einen Diskurs zu führen, während sie tatsächlich in einer Kommunikation unter Handlungszwang befangen sind. Wir müssen zusätzlich annehmen, dass die Sprecher weder sich noch andere über ihre Intentionen täuschen dürfen. [...]
In der idealen Sprechsituation sind weiterhin nur Sprecher zugelassen, die als Handelnde gleiche Chancen haben, REPRÄSENTATIVA zu verwenden, (also) eine Gegenseitigkeit ungekränkter Selbstdarstellung.
Diese Symmetrie von Berechtigungen und Verpflichtungen kann wiederum nur durch die Gleichverteilung der Chancen, zu befehlen und sich zu widersetzen, zu erlauben und zu verbieten, Versprechen zu geben und abzunehmen, Rechenschaft abzulegen und zu verlangen, gewährleistet werden, d.h. durch chancengleiche Verwendung der REGULATIVA. [...] Ich habe versucht, die ideale Sprechsituation nicht durch die Persönlichkeitsmerkmale idealer Sprecher, sondern durch strukturelle Merkmale einer Situation möglicher Rede, nämlich durch die symmetrische Verteilung der Chancen, Dialogrollen wahrzunehmen und Sprechakte auszuführen, zu charakterisieren.

1 Untersuchen Sie, ob sich Sokrates und Menon in einer „idealen Sprechsituation“ gemäß der Definition von Habermas befinden.

2 Versuchen Sie einen Diskurs in Ihrem Kurs zu führen, in dem nur der „zwanglose Zwang des besseren Arguments“ gilt. Mögliche Themen:
- Soll das Rauchen für alle in der Schule verboten werden?
- „Angemessene Kleidung in der Schule!“: Soll es Bekleidungsvorschriften geben?

Sprechakte

Die Theorie der Sprechakte zerlegt einen Satz in einen **illokutiven Akt**, der die Intention (= Absicht) des Sprechenden anzeigt, die er mit der Äußerung verfolgt, und in einen **propositionalen Akt**, der die eigentlichen Inhalte der Äußerung vermittelt:
„Ich befehle dir (*illokutiver Akt*), die Bananenschale aufzuheben!“ (*propositionaler Akt*)

Die vier Sprechakte, die Habermas unterscheidet, sind illokutive Akte.

- KOMMUNIKATIVA = Sprechakte, die die Art der Rede kennzeichnen, und zeigen, wie die Rede aufgefasst werden soll, z.B. als Entgegnung, Frage usw.; also z.B.: fragen, antworten, widersprechen, einwenden, zugeben, zitieren.
„Ich muss **zugeben**, dass die hohen Schulden der Gemeinde gegen einen Ausbau der Schule sprechen.“
- KONSTATIVA = Sprechakte, die anzeigen, wie der Inhalt der Rede zu verwenden ist; sie erläutern den Wahrheitsanspruch der Rede; also z.B.: mitteilen, erläutern, versichern, bezweifeln.
„Ich möchte die rechtlichen Bestimmungen des Vertrages **erläutern** und zwar ...“
- REPRÄSENTATIVA = Sprechakte, die der Selbstdarstellung eines Sprechers dienen, dem Zum-Ausdruck-Bringen von Intentionen, Einstellungen, Emotionen des Sprechers; also z.B.: hoffen, befürchten, wünschen, gestehen, verschweigen, verleugnen.
„Ich **verschweige** dir nicht, dass ich von deiner Argumentation tief erschüttert bin.“
- REGULATIVA = Sprechakte, die erläutern, wie die Sprecher/Hörer sich zu verhalten haben; die die Regeln angeben, nach denen die Gesprächspartner handeln wollen oder sollen; z.B.: auffordern, verbieten, erlauben, vorschlagen, ablehnen, empfehlen, zugestehen, vereinbaren.
„Wir sollten folgende Gesprächsregeln **vereinbaren** ...“

Die „Letztbegründung" der Diskursethik

„Du sollst nicht töten!"*

In der heutigen globalisierten Welt treffen verschiedene Kulturen unmittelbar aufeinander, in denen das Leben nach sehr unterschiedlichen moralischen Maßstäben geregelt ist. Es scheint also zwingend notwendig zu sein, eine für alle verpflichtende Grundnorm des Verhaltens zu suchen, die in allen Kulturen anerkannt wird.
Nun lautet in wohl jeder Gesellschaft ein sehr stark emotional besetztes ethisches Gebot: „Du sollst nicht töten!" Nichts interessiert und erschüttert Menschen so sehr wie Mord oder Totschlag an Menschen. So scheint das „5. Gebot" besonders geeignet für den Versuch, eine allerletzte, unwiderlegliche, philosophische Begründung für moralisches Verhalten zu durchdenken.
Die Frage ist nur, wie eine solche zwingende Begründung formuliert werden kann. Genau daran arbeitet jene Richtung der Diskursethik, die nach einer letzten Begründung sucht.
Die Gegner dieser Denkrichtung, die sowohl die Notwendigkeit als auch die Möglichkeit der „Letztbegründung" bezweifeln, weisen darauf hin, dass für den normalen Bürger die alltäglichen moralischen Entscheidungen relativ unproblematisch sind: aufgrund alter Gesetze, schon seinen Eltern vertrauten Verhaltensregeln, die sie an ihn weitergaben, entscheide er sich täglich.
Die Befürworter dieses philosophischen Ansatzes antworten: Dieser Einwand mag stimmen für die kleine Welt von Familie und Nachbarschaft, ist aber schon für die Gesamtheit unserer Industriegesellschaft sehr fraglich und für das globale Netz der internationalen Beziehungen sicher falsch.
Darüber hinaus halten die Skeptiker den Diskursethikern, die ein solches letztbegründendes Prinzip aufzuspüren versuchen, entgegen, dass sie sich in eine nicht enden wollende Kette von Begründungen verwickeln würden auf der immerwährenden Jagd nach dem letzten Grund; diese permanenten Ableitungen, um auf den letzten Kern zu stoßen, seien aber praktisch nicht durchführbar.
Wie ist das Problem einer universellen Grundnorm philosophisch dennoch zu lösen?
Die Diskursethik versucht einen Weg zu weisen. Der Denkansatz der Diskursethiker setzt voraus, dass diejenigen, die sich ernsthaft auf die Suche nach letzten Gründen begeben, die Prinzipien der Rationalität und Logik der Sprache anerkennen ebenso wie ein jeder, der sich auf eine Begründung seines Verhaltens und seiner Entscheidungen einlässt. Das hat zur Folge, dass jeder, sobald er anfängt zu argumentieren, zu einer „Argumentationsgemeinschaft" gehört. Und zwar notwendigerweise.
„Wenn es eine Vielzahl von argumentations- und kommunikationsfähigen Subjekten gibt, dann (muss) derjenige, der argumentiert, immer schon notwendig mit Bezug auf alle (argumentieren).
‚Ich behaupte hiermit, dass sich x so und so verhält', kann nichts anderes bedeuten als: ‚Ich behaupte hiermit gegenüber jedermann, dass sich x so und so verhält

und erkläre mich bereit, meine Behauptungen gegenüber jedermann zu verteidigen.' Irgendwelche Einschränkungen hinsichtlich des Kreises derer, gegenüber denen der Geltungsanspruch erhoben wird, wären in Wahrheit Einschränkungen des Geltungsanspruchs selbst."

In alltäglichen moralischen Konflikten erfahren wir allerdings selten diese logisch ableitbare Argumentationsgemeinschaft, sondern spüren unmittelbar, wie unser Gewissen zu uns spricht.

Das Gewissen ist ein wesentliches Merkmal der Persönlichkeit, die Basis jeder ethischen Entscheidung. Gewissensfreiheit ist das Recht jedes Menschen und wird für Abgeordnete im Bundestag geradezu verlangt bei allen Abstimmungen, die nicht nur Sachfragen betreffen. Besteht da nicht ein Widerspruch zwischen diesem Recht auf Gewissensfreiheit des Einzelnen und der Anerkennung einer Argumentationsgemeinschaft als letzter Prüfung, also der Tatsache, dass man sich im Sprechen immer auf andere bezieht, vor anderen verteidigt, andere zur Prüfungsinstanz macht?

Zwar muss das Gefühl für Recht und Unrecht, die moralische Urteilsfähigkeit (= Gewissen) jedem Menschen zugestanden werden, das ist geradezu Bedingung für eine Argumentation über ethische Probleme. Aber in ethischen Fragen dürfen Menschen nicht beim Fühlen stehenbleiben. Denn: Gewissen muss prüfbar sein, muss sich auch vor den anderen rechtfertigen! Denn sonst könnte jeder handeln, wie er wollte, und sich dabei auf seine innere Stimme berufen. Ein Konsens über Maßstäbe des Handelns untereinander könnte nicht zustande kommen bzw. wäre rein zufällig, wenn gerade zwei oder mehr zusammenträfen, die ähnlich fühlen.

Auch eine ganz persönliche, stille Gewissensprüfung verläuft außerdem in Form eines inneren Gesprächs mit den vorgestellten anderen. Ohne den Bezug auf die Haltungen und Überzeugungen anderer gäbe es gar keinen Gewissenskonflikt.

Daraus ergibt sich: Sprechen ist ursprünglich auf ein Du gerichtet. Mehr noch, jeder Argumentierende muss daran interessiert sein, die Gemeinschaft der Argumentierenden zu bewahren, solange es ihm wichtig ist, zu sprechen, zu begründen, zu rechtfertigen, zu streiten, gehört zu werden.

In dieser diskursethischen Grundnorm moralischen Verhaltens (= Letztbegründung) findet sich das Prinzip der Gegenseitigkeit verändert wieder, das sich durch die abendländische Philosophie von Sokrates bis Kant zieht.

Die „Letztbegründung" der Diskursethik könnte enttäuschend sein für jemanden, der unter diesem Begriff ein überwältigendes, unmittelbar allen einleuchtendes und absolut verbindliches Prinzip erwartete. Berechtigterweise könnte man einwenden, dass kein Mörder das Messer sinken lassen würde, wenn man ihm diese Grundnorm aufsagte, dass kein Finger vom Abzug genommen würde, weil das verängstigte Gegenüber sich auf die „Letztbegründung" beruft. Aber mehr kann eine philosophische, streng logische Beweisführung eben nicht leisten als nachzuweisen, dass argumentieren auch heißt, das Leben des anderen vorauszusetzen – will sie sich nicht selbst widersprechen!

Darin liegt die philosophische – nicht religiöse – Begründung jenes so überragenden ethischen Gebots: Du sollst nicht töten! Wer mit anderen reden will, darf die anderen nicht vernichten, zumindest für die Zeit des Redens nicht.

❶ Welcher ethische Grundsatz könnte einen Menschen davon abhalten, einen anderen zu töten, der ihn schwer geschädigt hat und den er zutiefst hasst?

❷ Ist die „Letztbegründung" der Diskursethik zu theoretisch oder zu abgehoben, um im Alltag wirklich wirksam werden zu können? Begründen Sie Ihre Antwort.

Kritik an der idealen Sprechsituation

Harald Weinrich (geb. 1927) ist Professor für Linguistik und Literaturwissenschaft. Nach seiner Emeritierung als Professor der Münchner Universität lehrt er seit 1993 als erstes nicht französisches Mitglied am Collège de France in Paris. Er wurde vor allem bekannt mit seinem Buch „Linguistik der Lüge".

Harald Weinrich: Die Diktatur des Sitzfleisches

Was dürfen wir uns in diesem Kontext vom *Diskurs* erhoffen, so wie ihn Jürgen Habermas idealtypisch zur kritischen Prüfung herrschender Meinungen und geltender Normen empfohlen hat? Habermas setzt ja auf den Diskurs als herrschaftsfreies Miteinanderreden insbesondere die Hoffnung, dass an seinem Ende, wenn der Diskurs „nur lange genug fortgesetzt wird", ein Konsens, ja sogar ein „wahrer Konsens" hergestellt werden kann. Um diese Hoffnung plausibel zu machen, muss er allerdings nicht nur jedes Macht- und Kompetenzgefälle („Herrschaft"), sondern auch jeden Realitätsdruck und Entscheidungszwang fortdenken. [...] Nehmen wir also an, dass alle Gesprächsteilnehmer eines Diskurses die gleichen Rechte und Chancen haben, reden, fragen, raten, fordern und befehlen zu können. Es bereitet keine besonderen Denkschwierigkeiten, sich den Anfang und den Fortgang eines solchen Diskurses vorzustellen: Es gilt da nur die Rednerliste, und die „kommunikative Kompetenz" ist tatsächlich wie eine Menge von Spielmarken unter die Teilnehmer dieses Gesellschaftsspieles gleichmäßig verteilt. Was ich mir hingegen nach den von Habermas festgelegten Spielregeln nicht vorstellen kann, ist das *Ende* eines Diskurses. Es ist ja weder eine vorgegebene Fragestellung zugelassen, noch soll es unter den Teilnehmern des Diskurses institutionelle oder charismatische Autorität geben, noch sind schließlich Einflüsse von außen vorgesehen, die einen Drang oder Zwang zum Abschluss der Verhandlungen ausüben.

Unter diesen Umständen weiß ich nicht, wie ein Diskurs überhaupt zu einem Ende, geschweige denn zu einem Ziel kommen soll. Die Wissenschaften nämlich, die zur Kritik der Meinungen und Normen aufzubieten sind, werden – und zwar mit Recht – sogleich argumentieren, dass die Verhältnisse natürlich viel komplexer sind, als das in den herrschenden Auffassungen zum Ausdruck kommt und in je beliebigen Auffassungen zum Ausdruck kommen kann.

So erzeugen die Spielregeln des Diskurses mit Notwendigkeit ein Dauer-Räsonnement[1], das im „Ausdiskutieren" der Probleme bis zur psychischen oder biologischen Erschöpfung (Aus-!) der Gesprächspartner geht und am nächsten Tag ohne Erschöpfung der Komplexität weiterläuft. Denn die Komplexität ist immer größer, als ein Diskurs lang sein kann: Das ist die moderne Variante der alten Maxime *Ars longa, vita brevis*[2]. Es ist daher zu befürchten, dass der Diskurs nicht zu einem Konsens in der Wahrheit (was immer das sein mag) führt, sondern einzig und allein zu einem Konsens im Weiterreden: Diktatur des Sitzfleisches.

1. Warum ist es nach Weinrichs Überzeugung schwer, einen Diskurs nach den Spielregeln von Habermas überhaupt zu beenden?

2. Wenn tatsächlich ein solcher Diskurs zustande käme, wer wird sich nach Weinrichs Überzeugung letzten Endes mit seiner Meinung durchsetzen?

3. Wann und wo sollte eine ideale Sprechsituation möglichst nicht angestrebt werden?

[1] Räsonnement (frz.): Erwägung, Überlegung

[2] Ars longa, vita brevis (lat.): Das Leben ist kurz, die Kunst ist lang.

Dieter Wunderlich: Der ideale Diskurs ist utopisch

Rudi Dutschke, Sprecher des Sozialistischen Deutschen Studentenbundes, bei einer flammenden Rede während der Studentenunruhen 1968

Meister und Azubi in einer Möbelfabrik

Dieses Modell ist idealisiert nicht nur in dem Sinne, dass es von den Besonderheiten einer speziellen Kommunikation abstrahiert, sondern auch, dass es in jeder Hinsicht utopisch ist. Es setzt eine Gesellschaft von erwachsenen und emanzipierten Sprechern voraus, die alle ihre Erwartungen und Motivationen verbal explizieren[1] können, und es setzt einen Stand der Produktivkräfte und Formen der gesellschaftlichen Organisation voraus, die jedes Individuum sich frei entfalten lassen, indem es keine Normen befolgen muss, die es nicht auch frei anerkennt.

Gegen Habermas' Entwurf sind mindestens zwei Einwände nötig:

1. Die volle Symmetrie kann nicht in allen Prozessen der Kommunikation erreicht werden:

– z.B. nicht im Erziehungsprozess, in dem das Kind ein Rollenverständnis und gewisse sachbezogene Fähigkeiten überhaupt erst erlernen muss, wobei es ohne jede Form der Anleitung nicht auskommen kann;

– auch nicht in den Formen der gesellschaftlichen Arbeitsteilung, d.h. wenn es Spezialisten gibt, die über einen gewissen Sachbereich eher etwas behaupten können als andere;

– und schließlich nicht bei allen Prozessen der Aufklärung und Agitation[2], die – solange es die Habermas'sche utopische Welt nicht gibt – die Missstände der bisherigen Welt deutlich machen müssen.

2. Habermas skizziert eine Welt des redenden Individuums. [...] In dieser Welt scheint es ein Handeln der Individuen, das nicht auf vorheriger verbaler Erörterung beruht, nicht zu geben, und ebenfalls nicht eine Kommunikation in außerverbalen Medien.

[1] verbal explizieren (lat.): sich sprachlich ausdrücken, etwas wörtlich erläutern

[2] Agitation (lat.): Aufstachelung (z.B. Aufforderung zum Handeln durch eine aufhetzende Rede)

Dieter Wunderlich (geb. 1937) ist Professor für Sprachwissenschaft. Er untersucht in seiner Sprechakttheorie den Zusammenhang von Sprechen und Handeln.

Bundeskanzler Schröder in einer Bundestagsdebatte 2002

4 Wunderlich führt drei Gebiete auf, in denen keine symmetrischen, gleichberechtigten Diskurse geführt werden können. Finden Sie anschauliche Beispiele, die seine Kritik bestätigen oder widerlegen. Ziehen Sie dazu die Bilder auf dieser Seite heran.

5 Untersuchen Sie, ob Wunderlich mit seiner Kritik den Zweck der idealen Sprechsituation (= Diskurs) von Habermas getroffen hat.

6 Überlegen Sie, ob in Debatten des Bundestages um ein Ergebnis im Sinne der idealen Sprechsituation gerungen wird.

Gedankengänge darstellen und prüfen

Darstellung einer ethischen Argumentation

Philosophische und ethische Texte sind oft sehr komplex und vielschichtig. Um den gedanklichen und argumentativen Kern solcher Texte freizulegen und zu veranschaulichen, kann man entweder die Argumentation in ihrer **logischen Struktur** darstellen (s. S. 54) oder mithilfe einer **Strukturskizze** (mögliche Gliederungspunkte sind: Fragestellung/Problematik, These, Argumente, Erläuterungen/Beispiele) oder einer **Mindmap** den **„roten Faden"** sichtbar machen.

Beispiel (Textgrundlage: Peter Singer: Nur Personen haben ein Recht auf Leben (s. S. 180):

Nur Wesen mit einem Lebensinteresse haben ein unbedingtes Recht auf Leben. (1)
Menschliche Föten und Neugeborene haben kein Lebensinteresse. (2)

Menschliche Föten haben kein unbedingtes Recht auf Leben. (3)

Überprüfung einer ethischen Argumentation

Eine Argumentation wie die von Peter Singer lässt sich überprüfen hinsichtlich des **Wahrheitsgehalts der Prämissen und der Konklusion** oder in **Bezug auf die logische Gültigkeit.**
Singers Argument ist demnach logisch gültig, der Wahrheitsgehalt und die Geltung der Prämissen jedoch ist umstritten und bedarf daher zusätzlicher Belege und Begründungen. Auch zeigt das Beispiel die besondere Problematik ethischer Argumentation. So enthält Singers Argument eine normative (1) und eine empirische Prämisse (2); die Konklusion ist normativ.
Normative Aussagen bedürfen einer anderen Form der Begründung als deskriptive Aussagen. Sie enthalten stets direkte oder indirekte Werturteile und Handlungsanweisungen. Sie „verlangen" auch, dass sich derjenige, der sie vertritt, in seinem Handeln auch an ihnen orientiert. Daher ist es erforderlich, den normativen Charakter eines Satzes auch sprachlich deutlich zu machen. Es kann irreführend sein, normative Aussagen so zu formulieren, als handle es sich um deskriptive Sätze („Morden ist böse" statt „Du sollst nicht töten!", s. S. 51f.).

Mithilfe der folgenden Fragen lässt sich der Gedankengang eines Textes, seine Aussagen und Argumente, überprüfen, bestätigen oder kritisieren:

- Sind die im Argumentationszusammenhang genannten empirischen Fakten nachvollziehbar und korrekt? Können sie als Basis dienen für ein moralisch-ethisches Argument oder beruht die Argumentation auf einem Sein-Sollen-Fehlschluss (s. S. 50f.)?
- Ist die Argumentation logisch gültig oder widersprechen sich miteinander verbundene Aussagen? Wird aus Einzelfällen zu schnell auf eine allgemeine Gesetzesmäßigkeit geschlossen?
- Hat der Text einen „roten Faden" oder enthält er gedankliche Sprünge?
- Dienen Metaphern, Vergleiche und Analogien der Präzisierung und Veranschaulichung oder „hinken" sie?
- Was sind die Prämissen der Argumentation? Werden sie deutlich benannt oder stillschweigend vorausgesetzt?
- Werden die normativen Aussagen als solche kenntlich gemacht und überzeugend begründet?

Aufgaben

1. Erstellen Sie eine Argumentationsskizze für Spaemanns Text „Alle Menschen sind Personen." (s. S. 181)

2. Unterscheiden Sie zwischen empirischen und normativen Prämissen und Konklusionen.

3. Weisen Sie verschiedene Argumentationstypen (s. S. 54) in den Texten von Spaemann und Singer nach.

4. Überprüfen Sie Singers und Spaemanns Argumentation mithilfe des Fragenkatalogs.

Religion als Quelle der Moral? – Religion und Ethik

Carl Milles (1875–1955): Hand Gottes
Skulptur in Stockholm

Wie veranschaulicht die Skulptur das Verhältnis von Gott und Mensch?

Wesen und Bedeutung der Weltreligionen

Religion und religiös begründete Ethik*

Religionen bilden seit Jahrhunderten moralische Orientierungs- und Ordnungssysteme, deren Ethik das moralische Empfinden und Handeln vieler Menschen bestimmt. Einige Hoch- oder Weltreligionen verkünden eine *universale*, d. h. Zeit und nationale Grenzen überschreitende Botschaft, richten sich mit mehr oder weniger ausgeprägtem *Wahrheitsanspruch* an *alle* Menschen und leite(te)n daraus die Pflicht und das Recht zu einem „Bekehrungsauftrag" ab.
Religionen gründen ihre ethischen Überzeugungen auf Prämissen, die *geglaubt* werden müssen (z. B. die göttliche Herkunft der Zehn Gebote). In ihren moralischen Forderungen sehen sie sich durch deren „Letztbegründung" in Gott den allein vernunftbezogenen philosophischen Konzeptionen überlegen.
Religionen verbinden das moralisch richtige Handeln bzw. die Erfüllung ihrer ethischen Forderungen mit der Aussicht, nach dem Tod in einem *jenseitigen Leben* zur Vollendung und zur „ewigen Ruhe" zu kommen oder, wie im Buddhismus, aus dem Kreislauf der Wiedergeburten auszubrechen und ins Nirvana einzugehen.
Religionen lehren, dass der Mensch *„erlösungsbedüftig"* sei. Die Erlösung von Leid, Schuld, Sünde und anderen Unzulänglichkeiten des Lebens kann der Mensch nur erreichen, wenn er sich als Teil eines (göttlichen) Kosmos versteht und den Lehren und dem Vorbild der Gründungspersönlichkeiten sowie den religiösen Grundsätzen folgt.
Mit der Formulierung „im Bewusstsein seiner Verantwortung vor Gott und den Menschen" anerkennt das *Grundgesetz Deutschlands* den religiösen Aspekt möglicher menschlicher Erfahrung und Handlungsmotivation. Dieser explizite Gottbezug wurde allerdings nicht in die im Jahr 2004 beschlossene erste *europäische Verfassung*[1] aufgenommen; in der Einleitung heißt es stattdessen: „Schöpfend aus den kulturellen, religiösen und humanistischen Überlieferungen Europas ...".
Die *Glaubens- und Bekenntnisfreiheit* ist Bestandteil demokratischer Verfassungen und der UN-Menschenrechtsdeklaration. Gleichwohl gestaltet sich das *Verhältnis zwischen Staat und Religion* jedoch oft konfliktbeladen. Es beschäftigt bis heute, zuweilen in heftigen Auseinandersetzungen, den Gesetzgeber und die höchsten Gerichte. Vor allem der Anspruch der Religionen, ewige Wahrheiten zu lehren und ihre ethisch-moralischen Vorstellungen auch in einem säkularen[2] Staat durchzusetzen, hat entschiedenen Widerspruch und Kritik, insbesondere seitens der Philosophie, gefunden.

[1] seit 2007: *europäischer Grundlagenvertrag*
[2] säkular (lat.): weltlich

1. Was verstehen Religionen unter „Erlösungsbedürftigkeit" des Menschen? Was resultiert aus dieser Annahme?
2. Ist eine „Ethik ohne Gott" einer religiös begründeten Ethik unterlegen?
3. Warum hat die europäische Verfassung auf den Gottbezug verzichtet?
4. Religiöse Feiertage in einem säkularen Staat? Religionsunterricht als Pflichtfach an staatlichen Schulen? Diskutieren Sie.

Grundzüge der Religion

Religion (lat. religio: Pflicht, Gewissenhaftigkeit, Ehrfurcht) ist ein Wort, dessen etymologische Herkunft ebenso umstritten ist wie die durch es bezeichnete Sache. […]

Gegenüber einseitigen Wesensbestimmungen lassen sich besser eine Reihe von Grundzügen nennen, die mehr oder weniger vollständig gegeben sein müssen, um ein kulturelles Phänomen als Religion bezeichnen zu können.

(a) Ein Glaube an übernatürliche Wesen (Gott) und Kräfte, (b) die Unterscheidung heiliger und profaner Gegenstände, (c) rituelle Akte, die sich um heilige Gegenstände zentrieren, (d) die Annahme eines vom Göttlichen angeordneten und sanktionierten Moralkodex, (e) spezifische Gefühle, die in Gegenwart heiliger Gegenstände und ritueller Praxis entstehen und in Verbindung gesetzt werden mit dem Göttlichen, (f) Gebete und andere Formen der Kommunikation mit dem Göttlichen, (g) eine aus Erzählungen, Bildern und Begriffen zusammengesetzte Vorstellung von Natur und Geschichte im Ganzen, die den Platz des Individuums in der Welt und die Möglichkeit seines (irdischen oder jenseitigen) Heils oder Unheils, seiner *Erlösung* oder Verdammung vorzeichnet, (h) eine Art der Gemeinschaft, die durch Anerkennung und Praxis des eben Genannten konstruiert wird (*Kirche*, Religionsgemeinschaft).

Die verschiedenen geschichtlichen Religionen sind durch die Betonung eines oder mehrerer der genannten Grundzüge charakterisiert. Entsprechend dem Kriterium, wo das Göttliche primär gesucht und lokalisiert wird und welche Art des Verhaltens als adäquate menschliche Antwort gesehen wird, lassen sich typologisch sakramentale, prophetische und mystische Religionen unterscheiden. (a) Die *sakramentale* Religion sucht das Göttliche bzw. dessen Inkorporation oder Manifestation primär in heiligen Dingen; (b) die *prophetische* Religion in Ereignissen der Geschichte und in von Gott inspirierten Äußerungen großer begnadeter Persönlichkeiten (das Schüsselwort ist hier nicht Sakrament, sondern Offenbarung); das Zentrum der (c) *mystischen* Religion bildet nicht ein gegenständlich Göttliches, auch nicht ein personales göttliches Du, das sich in Wort und Geschichte bekundet, sondern ein innerer Zustand, eine Erfahrung, die die Verschmelzung des Individuums mit dem Göttlichen zum Inhalt hat.

Otfried Höffe (Hg.): Lexikon der Ethik, München (Beck) ^{6}2002

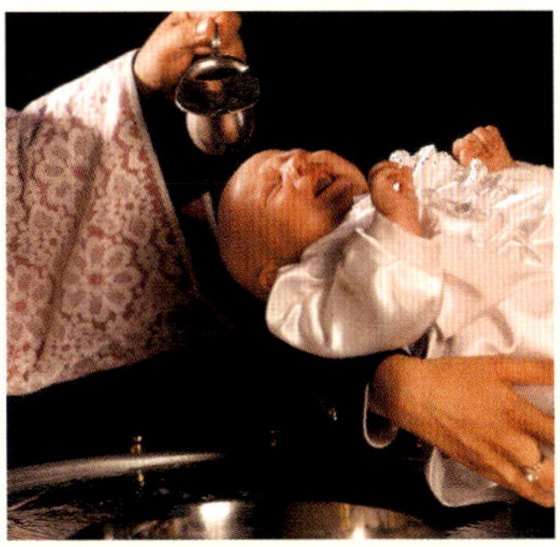

In allen christlichen Kirchen ist die **Taufe** der sakramentale Ritus der Aufnahme in die Gemeinschaft der Gläubigen (Initiation), verbunden mit der Namensgebung. Die dabei erfolgende rituelle Waschung mit Wasser reinigt symbolisch von der „Erbsünde", die Adam und Eva als Stammeltern des Menschengeschlechtes verursachten (s. S. 63).
Das Christentum wandte sich damit von der auf Abraham zurückgehenden und im Judentum und im Islam als Initiationsritus praktizierten körperlichen Beschneidung (der Jungen) ab (Neues Testament, Apostelgeschichte 15, 1–21, s. auch S. 28).

5 Ordnen Sie die genannten Merkmale Ihnen bekannten Religionen zu.

*Religionen.
Glauben, Riten, Heilige.
Mannheim (Brockhaus) 2004*

Arnold Toynbee (1889–1975), britischer Historiker und Geschichtsphilosoph, forschte über die Kulturentwicklung der Menschheit. Hauptwerk: A Study of History (12 Bände, 1934–1961).

Religion und Biografie – Interaktionsspiel

Zeichnen Sie eine „Lebenslinie" quer auf ein Blatt. Überlegen Sie, welche „Gottesbilder" oder Ersatzvorstellungen Sie im Laufe Ihres bisherigen Lebens hatten. Tragen Sie diese dem Alter entsprechend ein. Notieren Sie für diese Vorstellungen und Ihr Verhältnis zur Religion wichtige Erlebnisse. Formulieren Sie im Anschluss Ihren Standpunkt zur Religion heute.
Tauschen Sie sich in Kleingruppen über Ihre Erfahrungen und Vorstellungen aus. Sprechen Sie über Gemeinsamkeiten und Unterschiede.
Die abschließende Auswertung im Plenum kann um folgende Fragen kreisen:
- Was ist im Gruppengespräch deutlich geworden? Welche Fragen ergeben sich?
- Gibt es für mich so etwas wie eine generelle Linie, eine Regel für meine Gottesvorstellung?
- Wie hat sich mein Verhältnis zur Religion im Laufe der Zeit verändert?
- Welche Gründe für diese Veränderungen sehe ich?
- Wer bzw. was hat meine Gottesvorstellung und Einstellung zur Religion beeinflusst?

Arnold J. Toynbee: Die Bedeutung der Weltreligionen

Nichtsdestoweniger ist der Durchbruch der Hochreligionen, wie schon gesagt, bislang die folgenschwerste und revolutionärste neue Richtung in der Religionsgeschichte und der Menschheitsgeschichte überhaupt. Die Hochreligionen haben den Menschen aus dem sozialen Gefängnis befreit, das er von seinen vormenschlichen Ahnen geerbt hatte.
Die Lebensweise, die seine vormenschlichen Ahnen dem primitiven Menschen hinterlassen haben, war monolithisch[1]. Sein religiöses Leben war ein wesentlicher Bestandteil seines ganzen sozialen Lebens. In diesem Stadium waren die religiöse und die weltliche Seite des Lebens nicht voneinander zu trennen oder gar zu unterscheiden. Alles was der Mensch tat, war gleichzeitig religiös und politisch und wirtschaftlich und künstlerisch. [...]
Die monolithische Lebensstruktur gestattet einem menschlichen Wesen wenig oder keine Freiheit zu eigener Initiative oder Entscheidung auf irgendeinem Gebiet. In seiner Religion ist der Mensch gezwungen, den Zugang zu Wahrheit und Seligkeit ausschließlich durch Vermittlung seiner Gesellschaft zu suchen. Seine Gesellschaft steht zwischen ihm und der letzten geistigen Realität hinter den Phänomenen des Universums, zu der sich jedes menschliche Wesen hintastet, um mit ihr in Verbindung zu kommen und mit ihr in Harmonie zu leben. Wenn er diese letzte Wirklichkeit überhaupt sieht, so sieht er sie in einem „dunklen Spiegel" (1. Kor. 13,12)[2]. Das unablässige Suchen nach der letzten geistigen Wirklichkeit ist jedoch im Menschsein angelegt. Die Hochreligionen haben die Menschen in unmittelbaren persönlichen Kontakt mit der letzten geistigen Wirklichkeit gebracht, und indem sie das taten, haben sie sie geistig unabhängig von der Gesellschaft gemacht, in der sie sich eingebettet finden als Ergebnis des Zufalls, dass sie zu einer bestimmten Zeit und an einem bestimmten Ort geboren sind. Ein Mensch, der von einer Hochreligion erleuchtet und inspiriert ist, hat die geistige Kraft empfangen, sich seiner Gesellschaft als unabhängige sittliche Macht gegenüberzustellen. Er ist in die Lage versetzt worden, seine Gesellschaft von außen zu besehen und sie von einem geistig höheren Standpunkt aus zu beurteilen, als ihr eigener es ist. Und diese geistige Befreiung hat ihm die moralische Verpflichtung auferlegt, seiner Gesellschaft kritisch zu begegnen und im äußersten Fall auf eigene Gefahr ihren Befehlen den Gehorsam zu verweigern, wenn er zu der Überzeugung kommt, dass diese dem höheren Standpunkt der Ethik, von dem er nun Kenntnis hat, zuwiderlaufen. Als sittlich freies Wesen ist er auch sittlich gehalten, Gott mehr zu gehorchen als seinen Mitmenschen, wenn er vor diese gewaltige Entscheidung gestellt wird. Wenn er sich seiner Gesellschaft widersetzt, muss er natürlich auf das Martyrium gefasst sein; aber wenn seine Gesellschaft ihn zum Märtyrer macht, wird sie ihre eigene Niederlage heraufbeschwören, und zwar durch die Prinzipien, für die der Märtyrer sein Leben hingegeben hat.

[1] monolithisch: aus einem Stück bestehend
[2] Neues Testament, 1. Brief des Apostels Paulus an die Gemeinde in Korinth

Diese geistige Freiheit bis zum möglichen Preis des Martyriums ist, wie wir schon bemerkt haben, die Quelle der Freiheit in jeder anderen Sphäre, der politischen, der wirtschaftlichen, der ästhetischen. Die religiöse Sphäre ist die erste, in der Menschen ihre individuelle Freiheit gewonnen haben, und die Hochreligionen sind die ursprünglichen befreienden Wirkkräfte gewesen. [...]

Die Hochreligionen haben damit, dass sie die Menschen aus ihrem unzeitlichen sozialen Gefängnis befreit haben, der Menschheit eine große Wohltat erwiesen; aber diese Wohltat musste wie die meisten Wohltaten mit einem Preis bezahlt werden, der dem Eigenwert der Wohltat entspricht. Das Aufleuchtenlassen von Wahrheiten und die Lebenshilfen, die jeder Stifter einer höheren Religion seinen Anhängern gegeben hat, waren und sind erstaunlich neu und wohltätig. Die Stifter der historischen Hochreligionen gehören in der Tat zu den bei weitem größten menschlichen Persönlichkeiten, die bislang aufgetreten sind; und heute, mehr als 1300 Jahre nach dem Tod des Jüngsten von ihnen, üben alle diese Religionsstifter einen weit größeren Einfluss auf das Leben einer weit größeren Zahl von Menschen aus als irgendjemand, der vor ihnen gelebt hat – oder nach ihnen leben wird, einschließlich natürlich der Menschen, die kurzlebig in unseren Zeitungsschlagzeilen erscheinen. Die Stifter der historischen Religionen haben so Großes bewirkt, dass ihnen von ihren Anhängern eine Leistung zugeschrieben worden ist, die die Kraft auch des allergrößten Mannes oder der allergrößten Frau übersteigt. Man glaubt, dass die Stifter die totale und endgültige Wahrheit und die totalen und endgültigen Mittel zu geistiger Rettung entdeckt oder durch Offenbarung empfangen haben. [...]

Es ist wahr, dass einige der Hochreligionen neue eigene soziale Gefängnisse gebaut haben. Religion ist ebenso soziales wie persönliches Handeln; soziales Handeln erfordert auf jedem Gebiet einen institutionellen Apparat, und einige Zweige mancher Hochreligionen haben autoritäre kirchliche Organisationen aufgerichtet, die gedroht haben, zwischen das menschliche Einzelwesen und die letzte geistige Wirklichkeit zu treten, so wie die urzeitliche Gesellschaft dies getan hat. Dieses autoritäre Verhalten steht jedoch im Widerspruch zum wesentlichen Ziel und zum Daseinszweck der Hochreligionen. [...]

Der Mensch ist kein soziales Insekt; er ist eine Person. Indem sie seine Persönlichkeit freisetzen, haben die Hochreligionen den Menschen schließlich und endlich in den Besitz seines menschlichen Geburtsrechtes gebracht. Der Mensch existiert nicht um der Gesellschaft willen. Sein Ziel ist Gemeinschaft und Harmonie mit der letzten geistigen Wirklichkeit, und die Gesellschaft ist um dieses persönlichen geistigen Suchens willen da. Die Hochreligionen haben den Menschen diese Wahrheit über sich selbst gelehrt. Es erscheint unwahrscheinlich, dass es den Ideologien[1] gelingen wird, ihn dies vergessen zu machen.

Zukunft der Religionen. Religion, Kultur, Nation und Verfassung, Frankfurt am Main, Wolfgang Schultheiß (Hg.): (Fischer) 2003

1. Worin sieht Toynbee die Bedeutung bzw. Leistung der Weltreligionen?
2. Welchen Gefahren sind die Weltreligionen ausgesetzt bzw. erlegen?
3. Lesen Sie zum Wahrheitsanspruch und zum Verhältnis der Religionen untereinander die Ringparabel in Lessings „Nathan der Weise“ und nehmen Sie dazu begründet Stellung.
4. Religion als Befreiung oder Gefängnis – wie sind Ihre Erfahrungen?

[1] Ideologie (gr.): Ideenlehre; weltanschauliche Konzeption, die ihre Idee absolut setzt (z. B. Nationalsozialismus)

Weltreligionen

	Judentum	Christentum
Herleitung des Namens	Jude: Juda war der Stammvater einer der 12 Stämme Israels. Israel („Der mit Gott streitet") war der Beiname Jakobs, des Vaters von Juda.	Jesus von Nazareth wurde Christus, „der Gesalbte Gottes", genannt.
Symbole und Zeichen	*Davidstern*: Symbol für die Reiche Juda und Israel, die David vereinte. 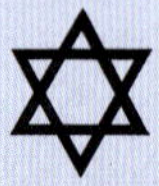 *Siebenarmiger Leuchter* 	Das *Kreuz* ist Zeichen für den Erlösertod Jesu, aber auch für die Überwindung des Todes durch die Auferstehung. 
Entstehung/ Gründer	ca. 1800 v. Chr.: *Abraham* zieht in das von Gott verheißene „Gelobte Land" ca. 1250 v. Chr.: *Moses* (Auszug aus Ägypten, Dekalog am Sinai)	Nach Kreuzigung und Auferstehung *Jesu* Entstehung der Urgemeinde; Missionstätigkeit des Apostels *Paulus* im Mittelmeerraum
Heilige Schrift	Hebräische Bibel: Tora (5 Bücher Mose), Prophetische Bücher, Hagiographen (heilige Texte)	Bibel des Alten und Neuen Testaments
Andere Erkenntnisquellen	Talmud: „Studium"; Kabbala: „Überlieferung", „Mystik"; Haggada: „Aussage"	Kirchliche Lehrtradition: Kirchenlehrer (z.B. Augustinus, Thomas von Aquin); Konzilsbeschlüsse; Lehre der Reformatoren
Gottesbild	ein Gott (Jahwe) als Schöpfer, der sich seinem Volk geoffenbart und mit ihm einen Bund geschlossen hat	ein Gott in drei Personen (Trinität); Gott als Schöpfer, Christus als Erlöser, der Heilige Geist als Element der Gegenwart Gottes
Erlösung/Jenseits	Leben nach dem Gesetz des Mose, Lohn oder Strafe im Jenseits	Leben nach dem Wort und Beispiel Jesu, Lohn oder Strafe im Jenseits

Islam	Buddhismus	
Muslim ist der, der den Willen Allahs tut, er praktiziert den Islam, die Ergebung in den Willen Allahs.	Siddharta Gautama trug den Ehrentitel Buddha, „Der Erleuchtete".	**Herleitung des Namens**
Der *Halbmond* symbolisiert sowohl Öffnung als auch Konzentration und verweist auf die Überwindung des Todes durch das ewige Leben. 	Das *Rad* symbolisiert die verschiedenen (erlösungsbedürftigen) Daseinsformen sowie die Lehre des Buddha. 	**Symbole und Zeichen**
Muhammad (arab. „der Gepriesene", 570 – 632 n. Chr.; 622 Übersiedlung von Mekka nach Medina, 630 Eroberung Mekkas); rasche Ausbreitung unter den ersten Kalifen	ca. 500 v. Chr.: *Siddharta Gautama*; friedliche Verbreitung in Indien	**Entstehung/ Gründer**
Koran in Arabisch, der Sprache Allahs	Pali-Kanon	**Heilige Schrift**
Hadith: „Worte Muhammads"; Sunna: „Gewohnheiten Muhammads"	Milindapanja (Erörterung wichtiger Fragen der buddhistischen Dogmatik in Dialogform aus dem ersten Jh. v. Chr.)	**Andere Erkenntnisquellen**
Ein Gott (Allah) offenbart sich und ist Schöpfer und Richter.	kein Gott im Sinne einer außerweltlichen persönlichen oder unpersönlichen Kraft, Boddhisatvas (Erleuchtete, die auf das Nirvana verzichten) als Helfer	**Gottesbild**
Leben nach den Regeln des Koran und dem Vorbild Muhammads; Lohn oder Strafe im Jenseits	Selbsterlösung durch den rechten Pfad, Ende der Wiedergeburt, Eingang ins Nirwana	**Erlösung/Jenseits**

Ethos der Weltreligionen

Das Gesetz befolgen: Ethos des Judentums

Marc Chagall (1887–1985): Moses empfängt die Gesetzestafeln

Die Zehn Gebote

Die 10 Gebote (Dekalog) waren die erste Grundlage für den Bund Gottes mit Israel am Sinai. Nach der Flucht aus Ägypten bestieg Mose den Berg Sinai, um zu Gott zu beten. Dabei erhielt er in einer Offenbarung zehn Gebote, die er seinem Volk auf zwei Steintafeln überbrachte. Als Mose vom Berg herabkam, war das Volk wegen der langen Wartezeit schon von Jahwe abgefallen und hatte sich selbst ein goldenes Kalb als Götzen geschaffen. Mose stellte die Ordnung wieder her.

Ich bin Jahwe, dein Gott, der dich aus Ägypten geführt hat, aus dem Sklavenhaus. Du sollst neben mir keine anderen Götter haben. Du sollst dir kein Gottesbildnis machen, das irgendetwas darstellt am Himmel droben, auf der Erde unten oder im Wasser unter der Erde. Du sollst dich nicht vor anderen Göttern niederwerfen und dich nicht verpflichten, ihnen zu dienen. Denn ich der Herr, dein Gott, bin ein eifersüchtiger Gott: Bei denen, die mir feind sind, verfolge ich die Schuld der Väter an den Söhnen und an der dritten und vierten Generation; bei denen, die mich lieben und auf meine Gebote achten, erweise ich Tausenden meine Huld. Du sollst den Namen des Herrn, deines Gottes, nicht missbrauchen; denn der Herr lässt nicht ungestraft, der seinen Namen missbraucht. Achte auf den Sabbat: Halte ihn heilig, wie es dir der Herr, dein Gott, zur Pflicht gemacht hat. Sechs Tage darfst du schaffen und jede Arbeit tun. Der siebte Tag ist ein Ruhetag, dem Herrn, deinem Gott, geweiht. An ihm darfst du keine Arbeit tun: du, dein Sohn und deine Tochter, dein Sklave und deine Sklavin, dein Rind, dein Esel und dein ganzes Vieh und der Fremde, der in deinen Stadtbereichen Wohnrecht hat. Dein Sklave und deine Sklavin sollen sich ausruhen wie du. Denk daran: Als du in Ägypten Sklave warst, hat dich der Herr, dein Gott, mit starker Hand und hoch erhobenem Arm dort herausgeführt. Dann hat es dir der Herr, dein Gott, zur Pflicht gemacht, den Sabbat zu halten.
Ehre deinen Vater und deine Mutter wie es dir der Herr, dein Gott, zur Pflicht gemacht hat, damit du lange lebst und es dir gut geht in dem Land, das der Herr, dein Gott, dir gibt.
Du sollst nicht morden. Du sollst nicht die Ehe brechen, du sollst nicht stehlen, du sollst nichts Falsches gegen deinen Nächsten aussagen, du sollst nicht nach der Frau deines Nächsten verlangen, und du sollst nicht das Haus deines Nächsten begehren, nicht sein Feld, seinen Sklaven oder seine Sklavin, sein Rind oder seinen Esel, nichts was deinem Nächsten gehört.

(3. Buch Mose [Deuteronomium] 5,6–21)

❶ Sprechen Sie über Sinn und ethische Relevanz dieser Gebote.

❷ Diskutieren Sie, ob diese Gebote heute noch in dieser Form uneingeschränkt gelten sollen. Verfassen Sie ggf. eine geänderte Version.

Die Bedeutung des Gesetzes*

Nach jüdischem Glauben hat der Mensch seine Existenz von Gott erhalten. Als Ebenbild Gottes ist er erschaffen worden, was ihm eine besondere Würde verleiht, aber auch besondere Pflichten auferlegt. Wer den Schöpfer ehren will, muss auch sein Werk, sein Gesetz, achten und befolgen. Von dem bedeutenden rabbinischen Gelehrten Hillel ist der Versuch überliefert, die Tora in einem Satz auszudrücken: „Was dir verhasst ist, das tue auch deinem Nächsten nicht. Das ist die ganze Tora, alles andere ist ihre Auslegung. Geh hin und lerne!“

Das Gesetz ist eine Willensoffenbarung Jahwes[1] und Grundlage des Bundesverhältnisses zwischen ihm und dem Volk Israel. Insofern gilt das Judentum (wie auch der Islam) als „klassische Gesetzesreligion“. Weil das Gesetz göttlichen Ursprungs und damit Ausdruck des göttlichen Willens ist, ist seine Befolgung für den Gläubigen verbindlich. Es regelt durch Normen und Vorschriften sowohl das religiöse wie auch das alltägliche Leben und hilft dem Menschen, das Gute zu tun. Missachtung des Gesetzes wird von Gott bestraft, was zu der spezifisch jüdischen Einstellung führte, im vielfach erfahrenen, entsetzlichen Leid eine Züchtigung und Prüfung Gottes zu sehen.

Das Handeln nach dem Gesetz kann zu dem Konflikt führen, dass man zur Erfüllung höherer Gesetze unbedeutenderen zuwiderhandeln muss. Ein Beispiel dafür liefert die Geschichte von Juda und Tamar (Genesis 38):

Juda hatte drei Söhne. Der Älteste, Er, heiratete eine Frau namens Tamar. Er starb, bevor er ein Kind gezeugt hatte. Für solche Fälle war die Leviratspflicht (Schwagerehe) des jüngeren Bruders vorgesehen: Er musste die Witwe heiraten; das erste Kind dieser Ehe galt dann als Kind des verstorbenen Bruders. Außerdem wurde der Witwe ein Leben in Armut erspart. Onan, der jüngere Bruder Ers, wusste, dass der erste Nachkomme nicht ihm gehören würde, und verweigerte die Zeugung, indem er beim Geschlechtsverkehr „den Samen zur Erde fallen und verderben ließ“. Zur Strafe erlitt er den baldigen Tod. Juda jedoch glaubte, dass auf Tamar ein Fluch liege und plante, ihr seinen jüngsten Sohn, Schela, vorzuenthalten. Er schickte Tamar mit dem Hinweis auf das jugendliche Alter Schelas zu ihren Eltern zurück, versprach aber, dass er sie, wenn die Zeit zur Heirat gekommen sei, benachrichtigen werde. Tamar jedoch misstraute dem Versprechen Judas. Als sie hörte, dass Juda an ihrem Heimatort vorbeikomme, setzte sie sich als Hure verkleidet ans Stadttor. Juda verkehrte tatsächlich mit der ihm Unbekannten und ließ, da er den vereinbarten Preis nicht zahlen konnte, ein Pfand zurück. Als ein Diener später das Pfand einlösen wollte, war Tamar verschwunden. Sie war schwanger geworden und ihre Familie wandte sich an Juda, der voller Entrüstung wegen ihrer Unzucht auf ihrer Tötung bestand. Bei der Verhandlung präsentierte Tamar jedoch Judas Pfand. Erschüttert gab er zu, ihr die Leviratsehe verweigert zu haben und somit schuldig an dem Geschehen sei.

[1] Jahwe (hebr.: „Ich bin, der ich bin“, Exodus 3,14): Gottesname in der hebräischen Bibel

Die Tora, das mosaische Gesetz

Die ersten fünf Bücher der Bibel, die „Fünf Bücher Mose“ (Genesis, Exodus, Leviticus, Deuteronomium, Numeri), bilden eine Einheit, die in der hebräischen Bibel „Tora“ genannt wird. Die Grundbedeutung von „Tora“ ist „Auskunft“, „Lehre“, „Wegweisung für das Leben“. Kennzeichen dieser Bücher ist, dass geschichtliche Erzählungen mit Unterweisungen verknüpft sind. Sie stellen somit eine Verbindung von Geschichte und Gesetz dar.

Die **Hebräische Bibel** (für Christen: „Altes Testament“) enthält 24 kanonisierte (festgelegte) Schriften in drei Gruppen: die Tora, die prophetischen Bücher (u.a. Jeremias, Könige I/II) und die Hagiographen (heilige Schriften, u.a. Psalmen, Hiob, Hoheslied).

Torarolle

3 Inwiefern lässt sich das Judentum als Gesetzesreligion bezeichnen? Welche Folgen für das Handeln des Menschen ergeben sich?

4 Wie veranschaulicht die Geschichte die Problematik des Handelns nach dem Gesetz?

Daten zur Geschichte des Judentums
Ca. 1800 v. Chr.: Abraham zieht in das von Gott verheißene „Gelobte Land"
Ca. 1250 v. Chr.: Moses: Auszug (Exodus) aus ägyptischer Sklaverei; Empfang der Zehn Gebote (Dekalog) am Berg Sinai
Ca. 1000 v. Chr.: Königszeit (Saul, David, Salomon); Errichtung des Tempels in Jerusalem
6. Jh. v. Chr.: Babylonisches Exil; Zerstörung des Tempels
70 n. Chr.: Zweite Zerstörung des Tempels durch Rom, danach Diaspora (Zerstreuung in alle Welt)
7. Jh.: Eroberung des Heiligen Landes durch den Islam
1096–1291: Kreuzzugszeit
1516: Palästina wird Bestandteil des Osmanischen Reiches
Ende des 19. Jh.: nach antisemitischen Pogromen in Osteuropa Einsetzen der Wiedereinwanderung von Juden nach Palästina
1897: Erster zionistischer Weltkongress: Programm zur „Schaffung einer öffentlich-rechtlichen gesicherten Heimstätte für das israelische Volk in Palästina"
1917: Balfour-Deklaration (Unterstützung einer „nationalen Heimstatt" für Juden durch England, zu deren Mandatsgebiet Palästina gehört)
1933–1945: Verfolgung und Vernichtung (Holocaust) deutscher und europäischer Juden durch den Nationalsozialismus
1948: Gründung des Staates Israel nach Abzug der Engländer aus Palästina
1948/49, 1967, 1973: Kriege zwischen Israel und seinen arabischen Nachbarländern

Aus Lehre und Geschichte des Judentums*

Das Judentum ist die älteste der drei *Offenbarungsreligionen* (Judentum, Christentum, Islam), die u. a. durch ihre Herkunft (Abraham) und durch das Bekenntnis zum Monotheismus sowie durch den Besitz „heiliger Bücher" miteinander verwandt sind und für die Jerusalem als „heilige Stadt" gilt.
Kernbotschaft des Judentums ist die Selbstoffenbarung des *einen* Gottes, der die Welt und die Menschen erschaffen und mit Abraham und dem Volk Israel, dem „auserwählten Volk", einen *Bund* geschlossen hat. Bestandteil des Bundes mit Gott ist u.a. das Wohnrecht in dem von Gott verheißenen „Heiligen Land", aus dem das Volk Israel mehrmals vertrieben wurde. Zur Kernbotschaft gehört auch die *Erwartung des kommenden Messias*, des Erlösers, der in der letzten Phase der Geschichte auftreten und ein Reich des Friedens für die Juden und die Welt auf Erden errichten wird.
Das *mosaische Gesetz* ist wichtigster Bestandteil der *Hebräischen Bibel*. Es wurde offenbart und aufgeschrieben in den Fünf Büchern Moses, der Tora, und enthält mit den Zehn Geboten (Dekalog) insgesamt 613 religiös-ethische Ge- und Verbote, deren Beachtung (z. B. in Festen, Ritualen und Bräuchen) für den Gläubigen von zentraler Bedeutung ist. Die Orientierung an der Tora half, auch in der Diaspora (Zerstreuung) Sitte und Kultus zu bewahren und damit den Zusammenhalt und das Überleben in der Fremde zu ermöglichen.
Wie in den anderen Religionen haben sich auch im Judentum *verschiedene Richtungen* herausgebildet: sie reichen von strenger Orthodoxie (die z. B. einem säkularen Staat Israel ablehnend gegenübersteht und die untrennbare Einheit von Religion und Staat/Gesellschaft betont) bis hin zum Reformjudentum (das z. B. Frauen als Rabbiner und somit als Lehrer und Leiter einer Gemeinde zulässt oder Ehen von Juden mit Nichtjuden einsegnet).
Aufgrund des Bewusstseins, zugleich Volk und Religion zu sein, kennt das Judentum keine Missions- und Bekehrungsversuche anderer Völker.
Trotz verschiedener Schutz- und Emanzipationsbestimmungen von christlich-kirchlicher oder von staatlicher Seite waren (und sind teilweise immer noch) Juden häufig Diffamierungen ausgesetzt und wurden Opfer von Sondergesetzgebungen, Kennzeichnungsvorschriften, Separationserlassen oder Verfolgungen (bis hin zum Holocaust).
Zunehmender Antisemitismus im zaristischen Russland und in Ost- und Mitteleuropa führten um 1900 zu einer Auswanderungswelle, meist in die USA, aber auch nach Palästina, ins Heilige Land. Die in dieser Zeit entstandene religiös-politische Bewegung des *Zionismus* propagierte eine (innerjüdisch umstrittene) Rückkehr der Juden nach Zion (Jerusalem). Die dadurch zunehmende und durch die Verfolgung durch den Nationalsozialismus noch verstärkte legale und illegale jüdische Besiedlung des „Heiligen Landes" stieß jedoch auf immer heftigeren Widerstand der ansässigen Araber Palästinas.
Die Gründung des *Staates Israel* 1948 war eine Reaktion auf jahrhundertelang erlebten und erlittenen Antisemitismus, auf das Leben in Gettos und im Exil, auf Pogrome und auf den Holocaust. Die danach erfolgten Kriege mit den arabischen Nachbarländern hatten ihren Grund u.a. darin, dass diese einen „Judenstaat" in der arabisch-muslimischen Welt nicht hinneh-

men wollten. Die bis heute andauernden gewalttätigen Auseinandersetzungen mit Palästinensern, aber auch die innerjüdischen Differenzen über die Politik Israels, drehen sich um das Existenzrecht Israels, um die israelische Besatzungs- und Siedlungspolitik, um den Status von Jerusalem, um das Schicksal der Palästinenser und um deren Bestreben nach einem eigenen Staat.

Diese Auseinandersetzungen und die zahlreichen internationalen Vermittlungs- und Friedensbemühungen zeigen, wie groß das Konfliktpotenzial und wie schwierig und mühsam für alle Beteiligten der Weg zu einem friedlichen Neben- und Miteinander im „Heiligen Land“ ist.

1979/1994: Friedensverträge Israels mit Ägypten und Jordanien
1987: Beginn gewalttätiger Aufstände (Intifadas) von Palästinensern gegen Israel und dessen Besatzungs- und Siedlungspolitik in den 1967 eroberten Gebieten, militärische und zivile Gegenaktionen Israels, unterbrochen von zahlreichen Vermittlungs- und Friedensbemühungen, so z. B.
1993: das Gaza-Jericho-Abkommen (gegenseitige Anerkennung von Israel und der „Palästinensischen Befreiungsorganisation“ (PLO); Konstituierung der Palästinensischen Autonomiebehörde)
2005: Abzug Israels aus dem Gazastreifen

Betende Juden an der „Klagemauer“ in Jerusalem

Die Klagemauer ist die nach der Zerstörung des Tempels im Jahr 70 n. Chr. erhalten gebliebene Westmauer des ehemaligen Tempelbezirkes, in dem sich seit Ende des 7. Jh. Heiligtümer des Islam (Felsendom und Al-Aksa-Moschee) befinden.

Der siebenarmige Leuchter (Menora) vor der Knesset (Parlament) in Jerusalem

Die Menora gehörte zum Kultgerät des Stiftzeltes (Exodus 25,31ff.) und symbolisiert die Hoffnung auf den Messias. Sie ist seit 1948 offizielles Emblem des Staates Israel und ihre Aufstellung vor der Knesset drückt die Verbindung von Religion und Staat aus.

Norman Solomon: Judentum. Eine kurze Einführung, Stuttgart (Reclam) 1999

Leo Prijs: Die Welt des Judentums, München (Beck) [4]1996

Referieren Sie über die Geschichte Jerusalems. Stellen Sie dabei dessen Bedeutung für die Offenbarungsreligionen, insbesondere für das Judentum, heraus und überlegen Sie Lösungsmöglichkeiten für den künftigen Status der Stadt.

Den Nächsten lieben: Ethos des Christentums

Die **Bergpredigt** (Matthäus 5,1–7,29) **ist eine Darstellung des ethischen Verständnisses Jesu**. In der Formulierung: „Ihr habt gehört, dass zu den Alten gesagt worden ist ..." bezieht sich Jesus auf die Tora, das mosaische Gesetz.
An anderer Stelle fasst Jesus seinen ethischen Anspruch in dem Doppelgebot zusammen: „Du sollst den Herrn, deinen Gott, lieben mit ganzem Herzen, mit ganzer Seele und mit all deinen Gedanken. Das ist das erste und wichtigste Gebot. Ebenso wichtig ist das zweite: Du sollst deinen Nächsten lieben wie dich selbst. An diesen beiden Geboten hängt das ganze Gesetz samt den Propheten." (Matthäus 22, 37–40)

Die Bergpredigt

Mt. 5,1 Als er aber die Volksscharen sah, stieg er auf den Berg, und als er sich gesetzt hatte, traten seine Jünger zu ihm.
2 Und er öffnete seinen Mund und lehrte sie:
3 „Selig die Armen im Geiste, denn ihrer ist das Himmelreich.
4 Selig die Trauernden, denn sie werden getröstet werden.
5 Selig die Sanftmütigen, denn sie werden das Land besitzen.
6 Selig, die hungern und dürsten nach der Gerechtigkeit, denn sie werden gesättigt werden.
7 Selig die Barmherzigen, denn sie werden Barmherzigkeit erlangen.
8 Selig, die reinen Herzens sind, denn sie werden Gott schauen.
9 Selig die Friedensstifter, denn sie werden Söhne Gottes heißen.
10 Selig, die verfolgt werden um der Gerechtigkeit willen, denn ihrer ist das Himmelreich.
11 Selig seid ihr, wenn sie euch schmähen und verfolgen und euch alles Böse lügnerisch nachsagen um meinetwillen.
12 Freut euch und frohlocket, denn euer Lohn ist groß im Himmel. Denn so haben sie auch die Propheten vor euch verfolgt.
[...]
19 Wer also eines dieser geringsten Gebote aufhebt und die Menschen so lehrt, wird der Geringste heißen im Himmelreich, wer sie aber tut und lehrt, wird groß heißen im Himmelreich.

Die neue Gerechtigkeit

20 Denn ich sage euch: Wenn eure Gerechtigkeit nicht weit vollkommener sein wird als die der Schriftgelehrten und Pharisäer, so werdet ihr nicht ins Himmelreich eingehen.
21 Ihr habt gehört, dass zu den Alten gesagt worden ist: Du sollst nicht töten. Wer aber tötet, der soll dem Gericht verfallen sein.
22 Ich aber sage euch: Jeder, der seinem Bruder zürnt, soll dem Gericht verfallen sein. Wer aber zu seinem Bruder sagt: Du Dummkopf!, soll dem Hohen Rat verfallen sein. Und wer sagt: Du Narr!, der soll der Feuerhölle verfallen sein.
[...]
27 Ihr habt gehört, dass gesagt wurde: ‚Du sollst nicht ehebrechen.'
28 Ich aber sage euch: Jeder, der eine Frau begehrlich anblickt, hat in seinem Herzen schon die Ehe mit ihr gebrochen.
29 Wenn dich daher dein rechtes Auge zur Sünde reizt, so reiß es aus und wirf es von dir. Es ist besser für dich, dass eines deiner Glieder verloren geht, als dass dein ganzer Leib in die Hölle geworfen wird.
30 Und wenn dich deine rechte Hand zur Sünde reizt, so hau sie ab und wirf sie von dir. Denn es ist besser für dich, dass eines deiner Glieder verloren geht, als dass dein ganzer Leib in die Hölle fährt.
38 Ihr habt gehört, dass gesagt ist: ‚Aug um Aug' und ‚Zahn um Zahn'. Ich aber sage euch: Widersteht dem Bösen nicht, sondern wer dich auf die

Die **Bergpredigt** und das prophetische Buch **Micha** im Alten Testament sind zentrale Quellen für die (christliche) Friedensbewegung und den **Pazifismus** (von lat. pax = Friede).
Der Pazifismus lehnt jegliche Form der Gewaltanwendung ab und fordert kompromisslose Friedensbereitschaft. Er befürwortet gegenüber einem Aggressor Formen sozialer Verteidigung (z. B. Boykott) und Formen zivilen Ungehorsams und passiven Widerstands (s. S. 256f.).

rechte Wange schlägt, dem halte auch die andere hin, und dem, der dich vor Gericht bringen und deinen Rock nehmen will, dem lass auch den Mantel.'

[...]

43 Ihr habt gehört, dass gesagt worden ist: Du sollst deinen Nächsten lieben und deinen Feind hassen.

44 Ich aber sage euch: Liebet eure Feinde und betet für die, die euch verfolgen.

Die goldene Regel

Mt. 7,12 Alles nun, was ihr wollt, dass euch die Leute tun, das sollt auch ihr ihnen tun; denn das ist das Gesetz und die Propheten."

(Neues Testament, Matthäusevangelium)

Das erste Evangelium – Matthäus (Regie: Pier Paolo Pasolini, Italien/Frankreich 1964)

Jesus und die Ehebrecherin

1 Jesus aber ging zum Ölberg. 2 Am frühen Morgen begab er sich wieder in den Tempel. Alles Volk kam zu ihm. Er setzte sich und lehrte es. 3 Da brachten die Schriftgelehrten und Pharisäer eine Frau, die beim Ehebruch ertappt worden war. Sie stellten sie in die Mitte und 4 sagten zu ihm: Meister, diese Frau wurde beim Ehebruch auf frischer Tat ertappt. 5 Mose hat uns im Gesetz[1] vorgeschrieben, solche Frauen zu steinigen. Nun, was sagst du? 6 Mit dieser Frage wollten sie ihn auf die Probe stellen, um einen Grund zu haben, ihn zu verklagen. Jesus aber bückte sich und schrieb mit dem Finger auf die Erde. 7 Als sie hartnäckig weiterfragten, richtete er sich auf und sagte zu ihnen: Wer von euch ohne Sünde ist, werfe als Erster einen Stein auf sie. 8 Und er bückte sich wieder und schrieb auf die Erde. 9 Als sie die Antwort gehört hatten, ging einer nach dem anderen fort, zuerst die Ältesten. Jesus blieb allein zurück mit der Frau, die noch in der Mitte stand. 10 Er richtete sich auf und sagte zu ihr: Frau, wo sind sie geblieben? Hat dich keiner verurteilt? 11 Sie antwortete: Keiner, Herr. Da sagte Jesus zu ihr: Auch ich verurteile dich nicht. Geh und sündige von jetzt an nicht mehr!

(Neues Testament, Johannesevangelium, Kap. 8)

Max Beckmann (1884–1950): Christus und die Sünderin

1. In welchem Zusammenhang steht das Urteil Jesu mit seinem Wort in der Bergpredigt?
2. Wie interpretiert Max Beckmann den biblischen Text?

[1] Gesetz: die Tora (5 Bücher Moses), hier: Buch Leviticus, Kap. 20

Die Liebe als christliche Tugend

Hans Küng:
Das Christentum, München (Piper) 1999

Hendrick Goltzius (1558 – 1617): Die sieben Tugenden

Apostel Paulus: Über die Liebe

Die christliche Ethik erweiterte die platonische Tugendlehre mit ihren Kardinaltugenden *Gerechtigkeit, Klugheit, Besonnenheit* und *Tapferkeit* (s. S. 132) um die Tugenden *Glaube, Hoffnung* und *Liebe* (im Gegensatz zu den sieben Lastern, s. S. 132). Im Neuen Testament beschreibt der Apostel Paulus im „Hohenlied der Liebe“ (1. Korintherbrief, Kap. 13) das Verhältnis und die Bedeutung dieser drei Tugenden. Darin heißt es u. a.:

1 Wenn ich in den Sprachen der Menschen und Engel redete, hätte aber die Liebe nicht, wäre ich dröhnendes Erz oder eine lärmende Pauke. 2 Und wenn ich prophetisch reden könnte und alle Geheimnisse wüsste und alle Erkenntnis hätte; wenn ich alle Glaubenskraft besäße und Berge damit versetzen könnte, hätte aber die Liebe nicht, wäre ich nichts. 3 Und wenn ich meine ganze Habe verschenkte, und wenn ich meinen Leib dem Feuer übergäbe, hätte aber die Liebe nicht, nützte es mir nichts. [...] 13 Für jetzt bleiben Glaube, Hoffnung, Liebe, diese drei; doch am größten unter ihnen ist die Liebe.

1. Inwiefern sind Glaube, Liebe und Hoffnung „Tugenden“?
2. Worin sieht Paulus die Bedeutung der Liebe?
3. Vergleichen Sie den Paulustext mit dem Bild. Ordnen Sie den Figuren die jeweilige Tugend zu. Aus welchem Grund hat der Maler die Tugenden auf diese Weise angeordnet und gestaltet?

Hans Küng: Die gesellschaftliche Relevanz des Christseins

Von Jesus Christus her ist es bei allen berechtigten Unterscheidungen nicht möglich, Theorie und Praxis, Privat und Öffentlichkeit, Religiös und Politisch einfach zu trennen. Oder sollte es nicht wie für den Einzelnen so auch für die säkulare Gesellschaft, sollte es nicht für den gesamten Bereich der Öffentlichkeit und des Politischen, sollte es nicht für die Personen aller Positionen, Ämter und Ränge wie für die Strukturen und Institutionen eine ungeheure Bedeutung haben, was von Jesus Christus her zu sagen ist:

- über die Identifikation mit den Schwachen, Kranken, Armen, Unterprivilegierten, Unterdrückten und auch den moralischen Versagern?
- über das Vergeben ohne Ende, den gegenseitigen Dienst ohne Rangordnung, den Verzicht auf Gegenleistung?
- über die Aufhebung der Grenzen zwischen Genossen und Nichtgenossen, Fernsten und Nächsten, Guten und Bösen in einer Liebe, die auch den Gegner und Feind aus dem Wohlwollen nicht ausschließt?
- über die Normen, Gebote und Verbote, die um der Menschen und die nicht um der Normen, Gebote und Verbote willen da sind?
- über die Institutionen, Traditionen und Hierarchien, die um des Menschen willen zu relativieren sind?
- über den Willen Gottes als oberste Norm, der auf nichts anderes als das Wohl des Menschen zielt?
- über diesen Gott selbst, der sich mit den Nöten und Hoffnungen der Menschheit solidarisiert, der nicht fordert, sondern gibt, der nicht unterdrückt, sondern aufrichtet; der nicht nicht bestraft, sondern befreit; der statt Recht vorbehaltlos Gnade walten lässt?
- über diesen Tod schließlich und seine Verlassenheit und über die Hoffnung des neuen Lebens und die Vollendung in Gottes Reich?

Braucht es sehr viel Fantasie, um sich vorzustellen, dass es nicht nur im Herzen der Menschen, sondern auch in der Gesellschaft, ihren Strukturen und Institutionen anders aussähe, wenn diese Botschaft gelebt würde? Ja, dass es überall in der Gesellschaft dort wirklich anders *aussieht*, wo diese Botschaft gelebt *wird*? [...] Das stärkste Argument für das Christentum sind die Christen: die Christen, die christlich leben!

Hans Küng (geb. 1928) studierte Philosophie und Theologie und war Professor für ökumenische Theologie an der Universität Tübingen. Als Präsident der Stiftung Weltethos wurde er 2001 von UN-Generalsekretär Kofi Annan in eine „Gruppe hochrangiger Persönlichkeiten" berufen, die für die UN das Manifest „Brücken in die Zukunft" verfasste.

4 Welche Kennzeichen des Christseins nennen Küng und Schmidt? Entsprechen die Erwartungen Schmidts Ihren Erfahrungen mit der Kirche?

5 Welche „ungeheure Bedeutung" (Z. 7) hat bzw. hätte die von Küng skizzierte Lebensweise für die Gesellschaft? Nennen Sie Beispiele.

Helmut Schmidt: Mein Verständnis von Christsein

Helmut Schmidt (geb. 1918), SPD-Politiker, war Bundeskanzler von 1974 bis 1982. Als evangelischer Christ engagierte er sich u. a. als Organist in einer Hamburger Gemeinde. Er bekannte, dass er mit bestimmten christlichen Glaubensinhalten (z. B. der Dreifaltigkeitslehre) „große Schwierigkeiten" habe. Auch bemerkte er, dass man „mit der Bergpredigt keine Politik machen" könne.

Ich nenne mich (gleichwohl) einen Christen, denn ich bin überzeugt von der Notwendigkeit der Moral, die das Christentum im Laufe von Jahrhunderten entfaltet hat. Ich bleibe in meiner Kirche, auch wenn sie mich bisweilen enttäuscht. Ich bleibe in der Kirche, weil sie Gegengewichte setzt gegen den moralischen Verfall unserer Gesellschaft, weil sie Halt bietet, den man sonst nicht besitzt. [...] Was wir heute von der Volkskirche erwarten, das ist Seelsorge und Trost, Barmherzigkeit auch, gegenüber dem Schwachen, gegenüber dem Armen, Solidarität mit unserem kranken Nachbarn, die Lehre der Toleranz gegenüber anderen und die Lehre vom Respekt gegenüber der persönlichen Würde jeder anderen und jedes anderen.

Den Willen Gottes tun: Ethos des Islam

Der **Koran** (arab. „Rezitationstext"), das heilige Buch des Islam, wurde 619/610 und 632 n. Chr. dem Propheten Muhammad in arabischer Sprache geoffenbart. Der Koran enthält 114 Suren (Abschnitte), die z.T. ihrer Länge nach geordnet sind. Die zuerst geoffenbarte Sure ist die Sure 96. Die endgültige Textfassung erfolgte unter dem dritten Kalifen Othman (644– 656 n. Chr.). Da Allah als alleiniger Urheber des Koran gilt, ist eine historisch-kritische Exegese (Auslegung; Textwissenschaft) unzulässig.

Die fünf Pflichten der Muslime (Säulen des Islam)

1. Das Glaubensbekenntnis, das mehrmals täglich gesprochen werden soll: „Es gibt keinen Gott außer Allah, Mohammed ist Gesandter Allahs."
2. Das rituelle Gebet, das fünfmal am Tag an einem sauberen Ort (z. B. Teppich) nach rituellen Waschungen in Richtung Mekka gesprochen werden muss.
3. Die Almosenabgabe als Buße für eigene Sünden und Hilfe für die Bedürftigen.
4. Das Fasten im Monat Ramadan. In dieser Zeit ist nur zweimal am Tag, vor Sonnenaufgang und nach Sonnenuntergang, das Essen erlaubt.
5. Die Pilgerfahrt nach Mekka, die der Muslim einmal im Leben, wenn Gesundheit und finanzielle Situation es erlauben, machen soll.

Koran: Sure 17[1]

22 Setz nicht (dem einen) Gott einen anderen Gott zur Seite, damit du (schließlich) nicht getadelt und verlassen dasitzt! 23 Und dein Herr hat bestimmt, dass ihr ihm allein dienen sollt. Und zu den Eltern (sollst du) gut sein. Wenn eines von ihnen (Vater oder Mutter) oder (alle) beide bei dir (im Haus) hochbetagt geworden (und mit den Schwächen des Greisenalters behaftet) sind, dann sag nicht „Pfui!" zu ihnen und fahr sie nicht an, sondern sprich ehrerbietig zu ihnen, 24 und senke für sie in Barmherzigkeit den Flügel der (Selbst)erniedrigung (d. h. benimm dich ihnen gegenüber aus Barmherzigkeit freundlich und gefügig) und sag: „Herr! Erbarm dich ihrer (ebenso mitleidig), wie sie mich aufgezogen haben, als ich klein (und hilflos) war!" 25 Euer Herr weiß sehr wohl, was ihr in euch bergt. (Er erkennt,) falls ihr rechtschaffen seid, (euren guten Willen an, auch wenn ihr seinen Geboten nicht durchweg nachzukommen vermögt). Den Bußfertigen ist er bereit zu vergeben. 26 Und gebt dem Verwandten, was ihm (von Rechts wegen) zusteht, ebenso dem Armen und dem, der unterwegs ist (oder: dem, der dem Weg (Gottes) gefolgt (und dadurch in Not gekommen) ist); (w. dem Sohn des Wegs)! Aber sei (dabei) nicht ausgesprochen verschwenderisch! 27 Diejenigen, die verschwenderisch sind, sind Brüder der Satane. Und der Satan ist seinem Herrn gegenüber undankbar. 28 Und falls du dich von ihnen abwendest (ohne ihnen etwas zu geben), indem du erwartest, dass dein Herr, wie du hoffst, sich (ihrer) erbarmen wird (oder: indem du auf Grund eigener Bedürftigkeit) erwartest, dass dein Herr, wie du hoffst, sich (deiner) erbarmen (und deine eigene Not beheben) wird, dann sprich (wenigstens) begütigend zu ihnen! 29 Mach nicht, dass deine Hand (gleichsam) an deinen Hals gefesselt ist (d. h. knausere nicht mit deinen Gaben)! Aber streck sie (auch) nicht vollständig aus (indem du hemmungslos Geschenke austeilst), damit du (schließlich) nicht getadelt und (aller Mittel) entblößt dasitzt! 30 Dein Herr teilt den Unterhalt (reichlich) zu (w. breitet den Unterhalt (mit offener Hand) aus), wem er will, und begrenzt (ihn auch wieder) (w. misst (ihn) ab). Er kennt und durchschaut seine Diener (d. h. die Menschen). 31 Und tötet nicht eure Kinder aus Furcht vor Verarmung! Wir bescheren ihnen und euch (den Lebensunterhalt). Sie zu töten ist eine schwere Verfehlung. 32 Und lasst euch nicht auf Unzucht ein! Das ist etwas Abscheuliches – eine üble Handlungsweise! 33 Und tötet niemand, den (zu töten) Gott verboten hat, außer wenn ihr dazu berechtigt seid! Wenn einer zu Unrecht getötet wird, geben wir seinem nächsten Verwandten Vollmacht (zur Rache). Er soll (aber) dann im Töten nicht maßlos sein (und sich mit der bloßen Talio[2] begnügen). Ihm wird ja (beim Vollzug der Rache) geholfen. 34 Und tastet das Vermögen der Wai-

[1] Die in Klammern gesetzten Ergänzungen sind Verstehenshilfen des Übersetzers.
[2] Talio: Vergeltung durch Zufügung des gleichen Übels (s. S. 284)

se nicht an, es sei denn auf die (denkbar) beste Art! (Lasst ihr Vermögen unangetastet) bis sie volljährig geworden ist (und selber darüber verfügen darf)! Und erfüllt die Verpflichtung (die ihr eingeht)! Nach der Verpflichtung wird (dereinst) gefragt. 35 Und gebt, wenn ihr zumesst, volles Maß und wägt mit der richtigen Waage! So ist es am besten (für euch) und nimmt am ehesten einen guten Ausgang. 36 Und geh nicht einer Sache nach, von der du kein Wissen hast! Gehör, Gesicht und Verstand (w. Herz), – für all das wird (dereinst) Rechenschaft verlangt. 37 Und schreite nicht ausgelassen (und überheblich) auf der Erde einher! Du kannst (ja) weder ein Loch in die Erde machen noch die Berge an Höhe erreichen.

Adel Th. Khoury: Der Mensch und seine Verantwortung

Da der Koran und die islamische Lehre mit Nachdruck die Allmacht Gottes betonen, erhebt sich die Frage nach der freien Entscheidung und der Verantwortlichkeit des Menschen.

Viele Verse des Korans und manche Aussprüche der Tradition betonen die Vorherbestimmung aller Werke des Menschen durch Gott. Gott sei die alleinige Ursache jedes Geschehens in der Welt und im Leben der Menschen: „Sprich: Uns wird nur das treffen, was Gott uns bestimmt hat“ (9,51, vgl. 25,57). Alles stehe in einem Buch, bevor es erschaffen werde (57,22). Auch der Glaube der einen und der Unglaube der anderen sei eine Bestimmung Gottes: „Gott führt irre, wen Er will, und wen Er will, den bringt Er auf einen geraden Weg“ (6,39; vgl. 16,93; 14,4; 35,8; 2,26.142 usw.). „Wen Gott irreführt, der hat niemanden, der ihn rechtleiten könnte“ (7,186; vgl. 18.17; 17,97; 39,23.37; 13,33). Der Koran stellt eindeutig fest: „Gott hat euch und das, was ihr tut, erschaffen“ (37,96).

Andere Verse unterstreichen dagegen die Entscheidungsmöglichkeit des Menschen und daher auch seine Verantwortung, für das, was er tut: „Wer nun will, möge glauben, und wer will, möge ungläubig sein“ (18,29). Die Ungläubigen werden für ihre Verstockung und ihren Frevel zur Rechenschaft gezogen und vom gerechten Richter verurteilt werden, und es geschieht ihnen kein Unrecht (vgl. 2,272; 40,17; 41,46).

So soll jeder Mensch sich befleißigen, die Gebote und Verbote Gottes zu beachten und sich für das Gute und gegen das Böse zu entscheiden.

Die muslimischen Gelehrten der ersten Zeit waren von den massiven Äußerungen in Bezug auf die uneingeschränkte Allmacht Gottes und seine Vorherbestimmung so beeindruckt, dass manche von ihnen eine strenge Prädestinationslehre vertraten: Der Mensch habe keinen Anteil am Zustandekommen seiner Werke; Gott vollbringe in ihm alle Taten, die guten und die bösen; der Mensch sei ein willenloses Werkzeug bei der Entscheidung zum Handeln und bei der Ausführung der Tat. Seit dem 9. Jh. sprechen sich die muslimischen Theologen für die Willensfreiheit und die Verantwortung des Menschen aus, auch wenn ihre Bemühungen, die Freiheit des Menschen mit der Allmacht Gottes zu vereinbaren, unterschiedlich ausfallen. Was den Volksglauben betrifft, so wird auf dieser Ebene die Vorherbestimmung Gottes so stark betont, dass man versucht ist, hier von einem Fatalismus zu reden.

1 Vergleichen Sie einzelne Aussagen der Sure 17 (z.B. Vers 33) mit den moralischen Geboten der anderen Religionen und mit Bestimmungen der UN-Menschenrechtsdeklaration (s. S. 289). Ziehen Sie zu diesem Vergleich die Vorschläge Küngs zu einem „Weltethos“ heran (s. S. 220).

2 Bestimmen religiös-moralische Gebote Ihren Alltag?

3 Worin liegt der Unterschied zwischen Fatalismus und der im Text von Khoury dargestellten Ergebenheit in den Willen Allahs?

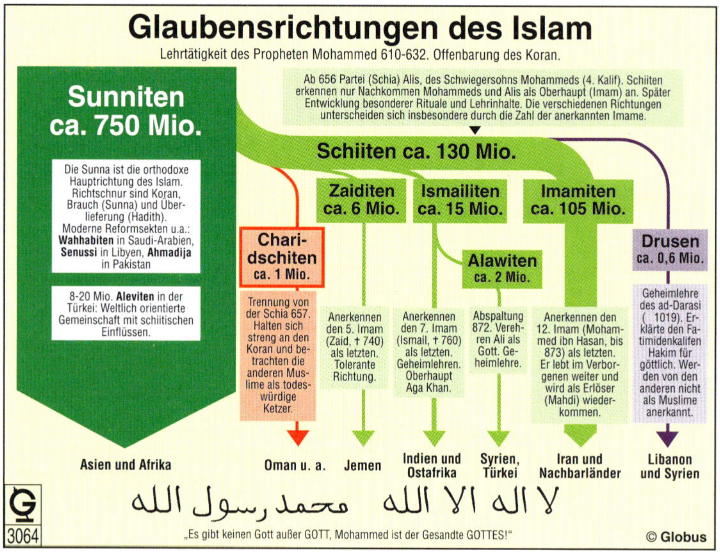

Aus Geschichte und Lehre des Islam*

Der Islam ist die jüngste der Weltreligionen – seine Gründung wird auf 622 n. Chr., das Jahr der Flucht Muhammads von Mekka nach Medina festgelegt – und ist nicht nur ein religiöses, sondern auch ein politisches Phänomen. In vielen islamischen Staaten besteht das Bestreben, das staatliche Recht an religiösen Vorschriften (Scharia) auszurichten.
Der Islam ist eine Offenbarungsreligion, d. h. seine Entstehung und seine Lehre gründen auf dem Glauben an die Offenbarung Gottes. Wie Abraham, Mose und Jesus wurde auch Muhammad zum Sprachrohr Gottes und verkündete die ihm zuteil gewordene Lehre. Er lebte in Arabien in polytheistischer Umwelt. Die Offenbarung wurde ihm durch den Erzengel Gabriel zuteil. Muhammad traf zunächst auf Unglauben und musste aus Mekka fliehen. In Medina fand er Gehör. Diese Botschaft, als heiliger Text im Koran überliefert, macht den Islam zu einer „Religion des Buches", jedoch mit dem Anspruch, die in der jüdischen Tora und im christlichen Evangelium begonnene, aber entstellte Offenbarung Gottes letztgültig und wahr wiederzugeben. Es sind aber nicht nur die Glaubensformeln, durch die der Muslime („der den Willen Gottes erfüllt") seine Identität erfährt, sondern auch bestimmte festgelegte Handlungen, die sich in den fünf Säulen (s. S. 210) konkretisieren und im Ritus die Gemeinschaft der Gläubigen bewirken. Diese Säulen beinhalten auch den ethischen Anspruch, der sich in einer kulturellen und politischen Vielfalt zeigt, die von der Idee eines „islamischen Gottesstaates" (Iran) bis zum Konzept der Trennung von Religion und Staat (Türkei) reicht und die eine differenzierte Aufmerksamkeit dem Islam gegenüber erfordert. Die Leitlinie für das rechte Handeln sehen die Muslime in der Lehre des Koran und im vorbildlichen Leben Muhammads.

Scharia (arab.: Weg zur Tränke): das religiös begründete und auf Offenbarung zurückgeführte islamische Recht. In der Mehrzahl der Staaten in der islamischen Welt (Ausnahme z. B.: Saudi-Arabien) gilt es heute nur noch im Bereich des Familien- und Erbrechts, in der Türkei wurde es 1926 gänzlich abgeschafft. Die Scharia sieht z. B. im Geschlechtsverkehr zwischen unverheirateten Personen eines der schlimmsten Verbrechen, das mit Peitschenhieben bzw. mit Steinigung bestraft werden soll.
Die Wiedereinführung der Scharia ist eine zentrale Forderung des islamischen Fundamentalismus.

Gudrun Krämer: Anpassung oder Re-Islamisierung?

Seit dem ausgehenden 19. Jahrhundert wird in jeder Krise die eine Frage gestellt: „Warum", so die berühmt gewordene Formulierung des arabischen Nationalisten Shakib Arslan, „sind die Muslime zurückgeblieben?" Warum sind sie, die Erben eines Weltreichs, einer blühenden Zivilisation, nicht in der Lage, ihren Gegnern Paroli zu bieten? Franzosen, Briten und Italienern in der Vergangenheit, Amerikanern und Israelis in der Gegenwart? Ist es, so wird weiter gefragt, wegen des Islam oder gerade umgekehrt deshalb, weil sie sich von ihm abgewandt und entfremdet haben? Beide Thesen haben ihre Anhänger gefunden, bei beiden verbindet sich die Kritik an den eigenen Traditionen untrennbar mit der Kritik an den herrschenden gesellschaftlich-politischen Verhältnissen. Selbst in den Jahren der intensiven, ja demonstrativen „Re-Islamisierung" sind diejenigen nicht verstummt, die Einheit, Stärke und Entwicklung nur von einer Befreiung aus der, wie Kant gesagt hätte, selbst verschuldeten Unmündigkeit traditioneller, religiös legitimierter Denkweisen und Verhaltensmuster erwarten. Dass allein die Überwindung des Islam das Heil bringe, hatte für europäische Beobachter schon früh festgestanden.
[...] Nicht eine Reform ihres religiösen Erbes könne die Muslime retten, sondern nur eine echte Reformation, die zu Aufklärung führe und letztlich in einer säkularistischen Staats- und Gesellschaftsordnung nach europäischem Vorbild münde. In der arabischen Welt selbst sind die Verfechter einer strikten Trennung von Religion und Politik in den letzten Jahrzehnten jedoch selten geworden und selbst erklärte Atheisten äußerst rar. Eine Säkularisierung[1] von Staat und Gesellschaft, die nicht nur stillschweigend hingenommen, sondern offen bejaht, rechtlich verankert und institutionell festgeschrieben wird, gilt muslimischen Intellektuellen mittlerweile weithin als Tabu.
In den Vordergrund geschoben haben sich diejenigen, die argumentieren, die Muslime verdankten ihre Schwäche nicht ihrem Beharren im Glauben, sondern gerade umgekehrt ihrer Abkehr von ihm, und zu alter Kraft und Stärke könnten sie nur durch eine Rückbesinnung auf den Islam finden. Allerdings nicht den real existierenden, von Aberglaube, Laxheit und Zersplitterung entstellten Islam, sondern den reifen, ursprünglichen Islam der Frühzeit, der Zeit des Propheten und der Prophetengenossen (as-salaf as-salih) – so wie sie ihn sich vorstellen. „Der Islam ist die Lösung" lautet dementsprechend die Losung, politischer islamischer Bewegungen in verschiedenen arabischen Ländern, mit ihr bestreiten sie intellektuelle Debatten, politische Auseinandersetzungen und Wahlkämpfe. Die moralische Läuterung des Einzelnen, gesellschaftliche Reform und kollektive Stärke kommen demnach nur aus dem Islam – aber einem seinerseits gereinigten Islam. Es geht ihnen also um eine zweifache Erneuerung: die der Gesellschaft aus dem Islam und die des Islam aus sich selbst.

John L. Esposito: Von Kopftuch bis Scharia. Was man über den Islam wissen sollte, Leipzig (Reclam) 2004

1. Beschreiben Sie die verschiedenen islamischen Reaktionen auf die Konfrontation mit den europäischen (Kolonial-) Mächten.

2. Erörtern Sie die im Titel gestellte Frage.

[1] Säkularisierung (lat.): Loslösung aus den Bindungen an religiöse Institutionen bzw. Autoritäten; Verweltlichung

Die Rolle der Frau in den Offenbarungsreligionen

Die Auffassung über die Rolle und die Stellung der Frau in Religion, Kultus und Alltag ist in allen drei Offenbarungsreligionen alles andere als einheitlich. Die Meinungen und Vorschriften darüber gehen je nach Glaubensrichtung und Schriftauslegung teilweise weit auseinander und sind in der theologischen Diskussion umstritten.
Diese Ambivalenz in der Rollenzuweisung der Frau findet sich bereits in den Heiligen Schriften und gibt somit verschiedenen Interpretationen und Auslegungsvarianten breiten Raum.

Die Frau in der Bibel

Hinsichtlich der Stellung und Rolle der Frau zeigen **biblische Texte** eine auffällige Ambivalenz: Sozial und rechtlich ist die Frau dem Mann in Israel wie im Urchristentum untergeordnet – wo über die Rolle von Mann und Frau in der Schöpfungsordnung theologisch nachgedacht wird, zeigt sich eine deutliche Tendenz zur Gleichberechtigung. Die Geringerstellung der Frau gehört in den Rahmen patriarchalischer Auffassung des Altertums.
Die Frau ist im **Alten Testament** Besitz des Mannes, wie sie vor der Ehe der absoluten Autorität des Vaters unterliegt. Juristisch und kultisch ist sie nicht voll berechtigt; ihr Recht als Erbin ist eingeschränkt. Kann sie ihre wichtigste Aufgabe, ihrem Mann Kinder zu gebären und damit den Erhalt der Familie zu sichern, nicht erfüllen, gilt sie wenig. Freilich kennt das Alte Testament Frauen, die in hohem Ansehen stehen: als Stammmutter Israels (Sara, Rebecca, Lea, Rahel), als Priesterin und Prophetin (Mirjam, Hulda), als Retterin des Volkes (Debora, Judith, Esther) oder als Frau, die in besonderer Bewährung den Erhalt der Sippe rettet (Ruth; auch gegen äußeren moralischen Anschein Tamar). Nach 1 Mose 1, 26ff. sind Mann und Frau zugleich als Ebenbild Gottes erschaffen; den Menschen gibt es nur als Mann und Frau. In 1 Mose 2, 18 – 24 liegt das Gewicht nicht darauf, dass die Frau nach dem Mann geschaffen wurde, sondern darauf, dass sie das einzige zum Mann passende Wesen ist, weil beide ein Fleisch sind.
Im **Neuen Testament** zeigt sich ein ähnlicher Gegensatz zwischen der untergeordneten sozialen Stellung der Frau (auch im Gottesdienst, vgl. 1 Kor 11, 3 – 15) und grundsätzlichen Aussagen über die Gleichberechtigung von Mann und Frau (z. B. Gal 3, 28). Jesus beruft sich ausdrücklich auf 2 Mose 1, 27 und 2 Mose 2,24 und leitet aus beiden Stellen die Zusammengehörigkeit von Mann und Frau, nicht eine Unterordnung ab (Mt

19,4ff.). Auch Eph 5,22ff. plädiert nicht für Unterordnung der Frau, sondern für ein Für-einander-da-Sein von Mann und Frau. Trotzdem bleiben die Aussagen über die Frau, vor allem die neutestamentlichen Spätschriften (z. B. 1 Tim 2,9–15; 1 Petr 3,3–9), weithin dem antiken patriarchalischen Menschenbild verhaftet. Doch wird dieses Menschenbild in der Bibel nicht theologisch abgesegnet, sondern dem Anspruch nach überwunden, auch wenn weder in Israel noch im Urchristentum dieser Anspruch realisiert wurde. Biblischer Intention entspricht von daher die Aufhebung jeder Benachteiligung der Frau auch in unserer Gesellschaft, nicht etwa die Beibehaltung patriarchalischer Strukturen.

K. Koch (Hg.): Bibellexikon, Stuttgart (Reclam) [6]2000

1 Der Lexikon-Text spricht von einer „auffälligen Ambivalenz“. Lesen Sie die genannten Textstellen aus der Bibel und versuchen Sie eine eigene Deutung.

2 Referieren Sie über eine der im Text genannten Frauen.

3 Nehmen Sie kritisch Stellung zu der im letzten Satz getroffenen Feststellung.

Adel Th. Khoury: Die Stellung der Frau im Islam

a) *Religiöser Bereich:* Im religiösen Bereich geht der Islam von einer Gleichheit und Gleichstellung von Mann und Frau aus. Die Pflicht, zu glauben und das Gute zu tun, betrifft alle Muslime, und die Belohnung, die Treue sowie die Bestrafung für den Ungehorsam ist bei Gott für die Frauen wie für die Männer bestimmt (Koran 40,40). Bei der Erfüllung der religiösen Pflichten können der Frau jedoch Konzessionen gemacht werden, die mit ihrer biologischen Beschaffenheit oder mit ihrer sozialen Umwelt zusammenhängen. So werden die Frauen während ihrer Menstruation von der Erfüllung des Pflichtgebets befreit (wegen der Reinheitsvorschriften gelten menstruierende Frauen für die Dauer ihrer Regel als kultunfähig, wie im Judentum und in anderen Religionen), schwangere und stillende Frauen brauchen nicht zu fasten. [...]

b) *Rechtlicher Bereich:* In vielen Punkten werden Frauen nicht die gleichen Rechte wie den Männern zuerkannt. Sie haben zwar eine soziale Verantwortung zu tragen und sind Gegenstand von Belohnung und Bestrafung wie die Männer, aber ihre Verantwortung ist im sexuellen Bereich größer als beim Mann und die Bestrafung von Verfehlungen fällt oft härter aus. Dies erklärt sich aus der besonderen Betonung der Ehre und aus der Sorge um die Legitimität der Kinder und die daraus folgenden Rechte (wie Anteil am Erbe usw.). [...] Das traditionelle Ehe- und Familienrecht im Islam sieht eine Vorrangstellung des Mannes vor: Polygamie, Mischehe, Recht auf Entlassung der Frau, Vollmacht über die Ehefrau (Koran 4,34). Bislang ging die traditionelle islamische Gesellschaft von einer strengen Arbeitsteilung aus, wobei der öffentliche Bereich Domäne des Mannes und der innere Bereich der Familie Domäne der Frau ist. Das will sagen, dass öffentliche Ämter den Frauen nicht zugänglich waren. Die Pflicht der Männer, für den Lebensunterhalt der Frauen und der Kinder sowie für die Sicherheit und das Gedeihen der Gemeinschaft zu sorgen, bedingt einige Bestimmungen, die nur scheinbar eine Benachteiligung der Frauen beinhalten. So gilt es, dass Töchter nur die Hälfte dessen erben, was ihren Brüdern zukommt. [...] Die Söhne, nicht die Töchter, haben ja die Pflicht, die übrige Familie zu versorgen.

4 In welchen Punkten werden Mann und Frau gleich, in welchen ungleich behandelt? Wie wird dies begründet?

5 Erklären Sie, was mit der „größeren Verantwortung (der Frau) im sexuellen Bereich“ gemeint ist und wie dies begründet wird (vgl. dazu auch die Koran-Stellen 24,30f. und 33, 59). Welche konkreten Verhaltensvorschriften lassen sich daraus ableiten?

6 Erklären Sie die (auch innerhalb der Offenbarungsreligionen) unterschiedlichen Rollenbilder und Rollenzuweisungen der Frau.

Der Buddha in der Geste, mit der er das Rad der Lehre andreht.

Nach langer mündlicher Tradition wird die Lehre in Pali bzw. Sanskrit aufgezeichnet und kanonisiert (Pali-Kanon; 1. Jh. v. Chr.). „Buddha“ bedeutet „der Erwachte“ oder „der Erleuchtete“ und ist ein Ehrentitel. Er bezieht sich in erster Linie auf **Siddhartha Gautama**, den historischen Buddha, aber auch auf andere Erleuchtete.
Siddhartha lebte von ca. 563 bis 483 v. Chr. im Norden Indiens. Aufgewachsen in der Abgeschlossenheit und dem Luxus des väterlichen Palastes, lernte er bei einer ersten Ausfahrt in die Stadt das Leid der Menschen kennen. Schlagartig erkannte er die Leere und Sinnlosigkeit seines bisherigen Lebens. Er verzichtete fortan auf irdische Bindungen, verließ das Elternhaus und begab sich auf die Suche nach Erleuchtung und Erlösung vom Leiden. Ihm wurde schließlich klar, dass das ganze Leben Leiden ist und dass dessen Ursachen in Unwissenheit, Begierde und Neid liegen. Die Überwindung des Leidens ist nur durch Beseitigung der Unwissenheit und durch den Lebenswandel des „achtfachen Pfades“ zu erreichen.

Nach Vollkommenheit streben: Ethos des Buddhismus

Der Buddha: Erste Rede in Benares an die fünf neu gewonnenen Jünger

Und der Erhabene wandte sich mit diesen Worten an die fünf Asketen: „Zwei gegensätzliche Verhaltensweisen gibt es, ihr Mönche, nach denen sich ein Asket, der der Welt entsagte, nicht richten soll. Welche zwei? Die eine, die bei den Begierden sich der Lust und Freude hingibt, die niedrige, von hässlicher Art, die dem gewöhnlichen Menschen angemessen, unedel, zu keinem Ziel führt, und jene, die sich der Selbstpeinigung weiht, die leidvolle, unedle, die keinen Zweck hat. Diese beiden Gegensätze vermeidend, führt der durch den Vollendeten offenbar gewordene mittlere Pfad, der Schau und Erkenntnis bewirkt, zur Ruhe, zum Wissen, zur Erleuchtung, zum Verlöschen. Und welches, ihr Mönche, ist dieser durch den Erhabenen offenbar gewordene mittlere Pfad, der Schau und Erkenntnis bewirkt, zur Ruhe, zum Wissen, zur Erleuchtung, zum Nirwana führt?
Es ist dies der edle achtfache Pfad, der da heißt: rechte Anschauung, rechte Gesinnung, rechtes Wort, rechte Tat, rechtes Leben, rechtes Streben, rechtes Überdenken und rechtes Sichversenken.
Dies ist, ihr Mönche, der mittlere Weg, der durch den Vollendeten entdeckt wurde, der Schau und Erkenntnis bewirkt und zur Ruhe, zum Wissen, zur Erleuchtung, zum Verlöschen führt. Wahrlich, ihr Mönche, das ist die edle Wahrheit vom Leiden: Geburt ist leidvoll, Alter ist leidvoll, Krankheit ist leidvoll, der Tod ist leidvoll, mit Unlieben vereint, von Lieben getrennt sein ist leidvoll, nicht erlangen, was man begehrt, ist leidvoll, kurz die fünf Gruppen von Daseinsfaktoren, die das Hängen an der Welt verursachen, sind leidvoll.
Dies fürwahr, ihr Mönche, ist die edle Wahrheit vom Entstehen des Leidens: Es ist der Durst, welcher zur Wiedergeburt führt, der vereint mit Freude und Begehren sich hier und dort an diesem ergötzt, der Durst nach den Begierden, der Durst nach dem Werden, der Durst nach dem Entwerden.
Fürwahr, ihr Mönche, dies ist die edle Wahrheit von dem Vergehen des Leidens: jenes Vergehen durch das restlose Aufgeben der Leidenschaft; die Entsagung, das Verlassen, das Freiwerden, das sich Abwenden von dem Durst.
Dies wahrlich, ihr Mönche, ist die edle Wahrheit vom Wege, der zur Vernichtung des Leides führt. Es ist der edle achtteilige Pfad, der da heißt: rechte Anschauung, rechte Gesinnung, rechte Rede, rechte Tat, rechtes Leben, rechtes Streben, rechtes Überdenken und rechtes Sichversenken. [...]
Nachdem aber jene vier edlen Wahrheiten in voller Reinheit mir zu eigen waren, erkannte ich, als ein solcher, dem es offenbar war, dass ich in dieser Welt samt ihren Göttern, ihren Maras und Brahmas, mit ihren Asketen und Brahmanen, ihren Göttern und Menschen der höchsten und völligen Erleuchtung teilhaftig geworden war.
Und es stieg mir die Erkenntnis und innere Schau auf: Unwandelbar ist für mich die Befreiung des Geistes. Dies ist die letzte Geburt, nicht gibt es nun ein Wiedersein.“

Hans-Jürgen Greschat: Achtfacher Pfad und allgemeine Regeln

Mit dem achtfachen Pfad verordnet der Buddha Sittlichkeit als rechte Rede, rechtes Tun und rechten Lebensunterhalt. Rechte Rede das heißt die Wahrheit sagen und nicht zum eigenen oder zu eines anderen Vorteil lügen. Falsch redet auch, wer, um andere zu entzweien, dort wiedererzählt, was er hier gehört hat. Recht redet, wer Entzweite eint, wer keine rohen, unflätigen Worte spricht und leerem Geschwätz aus dem Wege geht. Rechtes Tun verbietet Töten, Stehlen, unzulässigen Geschlechtsverkehr. Rechter Lebenswandel verbietet, neben ohnehin verpönten Berufen wie denen des Schlächters, Henkers, Diebes, mit Waffen und Giften, mit Fleisch, Lebewesen und Alkohol zu handeln. Den Verkäufern sittlich einwandfreier Waren ist untersagt, Kunden zu beschwatzen und sie zu betrügen.
Der achtfache Pfad gilt für jedermann. Daneben hat es schon von Anfang an besondere Regeln für Mönche und Nonnen gegeben. Laien befolgen fünf fundamentale Regeln, die sie häufig rezitieren:
„Ich gelobe abzustehen vom Töten."
„Ich gelobe abzustehen vom Nehmen dessen, was nicht gegeben."
„Ich gelobe abzustehen von unrechtem Wandel in Sinnenlüsten."
„Ich gelobe abzustehen vom Lügen."
„Ich gelobe abzustehen vom Genuss berauschender Getränke."
Das erste Gelöbnis gilt als das wichtigste. „Ich werde nicht töten!" bezieht sich für den Buddhisten nicht nur auf Menschen. Gemeint sind alle Lebewesen, also auch die zu außermenschlichen Wiedergeburtsbereichen Gehörenden, in erster Linie Tiere, vom kleinsten bis zum größten, von der Mücke bis zum Elefanten. [...]
Die dritte Regel hat einen engeren und einen weiteren Sinn. Im engeren Sinn verbietet sie ungesetzlichen Verkehr mit Frauen: mit verheirateten Frauen, mit Mädchen unter der Obhut ihrer Eltern oder eines Vormunds, mit Angestellten und anderen Abhängigen, mit nahen Verwandten und mit Minderjährigen.
Im weiteren Sinn verbietet die dritte Regel Unkeuschheit ganz allgemein und gilt dann für Männer und Frauen gleichermaßen. Unter Menschen und Tieren steht der Geschlechtstrieb obenan. Es ist die Gier, die ihn treibt, und sie gilt den Buddhisten als Hauptwurzel der endlosen Wiedergeburten. [...] Buddhisten wollen sachte seine Wurzeln lockern, bis sie absterben und verdorren.

❶ Vergleichen Sie die hier dargestellten ethischen Vorschriften mit dem Dekalog (s. S. 202).

❷ Welche ethischen Richtlinien im Buddhismus passen zu Küngs Vorstellung eines Weltethos (s. S. 220)?

Liegender (ins Nirwana eingehender) Buddha
Skulptur in Sri Lanka

Peter Gerlitz: Die Bedeutung der Ethik

Der Buddha in meditierender Haltung

Der achtfache Pfad gliedert sich in drei Bereiche: Rechte Erkenntnis und Gesinnung bilden zusammen das Wissen, rechtes Reden, Tun und Leben bilden zusammen sila, die *Sittlichkeit*, die Ethik; rechte Anstrengung, Achtsamkeit und das Sichversenken bilden zusammen die meditative Sammlung (samadhi), die zur *Erleuchtung* führt oder schon die Erleuchtung ist.
Die *Ethik* steht also in der Mitte zwischen der rechten Erkenntnis, dem Wissen um die leidvolle Daseinsstruktur, und der meditativen Sammlung. Das ist nicht unbeabsichtigt vom Buddha, denn die Ethik braucht einerseits die rechte Erkenntnis, um den Willen zur guten Tat hervorbringen zu können, und sie braucht andererseits die meditative Sammlung, um die gute Tat durch die Erleuchtung abzuschließen. M. E. Spiro weist in diesem Zusammenhang darauf hin, dass es nur der Urbuddhismus ist, der nicht durch Werke, sondern „allein durch Wissen“ und Meditation das Heil erreichen wollte. Zuweilen ging dieser „Absolutheitsanspruch“ so weit, dass man jegliche Ansammlung von Karma, also auch die moralisch guten Taten verwarf, weil dadurch das Erlöschen und der Eintritt ins Nirwana unterbunden oder verzögert wurde. Dieser Anspruch ließ sich nicht durchhalten, weder bei den Mönchen und Nonnen noch bei den buddhistischen Laien. Und so kehrte man schon im Theravada-Buddhismus zu einer altbewährten Kultpraxis der guten Werke zurück: Nicht das Wissen und Erkennen der leidvollen Zusammenhänge, sondern das verdienstliche Tun war nun wieder Inhalt der religiösen Praxis.
Seitdem gilt das gute Karma wieder als Voraussetzung für eine glückliche Wiedergeburt. Dana, das wohltätige Geben, und sila mit den drei Stufen ethisch verantwortlichen Handelns sind daher die eigentlichen Mittel, die dem Jünger des Gautama, mag er Mönch oder Laie sein, Verdienste bringen. Die Laienjünger und -jüngerinnen, zumal im Mahayana-Buddhismus, empfinden überdies die ethische Stufe als höchstes Ziel. Denn die Erfüllung der sittlichen Weisungen dient nicht nur dem guten Karma, sondern auch der Abkürzung des Geburtenkreislaufs sammara. *Die buddhistische Ethik ist eine intentionale Ethik.* Die Heiligen, die Bodhisattvas, sind dem Geburtenkreislauf enthoben. Sie haben bereits den sila-Bereich verlassen und sind in den samadhi-Bereich eingetreten. Es gibt also Stufen des Heils: Für die vielen, die Masse der Gläubigen, gilt, dass man das Heilsziel durch gute Werke erreicht – einigen wenigen aber ist die Erleuchtung vorbehalten.
Die Ethik hat im Buddhismus eine zentrale Bedeutung. Sie ist keine „Nebensache“. Das wird an den Texten erkennbar, in denen der Jünger – sei er Mönch oder Laie – im Zustand der samadhi die vier Tugenden metta (Sanskr.: maitri), die grenzenlose Liebe und allumfassende Güte, karuna, das Mitleid mit den Wesen, mudita, die Mitfreude über ihre Erlösung, und upekkha, den Gleichmut und die Ruhe, meditieren soll. Dann, aus dem Zustand der samadhi erwacht, soll er sie auf alle lebenden Wesen anwenden.

Edvard Conze: Eine kurze Geschichte des Buddhismus, Frankfurt am Main (Insel) 2005

Hermann Hesse: Siddhartha. Eine indische Dichtung (1922), Frankfurt am Main (Suhrkamp) 2004

Aus Geschichte und Lehre des Buddhismus*

Der Buddhismus ist eine Universalreligion, deren Kern eine Erlösungslehre darstellt. Entstanden im 5. Jh. v. Chr. im nördlichen Vorderindien, verbreitete er sich weithin und wies schon früh mehrere unterschiedliche Richtungen auf.

Als Protestbewegung gegen die alte vedische Religion[1], auf die der Hinduismus fußt, lehnt der Buddhismus die Vorstellung eines den Tod überdauernden „Selbst" sowie den Glauben an eine hierarchisch geordnete Welt (Kastenwesen) ab. Jedoch übernahm er die Lehre vom Kreislauf des Lebens durch Geburt, Tod und Wiedergeburt. Während der Hinduismus weder einen Stifter noch ein verbindliches Glaubensbekenntnis kennt, geht der Buddhismus auf den historischen Buddha zurück und verfügt im Pali-Kanon über eine in weiten Kreisen als authentische Worte Buddhas anerkannte Lehre.

Der Buddhismus war ursprünglich keine Religion, sondern eine philosophisch-psychologische (Moral-) Lehre, in deren Zentrum die Auffassung von der Vergeltung irdischer Taten steht. Ziel des Buddhismus und seiner Ethik ist die Unterbrechung des Kreislaufs der Wiedergeburten und das Eingehen ins Nirwana, das ewige Verlöschen. Dies kann nur durch die erfolgreiche Bekämpfung und Abtötung dessen gelingen, was Ursache des Leidens ist: Leidenschaften und Begierden. Diesen Weg kann bzw. muss jeder Mensch selbst gehen, seine Aufgabe ist demnach die Selbsterlösung.

Die Zugehörigkeit zum Buddhismus schließt die gleichzeitige Anhängerschaft zu einer anderen Religion nicht aus. So bezeichnen sich mehr als zwei Drittel der Japaner sowohl als Angehörige des Shintoismus[2] als auch des Buddhismus, und in China bekennen sich viele Buddhisten auch zum Konfuzianismus (s. S. 23).

[1] vedische Religion: im 2. Jh. v. Chr. in Veden (Sanskrit: „Wissen"), der ältesten religiösen Literatur der Inder, überlieferte Religion

[2] Shintoismus (japan.): „Weg der Kami-Gottheiten"; die hauptsächlich aus dem bewussten Erleben der Natur hervorgegangenen religiösen Vorstellungen der Japaner

Buddhistische Richtungen:
Der Buddha hinterließ weder eigene Schriften noch bestimmte er einen Nachfolger. Da es keine zentrale Lehrautorität gibt, bildete sich eine Vielzahl verschiedener Richtungen heraus. Der **Hinayana-B.** („Kleines Fahrzeug" zum Heil) z. B. ist in seinen Grundsätzen eine Mönchs- bzw. Asketenreligion, deren Ideal im „Arhat", (Erleuchteter, der unmittelbar nach seinem Tod ins Nirvana eingeht) besteht. Der **Mahayana-B.** („Großes Fahrzeug") dagegen integrierte Elemente alter ostasiatischer Volksreligionen und wendet sich an breite Schichten. Als Ideal gelten die „Bodhisattvas" (Erleuchtungswesen), die als erleuchtete Lehrer auf das Eingehen ins Nirvana verzichten, um den Menschen bei ihrem Erlösungsweg beizustehen. Die Buddhaverehrung nimmt theistische (= göttliche) Züge an. In dieser Ausprägung wird der Buddhismus zur Universalreligion.

1. Tugenden spielen auch im abendländischen Denken eine große Rolle (s. S. 132). Vergleichen Sie die buddhistischen mit den christlichen Tugenden und arbeiten Sie Unterschiede und Gemeinsamkeiten heraus.

2. Referieren Sie über Wesen, Techniken und Bedeutung der Meditation. Warum wird der Buddha häufig in meditierender Haltung dargestellt?

3. Wie erklären Sie sich die Wertschätzung, die der Buddhismus in der westlichen Welt erfährt?

Ist ein religiös begründetes Weltethos möglich?

Hans Küng (geb. 1928), katholischer Theologe (s. S. 209)

Hans Küng: Weltreligionen und Weltethos

Gewiss, Religionen waren und sind immer in Versuchung, sich auf spezielle Traditionen, mysteriöse Dogmen und rituelle Vorschriften zu fixieren und sich abzukapseln. Und doch können sie, wo sie wollen, mit noch anderer Autorität und Überzeugungskraft als Politiker, Juristen und Philosophen grundlegende Maximen elementarer Menschlichkeit zur Geltung bringen. Denn alle großen Religionen fordern ja bestimmte „non-negotiable standards“: ethische Grundnormen und handlungsleitende Maximen, die vor einem Unbedingten, einem Absoluten begründet werden und deshalb für Hunderte von Millionen Menschen auch unbedingt gelten sollen.

Konkret: Fünf große Gebote der Menschlichkeit, die zahllose Applikationen[1] auch in Wirtschaft und Politik haben, gelten in allen großen Weltreligionen: (1) nicht töten; (2) nicht lügen; (3) nicht stehlen; (4) nicht Unzucht treiben; (5) die Eltern achten und die Kinder lieben. Diese Gebote mögen für alle allgemein klingen. Aber wie viel müsste sich ändern und sollte sich auch ändern, wenn etwa nur das Gebot: „Du sollst nicht stehlen“ wieder mehr ins allgemeine Bewusstsein träte und angewandt würde auf das (leider immer mehr auch in früher diesbezüglich intakten Staaten grassierende) Übel der Korruption? Solche unbedingt geltenden Normen wehren einem prinzipienlosen Libertinismus[2], der allein aus dem Augenblick lebt und sich ausschließlich nach der Situation richtet. Umgekehrt allerdings dürfen solche Normen auch nicht im Geist eines unfreien Legalismus angewendet werden, der sich völlig unbekümmert um die konkrete Situation an den Buchstaben des Gesetzes halten will. In komplexen Fragen wie Empfängnisverhütung, Schwangerschaftsabbruch oder Sterbehilfe kann man Lösungen nicht einfach in der Bibel oder einem anderen heiligen Buch nachschlagen. [...]

Gewiss, Religionen waren und sind immer in Versuchung, sich in einem unendlichen Gestrüpp von Geboten und Vorschriften, Kanones und Paragraphen zu verlieren. Und doch können sie, wo sie wollen, mit ganz anderer Autorität als jede Philosophie begründen, dass die Anwendung ihrer Normen nicht von Fall zu Fall, sondern kategorisch gilt. Religionen können Menschen eine oberste Gewissensnorm geben, jenen für die heutige Gesellschaft immens wichtigen kategorischen Imperativ, der in ganz anderer Tiefe und Grundsätzlichkeit verpflichtet.

Denn alle großen Religionen fordern ja so etwas wie eine **„goldene Regel“** – eine nicht nur hypothetische, bedingte, sondern eine kategorische, apodiktische, unbedingte Norm – durchaus praktikabel angesichts der höchst komplexen Situation, in der Einzelne oder auch Gruppen oft handeln müssen.

[1] Applikation: das Sichanschließen

[2] Libertinismus: zügellose Lebensführung

Diese „goldene Regel" ist schon bei Konfuzius bezeugt: „Was du selbst nicht wünschst, das tue auch nicht anderen Menschen an" (Konfuzius ca. 551 bis 489 v. Chr.); aber auch im Judentum: „Tue nicht anderen, was du nicht willst, das sie dir tun" (Rabbi Hillel 60 v. Chr. bis 10 n. Chr.), und schließlich auch im Christentum: „Alles, was ihr wollt, das euch die Menschen tun, das tut auch ihr ihnen ebenso." Kants kategorischer Imperativ könnte als eine Modernisierung, Rationalisierung und Säkularisierung dieser goldenen Regel verstanden werden: „Handle so, dass die Maxime deines Willens jederzeit zugleich als Prinzip einer allgemeinen Gesetzgebung gelten könne", oder „Handle so, dass du die Menschheit, sowohl in deiner Person, als in der Person eines jeden anderen [...] jederzeit zugleich als Zweck, niemals bloß als Mittel brauchst."

Gewiss, Religionen waren und sind immer in Versuchung, Menschen autoritär zu kommandieren, blinden Gehorsam zu fordern und die Gewissen zu vergewaltigen. Und doch können sie, wo sie wollen, überzeugende **sittliche Motivationen** bieten. Denn gegenüber so viel Frustration, Lethargie und Apathie besonders in der jungen Generation heute können sie aus uralter Tradition in zeitgemäßer Form überzeugende Motive des Handelns bieten: nicht nur wie die Philosophie ewige Ideen, abstrakte Prinzipien und allgemeine Normen, sondern auch die lebendige Verkörperung einer neuen Lebenseinstellung und eines neuen Lebensstils.

Konkret: Bis heute wirken diejenigen Lebensmodelle motivierend, die sich in Leben und Lehren der großen Leitfiguren der Weltreligionen darstellen: im Buddha, in Jesus Christus, in Konfutse oder Laotse, im Propheten Muhammad. Das Wissen um das Gute, seine Normen, Modelle, Zeichen werden dem Einzelnen nun einmal sozial vermittelt. Und da macht es einen alles entscheidenden Unterschied, ob man Menschen einen neuen Lebensstil abstrakt vordoziert oder ob man sie mit Verweis auf ein verpflichtendes konkretes Lebensmodell zu einem solchen Lebensstil einladen kann: zur Nachfolge Buddhas, Jesu Christi, Konfutses, Laotses oder des Propheten Muhammad.

Für ein gemeinsames Weltethos braucht es also nicht nur die große Koalition der Glaubenden und Nichtglaubenden, sondern es braucht auch und gerade das besondere Engagement der verschiedenen Religionen. [...] Wer aber wäre heute besser geeignet als die **Weltreligionen**, Millionen von Menschen **für ein Weltethos zu mobilisieren**? Zu mobilisieren, indem sie ethische Ziele formulieren, moralische Leitideen präsentieren und die Menschen rational wie emotional motivieren, damit die ethischen Normen auch in der Praxis gelebt werden können? [...]

Alle Religionen beantworten die Frage nach dem Sinn des Ganzen, des Lebens, der Geschichte mit dem Blick auf eine schon hier und jetzt sich auswirkende allerletzte Wirklichkeit – ob diese nun mit dem klassischen Judentum als „Auferweckung", mit dem Christentum als „ewiges Leben", mit dem Islam als „Paradies", mit dem Hinduismus als „Moksha", mit dem Buddhismus als „Nirwana" oder mit dem Taoismus als „Unsterblichkeit" umschrieben wird. Gerade angesichts vieler Frustrationen und vieler Erfahrungen des Leidens und Scheiterns können Religionen helfend und weiterführend ein Sinnangebot über den Tod hinaus und eine Sinngebung schon hier und jetzt vermitteln.

A. Th. Khoury: Das Ethos der Weltreligionen. Freiburg (Herder) 1993

Hans Küng: Projekt Weltethos. München (Piper) 1990

M. Klöckler/U. Tworuschka (Hg.): Ethik der Weltreligionen. Darmstadt (Wissenschaftliche Buchgesellschaft) 2005

1. Aus welchen Gründen hält Küng ein religiös begründetes Weltethos für möglich und erstrebenswert?
2. Ist ein Weltethos ausschließlich religiös begründbar? Argumentieren Sie.
3. Setzen Sie sich kritisch mit Küngs Äußerungen zur Jugend (Z. 55ff.) auseinander.
4. Religionsfrieden als Voraussetzung für Weltfrieden? Diskutieren Sie.
5. Wie beurteilen Sie die Chancen für das von Küng skizzierte Weltethos?

Religion und Staat im Spannungsfeld

Grundgesetz, Artikel 4 (1, 2):
(1) Die Freiheit des Glaubens, des Gewissens und die Freiheit des religiösen und weltanschaulichen Bekenntnisses sind unverletzlich.
(2) Die ungestörte Religionsausübung wird gewährleistet.

Das „Kruzifixurteil"

Das Bundesland Bayern schrieb in seiner Schulordnung die Anbringung eines Kreuzes in den Unterrichtsräumen von Volksschulen verbindlich vor. Die Klage eines Elternpaares gegen einen Pflichtunterricht ihres Kindes „unter dem Kreuz" ging schließlich bis zum Bundesverfassungsgericht, das am 16.5.1995 den Rechtsstreit zugunsten der Kläger entschied. Bei dem folgenden Text handelt es sich um Auszüge aus dem Urteil.

Barocke Kreuzigungsgruppe (Detail) auf dem Kalvarienberg in Graz (Österreich)

Der römische Statthalter Pilatus versah das Kreuz mit der Inschrift „Jesus Nazareth Rex Judorum" (Jesus von Nazareth, König der Juden, s. Neues Testament, Lukas, 23).

Die Anbringung eines Kreuzes oder Kruzifixes in den Unterrichtsräumen einer staatlichen Pflichtschule, die keine Bekenntnisschule ist, verstößt gegen Art. 4 Abs. 1 GG. [...] Die Entscheidung für oder gegen einen Glauben ist danach Sache des Einzelnen, nicht des Staates. Der Staat darf ihm einen Glauben oder eine Religion weder vorschreiben noch verbieten. Zur Glaubensfreiheit gehört aber nicht nur die Freiheit, einen Glauben zu haben, sondern auch die Freiheit, nach den eigenen Glaubensüberzeugungen zu leben und zu handeln. Insbesondere gewährleistet die Glaubensfreiheit die Teilnahme an kultischen Handlungen, die ein Glaube vorschreibt oder in denen er Ausdruck findet. Dem entspricht umgekehrt die Freiheit, kultischen Handlungen eines nicht geteilten Glaubens fernzubleiben.
Diese Freiheit bezieht sich ebenfalls auf Symbole, in denen ein Glaube oder eine Religion sich darstellt. Art. 4 Abs. 1 GG überlässt es dem Einzelnen zu entscheiden, welche religiösen Symbole er anerkennt und verehrt und welche er ablehnt.
Zwar hat er in einer Gesellschaft, die unterschiedlichen Glaubensüberzeugungen Raum gibt, kein Recht darauf, von fremden Glaubensbekundungen, kultischen Handlungen und religiösen Symbolen verschont zu bleiben.
Davon zu unterscheiden ist aber eine vom Staat geschaffene Lage, in der der Einzelne ohne Ausweichmöglichkeiten dem Einfluss eines bestimmten Glaubens, den Handlungen, in denen dieser sich manifestiert, in denen er sich darstellt, ausgesetzt ist. Insofern entfaltet Art. 4 Abs. 1 GG seine freiheitssichernde Wirkung gerade in Lebensbereichen, die nicht der gesellschaftlichen Selbstorganisation überlassen, sondern vom Staat in Vorsorge genommen worden sind. Dem trägt auch Art. 140 GG in Ver-

[1] In Artikel 140 übernimmt das GG Bestimmungen der Weimarer Verfassung (WRV), die die Trennung von Kirche und Staat beinhalten und das Verhältnis von Staat und Religion festlegen.

bindung mit Art. 136 Abs. 4 WRV[1] dadurch Rechnung, dass er ausdrücklich verbietet, jemanden zur Teilnahme an religiösen Übungen zu zwingen.

Art. 4 Abs. I GG beschränkt sich allerdings nicht darauf, dem Staat eine Einmischung in die Glaubensüberzeugungen, -handlungen und -darstellungen Einzelner oder religiöser Gemeinschaften zu verwehren. Er erlegt ihm vielmehr auch die Pflicht auf, ihnen einen Betätigungsraum zu sichern, in dem sich die Persönlichkeit auf weltanschaulich-religiösem Gebiet entfalten kann, und sie vor Angriffen oder Behinderungen von Anhängern anderer Glaubensrichtungen oder konkurrierender Religionsgruppen zu schützen. Art. 4 Abs. 1 GG verleiht dem Einzelnen und den religiösen Gemeinschaften aber grundsätzlich keinen Anspruch darauf, ihrer Glaubensüberzeugung mit staatlicher Unterstützung Ausdruck zu verleihen.

Aus der Glaubensfreiheit des Art. 4 Abs. 1 GG folgt im Gegenteil der Grundsatz staatlicher Neutralität gegenüber den unterschiedlichen Religionen und Bekenntnissen. Der Staat, in dem Anhänger unterschiedlicher oder gar gegensätzlicher religiöser und weltanschaulicher Überzeugungen zusammenleben, kann die friedliche Koexistenz nur gewährleisten, wenn er selber in Glaubensfragen Neutralität bewahrt. Er darf daher den religiösen Frieden in einer Gesellschaft nicht von sich aus gefährden. [...]

Zusammen mit der allgemeinen Schulpflicht führen Kreuze in Unterrichtsräumen dazu, dass die Schüler während des Unterrichtes von Staats wegen und ohne Ausweichmöglichkeit mit diesem Symbol konfrontiert sind und gezwungen werden, „unter dem Kreuz“ zu lernen. Dadurch unterscheidet sich die Anbringung von Kreuzen in Klassenzimmern von der im Alltagsleben häufig auftretenden Konfrontation mit religiösen Symbolen der verschiedensten Glaubensrichtungen. Zum einen geht diese nicht vom Staat aus, sondern ist eine Folge der Verbreitung unterschiedlicher Glaubensüberzeugungen und Religionsgemeinschaften in der Gesellschaft. Zum anderen besitzt sie nicht denselben Grad von Unausweichlichkeit. Zwar hat es der Einzelne nicht in der Hand, ob er im Straßenbild, in öffentlichen Verkehrsmitteln oder beim Betreten von Gebäuden religiösen Symbolen oder Manifestationen begegnet. Es handelt sich in der Regel jedoch um ein flüchtiges Zusammentreffen, und selbst bei längerer Konfrontation beruht diese nicht auf einem notfalls mit Sanktionen durchsetzbaren Zwang. [...]

Die Anbringung von Kreuzen in Klassenzimmern überschreitet die danach gezogene Grenze religiös-weltanschaulicher Ausrichtung der Schule. [...] Das Kreuz kann nicht seines spezifischen Bezugs auf die Glaubensinhalte des Christentums entkleidet und auf ein allgemeines Zeichen abendländischer Kulturtradition reduziert werden. Es symbolisiert den wesentlichen Kern der christlichen Glaubensüberzeugung, die zwar insbesondere die westliche Welt in vielfacher Weise geformt hat, aber keineswegs von allen Gesellschaftsmitgliedern geteilt, sondern von vielen in Ausübung ihres Grundrechts aus Art. 4 Abs. 1 GG abgelehnt wird. Seine Anbringung in der staatlichen Pflichtschule ist daher mit Art. 4 Abs. 1 GG unvereinbar, soweit es sich nicht um eine christliche Bekenntnisschule handelt.

Werner Hofmeister: Tabula saltandi (Tafel/Tisch des Springens)

Die Installation wurde 2003 gegenüber dem Kalvarienberg in Graz errichtet.

1. Aus welchen Gründen lehnt das Gericht die grundsätzliche Anbringung von Kreuzen in staatlichen Pflichtschulen ab?
2. Welche Grundsätze über das Verhältnis Staat-Religion vertritt das Urteil? Lässt sich damit auch ein Verbot des Tragens von Kopftüchern an staatlichen Schulen begründen?
3. Worin sieht das Gericht die Bedeutung des Kreuzes?
4. Was will Hofmeister mit seiner Installation zum Ausdruck bringen? Wie geht er mit der Kreuzessymbolik um?

Positionen der Religionskritik

Aufklärung, religiöser Fanatismus und Fundamentalismus

Voltaire (1694–1778), französischer Philosoph und Schriftsteller, gilt als bedeutendster Vertreter der französischen Aufklärung. Mit den Mitteln der Ironie und Polemik griff er absolutistische Herrschaftsformen in Staat und Kirche an, was ihm einerseits eine Haftstrafe einbrachte und ihn mehrfach zur Flucht nötigte, ihm andererseits aber auch öffentliche Anerkennung eintrug. Neben zahlreichen literarischen Arbeiten („Candide oder der Optimismus", 1759) verfasste er theoretische Abhandlungen und korrespondierte mit bedeutenden Persönlichkeiten Europas. Voltaire war Anhänger des **deistischen** (von lat. Deus = Gott) Weltbildes, das zwar die Existenz eines Schöpfergottes annimmt, aber ein Eingreifen Gottes in den Lauf der Welt leugnet. Theologische Aussagen über einen gnädigen oder strafenden Gott sind für ihn naiv und irrational. In seiner Kampfschrift „Abhandlung über die Religionsduldung" (1763) plädierte er vehement für Religionsfreiheit und gegen religiösen Fanatismus (s. auch S. 226f.).

Voltaire: „Alle Fanatiker sind Schurken mit gutem Gewissen"

Der Fanatismus ist das Ergebnis eines falschen Bewusstseins, das die Religion den Launen der Fantasie und der Unberechenbarkeit der Leidenschaften dienstbar macht. [...]

Stellen wir uns einen gewaltigen Rundbau vor, ein Pantheon[1] mit tausend Altären und mitten darin von allen bereits erloschenen oder noch bestehenden Sekten einen frommen Anhänger zu Füßen der Gottheit, die jeder auf seine Weise verehrt, in all den wunderlichen Formen, die die Fantasie hat ersinnen können. Jener rechts, auf der Matte, ist in tiefe Betrachtungen versunken und wartet mit entblößtem Nabel, dass himmlische Erleuchtung seine Seele durchdringe. Jener links ist ein Besessener; er schlägt mit der Stirn gegen die Erde, um ihren Segen zu erflehen. Dort tanzt ein Gaukler auf der Gruft dessen, den er anruft. Hier steht ein Büßer, reglos und stumm wie die Statue, vor der er sich demütigt. Einer stellt, was die Scham verbirgt, zur Schau, weil Gott sich seines Ebenbildes nicht schämt. Ein anderer verhüllt sogar sein Gesicht, als verabscheue der Schöpfer sein Werk. Einer wendet den Rücken nach Süden, weil von dort der Hauch des Bösen kommt. Ein anderer streckt die Arme gen Osten, wo Gott sein strahlendes Antlitz zeigt. Weinende junge Mädchen kasteien[2] ihr unschuldiges Fleisch, um den Geist der Lüsternheit durch Mittel zu besänftigen, die ihn nur reizen können. [...]

Dann verlassen sie alle den Tempel, um, erfüllt von dem Gott, der ihnen befiehlt, Schrecken und Trug auf Erden zu verbreiten. Sie teilen die Welt unter sich auf, und bald steht sie an allen Enden in Flammen. Die Völker horchen auf, und die Könige zittern. Die Macht, die die Begeisterung eines Einzelnen über die Menge, die ihn sieht und hört, ausübt, die Leidenschaft, die die Versammelten aufeinander übertragen, dieses ganze wilde Treiben, noch verstärkt durch die Erregung jedes Einzelnen, machen den Wahnwitz bald allgemein. Wenn ein paar Betrüger erst ein Volk behext haben, mehren sich unter dem Einfluss der Verführung die Wunder, und bald sind alle hoffnungslos verirrt. Wenn der menschliche Geist einmal die lichtvollen Wege des Natürlichen verlassen hat, findet er nicht mehr zurück; er sucht verzweifelt nach der Wahrheit und findet immer nur einen schwachen Schimmer von ihr, der sich mit dem trügerischen Licht des ringsum herrschenden Aberglauben vermischt, so dass er vollends in der Finsternis versinkt. [...]

Heute versteht man unter Fanatismus einen finsteren und grausamen religiösen Wahn, eine Geisteskrankheit, die man sich zuzieht wie die Blat-

---

[1] Pantheon (gr.): Tempel für alle Götter

[2] kasteien: sich als Bußübung Entbehrungen auferlegen; sich züchtigen

tern. Sie wird weniger durch Bücher als durch Versammlungen und Reden verbreitet. Beim Lesen ereifert man sich selten und kann einen kühlen Kopf bewahren. Aber wenn ein fantasiebegabter Hitzkopf auf einen wenig fantasievollen Menschen einredet, glühen seine Augen, und diese Glut steckt an; sein Tonfall, seine Gesten überwältigen die Zuhörer. Gott blickt auf euch, ruft er aus, gebt alles hin, was irdisch ist, führe des Herren Kriege (1 Sam 18,17)[1]! Und das geschieht denn auch. [...]
Der Fanatismus verhält sich zum Aberglauben wie der Wahn zum Fieber oder die Raserei zum Zorn. Wer in Ekstase verfällt und Visionen hat, wer Träume für Wirklichkeit nimmt und seine Einbildungen für Prophezeiungen, ist ein angehender Fanatiker, von dem viel zu erwarten ist. Bald wird er aus Liebe zu Gott zum Mörder werden können. [...]
Es gibt kaltblütige Fanatiker. Das sind die Richter, die Menschen nur deshalb zum Tode verurteilen, weil sie anderer Ansicht sind als sie selbst. Die Schuld dieser Richter wiegt umso schwerer, sie verdienen umso mehr den Abscheu der Menschheit, als sie nicht im Affekt handeln, sondern auf die Stimme der Vernunft hören könnten.
Gegen diese Seuche gibt es kein anderes Mittel als den Geist der Philosophie, der, wenn er allmählich um sich greift, schließlich die Sitten der Menschen läutert und den Anfällen des Übels vorbeugt; denn wenn dieses Übel erst einmal Fortschritte macht, muss man flüchten und abwarten, bis die Luft wieder rein ist. Gesetze und Religion vermögen wenig gegen die Verpestung der Seelen. Die Religion ist keine bekömmliche Nahrung für solche verseuchten Seelen; in den infizierten Gehirnen wird sie zum Gift. [...] Die Gesetze vermögen noch weniger gegen solche Wahnsinnsanfälle: Das ist, als lese man einem Tobsüchtigen einen Ratsbeschluss vor. Solche Leute sind überzeugt, dass der Geist, von dem sie besessen sind, über den Gesetzen steht, dass ihre Verzückung das einzige Gesetz ist, dem sie Gehör schenken sollen. Was soll man einem Menschen entgegenhalten, der sagt, er wolle lieber Gott als den Menschen gehorchen, und daher überzeugt ist, in den Himmel zu kommen, wenn er einem den Hals abschneidet? [...] Alle Fanatiker sind Schurken mit gutem Gewissen und morden in gutem Glauben an eine gute Sache.

Beispiele prominenter Opfer religiös motivierter Morde

1604 wurde der französische König Heinrich IV. von einem katholischen Fanatiker wegen angeblich hugenottenfreundlicher Politik erstochen.

1949 wurde der indische Hindu Mahatma Gandhi (s. S. 256) von einem Glaubensgenossen wegen angeblich muslimfreundlicher Haltung erschossen.

1981 erschossen islamische Extremisten den ägyptischen Staatspräsidenten Anwar el Sadat wegen seiner Versöhnungspolitik mit Israel.

1995 erschoss ein jüdisch-orthodoxer Fanatiker „im Auftrag Gottes" den um Versöhnung mit den Palästinensern bemühten israelischen Premierminister und Friedensnobelpreisträger Itzhak Rabin.

2004 wurde der islamkritische holländische Filmemacher Theo van Gogh von einem muslimischen Fanatiker erschossen (s. S. 28).

„Aufklärung ist der Ausgang des Menschen aus seiner selbst verschuldeten Unmündigkeit. Unmündigkeit ist das Unvermögen, sich seines Verstandes ohne Leitung eines anderen zu bedienen."
Immanuel Kant, 1783

„Fundamentalismus ist der selbst verschuldete Ausgang aus den Zumutungen des Selberdenkens, der Eigenverantwortung, der Begründungspflicht, der Unsicherheit und der Offenheit aller Geltungsansprüche, Herrschaftslegitimationen und Lebensformen, denen Denken und Leben durch Aufklärung und Moderne unumkehrbar ausgesetzt sind, in die Sicherheit und Geschlossenheit selbst erkorener absoluter Fundamente."
Thomas Meyer, deutscher Philosoph, 1989

1. Was sind nach Voltaire Kennzeichen und Verbreitungsstrategien des Fanatismus? Wie bestimmt er das Verhältnis von Religion und Fanatismus?

2. Wieso ist der „Geist der Philosophie" (Z. 54f.) geeignet, dem Fanatismus vorzubeugen?

3. Grenzen Sie Fundamentalismus und Fanatismus voneinander ab.

[1] Altes Testament, 1. Buch Samuel

Heribert Prantl (geb. 1953), Journalist und Träger des „Geschwister-Scholl-Preises“ (1994) sowie des „Erich-Fromm-Preises“ (2006)

Heribert Prantl: Krisenzeiten und religiöser Fundamentalismus

In einer Welt, die unübersichtlich geworden ist, wächst das Bedürfnis nach der Geordnetheit. [...] Das ist der Kern dessen, was seit einiger Zeit als die „Revitalisierung von Religion“ beschrieben wird, das ist wohl auch der Kern dessen, was hinter den Wertedebatten der christlichen Parteien steckt. Es ist das Verlangen nach Deutungsmustern und Praktiken, die bei der Bewältigung von Krisen helfen können.

Der Fundamentalismus bedient diese Suche nach Geborgenheit besonders aggressiv. Er beutet sie aus. Er macht die Welt einfach, er macht sie zu einem binären System, wo gut und böse scharf geschieden wird.

Es ist nicht so, dass die Leute nichts mehr glauben. Im Gegenteil. Sie glauben fast alles – je größer die Ratlosigkeit, umso lieber folgen sie denen, die so tun, als hätten sie den göttlichen Bauplan für die Erlösung der Welt in der Hand. Krisenzeiten sind Zeiten für Fundamentalismen. Das zeigt sich seit dem 11. September 2001[1] auch in den USA und der westlichen Welt. Es ist nicht so, dass der Fundamentalismus den Globus teilt – hier muslimischer Fundamentalismus, dort aufgeklärte Welt. **Der Fundamentalismus durchzieht vielmehr alle Gesellschaften, er ist nicht kultur- und religionsspezifisch.** Weil er das angeblich allein Richtige und Heilige vor sich herträgt, transformiert er die Gesellschaften ins Unheilige, ins Unheilvolle. Der Fundamentalismus ist die dämonische Seite jeder Religion. Er ist praktizierte Unduldsamkeit.

Fundamentalisten nehmen ihre jeweilige Heilige Schrift wörtlich, Buchstabe für Buchstabe. Das gilt für die bibeltreuen Christen in den USA, die Homosexualität als Frevel wider den Schöpfer brandmarken und in dessen Namen sie wieder zu Kreuzzügen aufbrechen wollen. Das gilt für die Siedler in Hebron[2], die sich sicher sind, dass Gott ihnen Erez Israel, das israelische Großreich, versprochen hat. Und das gilt erst recht für die islamischen Fundamentalisten, die für sich das Recht reklamieren, jeden zu beseitigen, der ihnen bei der Umsetzung ihres Erlösungsauftrages im Weg zu stehen scheint. Fundamentalisten ersetzen Demut durch Hybris[3] oder Fanatismus, in allen Kulturen, in allen Religionen. **Es gibt keinen Kampf der Kulturen, es gibt einen Kampf in den Kulturen.** Tatsächlich gleichen sich die Fundamentalisten der verschiedenen Kulturen viel mehr, als es die Fundamentalisten wahrhaben wollen. Jeder wähnt sich vom Feuer seiner Religion erleuchtet und entwickelt dabei ähnliche autoritäre Muster.

Kazem Hashemi: Fundamentalismus. Absage an die Moderne, München (Elefanten-Press) 2002

1 Erläutern Sie den Zusammenhang zwischen Krisenzeiten und der „Revitalisierung von Religion“ (Z. 3). Welche Rolle spielt dabei der Fundamentalismus? (Vgl. S. 225)

2 Veranschaulichen Sie anhand von Beispielen die Aussage in Z. 31f.

[1] Terrorangriff in den USA (s. S. 80 und 252)

[2] Hebron: Stadt im israelisch besetzen Westjordanland, in der sich der Überlieferung nach die Gräber von Abraham, Isaak und Jakob befinden

[3] Hybris (gr.): Selbstüberhebung, Vermessenheit

Gustav Seibt: Ein neuer Kulturkampf?

Ein muslimischer Ayatollah und ein katholischer Bischof dürften sich bis heute über weniges so rasch einig werden, wie über die „naturgemäße" Rolle der Frau oder die Homosexualität. Und die Bestimmungen des Korans, welche Lästerungen Allahs mit schwersten Sanktionen belegen, finden ihre Parallele (und vielfach sogar Quelle) in den Gesetzen der jüdisch-christlichen Tora, die den Schändern des Jahwe-Kultus[1] den Tod androhen. Alles, was den Europäern an der fundamentalistischen muslimischen Frömmigkeit so bedrohlich erscheint, könnten sie aus ihrer eigenen religiös-kulturellen Überlieferung kennen. [...]
Der muslimische Fanatismus berührt uns nicht nur wegen seiner terroristischen Drohungen so schrecklich, sondern auch deshalb, weil er uns an die eigene Vergangenheit erinnert.
Europa hat eine Geschichte religiöser Gräuel hinter sich, gegen die sich die islamische Vergangenheit alles in allem pazifistisch ausnimmt. Und es ist kein Zufall, dass die beiden Nationen, die heute am intensivsten über Staat und Religion diskutieren, Frankreich und Deutschland, in ihrer Geschichte auch am fürchterlichsten von Religionskriegen zerrissen waren. [...]
Die Freiheit, den Papst und die Kirche und selbst Gott ungestraft zu kritisieren, hat sich das christliche Europa mit Strömen von Blut erwerben müssen – Blut, das für theologische Dogmen floss, für die Rechtfertigungslehre[2] oder die Symbolik des Abendmahls. Auch die schwerste Schande Europas, der Antisemitismus, hat einen christlichen Vorlauf, so wenig er ohne seine modernen Zutaten vorstellbar wäre. [...]
Das Problem, das Europa heute mit seinen Muslimen hat, wird durch solche Rückblicke auf die eigene Religionsgeschichte erst in seiner Abgründigkeit fassbar. Es rührt an die Grundfesten unserer modernen Lebensform. Da Europa seine Millionen Muslime nicht ausbürgern und umsiedeln kann, muss es sich auch mit den Gespenstern einer Religiosität herumschlagen, in denen albtraumhaft Vergangenes zurückkehrt. In Wahrheit kann keine europäische Gesellschaft mehr auf multikulturelle Lebensformen verzichten. Allzu lange erschöpften sich diese jedoch in einem gleichgültigen Nebeneinander. Nun drohen Angstreaktionen, die auf eine Zwangslaisierung[3] islamischer Mitbürger hinauslaufen. Wer heute das Experiment des Multikulturalismus für beendet erklärt, hat nur Recht, solange er die bisherige leichtsinnige Gleichgültigkeit meint; wer die Sache auf ein Verfassungsschutzproblem reduziert, begibt sich auf den Pfad des Religionskrieges, und es drohen Kulturkämpfe, wie sie noch nie gewonnen werden konnten.
Die wirksamen Antworten werden kleinteilig sein müssen: ökonomisch, pädagogisch, ökumenisch.
Auch die christlichen Kirchen hätten hier reichlich Gelegenheit, etwas von ihrer historischen Schuld abzutragen und zum Frieden zu wirken.

3 Warum empfinden Europäer religiösen Fundamentalismus als Bedrohung?

4 Überlegen Sie, worin die in Z. 1ff. genannte Einigkeit bestehen könnte. Inwiefern rührt dies an die „Grundfesten unserer modernen Lebensform" (Z. 27f.)?

5 „Der Fundamentalist glaubt, dass wir an nichts glauben. Um ihn zu widerlegen, müssen wir wissen, dass er irrt. Also kommt es darauf an, was für uns zählt!" (S. Rushdie)
Bestimmen Sie, wer „wir" sind und „was für uns zählt".
Was würde ein aufgeklärter Europäer einem Fundamentalisten entgegenhalten?

6 Skizzieren Sie Grundzüge einer multikulturellen Gesellschaft, die nicht in einer „leichtsinnigen Gleichgültigkeit" besteht.

1 Jahwe-Kult: ausschließliche Verehrung des alleinigen Gottes
2 Rechtfertigungslehre: die (immer noch umstrittene) Beantwortung der Frage, durch was der Mensch vor Gott Gnade finden und als „gerecht" bezeichnet werden kann
3 Gemeint ist die Unterdrückung religiös geprägter Lebensformen.

Klassiker der Religionskritik

Ludwig Feuerbach (1804–1872) studierte nach dem Abbruch eines Theologiestudiums in Berlin Philosophie und besuchte die Vorlesungen des Philosophen Hegel (s. S. 84f.). 1828 promovierte er in Erlangen und wurde Privatdozent für Philosophie. 1830 veröffentlichte er anonym die Schrift „Gedanken über Tod und Unsterblichkeit“, in der er den Glauben an die persönliche Unsterblichkeit verwarf. Als zwei Jahre später bekannt wurde, dass Feuerbach der Autor ist, musste er seine Universitätslaufbahn beenden. Er geriet in Isolation und verarmte. Erst die Heirat mit der Miteigentümerin einer Porzellanfabrik im Jahre 1837 gab ihm für eine gewisse Zeit die finanziellen Mittel, seine Meinung frei zu äußern. Obwohl er die gesellschaftliche Wirklichkeit seiner Zeit kritisierte, beteiligte er sich nicht an den politischen Aktionen gegen die Restauration. Stattdessen hielt er in Heidelberg außerhalb des Universitätsbetriebs die Vorlesungsreihe „Wesen der Religion“, in der er seine Religionskritik entfaltete. Der Konkurs der Porzellanfabrik im Jahre 1861 stürzte ihn erneut ins Elend.

Ludwig Feuerbach: Gott ist eine Projektion[1]

Die **Religion**, wenigstens die christliche, **ist das Verhalten des Menschen zu sich selbst**, oder richtiger: zu seinem Wesen, aber das Verhalten zu seinem Wesen als zu einem anderen Wesen. Das göttliche Wesen ist nichts anderes als das menschliche Wesen, oder besser: das Wesen des Menschen, abgesondert von den Schranken des individuellen, d.h. wirklichen, leiblichen Menschen, vergegenständlicht, d.h. angeschaut und verehrt als ein anderes, von ihm unterschiedenes, eigenes Wesen – alle Bestimmungen des göttlichen Wesens sind darum Bestimmungen des menschlichen Wesens. In Beziehung auf die Prädikate, d.h. die Eigenschaften oder Bestimmungen Gottes, wird dies denn auch ohne Anstand zugegeben, aber keineswegs in Beziehung auf das Subjekt, d.h. das Grundwesen dieser Prädikate. Die Verneinung des Subjekts gilt für Irreligiösität, für Atheismus, nicht aber die Verneinung der Prädikate. Aber was keine Bestimmungen hat, das hat auch keine Wirkungen auf mich; was keine Wirkungen, auch kein Dasein für mich. Alle Bestimmungen aufheben ist so viel als das Wesen selbst aufheben. Ein bestimmungsloses Wesen ist ein ungegenständliches, ein nichtiges Wesen. Wo daher der Mensch alle Bestimmungen von Gott entfernt, da ist ihm Gott nur noch ein negatives, d.h. nichtiges Wesen. [...]
Die Religion ist die **Entzweiung des Menschen mit sich selbst**: Er setzt sich Gott als ein ihm entgegengesetztes Wesen gegenüber. Gott ist nicht, was der Mensch ist – der Mensch nicht, was Gott ist. Gott ist das unendliche, der Mensch das endliche Wesen; Gott vollkommen, der Mensch unvollkommen; Gott ewig, der Mensch zeitlich; Gott allmächtig, der Mensch ohnmächtig; Gott heilig, der Mensch sündhaft. Gott und Mensch sind Extreme: Gott das schlechthin Positive, der Inbegriff aller Realitäten, der Mensch das schlechtweg Negative, der Inbegriff aller Nichtigkeiten. Aber der Mensch vergegenständlicht in der Religion sein eigenes geheimes Wesen. Es muss also nachgewiesen werden, dass dieser Gegensatz, dieser Zwiespalt von Gott und Mensch, womit die Religion anhebt, ein Zwiespalt des Menschen mit seinem eigenen Wesen ist. [...]
Der Mensch kann keinen anderen Geist – denn der Begriff des Geistes ist lediglich der Begriff des Denkens, der Erkenntnis, des Verstandes, jeder andere Geist ein Gespenst der Fantasie –, keine andere Intelligenz glauben, ahnen, vorstellen, denken als die Intelligenz, die ihn erleuchtet, die sich in ihm bestätigt. Er kann nichts weiter als die Intelligenz absondern von den Schranken seiner Individualität. Der „unendliche Geist“ im Unterschied vom endlichen ist daher nichts anderes als die von den Schranken der Individualität und Leiblichkeit – denn Individualität und Leiblichkeit sind untrennbar – abgesonderte Intelligenz, die Intelligenz für sich selbst gesetzt oder gedacht. [...]
Wir haben bewiesen, dass der Inhalt und Gegenstand der Religion ein durchaus menschlicher ist, bewiesen, dass das Geheimnis der Theologie

[1] Projektion: Abbildung, Übertragung

die Anthropologie, des göttlichen Wesens das menschliche Wesen ist. Aber die Religion hat nicht das Bewusstsein von der Menschlichkeit ihres Inhalts; sie setzt sich vielmehr dem Menschlichen entgegen, oder wenigstens sie gesteht nicht ein, dass ihr Inhalt ein menschlicher ist. Der notwendige Wendepunkt der Geschichte ist daher dieses offene Bekenntnis und Eingeständnis, dass das Bewusstsein Gottes nichts anderes ist als das Bewusstsein der Gattung, dass der Mensch sich nur über die Schranken seiner Individualität oder Persönlichkeit erheben kann und soll, aber nicht über die Gesetze, die Wesensbestimmungen seiner Gattung, dass der Mensch kein anderes Wesen als absolutes, als göttliches Wesen denken, ahnen, vorstellen, fühlen, glauben, wollen, lieben und verehren kann als das menschliche Wesen. [...]

Die Religion ist **das erste Selbstbewusstsein des Menschen**. Heilig sind die Religionen, eben weil sie die Überlieferungen des ersten Bewusstseins sind. Aber was der Religion das Erste ist, Gott, das ist, wie bewiesen, an sich, der Wahrheit nach das Zweite, denn er ist nur das sich gegenständliche Wesen des Menschen, und was ihr das Zweite ist, der Mensch, das muss daher als das Erste gesetzt und ausgesprochen werden. Die Liebe zum Menschen darf keine abgeleitete sein; sie muss zur ursprünglichen werden. Dann allein wird die Liebe eine wahre, heilige, zuverlässige Macht. Ist das Wesen des Menschen das höchste Wesen des Menschen, so muss auch praktisch das höchste und erste Gesetz die Liebe des Menschen zum Menschen sein. Homo homini Deus est – dies ist der oberste praktische Grundsatz, dies der Wendepunkt der Weltgeschichte.

1. Stellen Sie den Gedankengang des ersten Abschnittes in einer Grafik dar. Wie bestimmt Feuerbach (im Gegensatz zur Religion) das Verhältnis zwischen Gott und Mensch?

2. Welche Aussage variiert Feuerbach in Z. 66 (s. S. 148)? Welche ethische Bedeutung gibt er seiner Religionskritik?

3. „Feuerbach kritisierte lediglich ein Bild von Gott. Er widerlegt nicht seine Existenz.“ Setzen Sie sich mit dieser These auseinander und beziehen Sie die Gottesbeweise in Ihre Überlegungen mit ein.

„Gottesbeweise“

Im Laufe der Geschichte hat man versucht, die Existenz Gottes mithilfe der Vernunft und logischer Verfahren und Schlussfolgerungen zu beweisen. Im Anschluss an Aristoteles entwickelte die Scholastik (theologische „Schulwissenschaft“ im Hochmittelalter) verschiedene Arten der Beweisführung, die später neue Ausprägungen (und Kritik) erfuhren.

Der *kosmologische Gottesbeweis* will zeigen, dass jede Ursache eine erste Ursache hat und weiterhin allem scheinbar Zufälligen und Willkürlichen ein absolut Notwendiges, Vollkommenes und Wohlgeordnetes zugrunde liegt. Der *teleologische Gottesbeweis* führt alles Sinnhafte und Zielstrebige auf einen denkenden und schöpferischen Geist zurück. Der *ontologische Gottesbeweis* (nach Anselm von Canterbury, 1033–1109) leitet aus der Tatsache, dass der Mensch einen Begriff des höchsten Wesens hat, ab, dass dieses höchste Wesen notwendigerweise existieren muss. Denn da der Mensch selbst unvollkommen ist, kann er den Begriff eines vollkommenen Wesens nicht von sich selbst aus entwickeln. Dieser Begriff muss daher von dem vollkommenen Wesen (Gott) selbst stammen, womit seine Existenz bewiesen ist.

Immanuel Kant verwarf die Gottesbeweise u.a. mit dem Argument, dass das menschliche Erkenntnisvermögen nicht in der Lage sei, zu einer Einsicht über das Wesen und die Existenz des „Unbedingten“ zu kommen, welches er aber als Idealvorstellung der Vernunft anerkennt.

Die Gottesbeweise sind nach katholischer Lehre eine mögliche Erkenntnisquelle für Gott; in der evangelischen Theologie, soweit sie sich Kants Einwand angeschlossen hat, spielen die Gottesbeweise nur noch eine historische Rolle.

Karl Marx (1818–1883), deutscher Philosoph and Ökonom (Biografie s. S. 384)

Karl Marx: Religion ist Opium des Volkes

Für Deutschland ist die *Kritik der Religion* im Wesentlichen beendigt, und die Kritik der Religion ist die Voraussetzung aller Kritik. Die *profane*[1] Existenz des Irrtums ist kompromittiert, nachdem seine *himmlische Oratio pro aris et focis*[2] widerlegt ist. Der Mensch, der in der fantastischen Wirklichkeit des Himmels, wo er einen Übermenschen suchte, nur den *Widerschein* seiner selbst gefunden hat, wird nicht mehr geneigt sein, nur den Schein seiner selbst, nur den Unmenschen zu finden, wo er seine wahre Wirklichkeit sucht und suchen muss.

Das Fundament der irreligiösen Kritik ist: Der *Mensch macht die Religion*, die Religion macht nicht den Menschen. Und zwar ist die Religion das Selbstbewusstsein und das Selbstgefühl des Menschen, der sich selbst entweder noch nicht erworben oder schon wieder verloren hat. Aber *der Mensch*, das ist kein abstraktes, außer der Welt hockendes Wesen. Der Mensch, das ist die Welt des Menschen, Staat, Sozietät. Dieser Staat, diese Sozietät produzieren die Religion, *ein verkehrtes Weltbewusstsein*, weil sie eine *verkehrte Welt* sind. Die Religion ist die allgemeine Theorie dieser Welt, ihr enzyklopädisches Kompendium, ihre Logik in populärer Form, ihr spiritualistischer Point-d'Honneur, ihr Enthusiasmus, ihre moralische Sanktion, ihre feierliche Ergänzung, ihr allgemeiner Trost- und Rechtfertigungsgrund. Sie ist die *fantastische Verwirklichung* des menschlichen Wesens, weil das *menschliche Wesen* keine wahre Wirklichkeit besitzt. Der Kampf gegen die Religion ist also mittelbar der Kampf gegen *jene Welt*, deren geistiges *Aroma* die Religion ist.

Das *religiöse* Element ist in einem *Ausdruck* des wirklichen Elendes und in einem die *Protestation* gegen das wirkliche Elend. Die Religion ist der Seufzer der bedrängten Kreatur, das Gemüt einer herzlosen Welt, wie sie der Geist geistloser Zustände ist. Sie ist das *Opium* des Volkes. Die Aufhebung der Religion als des *illusorischen* Glücks des Volkes ist die Forderung seines *wirklichen* Glücks. Die Forderung, die Illusionen über seinen Zustand aufzugeben, ist die *Forderung, einen Zustand aufzugeben, der der Illusion bedarf.* Die Kritik der Religion ist also im *Keim* die *Kritik des Jammertales*, dessen *Heiligenschein* die Religion ist. Die Kritik hat die imaginären Blumen an der Kette zerpflückt, nicht damit der Mensch die fantasielose, trostlose Kette trage, sondern damit er die Kette abwerfe und die lebendige Blume breche. Die Kritik der Religion enttäuscht den Menschen, damit er denke, handle, seine Wirklichkeit gestalte wie ein enttäuschter, zu Verstand gekommener Mensch, damit er sich um sich selbst und damit um seine wirkliche Sonne bewege. Die Religion ist nur die illusorische Sonne, die sich um den Menschen bewegt, solange er sich nicht um sich selbst bewegt.

Es ist also die *Aufgabe der Geschichte*, nachdem das *Jenseits der Wahrheit* verschwunden ist, die *Wahrheit des Diesseits* zu etablieren. Es ist zunächst die *Aufgabe der Philosophie*, die im Dienste der Geschichte steht, nachdem die *Heiligengestalt* der menschlichen Selbstentfremdung entlarvt ist, die Selbstentfremdung in ihren *unheiligen Gestalten* zu entlarven. Die Kritik des Himmels verwandelt sich damit in die Kritik der Erde, die *Kritik der Religion* in die *Kritik des Rechts*, die *Kritik der Theologie* in die *Kritik der Politik*.

[1] profan: weltlich
[2] Oratio pro aris et focis (lat.): Gebet an Altar und Herd

1. Wo geht Marx direkt auf Feuerbachs Religionskritik ein und wie bewertet er sie?

2. Marx bezieht sich konkret auf die gesellschaftlichen Verhältnisse seiner Zeit (z. B. Verelendung). Informieren Sie sich über die Zustände, die er kritisiert.

3. Wie verhält sich nach Marx die Religion zur gesellschaftlichen Wirklichkeit? Welche Funktionen hat die Religion und was bewirkt sie bei den Menschen?

4. Deuten Sie die im vorletzten Abschnitt verwendeten Metaphern.

5. Was muss nach Marx auf die Kritik der Religion notwendig folgen? Wie begründet er diese Notwendigkeit?

Friedrich Nietzsche: „Gott ist tot"

Habt ihr nicht von jenem tollen[1] Menschen gehört, der am hellen Vormittag eine Laterne anzündete, auf den Markt lief und unaufhörlich schrie: „Ich suche Gott! Ich suche Gott!" – Da dort gerade viele von denen zusammenstanden, welche nicht an Gott glaubten, so erregte er ein großes Gelächter. Ist er denn verlorengegangen?, sagte der eine. Hat er sich verlaufen wie ein Kind?, sagte der andere. Oder hält er sich versteckt? Fürchtet er sich vor uns? Ist er zu Schiff gegangen, ausgewandert? – so schrien und lachten sie durcheinander. Der tolle Mensch sprang mitten unter sie und durchbohrte sie mit seinen Blicken. „Wohin ist Gott?", rief er, „ich will es euch sagen! *Wir haben ihn getötet* – ihr und ich. Wir alle sind seine Mörder! Aber wie haben wir dies gemacht? Wie vermochten wir das Meer auszutrinken? Wer gab uns den Schwamm, um den ganzen Horizont wegzuwischen? Was taten wir, als wir diese Erde von ihrer Sonne losketteten? Wohin bewegt sie sich nun? Wohin bewegen wir uns? Fort von allen Sonnen? Stürzen wir nicht fortwährend? Und rückwärts, seitwärts, vorwärts, nach allen Seiten? Gibt es noch ein Oben und ein Unten? Irren wir nicht durch ein unendliches Nichts? Haucht uns nicht der leere Raum an? Ist es nicht kälter geworden? Kommt nicht immerfort die Nacht und mehr Nacht? Müssen nicht Laternen am Vormittage angezündet werden? Hören wir noch nichts von dem Lärm der Totengräber, welche Gott begraben? Riechen wir noch nichts von der göttlichen Verwesung? Auch Götter verwesen! Gott ist tot! Gott bleibt tot! Und wir haben ihn getötet! Wie trösten wir uns, die Mörder aller Mörder? Das Heiligste und Mächtigste, was die Welt bisher besaß, es ist unter unsern Messern verblutet – wer wischt dies Blut von uns ab? Mit welchem Wasser könnten wir uns reinigen? Welche Sühnefeiern, welche heiligen Spiele werden wir erfinden müssen? Ist nicht die Größe dieser Tat zu groß für uns? Müssen wir nicht selber zu Göttern werden, um nur ihrer würdig zu erscheinen? Es gab nie eine größere Tat – und wer nur immer nach uns geboren wird, gehört um dieser Tat willen in eine höhere Geschichte, als alle Geschichte bisher war!" – Hier schwieg der tolle Mensch und sah wieder seine Zuhörer an: Auch sie schwiegen und blickten befremdet auf ihn. Endlich warf er seine Laterne auf den Boden, dass sie in Stücke sprang und erlosch. „Ich komme zu früh", sagte er dann, „ich bin noch nicht an der Zeit. Dies ungeheure Ereignis ist noch unterwegs und wandert – es ist noch nicht bis zu den Ohren der Menschen gedrungen. Blitz und Donner brauchen Zeit, das Licht der Gestirne braucht Zeit, Taten brauchen Zeit, auch nachdem sie getan, um gesehen und gehört zu werden. Diese Tat ist ihnen immer noch ferner als die fernsten Gestirne – *und doch haben sie dieselbe getan!*" – Man erzählt noch, dass der tolle Mensch desselbigen Tages in verschiedene Kirchen eingedrungen sei und darin sein Requiem aeternam deo[2] angestimmt habe. Hinausgeführt und zur Ruhe gesetzt, habe er immer nur dies entgegnet: „Was sind denn diese Kirchen noch, wenn sie nicht die Grüfte und Grabmäler Gottes sind?"

[1] toll: hier im Sinne von narrenhaft, verrückt

[2] Requiem aeternam deo (lat.): (Gib) Gott die ewige Ruhe. Umdrehung eines Satzes aus dem christlichen Begräbnisgottesdienst („Herr, gib ihm die ewige Ruhe")

Friedrich Nietzsche (1844–1900), deutscher Philosoph (Biografie s. S. 385), gilt als radikalster Kritiker der christlichen Religion. Der Text stammt aus seinem Werk „Die fröhliche Wissenschaft", 1882. Nietzsche schreibt darin in Aphorismen und verwendet Bilder, die der Leser entschlüsseln muss. Zielscheibe seiner Kritik ist nicht nur die Religion, er wirft auch den Wissenschaftlern und Atheisten seiner Zeit vor, die Folgen ihres Atheismus für den weiteren Verlauf der Menschheitsgeschichte nicht zu bedenken.

6. Beschreiben Sie die Situation auf dem Markt. Was tut der „tolle Mensch"? Wen spricht er an? Wie reagieren die Angesprochenen?

7. Wie beschreibt und wertet der „tolle Mensch" die Tötung Gottes, das Ergebnis und die Folgen der Tat? Deuten Sie seine Bilder.

8. Stellen Sie sich vor, Sie befänden sich auf dem Markt oder in einem Gotteshaus. Was würden Sie dem „tollen Menschen" antworten?

Bertrand Russell (1872–1970), britischer Mathematiker, Philosoph und Literaturnobelpreisträger (s. S. 51).
Russell greift in diesem Text, der seinem Buch „Warum ich kein Christ bin" entstammt, auf die Religionskritik **Sigmund Freuds** (1856–1939, Biografie s. S. 382) zurück, der die Religion als „Illusion" und „infantile (= kindliche) Sehnsucht nach einem allmächtigen Vater" interpretierte und kritisierte.

Bertrand Russell: Die Religion stützt sich auf Angst

Die Religion stützt sich vor allem und hauptsächlich auf die Angst. Teils ist es die Angst vor dem Unbekannten und teils der Wunsch zu fühlen, dass man eine Art großen Bruder hat, der einem in allen Schwierigkeiten und Kämpfen beisteht. Angst ist die Grundlage des Ganzen – Angst vor dem Geheimnisvollen, Angst vor Niederlagen, Angst vor dem Tod. Die Angst ist die Mutter der Grausamkeit, und es ist deshalb kein Wunder, dass Grausamkeit und Religion Hand in Hand gehen, weil beide aus der Angst entspringen.

Wir beginnen nun langsam die Welt zu verstehen und sie zu meistern, mithilfe einer Wissenschaft, die sich gewaltsam Schritt für Schritt ihren Weg gegen die christliche Religion, gegen die Kirchen und in Widerspruch zu den überlieferten Geboten erkämpft hat. Die Wissenschaft kann uns helfen, die feige Furcht zu überwinden, in der die Menschheit seit so vielen Generationen lebt. Die Wissenschaft, und ich glaube auch unser eigenes Herz, kann uns lehren, nicht mehr nach einer eingebildeten Hilfe zu suchen und Verbündete im Himmel zu ersinnen, sondern vielmehr hier unten unsere eigenen Anstrengungen darauf zu richten, die Welt zu einem Ort zu machen, der es wert ist, darin zu leben, und nicht zu dem, was die Kirchen in all den Jahrhunderten daraus gemacht haben.

Wir wollen auf unseren eigenen Beinen stehen und die Welt offen und ehrlich anblicken, ihre guten und schlechten Seiten, ihre Schönheit und ihre Hässlichkeit; wir wollen die Welt so sehen, wie sie ist, und uns nicht davor fürchten. Wir wollen die Welt mit unserer Intelligenz erobern und uns nicht nur sklavisch von dem Schrecken, der von ihr ausgeht, unterdrücken lassen.

Diese ganze Vorstellung von Gott stammt von den alten orientalischen Gewaltherrschaften. Es ist eine Vorstellung, die freier Menschen unwürdig ist. Wenn man hört, wie sich die Menschen in der Kirche erniedrigen und sich als elende Sünder usw. bezeichnen, so erscheint das verächtlich und eines Menschen mit Selbstachtung nicht würdig.

1 Worin sieht Russell den Zusammenhang zwischen Angst, Grausamkeit und Religion? Vergleichen Sie seine Ansicht mit den Aussagen des Geologen Winchester und diskutieren Sie über ihre Einschätzungen.

2 Setzen Sie sich kritisch mit Russells Bewertung der Wissenschaft auseinander.

3 Veranstalten Sie eine Podiumsdiskussion zum Thema „Religion und Aufklärung – ein Widerspruch?".

Interview mit dem Geologen und Journalisten Simon Winchester anlässlich des schweren Seebebens in Südostasien (26.12.2004) mit mehr als 200.000 Toten

Frage: Fördern Naturkatastrophen nicht den Irrationalismus der Religionen? Eine höhere Instanz ist ja oft die einfachste Erklärung für eine Übermacht der Natur.

Winchester: Das stimmt. Der Ausbruch des Vulkans Krakatau 1883 mit 36.000 Toten löste ein enormes Interesse am fundamentalistischen Islam aus, weil viele die Katastrophe so interpretierten, dass Allah auf sie zornig sei, weil sie den Holländern erlaubt hatten, sie zu beherrschen. Aus diesem Grund begann man, die Holländer aus dem Land zu jagen. Ähnliches passierte beim Erdbeben von 1906 in den USA. Eine Woche zuvor wurde die kleine Kirche des Azuza Street Revival in Los Angeles eröffnet, dann ereignete sich das Beben, die Pastoren predigten, das sei ein Zeichen Gottes, und schon pilgerten Tausende zu der Kirche, um dort im Wort Gottes Erlösung zu finden.

Süddeutsche Zeitung, 29.12.2004, S. 11

Problemfelder menschlichen Handelns – Herausforderungen für Moral und Ethik

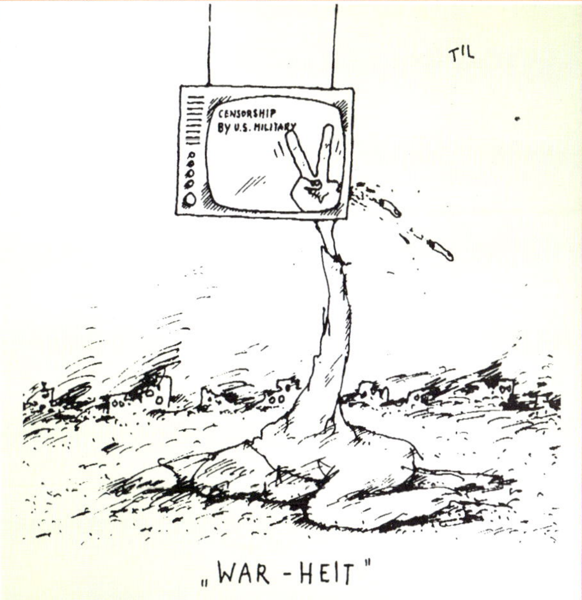

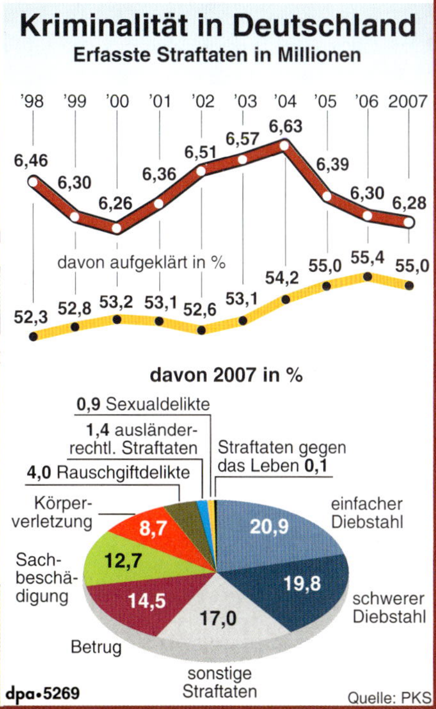

Welche moralischen Fragen werfen die Abbildungen auf? Inwiefern ist hier die Ethik herausgefordert?

Gewalt und Friedfertigkeit

Gewalt als Lösung von Konflikten?

Ludmilia Seefried-Matějková: Homo homini lupus (1992/93)

„Für gewöhnlich stehen nicht die Worte in der Gewalt der Menschen, sondern die Menschen in der Gewalt der Worte.“
Hugo von Hofmannsthal (1874–1929), deutscher Dichter

„Alle, die zum Schwert greifen, werden durch das Schwert umkommen.“
Neues Testament, Mt. 26, 52

Die Menschheitsgeschichte – eine Spirale der Gewalt?*

Gewalt begleitet die Menschheitsgeschichte von Anfang an. Schöpfungsmythen wie das Gilgamesch-Epos[1] oder das Buch Genesis im Alten Testament[2] erzählen davon, dass Gewalttaten bereits am Beginn menschlicher Lebensgemeinschaften standen.

Gewalt kann sich direkt (personal) oder indirekt (strukturell) äußern. Letzteres ist der Fall, wenn sie sich in Systemen manifestiert, die sozial ungerecht sind und grundlegende menschliche Bedürfnisse einschränken.

Gewalt- und Ausbeutungsformen richten sich nicht nur gegen Menschen, sondern auch gegen die Natur. Neben der Ausrottung ganzer Tierarten gibt es massive Schädigungen von Böden, Gewässern, Pflanzen und Bäumen.

Rechtfertigungen der Gewalt und von Gewaltformen finden sich zuhauf, seien sie politischer, religiöser, ideologischer oder anthropologischer Natur.

Andererseits gibt es viele Versuche, der Gewalt Herr zu werden. In neuerer Zeit versuchen Verhaltensforscher, Friedensforscher, Psychologen und Soziologen die Ursachen für Gewalt und Gewaltformen zu ermitteln und Strategien zur Gewaltvermeidung und Gewalteingrenzung zu entwickeln. Mittlerweile gibt es vielfältige Programme zur Gewaltprävention, haben Strafgesetze neben der Abschreckung vor allem das Ziel der Resozialisierung, finden gewaltlose Strategien und Aktionen weltweit Anerkennung und Würdigung.

Auch staatliche Macht und Gewalt wird eingedämmt. Grundlage der Demokratien ist die Gewaltenteilung und die Gewaltenkontrolle. So wird z. B. die Ausübung von Gewalt allein staatlichen Organen zugebilligt (Gewaltmonopol) und dies auch nur im Rahmen von Recht und Gesetz.

Die Tendenz zur Monopolisierung und Kontrolle staatlicher Gewalt setzt sich auch überstaatlich fort: UN-Gremien entscheiden über Sanktionen (wirtschaftlicher oder militärischer Art) gegen einen Aggressor und richten internationale Tribunale gegen Straftäter ein. Auf erhebliche völkerrechtliche (s. S. 249) und moralische Bedenken und Widerstände stießen daher Kriegshandlungen ohne UN-Mandat wie z. B. der Nato-Angriff auf Serbien (1999) oder der von den USA/Großbritannien und einigen Alliierten geführte Krieg gegen den Irak (2003).

Ist die Welt nach Ende des Zweiten Weltkrieges (1945) oder mit dem Ende des Ost-West-Konfliktes nach dem Fall der Berliner Mauer (1989) friedlicher geworden? Oder ist die Erwartung, dass Konflikte zunehmend gewaltlos gelöst werden, angesichts der Zunahme weltweiten Terrors nach der Jahrtausendwende sowie der Reaktionen darauf, letztlich nur eine naive Hoffnung?

1. Sammeln und ordnen Sie die im Text angesprochenen Fragen und Problemfelder.
2. Definieren Sie den Begriff „Gewalt“.

[1] Gilgamesch-Epos: babylonische Dichtung (um 1700 v. Chr. entstanden)
[2] Genesis 4,1–16: Brudermord von Kain an Abel (s. S. 95)

John Steinbeck: Früchte des Zorns

„Eh' ich's vergesse", sagte der Fahrer, „du machst lieber bald, dass du rauskommst. Nach dem Essen fahre ich durch deinen Hof."

„Du hast heute früh schon meine Pumpe zugeschüttet."

„Ich weiß. Ich musste ja 'ne grade Linie machen. Aber nach dem Essen fahre ich durch deinen Hof. Geht nicht anders, ich muss mich an die Linien halten. Und – schön, du kennst Joe Davis, meinen Alten, drum will ich dir was sagen. Ich habe den Befehl, wo eine Familie noch nicht ausgezogen ist – wenn's da einen kleinen Unfall gibt – du weißt schon, wenn ich zu dicht rankomme und das Haus 'n bisschen einbeule –, also, dann kriege ich vielleicht zwei Dollars extra. Und mein Jüngstes hat noch keine Schuhe."

„Ich hab's mit meinen Händen gebaut. Habe alte Nägel grade geschlagen für die Verschalung. Die Sparren habe ich selbst mit Draht festgemacht. Es ist mein Haus. Ich habe es gebaut. Wenn du es rammst, bin ich mit dem Gewehr am Fenster. Wenn du auch nur nahekommst, knalle ich dich nieder wie einen Hund."

„Ich bin's ja nicht. Ich kann nichts dafür. Ich verliere meine Arbeit, wenn ich's nicht mache. Und sieh mal – angenommen, du bringst mich um. Dann werden sie dich einfach hängen, aber noch lange eh' du hängst, sitzt schon ein anderer auf dem Traktor und rammt dein Haus. Du bringst nicht den Richtigen um."

„Ja, ja", sagte der Pächter. „Wer hat dir den Befehl gegeben? Dann werde ich mich an den halten. Er ist der, der umgebracht werden muss."

„Du hast Unrecht. Er hat auch nur seinen Befehl von der Bank. Die Bank hat ihm gesagt: ‚Schmeiß die Leute raus; oder du fliegst.'"

„Ja, aber es gibt doch einen Präsidenten von der Bank. Es gibt doch Direktoren. Da fülle ich eben mein Gewehrmagazin und gehe in die Bank."

Der Fahrer sagte: „Jemand hat mir erzählt, die Bank hat Befehl aus dem Osten gekriegt. Und der Befehl war: ‚Sorgt dafür, dass das Land was abwirft, oder wir machen euch die Bude zu.'"

„Aber wo hört denn das auf? Wen könnten wir denn erschießen? Ich habe keine Lust zu verhungern, eh' ich den Mann umgebracht habe, der mich aushungert."

„Ich weiß es nicht. Vielleicht ist da überhaupt niemand zu erschießen. Vielleicht ist das Ganze überhaupt nicht von Menschen gemacht. Vielleicht ist wirklich, wie du sagst, die Besitzung selbst dran schuld. Jedenfalls habe ich dir gesagt, was für Befehle ich habe."

„Ich muss mir's überlegen", sagte der Pächter. „Wir alle müssen's uns überlegen. Es gibt doch eine Möglichkeit, da ein Ende zu machen. Es ist nicht wie Blitz und Erdbeben. Es ist einfach eine böse Sache, die Menschen gemacht haben, und – bei Gott – das ist was, was wir ändern können."

John Steinbeck (1902–1968), amerikanischer Schriftsteller, schildert in dem Roman „Früchte des Zorns" (1939), wie Wirtschaftskrise und neue Agrartechniken unzähligen Farmpächtern und Landarbeitern in den USA die Existenzgrundlage entziehen.
Der Roman regte Musiker wie Bruce Springsteen zu bewegenden Liedern über das Schicksal der auf der Suche nach Arbeit umherziehenden Menschen an (z. B. „The Ghost of Tom Joad").

3 Beschreiben Sie den Konflikt, in dem sich die beiden Männer befinden.
Welche Formen der Gewaltanwendung stehen sich gegenüber?

4 Was wird aus der Aggression des Farmers? Welche Möglichkeiten sehen Sie, „da ein Ende zu machen"?

5 Definieren Sie den Begriff „strukturelle Gewalt" und nennen Sie Beispiele.

Wie entsteht Gewalt?

Irenäus Eibl-Eibesfeldt (geb. 1928), Zoologe und Humanethologe, langjähriger Mitarbeiter des Verhaltensforschers Konrad Lorenz, untersucht Erscheinungsformen und Zusammenhänge inner- und zwischenartlicher Kommunikation bei Mensch und Tier. Veröffentlichungen u. a.: „Liebe und Hass. Zur Naturgeschichte elementarer Verhaltensweisen" (1970), „In der Falle des Kurzzeitdenkens" (1998)

Irenäus Eibl-Eibesfeldt: Aggressionstheorien

Wie bei den Tieren, so hat auch das aggressive Verhalten des Menschen sehr unterschiedliche Aufgaben. Dabei sind Aggressionen zwischen Gruppenmitgliedern in der Regel auf vielfältige Weise so geregelt, dass ernsthafte Beschädigungen eines Gruppenmitgliedes oder gar Mord vermieden werden. Im Gegensatz dazu zielen *Gruppenaggressionen* des Menschen vielfach auf die Zerstörung des Gegners ab. Unter Gruppenagressionen verstehen wir Aggressionen zwischen verschiedenen menschlichen Gruppen, wir werden sie daher gesondert betrachten.

Jede Form innerartlicher Aggression hat Dominanz des Aggressors zum Ziel. Wie bei anderen höheren Wirbeltieren auch, geht es um die Sicherung begrenzter Ressourcen, um Rivalität um den Sexualpartner, um Rangpositionen und um die Verteidigung der Familie und Nachkommenschaft. Grundsätzlich wird beim Menschen Aggression instrumental meist dann eingesetzt, wenn sich in einer zielgerichteten Handlung andere als Widersacher oder Konkurrenten entgegenstellen. Wir „verbeißen" uns ferner in Aufgaben und „greifen ein Problem an", was auf die aggressive Motivation zur Überwindung von Hindernissen allgemeiner Art hinweist.

Aggressives Verhalten wird im Allgemeinen negativ bewertet, und das hat unnötigerweise die Auseinandersetzung um die Genese und Ursachen dieses Verhaltens belastet. Der Hinweis der Biologen, dass stammesgeschichtliches Erbe als „Angeborenes" das Verhalten *mit* beeinflusst und dass ferner auch angeborene motivierende Systeme die aggressive Handlungsbereitschaft *beeinflussen*, wurde vielfach als Versuch interpretiert, Aggressionen zu entschuldigen und als unvermeidlich hinzustellen, und das, obgleich viele Biologen sich ausdrücklich gegen eine solche Interpretation aussprachen. [...]

Aus diesem Grunde werden lernpsychologische Modelle dem Modell der Biologen entgegengestellt. Damit konstruiert man allerdings einen künstlichen Gegensatz, denn ich kenne keinen Biologen, der die Ansicht vertritt, aggressives Verhalten wäre gänzlich angeboren und durch Lernen nicht beeinflussbar und damit ein unabwendbares Schicksal. Im Gegenteil! Biologische Verhaltensforscher haben wiederholt und ausdrücklich und schon seit vielen Jahren darauf hingewiesen, dass das biologische Modell als Interaktionsmodell die Befunde der lernpsychologischen Richtungen durchaus akzeptiert und nur deren Ausschließlichkeitsanspruch zurückweist. Die verschiedenen Aggressionstheorien werden nun kurz vorgestellt.

1. Die *lernpsychologischen Modelle* gehen davon aus, dass aggressive Verhaltensweisen gelernt werden. Bereits in früher Kindheit führen aggressive Forderungen zum Erfolg. Dadurch wird dieses Verhalten dann bekräftigt. So lernen Kinder, aggressive Verhaltensmuster instrumental einzusetzen, um bestimmte Ziele zu erreichen.

Kinder lernen ferner am sozialen Vorbild. Das hat man unter anderem experimentell untersucht, indem man Kinder zusehen ließ, wie Erwachsene eine Gummipuppe misshandeln, während eine andere Kindergruppe keinerlei aggressive Handlungen vorgeführt bekam. Die Kinder, die aggressive Modelle sahen, spielten später in experimentell herbeigeführten, frustrierenden Situationen aggressiver mit ihren Puppen als jene ohne solche Erfahrungen. Im normalen Alltag identifiziert sich das Kind mit dem Vorbild der Eltern, sei es nun kriegerisch oder friedlich, vorausgesetzt, dass eine *gute Elternbindung* besteht.

2. Nach dem *Frustrations-Aggressions-Modell* wird aggressives Verhalten durch frühkindliche Entbehrungserlebnisse wachgerufen. Jede Behinderung zielstrebigen Verhaltens (Frustration) ruft Aggressionen wach, die das Hindernis überwinden helfen. Das aggressive Verhalten steht in diesem Fall im Dienste anderer Motivationen. Einen eigenen Aggressions*trieb* nimmt diese Theorie nicht an. Nach DOLLARD ist das Verhalten reaktiv. Es entwickelt sich allerdings zwangslaufig, da das Muster, auf Frustrationen mit Aggressionen zu reagieren, angeboren ist und Frustrationen nie ganz ausbleiben. Allerdings kann man sie in der Entwicklung auf ein Mindestmaß beschränken – und damit, so meint man, würde man friedfertige Menschen heranziehen.

Dass Frustrationen unmittelbar zu Aggressionen führen können, hat man experimentell nachgewiesen. Ob jedoch frühkindliche Entbehrungserlebnisse mit Verzögerung im späteren Alter zu gesteigerter Aggressivität führen, bleibt umstritten. Man machte alles Mögliche für aggressive Einstellungen verantwortlich: das Trauma der Geburt, das Abstillen, die Reinlichkeitserziehung oder die angebliche Unterdrückung der kindlichen Sexualität. Es handelt sich dabei um unbewiesene Annahmen, und dementsprechend sind die sich darauf begründenden Erziehungsvorschläge spekulativ.

3. Sigmund FREUD nahm an, dass dem aggressiven Verhalten ein *destruktiver Antrieb* zugrunde liegt, ein mystischer Todestrieb, der den Menschen zu aggressivem Handeln treibe.

4. Dieses Konzept ist heute durch die *biologische Trieb-Theorie* der Aggressionen abgelöst. Beobachtungen an Tieren belegen Fluktuationen in der aggressiven Handlungsbereitschaft, die nicht auf entsprechende Änderungen in der Außenwelt zurückgeführt werden können. Bei einigen Wirbeltieren bewirken die *endogenen*[1], motivierenden Mechanismen *Aggressionsappetenz*[2]. *Androgene*[3] erhöhen die aggressive Reaktionsbereitschaft. Phänomene eines aggressiven Erregungsstatus und seiner Abreaktion wurden wiederholt experimentell untersucht. Es gibt außerdem neuronale Strukturen, die der Aggression zugrunde liegen. Bei Fällen von *Schläfenlappen-Epilepsie* hat man oft spontane Wutanfälle beobachtet, die die Patienten nicht beherrschen konnten.

5. Das *ethologische Interaktionsmodell* geht davon aus, dass sich aggressives Verhalten im Dienste verschiedener eignungsfördernder Funktionen entwickelte und dementsprechend durch von Art zu Art wechselnde, stammesgeschichtliche Anpassungen in definierbaren Bereichen vorprogrammiert ist.

---

[1] endogen (gr.): von innen kommend

[2] Appetenz: Bedürfnis, Trieb

[3] Androgene: männliche Geschlechtshormone

- So gibt es spezifische auslösende Reizsituationen, beispielsweise Rivalensignale für *agonales*[1] Verhalten (Flucht, Angriff, Unterwerfung).
- Auch gibt es die Kampfbereitschaft hemmend oder fördernd beeinflussende *inkretorische*[2] und *neuronale*[3] *Organsysteme*. Diese inneren, die Kampfbereitschaft aufbauenden Faktoren bezeichnet man als die *Triebkomponente des agonalen Systems.*
- Ferner gibt es die Aggressionsbereitschaft fördernde tonisierende Reizsituationen (anhaltende Frustrationen würden in diese Kategorie fallen).
- Schließlich gibt es angeborene Lerndispositionen. Das für uns Menschen so ausgeprägte Denken und Handeln in Kategorien von Wir-Gruppe-fremde-Gruppe und die im Zusammenhang damit entwickelte leichte Indoktrinierbarkeit[4] mit Gruppenwerten basiert auf der Lerndisposition.

Alle unser Verhalten als „Vorprogrammierungen“ mitbestimmenden stammesgeschichtlichen Anpassungen entwickelten sich in jener langen Zeit, in der unsere Vorfahren als altsteinzeitliche Jäger und Sammler in Kleinverbänden und mit einer primitiven Technologie lebten. Wir haben uns biologisch in den letzten zehntausend Jahren nicht entscheidend verändert. Wohl aber schufen wir uns kulturell mit der technischen Zivilisation, der städtischen Umwelt und der anonymen Großgesellschaft einen Lebensraum, auf den unsere angeborenen Wahrnehmungs-, Aktions-, und Reaktionsweisen nicht immer passen. Wir müssen uns darüber im Klaren sein, dass moderne Menschen mit steinzeitlicher Emotionalität als Präsidenten Supermächte leiten und über die technischen Massenvernichtungsmittel der modernen Kriegführung bestimmen. Uns mangelt es nicht an der Fähigkeit, die Natur zu beherrschen, wohl aber daran, uns selbst zu zügeln. Ein Grund ist mangelndes Wissen um uns selbst. Man gewinnt oft den Eindruck, als hätte der Mensch eine gewisse Berührungsscheu vor sich selbst, als würde er mehr dazu neigen, Hoffnung und Halt im Glauben an Ideologien zu suchen als in einer kritischen Selbsterforschung.

1 Erklären Sie die angegebenen Theorien anhand von Beispielen.

2 Welche der Theorien überzeugt Sie am meisten?

3 Überlegen Sie, wie die jeweilige Aggression aufgefangen, gesteuert oder abgebaut werden kann.

4 Vergleichen Sie die im Text genannten Theorien mit denen von Hobbes (s. S. 148ff.) und Rousseau (s. S. 92).

Autorität und Gehorsam – Stanley Milgrams Experimente

Stanley Milgram (geb. 1933), amerikanischer Sozialpsychologe, erregte 1974 weltweite Aufmerksamkeit, als er in einem Experiment den Zusammenhang zwischen Gehorsamsbereitschaft und Autorität untersuchte.

An den verschiedenen von MILGRAM durchgeführten Experimenten nahmen über 1 000 Personen teil, die durch Zeitungsinserat angeworben worden waren. Im Labor wurden sie informiert, dass die Untersuchung mit den Auswirkungen von Strafe auf Lern- und Gedächtnisleistungen befasst sei.

Angeblich durch Losentscheidung dazu bestimmt, hatten die Versuchsteilnehmer die Rolle des „Lehrers“ zu übernehmen. Sie mussten einen anderen Versuchsteilnehmer in der Rolle des „Schülers“ (tatsächlich einen Mitarbeiter des Versuchsleiters) bei jedem Fehler, den dieser bei einer Lernaufgabe machte, mittels elektrischer Schläge zunehmender Stärke

[1] agonal: kämpferisch
[2] inkretorisch (lat.): die innere Sekretion (bes. Hormone) betreffend
[3] neuronal: durch Nerven gesteuert
[4] indoktrinieren (lat.): in eine bestimmte Richtung drängen

(von 15 bis 450 Volt in 15-Volt-Schritten ansteigend) bestrafen. Hierzu stand ein sogenannter Schockgenerator mit 15 Kippschaltern zur Verfügung.
Die durch die Kippschalter angeblich auslösbaren elektrischen Schläge waren sowohl mit der Voltzahl als auch durch zusätzliche Schildchen gekennzeichnet (z. B. „kräftiger Schock"; „Gefahr: bedrohlicher Schock"). Der Versuchsleiter betonte den Teilnehmern gegenüber, dass die elektrischen Schläge, obwohl sie extrem schmerzhaft sein könnten, keine bleibenden Schäden hinterlassen würden. Zur Demonstration erhielt der „Lehrer" vor Versuchsbeginn einen Schlag von 45 Volt, um sich eine bessere Vorstellung von der Schmerzhaftigkeit machen zu können. Die Fehler, die der „Schüler" im Laufe der Lernaufgabe machte, waren vorher festgelegt. Die dem „Schüler" vom „Lehrer" vermittelten Schläge erfolgten natürlich nicht tatsächlich, sondern waren fingiert. Wenn ein Versuchsteilnehmer im Laufe des Versuchs zögerte, mit der Bestrafung fortzufahren, forderte ihn der Versuchsleiter mit standardisierten Sätzen (z. B. „Bitte, fahren Sie fort" oder „Es ist absolut wichtig, dass Sie weitermachen") dazu auf.

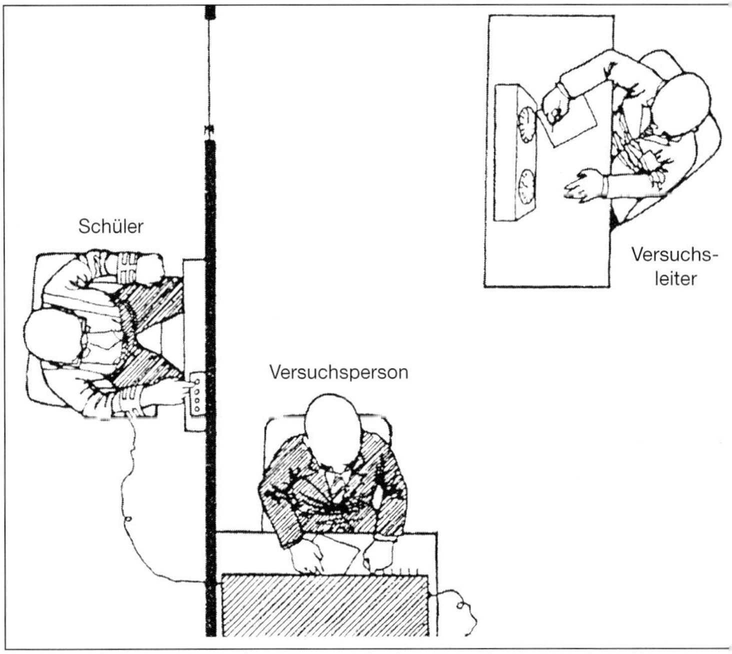

Milgrams Gehorsamstest: Die Versuchsperson beauftragt einen fingierten Schüler mit einer Lernaufgabe und versetzt ihm bei fehlerhafter Lösung (simulierte) Elektroschocks.

Milgrams hauptsächliches Interesse galt der Frage, bis zu welcher Schlagstärke die Versuchsteilnehmer den Anordnungen des Versuchsleiters gehorchen, bevor sie den Versuch abbrechen. Im Standardexperiment befanden sich „Lehrer" und „Schüler" in verschiedenen Räumen, doch konnte der „Lehrer" die (vorprogrammierten) Schmerzreaktionen des „Schülers" hören: Ab 75 Volt äußerte dieser, Schmerzen zu verspüren; bei 150 Volt bat er erstmals eindringlich, aus dem Experiment entlassen zu werden; ab 270 Volt schrie er bei jedem Schlag qualvoll; ab 330 Volt war keinerlei Reaktion mehr zu hören. In diesem Experiment gehorchten 25 von 40 Versuchsteilnehmern, also 62,5 % (!), den Anordnungen des Versuchsleiters bis zum Ende und vergaben die maximale Schlagstärke von 450 Volt. Die von allen 40 Teilnehmern im Durchschnitt vergebene maximale Schlagstärke betrug 367,5 Volt.
Viele Versuchsteilnehmer ließen deutliche Anzeichen extremer innerer Spannung erkennen, wie Zittern, Schwitzen, Stottern und nervöses Lachen; und äußerten auch mündliche Proteste – was darauf hinweist, dass sie sich der Problematik ihres Handelns durchaus bewusst waren. Jedoch widersetzte sich vor der Schlagstärke 300 keiner den Anordnungen des Versuchsleiters und brach den Versuch ab. Wir sehen also, dass Menschen in einem erschreckend hohen Maß bereit sind, sich gegenüber Anordnungen einer Autoritätsperson, wie sie der Versuchsleiter sicherlich darstellte, selbst dann gehorsam zu erweisen, wenn ihre Handlungen einem Mitmenschen schaden und ihm Schmerzen zufügen.

In einer Vielzahl weiterer Experimente haben Milgram und andere Autoren durch Variationen der Standardversuchsanordnung einige wichtige situative Bedingungen herausgefunden, von denen das Ausmaß der Gehorsamsbereitschaft beeinflusst wird.

Beispielsweise zeigte sich, dass zunehmende *Nähe zum Opfer* und, damit einhergehend, zunehmende Konfrontation mit dessen Leiden die Gehorsamsbereitschaft deutlich senkt. Allerdings erwiesen sich selbst dann, wenn sich der „Lehrer“ in Berührungskontakt mit dem „Schüler“ befand, noch 30 % der Versuchsteilnehmer als völlig gehorsam (mittlere maximal vergebene Schlagstärke: 268 Volt).

Die Gehorsamsbereitschaft nimmt auch mit steigender *Distanz zur Autorität* ab. Wenn der Versuchsleiter den Raum verließ und weitere Anordnungen telefonisch gab, sank die Gehorsamsrate auf etwa 20 % (mittlere Schlagstärke: 272 Volt).

Die *Anwesenheit anderer Personen* (Helfer des Versuchsleiters), die gemeinsam mit dem „echten“ Versuchsteilnehmer die Rolle des „Lehrers“ ausübten und sich im Verlauf des Versuches weiterzumachen weigerten (die erste Person bei 150 Volt, die zweite bei 210 Volt), verringerte die Gehorsamsrate auf 10 % (mittlere maximal vergebene Schlagstärke: 247 Volt).

Wurden die Kippschalter am Schockgenerator *von einer anderen Person* (einem Helfer des Versuchsleiters) *betätigt* und hatten die „echten“ Versuchsteilnehmer nur Hilfsdienste als „Lehrer“ zu erledigen, blieben 92,5 % von ihnen bis zum Ende gehorsam (mittlere maximale Schlagstärke: 430 Volt).

Schließlich sei noch jener Fall erwähnt, wo die Versuchsteilnehmer als „Lehrer“ die vergebene *Schlagstärke selbst wählen* konnten. Hier vergab nur 1 einzige Person die maximale Schlagstärke von 450 Volt, 3 Personen beschränkten sich auf die niedrigste Stufe von 15 Volt, und die mittlere maximal vergebene Schlagstärke betrug 82,5 Volt.

Die erwähnten Zusatzuntersuchungen sind für eine angemessene Interpretation der Originalbefunde von Milgram von großer Bedeutung. So zeigt das letztgenannte Ergebnis beispielsweise, dass es falsch wäre, das beobachtete Verhalten auf eine ausgeprägte *Aggressionstendenz* der Versuchsteilnehmer zurückzuführen. Wäre dies der Fall, so hätten sie die gleichen Schlagstärken zur Bestrafung einsetzen müssen, wenn sie die Schlagstärken selbst wählen konnten. Übrigens haben auch andere Bemühungen, die beobachtete Gehorsamsbereitschaft mit personspezifischen Merkmalen und Eigenschaften zu erklären, bisher nur wenig Erfolg gebracht. (Dennoch ist natürlich nicht zu übersehen, dass Unterschiede zwischen verschiedenen Personen bestehen: Manche bleiben bis zum Ende des Versuchs gehorsam, und andere leisten dem Versuchsleiter früher oder später Widerstand.)

Insgesamt gesehen erscheint es für eine angemessene Interpretation der Untersuchung und der erzielten Befunde zutreffender, davon auszugehen, dass die Situation bei den Versuchsteilnehmern einen *Konflikt zwischen verschiedenen Werten* ausgelöst hat: einerseits jenem, dass einer von einer Autorität geäußerten Anordnung Folge zu leisten ist, und andererseits jenem, anderen Menschen keinen Schaden zuzufügen oder sie nicht zu verletzen. Je nachdem, welchen dieser beiden Werte die situati-

Franz Kafka: In der Strafkolonie (Erzählung, 1919), in: Das Urteil und andere Erzählungen, Frankfurt am Main (Fischer) [66]2003

Alfred Andersch: Der Vater eines Mörders, Zürich (Diogenes) [26]1994

Harald Welzer: Täter. Wie aus ganz normalen Menschen Massenmörder werden, Frankfurt am Main (Fischer) 2005

Das Experiment (Regie: Oliver Hirschbiegel, Deutschland 2000) ven Bedingungen (z. B. die Nähe zur Autorität oder zum Opfer) in den Vordergrund rücken, wird dieser Konflikt unterschiedlich gelöst, und die Gehorsamsbereitschaft verändert sich. Soziale Unterstützung durch Personen, die sich den Anordnungen der Autorität widersetzen, scheint es dem Individuum zu erleichtern, auch selbst Widerstand zu leisten. (Dies kann übrigens im Anschluss an den vorigen Abschnitt dieser Studieneinheit als weiteres Beispiel für die verhaltensunsicherheitsreduzierende Funktion konformen Verhaltens dienen.)

Die insgesamt hohe Gehorsamsbereitschaft, die auch bei Nachfolgeuntersuchungen in verschiedenen anderen Ländern festgestellt wurde, mag für manchen die Frage aufwerfen, ob die Hierarchie unserer gesellschaftlichen Werte angemessen ist. Auch lässt sich fragen, ob die für das Funktionieren sozialer Systeme in einem bestimmten Maß sicherlich erforderliche Erziehung zum Gehorsam gegenüber Autoritäten nicht etwas differenzierter erfolgen und von einer verstärkten Erziehung zur Übernahme von Eigenverantwortung begleitet werden sollte.

1 Wie definieren Sie, wie Lexika den Begriff „Autorität"? Wie verwenden Milgram und Fromm den Begriff?

2 Fassen Sie Milgrams Untersuchungsinteresse, die Versuchsanordnung und die Ergebnisse in einer Übersicht zusammen.

3 Für welche Erziehungsziele plädiert Milgram? Mit welchen Methoden lassen sich diese erreichen, mit welchen nicht?

Erich Fromm: Was ist Autorität?

Erich Fromm (1900–1980), amerikanischer Psychoanalytiker deutscher Herkunft (s. auch S. 370)

Die Verwendung des Ausdrucks „autoritär" fordert eine Klärung des Begriffes Autorität. In Bezug auf diesen Begriff herrscht eine derartige Verwirrung, dass weithin die Auffassung gilt, es existiere nur die Alternative zwischen diktatorischer, irrationaler Autorität und dem völligen Fehlen jeglicher Autorität. Diese Alternative ist jedoch falsch. Das eigentliche Problem besteht darin, von welcher Art die Autorität ist. [...] *Rationale Autorität* hat ihren Ursprung in *Kompetenz*. Der Mensch, dessen Autorität respektiert wird, handelt kompetent in dem ihm zugewiesenen Bereich, den ihm andere anvertraut haben. Er braucht weder einzuschüchtern, noch muss er durch magische Eigenschaften Bewunderung erregen. [...] Rationale Autorität lässt nicht nur ständige Prüfung und Kritik seitens derer zu, die ihr unterworfen sind, sondern fordert diese geradezu heraus. [...] *Irrationale Autorität* dagegen hat ihren Ursprung stets in der Macht über Menschen. Diese Macht kann eine physische oder eine psychische sein, sie kann tatsächlich vorhanden sein oder aber in der Angst und Hilflosigkeit des Menschen, der sich dieser Autorität unterwirft, ihren Grund haben. Macht auf der einen, Furcht auf der anderen Seite, das sind stets die Stützen irrationaler Autorität. Kritik an dieser Art von Autorität ist nicht nur nicht erwünscht, sondern verboten. Rationale Autorität beruht auf der Gleichheit desjenigen, der die Autorität besitzt, und dessen, der sich ihr unterstellt. Beide unterscheiden sich lediglich im Grad des Wissens oder in der Befähigung auf einem bestimmten Gebiet. Irrationale Autorität beruht ihrer Natur nach auf *Ungleichheit* und das heißt gleichzeitig auf einem *Wertunterschied*. Der Begriff „autoritäre Ethik" bezieht sich immer auf irrationale Autorität, gemäß dem herkömmlichen Sprachgebrauch des Wortes „autoritär" als einem Synonym für totalitär und antidemokratisch.

4 Lassen sich rationale und irrationale Autorität klar voneinander trennen? Erörtern Sie dies am Beispiel der Eltern-Kind oder Lehrer-Schüler-Beziehung.

5 Vertreter der sogenannten „antiautoritären Erziehung" lehnten jegliche Form der Autorität als Erziehungshindernis ab. Nehmen Sie Stellung dazu.

Zivilisation und Gewalt

Sigmund Freud (1856–1939, Biografie s. S. 382) sah die Moral des Menschen als Ergebnis seiner Gebundenheit an Triebe (s. S. 78f.) und an Forderungen der Gesellschaft, der „Kultur". Er bezeichnete den Konflikt zwischen den Interessen des Individuums und der Gesellschaft als „Kulturkampf" („Das Unbehagen in der Kultur", 1930).

Sigmund Freud: Kultur und Aggression

Welcher Mittel bedient sich die Kultur, um die ihr entgegenstehende Aggression zu hemmen, unschädlich zu machen, vielleicht auszuschalten? Einige solcher Methoden haben wir bereits kennengelernt, die anscheinend wichtigste aber noch nicht. Wir können sie an der Entwicklungsgeschichte des Einzelnen studieren. Was geht mit ihm vor, um seine Aggressionslust unschädlich zu machen? Etwas sehr Merkwürdiges, das wir nicht erraten hätten und das doch so naheliegt. Die Aggression wird introjiziert, verinnerlicht, eigentlich aber dorthin zurückgeschickt, woher sie gekommen ist, also gegen das eigene Ich gewendet. Dort wird sie von einem Anteil des Ichs übernommen, das sich als Über-Ich dem Übrigen entgegenstellt und nun als „Gewissen" gegen das Ich dieselbe strenge Aggressionsbereitschaft ausübt, die das Ich gerne an anderen, fremden Individuen befriedigt hätte. Die Spannung zwischen dem gestrengen Über-Ich und dem ihm unterworfenen Ich heißen wir Schuldbewusstsein; sie äußert sich als Strafbedürfnis. Die Kultur bewältigt also die gefährliche Aggressionslust des Individuums, indem sie es schwächt, entwaffnet und durch eine Instanz in seinem Inneren, wie durch eine Besatzung in der eroberten Stadt, überwachen lässt.

Über die Entstehung des Schuldgefühls denkt der Analytiker anders als sonst die Psychologen; auch ihm wird es nicht leicht, darüber Rechenschaft zu geben. Zunächst, wenn man fragt, wie kommt einer zu einem Schuldgefühl, erhält man eine Antwort, der man nicht widersprechen kann: Man fühlt sich schuldig (Fromme sagen: sündig), wenn man etwas getan hat, was man als „böse" erkennt. Dann merkt man, wie wenig diese Antwort gibt. Vielleicht nach einigem Schwanken wird man hinzusetzen, auch wer dies Böse nicht getan hat, sondern bloß die Absicht, es zu tun, bei sich erkennt, kann sich für schuldig halten, und dann wird man die Frage aufwerfen, warum hier die Absicht der Ausführung gleichgeachtet wird. Beide Fälle setzen aber voraus, dass man das Böse bereits als verwerflich, als von der Ausführung auszuschließen erkannt hat. Wie kommt man zu dieser Entscheidung? Ein ursprüngliches, sozusagen natürliches Unterscheidungsvermögen für Gut und Böse darf man ablehnen. Das Böse ist oft gar nicht das dem Ich Schädliche oder Gefährliche, im Gegenteil auch etwas, was ihm erwünscht ist, ihm Vergnügen bereitet.

Darin zeigt sich also fremder Einfluss; dieser bestimmt, was Gut und Böse heißen soll. Da eigene Empfindung den Menschen nicht auf denselben Weg geführt hatte, muss er ein Motiv haben, sich diesem fremden Einfluss zu unterwerfen. Es ist in seiner Hilflosigkeit und Abhängigkeit von anderen leicht zu entdecken, kann am besten als Angst vor dem Liebesverlust bezeichnet werden. Verliert er die Liebe des anderen, von dem er abhängig ist, so büßt er auch den Schutz vor mancherlei Gefahren ein, setzt sich vor allem der Gefahr aus, dass dieser Übermächtige ihm in der Form der Bestrafung seine Überlegenheit erweist.

Gabriel Gárcia Márquez: Chronik eines angekündigten Todes (Roman, 1981), Frankfurt am Main (Fischer) 2004

1. Erläutern Sie das Bild, das Freud für die Beziehung zwischen Ich und Über-Ich verwendet (Z. 9f.).
2. Stellen Sie Freuds Modell der Entstehung des Gewissens grafisch dar.
3. Wie sind nach Freud die moralischen Kategorien „gut" und „böse" entstanden?

Götz Eisenberg, Reimer Gronemeyer: Kultivierung von Aggression

Der Ausweg aus dem Kreislauf der Gewalt liegt nicht in einer dauernden Verschärfung des Aggressionstabus, sondern in der Wiedereingliederung der verpönten Triebregungen in das übrige affektive und emotionale Geschehen. Es geht darum, andere, befriedigendere Beziehungsformen zwischen Zivilisation und Leidenschaften zu finden, einen kleinen Grenzverkehr mit der Nachtseite der Zivilisation einzurichten. Allein im sozialen Austausch miteinander kann sich das bislang unter einer dünnen Decke von Verdrängung und Schuldgefühl roh belassene Antriebsleben vermenschlichen. Bruno Bettelheim[1] hat darauf hingewiesen, dass der erste Schritt auf dem Weg zu neuen Umgangsformen mit Aggression und Gewalt darin bestehen muss, sie überhaupt anzuerkennen. [...] Wir haben oben bereits darauf hingewiesen, dass man lebensgeschichtlich damit beginnen könnte, Kindern die Äußerung ihrer Wut zu gestatten und ihnen so eine Eingliederung der Aggression in die Vielfalt ihrer Lebensäußerungen zu ermöglichen. Dies gilt für die Lebensgeschichte Einzelner wie auch für ganze Kulturen: Gewalttätigkeit der Natur und das Böse im Menschen sind Gegebenheiten, mit denen man rechnen muss. Es wäre ein Missverständnis, das Plädoyer für das ‚Andere der Vernunft' impliziere, dass das Andere das Schöne oder das Glück sei. Worauf es ankommt, ist, dass die Gewalttätigkeit der Natur und das Böse im Menschen nicht mit einer disziplinierenden Strategie weggedrängt werden, sodass sie sich dann unter Umständen katastrophal entäußern. Es kommt auf Möglichkeiten der Grenzüberschreitung an, was man vielleicht mit Bataille[2] ‚Exzesse' nennen kann, die aber nicht selber chaotisch sind und für die man Formen entwickeln muss. Der Prozess der europäischen Zivilisation, der im Wesentlichen eine Geschichte des Fortschritts der Rationalität gewesen ist, auch der Rationalität der Umgangsformen, ist zugleich eine Zerstörung von rituellen Formen des Umgangs mit dem Körper oder mit Gefühlen gewesen. [...] Es geht darum, Natur, Leib und die Gefühle nicht durch denkerische Strategien und pädagogische Disziplinierungen wegzudrängen, sondern sie wieder in eine Kultur des Umgangs mit diesem Anderen einzutragen. Das ist eine Frage der Lebensform. Das ist nicht so zu verstehen, als ginge es darum, das Naturhaft-Aggressive im Menschen in Ritualen zu verwalten und irgendwelche synthetischen Ventilsitten in die herrschende Kultur einzubauen, die es erlauben, Dampf abzulassen. Aggressionen müssen in Sozialisation und gesellschaftliche Kommunikation von Anfang an mit eingehen, sonst kann man sie kaum noch kultivieren. Und sie müssen sich auch gegen ihre Verursacher kehren dürfen, um jenen Spaltungsmechanismus außer Kraft zu setzen, der nach der Existenz eines Sündenbocks verlangt, auf den sie sich verschieben lassen.

4 Worin liegt nach Meinung der Autoren der „Ausweg aus dem Kreislauf der Gewalt"? Welche Strategien lehnen sie ab, welche schlagen sie vor?

5 „Dampf ablassen" (z. B. beim Fußballspiel, beim „Abtanzen", beim „Ballerspiel", beim Wutausbruch) – sinnvoller Umgang mit Aggressionen? Diskutieren Sie.

6 Entwickeln Sie aus den Erkenntnissen der Aggressionsforschung konkrete Vorschläge zum Umgang mit Aggression.

1 Bruno Bettelheim (1903–1990): amerikanischer Kinder- und Sozialpsychologe
2 George Bataille (1897–1962): französischer Schriftsteller

Warum Krieg?

Erasmus von Rotterdam (1466–1536), niederländischer Humanist und Theologe, gilt als einer der bedeutendsten Vertreter des **Humanismus** (s. S. 72). Er litt zeitlebens an der Friedlosigkeit Europas. Die Schrift „Die Klage des Friedens" entstand 1517 als Auftragsarbeit für den späteren Kaiser Karl V., um einem geplanten Friedenskongress zum Erfolg zu verhelfen. Die Schrift erfuhr rasch weite Verbreitung. Und dies trotz des Verbots durch die spanische Inquisition und der öffentlichen Verbrennung durch die theologische Fakultät in Paris, weil Erasmus dem Klerus eine erhebliche Mitschuld am Ausbruch von Kriegen gab.

„Kaum ein Friede ist jemals so ungerecht, dass er nicht auch dem gerechtesten Krieg vorzuziehen wäre."
Erasmus von Rotterdam

Erasmus von Rotterdam: Die Klage des Friedens

Der Friede spricht:

[...] Es ist beschämend zu berichten, aus welch lächerlichen Anlässen man die größten Tragödien heraufbeschwört und aus welch winzigem Fünklein heftige Feuerstürme entfesselt werden. Dann fällt ihnen jene lange Reihe von Kränkungen ein, und jeder bauscht das ihm zugefügte Unrecht auf, die empfangenen Wohltaten hingegen vergisst er so gründlich, dass man schwören könne, er sei auf Krieg aus. Und oft ist es nur eine Privatangelegenheit unter Fürsten, die die Welt zu den Waffen hetzt. Doch es muss ein überaus bedeutendes öffentliches Interesse auf dem Spiel stehen, dessentwegen man einen Krieg beginnen dürfte. Ja, wo gar kein Grund vorhanden ist, denkt man sich einfach Gründe für Zerwürfnisse aus, indem man zum Schüren des Hasses die Ländernamen missbraucht. Dabei leisten die Machtträger dieser Verirrung des dummen Volkes noch Vorschub und missbrauchen sie zu ihrem eigenen Vorteil, und auch gewisse Priester mischen kräftig mit. [...]

Warum setzen die Menschen ihren Verstand mehr zu ihrem Verderben ein als zur Erhaltung ihres Glücks? Warum haben sie mehr Augen für das Böse als für das Gute? Die etwas Vernünftigeren erwägen, überlegen und schauen sich um, bevor sie auch nur ein privates Geschäft anpacken. Aber mit geschlossenen Augen stürzen sie sich kopfüber in den Krieg. [...]

Wenn du Vergewaltigung, Blutschande und noch Niederträchtigeres für scheußlich hältst, so wisse: Der Krieg ist der Lehrmeister all dieser Teufeleien ... Wenn du es als den schlimmsten Zustand eines Gemeinwesens erachtest, wenn die Schlimmsten den größten Einfluss haben, so wisse: Im Krieg haben die ärgsten Verbrecher das Sagen, und die, die man im Frieden an den Galgen brächte, spielen in Kriegen selbstverständlich die Hauptrolle ... Willst du klipp und klar erkennen, was für eine gottlose Sache der Krieg ist, so achte darauf, von welchen Leuten er geführt wird. [...]

Was aber der Gipfel der Schurkerei ist: Es gibt Regenten, die, wenn sie merken, dass ihre Macht durch die Eintracht des Volkes erschüttert, durch dessen Zwietracht aber gefestigt wird, mit despotischen Winkelzügen insgeheim Leute anstellen, die absichtlich einen Krieg anzetteln sollen, um so zugleich die im Frieden Vereinten zu entzweien und das unglückliche Volk ausplündern zu können. Das sind jene Oberschurken, die sich am Leid des Volkes mästen und für die es in Friedenszeiten im Staat nicht viel zu tun gibt.

George Grosz (1893–1959): Ihnen ist der Friede gesichert

❶ Nennen Sie für die von Erasmus genannten Kriegsgründe jeweils ein Beispiel.

❷ Vergleichen Sie die Ansicht Erasmus' mit der Einsteins und stellen Sie Gemeinsamkeiten und Unterschiede fest.

❸ „Der erste Verlierer des Krieges ist die Wahrheit." Überprüfen Sie diese Aussage an konkreten Beispielen (Kriegsgründe, Kriegsverlauf).

Albert Einstein: Warum Krieg?

Im Jahr 1932 schrieb Albert Einstein einen Brief an Sigmund Freud, in dem er seine Erklärung für die Ursachen von Gewalt und Krieg darlegte und ihn um eine Stellungnahme bat.

Lieber Herr Freud!

[...] Wir sind zur Zeit weit davon entfernt, eine überstaatliche Organisation zu besitzen, die ihrem Gericht unbestreitbare Autorität zu verleihen und der Exekution seiner Erkenntnisse absoluten Gehorsam zu erzwingen imstande wäre.

So drängt sich mir die erste Feststellung auf. Der Weg zur internationalen Sicherheit führt über den bedingungslosen Verzicht der Staaten auf einen Teil ihrer Souveränität, und es dürfte unbezweifelbar sein, dass es einen anderen Weg zu dieser Sicherheit nicht gibt.

Ein Blick auf die Erfolglosigkeit der zweifellos ernst gemeinten Bemühungen der letzten Jahrzehnte, dieses Ziel zu erreichen, lässt jeden deutlich fühlen, dass mächtige psychologische Kräfte am Werke sind, die diese Bemühungen paralysieren[1]. Einige dieser Kräfte liegen offen zutage. Das Machtbedürfnis der jeweils herrschenden Schicht eines Staates widersetzt sich einer Einschränkung der Hoheitsrechte desselben. Dieses Machtbedürfnis wird häufig genährt aus einem materiell-ökonomisch sich äußernden Machtstreben einer anderen Schicht. Ich denke hier vornehmlich an die innerhalb jedes Volkes vorhandene kleine, aber entschlossene, sozialen Erwägungen und Hemmungen unzugängliche Gruppe jener Menschen, denen Krieg, Waffenherstellung und -handel nichts als eine Gelegenheit sind, persönliche Vorteile zu ziehen, den persönlichen Machtbereich zu erweitern.

Diese einfache Feststellung bedeutet aber nur einen ersten Schritt in der Erkenntnis der Zusammenhänge. Es erhebt sich sofort die Frage: Wie ist es möglich, dass die soeben genannte Minderheit die Masse des Volkes ihren Gelüsten dienstbar machen kann, die durch einen Krieg nur zu leiden und zu verlieren hat? (Wenn ich von der Masse des Volkes spreche, so schließe ich aus ihr diejenigen nicht aus, die als Soldaten aller Grade den Krieg zum Beruf gemacht haben, in der Überzeugung, dass sie der Verteidigung der höchsten Güter ihres Volkes dienen und dass manchmal die beste Verteidigung der Angriff ist.) Hier scheint die nächstliegende Antwort zu sein: Die Minderheit der jeweils Herrschenden hat vor allem die Schule, die Presse und meistens auch die religiösen Organisationen in ihrer Hand. Durch diese Mittel beherrscht und leitet sie die Gefühle der großen Masse und macht diese zu ihrem willenlosen Werkzeug.

Aber auch diese Antwort erschöpft nicht den ganzen Zusammenhang, denn es erhebt sich die Frage: Wie ist es möglich, dass sich die Masse durch die genannten Mittel bis zur Raserei und Selbstaufopferung entflammen lässt? Die Antwort kann nur sein: Im Menschen lebt ein Bedürfnis zu hassen und zu vernichten. Diese Anlage ist in gewöhnlichen Zeiten latent[2] vorhanden und tritt dann nur beim Abnormalen zutage; sie

Albert Einstein (1879–1955) revolutionierte die Grundlagen der Physik und erhielt für seine Anwendung der Quantentheorie 1921 den Nobelpreis für Physik. Wegen seines Engagements als Pazifist und Sozialist sah er sich in den 20er- und 30er-Jahren zunehmend antisemitischen Angriffen ausgesetzt und emigrierte 1932 in die USA. Dort warnte er vor dem möglichen Bau einer deutschen Atombombe und initiierte damit die Entwicklung des amerikanischen Atombombenprogramms. Nach dem Abwurf der beiden Atombomben auf japanische Städte 1945 warnte Einstein (zusammen mit dem Mathematiker und Philosophen Bertrand Russell, s. S. 51 u. 232) eindringlich vor jeglicher weiteren militärischen Nutzung der Kernforschung: „Wir müssen für die Sache des Friedens die gleichen Opfer bringen, die wir widerstandslos für die Sache des Krieges gebracht haben."

[1] paralysieren: lähmen, unwirksam machen

[2] latent: verborgen

kann aber verhältnismäßig leicht geweckt und zur Massenpsychose gesteigert werden. Hier scheint das tiefste Problem des ganzen verhängnisvollen Wirkungskomplexes zu stecken. Hier ist die Stelle, die nur der große Kenner der menschlichen Triebe beleuchten kann.

Dies führt auf eine letzte Frage: Gibt es eine Möglichkeit, die psychische Entwicklung der Menschen so zu leiten, dass sie den Psychosen des Hassens und des Vernichtens gegenüber widerstandsfähiger werden? Ich denke dabei keineswegs nur an die sogenannten Ungebildeten. Nach meinen Lebenserfahrungen ist es vielmehr die sogenannte „Intelligenz", welche den verhängnisvollen Massensuggestionen am leichtesten unterliegt, weil sie nicht unmittelbar aus dem Erleben zu schöpfen pflegt, sondern auf dem Wege über das bedruckte Papier am bequemsten und vollständigsten zu erfassen ist.

Zum Schluss noch eins: Ich habe bisher nur vom Krieg zwischen Staaten, also von sogenannten internationalen Konflikten gesprochen. Ich bin mir dessen bewusst, dass die menschliche Aggressivität sich auch in anderen Formen und unter anderen Bedingungen betätigt (z. B. Bürgerkrieg, früher aus religiösen, heute aus sozialen Ursachen heraus, Verfolgung von nationalen Minderheiten). Ich habe aber bewusst die repräsentativste und unheilvollste, weil zügelloseste Form des Konfliktes unter menschlichen Gemeinschaften hervorgehoben, weil sich an ihr vielleicht am ehesten demonstrieren lässt, wie sich kriegerische Konflikte vermeiden ließen. [...]

Freundlichst grüßt Sie Ihr A. Einstein.

1. Von welchen erfolglosen, aber „ernst gemeinten Bemühungen" (Z. 10f.) spricht Einstein?
2. Welche vier Feststellungen bzw. Fragen nennt Einstein? Welche Lösungen schlägt er vor?
3. Überlegen Sie, ob sich mit der Gründung der UN und ihrer Organisationen Einsteins Forderungen und Erwartungen erfüllt haben.
4. Antworten Sie Einstein aus der Sicht Sigmund Freuds. Ziehen Sie dazu die Seiten 78f. u. 242 heran.

Carl von Clausewitz: Krieg als politisches Instrument

Carl von Clausewitz (1780–1831), preußischer General und Militärtheoretiker. Sein Buch „Vom Kriege" hatte großen Einfluss auf Politik und Militärwesen.

Der Krieg einer Gemeinheit – ganzer Völker – und namentlich gebildeter Völker, geht immer von einem politischen Zustand aus und wird nur durch ein politisches Motiv hervorgerufen. Er ist also ein politischer Akt. Wäre er nun ein vollkommener, ungestörter, eine absolute Äußerung der Gewalt, so würde er, von dem Augenblicke an, wo er durch die Politik hervorgerufen ist, an ihre Stelle treten als etwas von ihr ganz Unabhängiges, sie verdrängen und nur seinen eigenen Gesetzen folgen. [...]

So sehen wir also, **dass der Krieg nicht bloß ein politischer Akt, sondern ein wahres politisches Instrument ist, eine Fortsetzung des politischen Verkehrs, ein Durchführen desselben mit anderen Mitteln**. Was dem Kriege nun noch eigentümlich bleibt, bezieht sich bloß auf die eigentümliche Natur seiner Mittel. Dass die Richtungen und Absichten der Politik mit diesen Mitteln nicht in Widerspruch treten, das kann die Kriegskunst im Allgemeinen und der Feldherr in jedem einzelnen Falle fordern. [...] Je großartiger und stärker die Motive des Krieges sind, je mehr sie das ganze Dasein der Völker umfassen, je gewaltsamer die Spannung ist, die dem Kriege vorhergeht, umso mehr wird der Krieg sich seiner abstrakten Gestalt nähern, umso mehr wird es sich um das Niederwerfen des Feindes handeln, umso mehr fallen das kriegerische Ziel und der politische Zweck zusammen, umso reiner kriegerisch, weniger politisch scheint der Krieg zu sein.

Krieg. Philosophische Texte von der Antike bis zur Gegenwart, hg. von M. Czelinski u. J. Stenzel, Stuttgart (Reclam) 2004

Herfried Münkler: Die neuen Kriege

Herfried Münkler (geb. 1951) ist Professor für Politikwissenschaft an der Humboldt-Universität Berlin.

Von der politischen Öffentlichkeit lange Zeit unbemerkt, hat der Krieg in den letzten Jahrzehnten schrittweise seine Erscheinungsform verändert: Der klassische Staatenkrieg, der die Szenarien des Kalten Krieges noch weithin geprägt hat, scheint zu einem historischen Auslaufmodell geworden zu sein; die Staaten haben als die faktischen Monopolisten des Krieges abgedankt, und an ihre Stelle treten immer häufiger parastaatliche, teilweise sogar private Akteure – von lokalen Warlords und Guerillagruppen über weltweit operierende Söldnerfirmen bis zu internationalen Terrornetzwerken – für die der Krieg zu einem dauerhaften Betätigungsfeld geworden ist. Nicht alle, aber doch viele von ihnen sind Kriegs*unternehmer*, die den Krieg auf eigene Rechnung führen und sich die dazu benötigten Einnahmen auf unterschiedliche Art und Weise verschaffen: Sie werden durch reiche Privatleute, Staaten oder Emigrantengemeinden finanziell unterstützt, verkaufen Bohr- und Schürfrechte für die von ihnen kontrollierten Gebiete, betreiben Drogen- und Menschenhandel oder erpressen Schutz- und Lösegeld und durchweg profitieren sie von den Hilfslieferungen internationaler Organisationen, da sie die Flüchtlingslager (oder zumindest die Zugänge zu ihnen) kontrollieren.

Wie auch immer aber die Kriegsparteien zu den erforderlichen Mitteln gelangen – stets ist die Finanzierung des Krieges, anders als in den klassischen Staatenkriegen, ein wichtiger Aspekt der Kriegsführung selbst. Die gewandelten Finanzierungsformen tragen entscheidend dazu bei, dass die neuen Kriege sich oftmals über Jahrzehnte erstrecken, ohne dass ein Ende in Sicht kommt. [...]

Die gesamte politische Ordnung der Staatenwelt war durch das Prinzip der Souveränität auf Symmetrie programmiert. Das hat sich mit der Rückkehr halbstaatlicher, privater, teilweise kommerzieller Kriegsakteure geändert, und diese Rückkehr ist dadurch beschleunigt worden, **dass sich eine politische Weltordnung herausgebildet hat, in der nicht Symmetrien, sondern Asymmetrien dominant sind.**

5 Vergleichen Sie die „Kriegslehre" von Clausewitz mit Münklers Analyse der „neuen Kriege". Erklären Sie in diesem Zusammenhang die Begriffe „symmetrisch" und „asymmetrisch".

6 Lässt sich der „Krieg gegen den Terror" mit Clausewitz' Kriegeslehre vereinbaren?

7 Welche der von Einstein als Kriegsgründe genannten Punkte treffen auf die „neuen Kriege" zu?

Soldaten bringen Kinder aus der Gefahrenzone

In Beslan (Tschetschenien) forderte am 1.9.2004 ein Terroranschlag auf eine Schule mehr als 330 Tote, darunter mehr als 173 Kinder.

Die Lehre vom „gerechten Krieg“

Thomas von Aquin (1225–1274), bedeutendster Theologe und Philosoph des Mittelalters, verband die überlieferte Lehre des Theologen und Kirchenlehrers Augustinus (354–430 n. Chr., s. S. 264f.) mit den Lehren des Aristoteles.

Thomas von Aquin: Über das Erlaubtsein des Krieges

Bereits der römische Politiker und Schriftsteller Cicero (106–43 v. Chr.) entwickelte Kriterien für einen „gerechten Krieg“ (bellum iustum), z. B.: Krieg nur nach zuvor gescheiterten Verhandlungen, Schutz besiegter Feinde, die sich nicht grausam verhalten hatten. Augustinus griff diese Kriterien auf und erweiterte sie. Thomas von Aquin verhalf ihnen zu einer (bis heute wirksamen) ethisch-moralischen Bedeutung. Da für ihn Krieg grundsätzlich eine Sünde ist, müssen besondere Rechtfertigungsgründe für einen Krieg vorliegen.

Zu einem gerechten Krieg sind drei Dinge erforderlich:
Erstens die Vollmacht des Fürsten, auf dessen Befehl hin der Krieg zu führen ist. Denn es ist nicht Sache der Privatperson, einen Krieg zu veranlassen; weil sie ihr Recht vor dem Gesetz des Vorgesetzten verfechten kann. [...] Da die Sorge für die öffentliche Ordnung den Fürsten anvertraut ist, ist es auch ihre Sache, die öffentliche Ordnung der ihnen unterstehenden Stadt oder des Königreiches oder einer Provinz zu schützen. Und wie sie diese erlaubterweise mit dem Schwert gegen die inneren Unruhestifter verteidigen, indem sie die Übeltäter bestrafen – gemäß Röm 13,4: ‚Nicht umsonst trägt die Obrigkeit das Schwert; ist sie doch Gottes Dienerin, Vollstreckerin des Zorngerichtes für den, der Schlechtes tut‘ – so ist es auch ihre Aufgabe, mit dem Schwert des Krieges die öffentliche Ordnung gegen äußere Feinde zu schützen. [...]
Zweitens ist ein gerechter Grund verlangt. Es müssen nämlich diejenigen, die mit Krieg überzogen werden, dies einer Schuld wegen verdienen. Deshalb sagt Augustinus: ‚Unter gerechten Kriegen versteht man solche, durch welche Unrecht geahndet wird; so wenn ein Volk oder eine Stadt zu strafen ist, weil sie entweder versäumt haben, das zu ahnden, was von ihren Bürgern frevelhaft verübt wurde, oder versäumt haben, das zurückzugeben, was ungerechterweise geraubt wurde.‘
Drittens wird verlangt, dass die Kriegführenden die rechte Absicht haben, nämlich entweder das Gute zu mehren oder das Böse zu meiden. Deshalb sagt Augustinus: ‚Bei den wahren Verehrern Gottes haben auch die Kriege Friedenscharakter bekommen, insofern sie nicht aus Gier oder Grausamkeit, sondern aus Eifer für den Frieden geführt werden, um die Bösen in die Schranken zu weisen und die Guten zu unterstützen.‘ Es kann aber vorkommen, dass der Krieg wegen einer verkehrten Absicht unerlaubt wird, obwohl die Vollmacht dessen, der ihn erklärt, rechtmäßig ist und ein gerechter Grund vorliegt. Denn Augustinus sagt: ‚Die Sucht zu schaden, die Grausamkeit des Rachedurstes, ein unversöhnter und unversöhnlicher Geist, die Wildheit des Gegenschlags, die Gier nach Macht und was sonst dergleichen geben mag, das alles wird in der Kriegsführung mit Recht als Schuld erklärt.‘

Die **Kriterien für einen „gerechten Krieg“** wurden im Laufe der Jahrhunderte vom ius ad bellum (Recht zum Krieg) zum ius in bello (Recht im Krieg) ausgeweitet.

1. Der Krieg muss von einer dazu legitimierten politischen Autorität erklärt und geführt werden.
2. Es muss ein gerechter Kriegsgrund vorliegen, an erster Stelle ein Angriff des Gegners.
3. Die Kriegsführung muss am Ziel des Friedens orientiert sein.
4. Die Verhältnismäßigkeit der Mittel muss gewahrt bleiben.
5. Es muss eine vernünftige Aussicht auf eine erfolgreiche Beendigung der Kriegshandlungen gegeben sein.
6. Der Krieg muss das äußerste Mittel (ultima ratio) zur Wiederherstellung des Friedens bleiben.
7. Es muss zwischen Soldaten (Kombattanten) und Zivilisten (Nichtkombattanten) unterschieden werden.

Herfried Münkler: Die Fragwürdigkeit der Lehre vom „gerechten Krieg“

Die Verstaatlichung des Militärwesens und der Aufstieg des Staates zum Monopolisten des Krieges, zur einzigen Macht, die das Recht hatte, Kriege zu erklären und zu führen, hat die Beziehungen zwischen den Staaten tief geprägt. Vermittelt über die Mechanismen der Konkurrenz und das Streben der größeren Staaten nach einer Vormachtstellung entwickelte sich in Europa ein Gleichgewichtssystem, das im Wesentlichen durch die Idee der Symmetrie bestimmt war. Die zwischenstaatlichen Kriege im neuzeitlichen Europa sind – mit wenigen Ausnahmen – als symmetrische Kriege geführt worden, und das wiederum ermöglichte eine besondere Form der Verrechtlichung des Krieges, wie sie sich anderenorts nicht entwickelt hat.

Zu den ersten Opfern der frühneuzeitlichen Symmetrisierung des Krieges[1] gehörte die ältere Vorstellung vom gerechten Kriege, die von Augustinus entworfen und von Thomas von Aquin [...] fortentwickelt worden war. [...] Wie immer die verschiedenen Theorien des gerechtes Krieges Erlaubnis und Verbot der Gewaltanwendung festlegten – in einem stimmen sie alle überein: dass man nämlich nur dann von einem gerechten Krieg sprechen könne, wenn die eine Seite als Rechtsbrecher anzusehen war, während die andere den Krieg führte, um das Recht wiederherzustellen. Das Recht zum Krieg (ius ad bellum) war also von vornherein asymmetrisch verteilt: Die eine Partei hatte gleichsam das Recht auf ihrer Seite. [...]

Allgemein zielt die Theorie des gerechten Krieges auf Selbstermächtigung wie Selbstbindung überlegener oder sich für überlegen haltender Zivilisationen gegenüber grundsätzlich Ungleichen, die darum bevorzugt als ‚wild‘ bzw. ‚barbarisch‘ apostrophiert werden. Eine solche Theorie beruht nicht auf der Vorstellung von einer Gleichheit oder zumindest Gleichartigkeit der Konfliktparteien, und darin ist sie der Idee des heiligen Krieges[2], egal aus welchen religiösen Wurzeln sie gespeist wird, aufs Engste verwandt – in beiden Fällen werden asymmetrische Konstellationen konstruiert, um den Einsatz von Gewalt zu rechtfertigen. Insofern unterscheiden sich diese Modelle fundamental von Kriegstheorien, die den bewaffneten Konflikt nach dem Muster eines Duells oder Turniers begreifen und dabei von einer grundsätzlichen Gleichheit der miteinander Kämpfenden ausgehen. Die Aufmerksamkeit der zuletzt genannten Theorien gilt weniger den Begründungen für den Beginn des Krieges als vielmehr der Reglementierung und Ritualisierung der Gewalt zwischen Gegnern, die sich wechselseitig als Gleiche respektieren. In diese Richtung hat sich das europäische Völkerrecht von der Mitte des 17. bis zum Beginn des 20. Jahrhunderts entwickelt.

Völkerrecht: die durch Vertrag oder Gewohnheitsrecht begründeten Rechtsnormen, die in Frieden und Krieg (Kriegsrecht) die Rechte und Pflichten der Staaten, ihrer Institutionen und Bürger untereinander regeln. Dazu gehören u. a. das Verbot des Völkermordes, des Sklavenhandels und das Verbot des Angriffskrieges (nicht aber des Verteidigungskrieges). Das **Kriegsrecht**, d. h. das Recht *im* Krieg, beinhaltet als wichtigste Grundregel, kriegerische Aktionen nur gegen militärische Objekte (Soldaten und der Kriegführung dienende Gegenstände) zu richten. Darüber hinaus beinhaltet es Regeln für besonders geschützte Personen (z. B. Gefangene) und Sachen (z. B. Lazarette, Kulturgüter).

1. Was versteht Thomas von Aquin unter einem „gerechten Krieg“? Wie begründet er ihn?
2. Wenden Sie die Kriterien für einen „gerechten Krieg“ auf Ihnen bekannte Kriege an.
3. Worin bestehen nach Münkler die Fragwürdigkeit und die Gefahr der Lehre vom „gerechten Krieg“?

[1] s. dazu auch S. 247

[2] heiliger Krieg: ein Krieg, der wegen einer religiösen Idee, einer geglaubten göttlichen Verpflichtung oder zur Eroberung bzw. Verteidigung „heiliger“ Bezirke geführt wird

Terrorismus als besondere Form der Gewalt

Herbert Marcuse (1898–1979), amerikanischer Philosoph deutscher Herkunft

Ernesto „Che“ Guevara (1928–1967), kubanischer Politiker und Revolutionär

Herbert Marcuse: Revolution und Terror

In der antiken politischen Philosophie wurden Revolutionen nicht als Brüche im historischen Kontinuum angesehen. *Platon* wie *Aristoteles* glaubten, daß **Revolutionen in die innere Dynamik der Politik** eingebaut seien, daß sie zu dem historischen und zugleich natürlichen Kreislauf von Geburt, Wachstum und Verfall der politischen Formen gehörten.
In der mittelalterlichen und frühen modernen Philosophie **verbannte die Idee einer natürlichen und göttlichen Ordnung entweder allen Widerstand** gegenüber der bestehenden Regierung **oder machte Widerstand gegen Tyrannei nicht nur zu einem Recht, sondern zu einer moralischen Pflicht** und Schuldigkeit.
Dann wurde im 16. und 17. Jahrhundert das praktisch unbegrenzte Recht, einer Regierung Widerstand zu leisten, ja sie zu stürzen, normalerweise von den Protestanten gegen katholische und von den Katholiken gegen protestantische Regimes beansprucht. Eine höchst charakteristische Reaktion auf diese Lehren läßt sich in der Haltung gegenüber der Revolution sehen, die wir bei solchen verschiedenen Gestalten wie *Hobbes* und *Descartes* vorfinden, daß nämlich **Änderung stets zum Schlimmsten** führt. Laßt die bestehenden gesellschaftlichen und politischen Institutionen wie sie sind; denn wie schlecht sie auch sein mögen, das Risiko, sie zu stürzen, ist zu groß.
Descartes, der große Revolutionär im Denken, war äußerst konservativ im Hinblick auf die „großen öffentlichen Körper“. Auf sie soll der Zweifel nicht ausgedehnt werden, **sie sollen unangetastet bleiben**. Zur gleichen Zeit neigen die Philosophen sehr dazu, eine Revolution gutzuheißen, wenn sie sich einmal als erfolgreich erwiesen hat. Diese Haltung liegt vor im Falle *Immanuel Kants* – sicherlich kein Muster für Opportunismus und Anpassung –, der das **Recht auf Widerstand ablehnte** und Aufruhr gegen die bestehende Regierung verdammte, aber hinzufügte, daß, ist eine Revolution einmal erfolgreich verlaufen und eine neue legale Regierung eingerichtet worden, der Mensch der **neuen revolutionären Regierung ebenso Gehorsam schuldet** wie einst derjenigen, die von der Revolution gestürzt wurde. Auf der anderen Seite anerkennen politische Theorie und Praxis geschichtliche Situationen, in denen Gewalt das notwendige und wesentliche Element des Fortschritts wird. [...]
Robespierre verlangt nach dem „Despotismus der Freiheit“ gegen den Despotismus der Tyrannei: Im Kampf um Freiheit, im Interesse des Ganzen gegen partikuläre Interessen der Unterdrückung kann Terror zur Notwendigkeit und Verpflichtung werden. Hier erscheint Gewalt, revolutionäre Gewalt, nicht nur als politisches Mittel, sondern als moralische Pflicht. Der **Terror wird definiert als Gegengewalt**: Er ist nur zur Verteidigung gegen die Unterdrücker legitim und so lange, bis sie besiegt sind. [...]
Ganz gleich, wie rational man revolutionäre Mittel im Hinblick auf die

1. Geben Sie mithilfe des Textes einen philosophiegeschichtlichen Überblick über die verschiedenen Haltungen zu Revolution und Widerstand.
2. Wie würde Kant seine Ablehnung einer Revolution (Z. 25ff.) begründen? (s. S. 159)
3. Erläutern Sie Sinn und Problematik eines „Despotismus der Freiheit“ (Z. 35).
4. Wie grenzt Marcuse revolutionäre Gewalt von Terror ab?

mögliche Chance rechtfertigen mag, Freiheit und Glück für künftige Generationen zu erreichen, und dabei die Verletzung bestehender Rechte und Freiheiten und selbst des Lebens beansprucht, **es gibt Formen der Gewalt und Unterdrückung, die keine revolutionäre Situation rechtfertigen kann, weil sie gerade den Zweck negieren, wofür die Revolution ein Mittel ist. Dieser Art sind willkürliche Gewalt, Grausamkeit und unterschiedsloser Terror.**
Im historischen Kontinuum stellen jedoch die Revolutionen ihren eigenen moralischen und ethischen Kodex auf und werden so zum Ursprung und zur Quelle neuer allgemeiner Normen und Werte. In der Tat entstanden die meisten, heute allgemein anerkannten Werte in Revolutionen, so der Wert der Toleranz in den englischen Bürgerkriegen, die unveräußerlichen Menschenrechte in der amerikanischen und französischen Revolution. Diese Ideen wurden zur geschichtlichen Kraft, zunächst als parteigebundene Ideen, als Instrumente einer revolutionären Bewegung zu politischen Zwecken. Ihre Verwirklichung schloß ursprünglich Gewalt ein; später nahmen sie gegen die Gewalt gerichtete, also allgemeine ethische Gültigkeit an. Auf diese Weise stellen Revolutionen sich unter sittliche Maßstäbe.

(Aus lizenzrechtlichen Gründen ist dieser Text nicht in reformierter Rechtschreibung gedruckt.)

Erinnerung an die Menschenrechtsdeklaration der Französischen Revolution. Denkmal in Gignac/Südfrankreich

Ulrich K. Preuß: Kennzeichen des Terrorismus

Ulrich K. Preuß (geb. 1939) ist Professor für öffentliches Recht an der Freien Universität Berlin.

Terrorismus ist eine relativ neue Erscheinungsform des politischen Kampfes. Er kann zu seiner vollen Entfaltung erst in modernen massendemokratischen Gesellschaften gelangen. Er benötigt eine von demokratischer Legitimität abhängige politische Führung sowie den Resonanzboden einer empfindlich reagierenden, für Bilder empfänglichen Öffentlichkeit. [...]
Den Terrorismus kennzeichnet die Anwendung oder Androhung von Gewalt gegen unspezifische Objekte mit dem Ziel der Erzeugung von diffus-öffentlicher Angst. [...]
Obwohl sich Terroristen in ihren Verlautbarungen nach irgendwelchen Aktionen gerne als „Kämpfer“ oder als „Kommando“ bezeichnen und damit eine militärische Kampfweise suggerieren, ist das Gegenteil der Fall: Sie tragen ihre Waffen nicht offen, sie agieren aus dem Hinterhalt, und sie machen keinen Unterschied zwischen Kombattanten und Zivilbevölkerung.
Der teuflische Hintersinn des Terrorismus liegt darin, dass er die unterschiedslose Gewalt als ein Mittel der Erzeugung eines Gefühls der Gemeinsamkeit und der Gemeinschaft unter den Bedrohten benutzt, auch wenn diese Gefühle nichts anderes sind als Angst und Schrecken. Der Terrorismus schafft dann, wenn er erfolgreich ist, gewissermaßen eine perverse Alternative zur bestehenden politischen Gemeinschaft des Staates, indem er die Gemeinschaft freier Bürger in eine Horde verängstigter und willenloser Schafe verwandelt.

5 Was versteht Preuß unter Terrorismus?

6 Referieren Sie über eine der auf S. 252 genannten Gewalttaten. Zeigen Sie dabei, inwiefern es sich um terroristische Akte (Zielsetzung, Wahl der Mittel) handelt.

7 „Revolutionäre Gewalt kann nie frei von Terror sein.“ Diskutieren Sie diese Aussage.

Beispiele terroristischer Gewalttaten

1968: Beginn terroristischer Aktionen der baskischen Separatistenorganisation ETA in Spanien (1987: Autobombenexplosion vor einem Supermarkt, 21 Opfer)
1972: Überfall (mit Geiselnahme) palästinensischer Terroristen auf die israelische Olympiamannschaft in München (16 Tote, darunter die Geiseln)
1977: Höhepunkt terroristischer Gewalttaten der bundesdeutschen „Rote-Armee-Fraktion“ gegen führende Repräsentanten aus Politik und Wirtschaft (12 Tote)
1977–79: In Italien sterben 58 Menschen durch Attentate linksgerichteter Terroristen.
1995: Giftgas-Angriff einer japanischen Sekte auf Fahrgäste von U-Bahnen in Tokyo (12 Tote)
11.9.2001: Terrorangriff auf das World-Trade-Center in New York (mehr als 3000 Tote) (s. S. 80)
2002: Auf Bali (Indonesien) zünden islamistische Terroristen eine Autobombe vor einer Diskothek (202 Tote).
2005: Bombenanschläge im Londoner Verkehrsnetz (mehr als 50 Tote); Bombenanschläge im ägyptischen Badeort Scharm el-Scheich (88 Tote, mehr als 200 Verletzte)

Interview mit dem Terrorismus-Experten Walter Laqueur

Frage: Als Ursachen des Terrorismus werden meistens zwei Faktoren genannt: Armut und Unterdrückung. Manchmal auch Demütigung.

Laqueur: Armut schafft Zustände, die den Terroristen indirekt helfen können, die das Umfeld vergrößern. Aber direkt, also kausal, gibt es nicht den geringsten Zusammenhang. Nicht nur, weil die Terroristen, die wir kennen, aus wohlhabenden Familien kommen. [...] Der Terrorismus braucht Leute, die beweglich sind, die mehrere Sprachen sprechen, die über Kreditkarten verfügen, die sich auskennen. [...] Diese Terroristen sind fanatisch gläubige Menschen. [...]

Frage: Geht es dem Terrornetzwerk al-Qaida tatsächlich nur um den Glauben oder spielen noch andere Motive eine Rolle?

Laqueur: Es gibt keinen Zusammenhang mit der Armut, aber gewiss einen mit der Unterlegenheit und dem Stolz der arabischen Welt. Sie war mal an der Spitze der Hochkultur, zur Zeit Harun al-Raschids[1] und in Granada[2], als Europa in tiefster Finsternis lebte; heute hinkt sie hinterher. Es gab in der arabischen Welt keine Renaissance, keine Aufklärung, keine Säkularisierung. Sie ist ja nicht nur gegenüber dem Westen zurückgefallen, sondern auch gegenüber den asiatischen Völkern, und das ist noch peinlicher und schmerzhafter.

Spiegel Special Nr. 2/2004, S. 21

In Madrid starben am 11.3.2004 bei einem Terroranschlag mit in Vorortzügen ferngezündeten Bomben 191 Menschen.

[1] Harun al-Raschid (766–809 n. Chr.) führte das Kalifenreich in Bagdad zu höchster Blüte und war ein Förderer von Wissenschaft und Kunst.

[2] Granada: Stadt in Südspanien; von 1238 bis 1492 Hauptstadt eines maurischen Königreichs mit der Alhambra, dem Königspalast

John Keegan: Ist die Überwindung des Krieges möglich?

Wenn wir die Welt am Ende des 20. Jahrhunderts betrachten – eine Welt, in der die reichen Länder, die die Remilitarisierung von oben betrieben, den Frieden propagieren, und die armen, die eine Remilitarisierung von unten erleiden mussten, dieses Geschenk verfluchen – dann liegt es nahe zu fragen, ob der Krieg seinen Nutzen und die ihm eigene Attraktivität möglicherweise eingebüßt hat. In unserer Zeit war Krieg nicht bloß ein Mittel, Streitigkeiten zwischen Staaten zu entscheiden, sondern er bot auch den verbitterten, enterbten, nackten und hungrigen Massen, die sich nach Freiheit sehnten, eine Möglichkeit, Zorn, Neid und aufgestaute Gewaltbereitschaft auszudrücken. Es spricht manches dafür, dass nach fünftausend Jahren aufgezeichneter Geschichte des Krieges jetzt endlich kulturelle und materielle Veränderungen vielleicht dazu führen, den Hang des Menschen zum Krieg zu hemmen.

Die materielle Veränderung ist für jeden augenfällig. Ich meine die thermonuklearen Waffen und das damit verbundene System ballistischer Interkontinentalraketen. Seit dem 9.8.1945 haben atomare Waffen jedoch niemanden getötet. Die fünfzig Millionen Menschen, die seither in Kriegen ihr Leben verloren haben, fielen größtenteils billigen, massenhaft produzierten Waffen und kleinkalibriger Munition zum Opfer. [...] Weil diese billigen Waffen das Leben in den fortschrittlichen Ländern außer an einigen Orten, wo Drogenhandel und politischer Terrorismus blühen, nur wenig gestört haben, hat die Bevölkerung der reichen Länder erst sehr spät erkannt, welche Schrecken die weltweite Verbreitung von Waffen mit sich gebracht hat. Allmählich setzt sich diese Erkenntnis jedoch durch. [...]

Darin, dass man den Versuch unternimmt, Frieden zu schaffen, zeigt sich ein tiefgreifender Wandel in der Haltung dem Krieg gegenüber. Dahinter stecken nicht berechnende politische Interessen, sondern Abscheu vor dem Schauspiel, das der Krieg bietet. Die Triebfeder ist die Menschlichkeit, und obwohl Befürworter der Menschlichkeit von jeher Gegner des Krieges sind, war sie früher weder als leitender Grundsatz der Außenpolitik einer Großmacht in den Vordergrund getreten, wie das heute bei den Vereinigten Staaten der Fall ist, noch hat jemals eine mächtige supranationale Körperschaft ihre Durchsetzung betrieben, wie neuerdings die Vereinten Nationen. Heute ist eine Vielzahl unbeteiligter Länder bereit, sich für den Grundsatz der Menschlichkeit zu engagieren und Truppen an den Ort des Konflikts zu entsenden, um Frieden zu bewahren oder zu schaffen. [...] Eine globale politische Ökonomie, die für den Krieg keinen Raum lässt, erfordert allerdings eine neue Kultur der menschlichen Beziehungen. Da der Geist des Krieges die meisten uns bekannten Kulturen durchdrungen hat, verlangt ein kultureller Wandel einen Bruch mit der Vergangenheit, für den es kein Vorbild gibt. Andererseits gibt es ebenso wenig ein Vorbild für die Bedrohung, die ein künftiger Krieg für die heutige Welt bedeutet.

John Keegan (geb. 1934), britischer Militärhistoriker. Der Text stammt aus seinem Buch „Die Kultur des Krieges", 1993.

„Wir anerkennen, dass jeder Krieg schrecklich ist und das Ergebnis des politischen Versagens darstellt. [...] Doch die Vernunft und die moralische Abwägung lehren uns, dass es Zeiten gibt, in denen die erste und wichtigste Reaktion auf das Böse sein muss, es zu stoppen. Es gibt Zeiten, in denen es nicht nur moralisch gerechtfertigt, sondern sogar geboten ist, den Krieg zu erwägen."
Aus einer Erklärung amerikanischer Intellektueller zur militärischen Reaktion der USA auf die Terroranschläge vom 11.9.2001 (2002)

1. Welche Wurzeln des Terrorismus nennt Laqueur?

2. Der Text von Keegan stammt aus dem Jahr 1993. Haben sich Keegans Erwartungen bewahrheitet? Beziehen Sie die o.g. Erklärung in Ihre Überlegungen mit ein.

3. Konkretisieren Sie die Forderungen des letzten Textabschnittes. Was verstehen Sie unter einer „neuen Kultur der menschlichen Beziehungen"?

Gewalt und Medien: Kriegsfotografie

Susan Sontag (1933–2004), amerikanische Schriftstellerin, erhielt mehrere internationale Preise, darunter 2003 den „Friedenspreis des Deutschen Buchhandels". Der nebenstehende Text stammt aus ihrem 2003 erschienenen Buch „Das Leiden anderer betrachten", in dem sie sich ausführlich mit der Frage nach dem Sinn und der Fragwürdigkeit von Abbildungen von Kriegsopfern befasst.

World Press Photo (Hg.): Pressefotos des Jahres (jährlich)

Reporter ohne Grenzen (Hg.): 100 Fotos für die Pressefreiheit (jährlich)

Susan Sontag: Warum Kriegsbilder?

Was gezeigt werden kann und was nicht gezeigt werden darf – es gibt wenige Fragen, die in der Öffentlichkeit heftiger umstritten sind als diese. [...]

Nonstop-Bilder (Fernsehen, Video, Kino) prägen unsere Umwelt, aber wo es um das Erinnern geht, hinterlassen Fotografien eine tiefere Wirkung. Das Gedächtnis arbeitet mit Standbildern, und die Grundeinheit bleibt das einzelne Bild. In einer Ära der Informationsüberflutung bietet das Foto eine Methode, etwas schnell zu erfassen und gut zu behalten. Darin gleicht es einem Zitat, einer Maxime, einem Sprichwort. Jeder von uns hat Hunderte von Fotos in seinem Gedächtnis gespeichert, die sich auf Anhieb abrufen lassen. [...]

Betrachten wir zwei verbreitete Ansichten über die Wirkungsweise von Fotografie – Ansichten, die inzwischen fast zu Gemeinplätzen geworden sind. Der ersten Ansicht zufolge wird die Aufmerksamkeit der Öffentlichkeit durch die Aufmerksamkeit der Medien gelenkt – das heißt, hauptsächlich durch Bilder. Ein Krieg wird „real", wenn es von ihm Fotos gibt. So wurde der Protest gegen den Vietnamkrieg durch Bilder mobilisiert. Die Meinung, dass etwas gegen den Krieg in Bosnien[1] getan werden müsse, erwuchs aus der Aufmerksamkeit von Journalisten, die mehr als drei Jahre lang Abend für Abend Bilder aus dem belagerten Sarajevo in Millionen Wohnzimmer befördert haben. Man hat dies den „CNN-Effekt"[2] genannt. Die Beispiele zeigen, wie stark uns Fotos darin beeinflussen, welchen Katastrophen und Krisen wir unsere Aufmerksamkeit schenken, worum wir uns kümmern und letztlich auch, wie wir diese Konflikte beurteilen. Der zweiten Ansicht zufolge – sie mutet fast wie eine Umkehrung des soeben Gesagten an – haben in einer mit Bildern gesättigten, nein übersättigten Welt gerade jene Bilder, auf die es ankommen sollte, eine dämpfende Wirkung: Wir stumpfen ab. Letztlich nehmen uns solche Bilder etwas von unserer Fähigkeit zu fühlen und die Signale, die von unserem Gewissen ausgehen, wahrzunehmen. [...] Gräuelfotos veranschaulichen und bekräftigen. An den Debatten über die genauen (anfangs oft übertrieben hoch angesetzten) Opferzahlen vorbei liefert ein Foto das eine unauslöschliche Beispiel. Seine illustrative Funktion bleibt von Meinungen, Vorurteilen, Fantasien und Fehlinformationen unberührt. [...]

Robert Capa: Tod eines spanischen Legalisten
Foto aus dem spanischen Bürgerkrieg, 1936

[1] Bosnien-Krieg: 1991–1995
[2] CNN: ein US-Nachrichtensender

Kinder fliehen vor einem Napalm-Angriff während des Vietnamkrieges (1964–1973), 1972

Und Gräuel, die in unseren Köpfen nicht durch einprägsame Bilder verankert sind oder von denen wir einfach nur sehr wenige Bilder zu sehen bekommen, scheinen uns weiter entfernt zu sein – die von der deutschen Kolonialverwaltung im Jahre 1904 angeordnete vollständige Ausrottung der Hereros in Namibia; der japanische Angriff auf China, vor allem das Nanking-Massaker im Dezember 1937, bei dem fast vierhunderttausend Chinesen getötet und achtzigtausend Frauen vergewaltigt wurden; die von den befehlshabenden Offizieren entfesselte Vergewaltigung von etwa hundertdreißigtausend Frauen und Mädchen (von denen zehntausend Selbstmord begingen) durch die siegreichen sowjetischen Soldaten 1945 in Berlin – lauter Erinnerungen, deren sich nur wenige angenommen haben. [...]

Quälende Fotos verlieren nicht unbedingt ihre Kraft zu schockieren. Aber wenn es darum geht, etwas zu begreifen, helfen sie kaum weiter. Erzählungen können etwas verständlich machen. Fotos tun etwas anderes: Sie suchen uns heim und lassen uns nicht mehr los. [...]

Wer eine Hölle als das bezeichnet, was sie ist, hat damit natürlich noch nicht gesagt, wie man Menschen aus dieser Hölle herausholen und das Höllenfeuer eindämmen kann. Trotzdem scheint es schon an sich positiv zu sein, wenn man die eigene Wahrnehmung schärft und sich immer wieder klarmacht, wie viel durch menschliche Bosheit verursachtes Leiden es in der Welt gibt, in der wir mit anderen leben. Wer sich ständig davon überraschen lässt, dass es Verderbtheit gibt, wer immer wieder mit erstaunter Enttäuschung (oder gar Unglauben) reagiert, wenn ihm vor Augen geführt wird, welche Grausamkeiten Menschen einander antun können, der ist moralisch oder psychologisch nicht erwachsen geworden. Von einem gewissen Alter an hat niemand mehr ein Recht auf solche Unschuld oder Oberflächlichkeit, auf so viel Unwissenheit oder Vergesslichkeit.

Es gibt inzwischen einen umfangreichen Bestand an Bildern, die es schwieriger machen, in dieser ethischen Mangellage zu verharren. Lassen wir uns also von den grausigen Bildern heimsuchen. Auch wenn sie nur Markierungen sind und den größeren Teil der Realität, auf die sie sich beziehen, gar nicht erfassen können, kommt ihnen eine wichtige Funktion zu. Die Bilder sagen: Menschen sind imstande, dies hier anderen anzutun – vielleicht sogar freiwillig, begeistert, selbstgerecht. Vergesst das nicht.

1. Wie unterscheidet Sontag Fotos von „Non-Stop-Bildern"?
2. Diskutieren Sie die beiden Ansichten über die Wirkung von Fotografie (Z. 12–38). Beziehen Sie die beiden Fotos in Ihre Überlegungen mit ein.
3. Worin sieht Sontag die Wirkung, den Sinn und die Grenzen der Kriegsfotografie? Setzen Sie sich mit ihrer Ansicht kritisch auseinander.
4. Wie beurteilen Sie die strikten Zensurmaßnahmen des US-Militärs im Golfkrieg 1991 (s. S. 360) und im Irak-Krieg 2003?
5. Entscheiden Sie anhand von Kriegsfotos begründet, welche Sie veröffentlichen würden und welche nicht.

Gewaltfrei handeln

Mahatma Gandhi (1869–1948, ermordet) erreichte mit mehreren Aktionen gewaltlosen Widerstands, darunter der Boykott britischer Waren und der legendäre „Salzmarsch", die Beendigung der britischen Kolonialherrschaft in Indien (1947). Er wurde 1948 von einem fanatischen Hindu ermordet, weil er angeblich eine zu muslimfreundliche Politik betrieb.

Dietmar Rothermund: Mahatma Gandhis Vermächtnis

Während Indien das Erbe Gandhis, des „Vaters der Nation", nach seinem Tode ausschlug, so blieb doch das Vermächtnis, das über nationale Grenzen hinweg für alle Menschen Gültigkeit behielt: Mahatma Gandhis Ethik. Er war der bedeutendste praktizierende Ethiker unseres Jahrhunderts, doch er war kein Philosoph, der sich um die Konstruktion ethischer Theorien bemühte, stattdessen orientierte er sich bei seinen Handlungen an ethischen Normen, die er selbst testete und über die er sich und anderen Rechenschaft ablegte. [...] Die Forderung der Gewaltfreiheit stand in unmittelbaren Zusammenhang mit seinem Wahrheitsbegriff. Die Wahrheit war wie Gott nahezu unfassbar und man konnte sie nur suchen und hoffen, ihr in dem, was man tat, nicht zuwiderzuhandeln. Gelang es, die Wahrheit auf diese Weise zu treffen, dann musste auch der jeweilige Gegner schließlich ein Einsehen haben. Das konnte aber nicht geschehen, wenn man ihn mit Gewalt besiegte und damit gar nicht erst zu einer besseren Einsicht kommen ließ. [...] Gandhi konnte sich aber mit dieser Begründung seiner Ethik nicht begnügen, er musste auch konkrete Handlungsanweisungen für den „wahrhaften" Widerstand entwerfen und empfahl in diesem Sinne die Nichtzusammenarbeit mit ungerechten Herrschern und den bürgerlichen Ungehorsam.

Gandhi auf dem „Salzmarsch", eine Protestaktion gegen das britische Salzmonopol (1930)

Martin Luther King: Was ist gewaltloser Widerstand?

Als ich als Pastor nach Montgomery ging, hatte ich noch nicht die geringste Ahnung, dass ich später in eine Krise verwickelt werden würde, in der man gewaltlosen Widerstand anwenden konnte. Ich hatte den Protest weder begonnen noch vorgeschlagen. Ich hatte einfach nur auf den Ruf des Volkes nach einem Wortführer reagiert. Als der Protest begann, besann ich mich, bewusst oder unbewusst, auf die Bergpredigt mit ihrer erhabenen Lehre von der Liebe und auf Gandhis Methode des gewaltlosen Widerstandes. Im Laufe der Zeit erkannte ich immer mehr die Macht der Gewaltlosigkeit. Da ich ja den Protest selbst miterlebte, wurde mir der gewaltlose Widerstand mehr als nur eine Methode, der ich vom Verstande her zustimmte. Er wurde für mich eine Überzeugung, nach der ich mein Leben ausrichtete. Vieles, was mir bisher vom Intellekt her nicht klar gewesen war, wurde nun durch die Praxis geklärt.

Da die Lehre vom gewaltlosen Widerstand eine so positive Rolle in der Montgomery-Bewegung spielte, ist es vielleicht angebracht, einige grundlegende Gesichtspunkte kurz zu erörtern.

Zuerst muss betont werden, dass *gewaltloser Widerstand keine Methode für Feiglinge ist. Es wird Widerstand geleistet.* [...] Es ist keine Methode träger Passivität. Der Ausdruck „passiver Widerstand" erweckt oft den falschen Eindruck, dass das eine Methode des Nichtstuns sei, bei der derjenige, der Widerstand leistet, ruhig und passiv das Böse hinnimmt. Aber nichts ist weiter von der Wahrheit entfernt. *Denn der Anhänger des gewaltlosen*

1. Referieren Sie über Leben und Werk Gandhis und Kings.
2. Welche vier Grundzüge des gewaltlosen Widerstandes nennt King?
3. Inwiefern beruft sich King auf die Bergpredigt (s. S. 206f.) und auf das Vorbild Gandhis?
4. Warum ist der gewaltlose Widerstand „keine Methode für Feiglinge" (King, Z. 17f.)?

Widerstandes ist nur insofern passiv, als er seinen Gegner nicht physisch angreift: Sein Geist und seine Gefühle aber sind immer aktiv. Sie versuchen ständig, den Gegner zu überzeugen, dass er im Unrecht ist. Die Methode ist körperlich passiv, aber geistig stark aktiv. Es ist keine Widerstandslosigkeit gegenüber dem Bösen, sondern aktiver gewaltloser Widerstand gegen das Böse.

Ein anderer charakteristischer Zug des gewaltlosen Widerstandes ist der, dass er *den Gegner nicht vernichten oder demütigen, sondern seine Freundschaft und sein Verständnis gewinnen will*. Wer gewaltlosen Widerstand leistet, muss oft durch Boykotte oder dadurch, dass er seine Mitarbeit versagt, protestieren. Aber er weiß, dass diese Mittel nicht Selbstzweck sind. Sie sollen beim Gegner nur ein Gefühl der Scham wecken. Der Zweck ist Wiedergutmachung und Aussöhnung. Die Frucht des gewaltlosen Widerstandes ist eine neue innige Gemeinschaft, während *die Folge der Gewalttätigkeit tragische Verbitterung ist*.

Ein drittes Charakteristikum dieser Methode ist, dass ihr *Angriff gegen die Mächte des Bösen gerichtet ist, nicht gegen Personen, die das Böse tun*. Der Anhänger des gewaltlosen Widerstandes will das Böse vernichten, nicht die Menschen, die dem Bösen verfallen sind. Wenn er sich gegen die Rassendiskriminierung auflehnt, so tut er es in der Erkenntnis, dass die eigentliche Spannung nicht zwischen den Rassen besteht. Ich sage es den Leuten in Montgomery gern so: „Die Spannung in dieser Stadt besteht nicht zwischen Weißen und Negern. Sie besteht im Grunde genommen zwischen Gerechtigkeit und Ungerechtigkeit, zwischen den Mächten des Lichts und den Mächten der Finsternis. Und wenn hier ein Sieg errungen ist, wird es nicht nur ein Sieg für 50 000 Neger sein, sondern ein Sieg für die Gerechtigkeit und die Mächte des Lichts. Wir wollen die Ungerechtigkeit vernichten und nicht weiße Menschen, die ungerecht sind." Ein vierter charakteristischer Zug des gewaltlosen Widerstandes ist *die Bereitschaft, Demütigungen zu erdulden, ohne sich zu rächen, und Schläge hinzunehmen, ohne zurückzuschlagen*. „Vielleicht müssen Ströme von Blut fließen, ehe wir unsere Freiheit gewinnen, aber es muss unser Blut sein", sagte Gandhi zu seinen Landsleuten. Der Anhänger des gewaltlosen Widerstandes ist bereit, wenn es sein muss, Gewalttätigkeit hinzunehmen; aber er wird sie anderen niemals zufügen.

Martin Luther King (1929–1968, ermordet) mit seinem Vorbild Mahatma Gandhi. King war Baptistenpfarrer und Wortführer der Bürgerrechtsbewegung in den USA. Er entwickelte vielfältige Formen gewaltlosen Widerstandes und zivilen Ungehorsams als Strategien gegen die Diskriminierung der schwarzen Bevölkerung. In seiner berühmtesten Rede (1963 in Washington, 250 000 Zuhörer) verkündete King seine Vision („I have a dream") von einer neuen Gesellschaft. King erhielt 1964 den Friedensnobelpreis.

Mahatma Gandhi: „Gewaltlosigkeit bedeutet nicht Verzicht auf wirksamen Kampf gegen die Bosheit. Im Gegenteil, der gewaltlose Kampf gegen das Böse, wie ich ihn meine, ist wirkungsvoller und echter als Vergeltung, die ja ihrer Natur nach das Böse nur noch vermehrt ... Ich trachte danach, die Schneide am Schwert des Tyrannen völlig stumpf zu machen, nicht dadurch, dass ich ein schärferes Schwert dagegensetze, sondern dass ich seine Hoffnung auf meinen physischen Widerstand enttäusche."

Martin Luther King: „Ich habe einen Traum, dass eines Tages auf den roten Hügeln vor Georgia die Söhne früherer Sklaven und die Söhne früherer Sklavenhalter miteinander am Tisch der Brüderlichkeit sitzen ... Ich habe einen Traum, dass meine vier kleinen Kinder eines Tages in einer Nation leben werden, in der man sie nicht nach ihrer Hautfarbe, sondern nach ihrem Charakter beurteilen wird."

Leipzig erlebte erneut Montagsdemonstration

„Ohne Gewalt" – unter diesem Motto wurde auch gestern wieder im Leipziger Stadtzentrum demonstriert. Deutlich weniger Menschen als an den letzten Montagen, aber dennoch wohl rund 150 000 setzten sich vom Karl-Marx-Platz aus in Bewegung.
Dort hatte alles mit einer Transparent-Präsentation für nationale und internationale Kameras begonnen. Teams des DDR- und BRD-Fernsehens drehten ebenso wie BBC. Zwei Schwerpunkte in der Demonstration: gegen den Führungsanspruch der SED[1]; für freie Wahlen. Kaum noch zu sehen – logischerweise nach dem zurückliegenden Wochenende – die Forderung nach Reisefreiheit, dafür aber jene nach den Regelungen fürs Reisegeld. Neu waren Plakate, auf denen Frauen aufmerksam machten, stärkeres Mitspracherecht forderten. Nicht übersehen werden konnten auch die plakativen Forderungen, die Schuldigen an der gegenwärtigen Situation im Land zur Verantwortung zu ziehen. Beispielsweise: „Kein Rücktritt ohne Rechenschaft." Während der gesamten Demonstration erschollen immer wieder bekannte Sprechchöre wie „Wir sind das Volk!".
„Ohne Gewalt" – das war auch die vorherrschende Losung rund um das Gebäude des MfS[2], immer wieder ein neuralgischer Punkt der Montagsdemonstration. Vertreter des Demokratischen Aufbruchs, des Neuen Forums, der SED und der FDJ[3] – so ein Sprecher – sicherten den Eingang. Nach Berliner Beispiel trugen die Ordner gelbe Schärpen. „Wir haben diesen Einsatz mit leitenden Mitarbeitern der Dienststelle vereinbart", sagte der Sprecher gegenüber den LVZ-Reportern. In der Sperrkette wieder viele Losungen, manche recht pfiffig, wie jene, die mit den Worten endet „zuhören, nicht immer gleich pfeifen". Die Gruppe bekam den Beifall der Demonstranten.
Wie schon an den vergangenen Montagen fanden sich viele Plakate und Transparente an den Rathäusern wieder. Demonstranten stellten Kerzen auf. Zwei Sprecher des Neuen Forums wandten sich wie zuvor auf dem Karl-Marx-Platz an die Versammelten und forderten sie auf, sich nicht mit der Reisefreiheit zu begnügen, sondern konsequent für weitere Reformen einzutreten.
Der Demonstration waren Friedensgebete in sieben Gotteshäusern vorausgegangen. In der Nikolaikirche wählte Dr. Christoph Kähler vom Theologischen Seminar in seiner Andacht das Thema: „Die Mauern von Jericho": „... Sieben Tage zog Josua um die Mauern von Jericho, bis sie durch Trompetenklänge einstürzten – sieben Montage zogen die Leipziger um das Stadtzentrum, bis die Mauer unter den Rufen ‚Wir sind das Volk' fiel." Jeder müsse sich jetzt im Land aufmachen, nach Lösungen für die Probleme zu suchen. Die Demonstration löste sich gegen 20.15 Uhr friedlich auf.

Leipziger Volkszeitung, 14.11.1989

[1] SED: Sozialistische Einheitspartei Deutschlands
[2] MfS: Ministerium für Staatssicherheit
[3] FDJ: Freie Deutsche Jugend

1 Was forderten die Demonstranten? Auf welche Art und Weise trugen sie es vor?

2 Informieren Sie sich über den Ablauf des Herbstes 1989 und das Verhalten der Staatsmacht.

3 Prüfen Sie, ob bzw. inwieweit der Begriff „friedliche Revolution" für diese Vorgänge berechtigt ist.

Die erste Montagsdemonstration in Leipzig fand am 4.9.1989 statt, nachdem im Sommer eine Massenflucht von DDR-Bürgern über Ungarn begonnen hatte. Am 6.11. beteiligten sich mehr als 400 000 Menschen an der Demonstration. Die gewaltlosen Kundgebungen führten zum Fall der Berliner Mauer (9.11.) und schließlich zur Wiedervereinigung Deutschlands (3.10.1990). „Ohne Gandhi zu benennen, folgten wir seiner Strategie." (Jens Reich, Molekularbiologe und Bürgerrechtler)

„Ausgezeichnete“ Arbeit für den Frieden – die Nobelpreise (Auswahl)

1901: Fréderik Passy (Frankreich), Politiker
Henri Dunant (Schweiz), Gründer des Roten Kreuzes

1905: Bertha von Suttner (Österreich), Schriftstellerin

1926: Gustav Stresemann (Deutschland), Politiker

1927: Ludwig Quidde (Deutschland), Politiker

1935: Carl von Ossietzky (Deutschland), Schriftsteller

1952: Albert Schweitzer (Elsass), Arzt, Musiker, Theologe

1964: Martin Luther King (USA), Menschenrechtler

1971: Willy Brandt (Deutschland), Politiker

1977: amnesty international

1983: Lech Walesa (Polen), Gewerkschafter

1985: Internationale Ärzte zur Verhinderung eines Atomkrieges

1990: Michael Gorbatschow (Sowjetunion), Politiker

1991: Aung San Suu Kyi (Myanmar), Menschenrechtlerin

1993: Nelson Mandela (Südafrika), Politiker
Frederik Willem de Klerk (Südafrika), Politiker

1994: Yitzak Rabin (Israel), Shimon Peres (Israel), Jassir Arafat (PLO), Politiker

1999: Ärzte ohne Grenzen

2000: Kim Dae Jung (Südkorea), Politiker

2001: Vereinte Nationen und Generalsekretär Kofi Annan (Ghana)

2002: Jimmy Carter (USA), Politiker

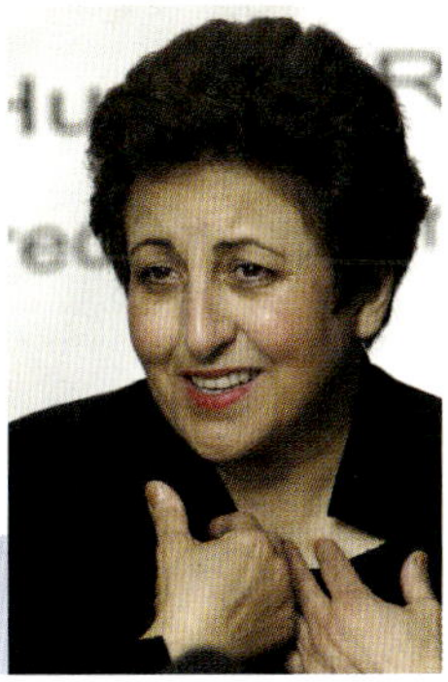

2003: Shirin Ebadi (Iran), Juristin und Menschenrechtlerin

2004: Wangari Maathais (Kenia), Umweltschützerin und Menschenrechtlerin

2005: Internationale Atomenergiebehörde und ihr Generaldirektor Mohammed El Baradei (Ägypten)

2006: Muhammad Yunus (Bangladesh), Bankier

Der **Friedensnobelpreis** geht auf die testamentarische Verfügung des schwedischen Industriellen und Erfinders Alfred Nobel (1833–1896) zurück, herausragende Leistungen in verschiedenen Wissens- und Kulturbereichen, darunter auch „besondere Verdienste um den Erhalt des Friedens“, zu würdigen und auszuzeichnen. Die Nobelpreise werden seit 1901 verliehen; die Dotierung erfolgt aus dem Jahreszins der Nobelstiftung. Seit 1980 wird von der „Stiftung für verantwortungsbewusste Lebensführung“, eine Gründung des deutsch-schwedischen Journalisten und Umweltschützers Jakob von Uexküll, der sogenannte **Alternative Nobelpreis** an Menschen verliehen, die „herausragende Leistungen zur Lösung drängender Menschheitsprobleme“ erbracht haben.

Friedensgesinnungen. Deutsche Literatur gegen den Krieg, hg. von F. Hebel, Stuttgart (Reclam) 1993

4 Referieren Sie über Leben und Werk eines der Nobelpreisträger. Legen Sie dar, ob bzw. aus welchen Gründen diese Ehrung „verdient“ war.

5 Welche Person(en) würden Sie selbst für den Friedensnobelpreis vorschlagen? Begründen Sie.

Weltfrieden – Illusion oder Möglichkeit?

Immanuel Kant (1724–1804, Biografie S. 383) übertrug seine prinzipien- bzw. gesinnungsethische Moralbegründung (s. S. 157f.) auch auf politische Verhältnisse. Er hatte dabei die Verfassung der französischen Republik vor Augen und forderte eine unbedingte, von der Vernunft und der Moral begründete Friedenspflicht.

Immanuel Kant: Völkerrecht und Völkerbund

„Aus so krummem Holz, wie der Mensch geschnitzt ist, kann nichts Gerades gezimmert werden." Gerade diese Aussage zeigt, dass Kant kein Träumer oder Illusionist bezüglich der menschlichen Friedensfähigkeit war. Trotzdem entwarf er in der 1795 entstandenen Schrift „Zum ewigen Frieden" ein Modell, das Gewalt und Krieg zwischen den Staaten weitgehend eindämmen bzw. verhindern sollte. Er plädierte darin einerseits für die Republik als Verfassungsform eines Staates und andererseits für die Bildung eines Völkerrechts[1], nach dem im Rahmen eines Völkerbundes eine internationale Behörde die Rolle des Schiedsrichters in zwischenstaatlichen Konflikten übernimmt und verbindliche Urteile fällt. In der Gründung des „Völkerbundes" (1920) und, als dessen Nachfolgeorganisation, die „Vereinten Nationen" (1945), wurden einige der Ideen Kants verwirklicht.

Friede ist durch die Gültigkeit des Rechts gekennzeichnet, als Zustand nach Beendigung des Krieges durch Vertrag (negativer Friede) oder als Zustand rechtlich geregelter und an humanen Leitprinzipien orientierter Lösung politischer, sozialer und rechtlicher Konflikte (positiver Friede), nicht aber als konfliktfreier Zustand. *Kant* sah den Frieden durch das öffentliche Recht, durch Legalität und Moralität der Politik in der republikanischen Verfassung gewährleistet, d. h. durch die Prinzipien der Freiheit der Bürger, die Abhängigkeit von der Gesetzgebung und ihre Gleichheit vor dem Gesetz. Friede als Bedingung der Selbstverwirklichung des Menschen setzt dessen Moralität voraus.

Otfried Höffe (Hg.): Lexikon der Ethik, München (Beck) [6]2002

Da die Art, wie Staaten ihr Recht verfolgen, nie, wie bei einem äußeren Gerichtshofe, der Prozess, sondern nur der Krieg sein kann, durch diesen aber und seinen günstigen Ausschlag, den *Sieg*, das Recht nicht entschieden wird, und durch den *Friedensvertrag*, zwar wohl dem diesmaligen Kriege, aber nicht dem Kriegszustande (immer zu einem neuen Vorwand zu finden) ein Ende gemacht wird (den man auch nicht geradezu für ungerecht erklären kann, weil in diesem Zustande jeder in seiner eigenen Sache Richter ist), gleichwohl aber von Staaten nach dem Völkerrecht nicht eben das gelten kann, was von Menschen im gesetzlosen Zustande nach dem Naturrecht gilt, „aus diesem Zustande herausgehen zu sollen" (weil sie als Staaten innerlich schon eine rechte Verfassung haben und also dem Zwange anderer, sie nach ihren Rechtsbegriffen unter eine erweiterte gesetzliche Verfassung zu bringen, entwachsen sind), indessen dass doch die Vernunft vom Throne der höchsten moralisch gesetzgebenden Gewalt herab den Krieg als Rechtsgang schlechterdings verdammt, den Friedenszustand dagegen zur unmittelbaren Pflicht macht, welcher doch, ohne einen Vertrag der Völker unter sich, nicht gestiftet oder gesichert werden kann: – so muss es einen Bund von besonderer Art geben, den man den *Friedensbund (foedus pacificum)* nennen kann, der vom Friedensvertrag *(pactum pacis)* darin unterschieden sein würde, dass dieser bloß einen Krieg, jener aber alle Kriege auf immer zu endigen suchte. Dieser Bund geht auf keinen Erwerb irgendeiner Macht des Staats, sondern lediglich auf Erhaltung und Sicherung der Freiheit eines Staates für sich selbst und zugleich anderer verbündeter Staaten, ohne dass diese doch sich selbst (wie Menschen im Naturzustande) öffentlichen Gesetzen und einem Zwange unter denselben unterwerfen dürfen. – Die Ausführbarkeit (objektive Realität) dieser Idee der Föderalität, die sich allmählich über alle Staaten erstrecken soll und so zum ewigen Frieden hinführt, lässt sich darstellen. Denn wenn das Glück es so fügt: dass ein mächtiges und aufgeklärtes Volk sich zu einer Republik (die ihrer Natur nach zum ewigen Frieden geneigt sein muss) bilden kann, so gibt diese einen Mittelpunkt der

[1] Völkerrecht: s. S. 249

föderativen Vereinigung für andere Staaten ab, um sich an sie anzuschließen und so den Freiheitszustand der Staaten gemäß der Idee des Völkerrechts zu sichern und sich durch mehrere Verbindungen dieser Art nach und nach immer weiter auszubreiten. [...] Für Staaten im Verhältnisse untereinander kann es nach der Vernunft keine andere Art geben, aus dem gesetzlosen Zustande, der lauter Krieg enthält, herauszukommen, als dass sie, ebenso wie einzelne Menschen, ihre wilde (gesetzlose) Freiheit aufgeben, sich zu öffentlichen Zwangsgesetzen zu bequemen und so einen (freilich immer wachsenden) *Völkerstaat (civitas gentium)*, der zuletzt alle Völker der Erde befassen würde, bilden. Da sie dieses aber nach ihrer Idee vom Völkerrecht durchaus nicht wollen, was *in thesi* richtig ist, *in hypothesi* verwerfen, so kann an die Stelle der positiven Idee einer *Weltrepublik* (wenn nicht alles verloren werden soll) nur das *negative* Surrogat[1] eines den Krieg abwehrenden, bestehenden und immer ausbreitenden Bundes den Strom der rechtsscheuenden, feindseligen Neigung aufhalten, doch mit beständiger Gefahr ihres Ausbruchs.

Die Bemühungen der Vereinten Nationen um Friedenserhalt und Konfliktlösungen finden auf verschiedenen Ebenen statt. Die sogenannten „Friedensmissionen der Vereinten Nationen", die seit 1948 stattfinden, haben die Aufgabe, kriegerische Konflikte zu verhindern. Darüber hinaus richtete der Sicherheitsrat der Vereinten Nationen 1993 in Den Haag ein internationales Strafgericht ein, das Kriegsverbrechen im ehemaligen Jugoslawien untersucht und Kriegsverbrecher aburteilt.
2003 richtete die UN einen „Internationalen Strafgerichtshof" ein, der auf der Grundlage eines „Weltstrafrechts" Völkermord, schwere Kriegsverbrechen und Verbrechen gegen die Menschlichkeit untersucht und ahndet (s. S. 289).

1 Was verlangt Kant von den einzelnen Staaten? Wie begründet er seine Forderung? Vergleichen Sie seine Ausführungen mit denen Einsteins (s. S. 245), Münklers (s. S. 247 u. 249) und Keegans (s. S. 253).

2 Was versteht Kant unter einer „Weltrepublik"? Wie beurteilen Sie die Chancen eines solchen Konzepts?

3 Überlegen Sie, ob Völkerbund und Vereinte Nationen den Intentionen Kants entsprechen.

4 Stellen Sie anhand eines aktuellen Konfliktes die Tätigkeit der Vereinten Nationen dar.

[1] Surrogat: Ersatz

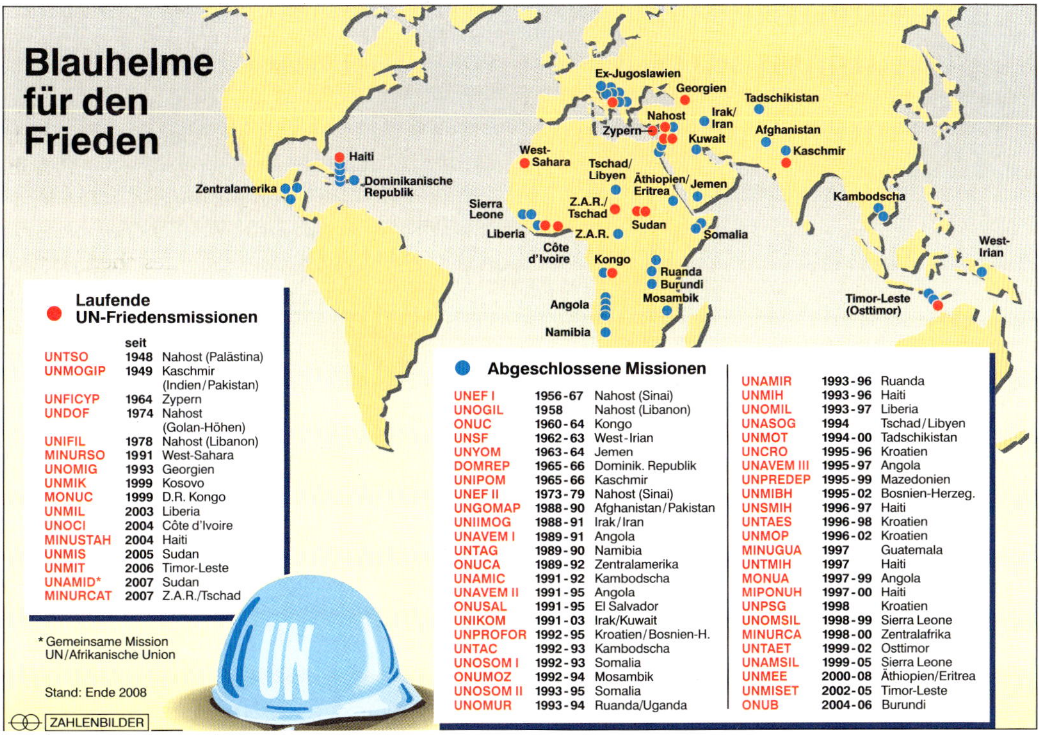

Gewalt und Macht

Hannah Arendt (1906–1975, Biografie S. 380), Politikwissenschaftlerin, verfasste eine Studie über den Totalitarismus („Elemente und Ursprünge totalitärer Herrschaft“, 1951). Den Essay „Macht und Gewalt“ schrieb sie 1970 unter dem Eindruck des Vietnam-Krieges und weltweiter Studentenunruhen.

Hannah Arendt: „Nackte Gewalt tritt auf, wo Macht verloren ist“

Zu den entscheidenden Unterschieden zwischen Macht und Gewalt gehört, dass Macht immer von Zahlen abhängt, während die Gewalt bis zu einem gewissen Grade von Zahlen unabhängig ist, weil sie sich auf Werkzeuge verlässt. Eine Demokratie, die im Unterschied zu einer Republik nicht an Gesetze gebunden zu sein braucht, also eine einfache Mehrheitsherrschaft, die nur auf Macht basiert, kann Minderheiten auf eine furchtbare Weise unterdrücken und abweichende Meinungen ohne alle Gewaltsamkeiten sehr wirkungsvoll abwürgen. Ungeteilte und unkontrollierte Macht kann eine Meinungsuniformität erzeugen, die kaum weniger „zwingend“ ist als gewalttätige Unterdrückung. Aber das heißt nicht, dass Gewalt und Macht dasselbe sind.

Der Extremfall der Macht ist gegeben in der Konstellation: alle gegen einen, der Extremfall der Gewalt in der Konstellation: einer gegen alle. Und das Letzte ist ohne Werkzeuge, d. h. ohne Gewalt*mittel* niemals möglich. [...]

Macht entspricht der menschlichen Fähigkeit, nicht nur zu handeln oder etwas zu tun, sondern sich mit anderen zusammenzuschließen und im Einvernehmen mit ihnen zu handeln. Über Macht verfügt niemals ein Einzelner; sie ist im Besitz einer Gruppe und bleibt nur solange existent, als die Gruppe zusammenhält. Wenn wir von jemand sagen, er „habe die Macht“, heißt das in Wirklichkeit, dass er von einer bestimmten Anzahl von Menschen ermächtigt ist, in ihrem Namen zu handeln. In dem Augenblick, in dem die Gruppe, die den Machthaber ermächtigte und ihm ihre Macht verlieh (*potestas in populo* – ohne ein Volk oder eine Gruppe gibt es keine Macht), auseinandergeht, vergeht auch „seine Macht“. [...]

Es hat nie einen Staat gegeben, der sich ausschließlich auf Gewaltmittel hätte stützen können. Selbst die totale Herrschaft, deren wesentliche Herrschaftsmittel Konzentrationslager, Polizeiterror und Folter sind, bedarf einer Machtbasis, die in diesem Fall von der Geheimpolizei und einem Netz von Spitzeln gestellt wird. [...] Und selbst im Kriegsfall, wo doch nun wirklich die nackte Gewalt das letzte Wort zu haben scheint, kann es geschehen, dass eine enorme Überlegenheit an Machtmitteln wirkungslos bleibt, wenn sie einem zwar schlecht gerüsteten, aber gut organisierten und deshalb viel mächtigeren Gegner gegenüberstehen – wie wir es in Vietnam[1] sehen. [...]

Begrifflich gesprochen heißt dies: Macht gehört in der Tat zum Wesen aller staatlichen Gemeinwesen, ja aller irgendwie organisierten Gruppen, Gewalt jedoch nicht. Gewalt ist ihrer Natur nach instrumental; wie alle Mittel und Werkzeuge bedarf sie immer eines Zwecks, der sie dirigiert und ihren Gebrauch rechtfertigt. Und das, was eines anderen bedarf, um gerechtfertigt zu werden, ist funktioneller, aber nicht essenzieller Art. [...]

[1] Der Vietnamkrieg (1964–1973) endete mit dem Abzug der US-Truppen, ohne dass die Kriegsziele erreicht wurden (s. S. 255).

Macht bedarf keiner Rechtfertigung, da sie allen menschlichen Gemeinschaften schon inhärent ist. Hingegen bedarf sie der Legitimität. Macht entsteht, wann immer Menschen sich zusammentun und gemeinsam handeln, ihre Legitimität beruht nicht auf den Zielen und Zwecken, die eine Gruppe sich jeweils setzt; sie stammt aus dem Machtursprung, der mit der Gründung der Gruppe zusammenfällt. [...] Gewalt kann gerechtfertigt, aber sie kann niemals legitim sein. Ihre Rechtfertigung wird umso einleuchtender sein, je näher das zu erreichende Ziel liegt. Niemandem kommt es in den Sinn, die Berechtigung von Gewalttätigkeit im Falle der Selbstverteidigung infrage zu stellen, weil die Gefahr nicht evident, sondern unmittelbar gegenwärtig ist, mithin zwischen dem Zweck und den Mitteln, die er rechtfertigen muss, so gut wie keine Zeitspanne liegt. [...] Bei einem Aufeinanderprall von Gewalt und Macht ist der Ausgang niemals zweifelhaft. Wäre Gandhis[1] außerordentlich mächtige und erfolgreiche Strategie des gewaltlosen Widerstandes auf einen anderen Gegner gestoßen, dann wäre das Ergebnis nicht Entkolonisierung, sondern „administrativer Massenmord“ und schließliche Unterwerfung gewesen. Dabei darf man nicht übersehen, dass die imperialistischen Mächte – England in Indien, Frankreich in Algerien – gute Gründe hatten, auf einen solchen Sieg zu verzichten. Nackte Gewalt tritt auf, wo Macht verloren ist. Die russische Lösung des tschechischen Problems zeigte deutlich einen entscheidenden Machtverlust des russischen Regimes an, genauso wie der Machtverlust des europäischen Imperialismus sich in der Alternative zwischen Massenmord und Dekolonisierung manifestierte. Man kann Macht durch Gewalt ersetzen, und dies kann zum Sieg führen, aber der Preis solcher Siege ist sehr hoch; denn hier zahlen nicht nur die Besiegten, der Sieger zahlt mit dem Verlust der eigenen Macht. [...]

Gewalt kann Macht vernichten, sie ist gänzlich außerstande, Macht zu erzeugen.

1. Nennen Sie die Kennzeichen und Unterschiede von Macht und Gewalt. Warum waren die Bürgerrechtsbewegungen in Indien, den USA und in der DDR (s. S. 258) so erfolgreich?

2. Wieso ist Gewalt „außerstande, Macht zu erzeugen“ (Z. 70f.)?

3. Wie ist das Verhältnis von Macht und Gewalt in Demokratien geregelt? Definieren und begründen Sie das Gewaltmonopol des Staates.

Bürger aus Bratislava stellen sich sowjetischen Panzern entgegen

1968 besetzten Truppen des Warschauer Paktes (Militärbündnis der ehemaligen Ostblockstaaten) unter Führung der Sowjetunion die Tschechoslowakei und beendeten die dortigen Reformbestrebungen („Prager Frühling“).

[1] Mahatma Gandhi (1869–1948): s. S. 256

Dolf Sternberger (1907–1989), Politikwissenschaftler und Publizist

Dolf Sternberger: Von den drei Wurzeln der Politik

Politik erwächst nach Begriff und Erscheinung aus drei getrennten Wurzeln: der **aristotelischen** oder anthropologischen, der **machiavellistischen** oder dämonologischen, der **augustinischen** – auch leninischen – oder eschatologischen[1].

Aus der ersten resultiert die Lehre vom Staat und der Staatsverfassung und von der der Politik als derjenigen gemeinschaftlichen Tätigkeit, die auf „Glückseligkeit" in der organisierten menschlichen Gesellschaft gerichtet ist.

Aus der zweiten resultiert die Lehre von den Kunstmitteln der Herrschaft, ihrer Gewinnung und Erhaltung, einschließlich der Mittel der Gewalt und des Krieges.

Aus der dritten Wurzel erwachsen die Lehren der großen Veränderung und ihrer Vorbereitung. [...]

Wir nennen die erste Wurzel die aristotelische deswegen, weil kein Autor der Antike oder der Moderne das Politische mit solcher Genauigkeit und solcher Entschiedenheit als den Bezirk der gemeinsamen Lebensordnung bestimmt hat wie eben Aristoteles. [...] Niccolò Machiavelli aber hat in seinem Buch über den „Fürsten" („Il Principe") die moderne Theorie des Politischen exemplarisch ausgesprochen – ohne übrigens das Wort „politisch" zu gebrauchen –, nämlich als Technik des subjektiven Machtstrebens im Streit mit allen Arten von Widerständen, als Lehre von den kriegerischen und diplomatischen, kühnen und listigen, grausamen und milden Mitteln zu dem einen Zweck der Herrschaft. [...] Ihnen beiden haben wir ein nicht minder wirkungsmächtiges Werk der abendländischen Geistesgeschichte gegenüber- und an die Seite gestellt, nämlich den „Gottesstaat" des Kirchenvaters Augustin. [...] Bei Augustin zuerst war die Theorie von den zwei Klassen, den Kindern des Lichts und den Kindern der Finsternis, den Nachfolgern Abels und den Nachfolgern Kains. Ausdrücklich sprach er von den „zwei menschlichen Genossenschaften

Aristoteles (384–322 v. Chr., s. S. 134), griechischer Philosoph, hob in seiner mehrere Bände umfassenden Staatslehre („Politika") die Bedeutung des Staates für das Gemeinwohl hervor und plädierte für eine an der Polis orientierte Gewaltentrennung zwischen Volksversammlung, Exekutive und Richtern. Sein Werk beeinflusste die Gründungsväter der USA und das staatsrechtliche Denken im 19. Jahrhundert.

Aurelius Augustinus (354–430 n. Chr.), Kirchenlehrer, entwarf in seinem Werk „De civitate Dei" („Über den Gottesstaat") ein geschichtsphilosophisches Modell, in dem die Unterschiede und die Auseinandersetzung zwischen dem Weltstaat (civitas terrena) und dem heilsgeschichtlichen Ziel des Gottesstaates dargestellt sind.

Niccolò Machiavelli (1469–1527), politischer Schriftsteller, beschrieb in seinem Werk „Il Principe" („Der Fürst") Techniken und Strategien zum Erwerb, Ausbau und Erhalt der Macht. Der Staat wurde nicht mehr im christlichen Sinne in seiner Dienstfunktion zur Förderung des Gemeinwohls verstanden, sondern als ein besonderer Bereich menschlichen Handelns, in dem die traditionellen Tugenden eines Herrschers (z. B. Großzügigkeit und Milde) keinen Platz mehr haben.

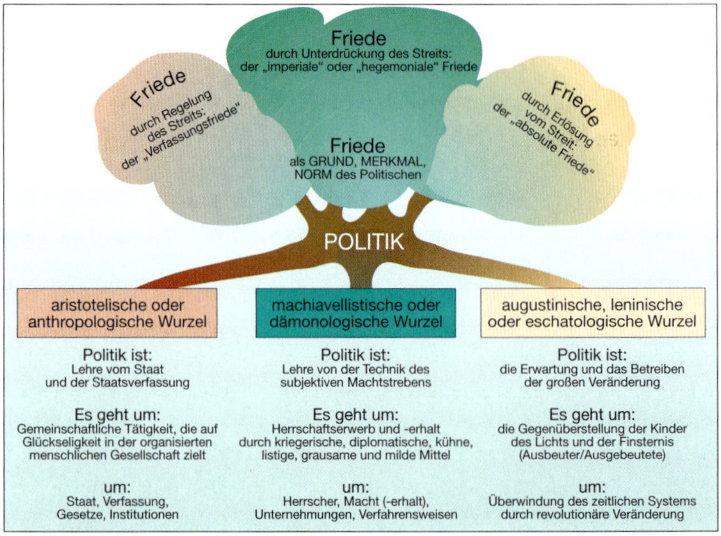

[1] Eschatologie: Lehre vom Endschicksal des Menschen und der Welt

(oder: Staaten), von denen eine vorherbestimmt ist, in Ewigkeit mit Gott zu herrschen, während die andere mit dem Teufel die ewige Strafe auf sich zu nehmen hat". Auch diese eschatologischen Motive sind in den heute verbreiteten Begriff der Politik eingegangen. Sie geistern überall dort nach, wo Politik als Erwartung und Betreibung der großen Veränderung, Entlarvung des Staates, Denunziation der „Herrschenden" als böse, Warnung vor Beteiligung, Zwei-Klassen-Theorie in säkularer Gestalt – der Ausbeuter und der Ausgebeuteten –, als Überwindung des zeitlichen „Systems" und Anbruch eines „Reiches der Freiheit" aufgefasst und praktiziert wird. Wobei die Unterschiede zwischen christlicher und leninistischer Endzeithoffnung und Verwirklichung auf der Hand liegen. [...]
Ein Versuch der Versöhnung, freilich ohne große Hoffnung, kann mit Hilfe der Hypothese gemacht werden, das Merkmal des Politischen sei der Friede. Es zeigt sich dann, dass den Begriffen, Traditionen und Bereichen, die da allesamt unter dem Namen der Politik figurieren, auch dreierlei Arten von Frieden zugehören: der Friede durch Regelung des Streits, der der aristotelischen Politik entspricht, der Friede durch Unterdrückung des Streits, der die machiavellistische Politik kennzeichnet, und der Friede durch Erlösung vom Streit, wie er als leitende Vision aller eschatologischen Politik innewohnt, der christlichen wie der säkularen.

1 Fassen Sie die Grundgedanken und Gegensätze der drei Theorien zusammen. Welche Rolle spielen in ihnen Macht und Gewalt? Wie soll jeweils der gesellschaftliche und zwischenstaatliche Friede erreicht werden?

2 Ordnen Sie die Theorien von Thomas Hobbes (S. 148ff.), Jean-Jacques Rousseau (S. 92) und Karl Marx (S. 125) den Grundtypen politischen Denkens zu.

Bertolt Brecht: Maßnahmen gegen die Gewalt

Als Herr Keuner, der Denkende, sich in einem Saale vor vielen gegen die Gewalt aussprach, merkte er, wie die Leute vor ihm zurückwichen und weggingen. Er blickte sich um und sah hinter sich stehen – die Gewalt.
„Was sagtest du?" fragte ihn die Gewalt.
„Ich sprach mich für die Gewalt aus", antwortete Herr Keuner.
Als Herr Keuner weggegangen war, fragten ihn seine Schüler nach seinem Rückgrat. Herr Keuner antwortete: „Ich habe kein Rückgrat zum Zerschlagen. Gerade ich muß länger leben als die Gewalt."
Und Herr Keuner erzählte folgende Geschichte:
In die Wohnung des Herrn Egge, der gelernt hatte, nein zu sagen, kam eines Tages in der Zeit der Illegalität ein Agent, der zeigte einen Schein vor, welcher ausgestellt war im Namen derer, die die Stadt beherrschten, und auf dem stand, daß ihm gehören soll jede Wohnung, in die er seinen Fuß setzte, ebenso sollte ihm auch jedes Essen gehören, das er verlange; ebenso sollte ihm auch jeder Mann dienen, den er sähe.
Der Agent setzte sich in einen Stuhl, verlangte Essen, wusch sich, legte sich nieder und fragte mit dem Gesicht zur Wand vor dem Einschlafen: „Wirst du mir dienen?" Herr Egge deckte ihn mit einer Decke zu, vertrieb die Fliegen, bewachte seinen Schlaf, und wie an diesem Tage gehorchte er ihm sieben Jahre lang. Aber was immer er für ihn tat, eines zu tun hütete er sich wohl, das war, ein Wort zu sagen. Als nun die sieben Jahre herum waren und der Agent dick geworden war vom vielen Essen, Schlafen und Befehlen, starb der Agent. Da wickelte ihn Herr Egge in die verdorbene Decke, schleifte ihn aus dem Haus, wusch das Lager, tünchte die Wände, atmete auf und antwortete: „Nein."

(Aus lizenzrechtlichen Gründen ist dieser Text nicht in reformierter Rechtschreibung gedruckt.)

3 Was halten Sie von dieser Form des Umgangs mit der Gewalt? Hat Herr Egge nicht eigentlich „Ja" gesagt?

4 Zeigen Sie anhand historischer Beispiele (z. B. das Münchener Abkommen 1938) und aktueller Konflikte aus der Politik die Vor- und Nachteile der Beschwichtigung („Appeasement").

Recht und Gerechtigkeit

Was ist und was leistet das Recht?

Uwe Wesel (geb. 1933) ist Professor für Rechtsgeschichte und Zivilrecht an der Freien Universität Berlin. Der Textauszug stammt aus seinem Werk „Geschichte des Rechts", München (Beck) 1997.

„Es ist der Gipfel der Torheit, ein Gesetz schon deswegen für gut zu befinden, bloß weil es gilt."
Cicero (106–43 v. Chr.)

Uwe Wesel: Kleine Geschichte des Rechts

Was ist Recht? [...] Als zuerst darüber nachgedacht wurde, in den großen rechtsphilosophischen Entwürfen der griechischen Antike, da ging es noch um Wichtiges. Was ist Gerechtigkeit?, fragten **Platon** und **Aristoteles**. Und ihre Antwort? **Gleichheit**. Seit der Begründung einer Rechtsphilosophie der bürgerlichen Gesellschaft durch **Immanuel Kant**, in seiner „Metaphysik der Sitten" von 1797, sind wir mehr mit Formalitäten beschäftigt. Seitdem gibt es Definitionen von Recht. Selten sind sie so meisterhaft wie seine: **„Das Recht ist also der Inbegriff der Bedingungen, unter denen die Willkür des einen mit der Willkür des anderen nach einem allgemeinen Gesetze der Freiheit zusammen vereinigt werden kann."** Wollten wir uns nach dieser Formel entscheiden, dann würde schon zweifelhaft, ob man die Ordnung bei Sammlern und Jägern oder in segmentären Gesellschaften als Recht bezeichnen kann. Gibt es dort ein allgemeines Gesetz der Freiheit? Das die moralische Selbstverwirklichung des Einzelnen ermöglicht? Kant würde es dort nicht finden. Wohl aber Gleichheit. Also auch Gerechtigkeit. [...]

Justitia auf dem 1543 erbauten Gerechtigkeitsbrunnen in Frankfurt am Main

Recht verändert seinen Charakter im Lauf der Zeit. Am Beginn der Entwicklung bildet es eine kaum zu trennende Einheit mit Religion, Moral und Sitte. In der Antike hat es sich von der Religion weitgehend getrennt, weil die Herrschaft ihren Charakter veränderte, mit der es inzwischen verbunden war. Nicht mehr der König mit seiner religiösen Legitimation war Träger von Recht, sondern Wahlversammlungen und Senate. **Die Einheit mit Moral und Sitte war aber sehr viel größer als heute.** [...] Keiner der antiken Rechtsphilosophen beschäftigte sich mit der Frage einer Definition von Recht. Es ging immer um die Gerechtigkeit. Erst seit **Kant** gibt es eine große Zahl von Versuchen, das Recht unabhängig davon zu definieren, „abstrakt". Recht und Gerechtigkeit und, was letztlich das gleiche ist, **Recht und Moral werden begrifflich klar getrennt,** was natürlich auch Trennungsprozessen entspricht, die in der allgemeinen Entwicklung der bürgerlichen Gesellschaft stattfanden oder deutlicher: in Zusammenhang stand mit der sozialen Ungerechtigkeit ihres Rechts. Mit diesem Prozess der Ausdifferenzierung verändert sich das Recht. Mit der Entstehung von Herrschaft und Staat erhält es eine andere Funktion. In vorstaatlichen Gesellschaften entwickelt es sich in einem selbstregulierenden Prozess. Recht wird nun immer mehr von oben her bestimmt, vom Herrscher, vom Fürsten, vom König. Dabei ist er selbstverständlich nicht völlig frei. Es ist auch notwendig, dass das Recht von unten in der Gesellschaft angenommen wird. Es darf nicht auf unüberwindlichen Widerstand stoßen. Aber im Wesentlichen wird es nun ein Steuerungsinstrument, das von oben her eingesetzt wird. [...]

Die Geschichte des Rechts ist auch die seiner ständigen Ausbreitung. Schon in der Antike. Heute bezeichnet man diese Erscheinung als **Verrechtlichung**. Darüber wird von rechts und links geklagt. Von rechts macht man sich Sorgen über die Gesetzesflut, die die individuelle Freiheit wieder einschränkt. Von links wurde die Diskussion Anfang der Siebzigerjahre begonnen, weil die Verrechtlichung der Politik die Spielräume für Veränderung immer enger werden ließ. Wie auch immer. Dahinter steht jedenfalls die ständige Ausweitung staatlicher Herrschaft, verbunden mit Bemühungen, sie auf dem Rechtswege weiter einzuschränken. Auf der einen Seite ist es ein **Herrschaftsinstrument**, das besonders deutlich wird im politischen Strafrecht. Auf der anderen Seite dient es der **Einschränkung staatlicher Macht**. Justitia fundamentum regnorum. Recht ist die Grundlage von Herrschaft. Auch sie ist an das Recht gebunden, darf es nicht übertreten. Das war der Schlachtruf der Liberalen für die Durchsetzung des Rechtsstaates im 19. Jahrhundert. [...]

Nimmt man das **Recht von heute**, so kann man sagen, es habe im Wesentlichen **vier Funktionen**. Eine Definition wird hier bewusst vermieden. Sie wäre genauso fruchtlos, als wenn man Wahrheit oder Kunst, Wissenschaft oder Religion definieren wollte. Die vier sind:

1. **Ordnungsfunktion**
2. **Gerechtigkeitsfunktion**
3. **Herrschaftsfunktion**
4. **Herrschaftskontrollfunktion**

Zum einen ist Recht ein Ordnungselement. Übliches Beispiel dafür ist der Straßenverkehr. Wie man ihn im Einzelnen regelt, das ist letztlich gleichgültig. Es muss nur eine bestimmte Ordnung geben [...] Zweitens: Recht dient der Durchsetzung von Gerechtigkeit. Das ist seine moralische und soziale Funktion, die es immer noch nicht voll erfüllen kann. Ein Defizit, das verursacht wird durch die Verbindung mit der dritten, der Herrschaftsfunktion. Recht hat nämlich außerdem die Funktion, Herrschaft aufrechtzuerhalten [...] Herrschaft ist oft eine Art Selbstzweck. Sonst gäbe es nicht so viele, die sie gern hätten. Zweitens dient sie immer auch anderen Interessen. In einer bürgerlichen liberalen Demokratie sind es die der Erhaltung des Privateigentums an den Produktionsmitteln. Damit ist eine Fülle von Problemen verbunden, Probleme für die soziale Gerechtigkeit, Sittlichkeit, Umweltschutz und Frieden, die bis heute nicht gelöst wurden. Die zum Teil negativen Wirkungen der Herrschaftsfunktion werden dadurch gemildert, dass das Recht inzwischen auch ein Mechanismus zur Kontrolle von Herrschaft geworden ist. Bei uns ist das im Wesentlichen die Funktion der Verwaltungs- und Verfassungsgerichtsbarkeit. **Der Gedanke des Rechtsstaates.** Auch staatliche Herrschaft ist an das Recht gebunden, muss sich kontrollieren lassen. Wobei allerdings der Staat selbst die Rahmenbedingungen dafür gesetzt hat.

Recht und Moral

Trotz einer ursprünglichen Einheit und immer noch bestehender mannigfaltiger Beziehungen (das Vertragsrecht z. B. enthält moralische Begriffe wie: Treu und Glauben, Arglist, gute Sitten) ist das Recht begrifflich von Moral und Sitte zu unterscheiden. [...] Anders als die persönliche Sittlichkeit (Moralität) regelt das Recht nur äußeres Verhalten und schreibt keine Gesinnungen, etwa die Gerechtigkeit als Tugend, vor.

Otfried Höffe (Hg.): Lexikon der Ethik, München (Beck) [6]2002

dtv-Atlas: Recht. Grundlagen, Staatsrecht, Strafrecht, hg. von E. Hilgendorf, München (dtv) 2003

1. Unterscheiden Sie zwischen rechtlichen und moralischen Normen. Warum werden seit Kant Recht und Moral begrifflich getrennt? (s. dazu auch S. 21)

2. Erklären Sie den Begriff „Verrechtlichung" (z.B. im Fall der Anfechtung einer Zeugnisnote).

3. Was würde geschehen, wenn es das Recht nicht gäbe? Erläutern Sie in diesem Zusammenhang den Begriff „Rechtsstaat".

4. Warum wird die Justitia mit Waage und Schwert, zuweilen auch mit verbundenen Augen dargestellt?

Naturrecht und positives Recht

Der Schriftsteller **Heinrich von Kleist** (1777–1811) gestaltete in seiner Novelle „Michael Kohlhaas“ einen Rechtsfall aus dem 16. Jh. Darin beschrieb er den Protagonisten Kohlhaas als „einen der rechtschaffensten und zugleich entsetzlichsten Menschen seiner Zeit“, dessen „Rechtsgefühl ihn zum Räuber und Mörder machte“.

Heinrich von Kleist: Michael Kohlhaas

Der Pferdehändler Michael Kohlhaas hatte einem Junker widerrechtlich seine Pferde überlassen müssen. Seine Versuche, auf dem Rechtsweg wieder in den Besitz der Tiere zu kommen, scheitern an der Unzulänglichkeit des Justizapparates. Kohlhaas zieht daraufhin mit einigen Getreuen auf der Suche nach dem Junker mordend und brandschatzend durch das Land. Es kommt schließlich zu einer Begegnung mit Martin Luther, der in dem Konflikt zu vermitteln versucht.

„Heilloser und entsetzlicher Mann!“, rief Luther, durch diese Worte verwirrt zugleich und beruhigt: „Wer gab dir das Recht, den Junker von Tronka, in Verfolg eigenmächtiger Rechtsschlüsse, zu überfallen, und, da du ihn auf seiner Burg nicht fandst, mit Feuer und Schwert die ganze Gemeinschaft heimzusuchen, die ihn beschirmt?“ Kohlhaas erwiderte: „Hochwürdiger Herr, niemand, fortan! Eine Nachricht, die ich aus Dresden erhielt, hat mich getäuscht, mich verführt! Der Krieg, den ich mit der Gemeinheit der Menschen führe, ist eine Missetat, sobald ich aus ihr nicht, wie Ihr mir die Versicherung gegeben habt, verstoßen war!“ – „Verstoßen!“, rief Luther, indem er ihn ansah. „Welch eine Raserei der Gedanken ergriff dich? Wer hätte dich aus der Gemeinschaft des Staates, in dem du lebtest, verstoßen? Ja, wo ist, so lange Staaten bestehen, ein Fall, dass jemand, wer es auch sei, daraus verstoßen worden wäre?“ – „Verstoßen“, antwortete Kohlhaas, indem er die Hand zusammendrückte, „nenne ich den, dem der Schutz der Gesetze versagt ist! Denn dieses Schutzes, zum Gedeihen meines friedlichen Gewerbes, bedarf ich; ja, er ist es, dessenhalb ich mich mit dem Kreis dessen, was ich erworben, in die Gemeinschaft flüchte; und wer mir ihn versagt, der stößt mich zu den Wilden der Einöde hinaus, er gibt mir, wollt Ihr das leugnen, die Keule, die mich selbst schützt, in die Hand.“ – „Wer hat dir den Schutz der Gesetze versagt?“, rief Luther. „Schrieb ich dir nicht, dass die Klage, die du eingereicht, dem Landesherrn, dem du sie eingereicht, fremd ist? Wenn Staatsdiener hinter seinem Rücken Prozesse unterschlagen oder sonst seines geheiligten Namens, in seiner Unwissenheit, spotten: Wer anders als Gott darf ihn wegen der Wahl solcher Diener zur Rechenschaft ziehen, und bist du, gottverdammter und entsetzlicher Mensch, befugt, ihn deshalb zu richten?“ – „Wohlan“, versetzte Kohlhaas, „wenn mich der Landesherr nicht verstößt, so kehre ich auch wieder in die Gemeinschaft, die er beschirmt, zurück. Verschafft mir, ich wiederhol es, freies Geleit nach Dresden: So lasse ich den Haufen, den ich im Schloss zu Lützen versammelt, auseinandergehen und bringe die Klage, mit der ich abgewiesen worden bin, noch einmal bei dem Tribunal des Landes vor.“ Luther, mit einem verdrießlichen Gesicht, warf die Papiere, die auf seinem Tisch lagen, übereinander und schwieg.

1. Wie rechtfertigt Kohlhaas sein Handeln? Was hält ihm Luther entgegen?
2. Wie könnte bzw. sollte Ihrer Meinung nach der Konflikt enden? Vergleichen Sie Ihre Ansicht mit dem Ausgang der Kleist'schen Novelle.
3. Warum gibt es kein Recht auf Selbstjustiz?

Der Naturrechtsgedanke*

Der vorhergehende Text zeigt, dass Kohlhaas (irrtümlich) glaubt, ihm sei der Schutz des vom Staat gesetzten Rechts, dem sogenannten **positiven Recht**, versagt worden. Die (falsche) Rechtsauskunft der Staatsbediensteten lehnt er als „gesetzliches Unrecht" ab. Sein Rechtsgefühl sagt ihm, dass es kein staatliches Recht geben könne, das ihm sein ordnungsgemäß erworbenes Eigentum wegnehmen dürfe, ohne für gleichwertigen Ersatz zu sorgen. In seiner eigenmächtigen Handlungsweise beruft er sich dabei auf ein Recht, das über dem gesetzlichen Recht steht und das jeder Mensch besitzt, das **Naturrecht**.

Der Gedanke eines Naturrechtes ist der Versuch, ein **allgemein gültiges und unwandelbares Recht** zu begründen, das über dem geschriebenen und gesetzten positiven Recht steht und diesem als Maßstab und Orientierung dienen kann und soll.

In der **Antike** war es die Philosophie der Stoa (s. S. 391), die in der Welt einen vernünftig geordneten Kosmos und die bestehende Weltordnung als Richtmaß für das Rechtsdenken sah. Recht war die Vernunft, die der natürlichen Ordnung innewohnt. Das rechtlich Gesollte war also im Bestehenden, im Seienden, zu erkennen und daraus abzuleiten. So z. B. begründete der „Corpus Juris Justinanis", die römische Rechtsordnung, die Ehe als einzig rechtmäßige Verbindung von Mann und Frau damit, dass nur sie mit der in der Natur vorgegebenen Ordnung des Geschlechterverhältnisses übereinstimme.

Die **mittelalterliche Theologie**, vor allem Thomas von Aquin, bestätigte diesen Gedanken, fügte ihm als Letztbegründung jedoch noch hinzu, dass sich in der vorgegebenen Ordnung der Welt der Schöpferwille Gottes offenbare.

In der **Neuzeit** glaubte man die Begründung eines natürlichen Rechts „im Wesen und der Natur des Menschen und der Dinge selbst" zu erkennen. Hugo Grotius, der „Vater des Naturrechts", suchte das oberste Prinzip des Rechts im Trieb des Menschen „zu einer friedlichen und einsichtig geordneten Gemeinschaft mit seinesgleichen". Die dazu führenden Prinzipien, z. B. fremdes Gut zu respektieren, seien anthropologische Grundgegebenheiten der menschlichen Natur und mithilfe der Vernunft zu erkennen.

Diese traditionellen Naturrechtslehren erfuhren allerdings einen wesentlichen Einwand, als man nachwies, dass man aus dem, was ist, nicht zwingend ableiten kann, was sein oder geschehen soll. Ist z. B. die Einehe die rechtlich-normativ allein gültige Form der Verbindung von Mann und Frau? In menschlichen Gemeinschaften gibt es aber neben der Monogamie auch polygame Formen. Was ist also „naturgegeben"? Das bloße Vorhandensein kann also nichts darüber aussagen, ob es rechtmäßig ist oder nicht (s. „naturalistischer Fehlschluss", S. 50f.).

Dieser Erkenntnis folgend, hat die **neuere Rechtsphilosophie** die traditionelle Naturrechtslehre durch die Konzeption des **„Naturrechts mit wechselndem Inhalt"** ersetzt. Es besagt, dass es bei aller Skepsis und Schwierigkeit nicht nur möglich, sondern auch notwendig ist, das positive Recht an übergeordneten Maßstäben zu messen.

Der niederländische Jurist **Hugo Grotius** (1583–1659) gilt als Begründer des modernen Naturrechts und Mitinitiator des neuzeitlichen Völkerrechts (s. S. 249).
Er löste den Naturrechtsgedanken von der theologischen Begründung und führte dazu u. a. aus: „Das Naturrecht ist so unveränderlich, dass selbst Gott es nicht verändern kann. Denn obgleich die Macht Gottes unermesslich ist, so kann man doch manches ausführen, worauf sie sich nicht erstreckt. [...] So wenig also Gott es bewirken kann, dass zwei mal zwei nicht vier ist, ebenso wenig kann er bewirken, dass das nach seiner inneren Natur Schlechte nicht schlecht sei."

4 Worin liegen die Stärken und Schwächen des Naturrechtsgedankens?

5 Zeigen Sie die Schwierigkeiten naturrechtlicher Begründungen am Beispiel des Verbots der Polygamie und der Diskussion über die Anerkennung gleichgeschlechtlicher Partnerschaften als Ehe auf.

Gustav Radbruch (1878–1949) war Jurist und Politiker. Als Justizminister in der Weimarer Republik erwirkte er die Zulassung von Frauen zum Richteramt und entwarf ein neues Strafgesetzbuch, in dem Todesstrafe und Zuchthausstrafe nicht mehr vorgesehen waren. 1933 wurde er von den Nationalsozialisten amtsenthoben. In dem nebenstehenden Text aus dem Jahr 1946 prägte er die berühmt gewordene Formel (S. 271 „Der Konflikt ..."), die für das Grundgesetz als Wertordnung mitbestimmend wurde.

Gustav Radbruch: Gesetzliches Unrecht und übergesetzliches Recht

Recht ist Wille zur Gerechtigkeit. Gerechtigkeit aber heißt: ohne Ansehen der Person richten, an gleichem Maße alle messen.
Wenn die Ermordung politischer Gegner geehrt, der Mord an Andersgesinnten geboten, die gleiche Tat gegen die eigenen Gesinnungsgenossen aber mit den grausamsten, entehrendsten Strafen geahndet wird, so ist das weder Gerechtigkeit noch Recht.
Wenn Gesetze den Willen zur Gerechtigkeit bewusst verleugnen, zum Beispiel Menschenrechte Menschen nach Willkür gewähren und versagen, dann fehlt diesen Gesetzen die Geltung, dann schuldet das Volk ihnen keinen Gehorsam, dann müssen auch die Juristen den Mut finden, ihnen den Rechtscharakter abzusprechen.
Gewiss, neben der Gerechtigkeit ist auch der Gemeinnutz ein Ziel des Rechts. Gewiss, auch das Gesetz als solches, sogar das schlechte Gesetz, hat noch immer einen Wert – den Wert, das Recht Zweifeln gegenüber sicherzustellen. Gewiss, menschliche Unvollkommenheit lässt im Gesetze nicht immer alle drei Werte des Rechts: Gemeinnutz, Rechtssicherheit und Gerechtigkeit, sich harmonisch vereinigen, und es bleibt dann nur übrig abzuwägen, ob dem schlechten, dem schädlichen oder ungerechten Gesetze um der Rechtssicherheit willen dennoch Geltung zuzusprechen, oder um seiner Ungerechtigkeit oder Gemeinschädlichkeit willen die Geltung zu versagen sei. Das aber muss sich dem Bewusstsein des Volkes und der Juristen tief einprägen: Es *kann* Gesetze mit einem solchen Maße von Ungerechtigkeit und Gemeinschädlichkeit geben, dass ihnen die Geltung, ja der Rechtscharakter abgesprochen werden muss.
Es gibt also Rechtsgrundsätze, die stärker sind als jede rechtliche Satzung, sodass ein Gesetz, das ihnen widerspricht, der Geltung bar ist. Man nennt diese Grundsätze das Naturrecht oder das Vernunftrecht. Gewiss sind sie im Einzelnen von manchem Zweifel umgeben, aber die Arbeit der Jahrhunderte hat doch einen festen Bestand herausgearbeitet und in den sogenannten Erklärungen der Menschen- und Bürgerrechte mit so weitreichender Übereinstimmung gesammelt, dass in Hinsicht auf manche von ihnen nur noch gewollte Skepsis den Zweifel aufrechterhalten kann. [...]
Der Positivismus hat in der Tat mit seiner Überzeugung „Gesetz ist Gesetz" den deutschen Juristenstand wehrlos gemacht gegen Gesetze willkürlichen und verbrecherischen Inhalts. Dabei ist der Positivismus gar nicht in der Lage, aus eigener Kraft die Geltung der Gesetze zu begründen. Er glaubt, die Geltung eines Gesetzes schon damit erwiesen zu haben, dass es die Macht besessen hat, sich durchzusetzen. Aber auf Macht lässt sich vielleicht ein Müssen, aber niemals ein Sollen und Gelten gründen. Dieses lässt sich vielmehr nur gründen auf einen Wert, der dem Gesetz innewohnt. Freilich: *Einen* Wert führt schon jedes positive Recht ohne Rücksicht auf seinen Inhalt mit sich: Es ist immer noch besser als kein Gesetz, weil es zum mindesten Rechtssicherheit schafft. Aber Rechtssicherheit ist nicht der einzige und nicht der entscheidende Wert, den das Recht zu verwirklichen hat. Neben die Rechtssicherheit treten vielmehr zwei andere Werte: Zweckmäßigkeit und Gerechtigkeit. In der Rangord-

Aus der NS-Publikation „Eugenik, Erblehre, Erbpflege" von 1933:

„Es gibt kein gleiches Recht für alle. Jeder hat so viel Recht, wie er für das Volk wert ist. Das muss stärker betont werden als bisher. Und der Staat hat das Recht, ja die Pflicht, den Unterschied zu machen zwischen hochwertig und minderwertig, wobei die Wertigkeit immer wieder auf das Volksganze bezogen werden muss. [...] Der Nationalsozialismus bekennt sich zu dem Grundsatz, dass die Fremdrasse und ihre innere Vermischung mit dem deutschen Erbgut das Wesen unseres Volkes ebenso zerstört, wie das Auftreten von gesundheitlichen Erbschäden. Er will deshalb nicht nur Eugenik betreiben, sondern Rassenpflege."

nung dieser Werte haben wir die Zweckmäßigkeit des Rechts für das Gemeinwohl an die letzte Stelle zu setzen. Keineswegs ist das Recht alles das, „was dem Volke nützt", sondern dem Volke nützt letzten Endes nur, was Recht ist, was Rechtssicherheit schafft und Gerechtigkeit erstrebt. Die Rechtssicherheit, die jedem positiven Gesetz schon wegen seiner Positivität eignet, nimmt eine merkwürdige Mittelstellung zwischen Zweckmäßigkeit und Gerechtigkeit ein: Sie ist einerseits vom Gemeinwohl gefordert, andererseits aber auch von der Gerechtigkeit. Dass das Recht sicher sei, dass es nicht heute und hier so, morgen und dort anders ausgelegt und angewandt werde, ist zugleich eine Forderung der Gerechtigkeit. Wo ein Widerstreit zwischen Rechtssicherheit und Gerechtigkeit, zwischen einem inhaltlich anfechtbarem, aber positiven Gesetz und zwischen einem gerechten, aber nicht in Gesetzesform gegossenen Recht entsteht, liegt in Wahrheit ein Konflikt der Gerechtigkeit mit sich selbst, ein Konflikt zwischen scheinbarer und wirklicher Gerechtigkeit vor.
Diesen Konflikt bringt großartig das Evangelium zum Ausdruck, indem es einerseits befiehlt: „Seid untertan der Obrigkeit, die Gewalt über euch hat", und doch andererseits gebietet „Gott mehr zu gehorchen als den Menschen". **Der Konflikt zwischen der Gerechtigkeit und der Rechtssicherheit dürfte dahin zu lösen sein, dass das positive, durch Satzung und Macht gesicherte Recht auch dann den Vorrang hat, wenn es inhaltlich ungerecht und unzweckmäßig sei, es sei denn, dass der Widerspruch des positiven Gesetzes zur Gerechtigkeit ein so unerträgliches Maß erreicht, dass das Gesetz als unrichtiges Recht der Gerechtigkeit zu weichen hat.** Es ist unmöglich, eine schärfere Linie zu ziehen zwischen den Fällen des gesetzlichen Unrechts und den trotz unrichtigen Inhalts dennoch geltenden Gesetzen, eine andere Grenzziehung aber kann mit aller Schärfe gezogen werden: Wo Gerechtigkeit nicht einmal erstrebt wird, wo die Gleichheit, die den Kern der Gerechtigkeit ausmacht, bei der Setzung positiven Rechts bewusst verleugnet wurde, da ist das Gesetz nicht etwa nur „unrichtiges Recht", vielmehr entbehrt es überhaupt der Rechtsnatur. Denn man kann Recht, auch positives Recht, gar nicht anders definieren denn als eine Ordnung und Satzung, die ihrem Sinn nach bestimmt ist, der Gerechtigkeit zu dienen. An diesem Maßstab gemessen sind ganze Partien nationalsozialistischen Rechts niemals zur Würde geltenden Rechts gelangt. [...]
Infolgedessen entbehren die betreffenden Normen insoweit überhaupt der Rechtsnatur, sind nicht etwa unrichtiges Recht, sondern überhaupt kein Recht. Das gilt insbesondere von den Bestimmungen, durch welche die nationalsozialistische Partei entgegen dem Teilcharakter jeder Partei die Totalität des Staates für sich beanspruchte. Der Rechtscharakter fehlt weiter allen jenen Gesetzen, die Menschen als Untermenschen behandelten und ihnen die Menschenrechte versagten. Ohne Rechtscharakter sind auch alle jene Strafdrohungen, die ohne Rücksicht auf die unterschiedliche Schwere der Verbrechen, nur geleitet von momentanen Abschreckungsbedürfnissen, Straftaten verschiedenster Schwere mit der gleichen Strafe, häufig mit der Todesstrafe, bedrohten. Alles das sind nur Beispiele gesetzlichen Unrechts.

Der Begriff **„Legalität"** (lat. lex = Gesetz) bezeichnet die Übereinstimmung staatlichen oder privaten Handelns mit dem geltenden (= positiven) Recht. Gegenüber dieser rein formellen „Gesetzmäßigkeit" bezeichnet **„Legitimität"** die Rechtfertigung des Staates und seiner Herrschaftsgewalt durch höhere Werte bzw. Grundsätze (z. B. Volkssouveränität). Wenn geltendes Recht allgemeinen Gerechtigkeitsprinzipien widerspricht, handelt es sich vom Standpunkt der Legitimität aus um „legales Unrecht".
Nach **Immanuel Kant** kann man aus der Legalität einer (staatlichen oder privaten) Handlung nicht auf ihre **Moralität** schließen, da eine rein legale Handlung keine Auskunft über die die ihr zugrunde liegenden sittlichen Motive gibt.

1. Welche Ziele verfolgt nach Meinung des Autors das Recht? Welchen Stellenwert hat dabei die Rechtssicherheit?

2. Worin sieht Radbruch Leistung und Grenzen des Rechtspositivismus und des Naturrechts? Erläutern Sie in diesem Zusammenhang die sogenannte „Radbruch'sche Formel" (Z. 66 – 71).

3. Diskutieren Sie über die Ansicht, dass „das, was gestern Recht war, heute nicht Unrecht sein" könne.

4. Referieren Sie über den Nürnberger Kriegsverbrecherprozess (1946) und über das UN-Kriegsverbrechertribunal (seit 1993) und die ihnen zugrunde liegende Rechtsauffassung.

NS-Urteile werden pauschal aufgehoben
Zwischen 200 000 und 500 000 Urteile betroffen

BONN (dpa) – Mehr als 50 Jahre nach dem Ende des Naziregimes sollen alle Unrechtsurteile zwischen 1933 und 1945 pauschal aufgehoben werden. Nach jahrelangem Tauziehen hat sich gestern der Rechtsausschuss des Bundestages einmütig auf eine gemeinsame Linie verständigt.

Das Gesetz, das nach Schätzungen zwischen 200 000 und 500 000 Urteile betrifft, soll an diesem Donnerstag im Bundestag verabschiedet werden und voraussichtlich am 1. Juli in Kraft treten.

Nach der Vereinbarung der Fraktionen sollen alle Urteile, die aus politischen, militärischen, rassischen, religiösen oder weltanschaulichen Gründen ergangen sind, ohne Einzelfallprüfung für nichtig erklärt werden. Darunter fallen auch die Urteile gegen Deserteure und Homosexuelle.

Gegen ihre Aufnahme gab es, insbesondere in der CSU, Widerstand. Union, FDP und SPD verständigten sich nun darauf, dass die Aufhebung der Urteile gegen beide Gruppen nicht im Gesetz selbst, sondern in der Begründung aufgenommen wird.

Durch das Gesetz ebenfalls rehabilitiert werden die Opfer von Zwangssterilisationen. Von den 350 000 Betroffenen leben heute noch etwa 50 000.

Allgemeine Zeitung Mainz, 28.5.1998

Der 18-jährige Ost-Berliner Bauarbeiter Peter Fechter wurde 1962 beim Überklettern der Berliner Mauer angeschossen und verblutete dort.
Im Zusammenhang mit Fluchtversuchen aus der DDR wurden allein an der Berliner Mauer 125 Menschen getötet.

Todesschüsse an der Berliner Mauer – Recht oder Unrecht?

Am 13. August 1961 errichtete das DDR-Regime in Berlin zwischen dem Ostsektor und den Westsektoren eine Mauer, um die Flucht in den Westen zu verhindern und das Ausreiseverbot durchzusetzen. Für die Grenzsoldaten galt der Schießbefehl. Nach der deutschen Wiedervereinigung 1990 wurden Grenzsoldaten und Politiker für die Tötungen von Flüchtlingen angeklagt und verurteilt. Aus der Urteilsbegründung des Berliner Landgerichts (1992):

1. Die Schusswaffenregelung im Grenzgesetz der ehemaligen DDR war nichtig, weil sie nicht dem rechtsstaatlich gebotenen **Verhältnismäßigkeitsgrundsatz** entsprach.
2. Die Durchsetzung des Ausreiseverbots mittels Schusswaffengebrauchs **verletzt den Kernbereich des Rechts auf Leben und körperliche Unversehrtheit**, in den nach allgemeiner Rechtsüberzeugung kein Gesetz und keine andere obrigkeitliche Maßnahme eingreifen darf.
3. Ein unvermeidbarer Verbotsirrtum[1] bei den Grenzsoldaten scheidet regelmäßig aus, da die tödlichen Schüsse an der Grenze in eklatantem **Widerspruch zu den allgemein anerkannten Grundsätzen von Recht und Gerechtigkeit** standen, sodass dies trotz Indoktrination bei entsprechender **Gewissensanspannung** auch für die Soldaten erkennbar gewesen wäre.

[1] Verbotsirrtum: (irrige) Annahme, dass eine Handlungsweise nicht verboten ist

Recht und Macht*

Noch Fragen?

Unter seinen verschiedenen Funktionen hat das Recht auch die „Herrschaftsfunktion“ und die „Herrschaftskontrollfunktion“. Damit wird deutlich, dass das Recht Macht kontrolliert und begrenzt, selbst aber auch Macht ausübt. Die Macht, will sie nicht reine Willkür sein, bedarf ebenso des Rechts wie das Recht der Macht bedarf, um Gültigkeit und Anerkennung zu behaupten. Beispiele für Konflikte zwischen den Gewalten gibt es indes viele. Es ist nämlich eine „ewige Erfahrung, dass jeder Mächtige das Bestreben hat, seine Macht auszudehnen, bis er an Grenzen stößt“ (Max Weber). So äußerte Bismarck als preußischer Ministerpräsident 1863 in dem Verfassungskonflikt bezüglich der von ihm vorgesehenen Heeresreform: „Konflikte, da das Staatsleben nicht stillzustehen vermag, werden zu Machtfragen. Wer die Macht in seinen Händen hält, geht dann in seinem Sinne vor.“ Die damalige Opposition warf Bismarck daraufhin vor, er wolle den ehernen preußischen Grundsatz verletzen, dass das Recht vor der Macht zu stehen habe („justitia fundamentum regnorum“), was Bismarck schließlich zum Einlenken bewog. In diesem Fall hat das Recht seine Funktion der Herrschaftskontrolle wahrgenommen und die Macht in ihre Schranken verwiesen.

Was die „Herrschaftsfunktion“ des Rechts betrifft, so hat es im Lauf der Geschichte aber auch genügend Fälle von „unrichtigem Recht“ (s. S. 270f.) gegeben. Hier hat das Recht seine Funktion des „Willens zur Gerechtigkeit“ nicht mehr wahrgenommen und damit seine Aufgabe, die Freiheit und Gleichheit aller Menschen zu garantieren, zu erhalten und zur Entfaltung kommen zu lassen, nicht erfüllt. Berühmte Prozesse wie die gegen Sokrates (399 v. Chr.), Jeanne d'Arc (1431), Galileo Galilei (1633) und Alfred Dreyfus (1894) oder auch die Urteile des sogenannten „Volksgerichtshofes“ im „Dritten Reich“ dokumentieren, dass sich das Recht in den Dienst politischer Interessen stellte und elementare Rechte wie die der Denk- und Redefreiheit untergrub.

Aufgrund dieser Erfahrungen sind Gewaltenteilung und Gewaltenkontrolle elementare Bestandteile demokratischer Verfassungen. Im Grundgesetz heißt es dazu: „Die nachfolgenden Grundrechte binden Gesetzgebung, vollziehende Gewalt und Rechtsprechung als unmittelbar geltendes Recht“ (Art. 1, Abs. 3). Und: „Die Gesetzgebung ist an die verfassungsmäßige Ordnung, die vollziehende Gewalt und die Rechtsprechung sind an Gesetz und Recht gebunden“ (Art. 20, Abs. 2).

50 Klassiker:
Prozesse. Dargestellt von M. Sagenschneider, Hildesheim (Gerstenberg) 2002

1. Begründen Sie mithilfe des Radbruch-Textes (s. S. 270f.) die Aufhebung der NS-Urteile.

2. Die Grenzsoldaten beriefen sich auf Befehlsnotstand und Verbotsirrtum. Warum ließen die Richter dies nicht gelten?

3. Welche Verhaltensweisen kritisiert die Karikatur? Finden Sie weitere Beispiele.

4. Referieren Sie über einen der genannten Prozesse und zeigen Sie daran die Problematik des Verhältnisses von Recht und Macht.

Was ist Gerechtigkeit?

Der Schriftsteller **Friedrich Dürrenmatt** (1921–1990) hat neben Dramen (z. B. „Die Physiker") auch Erzählungen geschrieben, die sich mit juristischen Fragen befassen (z. B. „Der Richter und sein Henker" und „Justiz").

Friedrich Dürrenmatt: Über die Gerechtigkeit

In einer 1969 gehaltenen Rede vor Juristen erzählte Dürrenmatt eine Geschichte aus „Tausendundeiner Nacht" nach:

Der Prophet Mohammed sitzt in einer einsamen Gegend auf einem Hügel. Am Fuße des Hügels befindet sich eine Quelle. Ein Reiter kommt. Während der Reiter sein Pferd tränkt, fällt ihm ein Geldbeutel aus dem Sattel. Der Reiter entfernt sich, ohne den Verlust des Geldbeutels zu bemerken. Ein zweiter Reiter kommt, findet den Geldbeutel und reitet damit davon. Ein dritter Reiter kommt und tränkt sein Pferd an der Quelle. Der erste Reiter hat inzwischen den Verlust des Geldbeutels bemerkt und kehrt zurück. Er glaubt, der dritte Reiter habe ihm das Geld gestohlen, es kommt zum Streit. Der erste Reiter tötet den dritten Reiter, stutzt, wie er keinen Geldbeutel findet, und macht sich aus dem Staube. Der Prophet auf dem Hügel ist verzweifelt: „Allah", ruft er aus, „die Welt ist ungerecht. Ein Dieb kommt ungestraft davon, und ein Unschuldiger wird erschlagen!" Allah, sonst schweigend, antwortet: „Du Narr! Was verstehst du von meiner Gerechtigkeit! Der erste Reiter hatte das Geld, das er verlor, dem Vater des zweiten Reiters gestohlen. Der zweite Reiter nahm zu sich, was ihm schon gehörte. Der dritte Reiter hatte die Frau des ersten Reiters vergewaltigt. Der erste Reiter, indem er den dritten Reiter erschlug, rächte seine Frau." Dann schweigt Allah wieder. Der Prophet, nachdem er die Stimme Allahs vernommen hatte, lobt dessen Gerechtigkeit.

Gerechtigkeit wird in der abendländischen Philosophie (seit Platon und Aristoteles) einerseits als *politische/soziale* Gerechtigkeit im Sinne einer sittlichen Zielvorstellung für Recht und Politik verstanden, andererseits als *personale* Gerechtigkeit im Sinne einer persönlichen Haltung (Kardinaltugend, s. S. 132). In politischer Hinsicht bestimmte **Aristoteles** die Gerechtigkeit als *Gleichheit*. Er unterschied dabei zwischen *austeilender* und *ausgleichender* Gerechtigkeit. Der austeilenden Gerechtigkeit geht es um die gerechte Verteilung von Gütern, Rechten und Pflichten. Die ausgleichende Gerechtigkeit strebt einen gerechten Güteraustausch an (Gleichwertigkeit von Leistung und Gegenleistung, Wiedergutmachung von Schäden). „Gerecht ist, was in der politischen Gemeinschaft die Glückseligkeit hervorbringt und bewahrt." (Aristoteles)

Chaim Perelmann: Gerechtigkeitskriterien

Unter allen anspruchsvollen Begriffen erscheint der der Gerechtigkeit als einer der hervorragendsten und als der am heillosesten verwirrte. [...] Es ist immer nützlich und wichtig, die sozialen Konzeptionen, die man befürwortet, als gerecht qualifizieren zu können. Alle Revolutionen, alle Kriege, alle Umwälzungen haben sich immer im Namen der Gerechtigkeit ereignet. [...]

Es ist illusorisch, alle möglichen Sinngehalte des Gerechtigkeitsbegriffes aufzählen zu wollen. Geben wir stattdessen einige Beispiele von den geläufigsten Konzeptionen der Gerechtigkeit, deren unvereinbaren Charakter man sogleich erkennen wird. [...]

1. **Jedem das Gleiche.** Gemäß dieser Konzeption müssen alle Wesen, die man betrachtet, in der gleichen Weise behandelt werden, ohne irgendeiner der Besonderheiten, durch welche sie sich unterscheiden, Rechnung zu tragen. Im volkstümlich-bildlicher Vorstellung ist das vollkommen gerechte Wesen der Tod, der alle Menschen trifft ohne Rücksicht auf irgend eines ihrer Privilegien.

2. **Jedem gemäß seinen Verdiensten.** Hier haben wir nun eine Konzeption der Gerechtigkeit, die nicht mehr die Gleichheit aller fordert, sondern eine Behandlung, die dem eigentlichen Wert proportional ist, nämlich dem Verdienst der menschlichen Person.

„Im Jahre 2???"
Karikatur zum Internationalen Frauentag 1994

Wie aber soll man diesen Verdienst definieren? Welches allgemeine Maß soll man finden für Verdienst oder Versagen der verschiedenen Wesen? Gibt es überhaupt ein derartiges allgemeines Maß? Welches sind die Kriterien, die man bei der Bestimmung dieses Verdienstes beachten muss? Muss man dem Resultat der Handlung Rechnung tragen, der Absicht, dem vollbrachten Opfer, und in welchem Maß soll dies geschehen? Für gewöhnlich lässt man nicht nur alle diese Fragen unbeantwortet, sondern man stellt sie erst gar nicht.

3. Jedem gemäß seinen Werken. Diese Konzeption von der Gerechtigkeit verlangt ebenfalls keine gleiche, sondern eine proportionale Behandlung. Nur ist das Kriterium kein moralisches mehr, denn es berücksichtigt weder die Absicht noch die gebrachten Opfer, sondern einzig und allein das Resultat der Handlung. [...]

4. Jedem gemäß seinen Bedürfnissen. Anstatt die Verdienste des Menschen oder seine Leistung zu berücksichtigen, versucht diese Konzeption der Gerechtigkeit vor allem die Leiden zu vermindern, die sich aus der Unmöglichkeit, die lebenswichtigen Bedürfnisse zu befriedigen, ergeben. Hierin nähert sich die Konzeption der Gerechtigkeit am meisten unserem Begriff der Nächstenliebe. Es versteht sich von selbst, dass diese Fassung, um sozial anwendbar zu sein, auf formalen Kriterien der Bedürfnisse eines jeden beruhen muss: Die Divergenz zwischen diesen Kriterien lässt verschiedene Varianten dieser Konzeption zu.

5. Jedem gemäß seinem Rang. Das ist eine aristokratische Konzeption der Gerechtigkeit. Sie besteht darin, die Wesen nicht gemäß der dem Individuum eigenen Kriterien zu behandeln, sondern nach ihrer Zugehörigkeit zu dieser oder jener bestimmten Kategorie von Wesen. Quod licet jovi, non licet bovi[1], sagt ein altes lateinisches Sprichwort.

6. Jedem gemäß dem ihm durch Gesetz Zugeteilten. Diese Konzeption ist die Umschreibung des berühmten suum cuique[2] der Römer. Wenn gerecht sein heißt, einem jeden das, was ihm zukommt, zuzubilligen, muss man, um einen circulus vitiosus[3] zu vermeiden, das, was einem Menschen zukommt, bestimmen können. Wenn man der Formel „das was jedem Menschen zukommt" einen juristischen Sinn beimisst, gelangt man zu der Schlussfolgerung, dass gerecht sein heißt, einem jeden Wesen das zuzugestehen, was das Gesetz ihm zumisst.

1 „Was dem Jupiter erlaubt ist, ist dem Ochsen nicht erlaubt."
2 „Jedem das Seine"
3 Zirkelschluss, Teufelskreis

Joseph Roth: Das falsche Gewicht (Roman, 1937), Reinbek bei Hamburg (Rowohlt) 1990

1. Warum hat Dürrenmatt den Juristen die Geschichte aus „Tausendundeiner Nacht" erzählt? Welche Fragen bezüglich der Gerechtigkeit wirft sie auf?

2. Erläutern und veranschaulichen Sie Sinn und Problematik der genannten Gerechtigkeitskonzeptionen. Worin unterscheiden sich die Punkte 5 und 6 von den anderen Kriterien?

3. Zur Karikatur: Diskutieren Sie das Für und Wider einer Quotenregelung bei Personaleinstellungen.

4. Entwickeln Sie mithilfe des Perelmann-Textes Kriterien für eine gerechte Notengebung.

John Rawls (1921 – 2002), amerikanischer Philosoph, entwickelte in seinem Buch „A Theory of Justice“ in Anlehnung an die Prinzipienethik Kants (s. S. 156ff.) und in kritischer Auseinandersetzung mit dem Utilitarismus (s. S. 174) eine „Fairness-Ethik“. Er stellt darin zwei **Gerechtigkeitsprinzipien** auf, die als Resultate einer rationalen Wahl und Entscheidung ein **vertragstheoretisches Modell** normativer Ethik begründen.

John Rawls: Gerechtigkeit als Fairness

Die Gerechtigkeit eines Gesellschaftsmodells hängt wesentlich davon ab, wie die Grundrechte und -pflichten und die wirtschaftlichen Möglichkeiten und sozialen Verhältnisse in den verschiedenen Bereichen der Gesellschaft bestimmt werden.

Wir wollen uns also vorstellen, dass diejenigen, die sich zu gesellschaftlicher Zusammenarbeit vereinigen wollen, in einem gemeinsamen Akt die Grundsätze wählen, nach denen Grundrechte und -pflichten und die Verteilung der gesellschaftlichen Güter bestimmt werden. Die Menschen sollen im Voraus entscheiden, wie sie ihre Ansprüche gegeneinander regeln wollen und wie die Gründungsurkunde ihrer Gesellschaft aussehen soll. Ganz wie jeder Mensch durch vernünftige Überlegung entscheiden muss, was für ihn das Gute ist, d. h. das System der Ziele, die zu verfolgen für ihn vernünftig ist, so muss eine Gruppe von Menschen ein für allemal entscheiden, was ihnen als gerecht und ungerecht gelten soll. Die Entscheidung, die vernünftige Menschen in dieser theoretischen Situation der Freiheit und Gleichheit treffen würden, bestimmt die Grundsätze der Gerechtigkeit. (Wir nehmen für den Augenblick an, dass dieses Entscheidungsproblem eine Lösung hat.) In der Theorie der Gerechtigkeit als Fairness spielt die ursprüngliche Situation der Gleichheit dieselbe Rolle wie der Naturzustand in der herkömmlichen Theorie des Gesellschaftsvertrags. Dieser Urzustand wird natürlich nicht als ein wirklicher geschichtlicher Zustand vorgestellt, noch weniger als primitives Stadium der Kultur. Er wird als rein theoretische Situation aufgefasst, die so beschaffen ist, dass sie zu einer bestimmten Gerechtigkeit führt.

Zu den wesentlichen Eigenschaften dieser Situation gehört, dass niemand seine Stellung in der Gesellschaft kennt, seine Klasse oder seinen Status, ebenso wenig sein Los bei der Verteilung natürlicher Gaben wie Intelligenz oder Körperkraft. Ich nehme sogar an, dass die Beteiligten ihre Vorstellung vom Guten und ihre besonderen psychologischen Neigungen nicht kennen. Die Grundsätze der Gerechtigkeit werden hinter einem Schleier des Nichtwissens festgelegt. Dies gewährleistet, dass dabei niemand durch die Zufälligkeiten der Natur oder der gesellschaftlichen Umstände bevorzugt oder benachteiligt wird. Da sich alle in der gleichen Lage befinden und niemand Grundsätze ausdenken kann, die ihn aufgrund seiner besonderen Verhältnisse bevorzugen, sind die Grundsätze der Gerechtigkeit das Ergebnis einer fairen Übereinkunft oder Verhandlung. Denn in Anbetracht der Symmetrie aller zwischenmenschlichen Beziehungen ist dieser Urzustand fair gegenüber den moralischen Subjekten, d. h. den vernünftigen Wesen mit eigenen Zielen und – das nehme ich an – der Fähigkeit zu einem Gerechtigkeitsgefühl. Den Urzustand könnte man den angemessenen Ausgangszustand nennen, und damit sind die in ihm getroffenen Grundvereinbarungen fair. Das rechtfertigt die Bezeichnung „Gerechtigkeit als Fairness“: Sie drückt den Gedanken aus, dass die Grundsätze der Gerechtigkeit in einer fairen Ausgangssituation festgelegt werden.

Sie will nicht besagen, die Begriffe der Gerechtigkeit und der Fairness seien ein und dasselbe, ebenso wenig wie der Ausdruck „Dichtung als Metapher“ sagen will, Dichtung und Metapher seien dasselbe.

„Wenn eine annehmbar gerechte Gesellschaft der Völker, deren Mitglieder ihre Macht vernünftigen Zielen unterordnen, nicht möglich ist, und Menschen im Großen und Ganzen amoralisch, zynisch und egozentrisch sind, müsste man sich mit Kant fragen, ob es sich für Menschen lohnt, auf Erden zu leben.“
John Rawls (in „Das Recht der Völker“, 2002)

Ich behaupte, dass die Menschen im Urzustand zwei Grundsätze wählen würden: einmal die Gleichheit der Grundrechte und -pflichten; zum anderen den Grundsatz, dass soziale und wirtschaftliche Ungleichheiten, etwa verschiedener Reichtum oder verschiedene Macht, nur dann gerecht sind, wenn sich aus ihnen Vorteile für jedermann ergeben, insbesondere für die schwächsten Mitglieder der Gesellschaft. Nach diesen Grundsätzen kann man Institutionen nicht damit rechtfertigen, dass den Unbilden einiger ein größerer Gesamtnutzen gegenüberstehe. Es ist vielleicht zweckmäßig, aber nicht gerecht, dass einige weniger haben, damit es anderen besser geht. Es ist aber nichts Ungerechtes an den größeren Vorteilen weniger, falls es dadurch auch den nicht so Begünstigten besser geht. Die intuitive Vorstellung ist die, dass jedermanns Wohlergehen von der Zusammenarbeit abhängt, ohne die niemand ein befriedigendes Leben hätte, und dass daher die Verteilung der Güter jeden, auch den weniger Begünstigten, geneigt machen sollte, bereitwillig mitzuarbeiten. Die beiden soeben erwähnten Grundsätze dürften eine faire Grundlage dafür sein, dass die Begabteren oder sozial besser Gestellten – was beiden nicht als Verdienst angesehen werden kann – auf die bereitwillige Mitarbeit anderer rechnen können, sofern eine funktionierende Regelung eine notwendigere Bedingung für das Wohlergehen aller ist. Sobald man sich für eine Gerechtigkeitsvorstellung entschieden hat, die die Zufälligkeiten der natürlichen Begabung und der gesellschaftlichen Verhältnisse nicht zu politischen und wirtschaftlichen Vorteilen führen lässt, gelangt man zu diesen Grundsätzen. Sie lassen jene Seiten der sozialen Welt aus dem Spiel, die als moralisch willkürlich erscheinen.

1. Welche Ausgangssituation für sein Gerechtigkeitskonzept beschreibt Rawls? Welche Funktion hat der „Schleier des Nichtwissens“?

2. Wieso spricht Rawls von der Gerechtigkeit als „Fairness“?

3. Sollten Begabte in unserer Gesellschaft besonders gefördert werden? Wie würde Rawls diese Frage beantworten?

4. Vergleichen Sie den Entwurf von Rawls mit dem vertragstheoretischen Modell von Hobbes (s. S. 149f.).

Walter Kerber: Soziale Gerechtigkeit

Walter Kerber (geb. 1926) war Professor für Ethik und Sozialwissenschaften an der Hochschule für Philosophie in München.

Beide Formen der *„sozialen Gerechtigkeit“*[1] tragen der Natur des Menschen als eines *Gemeinschaftswesens* Rechnung. Aufgrund der wesensmäßig gleichen Würde aller Menschen und ihrer sozialen Verbundenheit verlangt die soziale Gerechtigkeit eine gewisse Gleichheit der Lebensbedingungen aller – jedenfalls insofern diese von gesellschaftlich-institutionellen Regelungen abhängen.

Negativ fordert die *„Chancengerechtigkeit“* zunächst den *Abbau* von rechtlichen und sozialen *Diskriminierungen*, von nicht sachlich begründeten Zugangsbeschränkungen zu gesellschaftlichen Positionen. In diesem Sinne verbietet Art. 2 der „Allgemeinen Erklärungen der Menschenrechte der Vereinten Nationen“ jede Diskriminierung nach Rasse, Hautfarbe, Geschlecht, Sprache, Religion, politischer oder sonstiger Überzeugung, nationaler oder sozialer Herkunft, nach Eigentum, Geburt oder sonstigen Umständen. Trotz aller Abgrenzungsschwierigkeiten, was als „Diskriminierung“ oder was als sachlich begründete Unterscheidung im Einzelnen anzusehen ist, verdient diese Forderung doch uneingeschränkte Unterstützung und Verwirklichung.

Eine reale Chancengerechtigkeit ist aber durch die rein formale Aufhebung rechtlicher Schranken noch nicht gewährleistet. Zusätzliche Hilfen

[1] gemeint sind „Chancengerechtigkeit“ und „Bedürfnisgerechtigkeit“

sind erforderlich, damit bestimmte Bevölkerungsgruppen die ihnen rechtlich eröffneten Möglichkeiten auch tatsächlich wahrnehmen können. Solche zusätzlichen Hilfen, besonders wenn sie mit finanziellen Aufwendungen verbunden sind, müssen aber immer in der einen oder anderen Weise von der Gesellschaft aufgebracht werden. Jede gesellschaftliche Veränderung zugunsten Benachteiligter greift in den gegebenen Besitzstand ein, bedeutet eine Umverteilung gesellschaftlicher Positionen.

In einer Gesellschaft wirtschaftlichen Wachstums bleibt dies insofern oftmals unbemerkt, als die Umverteilung über den Zuwachs erfolgt und die absoluten Besitzstände erhalten bleiben können, die höheren Gesellschaftsschichten also nur relativ schlechter gestellt werden. Die Chancengerechtigkeit wird dann weniger auf Kosten der Besitzstandsgerechtigkeit als vielmehr der Leistungsgerechtigkeit verwirklicht. Diese Einebnung des Zuwachses kann aber den allgemeinen Leistungswillen beeinträchtigen, weil der Anreiz zurückgeht, sich um ein höheres, aber auch mit höheren sozialen Lasten verbundenes Einkommen zu bemühen. Damit sinkt aber die Effizienz des gesellschaftlichen Gesamtsystems, und es bleibt insgesamt für alle weniger zu verteilen. Zwischen wirtschaftlicher Effizienz und sozialer Gleichheit besteht, wenigstens partiell, ein Spannungsverhältnis. So steht die Gesellschaftspolitik oftmals vor der Alternative, ob sie den „Kuchen" wirtschaftlichen Wohlstandes allgemein wachsen lassen oder „gerechter", d.h. gleichmäßiger, verteilen will.

Außerdem entstehen bei jeder sozialen Umverteilung *„Sickerverluste"* durch den dazu erforderlichen öffentlichen Verwaltungsapparat. Berechtigte und gut gemeinte Hilfen zugunsten einzelner benachteiligter Gruppen können auch von anderen in Anspruch genommen werden, für die sie eigentlich nicht gedacht waren. Weitere Gruppen unter ähnlichen Umständen erheben dann im Namen der Gerechtigkeit Anspruch auf Gleichbehandlung, und schließlich wird das gesamte System sozialen Chancenausgleichs völlig undurchschaubar.

Ähnliche Schwierigkeiten treten noch verstärkt bei dem Versuch auf, „soziale Gerechtigkeit" im Sinne von *„Bedürfnisgerechtigkeit"* zu verwirklichen. Aus der gleichen Menschenwürde und der Sozialnatur des Menschen lässt sich jedoch die Forderung ableiten, dass in einer Gesellschaft die *dringlichsten Bedürfnisse* an erster Stelle befriedigt werden sollten. Demzufolge sind die knappen Güter so zu verteilen, dass jedem wenigstens das Existenzminimum sichergestellt wird. In Notsituationen, etwa in Kriegszeiten, erfolgt deshalb die Verteilung der Nahrungsmittel nach dem Bedürfnisprinzip (Lebensmittelkarten mit Sonderzuteilungen für „Schwerarbeiter").

Forderung nach weltweiter sozialer Gerechtigkeit: Plakate zweier karitativer Organisationen, 1998

Der Gedanke positiver *„sozialer Grundrechte“*, d.h. eines Anspruchs auf die Erfüllung gewisser Grundbedürfnisse, findet in jüngster Zeit immer stärkeren Anklang, gerade in Hinblick auf bestimmte Situationen in Entwicklungsländern. Als solche „natürlichen Menschenrechte“ werden unter anderem aufgeführt:

- Recht auf Arbeit,
- Anspruch auf eine Lebenshaltung, die Gesundheit und Wohlbefinden des Einzelnen und seiner Familie gewährleistet, einschließlich Nahrung, Kleidung, Wohnung, ärztlicher Betreuung und der notwendigen Leistungen der sozialen Fürsorge,
- Recht auf Bildung, auf Urlaub usw.

So wünschenswert und einleuchtend diese Forderungen sind, so genügt es doch nicht, jedem Menschen bestimmte Ansprüche als positive soziale Menschenrechte zuzuerkennen, wenn nicht zugleich Wege angegeben werden, wie diese Ansprüche erfüllt werden können. Wie lassen sich – gerade in den Entwicklungsländern – die zur Überwindung der Not erforderlichen Güter überhaupt produzieren?

Aber auch in den Industrieländern stößt der Versuch, jedem in gleicher Weise den Anspruch auf bestimmte Güter unter Rücksicht der Bedürfnisgerechtigkeit zu erfüllen, auf erhebliche Schwierigkeiten bei der Durchführung, sobald die Ansprüche über das absolute Existenzminimum angehoben werden. Es ist beispielsweise nicht leicht, die missbräuchliche Inanspruchnahme eines Systems sozialer Sicherheit zu verhindern (etwa in der Arbeitslosenversicherung oder bei der Lohnfortzahlung im Krankheitsfall). Ein auf dem Bedürfnisprinzip aufgebautes Verteilungssystem enthält wenig Anreize, mit den Mitteln sparsam umzugehen, welche die Solidargemeinschaft zur Verfügung stellt. Es kann darum sehr kostspielig bis verschwenderisch und/oder sehr bürokratisch werden (beispielsweise im Gesundheitswesen). Viel hängt davon ab, wie viel Solidaritätsbewusstsein und soziale Verantwortung von den Gliedern einer Gesellschaft erwartet werden kann.

„Soziale Gerechtigkeit“ kann nicht „jedem das Gleiche“ bedeuten, also nicht völlige Gleichheit der Lebenssituationen, der Ergebnisse des gesellschaftlichen Verteilungsprozesses. Eine solche Ergebnisgleichheit würde den Menschen in ihrer Verschiedenheit nicht gerecht, würde außerdem insofern wieder gegen die Gerechtigkeit verstoßen, als alle Anstrengungen der Einzelnen, eine für die Gesellschaft wertvolle Leistung zu erbringen, von dieser ohne Anerkennung bliebe und damit auch der Anreiz dazu wegfiele.

„Soziale Gerechtigkeit“ kann also bestenfalls Gleichheit der *Ausgangschancen* fordern, der Startbedingungen, unter denen der Einzelne die Möglichkeit erhält, durch eigene Leistung im Leben voranzukommen und jene gesellschaftliche Stellung zu erreichen, die er sich wünscht und die seinen Fähigkeiten entspricht. Aber auch eine solche volle *Chancengleichheit* ist nicht zu verwirklichen angesichts der großen Verschiedenheit der Ausgangslagen, Fähigkeiten und Begabungen, der Unschärfe der Bewertungskriterien, der Schwierigkeiten bei der praktischen Durchführung einer Umverteilung.

„Das Gesamtwohl wird eben nicht von vorneherein gleichgesetzt mit den Interessen oder Wünschen einer bestimmten Klasse; annähernd gleiche Förderung des Wohls aller Bürger und annähernd gleichmäßige Verteilung der Lasten wird grundsätzlich angestrebt. Es besteht das Ideal der ‚sozialen Demokratie in den Formen des Rechtsstaats‘.“
Das Bundesverfassungsgericht in einem Urteil aus dem Jahre 1956

1. Bestimmen Sie die Merkmale der Chancengerechtigkeit und der Bedürfnisgerechtigkeit. Worin liegen die Schwierigkeiten bei der Verwirklichung dieser Ziele?

2. Warum kann „soziale Gerechtigkeit“ nicht „jedem das Gleiche“ bedeuten?

3. Was bedeutet es für Staat und Gesellschaft am „Ideal der sozialen Demokratie in den Formen des Rechtsstaats“ (Bundesverfassungsgericht) festzuhalten? Zeigen Sie dies am Schul- und Gesundheitswesen oder an anderen Bereichen.

Gerechtigkeit in der Bildung?

Jens Bisky: Soziale Herkunft und Bildungschancen

Die Frage nach einer Neuordnung des Schulsystems, in den Demagogenkriegen der Siebzigerjahre umfassend zerredet, wird uns weiter begleiten. Ist es gerecht und sinnvoll, die Bildungskarrieren der Kinder schon in jungen Jahren zu sortieren, auch wenn dies für viele bedeutet, dass ihnen nur wenig Bildung und kaum Karrierechancen geboten werden?

Wer mit Hauptschülern in den Problembezirken großer Städte spricht, wird rasch erfahren, dass sie sich dauerhaft ausgemustert fühlen. Zudem sind die Übergänge zwischen den Schultypen hauptsächlich als Abstieg organisiert. Rasch kann es geschehen, dass ein Gymnasiast, von Familienkrisen überfordert oder tatsächlich faul, an eine Realschule verwiesen oder – wie Robert Steinhäuser[1] – ohne Abschluss entlassen wird. Ein Hauptschüler dagegen, der das Abitur nachholen will, wird mehr Anstrengung aufbringen, mehr leisten müssen als mancher Student.

Unser dreigliedriges Schulsystem nebst Gesamtschulen ist ungerecht und ineffizient. Zu den Ärgernissen, die dank der PISA-Studie endlich zur Kenntnis genommen worden sind, gehörte doch vor allem, dass **in Deutschland die Herkunft über Bildungschancen und Karrieren entscheidet**. Der Aufstieg durch Bildung ist in den vergangenen dreißig Jahren zu einer Ausnahmeerscheinung geworden. Für die Atmosphäre im Land und für den Zustand der Eliten hatte und hat das verhängnisvolle Folgen. Das verbreitete Gefühl der Lähmung und die regierende Unfähigkeit auf Veränderungen rasch zu reagieren, dürften auch darin ihre Ursachen haben.

Im Alter von zehn oder elf Jahren haben Schüler die Welt aus Wort und Zahl gerade kennengelernt und beginnen zu ahnen, wie viele Kontinente des Wissens es gibt. Vier Jahre reichen kaum aus, Unterschiede der Herkunft auszugleichen. Die frühe Selektion führt dazu, dass die verschiedenen Milieus weitgehend unter sich bleiben. Man geht mit seinesgleichen zur Schule. Die Tochter des Sozialkundelehrers, die daheim unter fünfhundert Büchern wählen kann, und der Sohn eines türkischen Kleingewerbetreibenden, der keine Bücher, aber einen Gameboy besitzt, bleiben in getrennten Welten. Das Kind von Spätaussiedlern hat zu deutschen Kindern seines Alters kaum Kontakt. Politik für die „bildungsfernen" Unterschichten, in deren Namen heute so viele auftreten, ist eben nicht nur eine Frage von Zahlungen und Freibeträgen, sondern eine kulturelle Aufgabe. [...]

Dass die Schule keine Agentur der Sozialpolitik sein dürfe, dass Gleichmacherei verheerend sei, wird gegen die Pläne einer „Schule für alle" immer wieder angeführt. Beides ist richtig, aber nur halb. **Es gehört zur Idee von Bildung, dass sie alle Schranken, außer diejenigen der Begabung, durchbricht, dass in ihrem Reich Herkunft und Einkommen nicht gelten.**

[1] Der 19-Jährige erschoss 2002 in einem Gymnasium in Erfurt 17 Menschen (darunter 2 Mitschüler und 12 Lehrkräfte) und sich selbst.

Die Starre des dreigliedrigen Systems und die frühe Auswahl vernichten nicht allein individuelle Lebenschancen, sondern Intelligenz und Einfallsreichtum, die allen zugute kommen könnten. Im Unterricht aller Kinder muss, wie die Erfahrungen in skandinavischen Ländern zeigen, nicht die Gleichmacherei triumphieren, der Unbegabte den Ton angeben. So wie Großstädte ihren Reiz und ihre Lebendigkeit aus der Vielfalt der Lebensformen gewinnen, könnten Schulen von der Unterschiedlichkeit ihrer Schüler profitieren. […]

Mit Einführung der Einheitsschule würde die Idee einer gemeinsamen Bildung für alle, die lange Zeit wenig mehr als ideologischer Restmüll war, in die deutsche Bildungspolitik zurückkehren. Formuliert wäre damit eher eine Aufgabe als eine Lösung. […] Es würde eine gemeinsame Idee von Gemeinwohl voraussetzen und eine Vorstellung davon, dass Bildung wenig mehr ist als die Einübung von Freiheit, ein Training von sachkundigem Urteil und innerer Ungebundenheit. Vorgeschlagen aber wird die Einheitsschule, weil viele von ihr bessere Kennzahlen und Wettbewerbsplätze erhoffen.

❶ Wie begründet der Autor, dass das dreigliedrige Schulsystem „ungerecht und ineffizient“ ist? Nehmen Sie dazu kritisch Stellung.

❷ Entwerfen Sie Grundzüge eines Ihrer Meinung nach „gerechten“ Bildungswesens. Beziehen Sie die Gerechtigkeitstheorie von Rawls (s. S. 276f.) in Ihre Überlegungen mit ein.

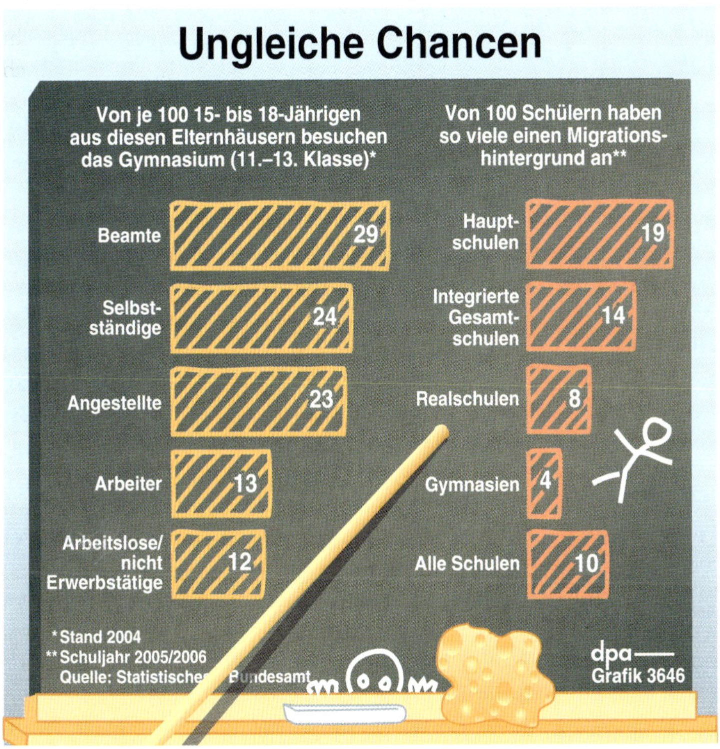

Gerechtigkeit unter den Generationen?

Ursula Dallinger (geb. 1959) arbeitet am Institut für Soziologie der Universität Hamburg.

Ursula Dallinger: Ungleichheit zwischen Alt und Jung

Zu Beginn der Neunzigerjahre tauchte im öffentlichen Diskurs der Begriff der Generationengerechtigkeit auf. Die teils medial stark forcierte Debatte um Generationengerechtigkeit sensibilisierte dafür, dass **Ungleichheit nicht nur zwischen Arm und Reich, Oben und Unten, Mann und Frau etc. herrscht, sondern auch zwischen Alt und Jung** bzw. zwischen den unterschiedlichen Kohorten, also Personen des gleichen Geburtsjahrgangs. Mit dem Begriff der Generationengerechtigkeit wurde in sehr unterschiedlichen Bereichen die für Kohorten und Altersgruppen ungleichen Lebensverhältnisse thematisiert, etwa ungleiche Chancen auf dem Arbeitsmarkt oder ungleiche Umweltbelastungen. Im Zentrum der Debatte stand jedoch die **Ungleichheit, die durch den Sozialstaat entsteht.** [...]

Um Generationengerechtigkeit angemessen zu verstehen, sollte man sich klarmachen, dass es sich um eine **unbeabsichtigte Ungleichbehandlung** handelt. Das unterscheidet sie von der sozialen Ungleichheit, die ja bis zu einem gewissen Grad als legitim betrachtet wird. Ein radikaler Gleichheitsanspruch gehört weder in Deutschland noch in anderen Ländern zu den anerkannten Verteilungsprinzipien. Soziale Ungleichheit in Form von Einkommensunterschieden gilt als akzeptabel, etwa weil damit die Arbeitsmotivation und die Produktivität der Wirtschaft gefördert werde – so die Rechtfertigung. Demgegenüber strebt das soziale Sicherungssystem in Deutschland eine Gleichbehandlung der Kohorten und Altersgruppen an; eine unterschiedliche Behandlung wäre nicht zu rechtfertigen.

Als Hauptursache einer „aus dem Ruder laufenden" Verteilungsgerechtigkeit gilt die **demographische Entwicklung.** Bekanntlich altert die Bevölkerung durch eine relative Zunahme des Anteils Älterer an der Gesamtbevölkerung drastisch. Die Folge ist, dass die Ausgaben in jenen Zweigen des sozialen Sicherungssystems expandieren, die auf den Ausfall des Erwerbseinkommens im Alter zugeschnitten sind (Renten) oder die primär im Alter auftretende soziale Risiken absichern (Pflegeversicherung, Gesundheitswesen). Eine alternde Gesellschaft verursacht automatisch dann Kosten, wenn mit Alter soziale Anrechte verbunden sind, und bereits bisher war Alterung ein maßgeblicher Faktor der sozialstaatlichen Kostendynamik nicht nur in Deutschland. Aber die Kosten der Alterung sollten eben „gerecht" verteilt sein. [...]

Unter Generationengerechtigkeit fällt auch das Argument, dass die heute jüngere Generation wegen der verstärkten Konkurrenz um Bildungstitel, Ausbildungs- und Arbeitsplätze insgesamt schlechtere Startchancen habe. Ob auch die Ungleichheit aufgrund des Lebens in verschiedenen Perioden mit schwankenden Lebensbedingungen als ungerecht bezeichnet werden darf, ist umstritten. Denn Nachteile aufgrund der schlechteren Wirtschaftslage lassen sich kaum direkt einem Verursacher zurechnen.

„Generationenvertrag"

Die Mitglieder einer Gesellschaft werden in ihrer Kindheit und Jugend von den Älteren versorgt und bekommen eine Ausbildung, die sie befähigt, selbstständig zu sein. Im mittleren Lebensalter sorgen sie ihrerseits für die junge Generation und sichern mit ihren Sozialbeiträgen zugleich die Renten der älteren Menschen. Im Rentenalter haben sie damit den Anspruch erworben, in gleicher Weise unterstützt und versorgt zu werden.

Da die demographische Entwicklung diesem Modell nicht mehr gerecht wird, ist es notwendig, nach Lösungen auch außerhalb des Generationenvertrages zu suchen.

Dass der Wohlfahrtsstaat den Altersgruppen in unterschiedlichem Maße Zugang zu sozialen Anrechten verleiht, wäre auch dann nicht als ungerecht zu bezeichnen, wenn sich die Schlechterstellung in der einen Lebensphase in der künftigen Lebensphase der gleichen Kohorte aufheben würde, wenn also die Jüngeren später im Alter ebenfalls zu den Nutznießern großzügiger sozialer Absicherung würden. Dazu müssten sich aber Wirtschaft und Demographie gleichmäßig entwickeln. Das ist nicht der Fall. [...]
Vor dem Hintergrund der institutionalisierten Moral der deutschen Rentenversicherung, gemäß der Gerechtigkeit herrscht, wenn die Höhe der Auszahlung eigenen Einzahlungen entspricht, muss die in den Neunzigerjahren öffentlich debattierte Aufweichung der Gleichbehandlung der künftigen Älteren die Wahrnehmung der Generationengerechtigkeit beeinträchtigen. In der Tat wurde die Rentenversicherung im Jahr 2000 von ca. 60 % der deutschen Bevölkerung als ungerecht beurteilt. Erwartungsgemäß sind es insbesondere die jüngeren Kohorten, die das deutsche Rentensystem so beurteilen. [...] Die zwischen 1970 und 1985 geborenen Kohorten dürften sich – als künftige Finanzierer der „Alterung" im Renten- und Gesundheitssystem als zu hoch belastet betrachten, gerade auch im Hinblick auf die alternden, geburtenstarken Jahrgänge.

1 „Die Rentner leben auf Kosten der jungen Generation." Überprüfen Sie diese und ähnliche Parolen unter dem Aspekt der „Generationengerechtigkeit".

2 Welche Gerechtigkeitskriterien (s. S. 274f. und S. 277f.) sollten Ihrer Meinung nach bei der Lösung der Problematik eine Rolle spielen?

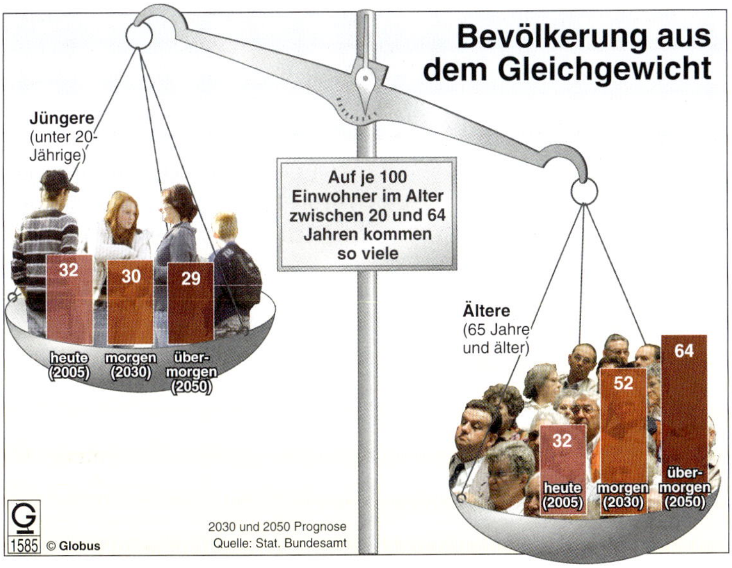

Deutschland ist eine schnell alternde Gesellschaft. Kommen heute auf je 100 Bundesbürger im Alter zwischen 20 und 64 Jahren 32 Menschen im Rentenalter (65 Jahre und älter), so werden es im Jahr 2030 bereits 52 Ältere sein. Und die Lebenserwartung nimmt weiterhin zu. Dies und die niedrige Geburtenrate führen dazu, dass im Jahr 2050 dann 64 Älteren nur 29 Jüngere (unter 20) gegenüberstehen werden. Die Bevölkerung altert nicht nur, ihre Zahl sinkt auch insgesamt. Diese Entwicklungen können zwar durch Zuwanderung etwas gedämpft, aber nicht aufgehalten werden. Das Statistische Bundesamt hat für seine Bevölkerungsprognosen verschiedene Varianten zugrunde gelegt. Die Variante im Schaubild geht von Geburtenziffern ähnlich den heutigen aus; außerdem wird eine Zuwanderung von 100 000 Menschen pro Jahr angenommen.

Recht, Schuld und Strafe

Auf einer über 2 m hohen Stele ließ der babylonische König Hammurabi um 1700 v. Chr. ein großes „Reformgesetz" einmeißeln. Er selbst ließ sich stehend vor dem Sonnen- und Rechtsgott abbilden.

Reinhold Zippelius: Das Prinzip der Gegenseitigkeit

Es ist ein alter Gedanke der Gerechtigkeit, dass jedem „Gleiches für Gleiches" zugemessen werde. Die Römer bezeichneten die Billigkeit geradezu als „aequitas", als Gleichheit, und gaben ihr die Waage zum Sinnbild, jene Waage, die dann zum Attribut der Justitia wurde. [...]
Vor allem aber diente im frühen Recht das Prinzip des Gleichmaßes dazu, die unangemessene Rache durch eine angemessene Vergeltung des Gleichen mit dem Gleichen (die „Talion") abzulösen. Damit konnte dem verheerenden Gang der unbegrenzten Blutrache ein Maß gegeben und eine Grenze gesetzt werden. Nirgends sonst wird die befriedende Wirkung der Gerechtigkeit so greifbar wie hier. Der Gedanke der Talion ist alt. So wird der Grundsatz des legendären minoischen Königs Rhadamanthys überliefert: „Leidest du, was du getan, so ist dir richtiges Recht geworden." Das Prinzip der Talion findet sich auch schon im steinernen „Codex" des Babylonierkönigs Hammurabi (um 1700 v. Chr.), der seinerseits an ältere Rechtssammlungen anschloss. Jahrhunderte später wurde das mosaische „Leben um Leben, Auge um Auge, Zahn um Zahn" niedergeschrieben (u. a. 2. Moses 21. 23 ff.). In seiner gröbsten Form, in der er freilich nicht praktiziert wurde, müsste der Grundsatz besagen, dem Täter solle ein gleicher Schaden zugefügt werden, wie er ihn selber verursacht hat.
Auf diese allzu einfache Formel kann aber die Gerechtigkeit nicht gebracht werden. Eine so einseitig am Erfolg orientierte Vergeltung widerspräche dem Rechtsgefühl, das eine Differenzierung der Strafe nach der Schuld verlangt. Zudem erfasst die im präzisen Sinn verstandene Talion einen Teil des strafwürdigen Verhaltens überhaupt nicht in adäquater Weise: Was sollte die Talion für Meineid, Bigamie oder Inzest sein? Zum Teil trägt sie dem Sühnebedürfnis nur unvollkommen Rechnung: Sollte dem Dieb nur so viel genommen werden, wie er selber gestohlen hat?
Eine andere Fassung des Gegenseitigkeitsprinzips ist die *goldene Regel*, dass ich mich anderen gegenüber in gleicher Weise verhalten soll, wie ich wünsche, dass sie sich mir gegenüber verhalten sollen. In negativer Fassung bestimmt sie: „Was du nicht willst, dass man dir tu', das füg' auch keinem andern zu." In positiver Fassung finden wir sie in dem Satz: „Alles nun, was ihr wollt, dass euch die Leute tun sollen, das tuet ihnen auch." Und um den umfassenden Charakter dieses Prinzips hervorzuheben, ist hinzugefügt: „Das ist das Gesetz und die Propheten" (Matth. 7, 12). Indessen liefert auch die goldene Regel keine unanfechtbaren Verhaltensrichtlinien: Der eine hört gern Trompeten, der andere nicht. Soll daher der Erste auch selber in einem Wohngebiet Trompete blasen dürfen, der Zweite aber nicht? Die Ethik kann schon deshalb nicht auf die subjektiven Wünsche abstellen, weil diese ganz verschieden sind. Maßstab für das Verhalten kann nicht die Behandlung sein, die man tatsächlich für sich wünscht, sondern nur eine Behandlung, die man wünschen soll.
Aber damit taucht sofort die ethische Frage in ihrer ganzen Ungelöstheit wieder auf: Welches wäre der Inhalt dieser Sollensnormen?

Beschreiben Sie Vor- und Nachteile der „Talion" und der „goldenen Regel" anhand von Beispielen.

Reinhold Zippelius: Straftheorien

Nach einer verbreiteten Ansicht liegt die wesentliche Rechtfertigung der Strafe darin, künftige Angriffe auf schutzwürdige Güter zu unterbinden. Strafen seien also auf diese Schutzzwecke bezogen und stünden zu ihnen in einer Relation. Die hierauf gegründete Rechtfertigung der Strafe bezeichnet man daher als **„relative"**: Es wird bestraft, damit künftige Delikte unterbleiben.

Strafen können in zweifacher Weise künftige Delikte verhüten und dadurch der Systemstabilisierung und dem Rechtsgüterschutz dienen: durch **Generalprävention** und durch **Spezialprävention.**

Die **generalpräventive Wirkung** liegt darin, dass die Bestrafung eines Delinquenten als Motivation zu allgemeinem Rechtsgehorsam, insbesondere als allgemeine Warnung und Abschreckung vor Straftaten wirkt. Diese Warnung wendet sich an alle, die es angeht: Und letztlich gehen Strafen uns alle an, weil wir alle latente Delinquenten sind. Die generelle Abschreckungswirkung der Strafen ist umso höher, je rascher und zuverlässiger die Strafe den Delikten zu folgen pflegt. Sie wird aber anscheinend auch durch die Strenge der Strafen gestärkt, umgekehrt ausgedrückt: Es besteht vermutlich ein Zusammenhang auch zwischen der Aufweichung des Strafrechts und der zunehmenden Kriminalität; zum mindesten bei „kalkulierten" Verbrechen liegt es nahe, dass eine erwartete strengere Strafe als ein Faktor erhöhten Risikos in Betracht gezogen wird.

Die **spezialpräventive Wirkung** der Strafe liegt in der Vorsorge, dass gerade dieser Täter nicht erneut straffällig wird. Unter diesem Aspekt erscheint die Strafe als ein Instrument, den Täter selbst von künftigen Straftaten abzuschrecken, ihn zu erziehen und, wenn er hierdurch nicht „sozialisiert" werden kann, als Instrument, die Gesellschaft vor diesem Täter zu sichern. Solche spezialpräventiven Zwecke verfolgt das moderne Strafrecht vielfach auf Kosten des Vergeltungsgedankens. Ein Beispiel dafür bietet die Strafaussetzung zur Bewährung. Durch sie will man vor allem erstmalige Gelegenheitstäter vor dem ungünstigen Milieu der Strafvollzugsanstalten bewahren und ihnen zugleich (durch die drohende Nachholung der Strafe) einen verstärkten Anreiz zu künftigem straffreien Verhalten geben. Auch der Strafvollzug selbst soll ein Versuch sein, den Täter zu erziehen, um ihn dahin zu bringen, in sozialer Verantwortung ein Leben ohne Straftaten zu führen; dem dienen z.B. Arbeitseinsatz und Maßnahmen der beruflichen Ausbildung. Kann aber der Täter nicht sozialisiert werden, tritt die andere Funktion der Spezialprävention in den Vordergrund, die Gesellschaft vor diesem Kriminellen zu sichern.

2. Nach der **„absoluten"** Straftheorie bildet die Vergeltung allein schon einen zureichenden Grund der Strafe. Hier denkt man sich also (anders als in den „relativen" Straftheorien) die Funktion der Strafe losgelöst von pragmatischen Aufgaben: Der Grund der Strafe wird lediglich in der Vergangenheit gesucht.

Daher ist nach dieser Theorie eine Strafe auch dann zu verhängen, wenn sie keinerlei sozialen Nutzen mehr stiftet. Am eindrucksvollsten hat das Kant formuliert: „Selbst wenn sich die bürgerliche Gesellschaft mit aller

Der Bundesgerichtshof zur Todesstrafe (1996, AZ: 5 StR 747/94):

„Allerdings begegnet die Todesstrafe aus heutiger Sicht nach Auffassung des Senats unüberwindlichen Bedenken. Aus humanitären Gründen kann keinem Staat das Recht zustehen, durch diese Sanktion über das Leben seiner Bürger zu verfügen. Vielmehr erfordert es das Primat des absoluten Lebensschutzes, dass eine Rechtsgemeinschaft gerade durch den Verzicht auf die Todesstrafe die Unverletzlichkeit des menschlichen Lebens als obersten Wert bekräftigt. Darüber hinaus erscheint es unbedingt geboten, der Gefahr des Missbrauchs der Todesstrafe durch Annahme ihrer ausnahmslos gegebenen Unzulässigkeit von vornherein zu wehren. Fehlurteile sind niemals auszuschließen. Die staatliche Organisation einer Vollstreckung der Todesstrafe ist schließlich, gemessen am Ideal der Menschenwürde, ein schlechterdings unzumutbares und unerträgliches Unterfangen."

Im Jahr 2005 wurden nach Angaben von amnesty international 2148 Hinrichtungen in 22 Ländern bekannt, davon 1770 in China, 94 im Iran, 60 in den USA.

Dead Man Walking (Regie: Tim Robbins, USA 1995)

Glieder Einstimmung auflösete (z. B. das eine Insel bewohnende Volk beschlösse, auseinanderzugehen und sich in alle Welt zu zerstreuen), müsste der letzte im Gefängnis befindliche Mörder vorher hingerichtet werden, damit jedermann das widerfahre, was seine Taten wert sind, und die Blutschuld nicht auf dem Volke hafte, das auf diese Bestrafung nicht gedrungen hat: weil es als Teilnehmer an der öffentlichen Verletzung der Gerechtigkeit betrachtet werden kann." Hier erscheint also die Strafe als reine Gerechtigkeitsaufgabe ohne Rücksicht auf ihre Nützlichkeit, als eine Art Ausgleich („Vergeltung") für die Störung der öffentlichen Ordnung, der dadurch stattfinden soll, dass dem Übeltäter seinerseits ein gleichwertiges Übel zugefügt wird. Durch Wiedervergeltung, die „dem Begriffe nach Verletzung der Verletzung ist", solle das Verbrechen aufgehoben werden (Hegel).
Aber so rasch man zustimmen wird, dass die Staatsgewalt Strafe zum Schutz der Bürger einsetze, so sehr wird man zögern, sie auch zum Vollstrecker einer „absoluten Gerechtigkeit" zu ernennen. Welche menschliche Einrichtung dürfte solches Moralrichtertum für sich beanspruchen? Sind wir nicht alle Sünder? Wer darf den ersten Stein werfen (Joh. 8,7)? Steckt nicht auch in der Amtstracht mancher Spitzbube? Hat nicht der welterfahrene Seneca Recht: „nemo prudens punit, quia peccatum est, sed ne peccetur." (De ira, I, 19)?[1]

3. Nach beiden hier erwogenen Straftheorien setzt Strafe **Schuld** voraus. Schuld wiederum setzt voraus, dass man überhaupt anders handeln konnte, als man gehandelt hat. Darum ist ein Schuld- und Sühnestrafrecht nur möglich unter der Voraussetzung, dass es Entscheidungsfreiheit gibt. Gäbe es keinen Spielraum, sich zwischen verschiedenen Möglichkeiten und Motiven zu entscheiden, wäre also das menschliche Verhalten kausalgesetzlich oder durch Motivation lückenlos und streng determiniert[2], bliebe für einen Schuldvorwurf ebenso wenig Raum wie für persönliche Reue und Vergeltung. Jemanden für sein Handeln zu bestrafen, wäre dann ebenso ungereimt, wie wenn man ihn für eine Erbkrankheit bestrafen wollte. Für eine deterministische Theorie, die der Strafe keine Vergeltungsfunktion zuschreiben kann, wäre „Strafrecht" also nur als Präventionsrecht möglich. Androhung und Vollzug von „Strafe" könnte dann etwa die Funktion haben, künftiges Handeln zu motivieren (Theorie des psychischen Zwanges). Eine solche deterministische Theorie verstünde die Voraussetzungen der Zurechungsfähigkeit (die Erreichung eines bestimmten Lebensalters, das Fehlen von Geisteskrankheiten usw.) als bloße Bedingungen „normaler" Motivierbarkeit. Den Maßstab der „Normalität" gäbe hierbei die überwiegende Zahl erwachsener Menschen ab. Kurz, ohne Entscheidungsfreiheit und Schuld wäre ein solches „Strafrecht" allemal ein bloßes Maßnahmerecht.

4. Schon die bisherigen Überlegungen haben zu dem Ergebnis geführt: Der Schutzzweck allein ist kein zureichender Grund für eine Strafe. Nur eine Strafe, die **nicht bloß Präventivmaßnahme, sondern zugleich Ver-**

Schuld
Schuld hat zweifach Bedeutung, eine moralische und eine rechtliche. Moralisch schuldig wird jemand, der mit seinen Handlungen und Unterlassungen oder durch bloßen Vorsatz bewusst und nach freier Entscheidung gegen sein Gewissen und sittliche Normen verstößt. Da das Kriterium rechtlicher Schuld nicht bewusstes Handeln oder Unterlassen und böser Wille, sondern der faktische Verstoß gegen Gesetze ist, ist es notwendig, zwischen rechtlicher und moralischer Schuld zu unterscheiden. In der Regel macht sich jemand, der ein Verbrechen begeht, auch moralisch schuldig. [...] Die Strafe als *Sühne* für eine rechtliche Schuld soll die Einsicht in die mit ihr einhergegangene moralische Schuld ermöglichen. [...] Nur die Erkenntnis einer rechtlichen als moralischen Schuld ermöglicht *Reue*: nicht aufgrund äußeren Zwangs, sondern aus freiem Willen seine Tat als Schuld anzunehmen und sich zur *Umkehr*, zur Orientierung seines Handelns an den sittlichen Pflichten und der Verantwortung sich selbst und seinen Mitmenschen gegenüber zu entscheiden.

Otfried Höffe (Hg.): Lexikon der Ethik, München (Beck) [6]*2002*

[1] „Kein Kluger bestraft, weil gesündigt worden ist, sondern damit nicht mehr gesündigt wird."

[2] Determination: Festlegung (s. das Kapitel „Der Mensch zwischen Freiheit und Determination", S. 98ff.)

geltung ist, achtet den Täter als Person, die einer Selbstbestimmung fähig ist. Strafe als reine Präventivmaßnahme macht aus dem Täter im Fall der Generalprävention ein bloßes Mittel zum Zweck, im Fall der Spezialprävention ein bloßes Behandlungsobjekt.
Andererseits ergeben sich auch Bedenken dagegen, in der Vergeltung allein schon einen zureichenden Grund der Strafe zu sehen; Strafe scheint nur dann gerechtfertigt zu sein, wenn sie zugleich eingesetzt wird, um künftige Rechtsverletzungen zu verhindern. Und doch zögert man, diesen Gedanken konsequent zu Ende zu führen: Schuldet der Staat nicht z. B. den Hinterbliebenen eines Ermordeten, denen er die Privatrache aus der Hand genommen hat (und vielleicht nicht nur ihnen), Genugtuung, auch dann noch, wenn diese nicht zu präventiven Zwecken erforderlich ist? Sollte etwa der nationalsozialistische Schreibtischtäter, der im Vollzug staatlicher Weisung Tausende von Juden in ein Vernichtungslager schickte, straflos ausgehen? Die Notwendigkeit einer Spezialprävention bestand in solchen Fällen dann nicht, wenn der Täter später als wohl angepasster Bürger nicht deliktsanfälliger war als jeder andere. Über eine generalpräventive Funktion der Strafe könnte man vielleicht diskutieren. Selbst wenn man sie aber in den genannten Fällen verneinte, hätte man nicht leichthin auf eine Strafe – und das hieße dann eben doch: auf eine Vergeltung um ihrer selbst willen – verzichtet.

1. Stellen Sie die verschiedenen Straftheorien in einer Übersichtsgrafik dar. Benennen Sie Vorzüge und Nachteile der jeweiligen Theorie.
2. Welche Rolle bei der Urteilsfindung und der Strafe spielt die Schuld des Angeklagten? Welches Menschenbild liegt diesbezüglich dem Strafrecht zugrunde?
3. Begründen Sie den Rechtsgrundsatz „im Zweifel für den Angeklagten“.
4. Begründen Sie die grundsätzliche Öffentlichkeit von Strafverfahren. Welche Ausnahmen gibt es? Aus welchen Gründen?

Gisela Friedrichsen: „Ich bin doch kein Mörder“ – Gerichtsreportagen 1989–2004, Hamburg (DVA) 2004

A. Paul Weber (1893–1980): Im Namen des Volkes

Die Menschenrechte

Ein Leben ohne Gesicht

Foto: Ursula Meissner

In Afghanistan herrscht Krieg - auch gegen Frauen. Bei allem Respekt vor anderen Kulturen und Traditionen: Wer Mädchen und Frauen zur Verhüllung zwingt, aus dem öffentlichen Leben ausschließt und sie mit Schul- und Berufsverbot belegt, der tritt Menschenrechte mit Füßen.
Nur im Gesundheitsbereich und zu Hause dürfen Frauen noch tätig sein. Wir informieren Sie gerne über unsere Arbeit vor Ort.

Spendenkonto Sparkasse Bonn: 1115

DEUTSCHE WELTHUNGERHILFE

Dieses Plakat stammt aus dem Jahr 1998, als Afghanistan noch vom islamistischen Taliban-Regime regiert wurde.

Die Entwicklung des Menschenrechtsgedankens*

Der Gedanke, dass es unveräußerliche Rechte gebe, findet sich bereits in der antiken Philosophie, vor allem im Naturrechtsdenken der Stoa (s. S. 138). Er beschränkte sich jedoch noch auf einen kleinen Kreis Auserwählter und galt keineswegs für alle Menschen. Die Schriften des Judentums und Christentums betonen, dass *alle* Menschen Ebenbilder Gottes und damit vor Gott gleich seien, wenngleich die religiösen Institutionen diese Lehre in ihren eigenen Rechtsstatuten nicht immer umsetzen, indem sie z. B. Frauen den Zugang zu Ämtern erschweren oder gar unmöglich machen. Erst die Philosophie der Aufklärung, die lehrte, dass es *eine* Natur und eine Vernunft gebe, die allen Menschen gemeinsam sei, gab den entscheidenden Anstoß für die universale Menschenrechtsidee.
In staatsrechtlicher Hinsicht beginnt die Geschichte der Menschenrechte mit der „Virginia Bill of Rights", der amerikanischen Unabhängigkeitserklärung von 1776. Sie spricht davon, dass „alle Menschen gleich geschaffen" seien und „von ihrem Schöpfer mit gewissen unveräußerlichen Rechten ausgestattet" worden seien. Diese Erklärung ist das erste verfassungsrechtliche Dokument, das die Idee der Menschenrechte mit dem Prinzip der Demokratie und der Gewaltenteilung verbindet. Ihr folgt bald darauf die „Französische Erklärung der Rechte des Menschen und des Bürgers" (1789), die die Menschen als „frei und gleich an Würde und Rechten" sah.
Aufgrund der Erfahrung mit totalitären Ideologien, Faschismus und Weltkrieg kam es 1948 zur Gründung der „Vereinten Nationen", die in der „Allgemeinen Erklärung der Menschenrechte" ihr programmatisches Verständnis der Menschenrechte formulierte. Diese Erklärung vereinigt in Art. 1 den Vernunftglauben der Aufklärung („mit Vernunft und Gewissen begabt") mit den Zielen der Französischen Revolution („frei und gleich an Würden und Rechten", „im Geist der Brüderlichkeit begegnen").

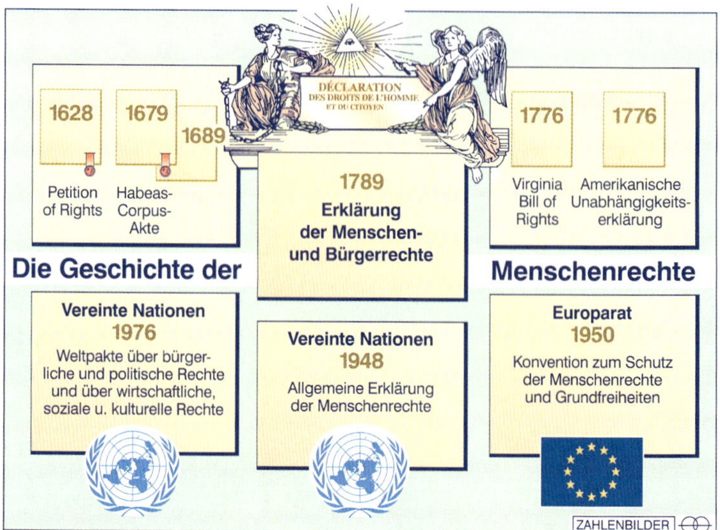

1. Auf welchen philosophisch-moralischen Grundlagen fußen die Menschenrechte?

2. Welche Hindernisse sehen Sie, den Menschenrechten weltweit Geltung zu verschaffen?

3. Welche Auffassung der Geltung von Menschenrechten liegt dem Plakat der „Deutschen Welthungerhilfe" zugrunde? Diskutieren Sie.

Allgemeine Erklärung der Menschenrechte vom 10. Dezember 1948 (Auszüge)

Artikel 1 (Freiheit, Gleichheit, Brüderlichkeit)
Alle Menschen sind frei und gleich an Würde und Rechten geboren. Sie sind mit Vernunft und Gewissen begabt und sollen einander im Geist der Brüderlichkeit begegnen.

Artikel 2 (Verbot der Diskriminierung)
1. Jeder Mensch hat Anspruch auf die in dieser Erklärung verkündeten Rechte und Freiheiten, ohne irgendeine Unterscheidung, wie etwa nach Rasse, Farbe, Geschlecht, Sprache, Religion, politischer und sonstiger Überzeugung, nationaler oder sozialer Herkunft, nach Eigentum, Geburt oder sonstigen Umständen.
2. Weiter darf keine Unterscheidung gemacht werden aufgrund der politischen, rechtlichen oder internationalen Stellung des Landes oder Gebietes, dem eine Person angehört, ohne Rücksicht darauf, ob es unabhängig ist, unter Treuhandschaft steht, keine Selbstregierung besitzt oder irgendeiner anderen Beschränkung seiner Souveränität unterworfen ist.

Artikel 3 (Recht auf Leben und Freiheit)
Jeder Mensch hat das Recht auf Leben, Freiheit und Sicherheit seiner Person. [...]

Artikel 7 (Gleichheit vor dem Gesetz)
Alle Menschen sind vor dem Gesetz gleich und haben ohne Unterschied Anspruch auf gleichen Schutz durch das Gesetz. [...]

Artikel 14 (Asylrecht)
1. Jeder Mensch hat das Recht, in anderen Ländern vor Verfolgungen Asyl zu suchen und zu genießen.
2. Dieses Recht kann jedoch im Falle einer Verfolgung wegen nichtpolitischer Verbrechen oder wegen Handlungen, die gegen die Ziele und Grundsätze der Vereinten Nationen verstoßen, nicht in Anspruch genommen werden. [...]

Artikel 18 (Gewissens- und Religionsfreiheit)
Jeder Mensch hat Anspruch auf Gedanken-, Gewissens- und Religionsfreiheit; dieses Recht umfasst die Freiheit, seine Religion oder seine Überzeugung zu wechseln, sowie die Freiheit, seine Religion oder seine Überzeugung allein oder in Gemeinschaft mit anderen, in der Öffentlichkeit oder privat, durch Lehre, Ausübung, Gottesdienst und Vollziehung von Riten zu bekunden.

Artikel 19 (Meinungs- und Informationsfreiheit)
Jeder Mensch hat das Recht auf freie Meinungsäußerung; dieses Recht umfasst die Freiheit, Meinungen unangefochten anzuhängen und Informationen und Ideen mit allen Verständigungsmitteln ohne Rücksicht auf Grenzen zu suchen, zu empfangen und zu verbreiten.

Die **„Allgemeine Erklärung der Menschenrechte"** ist als Resolution verabschiedet worden und daher kein völkerrechtlich verbindlicher Vertrag. Sie soll aber als Grundlage für völkerrechtlich verbindliche Verträge dienen.
1994 richtete die UN ein „Hochkommissariat" für Menschenrechte ein, um der Forderung nach Einhaltung der Menschenrechte mehr Nachdruck zu verleihen. Diesem Ziel dient auch die Einrichtung des UN-Kriegsverbrecher-Tribunals in Den Haag (1993) und der Internationale Strafgerichtshof (ICC), der 2003 in Den Haag seine Arbeit aufnahm. Dieser Gerichtshof wird tätig, wenn nationale Gerichte nicht fähig oder willens sind, Verbrechen zu ahnden, die unter das Weltstrafrecht fallen (z. B. Verbrechen gegen die Menschlichkeit, Völkermord). Allerdings kann das Weltgericht nur tätig werden, wenn das Herkunftsland der Beschuldigten dem ICC-Statut zugestimmt hat. Für Europa zuständig ist der „Europäische Gerichtshof für Menschenrechte" in Straßburg, der gemäß der „Europäischen Menschenrechtskonvention" (1950) urteilt.

Eine amerikanische Soldatin foltert einen irakischen Gefangenen (2004).

Die an den Folterungen beteiligten Soldaten wurden von US-Militärgerichten zu z. T. hohen Haftstrafen verurteilt. Nach Angaben von amnesty international wurden 2004 in über 130 Ländern Menschen gefoltert und misshandelt.

Bernd Hamm/Franz Nuscheler: „Maximalistische" Menschenrechtskataloge?

Angesichts der „strukturellen Gewalt" von Unterentwicklung und Massenarmut sowie schwerer Menschenrechtsverletzungen in vielen Staaten stellt sich die Frage nach dem Sinn „maximalistischer Menschenrechtskataloge", denen auch hoch entwickelte demokratische Staaten kaum genügen. [...] Wäre der Durchsetzung von grundlegenden Menschenrechten nicht besser gedient, wenn die maximalistischen Menschenrechtskataloge auf wirklich universell gültige und international überprüfte Minimalstandards verdichtet würden? [...] Wichtiger als die Formulierung und ständige Erweiterung von Prinzipienkatalogen, die sich an einem Idealzustand der Weltgesellschaft orientieren, wäre z. B. die weltweite Durchsetzung des in der UN-Konvention gegen die Folter kodifizierten Folterverbots auch unter Notstandsbedingungen.

Vereinte Nationen: Übereinkommen gegen Folter und andere grausame, unmenschliche oder erniedrigende Behandlung und Strafe (1984; Auszug)

Artikel 1: Im Sinne dieses Übereinkommens bezeichnet der Ausdruck „Folter" jede Handlung, durch die einer Person vorsätzlich große körperliche oder seelische Schmerzen oder Leiden zugefügt werden, z. B. um von ihr oder einem Dritten eine Aussage oder ein Geständnis zu erlangen, um sie für eine tatsächlich oder mutmaßlich von ihr oder einem Dritten begangene Tat zu bestrafen oder um sie oder einen Dritten einzuschüchtern oder zu nötigen. [...]

Artikel 2: (1) Jeder Vertragsstaat trifft wirksame gesetzgeberische, verwaltungsmäßige, gerichtliche oder sonstige Maßnahmen, um Folterungen in allen seiner Hoheitsgewalt unterstehenden Gebieten zu verhindern. (2) Außergewöhnliche Umstände gleich welcher Art, sei es Krieg oder Kriegsgefahr, innenpolitische Instabilität oder ein sonstiger öffentlicher Notstand, dürfen nicht als Rechtfertigung für Folter geltend gemacht werden. (3) Eine von einem Vorgesetzten oder einem Träger öffentlicher Gewalt erteilte Weisung darf nicht als Rechtfertigung für Folter geltend gemacht werden. [...]

Artikel 4: (1) Jeder Vertragsstaat trägt dafür Sorge, dass nach seinem Strafrecht alle Folterhandlungen als Straftaten gelten. Das gleiche gilt für versuchte Folterung und für von irgendeiner Person begangene Handlungen, die eine Mittäterschaft an einer Folterung darstellen. (2) Jeder Vertragsstaat bedroht diese Straftaten mit angemessenen Strafen, welche die Schwere der Tat berücksichtigen.

1. Für wie sinnvoll halten Sie die Festlegung von „Minimalstandards" bei Menschenrechten? Was würde Ihrer Meinung nach dazu gehören?
2. Begründen Sie grundsätzlich das Folterverbot.
3. In mehr als 130 Ländern gibt es Folter und Misshandlung. Warum löste ausgerechnet die von *Amerikanern* begangene Folter weltweite Empörung aus?

Simone Wolken: Ursprünge des Asylrechts

Magazin der Menschenrechtsorganisation „amnesty international", 8/2004

Das griechische Wort „asylos", das „Zufluchtsstätte" bedeutet, ist der sprachliche Ursprung unserer heutigen Bezeichnung „Asyl". Sie bezeichnet jedoch heute nicht mehr wie im Griechischen den Ort, an dem ein Verfolgter Schutz findet, sondern den Schutz, den der Flüchtling genießt. Diese Änderung in der Bedeutung des Wortes erklärt sich durch die unterschiedlichen Formen der Schutzgewährung, die das Asyl vom Altertum bis heute ausmachten. Im Altertum hatte der Flüchtende Schutz gefunden, wenn er eine Kultstätte, einen Tempel oder ein Heiligtum betrat oder es berührte. Der Schutz wurde also ausgelöst durch die Verbindung des Schutzsuchenden mit dem heiligen Ort oder dem heiligen Gegenstand. Das Erreichen dieses Orts machte ihn für seine Verfolger unantastbar.
Mit dem Entstehen der antiken griechischen Stadtstaaten entwickelte sich neben dem religiösen Asyl der Tempel und Altäre ein staatliches Asylrecht. Es beschränkte sich auf Flüchtlinge aus anderen Staaten und hier allein auf politisch Verfolgte. Durch diese Entwicklung löste sich die Asylgewährung von ihren religiösen und kultischen Ursprüngen und wurde zu einem Recht des asylgewährenden Staates und damit zu einer politischen Entscheidung. Der politische Flüchtling war also nicht mehr automatisch geschützt, sobald er einen bestimmten Ort erreicht hatte. Vielmehr lag die Entscheidung über die Schutzgewährung bei dem Staat, an den sich der Flüchtling wandte.

Jahrbuch Menschenrechte 2005, hg. von amnesty international, Frankfurt am Main (Suhrkamp) 2004

Norbert Brieskorn: Menschenrechtsbewegungen

Der Menschenrechtsschutz kann und darf den Staaten nicht allein überlassen werden. Solange staatliche Institutionen sich der „Staatsräson" unterwerfen, rückt das Anliegen des Menschenrechtsschutzes auf den zweiten, wenn nicht sogar auf einen niedrigeren Platz. Die von Menschen geschaffene Institution darf aber nicht dem Menschen vorgeordnet werden. Die Vertreter der Staaten sind außerdem aus einem Gleichgewichtsbewusstsein heraus geneigt, Menschenrechtsverletzungen bei sich gegen die eines anderen Staates gegeneinander aufzurechnen. Das Eintreten für die Menschenrechte ist nun unvertretbar, nicht an den Staat delegierbar und darf sich sogar wegen selbst begangener Menschenrechtsverletzungen nicht vom Protest gegen solche Verletzungen abbringen lassen. [...] Gelingt es nicht, immer weitere Kreise der Bevölkerung, der eigenen wie der, welche den Schutz benötigt, für das Anliegen des Menschenrechtsschutzes zu gewinnen, kann eine Menschenrechtsbewegung in der Isolierung die Orientierung verlieren oder dem Staat als Feigenblatt dienen.

4 Geben Sie eine religiöse und eine politische Begründung des Rechts auf Asyl. Lesen Sie dazu den Artikel 16a des Grundgesetzes.

5 Sind Menschenrechtsbewegungen notwendig? Diskutieren Sie anhand von aktuellen Beispielen.

6 Referieren Sie über Ursprung, Ziele und Arbeit von Menschenrechtsorganisationen.

Gibt es ein Recht auf Widerstand?

Dietmar von der Pfordten: Ziviler Ungehorsam und Widerstand

1. **Ziviler Ungehorsam** ist eine gesetzwidrige Handlung wie die Nichtbefolgung von Gesetzen. Zusätzlich ist er aber öffentlich, gewaltlos, gewissensbestimmt, politisch motiviert und wird als Mittel zur Änderung der Gesetze oder der Regierungspolitik eingesetzt. Bei zivilem Ungehorsam muss, anders als bei der einfachen Nichtbefolgung, nicht das gleiche Gesetz gebrochen werden, gegen das protestiert werden soll. Der zivile Ungehorsam trägt den Charakter eines politischen Appells. Deshalb muss er öffentlich sein. Gewalt muss vermieden werden, weil das Ziel nicht die unmittelbare Herbeiführung des angestrebten Zustands, sondern die Änderung der politischen bzw. rechtlichen Regelungen ist.
Die grundsätzliche Gesetzestreue drückt sich in der Bereitschaft aus, die gesetzlichen – v.a. strafrechtlichen – Folgen der Handlung auf sich zu nehmen. **Ziviler Ungehorsam unterscheidet sich also wesentlich von militanten Aktionen oder organisiertem gewaltsamen Widerstand.** Berühmte Beispiele für zivilen Ungehorsam sind der Widerstand **Gandhis** gegen die britische Kolonialmacht in Indien und derjenige Martin Luther **Kings**[1] gegen die Rassendiskriminierung in den USA. [...]
Gerechtfertigt ist der zivile Ungehorsam unter folgenden Voraussetzungen: Es muss sich um schwere Verletzungen grundlegender Gerechtigkeitsprinzipien im fraglichen Staat handeln, insbesondere also um gravierende Verletzungen der Menschenrechte. Der zivile Ungehorsam muss letzter Ausweg sein, d.h. alle politischen und rechtlichen Möglichkeiten, die angegriffene Regelung zu Fall zu bringen, müssen ausgeschöpft worden sein. Zu beachten ist weiterhin, dass die destabilisierende Wirkung des zivilen Ungehorsams naturgemäß größer ist als die einfache Nichtbefolgung einer rechtlichen Regelung. Auch hier gelten die Überlegungen, die eine ethische Rechtsbefolgungspflicht rechtfertigen. Der Einzelne oder eine einzelne Gruppe darf sich im Rahmen des zivilen Ungehorsams keine Sondervorteile verschaffen. Der zivile Ungehorsam ist also nur gerechtfertigt, wenn die Folgen der in Rede stehenden Regelungen so gravierend ungerecht sind, dass eine Abwägung zur Hintanstellung der ethischen Rechtsbefolgungspflicht führt.

Straßenblockade gegen Atommülltransport (1997)

Schließlich ist beim zivilen Ungehorsam zu beachten, dass eine Schädigung dritter Unbeteiligter nicht gerechtfertigt ist.
Wendet man diese Kriterien auf aktuelle Fälle des zivilen Ungehorsams an, so ergibt sich:
Die Blockade von Straßen durch Lastwagenfahrer oder Landwirte mit dem Ziel, für den eigenen Berufsstand günstigere finanzielle Regelungen zu erwirken, können nicht als gerechtfertigt angesehen werden. Handelt es sich nicht um

[1] Mahatma Gandhi (1869–1948) und Martin Luther King (1929–1968) wurden wegen ihrer gewaltlosen Politik ermordet (s. S. 256f.).

eine Existenzgefährdung, so stehen keine grundlegenden Gerechtigkeitsgrundsätze in Rede. Die Blockadeaktionen gegen Raketenstandorte als Protest gegen den Nachrüstungsbeschluss im Gefolge des sog. Nato-Doppelbeschlusses sind dagegen weniger einfach zu bewerten. Sofern die Blockadeaktionen nur kurzzeitig und symbolisch stattfanden und eine politische Änderung der Entscheidung angestrebt wurde, erfüllen sie die Voraussetzungen des zivilen Ungehorsams. Ob die Stationierung von Waffen zur Verteidigung grundlegende Gerechtigkeitsprinzipien verletzt, ist zumindest nicht von vornherein unzweifelhaft. Aber auch wer dies bejaht und damit den zivilen Ungehorsam für ethisch gerechtfertigt hält, muss die anschließenden Verurteilungen akzeptieren, sofern sie dem geltenden Recht entsprechen (was zweifelhaft und umstritten ist, da die Verwerflichkeitsklausel des Nötigungsparagraphen § 240 StGB ihrerseits auf eine ethische Bewertung verweist).

2. **Widerstand** richtet sich im Gegensatz zum zivilen Ungehorsam nicht darauf, im Rahmen der gegenwärtig bestehenden politischen und rechtlichen Entscheidungsstrukturen möglichst gewaltfrei eine politische Änderung herbeizuführen, sondern **bezweckt die unmittelbare, unter Umständen auch gewaltsame bzw. revolutionäre Durchsetzung der geforderten Veränderungen**. Er muss nicht öffentlich sein, sondern kann auch konspirativ ablaufen. Die Bereitschaft zur Hinnahme einer Bestrafung wegen der Nichtbefolgung der rechtlichen Anordnungen ist, anders als beim zivilen Ungehorsam, nicht notwendig. Regelmäßig richtet sich der Widerstand auf die partielle oder totale Veränderung des politischen und gesellschaftlichen Systems.
Da die demokratische Willensbildung und die Mehrheitsentscheidung missachtet werden, ist der gewaltsame Widerstand im Rechtsstaat oder im überwiegend gerechten Staat kaum zu rechtfertigen. Anders ist die Situation im Unrechtsstaat. Hier ist Widerstand ethisch gerechtfertigt. Aber auch dort gilt die Verhältnismäßigkeit von Mittel und Zweck. D.h. je tyrannischer der Unrechtsstaat auftritt, desto massiver darf der Widerstand werden. Die Maxime der Respektierung von Leib, Leben und Sachgütern unbeteiligter Dritter gilt allerdings auch hier. Bombenterror gegen die Zivilbevölkerung ist also nicht zu rechtfertigen. Infrage kommen allenfalls Aktionen gegen staatliche Organe. Aber auch dann dürfen im Regelfall Leben und körperliche Unversehrtheit nicht verletzt werden.

3. Die letzte und ultimative Eskalationsstufe eines gewalttätigen Widerstands stellt der sogenannte **Tyrannenmord** dar. Er ist nur unter der Voraussetzung der Notwehrregeln zu rechtfertigen, d.h. wenn der Diktator und/oder die herrschende Clique fortgesetzt und vorsätzlich Morde an Bürgern oder Regimegegnern verüben. Ein Attentat gegen Hitler war also aus Notwehrgesichtspunkten von dem Zeitpunkt an gerechtfertigt, ab dem systematisch die Tötung von Personen angeordnet bzw. zugelassen wurde.

4. In **Artikel 20 IV Grundgesetz** wird jedem Bürger ein rechtliches, u. U. auch gewaltsames **Widerstandsrecht** gegenüber demjenigen zugestanden, der es unternimmt, die freiheitlich-demokratische Grundordnung, also die Kernelemente der Verfassung, zu beseitigen, sofern keine andere Abhilfe möglich ist.

Der Schreiner **Georg Elser** (1903–1945) verübte 1939, wenige Wochen nach Beginn des deutschen Überfalls auf Polen, mittels einer Zeitbombe ein Attentat auf Adolf Hitler. Elser hatte den Anschlag bereits 1938 ausführen wollen: „Ich wollte den Krieg verhindern." Hitler entging dem Anschlag im Münchener „Bürgerbräukeller", weil er wegen schlechten Wetters vorzeitig abgereist war. Elser wurde auf der Flucht in die Schweiz festgenommen, inhaftiert und wenige Tage vor Kriegsende im KZ Dachau erschossen. 1998 wurde ihm zu Ehren in seinem Heimatort Königsbronn (Baden-Württemberg) eine Gedenkstätte errichtet.

1. Unterscheiden Sie zwischen zivilem Ungehorsam und den verschiedenen Widerstandsformen in rechtlicher und moralischer Hinsicht. Wenden Sie die Kriterien auf konkrete Aktionen (z. B. Blockade von Atommülltransporten) an.

2. Informieren Sie sich über die verschiedenen Widerstandsformen im Dritten Reich (z. B. Geschwister Scholl, Graf Stauffenberg, Wilhelm Krützfeld) und bewerten Sie diese. Ziehen Sie dazu den Text von Gustav Radbruch (s. S. 270f.) heran.

Natur und Mensch

Mit der Natur – gegen die Natur?

Skigebiet im Sommer

Der Tsunami: Trauernde Inderin neben totem Familienmitglied

Windräder in der Nordsee

Theodor Schütz: Mittagsgebet bei der Ernte (1861)

Banda Aceh (Indonesien) nach der Tsunami-Flut am 26.12.04

1 Beschreiben Sie, welche Arten der Beziehung zwischen Natur und Mensch in den Bildern sichtbar werden.

Die Einstellung zur Natur: ein Widerspruch?*

Mit „Natur" wird das bezeichnet, was jedem Ding oder Lebewesen eigentümlich ist vom Zeitpunkt seiner Entstehung an (lat. natura von lat. nasci = geboren werden). Wenn wir sagen, etwas oder jemand sei „unnatürlich", meinen wir, dass etwas oder jemand nicht so ist, wie es seiner von der Natur gegebenen Bestimmung nach sein sollte. Ebenso wird mit dem Begriff „Natur" die Gesamtheit aller nicht vom Menschen hergestellten, sondern gewachsenen anorganischen und organischen, pflanzlichen und tierischen Gegebenheiten bezeichnet. Natur steht also im Gegensatz zu allem, was wir im weitesten Sinne als Technik bezeichnen.
Das Problem der Beziehung zwischen Mensch und Natur ist darin begründet, dass der Mensch einerseits – seiner „Natur" nach – Geist, ratio, Verstand ist, der sich von der Natur losreißt, sie untersuchen, verstehen und schließlich regulieren will; andererseits aber auch ein Teil dieser Natur selbst ist.
Kraft seines Geistes schafft der Mensch sich seine eigene Umwelt: die Kultur. Mit seinen besonderen Kulturtechniken erzeugt er eine Zivilisation, die ihn befähigt, trotz seiner körperlichen Mängel überall auf der Welt zu überleben, als Eskimo im ewigen Eis oder als Nomade in glühendheißen Sandwüsten. In früheren Zeiten versuchten die Menschen, im Einklang mit der Natur zu bleiben. Jeder Baum, jeder Hügel, jedes Tier war beseelt. Die indianischen Jäger entschuldigten sich bei ihrer Jagdbeute und dankten ihr dafür, dass sie sich töten ließ, damit die Menschen leben konnten. Der Siegeszug des europäischen Denkens seit der Renaissance fußt auf einer anderen Beziehung zur Welt: Sie sollte jetzt beherrscht werden. Die Erde wurde vollständig vermessen, die biologischen, chemischen, physikalischen Prozesse wurden immer exakter nachvollzogen, in Regeln gefasst und nachgeahmt.
Die Euphorie über die ungeheuren Erkenntnisse der Naturwissenschaft und ihre Umsetzung in Technik wird heutzutage abgelöst von der Einsicht in das, was wir damit der Natur angetan haben. Die Umweltverschmutzung, die Knappheit der Rohstoffe bei gleichzeitig riesigen Müllbergen, die Übervölkerung der Erde, die Vernichtung von Tier- und Pflanzenarten, der Hunger durch Zerstörung von Lebensräumen aus Gründen des Profits – all das sind Folgen einer jahrhundertelangen Arroganz gegenüber den natürlichen Lebenszusammenhängen. Muss der technologische Fortschritt um jeden Preis abgelöst werden von einer ökologischen Ethik, die sich in der Verantwortung für die kommenden Generationen weiß?
Eines hat sich beim Versuch, die menschliche Lebensqualität stets zu verbessern, gezeigt: Die Natur ist zerstörbar und kann sich heute aus eigener Kraft kaum mehr erneuern. Aber der Mensch ist Teil dieser bedrohten Natur und wenn er sie zerstört, vernichtet er sich selbst.

2 Suchen Sie verschiedene Redewendungen mit dem Wort „Natur" und klären Sie die jeweilige Bedeutung.

3 Warum hat sich die europäische Art, mit der Natur umzugehen, Ihrer Meinung nach weltweit durchgesetzt?

4 Welche Beziehung von Natur und Kultur kommt im Bau der Brücke von Millau zum Ausdruck?

5 Suchen Sie Beispiele für die widersprüchliche Beziehung des Menschen zur Natur.

Die Brücke von Millau in Frankreich. Die Pfeiler sind über 300 Meter hoch.

Die Natur kontrollieren?

Francis Bacon (1561–1626), englischer Philosoph, hat den Satz geprägt: „Knowledge is power." Er entwickelte die Methode der Induktion für die Naturwissenschaft, d. h. der Forscher geht von der einzelnen Beobachtung aus und kommt so Schritt für Schritt zu allgemeinen Erkenntnissen.

Francis Bacon: Die Kunst der Naturbeherrschung

Es gehört zur Sache, drei Arten oder Grade des Ehrgeizes bei den Menschen zu unterscheiden. Bei der ersten ist man darauf aus, die eigene Macht in seinem Vaterlande zu vermehren, dies ist die gewöhnliche und teilweise unedle Art; bei der zweiten strebt man dahin, des Vaterlandes Macht und Herrschaft über das menschliche Geschlecht zu erweitern; diese Art ist gewiss würdiger, reizt aber zu stärkerer Begierde; erstrebt nun jemand, die Macht und die Herrschaft des Menschengeschlechts selbst über die Gesamtheit der Natur zu erneuern und zu erweitern, so ist zweifellos diese Art von Ehrgeiz, wenn man ihn so nennen kann, gesünder und edler als die übrigen Arten. Der Menschen Herrschaft aber über die Dinge beruht allein auf den Künsten und den Wissenschaften. Die Natur nämlich lässt sich nur durch Gehorsam besiegen.
Das Menschengeschlecht mag sich nur wieder sein Recht über die Natur sichern, welches ihm kraft einer göttlichen Schenkung zukommt. Mag ihm das voll zuteil werden. Die Anwendung wird indes die richtige Vernunft und die gesunde Religion lenken.

Im Jahre 1624 schrieb Bacon den Roman „Nova Atlantis", in dem er einen Inselstaat im Stillen Ozean beschreibt, dessen Bewohner sich der Erforschung der Natur widmen. Der sagenhafte König der Insel, Solamona, gründete dazu ein Institut, das Haus Salomons.

Francis Bacon: Die Insel der Wissenschaft

Es handelt sich um die Gründung oder Einrichtung eines gewissen Ordens oder einer Gesellschaft, die wir das Haus Salomons nennen. [...]
Der Zweck unserer Gründung ist die Erkenntnis der Ursachen und Bewegungen sowie der verborgenen Kräfte in der Natur und die Erweiterung der menschlichen Herrschaft bis an die Grenzen des überhaupt Möglichen. Was die Ämter und Dienste unserer Brüder betrifft, so gibt es zwölf, die unter fremdem Namen – denn den Namen unseres Landes verraten wir nie – in fremde Länder fahren und Bücher und Versuchsmuster zu uns bringen. Diese nennen wir die ‚Lichthändler'. Drei gibt es, die alle Versuche, die in Büchern zu finden sind, sammeln. Diese nennen wir die ‚Beutesammler'. Drei gibt es, die Versuche in allen mechanischen Künsten, ferner in allen freien und auch in allen angewandten Wissenschaften, die sich nicht zu einer besonderen Kunst verbunden haben, anstellen. Diese nennen wir die ‚Jäger'. Drei gibt es, die sich an neue Versuche machen, sofern sie ihnen ausführbar erscheinen. Diese nennen wir die ‚Gräber'- oder ‚Grubenarbeiter'. Drei gibt es, die die Versuchsergebnisse der genannten anderen in Lehrsätze und Tabellen bringen, damit der Verstand sich besser danach richten kann, um daraus Beobachtungsmöglichkeiten und Grundsätze zu entnehmen. Diese nennen wir die ‚Aufteiler'. Drei gibt es, die dazu bestimmt sind, die Versuche ihrer Brüder zu überwachen, Auszüge davon zu machen und betreffs der Ergebnisse zu überlegen, was dem täglichen Gebrauch und der Praxis dient, was den Wissenschaften nicht nur als Tatsache, sondern auch als Ausgangspunkt geläufiger Erklärungen der Ursachen dienlich ist, die ferner den Mitteln nachsinnen, mit denen natürliche Erleuchtungen und die einfache und einleuchtende Unterrichtung, welches die in den einzelnen

Körpern verborgenen Teile, welches die Kräfte sind, zustande gebracht werden können. Diese nennen wir die ‚Wohltäter'.

Dann aber nach vielen Zusammenkünften und Beratungen der Gesamtheit der Brüder, die die bisherigen Arbeiten und Sammlungen eingehend begutachten und gleichsam wiederkäuen, gibt es drei, deren Aufgabe es ist, aufgrund der bereits vorliegenden Versuchsergebnisse neue, tiefer in das Wesen der Natur dringende Versuche von höherer Bedeutung anzuregen und zu leiten. Diese nennen wir die ‚Leuchter'. Drei gibt es, die die so empfohlenen und aufgetragenen Versuche praktisch ausführen und über ihre Erfolge berichten. Diese nennen wir die ‚Pfropfer'. Schließlich gibt es drei, die die bisherigen Erfindungen und Entdeckungen in der Natur durch Versuche zu umfassenderen Beobachtungen, zu Axiomen und Aphorismen ausbauen und zussammenfassen; dies tun sie jedoch nicht ohne vorherige Beratung und Unterredung mit der Gesamtheit der Brüder. Diese nennen wir die ‚Ausleger der Natur'.

1 Stellen Sie sich vor, das „Haus Salomons" wäre ein modernes medizinisches Forschungsinstitut, das einen Impfstoff gegen Aids sucht. Übertragen Sie nun die 12 Ämter des Hauses Salomons auf die Aufgaben des Instituts und die Methoden der Forscher.

2 Wie geht der moderne Mensch mit der Natur um? Erklären Sie die Symbolik der Statue.

Carolyn Merchant: Der Tod der Natur

In [Bacons] *Nova Atlantis* sind die geistigen Ursprünge jener „geplanten Umwelten" zu finden, die in unserer Zeit (Ende der Zwanziger- und in den Dreißigerjahren) durch die technokratische Bewegung und ihr Faible für absolut künstliche, von Menschen für Menschen geschaffene Umwelten entstanden. Nur zu oft sind diese Umwelten im mechanistischen Problemlösungsstil geschaffen worden, ohne Rücksicht auf das Ganze des Ökosystems, von dem die Menschen nur ein einzelner Teil sind. Es scheint, als sei die Schaffung künstlicher Produkte eines der Ergebnisse des Bacon'schen Strebens nach Herrschaft und Gewalt über die Natur.

Das nette Bild von der Natur als einer Frau, die durch das Experiment beherrscht und seziert werden musste, legitimierte die Ausbeutung der natürlichen Ressourcen. Zwar verschwand das in der Renaissance beliebte Bild von der nährenden Erde nicht völlig, aber es wurde von der neuen Metaphorik der Kontrolle überlagert. [...] Nach der wissenschaftlichen Revolution klagt die Natur nicht länger darüber, dass ihr züchtiges Gewand durch den schädlichen Zugriff des Menschen zerrissen wird. Der französische Bildhauer Louis-Ernest Barrias (1841 – 1905) stellt sie dar, wie sie selbst verschämt den Schleier hebt und sich der Wissenschaft preisgibt. Aus einer tätigen Lehrmeisterin und Mutter ist ein geistloser, unterwürfiger Körper geworden. Die neue mechanische Ordnung und die mit ihr zusammenhängenden Werte „Herrschaft" und „Kontrolle" führen den Tod der Natur herbei.

Louis-Ernest Barrias (1841 – 1905): Die Natur entschleiert sich vor der Wissenschaft

Beben und Fluten

Vor 65 Mio. Jahren: Der Aufprall eines Meteoriten vor Mexiko löscht die Saurier aus. Ein Tsunami von mehreren hundert Metern Höhe rast über das urzeitliche Meer.
1.11.1755: Eine der folgenreichsten Naturkatastrophen der Neuzeit zerstört Lissabon, rund 60 000 der 250 000 Einwohner verlieren ihr Leben.
27. 8.1883: Ausgelöst durch den Ausbruch des indonesischen Vulkans Krakatau, erreicht eine Flutwelle die Inseln Java und Sumatra. 36 000 Menschen sterben.
21. 8.1931: Ein Taifun lässt den 6 300 km langen Jangtse über seine Ufer treten. Die Zahl der Toten wird auf über eine Million geschätzt.
17.2.1962: Der Orkan Vincinette verursacht eine schwere Sturmflut in Norddeutschland. In Hamburg brechen Deiche, 312 Menschen sterben.
Oktober 1998: Mit knapp 290 km/h rast der Hurrikan Mitch über Nicaragua, Honduras, El Salvador und Guatemala hinweg. 20 000 Menschen sterben, rund drei Millionen werden obdachlos.
11.8.2002: Tief Ilse löst ein Hochwasser verheerenden Ausmaßes in Tschechien, Österreich und Deutschland aus. Die Jahrhundertflut zerstört allein in Deutschland Werte von zehn Milliarden Euro, so viel wie keine Naturkatastrophe zuvor.
26.12.2004: Ein Seebeben löst eine riesige Flutwelle (Tsunami) im Indischen Ozean aus, mehr als 200 000 Menschen sterben.

Der Mensch in der Naturkatastrophe

Gernot Böhme: Entfesselte Naturgewalten – Interview zur Seebeben-Katastrophe 2004

Frankfurter Rundschau: *In der westlichen Welt hat man sich stark an die Vorstellung einer anthropogen[1] gestalteten Natur gewöhnt, an die Natur als Kulturprodukt. Die Tsunami-Katastrophe belehrt uns nun eines Besseren. Haben wir es uns in unseren Naturvorstellungen zu gemütlich gemacht?*

Gernot Böhme: Dieses Bild der Natur ist nicht meines, aber ich muss zugeben, dass die Natur heute in der öffentlichen Meinung die Rolle des Guten und Menschenfreundlichen übernommen hat. Denken Sie nur an den Terminus „natürliche Lebensweise" oder an diese ganzen Formulierungen mit Bio. Wir haben vergessen, dass – historisch gesehen – die Natur ein Gegner des Menschen gewesen ist. Die beruhigte Lebensform, die wir erreicht haben, musste erst gegen die Bedrohung der Natur errungen werden.

FR: *Werden wir uns der Natur nur mehr durch die Katastrophe bewusst?*

Ja, man muss allerdings dazu sagen: Durch immer neue Katastrophen. Es ist ja nicht so, dass der jetzige Tsunami etwas Unvergleichliches ist. Schaut man sich die Statistiken an, sieht man, dass die Menschenopfer in den vergangenen 200 Jahren durch Naturkatastrophen zugenommen haben.

FR: *Warum haben wir dann heute einen so positiv besetzten Naturbegriff?*

In den letzten 50 Jahren lebten wir unter dem Eindruck, dass unsere technische Zivilisation ihre Kosten hat, das heißt, dass das hohe Maß, wie wir die Natur manipuliert haben, die Künstlichkeit unserer Lebensform, ihre Schattenseiten hat. [...] Ja, es ist eine Art Enttäuschung eingetreten gegenüber der Glücksverheißung, die ich das Bacon'sche Programm nenne, die Vorstellung, dass sich die menschlichen Lebensverhältnisse durch Naturbeherrschung verbessern. Seit etwa 50 Jahren sieht man die Unkosten dieses Programms. Vor diesem Hintergrund gibt es eine Neuentdeckung der Natur als etwas Normatives, von etwas, wie es sein sollte.

FR: *Eine traurige Pointe der Katastrophe ist, dass sie viele Menschen im Urlaub getroffen hat, also in jenem Moment, in dem viele die einzige Naturerfahrung des Jahres machen.*

Das ist doch eine Postkartennatur, die hier erfahren wird. Als solche wird sie auch gesucht. Es wird nicht die Natur im Sinne der Naturgewalten aufgesucht. An diese sind wir jetzt weltweit wieder erinnert worden. Natur bedeutet auch die Gewalt der Elemente. Wir müssen damit rechnen, dass in diesem Sinne die Natur gar nicht zu beherrschen ist. Wir müssen uns daran gewöhnen, dass das Projekt der Naturbeherrschung gescheitert ist.

FR: *Warum ist die Vorstellung einer ungeheuren Flutwelle – vom Gilgamesch-Epos bis zu diversen Hollywood-Filmen – eine für unsere Zivilisation prägende Phantasmagorie[2]?*

---

[1] anthropogen (gr.): nach menschlicher Art
[2] Phantasmagorie (gr.): Fantasievorstellung

Es ist das Urtümliche. In den großen Kosmogonien[1] fängt die Weltentstehung immer mit dem Wasser an. In der Bibel schwebt der Geist über dem Wasser, dann erst wird Wasser und Land geschieden und damit fängt die Welt an, die nicht durch Chaos, sondern durch geordnete Unterschiede bestimmt ist. Insofern ist das große Wasser die Rückkehr zum Anfang und der Anfang ist das Chaos [...]. Im Wasser wird das Bedrohliche gesehen. Was die Welle im Speziellen anbelangt, sollte man an die weltbekannte Welle des japanischen Holzschnittmeisters Hokusai denken. Erinnern Sie sich an das kleine Schiff, das unterhalb der Welle ist. Die Welle ist für den Menschen die große Herausforderung. [...]

FR: *Seit der Katastrophe geistert das Bild der Sintflut durch die Medien. Ist das nicht ein völlig falsches Bild? Es bezieht sich auf eine gerechte Bestrafung des Menschen.*

Ich finde es geradezu sträflich, diesen Terminus zu verwenden. Im heutigen naturwissenschaftlichen Weltbild sieht man in den Naturgewalten eben nicht mehr das Walten eines moralischen Gottes. Das Erdbeben von Lissabon 1755 hat ja Europa deswegen so erschüttert, weil es die Menschen Europas an der Gerechtigkeit Gottes verzweifeln ließ. Solche Gedanken liegen dem modernen Menschen fern. [...]

FR: *Die Frage, die im Raum steht: Wie kann man mit dieser Katastrophe geistig fertig werden?*

Das geht nur, wenn man mit dieser Welt nüchtern und vernünftig lebt, nicht indem man ihr einen Sinn gibt. Ich verstehe die Struktur, die hinter dieser Denkweise liegt, es ist ein Trostgrund, so zu denken. Genauso wie es für die Deutschen nach 1945 ein Trost war zu sagen, na ja, das haben wir selbst verschuldet. Viele Menschen können einem Unglück nur Sinn geben, wenn sie es in diese Denkweise einreihen, und nicht, wenn sie es als pure, nackte, kontingente Tatsache nehmen.

FR: *Wird sich unsere Vorstellung von Natur aufgrund dieser Katastrophe ändern?*

Ich erhoffe mir das. Es wäre gut, wenn mehr Achtung und Sorgfalt bezüglich der Natur einziehen würde. Nur will ich daran erinnern, dass die Katastrophen, die der Mensch selbst verursacht, um Dimensionen größer sind als die jetzige Umweltkatastrophe. Der Bürgerkrieg im Sudan hat zwei Millionen Menschenleben gekostet. Um nur ein Beispiel zu nennen. Oder: Die USA stellen 350 Millionen Dollar für die Flutopfer zur Verfügung. Gleichzeitig gibt Amerika zig Milliarden Dollar für Vernichtungswaffen aus. Die viel größeren Probleme der Menschheit liegen bei ihr selbst. Und betreffen nicht die Natur.

Katsushika Hokusai: Die große Woge (1823)

1. Welche Haltung zur Gewalt der Woge ist in dem Holzschnitt und in dem Foto von dem Surfer erkennbar?
2. Welche verschiedenen Auffassungen von „Natur" kommen im Interview zur Sprache?
3. Warum sieht Böhme das „Bacon'sche Programm" als gescheitert an?
4. Diskutieren Sie die beiden letzten Sätze des Interviews: Ist die Betroffenheit vieler Menschen über die Tsunami-Katastrophe ethisch blind?

[1] Kosmogonie (gr.): hier: mythische Lehre von der Entstehung der Welt, z. B. im Gilgamesch-Epos (s. S. 234)

Mit Gewalt die Erde retten?

Michael Kloepfer: Auf dem Weg zur Ökodiktatur?

Der Staat der Zukunft muss die Unversehrtheit der Umwelt eher noch verstärkt zu seiner Aufgabe sowie zum Maßstab und zum herausgehobenen Verfahrensziel seiner Entscheidungen machen. Der so beschriebene „Umweltstaat" wird daher zur Erhaltung und zur Sanierung der Umwelt voraussichtlich noch viel weiter gehende Regelungen treffen müssen. Ein damit verbundener weiterer Machtzuwachs des Staates zeichnet sich ab. Ist also der Weg in den umfassenden Umweltstaat, in dem durch unlimitierte und übermäßige staatliche Maßnahmen im Bereich der Umweltpolitik Freiheitsrechte ganz oder weitgehend beseitigt werden, vorgezeichnet? Können dabei Einbußen in traditionelle Freiheitsrechte wenigstens teilweise durch Teilhaberechte an staatliche Umweltentscheidungen kompensiert werden, oder ist der Weg zur „Ökodiktatur" unausweichlich – also zu einem Staat, der zwar die Umwelt sichert, dabei aber die rechtsstaatlichen und demokratischen Freiheiten seiner Bürger zerstört?

Ernst Ulrich von Weizsäcker: Ökodiktatur vermeiden!

[Es ist] Kommentatoren wie Michael Kloepfer nicht zu verdenken, dass sie die Ausweitung des Umweltschutzes als beträchtliche Bedrohung der Freiheit ansehen. Die zentrale Alternative zum Ordnungsrecht heißt: *Die Preise müssen die ökologische Wahrheit sagen.* Wäre dies erreicht, so würden das freie Wirtschaftssubjekt und der freie Bürger auf einem freien Markt *dann* den größten wirtschaftlichen Nutzen davontragen, wenn sie sich so weit wie möglich umweltfreundlich verhalten. Dann würden auch Technologie, Infrastruktur und Kultur einer die Ökologie mit einschließenden Logik folgen. Natürlich ist zu fragen, was denn die „ökologische Wahrheit" ist. Diese Frage wird nie präzise beantwortet werden können; es gibt aber vernünftige Größenordnungsabschätzungen, und es gibt Instrumente, bei welchen eine präzise Kenntnis der „ökologischen Wahrheit" gar nicht erforderlich ist.

Die Abschätzungen kommen von zwei prinzipiell verschiedenen Seiten: einerseits dem Aufsummieren des Geldwerts von Schäden, die durch Umweltbelastung verursacht worden sind, das heißt der Berechnung der „externen Kosten". [...] Was hierbei typischerweise ausgelassen

❶ Welches Verhalten der Menschen in den großen Industriestaaten greift die Karikatur ironisch auf?

Greenpeace-Aktion gegen den Import von Papier aus finnischen Urwäldern nach Deutschland (2003)

wird, sind die „exportierten" Schäden, verursacht, indem wir z. B. Viehfutter, Aluminium und Tropenhölzer importieren, während ökologische Schäden in Übersee anfallen, oder indem wir Ferntourismus oder Agrarexport betreiben, deren direkte und indirekte Schäden ebenfalls hauptsächlich im Ausland anfallen. Unter Berücksichtigung solcher exportierter Schäden neige ich zu einer Schätzung „externer Kosten" unserer Wirtschaftsweise in der Gegend von 10 Prozent des Bruttosozialprodukts. Eine zweite Form, sich an die Frage der ökologischen Wahrheit heranzumachen, ist die Berechnung der „defensiven Kosten", die die Gesellschaft aufbringen muss, um Umwelt- und Zivilisationsschäden verschiedenster Art wieder auszugleichen. Der Kostenschwerpunkt liegt hier im Gesundheitswesen und im klassischen Umweltschutz. Leipert hat für diese Schäden ebenfalls eine Größenordnung von ca. 10 Prozent des Bruttosozialprodukts ermittelt. Damit die Preise die ökologische Wahrheit sagen, müsste also der gesamte Preis des Naturverbrauchs um ca. 5 – 10 Prozent des Bruttosozialprodukts ansteigen. Die einzige realpolitische Form, um dieses zu erreichen, wäre eine sanft ansteigende „ökologische Steuerreform" [...]. Ironisch ist es zu nennen, wenn nun Industrievertreter oder Autofahrer behaupten, eine aufkommensneutrale, also die Staatsquote *nicht* erhöhende ökologische Steuerreform sei ein weiterer schrecklicher Schritt auf die Ökodiktatur zu. Das Gegenteil ist der Fall. Dieser Pfad ist die realpolitische *Alternative* zur Ökodiktatur in einer durch eine wachsende Menschheit und steigende Ansprüche massiv bedrohten Welt. Umgekehrt müssen sich die Umweltschützer sagen lassen, dass eine immer tiefer in die Produktionsdetails eingreifende und die Genehmigungsverfahren weiter verlängernde Umweltgesetzgebung und eine sämtliche Gerichte auslastende Dauerstreiterei um Umwelthaftungsfälle der falsche Weg ist.

2 Welche Befürchtungen hegt Kloepfer?

3 Diskutieren Sie, ob Sie für die Erhaltung einer lebenswerten Umwelt bereit wären, auf das Recht der freien Entscheidung in Ihrem Konsumverhalten zu verzichten.

4 Formulieren Sie in eigenen Worten, was Weizsäcker mit dem Satz „Die Preise müssen die ökologische Wahrheit sagen" meint.

5 Überlegen Sie aufgrund Ihrer eigenen Verbrauchsgewohnheiten, auf welche Energieformen (Wasser, Strom, Treibstoffe ...) sich eine ökologische Steuerreform beziehen sollte.

6 Sind die Aktionen von „Greenpeace" ethisch zu akzeptieren, auch wenn sie die Rechte anderer beschneiden?

Verantwortung für die Natur tragen

Hans Joas, Klaus Wiegandt (Hg.): Die Zukunft der Erde, Frankfurt am Main (Fischer) 2005

Michael Hafemann: Modelle der Umweltethik

Der Begriff Ökologie wurde 1886 von Ernst Haeckel eingeführt, er ist also wissenschaftsgeschichtlich noch recht jung. Von seiner ursprünglichen Wortbedeutung her ist Ökologie das Wissen um die Zusammenhänge, um die Wechselbeziehung und die Interdependenz zwischen einzelnen Lebewesen und ihrem Lebensraum, den lebendigen Systemen. Sie ist das Denken in Kreisläufen und Binomen. Ihre Grundaussage ist, dass nichts im Haushalt des Lebens, der Natur, ohne Wirkung und ohne Ursache ist. In Ökologie stecken die Begriffe *oikos*, „das Haus“, und *logos*, „die Lehre“. Ökologie ist also die Haushaltslehre der Natur. Sie ist Erkenntnis und noch mehr Verständnismodell. Der Mensch lebt nicht für sich allein, sondern ist Teil eines ökologischen Gesamthaushaltes. Es geht „nur“ um diese Einsicht.
Demgemäß ist ökologische Ethik in den meisten ihrer Ansätze auch ein Versuch, dem menschenzentrierten Denken zu entkommen, die Binnenethik zu verlassen.

Nach Hafemann konkurrieren derzeit verschiedene Modelle einer ökologischen Ethik miteinander. Sie lassen sich in folgendem Schaubild darstellen:

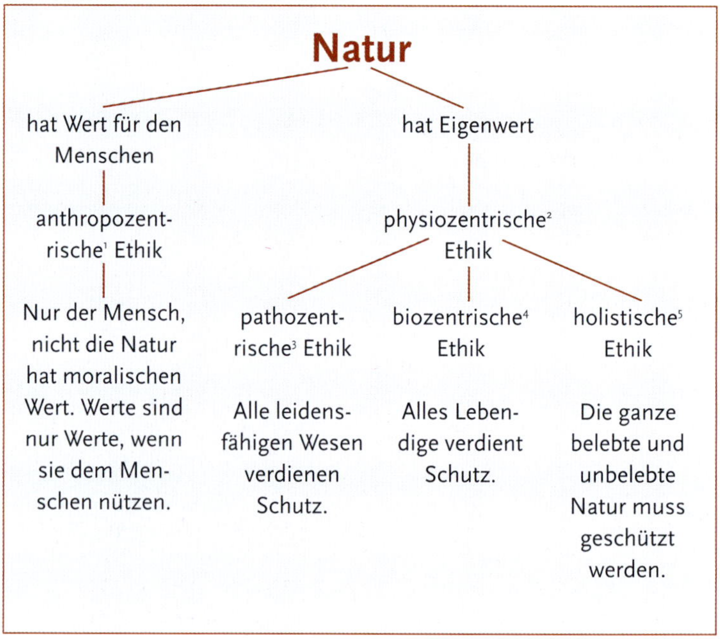

1 Vergleichen Sie die unterschiedlichen ethischen Modelle. Welcher Bereich der Natur wird jeweils umfasst?

2 Zeigen Sie die Konsequenzen jedes Modells auf.

3 Welche der hier aufgeführten ethischen Ethiken halten Sie für richtig, welche für am einfachsten zu praktizieren?

---

[1] anthropos (gr.): der Mensch
[2] physikos (gr.): von der Natur geschaffen
[3] pathos (gr.): Leiden, Schmerz
[4] bios (gr.): Leben
[5] holos (gr.): ganz, vollständig

David Ehrenfeld: Wie die Natur schützen?

Der Autor **David Ehrenfeld** stellt die Gedanken dar, die sich Johann Wolfgang Goethe (1), Christopher Stone (2) und Bernhard Dixon (3) über den Umgang mit der Um- bzw. Mitwelt machten.

1. Der Mensch ist gewohnt, die Dinge nur in dem Maße zu schätzen, als sie ihm nützlich sind, und da er seiner Natur und seiner Lage nach sie für das Letzte der Schöpfung halten muss: Warum sollte er auch nicht denken, dass er ihr letzter Endzweck sei? Warum sollte sich seine Eitelkeit nicht den kleinen Trugschluss erlauben? Warum sollte er Kraut, das er nicht nutzen kann, nicht Unkraut nennen, da es wirklich nicht an dieser Stelle für ihn existieren sollte? Eher wird er die Entstehung der Distel, die ihm die Arbeit auf seinem Acker sauer macht, dem Fluch eines erzürnten guten Wesens, der Tücke eines schadenfrohen bösen Wesens zuschreiben, als eben diese Distel für ein Kind der großen allgemeinen Natur zu halten. Ja es lässt sich bemerken, dass die billigsten[1] Menschen, die sich am meisten zu ergeben glauben, wenigstens nur bis dahin gelangen, als wenn doch alles wenigstens mittelbar auf den Menschen rückfließen müsse, wenn nicht noch etwa eine Kraft dieses oder jenes Naturwesens entdeckt würde, wodurch es ihm als Arznei oder auf irgendeine Weise nützlich würde.

2. In einem Buch mit dem Titel *Should Trees Have Standing* (dt. Umwelt vor Gericht) hat Christopher Stone für gerichtlich einklagbare Rechte für Wälder, Flüsse etc. plädiert, die unabhängig vom Interesse irgendwelcher Personen an diesen Dingen gelten sollen. Er beschreibt die „Erde als einen Organismus, von dem die Menschheit ein funktionierender Teil" ist, und rechtfertigt so ungewöhnliche Gerichtsverfahren, wie das zwischen der Stadt Port Chester (New York) und dem Fluss Byram. Stone argumentiert: Wenn eine Firma mittels Repräsentanten Zugang zu einem Gericht haben kann, warum sollte dies nicht auch für Flüsse gelten? Stones Essay wurde bereits in einer Minderheitsentscheidung des Bundesgerichts der Vereinigten Staaten zitiert.

3. Da der Mensch das einzige Produkt der Evolution ist, das in der Lage ist, bewusst bestimmte Schritte zu tun, egal ob sie auf Logik oder Emotion basieren, um seine Entwicklungsrichtung zu beeinflussen, sind wir verantwortlich dafür, darauf zu achten, dass keine andere Art ausgelöscht wird. Einige von uns, die einem virulenten Virus oder Bakterium gern Lebewohl sagen, können durchaus Bedenken gegen die endgültige Auslöschung eines „höheren" Tieres haben – sei es Ratte, Vogel oder Floh –, das diese Mikroben auf den Menschen überträgt. [...] Wo auf der Skala von Größe und Gemeinheit (Pockenvirus, Typhusbazillus, Malariaerreger, Bilharzioseerreger, Heuschrecken, Ratten ...) wird Naturschutz wichtig? De facto gibt es keine aus logischen Gründen zu ziehende Trennungslinie. Jedes von den Naturschützern angeführte Argument trifft auf die Welt des Ungeziefers und der pathogenen Mikroben ebenso zu wie auf Wale, Enziane und Flamingos. Selbst das kleinste und virulenteste Virus kommt infrage.

4 Ordnen Sie Ehrenfelds Überlegungen den Ethik-Modellen von Hafemann zu.

5 Erstellen Sie eine Liste von Gegebenheiten in der Natur, die Ihnen nicht nützlich, sondern lästig, widerlich oder sogar schädlich erscheinen. Wie gehen Sie mit ihnen um?

6 Formulieren Sie eine für Sie persönlich gültige Umweltmoral.

[1] billig: zur Lebenszeit Goethes bedeutete dieses Wort „gerecht"

Tier und Mensch

Was bedeutet das Tier dem Menschen?

Ein Mädchen rettet eine Katze während einer Flutkatastrophe in Bangladesh.

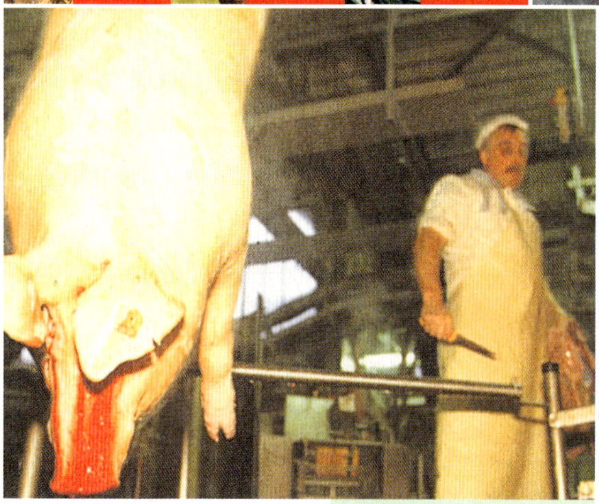
Schlachthofszene

Dieser Affe wurde 1966 von dem Forscher J. Delgado 40 Minuten lang in regelmäßigen Abständen mit 120 Elektroschocks behandelt. Er reagierte mit schrillen Schreien und den Versuchen, erreichbare Gegenstände zu packen, sich darin zu verbeißen. Ein vergleichbarer Versuch mit einem Menschen musste nach dem ersten Elektroschock abgebrochen werden.

1 Welche Beziehungen des Menschen zum Tier werden in diesen Bildern sichtbar?

Die Tiere – Götter, Gefährten oder Sachen?*

Schon immer hatte das Tier für den Menschen überragende Bedeutung: als gefährliches Raubtier, als Gott, als Beute und Nahrung, als Nutztier, als Freund. Und wie der Mensch das Tier jeweils behandelte, machte auch seine jeweilige Beziehung zur Natur deutlich. In der Frühzeit der Hominiden und auch noch des Homo sapiens war der Mensch sowohl Jäger als auch Gejagter mächtiger Wildtiere. Im Laufe der Evolution wurde er den einst überlegenen Tieren ebenbürtig und schließlich machte er sie zu Haus- und Zuchttieren, manchmal sogar zu Jagdgefährten oder Teilnehmern seiner Kriege. Eins aber änderte sich dabei nicht: Immer blieb das Tier der wichtigste Mitbewohner der Erde.

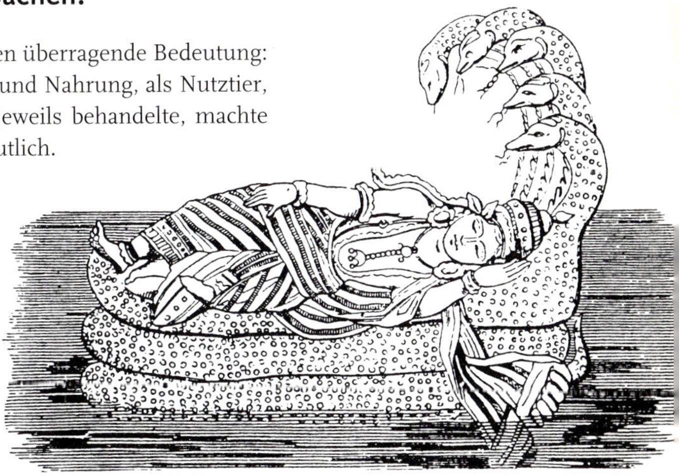

Ananta (sanskrit. „unendlich") ist ein hinduistisches halbgöttliches Schlangenwesen und Verkörperung der Unendlichkeit und Ewigkeit. Als Weltenschlange trägt er die Erde bzw. umschlingt diese. Vishnu, der Schöpfergott, ruht sich zwischen den einzelnen Schöpfungen auf ihm aus.

In der Religion und Mythologie vieler Kulturkreise finden sich Beispiele für die Rolle der Tiere als Gottheiten, in denen ihre den Menschen oft überlegenen physischen und psychischen Kräfte verkörpert wurden. Die Germanen sahen in der Midgardschlange den Erdkreis symbolisiert, auf den Schultern ihres höchsten Gottes Odin saßen die zwei Raben Huginn und Muninn. Im alten ägyptischen Glauben traten Tiere besonders häufig auf: als Falkengott Horus, als Stier Apis, als Katze Bastet usw. In der Gründungssage Roms säugte eine Wölfin Romulus und Remus. Und noch in unseren Tagen lagern heilige Kühe mitten im Verkehr indischer Millionenstädte und verursachen Staus. Je stärker aber der logos, das Sprachvermögen und die erkennende Vernunft als die Königszeichen des Menschen in der westlichen Religions- und Geistesgeschichte hervorgehoben wurden, umso mehr verloren die Tiere an Achtung, wurden sie zu sprach- und seelenlosen Lebewesen erklärt. Im römischen Recht, das das juristische Denken Europas begründete, wurden Tiere ebenso wie Sklaven zu Sachen gemacht. Den Christen gab die Bibel das Recht, über die Tiere zu herrschen. Und für Descartes, den Begründer des neuzeitlichen Rationalismus, war das Tier nicht viel mehr als eine Maschine. Der Siegeszug der Naturwissenschaften und der Industrialisierung im 19. Jahrhundert stufte das Tier mehr und mehr zum bloßen Material herab, zum Nutz-, Schlacht- und Labortier. Während die Eskimos der getöteten Robbe als Dank und um ihre Seele zu besänftigen, Wasser in den Mund träufelten, sterben heutzutage Millionen von Schweinen, Kälbern und Rindern unbeachtet in den Schlachthöfen.

Die widersprüchliche ethische Einstellung des Menschen zur Natur ist in seinem Umgang mit den Tieren aufs Schärfste zugespitzt. Mitten in der von ihnen betriebenen Umweltzerstörung sehnen sich die meisten Menschen nach einer intakten, möglichst „paradiesischen" Natur und begeistern sich an der faszinierenden Vielfalt tierischen Lebens. Einerseits werden im Zuge der radikalen Ausbeutung natürlicher Ressourcen immer mehr Tierarten unwiederbringlich vernichtet; andererseits werden Tiere gehätschelt als Ersatz für menschliche Nähe und Zuwendung. Wie soll der heutige Mensch mit den Tieren umgehen?

2 Vergleichen Sie die Einstellung zum Tier, die in den Tiergottheiten zutage tritt, mit derjenigen unserer Gesellschaft.

3 Wenn unsere Beziehung zum Tier der Spiegel unseres Verhältnisses zur Natur ist, welches Verhältnis stellen Sie dann für unsere heutige Zeit fest?

Menschenrecht und Tierrecht abwägen

Hans Wollschläger (geb. 1935), deutscher Schriftsteller und Übersetzer

Hans Wollschläger: Tiere sehen dich an

Sie werden in Gefängniszellen gehalten, so eng wie die Stehsärge von Oranienburg[1]; das Licht, das ihnen morgens aufgeht, kommt von der Neonröhre, die angeht; ihre Grundlebensbedürfnisse werden mit der chemischen Keule niedergeschlagen, ihre Grundtriebe ebenso an- und abgestellt, Fortpflanzung und Nachkommenaufzucht auf perverse Art mechanisiert. Ihr einziger Daseinszweck: Selbstaufzucht, Selbstvervielfältigung. Haftpsychosen sind die Regelfolge, Selbstmordversuche; die Lebensdauer, die ihnen zugebilligt wird, liegt tief unter ihrer natürlichen Lebenserwartung; das Urteil, Begnadigung ausgeschlossen, lautet generell auf lebenslänglich.

Es ist die Rede von Tieren, nicht von Menschen. [...]

Was in den Zucht- und Schlachtanstalten der sogenannten zivilisierten Nationen geschieht, gehört, alles erwogen, zu dem wohl stärksten Verbrechen, das zurzeit auf Erden zu registrieren ist; es gehört mit zu einem Problem von allergrundsätzlichster Bedeutung. [...]

Legebatterie: Die Hühner können sich in den engen Drahtkäfigen nicht ihrem Wesen gemäß verhalten. Sie können weder scharren noch ein Staubbad nehmen.

Sie werden in körperenge Kästen gezwängt, damit sie sich nicht bewegen können, auf Wochen und Monate; wo auch ihr kleinstes Zappeln und Zucken die Täter noch stört, gießt man ihnen einen Gipspanzer um; damit sie nicht schreien und beißen, schneidet man ihnen die Stimmbänder durch und vernäht ihnen die Mäuler; man verätzt ihnen den Magen, die Augen, die Haut; infiziert sie gewaltsam mit den gräulichsten Krankheiten, die sie von allein nie bekämen; treibt sie mit Nervengiften in Krämpfe oder Wahnsinn; vergiftet und vergast sie mit den aberwitzigsten Substanzen; implantiert ihnen Elektroden ins Gehirn und jagt ihnen Stromstöße in sämtliche Lebensfunktionen; man zertrümmert ihnen die Knochen, verbrüht und verbrennt sie, setzt sie in Eisbäder und Hitzekammern; man erprobt Waffenwirkungen an ihnen [...].

Es ist, abermals, von Tieren die Rede, nicht von Menschen, – von jenen Tieren, zu denen der Mensch sogar ein weitgediehenes Verwandtschafts- und Freundschaftsbewusstsein entwickelt hat: vorab von Hunden und Katzen, den Gefährten der einsamen Kindheit, den Gefährten des wieder einsamen Alters. Und es gibt keinen Zweifel, wie das zu qualifizieren ist, was ihnen in den Großla-

[1] Oranienburg: eines der ersten Konzentrationslager der Nationalsozialisten

bors und Versuchsanstalten von Industrie und Medizin und Militär angetan wird: Es ist ein gigantischer Verstoß gegen alles, was die Sorte Homo sapiens im mühseligen Verlauf ihrer geschichtlichen Evolution an Benehmen gelernt hat: der Zusammenbruch einer ganzen Werte-Ordnung, an der Jahrtausende gearbeitet haben. [...]
Was alles da im längst unheimlichen Verbund an Gräueln stattfindet – es gibt auch darüber mittlerweile die umfassendsten Informationen, in Büchern wie in den Wochen-, Tages- und Augenblicksmedien – nichts davon ist neu. Aber die Gräuelhaftigkeit wächst, von Augenblick zu Tag zu Woche, auf eine unheimliche Weise eben dadurch, dass nichts davon mehr neu ist – das kollektive Mitwissen konstituiert den Tatbestand einer riesigen Komplizenschaft, deren ungehemmtes Fortbestehen **die Grundlagengeltung der Ethik selbst infrage stellt** und zuletzt die Drohung mit sich bringt, die ganze Entwicklung des Abendlands mit einem welthistorischen Zynismus sondergleichen abzuschließen.

Robert Spaemann: Das Prinzip der Güterabwägung

In der traditionellen Ethik wurde Tierquälerei wegen ihrer den Menschen verrohenden Art verurteilt. Diese Begründung ist seltsam verkürzt. Wenn eine Handlungsweise den Menschen verroht, dann doch wohl deshalb, weil an ihr selbst etwas falsch ist. Wenn wir einem Wesen keinen Schmerz zufügen wollen, dann nicht in erster Linie deshalb, weil es ein vernünftiges, sondern weil es ein schmerzempfindendes Wesen ist. [...]
Das Töten von Tieren – solange wir die Art nicht ausrotten – wird nur von einer Minderheit von Menschen als ethisches Problem angesehen, und diese Minderheit kann dafür kaum zwingende Gründe geltend machen. Tiere leben im Augenblick. Sie verhalten sich nicht zu ihrem Leben als einem überschaubaren Ablauf. Sie sind deshalb für den Menschen nicht im gleichen Sinne „Selbstzweck“ wie der Mensch. Dennoch haben wir nicht das Recht, ihnen ein tierungemäßes Leben aufzuzwingen oder gar jenes Leben des Grauens, das mit gutem Grund dem Blick der Öffentlichkeit entzogen wird: Die Tierschutzgesetze enden nämlich heute dort, wo die Tierquälerei in großem Stil erst beginnt, bei den Tierexperimenten im Dienst der Wissenschaft. Jedes beliebige Ziel dient ja als Rechtfertigung, sofern es nur wissenschaftlich verfolgt wird. Die Änderung dieses Zustandes ist eine ethische Forderung. Und zwar muss er in der Richtung geändert werden, dass hier ein Prinzip verantwortlicher Güterabwägung eingeführt wird. So richtig es ist, dass menschliche Interessen über denen der Tiere stehen, so erlaubt es also ist, dass der Mensch sich um den Preis des Leidens von Tieren von eigenen Leiden loskauft – etwa durch medizinische Experimente –, so gilt doch andererseits, dass nicht jedes menschliche Interesse jedes Leiden von Tieren rechtfertigt. Es ist mit einer verantwortlichen Güterabwägung unvereinbar, Tiere auf grauenhafte Weise zu verstümmeln, um kosmetische Präparate zu testen.

Robert Spaemann (geb. 1928), deutscher Philosoph, der sich dem Christentum verpflichtet fühlt.

1. Halten Sie es für berechtigt, Legebatterien mit KZs gleichzusetzen? Begründen Sie Ihr Urteil.
2. Untersuchen Sie, welche Auffassung vom Tier hinter der Darstellung Wollschlägers steht.
3. Nehmen Sie Stellung zu der These Wollschlägers: Die Behandlung der Tiere greift die Grundlagen der humanen Ethik an.
4. Was unterscheidet die Auffassung Spaemanns von der Wollschlägers?
5. Welches menschliches Interesse könnte Ihrer persönlichen Überzeugung nach den Schmerz von Tieren rechtfertigen? Prüfen Sie diese Frage, indem Sie für Tiere das eigene Haustier einsetzen.

„Menschenrechte" für Tiere?

Peter Singer (geb. 1946), australischer Philosoph, geht davon aus, dass alle Lebewesen vergleichbare Interessen haben, darauf fuße das Prinzip der Gleichheit und Gerechtigkeit. Die größten Gegner der Gleichheit sind für Singer Rassismus (Bevorzugung der eigenen Rasse), Sexismus (Bevorzugung aufgrund des Geschlechts) und Speziesismus (Bevorzugung der eigenen Spezies, der Gattung Mensch).

Peter Singer: Gleichheit für Tiere

Wenn ein Wesen leidet, kann es keine moralische Rechtfertigung dafür geben, sich zu weigern, dieses Leiden in Erwägung zu ziehen. Es kommt nicht auf die Natur des Wesens an – das Gleichheitsprinzip verlangt, dass sein Leiden ebenso zählt wie das gleiche Leiden – soweit sich ein ungefährer Vergleich ziehen lässt – irgendeines anderen Wesens. Ist ein Wesen nicht leidensfähig oder nicht fähig, Freude oder Glück zu erfahren, dann gibt es nichts zu berücksichtigen. Deshalb ist die Grenze der Empfindungsfähigkeit (wir verwenden diesen Terminus als bequeme, wenngleich nicht ganz genaue Abkürzung für die Fähigkeit, Leid oder Freude bzw. Glück zu erfahren) die einzig vertretbare Grenze für die Rücksichtnahme auf die Interessen anderer. Diese Grenze durch irgendwelche anderen Merkmale wie Intelligenz oder Rationalität festsetzen, hieße sie auf willkürliche Weise festsetzen. Weshalb dann nicht andere Eigenschaften wie zum Beispiel die Hautfarbe herausgreifen?

Rassisten verletzen das Prinzip der Gleichheit, indem sie bei einer Kollision ihrer eigenen Interessen mit denen einer anderen Rasse den Interessen von Mitgliedern ihrer eigenen Rasse größeres Gewicht beimessen. Weiße Rassisten akzeptieren nicht, dass der Schmerz, den Schwarze verspüren, ebenso schlimm ist wie der, den Weiße verspüren. Ähnlich messen jene, die ich „Speziesisten" nennen möchte, da, wo es zu einer Kollision ihrer Interessen mit denen von Angehörigen einer anderen Spezies[1] kommt, den Interessen der eigenen Spezies größeres Gewicht bei. Menschliche Speziesisten erkennen nicht an, dass der Schmerz, den Schweine oder Mäuse verspüren, ebenso schlimm ist wie der von Menschen verspürte. [...]

Die besonders sensiblen Katzen werden bevorzugt für Gehirnuntersuchungen verwendet. Um die Elektroden exakt einsetzen zu können, werden die Tiere in eine Art Schraubstock gespannt und mit Curare, einem pflanzlichen Nervengift gelähmt, damit sie zwar Schmerz empfinden können, aber nicht durch Körperreaktionen den Versuch stören.

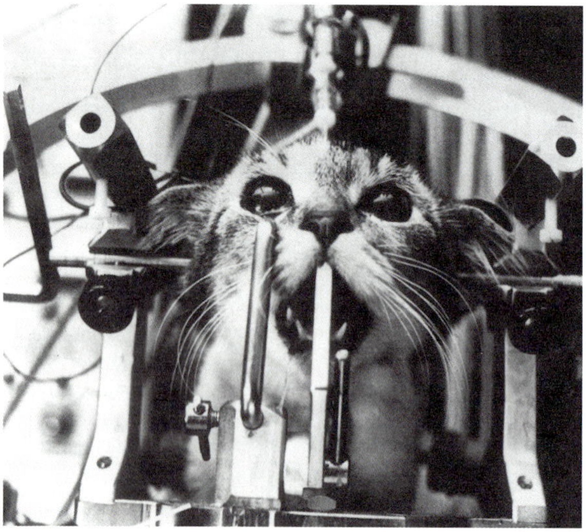

Würden wir etwa beschließen, äußerst schmerzhafte oder tödliche wissenschaftliche Experimente an normalen erwachsenen Menschen durchzuführen, die man – wie es der Zufall will – aus öffentlichen Parks zu diesem Zweck entführt, so würden die Erwachsenen, die einen Park betreten, sich vor einer Entführung zu fürchten beginnen. Der daraus resultierende Schrecken wäre eine Form von Leiden, die zu den Schmerzen des Experiments hinzukäme. Dieselben Experimente würden aber bei nichtmenschlichen Lebewesen weniger Qual verursachen, weil die Tiere nicht im Voraus befürchten würden, entführt und zu Experimenten missbraucht zu werden. Das bedeutet natürlich nicht, dass es

[1] Spezies (lat.): in der biologischen Systematik die Bezeichnung für eine Tier- oder Pflanzengattung

richtig wäre, diese Experimente an Tieren durchzuführen, sondern nur, dass es einen nicht speziesistischen Grund gibt, dafür eher Tiere als normale erwachsene Menschen zu verwenden, wenn die Experimente überhaupt durchgeführt werden müssen. Man sollte allerdings festhalten, dass dieses selbe Argument uns auch Gründe dafür gibt, Kleinkinder – vielleicht Waisen – oder geistig behinderte Kinder eher zu verwenden als Erwachsene, weil Kleinkinder und geistig behinderte Kinder ebenfalls keine Vorstellung davon hätten, was mit ihnen geschehen wird. Was dieses Argument betrifft, so gehören nichtmenschliche Lebewesen, Kleinkinder und geistig behinderte Kinder zur selben Kategorie, und wenn wir uns dieses Arguments bedienen, um Experimente an nichtmenschlichen Lebewesen zu rechtfertigen, so müssen wir uns selbst fragen, ob wir bereit sind, Experimente an Kleinkindern und geistig behinderten Kindern zuzulassen.

Michael Miersch: Eine Antwort auf Peter Singer

Die Tierrechtler haben als Zielobjekte ihres Engagements die Tiere entdeckt, denen sie unsere moralischen Normen überstülpen wollen. [Dabei] vermischen sie zwei völlig gegensätzliche Bereiche: die menschliche Gemeinschaft mit ihren Möglichkeiten, ethische Entscheidungen zu treffen, und die Natur, die auf Effizienz angelegt ist und dabei keine moralischen Skrupel kennt.

Menschen verursachen nur einen Bruchteil des alltäglichen Massensterbens von Lebewesen. Viele Arten sind geradezu darauf ausgerichtet, mit ihren Geburtenraten tausendfachen Tod in Kauf zu nehmen. [...] **Auch Schmerzen sind aus biologischer Sicht eher ein notwendiges Hilfsmittel als ein moralisches Übel, das es abzuschaffen gilt.** „Ein Säugetier, das keine Schmerzen spürt, hat einen schweren Defekt", schreibt der amerikanische Ökoethiker Baird Callicot. Eine Wölfin, die beispielsweise einen Hirsch verfolgt, leidet nach einiger Zeit vermutlich unter Muskelschmerzen; ihre Pfoten sind blutig, und vielleicht fühlt sie Stiche in Herz und Lunge. Dies alles bringt sie dazu abzuwägen, ob sie die Beute noch weiter verfolgen oder aufgeben soll: ein sinnvolles biologisches Informationssystem. Ist diese Wölfin dadurch unglücklicher als ein Artgenosse, der am Rande einer menschlichen Siedlung bequem und schmerzfrei von Abfällen lebt?

Nicht nur in dieser Frage weigern sich Tierrechtler, biologische und insbesondere ökologische Maßstäbe zu akzeptieren. Daher ziehen sie es auch vor, Haustiere in den Mittelpunkt ihrer ethischen Überlegungen zu stellen. Hunde, Hühner und Schweine sind vollkommen von menschlichen Entscheidungen abhängig und nicht in komplexe natürliche Lebensgemeinschaften eingebunden. [...]

Auch wenn alle Menschen Vegetarier wären, der Futtermittelanbau also wegfiele, müsste weiterhin im großen Maßstab Getreide und Gemüse gepflanzt werden. Jeder bestellte Acker, jede Plantage war jedoch einmal Wildnis und damit Lebensraum für Tiere. **Das Dilemma des „Tötens, um zu überleben", fängt nicht erst im Schlachthof an. „In letzter Konsequenz ist die Tierrechtsidee nicht praktikabel"**, folgert daher Baird Callicot.

1. Untersuchen Sie das Argument der Befürworter von Tierversuchen, dass ein Mensch mehr leidet als eine Katze, wenn er sich in den gleichen Umständen eines Gehirnexperiments befände.
2. Diskutieren Sie die radikale Schlussfolgerung Singers im letzten Absatz in Bezug auf geistig Behinderte oder Kleinkinder.
3. „Schmerzen sind ein notwendiges Hilfsmittel" – was will Miersch mit diesem Argument den Tierrechtlern beweisen?
4. Prüfen Sie: Tötet der Mensch Tiere, um zu überleben?
5. Stellen Sie fest, ob Miersch mit der Beweisführung im letzten Absatz die Überlegungen Singers widerlegt hat.

Iris Radisch: Scheinheiliges Mitleid mit den Kühen

Eine Frage von alttestamentarischer Wucht:
Dürfen wir 400 000 Kühe töten, ohne sie zu fressen? Für einen Augenblick hält die Nation in ihrer Schlachthausroutine inne und sieht seinen Kälbchen tief in die Augen [...] Besorgte Bürger möchten Patenschaften für süße Kälber übernehmen. Findelkälbchen Max, das bei Wind und Wetter rüde in einer Telefonzelle ausgesetzt wurde, wird von Hilfsangeboten überhäuft. Viele stellen plötzlich fest, dass in ihrer Garage oder zumindest auf dem Balkon für ein armes, todgeweihtes Kalb noch Platz wäre. Denn wer weiß, vielleicht ist doch wahr, was inzwischen sogar die Bild-Zeitung vermutet. Vielleicht haben Tiere doch eine Seele.
Dieses Mitleid ist scheinheilig. Die 400 000 Kühe, deren sinnloser Tod plötzlich empört, wären längst gefressen. Und kein Mensch hätte nach dem Fressen noch nach der Moral gefragt. Doch fällt das große Fressen einmal aus, wird der Mensch besinnlich: Nicht, wie Brecht noch glaubte, nach dem Fressen, sondern ohne Fressen kommt die Moral.
Wenn nicht Moral und Fressen inzwischen ein und dasselbe sind. „Niemand“, schreibt das Tierschutzgesetz der Bundesrepublik Deutschland vor, „darf einem Tier ohne vernünftigen Grund Schmerzen, Leiden oder Schäden zufügen.“ Da wohl unstrittig sein dürfte, dass die maximale Beschädigung eines Tieres der Tod ist, muss der anschließende Fraß als „vernünftiger Grund“ für das Schlachten herhalten. Dass es „vernünftig“ sei, Tiere in gewaltigen Mengen zu verzehren, ist der unantastbare Glaubensgrundsatz der fleischfressenden Zivilisation. Erst wenn das Fressen als vernünftiger Grund für das große Schlachten ausfällt, kommt Mitleid auf.
[...] Wem die Tiere leidtun, der sollte sie nicht essen. Und wer die Tiere isst, dem tun sie nicht leid. Zwischen diesen beiden Optionen hat der Mensch die Qual der Wahl. Denn anders als gerne behauptet wird, ist jedermann frei, seine Nahrung zu wählen. Von evolutionärem Zwang, biologischer oder ernährungswissenschaftlicher Notwendigkeit kann – dafür kann die Autorin dieser Zeilen leibhaftig einstehen – nicht die Rede sein.

Nach Ausbruch einer Schweinepest werden Millionen gesunder Tiere zur Vorbeugung gegen die Ausbreitung der Seuche mit Elektroschocks getötet. Ihre Kadaver werden mit Baggern beseitigt.

Unbestritten gab es eine Zeit, da der unbewaffnete, nackte Mensch, umstellt von Bär, Hirsch, Löwe, Mammut und Auerochse, nicht anders konnte, als zu töten und zu fressen, um nicht getötet und gefressen zu werden. [...] Am allerverständlichsten ist, dass der Mensch, als er endlich dank List und Bogen an der Spitze der Nahrungskette thronte, sich jahrhundertelang für die einstige Schmach der Unterlegenheit am besiegten Tier gerächt hat.

Fleisch fressen ist seither das Symbol der Machtergreifung und des Sieges. Der Fleischfresser gehört auf die Sonnenseite der Evolution. Der größte Fleischfresser ist in den streng hierarchisierten Fleischkulturen immer der König. [...]

Wer sich diesem Kult ums Fleisch entzieht – und das waren seit dem 6. vorchristlichen Jahrhundert Frauen, Fremde, Randgruppen, Intellektuelle, die der Macht fernstanden – wird aus der Gemeinschaft der Sieger ausgeschlossen, als blutleer, engstirnig und kränklich diffamiert. So war noch vor kurzem in einer seriösen Frankfurter Zeitung zu lesen, dass Säuglinge von Vegetarierinnen mit schweren Hirnschäden zu rechnen hätten. Und so wird bis heute, und nicht nur auf der Homepage der Fleischindustrie, die Mär vom nur durch Fleisch zu deckenden menschlichen Eiweißbedarf weiter verbreitet. Von einem Stück Fleisch wird noch immer behauptet, dass es ordentlich sei, wohingegen die Fleischverächter die Ordnung der Mythen stören.

Das Fleischfressen ist ein überaus unvernünftiges Relikt eines veralteten sozialen Ritus. Mehr Kult als Kultur, mehr Kollektivneurose als Naturzwang. Niemand versteht heute mehr, warum Katzen, Hunde, Affen, Ratten, Pferde und Mäuse keinesfalls, Rinder, Schweine und Hühner dafür in unvorstellbaren Massen verspeist werden dürfen. Und warum es in einer anderen Weltgegend gerade umgekehrt zugeht. Der Übergang von einer ursprünglichen Blut- und Hack- zu einer zivilisierten Vernunft- und Mitleidskultur steht auch im 21. Jahrhundert noch nicht auf der Speisekarte. Warum vertauschen die Spektakelfernsehsender nicht einmal ihre fidelen Containerjugendlichen mit schreienden Schweinen auf der Schlachtbank? Wem dabei nicht zuerst die Moral kommt, der darf weiterfressen.

§ 1 TierschG (Grundsatz)

„Zweck dieses Gesetzes ist es, aus der Verantwortung des Menschen für das Tier als Mitgeschöpf dessen Leben und Wohlbefinden zu schützen. Niemand darf einem Tier ohne vernünftigen Grund Schmerzen, Leiden oder Schäden zufügen."

1. Wo können Sie auf den „Kult des Fleisches" in Ihrer Umwelt treffen? Suchen Sie Beispiele.

2. Ist das Schlachten in einem Ausmaß wie in unserer Gesellschaft nach § 1 des Tierschutzgesetzes legitim?

3. Entwerfen Sie einen alternativen § 1 eines TierschG, wie er Ihrer Moral gegenüber Tieren entspricht.

4. Können wir Respekt gegenüber den Tieren bekunden, ohne Vegetarier zu sein?

Wissenschaft, Technik und Ethik

Wissenschaft und Verantwortung

Kunst, Wissenschaft, Forschung und Lehre sind frei. Die Freiheit der Lehre entbindet nicht von der Treue zur Verfassung.
Grundgesetz der Bundesrepublik Deutschland, Art. 5, Abs. 3

„Wir müssen doch nicht alles machen, was wir können. Nein, wir müssen es nicht. Aber? Aber wir werden es machen. Und weshalb? Weil wir es nicht ertragen können, wenn nur der kleinste Zweifel bleibt, ob wir es wirklich können."
Hans Blumenberg (1920–1999), deutscher Philosoph

„Eine empirische[1] Wissenschaft vermag niemanden zu lehren, was er *soll*, sondern nur, was er *kann* und – unter Umständen – was er *will*."
Max Weber (1864–1920), deutscher Soziologe

Klaus Franke: Widersprüche des wissenschaftlichen Fortschritts

„Kann man behaupten", fragt sich der Molekularbiologe Erwin Chargaff[2], „dass die biologischen Wissenschaften in vielen ihrer Bestrebungen auf die Abschaffung des Todes abzielen? Ich fürchte, man kann es." Die jüngste Sparte der Bioforschung, die Gentechnik, wirbt jedenfalls um Sympathie mit dem Versprechen, Killerkrankheiten wie Krebs und Aids zu besiegen und das Menschenleben um Jahrzehnte zu verlängern.
Leere Verheißungen sind das nicht mehr, seit die Forscher den genetischen Code entschlüsselt haben. Der innerste Mechanismus des Lebens – das molekulare Triebwerk der einzelnen Lebewesen wie der Evolution – ist damit bloßgelegt; die Bioforscher haben begonnen, die molekulare Lebensmaschinerie zu studieren, sie zu zerlegen und neu zusammenzubauen. Mit physikalischer Präzision lassen sich durch Eingriffe in die genetische Schaltzentrale Lebensvorgänge regulieren, umleiten, an- oder abschalten. Die lebende Zelle als Miniatureiweißfabrik mit einem DNS-Zentralcomputer, dessen Programm beliebig variiert werden kann, sobald der Computer-Code übersetzt ist – dieses Biomodell mit seinen die Fantasie beflügelnden Möglichkeiten wird die Welt gründlicher auf den Kopf stellen als jede frühere technische oder wissenschaftliche Revolution, die Atomspaltung inbegriffen. Mikroben, Pflanzen, Tiere und die Gattung Mensch, alles Lebendige wird in naher Zukunft zur Disposition stehen, wenn die Geningenieure in großem Stil beginnen, ihre weltverbessernden Pläne in die Tat umzusetzen. Eine neue „technologische Eugenik"[3], fürchtet der Münchner Soziologe Ulrich Beck, werde sich der Menschen bemächtigen, zunächst „auf den leisen Sohlen der Gesundheitsvorsorge und mit dem wissenschaftlichen Segen der Genberatung".

Friedrich Dürrenmatt: Die Physiker (1962). Zürich (Diogenes) [16]1998

Heinar Kipphardt: In der Sache J. Robert Oppenheimer (1964). Frankfurt am Main (Suhrkamp) 2004

---

[1] empirisch (gr.): auf Erfahrungen, Beobachtungen oder Experimenten beruhend
[2] Erwin Chargaff (1905–2002), Genforscher und Biochemiker, vertrat die Ansicht, dass die Wissenschaft mit der „Misshandlung des Atomkerns und des Zellkerns" eine Grenze überschritten hat, „die sie hätte scheuen sollen".
[3] Eugenik (gr.): Erbgesundheitsforschung und -lehre (s. S. 329)

Während die Genalchimisten noch damit beschäftigt sind, das Genom des Menschen – die Gesamtheit aller seiner Erbanlagen – zu dechiffrieren, entlassen sie aus ihren Genlabors bereits genmanipulierte Pflanzen und Tiere, deren Nutzwert für die Landwirtschaft angeblich spürbar gesteigert wurde. Allein in der Bundesrepublik gibt es derzeit mehr als 1300 Laboratorien, in denen Wissenschaftler an genetischen Experimenten arbeiten. Erbittert kämpfen die Genbastler gegen gesetzliche Sicherheitsvorschriften, die sie als schikanöse „Regelungsexzesse" bezeichnen.
„Die Welt wird zum Labor", konstatiert Soziologe Beck, sie entwickle sich zum Schauplatz eines „Menschheitsexperiments", an dem jedermann teilnehme, für das jedoch niemand mehr verantwortlich sei. An der Wende zum dritten Jahrtausend, glaubt er, sei die wissenschaftlich-technische Entwicklung zum Selbstgänger geworden. Niemand, glaubt Beck, ist in der „Risikogesellschaft" hoch entwickelter Industrieländer für die Fortschrittsfolgen verantwortlich. Kein Wissenschaftler, sofern er die staatlich verordneten Sicherheitsbestimmungen nicht verletzt, haftet für Schäden, die sich aus der Anwendung seiner Erkenntnisse gleichwohl ergeben können; die Risiken, so Beck, werden „vergesellschaftet".
Soll heißen: Wie durch Hexerei werden Schadstoffe, Gifte, radioaktive Partikel oder Strahlen mithilfe von Grenzwertbestimmungen beseitigt. Was in welchen Mengen schädlich oder ungefährlich ist, handeln Experten mit technokratischen Verwaltungsinstanzen aus. Großgefahren, wie sie von Chemiefabriken oder Kernkraftwerken ausgehen, lösen sich in hoch komplizierten Wahrscheinlichkeitsberechnungen auf.
Deren beruhigender Effekt besteht darin, dass sie das technisch nicht auszuschließende Desaster auf Sankt Nimmerlein verlegen.
Zwar lautet das Kalkulationsergebnis stets: Der große Knall kommt womöglich schon morgen, vielleicht aber auch erst in 1000 Jahren. Doch da die Berechnungen grundsätzlich experimentell nicht nachprüfbar sind, bleibt das wahre Risiko im Ungewissen, während zugleich der Anschein wissenschaftlicher Gefahrenkontrolle gewahrt wird.

1 Worin sieht Franke die Ambivalenz des wissenschaftlichen Fortschritts?

2 Informieren Sie sich über das Lebenswerk der in dem Bild dargestellten Wissenschaftler.

3 Ist Ihrer Meinung nach die vom Künstler gewählte Anspielung auf die Abendmahlszene berechtigt?

4 Recherchieren Sie, für welche Ereignisse folgende Städtenamen stehen: Seveso (Italien, 1976) Tschernobyl (Ukraine, 1986), Bophal (Indien, 1984).

G.H. Magnus: Die Bombe und ihre Jünger

In Anlehnung an das „Abendmahl" von Leonardo da Vinci zeigt die Illustration die Physiker, durch deren Forschungen das Atomzeitalter begann.

Heinz von Foerster (1911–2002), Physiker und Philosoph, arbeitete im 2. Weltkrieg als Radarforscher, nach Ende des Krieges auch als Journalist. 1949 ging er in die USA. Er entwickelte eine quantenmechanische Theorie des Gedächtnisses und gründete das Biologische Computer-Laboratorium (BCL), in dem Physiker, Mathematiker, Biologen, Mediziner, Techniker und Künstler gemeinsam an der Frage, was Erkennen ist und wie es funktioniert, arbeiteten. Von Foersters bahnbrechende Impulse im Bereich empirisch-experimenteller Kognitionsforschung werden erst seit einigen Jahren in ihrer Bedeutung erkannt und gewürdigt. Für von Foerster sind Lehren und Lernen lebendige Prozesse mit offenem Ende. Daher sucht er das Gespräch mit anderen und verweigert sich in seinen zahlreichen Schriften einer systematischen Darstellung seines Denkens, die Abgeschlossenheit und endgültige Wahrheit suggeriert.

Heinz von Foerster: Erkenntnis und Verantwortung

BERNHARD PÖRKSEN: Sie haben einmal [...] geschrieben: „**Objektivität ist die Wahnvorstellung, Beobachtungen könnten ohne Beobachter gemacht werden. Die Berufung auf Objektivität ist die Verweigerung der Verantwortung – daher auch ihre Beliebtheit.**" Wie hängt die Ablehnung von Verantwortung mit dem Objektivitätspostulat zusammen?

HEINZ V. FOERSTER: Wer wissenschaftlich tätig ist, mathematische Theorien aufstellt, in Labors arbeitet, für den wird die Frage wichtig: Was ist eine Beobachtung? Wie kommt sie zustande? Wie lässt sich mit Sicherheit feststellen, dass dieses oder jenes der Fall ist und diese oder jene Sicht der Dinge universal gültig? Ausgehend von Problemen der klassischen Empirie hat ein gewisser Hermann von Helmholtz im 19. Jahrhundert eine Strategie entwickelt, die – so seine Annahme – allgemeingültige Beobachtungen hervorbringen könnte. Helmholtz beschloss, den Beobachter auf dem sogenannten *Locus observandi* zu platzieren: einem Platz völlig neutraler Beobachtung, der frei sein sollte von persönlichen Einflüssen, individuellem Geschmack und den besonderen Eigenschaften eines Menschen, der etwas untersucht und studiert.

PÖRKSEN: Die Charakterisierung des Locus observandi klingt so, als würde man eine *epistemologische*[1] Schweiz beschreiben, einen Ort vollständiger erkenntnistheoretischer Neutralität.

V. FOERSTER: Ausgezeichnet, eine epistomologische Schweiz sollte das sein, ganz genau. Es ist ja unerhört attraktiv, so zu denken und die eigenen Annahmen als objektiv auszugeben. Aber wenn man ein bisschen näher hinschaut und die Frage stellt, was mit dem Begriff der Objektivität gemeint ist, dann erfährt man, dass es zu den Merkmalen einer objektiven Beschreibung gehört, dass die individuellen Eigenschaften des Beobachters nicht in diese eingehen, sie beeinflussen und bestimmen sollen. Aber was heißt das? Soll man nicht seine eigenen Augen benutzen, soll man nicht hören, nicht riechen, nicht schmecken? Mir ist nie recht klar geworden, was die Anhänger des Objektivitätspostulats überhaupt beobachten wollen, wenn sie einem Menschen seine persönliche Sicht der Dinge untersagen. Was soll ein Beobachter wahrnehmen, der, folgt man der Definition von Objektivität, eigentlich blind, taub und stumm sein müsste und dem es verboten ist, seine Sprache zu verwenden? Was soll er uns mitteilen? Wie soll er kommunizieren? Es ist doch, so würde ich meinen, immer ein Beobachter, der beobachtet. Ohne ihn geht gar nichts.

PÖRKSEN: Aber was haben diese Ausführungen zum Begriff der Objektivität mit der Abschiebung von Verantwortung – einer praktischen Konsequenz – zu tun?

V. FOERSTER: Wenn ich sage, eine Aussage sei objektiv, dann liegt dieser Behauptung die Vorstellung zugrunde, man selbst habe nichts mit dieser Aussage zu tun. Man beschreibt ja nur, man fungiert als eine Art Kamera und als ein passiver Registrator. Politisch gesehen ist diese Ablösung des Beobachters vom Beobachteten ein beliebtes Gesellschaftsspiel; denn wie will man diesen objektiven Beobachter für irgendetwas verantwortlich machen? Er ist ja nur ein Berichterstatter, er ist nicht beteiligt an

[1] epistemologisch: die Erkenntnis betreffend

René Magritte (1898–1967): La condition humaine

dem, was geschieht, er kann sich immer darauf zurückziehen, dass er nur *objektiv* darstellt, was der Fall ist.

PÖRKSEN: Aus meiner Sicht lässt sich das Verhältnis von Objektivität und verantwortlichem Handeln aber auch genau umgekehrt betrachten: Der Verweis auf die erkannte, die objektive Wahrheit bildet vielfach die Basis für verantwortliches Engagement. Weil etwas objektiv so ist, weil – beispielsweise – die Naturzerstörung *wirklich* voranschreitet, muss gehandelt werden. Und umgekehrt könnte man sagen, dass der Abschied von der Idee einer objektiv erkennbaren Realität sich auch als Rechtfertigung für Gleichgültigkeit interpretieren ließe. Nichts ist mehr *wirklich* wichtig. [...]

V. FOERSTER: Meine Auffassung ist: Sobald man diese Referenzen[1] nach außen macht und vom Übel der Welt spricht, so ist das Leid weg, nach draußen geschoben. Der Objektivist schiebt es weg. Derjenige, der eine nicht objektivistische Haltung einnimmt, ist in ganz anderer Weise involviert[2]. Er sagt: „Ich sehe es so, dass es alle diese Übel in der Welt gibt." Ein solcher Satz macht einen plötzlich zum Mitleidenden, es entsteht Beteiligung und gerade nicht, wie Sie befürchtet haben, Gleichgültigkeit. [...] Das heißt: Man kann jetzt zwei unterschiedliche Positionen kontrastieren. Der Haltung des unbeteiligten Beschreibers steht die Haltung des Mitfühlenden und Beteiligten gegenüber, der sich selbst als Teil der Welt begreift und von der Prämisse ausgeht: Was immer ich tue, verändert die Welt! Er ist mit ihr und ihrem Schicksal verbunden, er ist verantwortlich für seine Handlungen. Die Welt kann aus dieser Perspektive nicht zu etwas Feindlichem werden: Sie erscheint als ein Organ, als ein Teil des eigenen Körpers, der sich nicht abtrennen lässt. Das All und das Selbst fallen zusammen. Aus dem viel beschworenen Angstbegriff *Kampf ums Dasein* wird ein harmonisches Zusammenspiel.

PÖRKSEN: Wie lässt sich diese Haltung der Verbundenheit, wie lässt sich Ethik überhaupt argumentativ begründen? [...]

V. FOERSTER: Ich behaupte, dass sich prinzipiell nicht entscheiden lässt, welche von diesen beiden Haltungen die richtigere oder die wahrere ist. Verbunden mit der Welt oder getrennt von der Welt – das ist aus meiner Sicht unentscheidbar. Und daher kommt es ausschließlich auf mich an, für welche dieser beiden Haltungen ich votiere.

PÖRKSEN: Was sind entscheidbare, was sind unentscheidbare Fragen?

Radikaler Konstruktivismus

Können wir uns ein Bild von der Wirklichkeit machen, das diese so wiedergibt, wie sie ist? Ist das, was wir Wissen nennen, ein solches Abbild der Wirklichkeit? Heinz von Foerster gehört einer Denkrichtung an, die als **radikaler Konstruktivismus** bezeichnet wird. Dieser behauptet, dass wir eine von uns unabhängige Wirklichkeit gar nicht erkennen können. Vielmehr leben wir in einer Wirklichkeit, die wir selbst erfunden/konstruiert haben. „Ich sehe, was ich sehe." „Ich weiß, was ich weiß." Mit solchen tautologischen Aussagen verdeutlicht von Foerster die Gebundenheit der Erkenntnis an den Erkennenden. Der Mensch kann sein Wissen nur mit anderem Wissen vergleichen, niemals mit einer von ihm unabhängigen Wirklichkeit. Der radikale Konstruktivismus sieht den Wert unseres Wissens und unserer Theorien darin, dass sie uns helfen, eine gemeinsame Welt zu erschaffen, die dauerhaft und verlässlich ist. Wissen ist kein passives Abbilden, sondern schöpferisches Handeln (s. auch S. 326f.).

[1] Referenz: Bezugnahme/Berufung auf

[2] involviert: mit enthalten, beteiligt

v. Foerster: Eine entscheidbare Frage wird immer innerhalb eines Rahmens entschieden, der die mögliche und jeweils richtige Antwort bereits vorgibt. Ihre Entscheidbarkeit wird durch gewisse Spielregeln und Formalismen, die man allerdings akzeptieren muss, gesichert. [...] So ist die Frage, ob die Zahl 2546 durch 2 teilbar ist, blitzschnell beantwortbar, da wir alle wissen, dass Zahlen, die eine gerade Endziffer enthalten, durch 2 teilbar sind.

Pörksen: Was sind unentscheidbare Fragen?

v. Foerster: Das sind Fragen, die etwa von der Existenz höherer Wesenheiten, dem Sinn des Lebens, der Entstehung der Welt und dem Weiterleben nach dem Tod handeln. Sie besitzen eine Vielzahl möglicher Antworten. Wie ist, so könnte man fragen, das Universum entstanden? Wie lässt sich das entscheiden? Wenn man einen Physiker um Antwort bittet, so erfährt man: Das weiß doch jeder! Vor zehn oder zwanzig Milliarden Jahren gab es einen *Big Bang* – den Urknall – und aus dem ist unser heutiges Universum hervorgegangen. Noch heute hört man mit Hilfe von riesigen Mikrowellen-Antennen ein schwaches Rauschen, das als Nachhall des Urknalls zu deuten ist. Fragt man dagegen einen gläubigen Katholiken, so bekommt man einen präzisen Schöpfungsbericht zu hören, der jeden einzelnen Tag der Welterschaffung beschreibt. Wenn man einem indischen Hindu diese Frage vorlegt, so wird er sagen: Jedes Kind weiß, dass es einmal Schildkröten gab und auf diese Schildkröten stiegen andere Schildkröten und auf der obersten Schildkröte, da sitzen wir im Universum! So kann man nun von Mensch zu Mensch gehen, die Turkmenen, die Arapesch und die Eskimos fragen und immer wird man von ihnen erfahren, wie und auf welche Weise das Universum entstand. Wie soll man feststellen, wer Recht hat? Diese Frage kann nicht entschieden werden, aber ihre Beantwortung ist eine Möglichkeit, etwas über den Antwortenden zu erfahren.

Kurzum: *Sage mir etwas über den Ursprung des Universums, und ich sage dir, wer du bist!* [...]

Pörksen: Könnte man sagen, dass die unentscheidbare Frage so etwas wie ein *evokatorisches*[1] *Geheimnis* darstellt: Sie evoziert die Merkmale unseres Denkens, sie macht unsere weltanschauliche Gebundenheit sichtbar und klar.

v. Foerster: Ich würde nicht von einem Geheimnis sprechen, da ein Geheimnis nur dann ein Geheimnis ist, wenn es auch eine Antwort besitzt, die sich womöglich irgendwann offenbart. Man weiß etwas *noch nicht*. Aber die unentscheidbaren Fragen, von denen ich spreche, sind prinzipiell unlösbar; und daher würde ich keine neuen Ausdrücke erfinden, sondern diese sprachliche Form beibehalten, da die Rede von der Unentscheidbarkeit als eine Einladung zur Entscheidung zu verstehen ist. Man ist selbst aufgerufen, die Wahl zu treffen. Entscheidbare Fragen sind durch den gesetzten Rahmen in einem gewissen Sinne bereits entschieden; man kann lediglich gemäß der vorgegebenen Spielregel die Antwort finden. **Aber nur die Fragen, so lautet mein metaphysisches Postulat[2], die im Prinzip unentscheidbar sind, können *wir* entscheiden.**

---

[1] evokatorisch: das Hervortreten von Vorstellungen und Erlebnissen bewirkend

[2] Postulat: Forderung, nicht beweisbare Annahme

PÖRKSEN: In welchem Sinne verwenden Sie den Begriff der Metaphysik?[1]

V. FOERSTER: Ich behaupte: Wir sind Metaphysiker – ob wir uns so nennen oder nicht – immer dann, wenn wir Fragen entscheiden, die im Prinzip unentscheidbar sind. Und ich meine, dass wir dies im Fluss des Daseins permanent tun: Immer und immer wieder entscheiden wir unentscheidbare Fragen, die sich (aufgrund ihrer logischen Struktur, einer fehlenden Beobachtbarkeit usw.) nicht eindeutig klären lassen. Schon wenn jemand über die Vergangenheit spricht, votiert er für eine mögliche Version eines Geschehens: Er weiß ja nicht, wie es war; er weiß nur, an was er sich erinnert.

PÖRKSEN: Meinen Sie, dass wir, wenn wir über die Vergangenheit reden, immer nur über unsere Konstruktion sprechen?

V. FOERSTER: Ja, jede Geschichte und jedes Ereignis der Vergangenheit kann aus ganz unterschiedlichen Perspektiven beschrieben werden. Woher will man wissen, welche die richtige, welche die korrekte Version eines Geschehens ist? Die Vergangenheit ist nicht rekonstruierbar, sondern nur *von uns* mithilfe der Sprache beschreibbar. *Was war, ist weg.* Es ist irrsinnig komisch, wenn man die amerikanischen Lehr- und Geschichtsbücher für die Vorschule, die Mittel- und die Hochschule miteinander vergleicht: Jede Geschichte, die scheinbar von ein und demselben Ereignis handelt, ist eine andere. Allerdings sind sich die Menschen – in diesem Fall: die Autoren dieser Beiträge – nicht immer bewusst, dass sie eine Entscheidung darüber getroffen haben, was gewesen sein soll. Man muss sich jedoch klarmachen, dass wir dauernd Entscheidungen dieser Art treffen. Ich würde sogar sagen, dass die Frage unentscheidbar ist, ob sich ein Experiment finden lässt, das eindeutig erweist, ob es sich um eine unentscheidbare Frage handelt. [...]

PÖRKSEN: Wie gelangen wir jetzt von diesem Exkurs wieder zu jener Haltung des Verbundenseins mit der Welt, über die wir sprachen?

V. FOERSTER: Ich kann es nur wiederholen. Meine Behauptung ist, dass sich die Frage, ob wir von der Welt getrennt oder mit ihr verbunden sind, prinzipiell nicht endgültig klären lässt. [...] Wir können uns nur für eine dieser beiden Haltungen entscheiden und für unsere Wahl die Verantwortung übernehmen.

PÖRKSEN: Auf diese Weise wird auch das Problem der Begründbarkeit Ihrer ethischen Position auf eine ganz elegante Weise gelöst: Man entscheidet sich für die Position des Verbundenseins mit der Welt; diese Entscheidung ist die Begründung, ist das Fundament. Das heißt: Die Begründung der Ethik ist in diesem Fall *selbst* eine ethische Entscheidung.

V. FOERSTER: Das ist die Idee, ganz genau. Und in dem Moment, in dem ich eine unentscheidbare Frage entschieden habe, kommt die Verantwortung ins Spiel. Man entschließt sich, die Dinge, die Welt und seine Mitmenschen auf eine besondere Weise zu betrachten und entsprechend zu handeln. Man wird verantwortlich für die Entscheidung, die man getroffen hat und die einem niemand abnehmen kann.

Paul Watzlawick (Hg.): Die erfundene Wirklichkeit. Beitrage zum Konstruktivismus. München (Piper) [17]2004

H. v. Foerster/B. Pörksen: Wahrheit ist die Erfindung eines Lügners. Gespräche für Skeptiker. Heidelberg (Carl Auer Verlag) [6]2004

1. Was kritisiert von Foerster an der „objektivistischen Haltung"?

2. Welche erkenntnistheoretische und ethische Position setzt er ihr entgegen? Wie begründet er sie?

3. Versuchen Sie einen Zusammenhang zwischen dem Gemälde von Magritte auf S. 315 und von Foersters These, dass Objektivität nicht möglich sei, herzustellen.

4. Was versteht von Foerster unter „Verantwortung"? Vergleichen Sie seine Position mit der von Jonas (s. S. 320ff.).

5. Führt von Foersters Position zu „ethischem Relativismus" (s. S. 26ff.)?

[1] Metaphysik (gr.): philosophische Disziplin, die das hinter der sinnlich erfahrbaren Welt Liegende und somit die letzten Gründe des Seins behandelt (s. S. 53)

Karl Raimund Popper (1902–1994) studierte in Wien Mathematik, Physik und Philosophie. 1937 emigrierte er nach Neuseeland, von 1947 bis 1969 lehrte er an der London School of Economics Philosophie. Poppers Erkenntnis- und Wissenschaftstheorie, der **kritische Rationalismus**, hat bis heute einen starken Einfluss auf die Sozial- und Wirtschaftswissenschaften.
Rationalität, Vernunft und Logik sind für Popper die Grundlage jeder wissenschaftlichen Forschung, allerdings lehnt er die Suche des klassischen Rationalismus nach einer letzten Gewissheit in der Tradition Descartes' (s. S. 74) ab. Für Popper ist jedes Wissen nur vorläufig, alle Theorien sind Hypothesen, die man nicht mit letzter Gewissheit als wahr erweisen (verifizieren) kann. Sie können lediglich als fehlerhaft erwiesen (falsifiziert) und durch genauere ersetzt werden, die sich wiederum der Kritik stellen müssen. Keine Theorie kann den Anspruch erheben, absolut wahr zu sein.

Karl R. Popper: Grundlagen einer neuen Berufsethik

Die Fülle an Wissen, das der Mensch im Laufe der letzten Jahrhunderte angesammelt hat, ist für den Einzelnen kaum noch zu überblicken. So haben sich im Laufe der Menschheitsgeschichte nicht nur die einzelnen Wissenschaften herausgebildet, der moderne Wissenschaftler ist heute vielfach ein Spezialist auf einem kleinen Gebiet seiner Disziplin. Den Universalgelehrten, der in allen Gebieten des Wissens zu Hause ist, kann es nicht mehr geben. Vor diesem Hintergrund scheint die Erkenntnis des Sokrates „ich weiß, dass ich nichts weiß" heute aktueller denn je zu sein. Sie ist der Ausgangspunkt des folgenden Textes. Popper entwickelt in seiner Rede eine von dieser Einsicht inspirierte Ethik für Wissenschaftler und andere „intellektuelle Berufe".

Die Prinzipien, die jeder rationalen Diskussion zugrunde liegen, das heißt jeder Diskussion im Dienste der Wahrheitssuche, sind recht eigentlich *ethische* Prinzipien. Ich möchte drei solche Prinzipien angeben.
1. Das Prinzip der Fehlbarkeit: Vielleicht habe ich Unrecht, und vielleicht hast du Recht. Aber wir können auch beide Unrecht haben.
2. Das Prinzip der vernünftigen Diskussion: Wir wollen versuchen, möglichst unpersönlich unsere Gründe für und wider eine bestimmte, kritisierbare Theorie abzuwägen.
3. Das Prinzip der Annäherung an die Wahrheit: Durch eine Diskussion kommen wir fast immer der Wahrheit näher; und wir kommen zu einem besseren Verständnis; auch dann, wenn wir nicht zu einer Einigung kommen.
Es ist bemerkenswert, dass alle drei Prinzipien erkenntnistheoretische und gleichzeitig ethische Prinzipien sind. Denn sie implizieren unter anderem Duldsamkeit, Toleranz: Wenn ich von dir lernen kann und im Interesse der Wahrheitssuche lernen will, dann muss ich dich nicht nur dulden, sondern als potenziell gleichberechtigt anerkennen; die potenzielle Einheit und Gleichberechtigung aller Menschen sind eine Voraussetzung unserer Bereitschaft, rational zu diskutieren. Wichtig ist auch das Prinzip, dass wir von einer Diskussion viel lernen können; auch dann, wenn sie nicht zur Einigung führt. Denn die Diskussion kann uns lehren, einige der Schwächen unserer Position zu verstehen.
Es liegen also der Naturwissenschaft ethische Prinzipien zugrunde. Die Idee der Wahrheit als das grundlegende regulative Prinzip ist ein solches ethisches Prinzip. Die Wahrheitssuche und die Idee der Annäherung an die Wahrheit sind weitere ethische Prinzipien; ebenso auch die Idee der intellektuellen Redlichkeit und die der Fehlbarkeit, die uns zur selbstkritischen Haltung und Toleranz führt.
Sehr wichtig ist auch, dass wir im Gebiet der Ethik *lernen* können. Das möchte ich noch am Beispiel der Ethik für die Intellektuellen aufzeigen, insbesondere der Ethik für die intellektuellen Berufe: der Ethik für die Wissenschaftler, für die Mediziner, Juristen, Ingenieure, Architekten; für die öffentlichen Beamten und, sehr wichtig, für die Politiker.
Ich möchte Ihnen einige Sätze für eine *neue Berufsethik* unterbreiten, Sätze, die mit den Ideen der Toleranz und der intellektuellen Redlichkeit eng zusammenhängen. Zu diesem Zweck werde ich zuerst die alte Berufsethik

charakterisieren und vielleicht auch ein klein wenig karikieren, um sie dann mit der neuen Berufsethik, die ich vorschlage, zu vergleichen.

Renato Guttuso: Wahrheit? (1956)

Beiden, der alten und der neuen Berufsethik, liegen, zugegebenermaßen, die Ideen der Wahrheit, der Rationalität und der intellektuellen Vernünftigkeit zugrunde. Aber die alte Ethik war auf die Idee des persönlichen Wissens und des sicheren Wissens gegründet und damit auf die Idee der *Autorität*, während die neue Ethik auf die Idee des objektiven Wissens und des unsicheren Wissens gegründet ist. Dadurch ändert sich die unterliegende Denkweise grundlegend, und damit auch die Rolle der Ideen der Wahrheit, der Rationalität und der intellektuellen Redlichkeit und Verantwortlichkeit.

Das alte Ideal war, Wahrheit und Sicherheit zu *besitzen* und die Wahrheit, wenn möglich, durch einen logischen Beweis zu *sichern*. Diesem auch heute noch weitgehend akzeptierten Ideal entspricht das persönliche Ideal des Weisen – natürlich nicht im Sokratischen Sinn, sondern das Platonische Ideal des Wissenden, der eine Autorität ist; des Philosophen, der gleichzeitig ein königlicher Herrscher ist.

Der alte Imperativ für den Intellektuellen ist: Sei eine Autorität! Wisse alles auf deinem Gebiet! Wenn du einmal als Autorität anerkannt bist, dann wird deine Autorität von deinen Kollegen beschützt werden, und du musst natürlich die Autorität deiner Kollegen beschützen.

Die alte Ethik, die ich beschreibe, verbietet es, Fehler zu machen. Ein Fehler ist absolut unerlaubt. Daher dürfen Fehler nicht zugegeben werden. Ich brauche nicht zu betonen, dass diese alte professionelle Ethik intolerant ist. Und sie war auch immer schon intellektuell unredlich: Sie führt zum Vertuschen der Fehler um der Autorität willen; insbesondere auch in der Medizin.

Ich schlage deshalb eine *neue* Berufsethik vor; vor allem, aber nicht nur, für Naturwissenschaftler. [...]

1. Unser objektives Vermutungswissen geht immer weiter über das hinaus, was ein Mensch meistern kann. *Es gibt daher keine Autoritäten.* Das gilt auch innerhalb von Spezialfächern.

2. *Es ist unmöglich, alle Fehler zu vermeiden* oder auch nur alle an sich vermeidbaren Fehler. Fehler werden dauernd von allen Wissenschaftlern gemacht. Die alte Idee, dass man Fehler vermeiden kann und daher verpflichtet ist, sie zu vermeiden, muss revidiert werden: Sie selbst ist fehlerhaft.

3. *Natürlich bleibt es unsere Aufgabe, Fehler nach Möglichkeit zu vermeiden.* Aber gerade um sie zu vermeiden, müssen wir uns vor allem klar darüber werden, wie schwer es ist, sie zu vermeiden, und dass es niemandem völlig gelingt. [...]

4. Auch in den am besten bewährten unter unseren Theorien können Fehler verborgen sein; und es ist die spezifische Aufgabe des Wissenschaftlers, nach solchen Fehlern zu suchen. Die Feststellung, dass eine gut bewährte Theorie oder ein viel verwendetes praktisches Verfahren fehlerhaft ist, kann eine wichtige Entdeckung sein.

5. *Wir müssen deshalb unsere Einstellung zu unseren Fehlern ändern.* Es ist *hier*, wo unsere praktische ethische Reform beginnen muss. [...]

6. Das neue Grundgesetz ist, dass wir, um zu lernen, Fehler möglichst zu vermeiden, *gerade von unseren Fehlern lernen müssen*. Fehler zu vertuschen ist deshalb die größte intellektuelle Sünde.
7. Wir müssen daher dauernd nach unseren Fehlern Ausschau halten. Wenn wir sie finden, müssen wir sie uns einprägen; sie nach allen Seiten analysieren, um ihnen auf den Grund zu gehen.
8. Die selbstkritische Haltung und die Aufrichtigkeit werden damit zur Pflicht.
9. Da wir von unseren Fehlern lernen müssen, so müssen wir auch lernen, es anzunehmen, ja, *dankbar* anzunehmen, wenn andere uns auf unsere Fehler aufmerksam machen. Wenn wir andere auf ihre Fehler aufmerksam machen, so sollen wir uns immer daran erinnern, dass wir selbst ähnliche Fehler gemacht haben wie sie. [...]
10. Wir müssen uns klarwerden, *dass wir andere Menschen zur Entdeckung und Korrektur von Fehlern brauchen (und sie uns)*; insbesondere auch Menschen, die mit anderen Ideen in einer anderen Atmosphäre aufgewachsen sind. Auch das führt zur Toleranz.
11. Wir müssen lernen, dass Selbstkritik die beste Kritik ist; dass aber die *Kritik durch andere eine Notwendigkeit* ist. [...]
12. Rationale Kritik muss immer spezifisch sein: Sie muss spezifische Gründe angeben, warum spezifische Aussagen, spezifische Hypothesen falsch zu sein scheinen oder spezifische Argumente ungültig. Sie muss von der Idee geleitet sein, der objektiven Wahrheit näher zu kommen. Sie muss in diesem Sinne unpersönlich sein.

Ich bitte Sie, meine Formulierungen als Vorschläge zu betrachten. Sie sollen zeigen, dass man, auch im ethischen Gebiet, diskutierbare und verbesserbare Vorschläge machen kann.

1 Popper legt für eine rationale Diskussion ethische Prinzipien zugrunde. Wie begründet er dies?

2 Vergleichen Sie die Grundsätze der alten und der neuen Berufsethik. Was fordern sie jeweils von dem einzelnen Wissenschaftler oder Politiker?

3 Werden Poppers Grundsätze in der Schule vermittelt und praktiziert? Suchen Sie Beispiele.

4 Sokrates: „Ich weiß, dass ich nichts weiß, und deshalb weiß ich mehr als die anderen.“ Popper: „Ich weiß, dass ich nichts weiß, und kaum das.“ Worin unterscheiden sich die beiden Aussagen?

Hans Jonas: Das Prinzip Verantwortung

Hans Jonas (1903–1993), deutscher Philosoph, emigrierte 1933 aus Deutschland. Er lebte und lehrte zunächst in Jerusalem, dann in Kanada und von 1955 bis 1966 in New York. Als Philosoph setzte er sich vor allem mit der Entwicklung der technischen Zivilisation auseinander. Zu Beginn des Atom-

In vielen Bereichen werden heute die „Nebenwirkungen“ der Technik als Bedrohung für Mensch und Natur immer offensichtlicher, und zwar nicht nur für die jetzt Lebenden. Betrachtet man beispielsweise die Bedrohung, die von radioaktivem Abfall ausgeht, so hinterlassen wir zukünftigen Generationen eine schwere Last. Hans Jonas begründet im folgenden Text eine Ethik, die diesen vom modernen Menschen selbst geschaffenen Bedingungen Rechnung tragen soll.

Der endgültig entfesselte **Prometheus**, dem die Wissenschaft nie gekannte Kräfte und die Wirtschaft den rastlosen Antrieb gibt, ruft nach einer Ethik, die durch freiwillige Zügel seine Macht davor zurückhält, dem Menschen zum Unheil zu werden. **Dass die Verheißung der modernen Technik in Drohung umgeschlagen ist, oder diese sich mit jener unlösbar verbunden hat**, bildet die Ausgangsthese des Buches. Sie geht über die Feststellung physischer Bedrohung hinaus. Die dem Menschenglück zugedachte Unterwerfung der Natur hat im Übermaß ihres Erfolges, der sich nun auch auf die Natur des Menschen selbst erstreckt, zur größten Herausforderung geführt, die je dem menschlichen Sein aus eigenem Tun erwachsen ist. Alles daran ist neuartig, dem Bisherigen unähnlich, der Art wie der Größenordnung nach: Was der Mensch heute tun kann

und dann, in der unwiderstehlichen Ausübung dieses Könnens, weiterhin zu tun gezwungen ist, das hat nicht seinesgleichen in vergangener Erfahrung. Auf sie war alle bisherige Weisheit über rechtes Verhalten zugeschnitten. Keine überlieferte Ethik belehrt uns daher über die Normen von „Gut" und „Böse", denen die ganz neuen Modalitäten der Macht und ihrer möglichen Schöpfungen zu unterstellen sind. Das Neuland kollektiver Praxis, das wir mit der Hochtechnologie betreten haben, ist für die ethische Theorie noch ein Niemandsland. [...]
Was kann als Kompass dienen? Die vorausgedachte Gefahr selber! In ihrem Wetterleuchten aus der Zukunft, im Vorschein ihres planetarischen Umfanges und ihres humanen Tiefganges, werden allererst die ethischen Prinzipien entdeckbar, aus denen sich die neuen Pflichten neuer Macht herleiten lassen. Dies nenne ich die „Heuristik[1] der Furcht": Erst die vorausgesehene Verzerrung des Menschen verhilft uns zu dem davor zu bewahrenden Begriff des Menschen. Wir wissen erst, was auf dem Spiele steht, wenn wir wissen, dass es auf dem Spiele steht. Da es dabei nicht nur um das Menschenlos, sondern auch um das Menschenbild geht, nicht nur um physisches Überleben, sondern auch um Unversehrtheit des Wesens, so muss die Ethik, die beides zu hüten hat, über die der Klugheit hinaus eine solche der Ehrfurcht sein.
Entnehmen wir dem Vorangegangenen diejenigen Merkmale menschlichen Handelns, die für einen Vergleich mit dem heutigen Stand der Dinge bedeutsam sind.
1. Aller Umgang mit der außermenschlichen Welt, das heißt der ganze Bereich der *techne* (Kunstfertigkeit) war – mit Ausnahme der Medizin –

zeitalters hielt er die Kernkraft für segensreich, später vertrat er die Meinung, dass die Menschen mit den neuen technischen Möglichkeiten nicht umgehen können. In seinem ethischen Hauptwerk „Das Prinzip Verantwortung" fordert er zu einer grundsätzlichen Auseinandersetzung mit der modernen Technik auf.

Der Titan **Prometheus** stahl dem Mythos zufolge den Göttern Kleidung, Waffen und Feuer und ermöglichte so den Menschen, sich selbst eine Kultur zu schaffen, die ihr Überleben sicherte. Zeus bestrafte ihn, indem er ihn an eine Felswand fesseln ließ. Seit dem 18. Jahrhundert steht Prometheus, nicht zuletzt durch Goethes gleichnamiges Gedicht, für den selbstbewussten, auf seine eigenen Fähigkeiten vertrauenden Menschen (s. S. 60f.).

Peter Paul Rubens (1577–1640): Der gefesselte Prometheus

[1] Heuristik: Lehre von den Methoden zum Finden neuer Erkenntnisse

ethisch neutral – im Hinblick auf das Objekt sowohl wie auf das Subjekt solchen Handelns: Im Hinblick auf das Objekt, weil die Kunst die selbsterhaltende Natur der Dinge nur unerheblich in Mitleidenschaft zog und somit keine Frage dauernden Schadens an der Integrität[1] ihres Objektes, der natürlichen Ordnung im Ganzen, aufwarf; und im Hinblick auf das handelnde Subjekt, weil *techne* qua[2] Tätigkeit sich selbst als begrenzten Tribut an die Notwendigkeit verstand und nicht als selbstrechtfertigenden Fortschritt zum Hauptziel der Menschheit, in dessen Verfolgung des Menschen höchste Anstrengung und Teilnahme engagiert sind. Der wirkliche Beruf des Menschen liegt anderswo. Kurz, Wirkung auf nichtmenschliche Objekte bildete keinen Bereich ethischer Bedeutsamkeit.

2. Ethische Bedeutung gehörte zum direkten Umgang von Mensch mit Mensch, einschließlich des Umgangs mit sich selbst; alle traditionelle Ethik ist *anthropozentrisch*[3].

3. Für das Handeln in dieser Sphäre wurde die Entität[4] „Mensch" und ihr fundamentaler Zustand als im Wesen konstant angesehen und nicht selber als Gegenstand umformender *techne* (Kunst).

4. Das Wohl oder Übel, worum das Handeln sich zu kümmern hatte, lag nahe bei der Handlung, entweder in der *Praxis* selbst oder in ihrer unmittelbaren Reichweite und war keine Sache entfernter Planung. Diese Nähe der Ziele galt für Zeit sowohl als Raum. Die wirksame Reichweite der Aktion war klein, die Zeitspanne für Voraussicht, Zielsetzung und Zurechenbarkeit kurz, die Kontrolle über Umstände begrenzt. Rechtes Verhalten hatte seine unmittelbaren Kriterien und seine fast unmittelbare Vollendung. Der lange Lauf der Folgen war dem Zufall, dem Schicksal oder der Vorsehung anheimgestellt. Ethik hatte es demgemäß mit dem Hier und Jetzt zu tun, mit Gelegenheiten, wie sie zwischen Menschen sich einstellen, mit den wiederkehrenden, typischen Situationen des privaten und öffentlichen Lebens. Der gute Mensch war ein solcher, der diesen Gelegenheiten mit Tugend und Weisheit begegnete, der die Fähigkeit dazu in sich selbst kultivierte und im Übrigen sich mit dem Unbekannten abfand. [...]

Ein Imperativ, der auf den neuen Typ menschlichen Handelns passt und an den neuen Typ von Handlungssubjekt gerichtet ist, würde etwa so lauten: „Handle so, dass die Wirkungen deiner Handlung verträglich sind mit der Permanenz echten menschlichen Lebens auf Erden"; oder negativ ausgedrückt: „Handle so, dass die Wirkungen deiner Handlung nicht zerstörerisch sind für die künftige Möglichkeit solchen Lebens"; oder einfach: „Gefährde nicht die Bedingungen für den indefiniten Fortbestand der Menschheit auf Erden"; oder, wieder positiv gewendet: „Schließe in deine gegenwärtige Wahl die zukünftige Integrität des Menschen als Mit-Gegenstand deines Wollens ein." [...]

Der neue Imperativ sagt eben, dass wir zwar unser eigenes Leben, aber nicht das der Menschheit wagen *dürfen*; und dass Achill zwar das Recht hatte, für sich selbst ein kurzes Leben ruhmreicher Taten vor einem lan-

Kants **kategorischer Imperativ** lautet: „Handle so, dass die Maxime deines Willens jederzeit zugleich als Prinzip einer allgemeinen Gesetzgebung gelten kann." (s. S. 157)

[1] Integrität: Unversehrtheit
[2] qua (lat.): in der Eigenschaft als
[3] anthropozentrisch: den Menschen in den Mittelpunkt stellend
[4] Entität: Wesenheit

gen Leben ruhmloser Sicherheit zu wählen (unter der stillschweigenden Voraussetzung nämlich, dass eine Nachwelt da sein wird, die von seinen Taten zu erzählen weiß); dass wir aber nicht das Recht haben, das Nichtsein künftiger Generationen wegen des Seins der jetzigen zu wählen oder auch nur zu wagen. [...]

Die Zukunft der Menschheit ist die erste Pflicht menschlichen Kollektivverhaltens im Zeitalter der modo negativo[1] „allmächtig" gewordenen technischen Zivilisation. Hierin ist die Zukunft der Natur als *sine-qua-non*[2] offenkundig mit enthalten, ist aber auch unabhängig davon eine metaphysische Verantwortung an und für sich, nachdem der Mensch nicht nur sich selbst, sondern der ganzen Biosphäre gefährlich geworden ist. Selbst wenn sich beides trennen ließe – das heißt, auch wenn mit einer verödeten (und großenteils durch Kunst ersetzten) Lebensumwelt ein menschlich zu nennendes Leben für unsere Nachkommen möglich wäre –, hätte doch die im langen Schöpfertum der Natur hervorgebrachte und jetzt uns ausgelieferte Lebensfülle der Erde um ihrer selbst willen Anspruch auf unsere Hut. Da beides sich jedoch, ohne eine Karikatur des Menschenbildes, in der Tat nicht trennen lässt, da vielmehr im Entscheidenden, nämlich der Alternative „Erhaltung oder Zerstörung", das Interesse des Menschen mit dem des übrigen Lebens als seiner Weltheimat im sublimsten[3] Sinn zusammenfällt, so können wir die beiden Pflichten unter dem Leitbegriff der *Pflicht zum Menschen* als eine behandeln, ohne darum in anthropozentrische Verengung zu fallen. Die Verengung auf den Menschen allein und als von aller übrigen Natur verschieden kann nur Verengung, ja Entmenschung des Menschen selbst bedeuten, die Verkümmerung seines Wesens – auch im Glücksfall biologischer Erhaltung – widerspricht also ihrem vorgeblichen, eben von der Würde seines Wesens beglaubigten Ziel. Im wahrhaft menschlichen Blickpunkt bleibt der Natur ihre Eigenwürde, die der Willkür unserer Macht entgegensteht. Als von ihr hervorgebracht schulden wir dem verwandten Ganzen ihrer Hervorbringungen eine Treue, wovon die zu unserem eigenen Sein nur die höchste Spitze ist. Dieser aber, recht verstanden, befasst alles andere unter sich.

1. Inwiefern lässt sich der moderne Mensch als „entfesselter Prometheus" bezeichnen?

2. Wie begründet Jonas seine These, dass die überlieferte Ethik nicht mehr in der Lage ist, die Probleme der modernen Welt zu lösen?

3. Welche Forderungen stellt er im Einzelnen in seinem neuen ethischen Imperativ auf und wie begründet er sie?

4. Zeigen Sie an Beispielen aus Medizin und Gentechnologie (s. S. 332ff.), wie die „Unversehrtheit des Wesens" des Menschen durch den wissenschaftlichen Fortschritt gefährdet werden kann.

5. Hans Jonas setzt bewusst seinen Entwurf utopischen Theorien entgegen. Diskutieren Sie, ob seine Forderungen heute durchsetzbar sind bzw. bereits durchgesetzt werden.

6. Deuten Sie die Karikatur.

[1] modo negativo (lat.): in negativem Sinne
[2] sine qua non (lat.): nicht ohne diese, d. h. notwendige Bedingung
[3] sublim: erhaben, verfeinert

Sinn und Grenzen der Wissenschaft

Max Weber (1864–1920), deutscher Soziologe (s. S. 164f.), prägte den Begriff von der „wertfreien Wissenschaft", d. h. die Werturteile des Forschers sind von seiner wissenschaftlichen Forschungstätigkeit zu trennen. Demgegenüber haben Kritiker auf die unvermeidbaren Verschränkungen von Erkenntnis und Werturteilen hingewiesen.

Max Weber: Ist wissenschaftlich-technischer Fortschritt „sinnlos"?

Der wissenschaftliche Fortschritt ist ein Bruchteil, und zwar der wichtigste Bruchteil jenes Intellektualisierungsprozesses, dem wir seit Jahrtausenden unterliegen und zu dem heute üblicherweise in so außerordentlich negativer Art Stellung genommen wird. Machen wir uns zunächst klar, was denn eigentlich diese intellektualistische Rationalisierung durch Wissenschaft und wissenschaftlich orientierte Technik praktisch bedeutet. Etwa, dass heute hier jeder eine größere Kenntnis der Lebensbedingungen hat, unter denen er existiert, als ein Indianer oder ein Hottentotte? Schwerlich. Wer von uns auf der Straßenbahn fährt, hat – wenn er nicht Fachphysiker ist – keine Ahnung, wie sie das macht, sich in Bewegung zu setzen. Er braucht auch nichts davon zu wissen. Es genügt ihm, dass er auf das Verhalten des Straßenbahnwagens „rechnen" kann, er orientiert sein Verhalten daran; aber wie man ein Trambahn so herstellt, dass sie sich bewegt, davon weiß er nichts. Der Wilde weiß das von seinen Werkzeugen ungleich besser. [...] Die zunehmende Intellektualisierung und Rationalisierung bedeutet also *nicht* eine zunehmende allgemeine Kenntnis der Lebensbedingungen, unter denen man steht. Sondern sie bedeutet etwas anderes: das Wissen davon oder den Glauben daran, dass man, wenn man *nur wollte*, es jederzeit erfahren *könnte*, dass es also prinzipiell keine geheimnisvollen, unberechenbaren Mächte gebe, die da hineinspielen, dass man vielmehr alle Dinge – im Prinzip – durch *Berechnen beherrschen* könne. Das aber bedeutet: die Entzauberung der Welt. [...]

Hat der „Fortschritt" als solcher einen erkennbaren, über das Technische herausreichenden Sinn, sodass dadurch der Dienst an ihm ein sinnvoller Beruf würde? [...] Welches ist der Beruf der Wissenschaft innerhalb des Gesamtlebens der Menschheit? Und welches ihr Wert? [...] Die einfachste Antwort hat Tolstoi[1] gegeben mit den Worten: „Die Wissenschaft ist sinnlos, weil sie auf die allein für uns wichtige Frage ‚Was sollen wir tun? Wie sollen wir leben?' keine Antwort gibt." Die Tatsache, dass sie diese Antwort nicht gibt, ist schlechthin unbestreitbar. Die Frage ist nur, in welchem Sinne sie keine Antwort gibt, und ob sie stattdessen nicht doch vielleicht dem, der die Frage richtig stellt, etwas leisten könnte. – Man pflegt heute häufig von „voraussetzungsloser" Wissenschaft zu sprechen. Gibt es das? Es kommt darauf an, was man darunter versteht. Vorausgesetzt ist bei jeder wissenschaftlichen Arbeit immer die Geltung der Regeln der Logik und Methodik: diese allgemeinen Grundlagen unserer Orientierung in der Welt. Nun, diese Voraussetzungen sind, wenigstens für unsere besondere Frage, am wenigsten problematisch. Vorausgesetzt ist aber ferner: dass das, was bei wissenschaftlicher Arbeit herauskommt, *wichtig* im Sinn von „wissenswert" sei.

1. Wieso hat wissenschaftlich-technischer Fortschritt die „Entzauberung der Welt" zur Folge?
2. Was versteht Weber unter wertfreier Wissenschaft?
3. Worin liegt Ihrer Meinung nach der „letzte Sinn" der Wissenschaft (Z. 44ff.)?

[1] Leo Tolstoi (1828–1910): russischer Dichter

Und da stecken nun offenbar alle unsere Probleme darin. Denn diese Voraussetzung ist nicht wieder ihrerseits mit den Mitteln der Wissenschaft beweisbar. Sie lässt sich nur auf ihren letzten Sinn *deuten*, den man dann ablehnen oder annehmen muss, je nach der eigenen letzten Stellungnahme zum Leben.

Albert Einstein: Wissenschaft als „matter of fact"-Denken?

Man kann nicht behaupten, dass die moralische Gestaltung des menschlichen Lebens im Großen heute vollkommener ist als im Jahr 1876. Damals herrschte die Meinung vor, dass alles erhofft werden könnte von der Aufklärung wissenschaftlich konstatierbarer Tatsachen und von der Bekämpfung von Vorurteil und Aberglaube. All dies ist in der Tat wichtig und des Strebens der Besten würdig. [...] Aber das Wegräumen der Hindernisse allein führt noch nicht zu einer Veredelung des sozialen und individuellen Daseins. Neben diesem negativen Wirken ist das positive Streben nach einer ethisch-moralischen Gestaltung des menschlichen Zusammenlebens von überragender Bedeutung. Hier kann uns keine Wissenschaft erlösen. Ich glaube sogar, dass die Überbetonung der rein intellektuellen, oft nur auf das Faktische und Praktische gerichteten Einstellung in unserer Erziehung direkt zu einer Gefährdung der ethischen Werte geführt hat. Ich denke dabei nicht so sehr an die Gefahren, die der technische Fortschritt den Menschen direkt gebracht hat, als an die Überwucherung der gegenseitigen menschlichen Rücksichten durch ein „matter of fact"-Denken, das sich wie ein erstarrender Frost über die menschlichen Beziehungen gelegt hat. Die moralische und ästhetische Vervollkommnung ist ein Ziel, das den Bemühungen der Kunst näher steht als denen der Wissenschaft. Wohl ist das Verstehen der Nächsten von Bedeutung. Dies Verstehen wird aber nur fruchtbar, wenn es von Mit-Freude und von Mit-Leid getragen ist. [...] Das furchtbare Dilemma der politischen Weltsituation hat viel zu tun mit jener Unterlassungssünde unserer Zivilisation. Ohne „ethische Kultur" gibt es keine Rettung für die Menschen. [...]

Es ist nicht genug, den Menschen ein Spezialfach zu lehren. Dadurch wird er zwar zu einer Art benutzbarer Maschine, aber nicht zu einer vollwertigen Persönlichkeit. Es kommt darauf an, dass er ein lebendiges Gefühl dafür bekommt, was zu erstreben wert ist. Es muss einen lebendigen Sinn dafür bekommen, was schön und was moralisch gut ist. Sonst gleicht er mit seiner spezialisierten Fachkenntnis mehr einem wohl abgerichteten Hund als einem harmonisch entwickelten Geschöpf. Er muss die Motive der Menschen, deren Illusionen, deren Leiden verstehen lernen, um eine richtige Einstellung zu den einzelnen Mitmenschen und zur Gemeinschaft zu erwerben.

Albert Einstein (1879 – 1955), deutscher Physiker und Nobelpreisträger (s. S. 245f.). Die nebenstehenden Textauszüge stammen aus den Jahren 1951/1952.

Albert Einstein: Mein Weltbild, Zürich (Europa-Verlag) 2005

4 Was kritisiert Einstein an einer „rein intellektuellen" Sichtweise der Welt? Was setzt er dem entgegen?

5 Albert Einstein, Rudolf Virchow (s. S. 336), Erwin Chargaff (s. S. 312), Alfred Nobel – vorbildliche Wissenschaftler?
Recherchieren und diskutieren Sie.

Wahrheit, Wissen, Wirklichkeit

John R. Searle (geb. 1932), amerikanischer Philosoph

John R. Searle: Die „wirkliche Welt" ist erkennbar

Zu den meisten philosophischen Themen gibt es eine Position, die man als die Standard-Position bezeichnen kann. Eine Standard-Position ist eine Auffassung, die wir vor jeder Reflexion haben; es bedarf deshalb immer einer bewußt unternommenen Anstrengung und eines überzeugenden Arguments, um sich von ihr zu lösen.
Ich nenne die Standard-Positionen zu einigen großen erkenntnistheoretischen Fragen:
Es gibt eine wirkliche Welt, die unabhängig von uns existiert, unabhängig von unseren Erlebnissen, unseren Gedanken und unserer Sprache. Zu dieser Welt haben wir vermittels unserer Sinne (insbesondere durch den Tastsinn und den Gesichtssinn) direkten Wahrnehmungszugang. Die Wörter unserer Sprache, Wörter wie „Hase" oder „Baum", haben typischerweise eine leidlich klare Bedeutung. Aufgrund ihrer Bedeutung kann man sie dazu verwenden, auf wirkliche Gegenstände in der Welt Bezug zu nehmen und über sie zu sprechen. Unsere Feststellungen sind typischerweise wahr oder falsch, je nachdem, ob sie dem entsprechen, wie es sich verhält, d. h. ob sie den Tatsachen in der Welt entsprechen. Verursachung ist eine wirkliche Beziehung zwischen Gegenständen und Ereignissen in der Welt; sie ist eine Beziehung, durch die ein Phänomen, die Ursache, ein anderes, die Wirkung, verursacht.

(Aus lizenzrechtlichen Gründen ist dieser Text nicht in reformierter Rechtschreibung gedruckt.)

1 Welche erkenntnistheoretische Position lässt sich in dem Text erkennen?

2 Durchdenken Sie die angegebenen „Standard-Positionen". Halten sie einer kritischen Überprüfung stand?

Ernst von Glasersfeld (geb. 1917), österreichischer Psychologe und Erkenntnistheoretiker

Ernst von Glasersfeld: Ist unser Bild von der Wirklichkeit „wahr"?

Der Zweifel an der Übereinstimmung von Wissen und Wirklichkeit entstand in dem Augenblick, in dem ein Denkender sich seines Denkens bewusst wurde. Xenophanes, einer der frühesten der Vorsokratiker[1], sagte bereits: „Und das Genaue freilich erblickt kein Mensch und es wird auch nie jemand sein, der es weiß (erblickt hat), denn selbst wenn es einem im höchsten Maße gelänge, ein Vollendetes auszusprechen, so hat er selbst trotzdem kein Wissen davon: Schein (meinen) haftet an allem."
Etwas, das „erblickt" werden könnte, müsste *da* sein, bevor der Blick darauffällt – und Wissen wäre somit notwendigerweise Abbild einer Welt, die da ist, d. h. existiert, bevor ein Bewusstsein sie sieht oder auf andere Weise erlebt. [...] Dadurch, dass die Antwort auf die Frage, was Wissen ist, vorweggenommen wird, schafft die herkömmliche Erkenntnislehre sich ein ebenso unvermeidliches wie unlösbares Dilemma. Wenn Erkenntnis und Wissen eine Beschreibung oder Abbild der Welt *an sich* sein sollen, dann brauchen wir ein Kriterium, aufgrund dessen wir beurteilen könn-

Die **Erkenntnistheorie** beschäftigt sich mit zwei Fragen: Wann kann man überhaupt von Wissen sprechen? Unter welchen Bedingungen und in welchem Sinn kann man Aussagen als „wahr" bezeichnen? Auf diese Fragen antworten verschiedene erkenntnistheoretische Modelle.

[1] Vorsokratiker: Bezeichnung für die griechischen Philosophen vor Sokrates (um 470–399 v. Chr.): Pythagoras, Heraklit, Thales von Milet u. a. Mit ihnen beginnt die abendländische Philosophie.

ten, wann unsere Beschreibungen oder Abbilder „richtig“ oder „wahr“ sind.

Mit dem Szenario – demzufolge der Mensch als Entdecker in eine bereits fertiggestellte, an und für sich unabhängige Welt geboren wird und nun die Aufgabe hat, diese Wirklichkeit zu erkunden und möglichst wahrheitsgetreu zu erkennen – mit diesem Szenario ist auch der Skepsis der Weg eröffnet. Die Idee des „Scheins“, der schon laut Xenophanes allem menschlichen Wissen anhaftet, wurde von Pyrrhons Schule und später von Sextus Empiricus[1] vor allem im Bereich der Wahrnehmung ausgearbeitet, und die unbeantwortbare Frage, ob oder inwieweit das Bild, das unsere Sinne uns vermitteln, der objektiven Wirklichkeit entspricht, ist auch heute noch ein wunder Punkt in der Erkenntnislehre. Sextus nahm u. a. die Wahrnehmung des Apfels als Beispiel. Unseren Sinnen erscheint er glatt, duftend, süß und gelb – aber es ist keineswegs selbstverständlich, dass der Apfel diese Eigenschaften wirklich besitzt, und ebenso wenig selbstverständlich ist es, dass er nicht auch andere Eigenschaften hat, die unseren Sinnen entgehen. Die Frage ist unbeantwortbar, denn, was immer wir machen, wir können unsere Wahrnehmung von dem Apfel immer nur mit anderen Wahrnehmungen vergleichen, niemals aber mit dem Apfel selbst, so wie er wäre, *bevor* wir ihn wahrnehmen.

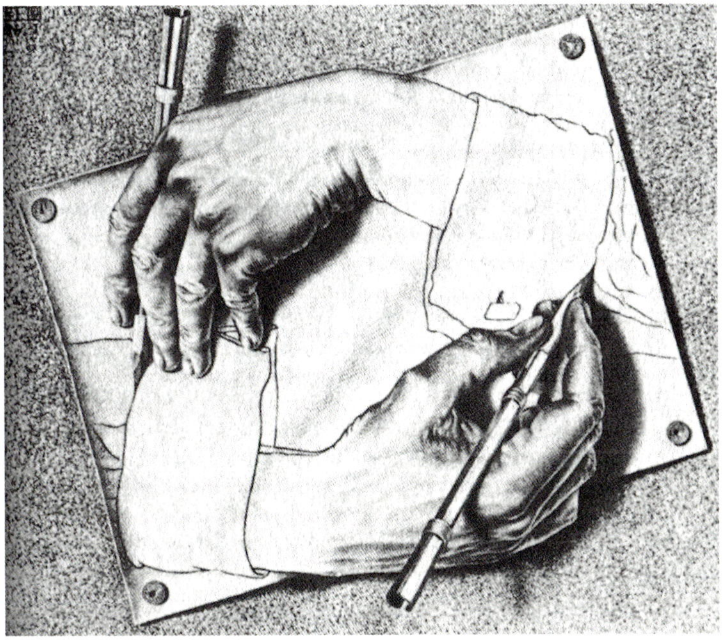

M. C. Escher (1898–1972): Zeichnen

Realismus: Der Realismus geht von der Existenz einer von uns unabhängigen Außenwelt aus, die wir mithilfe der Wissenschaften erforschen können. Aussagen sind dann „wahr“, wenn sie mit der empirischen (d. h. erfahrbaren) Wirklichkeit übereinstimmen. Der Erkennende (das Erkenntnissubjekt) und das zu Erkennende (das Erkenntnisobjekt) sind klar voneinander getrennt.
Idealismus: Die Wirklichkeit ist die Welt, wie sie uns *erscheint*, d. h. die Wahrheit ist abhängig von den Fähigkeiten und Eigenschaften des Erkenntnissubjekts. Eine davon unabhängige Wirklichkeit mag existieren, bleibt für das erkennende Subjekt aber unzugänglich.
Skeptizismus: Man kann nicht mit Sicherheit wissen, ob es die Welt bzw. die Wirklichkeit gibt, da sich jede Erkenntnis prinzipiell anzweifeln lässt.
Radikaler Konstruktivismus: Es gibt keinen Unterschied zwischen Wirklichkeit und Vorstellung, die Welt ist somit eine subjektive und soziale Konstruktion (s. S. 315).

3 Was hält von Glasersfeld dem Realismus entgegen? Lesen Sie dazu auch den Text von Heinz von Foerster (s. S. 314ff.). Ist deren Skepsis berechtigt bzw. haltbar?

4 Wie viele Hände befinden sich auf dem Bild von Escher? Durchdenken Sie verschiedene Antwortmöglichkeiten und ordnen Sie diese den Erkenntnistheorien zu.

5 Worin sehen Sie den Zusammenhang zwischen Erkenntnistheorie, Wissenschaft und Ethik?

[1] Sextus Empiricus (2./3. Jh. n. Chr.): griechischer Philosoph und Arzt, der die Skepsis auf alle Wissensgebiete übertrug

Forschung am Embryo? – Wissenschaft zwischen Erkenntnisinteresse und Ethik

Christiane Nüsslein-Volhard (geb. 1942), Biochemikerin und Molekularbiologin, ist Direktorin am Max-Planck-Institut in Tübingen. Sie erhielt 1995 den Nobelpreis für Medizin.

Christiane Nüsslein-Volhard: Ab wann ist der Mensch ein Mensch?

Es ist bemerkenswert, dass die Einschätzung der Schutzwürdigkeit des Embryos in anderen, durchaus zivilisierten Ländern sich von der in Deutschland stark unterscheidet. Auch ist der Tenor des Abtreibungsgesetzes und des restriktiven[1] Embryonenschutzgesetzes in Deutschland ganz verschieden. Die jetzt gültigen Gesetze führen immer wieder zu merkwürdigen Widersprüchen und Ungereimtheiten, auch zu Doppelmoral, die wohl in dem Wunsch, zwischen extremen Positionen zu vermitteln, begründet sind. [...]
Es ist nicht die Aufgabe der Wissenschaft, über den moralischen Status des Embryos zu entscheiden. Bemerkenswert ist allerdings, dass klassische Argumente der Ethik und Philosophie auf biologische Begründungen zurückgreifen, die aber einer Überprüfung durch die Biologie nicht standhalten. Ein geläufiges Argument der Ethik begründet den Beginn der Schutzwürdigkeit damit, dass die menschliche Entwicklung von der Befruchtung an ein kontinuierlicher Vorgang sei, der keine scharfen Einschnitte aufweise, in dem nichts mehr hinzukäme, das eine Änderung des Status rechtfertigen würde. Auch wird argumentiert, das Entwicklungspotenzial sei mit der Bildung der Zygote und der Konstitution des Genoms des werdenden Organismus vollständig, alles sei beieinander, das den Menschen bestimme. [...]
Bei Menschen (und Säugetieren) ist das aber erst nach der Einnistung in den Uterus[2] der Mutter der Fall: Die Zygote hat lediglich das Potenzial, eine Blastozyte zu bilden, die aus der Eihülle schlüpfen muss, um mit der Einnistung das nächste Stadium der Entwicklung zu beginnen.
Biologisch gesehen gibt es nichts Diskontinuierlicheres in einer Entwicklung als einen solchen Vorgang, bei dem sich der Embryo in direkten zellulären Kontakt mit einem anderen Organismus begibt. In der befruchteten Eizelle ist das genetische Programm zwar vollständig vorhanden. Zu seiner Ausführung braucht der Embryo aber die intensive Wechselwirkung, die Symbiose mit einem anderen Organismus – dem der Mutter. Die ist unersetzlich und unabdingbar. Erst mit der Einnistung ist das Entwicklungsprogramm vollständig und mit der Geburt ist es ausgeführt. Erst mit der Geburt ist aus dem werdenden Menschen ein getrennter, selbstständiger Organismus, der atmet und nun einen eigenen unabhängigen Stoffwechsel hat, geworden. Sicher ist der Säugling noch bedürftig, aber er wird jetzt von außen ernährt und kann daher zur Not auch ohne Mutter weiterleben. Dann ist der Mensch ein Mensch. Und da sind sich wirklich alle einig.

Zygote: befruchtete Eizelle
Genom: Gesamtheit der genetischen Informationen einer Zelle
Blastozyt: noch undifferenzierte embryonale Zelle

1. Klären Sie die im Text verwendeten Fachbegriffe.

2. Wieso spricht die Autorin hinsichtlich des Abtreibungs- und des Embryonenschutzgesetzes (s. S. 178ff. und S. 329) von „Widersprüchen" und einer „Doppelmoral"? Setzen Sie sich mit dieser Ansicht kritisch auseinander.

3. Ab wann ist der Mensch ein Mensch? Führen Sie eine fächerübergreifende Diskussion.

[1] restriktiv (lat.): einschränkend, einengend
[2] Die Einnistung der Eizelle in die Gebärmutter findet am 5.–7. Tag nach der Befruchtung statt.

Embryonenschutzgesetz (13.12.1990, Auszüge)

§ 2 Missbräuchliche Verwendung menschlicher Embryonen

(1) Wer einen extrakorporal erzeugten oder einer Frau vor Abschluss einer Einnistung in der Gebärmutter entnommenen menschlichen Embryo veräußert oder zu einem nicht seiner Erhaltung dienenden Zweck abgibt, erwirbt oder verwendet, wird mit Freiheitsstrafe bis zu drei Jahren oder mit Geldstrafe bestraft.

(2) Ebenso wird bestraft, wer zu einem anderen Zweck als der Herbeiführung einer Schwangerschaft bewirkt, dass sich ein menschlicher Embryo extrakorporal weiterentwickelt.

(3) Der Versuch ist strafbar.

§ 6 Klonen

(1) Wer künstlich bewirkt, dass ein menschlicher Embryo mit der gleichen Erbinformation wie ein anderer Embryo, ein Fötus, ein Mensch oder ein Verstorbener entsteht, wird mit Freiheitsstrafe bis zu fünf Jahren oder mit Geldstrafe bestraft.

(2) Ebenso wird bestraft, wer einen in Absatz 1 bezeichneten Embryo auf eine Frau überträgt.

(3) Der Versuch ist strafbar.

Das **Embryonenschutzgesetz** verbietet jede verbrauchende Forschung an Embryonen sowie die Erzeugung eines Embryos zu Forschungszwecken. Es wurde 2002 durch das **Stammzellgesetz** ergänzt, das den Import embryonaler Stammzellen grundsätzlich verbietet, als Ausnahme jedoch die Einfuhr embryonaler Stammzellen zulässt, die vor dem 1.1.2002 aus überzähligen Embryonen auf eine Weise gewonnen wurden, die deutschen Rechtsgrundsätzen nicht widerspricht.

Jürgen Habermas: Forschung am Embryo?

Jürgen Habermas (geb. 1929), deutscher Philosoph und Soziologe (s. S. 188). Werk u. a.: „Die Zukunft der Natur" (2002)

DIE ZEIT: Herr Habermas, in der nächsten Woche will der Bundestag entscheiden, ob deutsche Forscher an embryonalen Stammzellen aus dem Ausland forschen dürfen und wie der Import geregelt wird. Ist das ein Dammbruch?

HABERMAS: Diese Dämme sind längst gebrochen – in anderen europäischen Ländern, den USA und der übrigen Welt. Wir leben nicht mehr auf nationalen Inseln. Statt „Dammbruch" würde ich auch lieber das weniger scharfe Bild der „schiefen Ebene" verwenden, auf dem man ins Rutschen kommt, weil kein Halten mehr ist.

DIE ZEIT: Worin liegen die Gefahren der Gentechnologie für Sie: im Heraufkommen einer liberalen Eugenik – oder in den Plänen von posthumanistischen[1] Menschenzüchtern, die den Nachwuchs durch eine konservative Elite programmieren lassen wollen?

HABERMAS: Die sogenannten Posthumanisten beziehen ja aus dem evolutionsbiologischen Jargon eher die Reizworte für grandiose gattungsgeschichtliche Spekulationen. Die sind nicht besser als die geschichtsphilosophischen[2], von denen sie sich gerade verabschiedet haben. Wer die Gentechnik als Mittel zur Selbstoptimierung der „Gattung" empfiehlt, hantiert mit einem Kollektivsingular, vor dem die Einzelnen zu instrumentalisierbaren Gattungsexemplaren verblassen. Eine eugenische Praxis dieser Art müsste sich über das Selbstbestimmungsrecht der Individuen und über die intersubjektive Verfassung demokratischer Willens-

Eugenik (gr.): Lehre von der „guten" Erbveranlagung, Erbgesundheitslehre. Eugenische Maßnahmen zielen darauf ab, den Fortbestand günstiger Erbanlagen zu sichern („positive Eugenik") oder die Ausbreitung ungünstiger Gene einzuschränken („negative" bzw. „präventive Eugenik"). Mit Verweis auf die Eugenik wurde in der NS-Zeit der Massenmord an geistig und körperlich behinderten Menschen begründet (s. S. 344).

[1] posthumanistisch: nach dem Humanismus (s. S. 72)
[2] zur Geschichtsphilosophie s. S. 80ff.

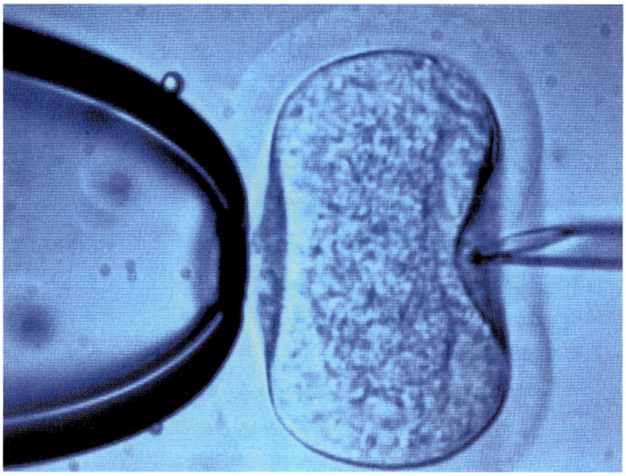
In-vitro-Fertilisation

bildungsprozesse hinwegsetzen. Deshalb brauchen wir diese narzisstischen[1] Größenfantasien, einstweilen jedenfalls, nicht ernst zu nehmen.

DIE ZEIT: Was aber sollte man ernst nehmen?

HABERMAS: Ernst nehmen muss man heute schon Handlungsmöglichkeiten, die uns die Fortschritte in der Biogenetik und der Gentechnologie in nicht zu ferner Zukunft bescheren könnten. Im dem Maße, wie uns diese Entwicklung verheißungsvolle Chancen eröffnet, bisher unbekannte Krankheiten zu behandeln, bietet sie uns vermutlich auch die zweifelhaften Optionen einer verbessernden Eugenik. Im Rahmen liberaler Gesellschaften würden solche Verfahren der genetischen Merkmalsveränderungen über den Markt den individuellen Wahlakten der Eltern in die Hände gespielt. *Shopping in the genetic supermarket* ist ein Zukunftsszenario, mit dem sich die einschlägigen bioethischen Diskussionen in den Vereinigten Staaten längst beschäftigen. Wenn wir Zweifel haben, ob wir diese individualisierte Spielart der Eugenik wirklich wollen, sollten wir aufpassen, was die Praktiken, um die es heute geht, zu dieser Entwicklung beitragen.

DIE ZEIT: Aber müsste nicht vor dem pragmatischen Imperativ des Heilens jeder prinzipielle Einwand verstummen? Auch das Ziel, schwerste Krankheiten zu heilen, ist ein moralisches.

HABERMAS: Wer würde sich Gentherapien für schwere Erbkrankheiten oder bessere Verfahren zur Organtransplantation nicht wünschen? Forschungen, die zu diesem Ziel führen können, verdienen Förderung. Die Diskussion über die Zulässigkeit einer Forschung, die menschliche embryonale Stammzellen „verbraucht", entzündet sich an einem Wertkonflikt. Das Kollektivgut Gesundheit und die Freiheit der Forschung kollidieren mit dem Lebensschutz des Embryos in vitro.

DIE ZEIT: Wer genießt Vorrang?

HABERMAS: Ich fürchte, dass wir durch diese Instrumentalisierung vorpersonalen Lebens auf eine abschüssige Ebene geraten. [...]

DIE ZEIT: Hat uns die monatelange Diskussion überhaupt weitergebracht oder handelt es sich um unversöhnliche Positionen? Sind vielleicht Prinzipien im Spiel – der Imperativ des Heilens einerseits, die Unantastbarkeit andererseits –, die schon als solche nicht zu versöhnen sind?

HABERMAS: Die beiden Prinzipien sind, für sich betrachtet, gut begründet, aber vor ihrer Anwendung gelten solche Prinzipien nur auf den ersten Blick. Im Einzelfall können sie miteinander kollidieren. In der gegebenen Situation stellt sich die Frage, ob die Aussicht auf neue Heilverfahren

Reinhard Merkel: Forschungsobjekt Embryo, München (dtv) 2002

[1] Narzissmus: übersteigerte, krankhafte Selbstliebe (s. S. 58)

oder der embryonale Lebensschutz Vorrang beanspruchen kann. Der Ethikrat vertritt in seiner Mehrheit die Position, dass sich aus Grundgesetz und Rechtssprechung keine „allgemein einsichtigen“ Gründe für einen absoluten Lebensschutz des Embryos im Frühstadium ergeben. Ich teile diese Auffassung, dass es keine weltanschaulich neutrale Beschreibung gibt, die den Achtzeller als Person und damit zum Träger unbedingt zu achtender Grundrechte qualifizieren könnte.

Die Zeit: Aber was dann? Gibt es eine Möglichkeit, metaphysische und weltanschauliche Setzungen zu vermeiden, ohne in einen relativistischen Diskurs einzutreten?

Habermas: Die vernunftrechtliche Diskussion, aus der sich unsere liberalen Verfassungen speisen, hat Ihre Frage mit Ja beantwortet. Danach genießen Recht und Moral auch ohne die Einbettung in den Kontext eines bestimmten Welt- und Menschenbildes allgemeine Verbindlichkeit. Wenn wir uns an diese säkularen Maßstäbe halten, müssen wir uns in einer weltanschaulich pluralistischen Gesellschaft wohl auf die Konzeption eines abgestuften Lebensschutzes für vorpersonales menschliches Leben einlassen.

Die Zeit: Also ist es doch zulässig, einen Embryo für medizinische Zwecke zu instrumentalisieren?

Habermas: Das wäre ein vorschneller Schluss. Auch wenn wir dem vorpersonalen menschlichen Leben nicht von Anbeginn die „Unantastbarkeit“ der Menschenwürde nach Grundgesetz Artikel I zubilligen, bedeutet das nicht per se, dass die Forschung die Lizenz zur „freien Verfügung“ hat. Die Mehrheit des Ethikrates hat leider die vorhersehbaren Folgeschäden der Eingewöhnung eines instrumentalisierten Umgangs mit embryonalen Stammzellen nicht weiter in Betracht gezogen. Mir ist diese Praxis unter dem Gesichtspunkt suspekt, dass sie – aus ähnlichen Gründen wie die Verwendung von PID[1] – zum Schrittmacher einer liberalen Eugenik werden kann. [...]

Die Zeit: Kann man eine Technologie verbieten, um eine philosophische Grundannahme zu retten?

Habermas: Meines Wissens ist das Embryonenschutzgesetz, gegen das jetzt die Lobbyisten Sturm laufen, vom demokratisch gewählten Bundestag und nicht im Namen irgendeiner Philosophie beschlossen worden. Die deutsch-platonistische Selbstüberschätzung von Philosophen war mir immer zuwider. Ich plädiere ja nicht für ein Verbot der weiteren Entwicklung der Gentechnologie, sondern nur für eine Kanalisierung, die später vor einem falschen Gebrauch schützt. [...] Die eugenische Herausforderung drängt uns heute die ethische Grundfrage, wer wir sind und sein möchten, auf einer anderen Ebene, sozusagen in anthropologischer Allgemeinheit, auf. Sie stellt sich nicht mehr im Hinblick auf die persönliche Lebensführung eines Individuums oder hinsichtlich der kulturellen Lebensform einer Nation. Angesichts der Möglichkeiten eugenischer Selbstmanipulation müssen wir sagen, wie wir uns als Gattungswesen verstehen wollen.

[1] PID: Präimplantationsdiagnostik (s. S. 340)

Der **Nationale Ethikrat** ist ein von der Bundesregierung eingesetztes Beratergremium, dem neben Medizinern u. a. auch Philosophen und Theologen angehören. Er sprach sich 2001 (im Gegensatz zur entsprechenden Enquete-Kommission) mehrheitlich für einen befristeten und an strenge Auflage gebundenen Import embryonaler Stammzellen aus. 2002 erlaubte der Bundestag die Einfuhr bereits existierender Stammzellen für Forschungsobjekte, für die es keine alternativen Methoden gibt. Nachdrücklich abgelehnt wurde die Produktion neuer Stammzellen.

1. Welche Fragen bzw. Problemfelder sind Gegenstand des Interviews?
2. Wie beurteilt Habermas die Normen und Werte, die dem Embryonenschutzgesetz und den Beschlüssen zur Stammzellenforschung zugrunde liegen? Vergleichen Sie dies mit der Auffassung Nüsslein-Volhards (s. S. 328).
3. Welche Konsequenzen eugenischer Praktiken befürchtet Habermas?
4. Formulieren Sie eine eigene Position.

Ludger Honnefelder (geb. 1936) lehrte an der Universität Bonn Philosophie und ist geschäftsführender Direktor des Instituts für Wissenschaft und Ethik.

Philosophen als Kontrolleure der Genforschung? – Interview mit Ludger Honnefelder

Der Philosoph und Bioethiker Ludger Honnefelder äußerte sich in folgendem Interview zur Rolle der Philosophie angesichts der neuen Möglichkeiten moderner Gentechnik. Anlass war der im Herbst 1999 geführte Disput über die Ansichten des Philosophen Peter Sloterdijk zur Gentechnik.

SPIEGEL: Herr Prof. Honnefelder, Ihr Kollege Sloterdijk will allen Ernstes die Zähmung der Bestie Mensch durch genetische „Züchtung" erreichen. Versagen die Philosophen als seriöse Kritiker der Biotechnologie?

HONNEFELDER: Dass Gentechnik und Biotechnologie die größte ethische Herausforderung der Gegenwart sind, ist längst bekannt. Der Rat der Philosophen wird gesucht. [...]

SPIEGEL: Gilt die Zustimmung aller Betroffenen als Voraussetzung und Grenze des Machbaren? Gerade beim Klonen, also dem genetischen Kopieren eines Menschen, könnte die Zustimmung doch gar nicht eingeholt werden.

HONNEFELDER: Durch Klonen würde ein Mensch hergestellt, der zum größten Teil eine Kopie eines Genoms eines anderen Menschen ist. Ihm würde etwas genommen, was bisher zur natürlichen Ausstattung eines Menschen gehört: dass seine Abstammung sich dem Zufall der Kombination des elterlichen Erbguts verdankt. Er würde aus der genetischen Lotterie herausgenommen und der Verfügung durch einen Dritten ausgeliefert. [...]

SPIEGEL: Gibt es noch andere Bedenken der Philosophen gegen die Genmedizin?

HONNEFELDER: Bei der Keimbahntherapie zum Beispiel ...

SPIEGEL: ... die bedeutet, dass ein Eingriff an den Genen vorgenommen wird, der auch die zukünftigen Kinder prägt ...

HONNEFELDER: Ja, Befürworter sagen, diese Intervention in das Genmaterial sei gerechtfertigt, wenn der zukünftige Mensch eine so schwere Krankheit hätte, dass man unterstellen kann, dass er als Betroffener sie nicht wollen kann. Dann, so sagen manche, wäre es doch geradezu die Pflicht des Arztes, diese Therapie anzuwenden.

SPIEGEL: Was als „Krankheit" gilt, ist allerdings soziokulturell bestimmt.

HONNEFELDER: Eben hier beginnt das Problem.

SPIEGEL: Vielleicht wäre Händel nie zur Geburt zugelassen worden – er war Epileptiker.

HONNEFELDER: Das ist der Grund für mich, einer solchen Argumentation nicht zuzustimmen. Wir müssen ein wirklich eindeutiges Kriterium für eine schwere Krankheit haben. [...] Weltweit ist man sich einig, dass auf jeden Fall die Verbesserung von wünschenswerten Eigenschaften zugunsten eines besseren Aussehens oder Gedächtnisses verboten werden müssen.

SPIEGEL: Ihr Kollege Sloterdijk überschreitet doch diese Grenze, wenn er bessere Menschen züchten will. [...] Haben Sie einen moralischen Einwand gegen Sloterdijk? Er schlägt ja vor, die Philosophen sollten „aktiv" werden und in das „Spiel" der Züchtung des Menschen eingreifen.

HONNEFELDER: Die Absicht von Experten, über andere zu bestimmen, auch wenn sie noch so gut gemeint wäre und erstrebenswerte Eigenschaften zum Ziel hätte, stellte einen Tugendterror dar und verstieße gegen die ethische Selbstbestimmung, die jedem eigen ist. Ein Menschenbild, das „Züchter" und „Gezüchtete" unterscheidet, ist ein elementarer Verstoß gegen das Gleichheitsprinzip, das darauf beruht, dass jeder das Vermögen hat, ein sittliches Subjekt zu sein.

SPIEGEL: Wenn die Philosophen nicht als „Züchter" des moralischen Menschen berufen sind, inwieweit taugen sie als Kontrolleure der Genforschung?

HONNEFELDER: [...] Es ist ein Missverständnis, dass die Ethiker so etwas wie ein Vormund sein könnten. Die Ethik kann nur bei der moralischen Urteilsfindung behilflich sein.

SPIEGEL: Hegel sagt, dass die Philosophie ihren Flug immer erst in der Dämmerung beginnt, also wenn es schon zu spät ist. Muss nicht ihr Fach – gerade bei einer so stürmisch sich entwickelnden Wissenschaft wie der Humangenetik – hinterherhinken?

HONNEFELDER: Die Gefahr, immer zu spät zu kommen, ist zweifelsohne gegeben. Aber bei der Entwicklung der Gentechnik hat die kritische Reflexion sehr früh eingesetzt. [...] Hinsichtlich der jüngsten, besonders aktuellen Forschung an menschlichen embryonalen Stammzellen sind die ethischen Probleme bereits zum Gegenstand gemacht worden, noch bevor die ersten Experimente im Humanbereich begannen. Dabei geht es um die Frage, ob man „überzählige" Embryonen als Zwischenstationen benutzen darf, um daraus dann Gewebe und Organe zu züchten.

SPIEGEL: Wie haben Sie ethisch argumentiert?

HONNEFELDER: Wir betrachten den menschlichen Embryo als ein Lebewesen, das dem mit der Menschenwürde verbundenen Schutz und damit dem Instrumentalisierungsverbot unterliegt. Selbst wenn es um höhere Zwecke ginge, darf ein menschliches Lebewesen nicht instrumentalisiert werden. [...]
Die Probleme der Gentechnik treffen uns in einer Situation, in der viele geglaubt hatten, die Moral zu einer Privatsache erklären zu können oder sich auf rechtliche Regelungen zu beschränken. Nun entdecken wir, dass die Moral der „Preis der Moderne" ist, wie Otfried Höffe sagt. Die Menschheit hat Jahrtausende gegen den Widerstand der Natur gekämpft, diesem Widerstand sein Leben abgerungen. Nachdem der Widerstand der Natur in wichtigen Teilen weggefallen ist, droht der Mensch nach vorne zu fallen und zu stolpern. Nicht mehr die Natur setzt ihm Grenzen, er muss sie sich selbst setzen.

1. Welche ethischen Überlegungen stellt Honnefelder zu den Techniken des Klonens, der Keimbahntherapie und der Embryonenforschung an? Wie begründet er seinen Standpunkt?

2. Der Soziologe Max Weber hat Anfang des 20. Jahrhunderts die Forderung nach einer „wertfreien Wissenschaft" aufgestellt (s. S. 324). Worin sieht demgegenüber Honnefelder die Rolle von Philosophie und Ethik in der modernen Wissenschaft?

3. Wieso ist die Moral der „Preis der Moderne" (Z. 75)?

Medizin und Ethik

Gesundheit – das höchste aller Güter?

Manfred Lütz ist Theologe und Facharzt für Psychiatrie und Psychotherapie. Der nebenstehende Text stammt aus dem Jahr 2003.

Manfred Lütz: Wege und Irrwege der „Gesundheitsreligion"

Kein Zweifel: Wir leben im Zeitalter der real existierenden Gesundheitsreligion. Die Phänomene der Religion sind ins Gesundheitswesen abgewandert. Wallfahrten zum ultimativen Doktor, Fasten, körperliche Kasteiungen, Sektenwesen, Päpste, Gegenpäpste, Reformationen, Bekenntnisse und Gegenbekenntnisse [...] und eine glutvolle Gesundheitsfrömmigkeit, die mit ihren verzichtreichen Riten das ganze Leben erfasst. Es gibt Menschen, die leben von morgens bis abends nur noch vorbeugend, um dann gesund zu sterben.

Die Welt der sich abrackernden Fitnessjünger, der körneressenden Gesundheitsapostel und offenbarungssüchtigen Ayurvedakneippbachblütengläubigen ist zwar eine Realsatire, doch Lachen ist in den heiligen Hallen des Gesundheitskultus strengstens untersagt. Bei der Gesundheit hört der Spaß auf. Eine eschatologische[1] Sehnsucht sucht letzte Befriedigung bei Psychotherapeuten und Ärzten. Buchstäblich alles erhofft man sich von den Hohenpriestern des Gesundheitskults. Die alte Sehnsucht nach ewigem Leben ist ungebrochen. Natürlich sagt man das nicht so. Wer glaubt schon noch ans ewige Leben, nur sterben möchte man halt nicht. [...] Unerbittlich fordert die mächtigste und teuerste Weltreligion aller Zeiten ihren Tribut. [...] Die diagnostischen und therapeutischen Möglichkeiten der Medizin sind exponentiell gestiegen und werden mit zunehmendem Tempo weiter steigen. Mag in den Fünfzigerjahren des 20. Jh. optimale Diagnostik und Therapie für jeden einzelnen Bürger noch einigermaßen solidarisch finanzierbar gewesen sein, so ist das seit einigen Jahren definitiv nicht mehr der Fall. Das aber ist in einer **Gesellschaft, in der Gesundheit als höchstes Gut gilt**, eine geradezu entsetzliche Wahrheit mit großer sozialpolitischer Sprengkraft. [...]

Und damit gerät ein Satz in den Blick, der heute unter strengem Tabu steht, obwohl er unbestreitbar ist: Immer schon konnten reiche Menschen älter werden als arme. Das ist abgemildert noch heute so und wird auch künftig so sein. Doch erst wenn man das aussprechen darf, kann man ernsthaft darüber diskutieren, wie man ein möglichst hohes Maß an Solidarität erhalten und dennoch dem Einzelnen Wahlfreiheit ermöglichen kann, damit er genauso viel in seine Krankenversicherung stecken kann, wie es dem Stellenwert entspricht, die er in seiner Lebensphilosophie der Gesundheit und dem Möglichst-alt-Werden zumisst.

Äskulapstab, Symbol der Heilberufe

Die sich um einen Stab windende Schlange ist, weil sie sich jährlich häutet und ihr Gift heilbringend verwendet werden kann, ein Symbol der Lebenserneuerung. Der Name leitet sich von Asklepios (lat. Aesculapius), dem antiken Gott der Heilkunst, ab.

[1] Eschatologie (gr.): Lehre von den letzten Dingen, d. h. vom Endschicksal des Einzelnen und der Welt

Doch mit der Wahlfreiheit ist es demnächst vielleicht sowieso vorbei. Denn die Gesundheitsreligion rüttelt bereits an den Grundlagen unserer Gesellschaft. **Wenn nur noch der gesunde Mensch der eigentliche Mensch ist, dann ist der Behinderte, der chronisch Kranke oder der Alte ein Mensch zweiter oder dritter Klasse.** Und so hat die Gesundheitsreligion inzwischen bereits ihren eigenen Fundamentalismus entwickelt: die „Ethik des Heilens". Sie ist das Ende der Ethik. Ethik war einmal der kontroverse Diskurs über Moral. Sobald heute aber der Begriff „Ethik des Heilens" fällt, ist Ende der Debatte. Es wird dann sakral[1]: „Ich bin nicht bereit, einem mukoviszidosekranken Kind, das, den Tod vor Augen, nach Luft ringt, die ethischen Gründe zu erklären, die die Wissenschaft daran hindert, seine Rettung möglich zu machen ...", so ein ehemaliger Bundespräsident. Wer heilt, hat Recht: Dieser alte medizinische Grundsatz wird im Namen der Gesundheitsreligion pervertiert, mit menschenverachtenden Folgen. Tötung von nicht ganz gesunden Menschen am Beginn und am Ende des Lebens trifft, wenn es medienmäßig nett aufbereitet ist, kaum noch auf Widerstand. Das aber bedeutet die **Abdankung des christlich-abendländischen Menschenbilds und des Menschenbilds der Menschenrechtsdeklaration der Vereinten Nationen von der gleichen Würde aller Menschen.** Die Gesundheitsreligion frisst ihre Kinder. [...]

Doch wer ist schon wirklich gesund oder auch nur sicher heilbar? „Gesund ist ein Mensch, der nicht ausreichend untersucht wurde", hat ein renommierter Mediziner unserer Tage maliziös[2] angemerkt. [...]

Die bekannten Defizite aus Sicht der Gesundheitsreligion – Behinderung, Krankheit, Leiden, Schmerzen, Alter, Sterben und Tod – **treffen jeden Menschen unvermeidlich und machen leicht über neunzig Prozent einer Lebenszeit aus.**

Lebenskunst kann also nur bedeuten, gerade in den Grenzsituationen menschlicher Existenz Quellen des Glücks und der Lust am Leben zu finden. Behinderung ist nicht nur ein Leid und eine Frage für soziale Unterstützung, sondern kann auch eine Fähigkeit sein. Und auch die zeitweiligen Einschränkungen und Krankheiten eines Lebens sind für viele Anlass, ihr einmaliges Leben bewusster in die Hand zu nehmen. Auch Schmerz und Leid sind nicht bloß Aufruf an die Anästhesisten[3] und Psychokraten, sondern unvermeidliche Grundexistentiale jedes Menschenlebens. [...]

Schließlich war den lebenslustigsten Zeiten der Menschheitsgeschichte das wache Bewusstsein von Sterben und Tod keineswegs Anlass zu dumpfer Resignation, sondern Aufforderung zum intensiven Leben.

Klaus Dörner:
Die Gesundheitsfalle.
Woran unsere Medizin krankt,
München (Econ) 2003

1 Aus welchen Gründen verwendet der Autor den Begriff „Gesundheitsreligion"?

2 Inwiefern spricht der Autor von der „Abdankung des christlich-abendländischen Menschenbilds"? Diskutieren Sie seine Auffassung.

3 Gesundheit um jeden Preis? Diskutieren Sie.

[1] sakral (lat.): heilig
[2] maliziös (lat./frz.): hämisch, boshaft
[3] Anästhesie (gr.): Ausschaltung des Schmerzempfindens (z. B. durch Narkose)

Ärztliches Berufsethos

Wolfgang Hiddemann, Professor für Onkologie (Gebiet der Medizin, das sich mit Geschwülsten befasst), war Mitglied des Vorstandes der „Akademie für Ethik in der Medizin".

Wolfgang Hiddemann: Die Verantwortung des Arztes im 21. Jahrhundert

Selbstverständlich ist die medizinische Praxis heute auch deshalb so erfolgreich, weil sie über hochspezialisierte Techniken und Verfahren verfügt. Der Arzt muss gerade deshalb ständig abwägen zwischen dem, was medizinisch und technisch machbar ist, und dem, was menschlich und ärztlich vertretbar und sinnvoll ist. Diese Entscheidung wird zunehmend schwieriger.

Ein Beispiel aus der praktischen Erfahrung: Vor gut einem Jahr haben wir einen 52 Jahre alten Patienten in unserer Klinik aufgenommen, der an einer akuten lymphatischen Leukämie litt, einer Erkrankung, die heute mit guten Erfolgsaussichten behandelt werden kann. Auch bei diesem Patienten bewirkte die Therapie in der Anfangsphase, dass sich das Krankheitsbild sehr gut stabilisierte. Dennoch stellte sich dann innerhalb von kurzer Zeit eine Bewusstseinstrübung ein, und der Allgemeinzustand des Patienten verschlechterte sich. Wir mussten feststellen, dass als Komplikation der anti-leukämischen Therapie eine Pilzinfektion des Gehirns aufgetreten war, bei der sich Infektionsherde nahe am Ventrikel, also der Hirnkammer, ausgebildet hatten. Diese Komplikation ist äußerst gefährlich, und sie verläuft fast immer tödlich. Trotz der geringen Erfolgsaussichten hatten wir uns entschlossen, eine Operation durchzuführen. Obwohl der Eingriff zunächst gelang, breitete sich die Pilzinfektion weiter aus, und der Patient verstarb nach zehn Tagen auf der Intensivstation. In diesem Fall muss man sich sicherlich die Frage stellen, ob die Entscheidung zur Operation richtig war oder ob man dem Mann diese Maßnahme nicht besser erspart hätte. Im Nachhinein lautet die Antwort wahrscheinlich Ja. Aber durften wir diesem Patienten die – wenngleich nicht sehr hohe – Chance der Therapie zum Zeitpunkt des Eintritts der Komplikation vorenthalten? Wer konnte damals sicher vorhersagen, wie die Krankheit weiter verlaufen würde, und wer sollte es auf sich nehmen, eine mögliche Chance von vornherein nicht zuzulassen? [...]

Wenn wir eine Ethik in der Medizin diskutieren, dürfen wir die Medizin nicht isoliert betrachten. Sie ist Teil unserer Gesellschaft und daher von der gesellschaftlichen Gesamtsituation entscheidend beeinflusst. [...] Krankheit, Sterben und Tod sind aus unserem alltäglichen Selbstverständnis weitgehend verschwunden. Unser Lebensgefühl ist geprägt vom Idealbild des gesunden jugendlichen Menschen, der die Integrität seines Körpers pflegt und aufrechterhält und der nur in bedauernswerten Ausnahmefällen gezwungen ist, sich der Hilfe der modernen Medizin zu bedienen. Diese Hilfe meint er dann jedoch verbindlich einfordern zu können, und er glaubt, mit seinem Krankenkassenbeitrag gleichzeitig den Anspruch auf Heilung und Gesundheit erworben zu haben. Weil wir Krankheit und Tod verdrängen, weil uns die großen Erfolge der Medizin so selbstsicher machen, ist das Verhältnis zwischen moderner Medizin und Gesellschaft gestört. Natürliche Grenzen werden nicht mehr ernst genommen. Dadurch sind die Erwartungen an die Medizin überzogen,

Der Berliner Arzt **Rudolf Virchow** (1821–1902) gilt vielen als Vorbild für moralisch beispielhaftes ärztliches Handeln bzw. Berufsverständnis. Virchow war Wissenschaftler, Ethnologe und Politiker. Mit seinen bahnbrechenden medizinisch-wissenschaftlichen Entdeckungen revolutionierte er die Medizin und mit seinem politisch-sozialen Engagement verbesserte er die Lebensumstände unzähliger Menschen in Preußen und ganz Deutschland.

und sie müssen zwangsläufig immer wieder enttäuscht werden. Die zunehmende Technisierung und Spezialisierung der Medizin sowie die damit verbundene unüberschaubare Flut von nicht mehr verständlichen Informationen und Eindrücken bewirken, dass viele Menschen eine überwiegend reservierte, ja sogar misstrauische Einstellung zur Medizin entwickeln. Nicht ohne Grund versuchen daher heute viele Bürger, sich der modernen Medizin zu entziehen und flüchten in sogenannte alternative oder natürliche Behandlungsmethoden. Um das gestörte Verhältnis zwischen Gesellschaft und Medizin wieder ins rechte Lot zu rücken, müssen wir uns neu orientieren und uns um einen gemeinsam getragenen Grundkonsens bemühen. Dafür müssen wir die Einsicht und die Akzeptanz befördern, dass die Medizin Teil der Gesellschaft ist, dass ihr trotz aller Erfolge Grenzen gesetzt sind, dass Krankheit ein natürlicher Bestandteil des Lebens und kein unvorhersehbarer und bedauernswerter Defekt oder Ausnahmezustand ist und dass der Tod unausweichlich ist. Nur so wird es möglich sein, auf die schwierigen Fragen zur Ethik der Medizin im 21. Jahrhundert sinnvolle Antworten zu finden.

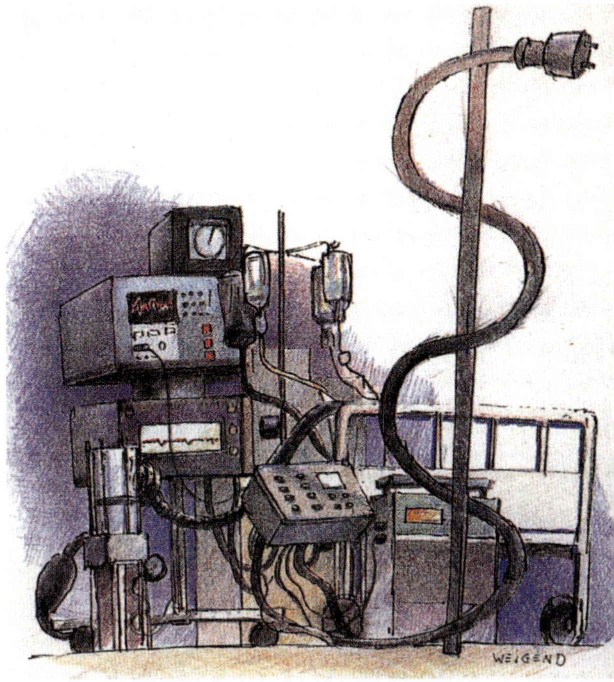

Meines Erachtens kommt es wesentlich darauf an, dass sich die Medizin nicht selbst zur technischen Gesundheitsreparatur-Institution degradiert – um sich gleichzeitig voller Ignoranz in ihren Erfolgen zu sonnen; auch Ärzte müssen die Fähigkeit zur Selbstreflexion und Selbstkritik wieder beleben, den Weg zu einer ganzheitlichen Betrachtungsweise zurückfinden, also den ganzen Menschen in seinem persönlichen Umfeld sehen. In jüngster Zeit erscheint immer häufiger das Bild vom Arzt als Anbieter oder Verkäufer und auf der anderen Seite das vom Patienten als Kunden oder Verbraucher. Dieses Bild reduziert das Verhältnis zwischen Arzt und Patient auf die rein kaufmännische und fachliche Ebene und lässt damit etwas Entscheidendes außer Acht: menschliche Partnerschaft und Empathie[1]. Genau dieses zwischenmenschliche Verhältnis unterscheidet den Mediziner vom Arzt, denn es differenziert zwischen technischer und ärztlich-ethischer Betrachtung und Handlung.

Medizin ist nicht nur die Lehre von den Krankheiten des Körpers, von Medikamenten und Therapien, Medizin ist auch keine reine Naturwissenschaft wie die Biochemie und Molekularbiologie. Der Mensch ist mehr als eine Ansammlung von Molekülen. Natürlich ist die fachliche Kompetenz des Arztes unerlässlich für eine erfolgreiche Behandlung; aber ebenso wichtig sind der Respekt vor der Autonomie des Patienten und die Anerkennung seiner besonderen Situation. Beide sollten sich gegenseitig Vertrauen entgegenbringen – im gemeinsamen Bemühen, eine Krankheit zu bekämpfen oder ihre Symptome zu lindern.

1. Welche Erwartungen stellen Sie selbst an Ihre Ärzte? Vergleichen Sie diese Erwartungen mit den Forderungen des Autors an Patienten und Ärzte.

2. Worin liegt die ethische Problematik des angeführten Krankheitsfalles (Z. 7–29)?

3. Worin sieht der Autor das „gestörte Verhältnis" von Medizin und Gesellschaft? Welche Rolle spielen in diesem Zusammenhang alternative Heilmethoden?

4. Referieren Sie über bedeutende Ärzte und Ärzteorganisationen, z. B. Rudolf Virchow, Ignaz Semmelweis, Robert Koch, Ärzte ohne Grenzen.

[1] Empathie (gr.): Einfühlungsvermögen

Horst Eberhard Richter (geb. 1923) war bis 1992 Professor für Psychosomatik und Direktor des Sigmund-Freud-Instituts in Frankfurt am Main.

Horst Eberhard Richter: Medizin und Gewissen

1947 formulierte die Ärzteschaft im sogenannten „Nürnberger Kodex" ethische Minimalstandards für Humanexperimente. Dieser Kodex legte erstmals international verbindliche Richtlinien für die medizinische Forschung am Menschen fest und formulierte u. a. die moralische Verpflichtung, vor jeglicher Art medizinischen Experiments die freiwillige und informierte Zustimmung des Patienten einzuholen. Der Kodex wurde durch die „Deklaration des Weltärztebundes" von 1964, die ständig aktualisiert wird und verbindlichen Charakter hat, ergänzt.
Der nachfolgende Text stammt aus einer Rede, die der Autor anlässlich einer Tagung zum 50. Jahrestag des Nürnberger Ärzteprozesses gehalten hat.

Im **Nürnberger Ärzteprozess** 1947 waren 23 Ärzte wegen „Verbrechen gegen die Menschlichkeit" angeklagt, sieben davon wurden zum Tode verurteilt. Sie hatten im Dritten Reich zur Ausschaltung angeblich schädlichen Erbgutes an über 350 000 Menschen Zwangssterilisationen vorgenommen und mehr als 5 000 behinderte Kinder sowie 100 000 psychisch Kranke getötet („Euthanasie"). An KZ-Gefangenen wurden darüber hinaus (meist tödlich endende) Menschenversuche durchgeführt.

Wir haben das Thema Medizin und Gewissen für diese Tagung gewählt, weil wir glauben, dass es vor allem auf die innere Haltung der Menschen ankommt, die in diesem Beruf heilen und forschen. Was wir Gewissen nennen, hat für unseren Beruf eine besondere Bedeutung. Es ist die ursprüngliche Quelle des Mitfühlens und ein unüberhörbarer Ansporn zum Helfen. Ihm liegt eine allgemein menschliche Anlage zugrunde, die Schopenhauer[1] ein Mysterium und ein Urphänomen genannt hat. Das ist die innere Notwendigkeit, gefühlsmäßig an dem Leiden des anderen teilzunehmen, verbunden unmittelbar mit dem Drang, ihm beizustehen. [...]
An dieser Stelle möchte ich eine Nebenbemerkung zu einer meines Erachtens abwegigen These einfügen: Sie lautet: Gerade das sorgende Mitfühlen, die Sympathie, das Mitleid könnte am Ende auch zum Töten verführen, so wie Hitler beispielsweise den Begriff Gnadentod missbräuchlich für den Massenmord an psychisch Kranken verwendet hat. Aber diese Kranken sind natürlich nicht Opfer von Mitleid, sondern eines rücksichtslosen Ausmerzungsgedankens geworden. [...]
Der Allmachtsanspruch einer Gesellschaft auf perfekte Leidfreiheit würde die Medizin erneut unter den Druck setzen, wichtiger als die Hilfe für die Leidenden die Hilfe für eine Gesellschaft zu nehmen, die indirekt in den Kranken eine beschwerliche, um jeden Preis zu verringernde Last sähe. Im Augenblick treten wirtschaftliche Argumente in den Vordergrund. Die Politik sagt zur Zeit: Wir müssen – Stichwort Globalisierung – mehr Konkurrenzgesellschaft als helfende Gesellschaft sein. Diese Politik sagt: Die Kranken und Schwachen kosten viel, vielleicht müssen sie, wenn sie mehr Druck zu spüren bekommen, weniger leicht und weniger oft krank werden. Noch wird hierzulande die Keule des sozialen Risikos von Krankheit und Gebrechen nicht so ungeniert geschwungen wie etwa in den USA. Aber der Kurs ist schon unverkennbar und damit ein Klima, das in der Medizin im Anklang an früheres Denken eine Tendenz wachsen lassen könnte, sich zum Beispiel mehr um die Gene, die unerwünschte Krankheiten machen, zu kümmern als um ihre Träger [...], die ohnehin nur als auswechselbare Hilfsmaschinen anzusehen seien, welche sich die Gene zur Sicherung ihrer ewigen Replikation geschaffen haben.
Aber der Arzt ist angetreten, diesen sogenannten Hilfsmaschinen zu dienen, wie immer ihm die Genforschung dabei auch hilfreich sein kann. Das

Der erste und bedeutsamste Entwurf eines **Kodex ärztlichen Handelns** ist der nach dem griechischen Arzt Hippokrates (460–370 v. Chr.) benannte **„Eid des Hippokrates"**. Er formulierte z. B. das Gebot der ärztlichen Schweigepflicht und untersagte ärztliches Mitwirken bei Abtreibungen und bei Sterbehilfe. Das Berufsethos der Ärzte ist in den berufsethischen Richtlinien der Bundesärztekammer und der Landesärztekammern formuliert. Auf internationaler Ebene gilt die immer wieder aktualisierte **„Deklaration des Weltärztebundes"** von Helsinki (1964).

[1] s. unter „Ethik des Mitleids", S. 168f.

Gewissen, auf das er sich verlassen kann, schlägt nicht für Gene, vielmehr ausschließlich für Menschen und auch nie für deren Benutzung durch noch so wohlmeinend dargestellte Interessen von Wirtschaft und Staat. [...] Keinesfalls aber darf sich die Medizin widerstandslos von einem sogenannten Fortschritt überrennen lassen, durch den Menschen sich die Natur anderer Menschen und die eigene unbegrenzt untertan zu machen anschicken.

IPPNW geben Patienten Vorrang

Ärzte gegen Atomkrieg schreiben „Nürnberger Kodex" fort

Auf den Tag genau 50 Jahre nach der Verkündigung des „Nürnberger Kodex" haben die Internationalen Ärzte gegen den Atomkrieg (IPPNW) am Mittwoch in Nürnberg eine Fortschreibung dieser Richtlinie für das Ärzte-Patienten-Verhältnis vorgelegt. In zehn aktuellen Thesen greifen sie neue Grenzfragen auf: Dabei nehmen die Fortpflanzungsmedizin und genetische Tests einen breiten Raum ein.

Zwei Grundsätze stehen hinter dem „Nürnberger Kodex 1997": Behandlungen dürfen nur nach einer „freiwilligen und informierten Einwilligung" durch Patienten und nach „bestmöglicher Aufklärung" der Ärzte stattfinden. Zweitens erhält der Patient klaren Vorrang vor den Interessen von Gesellschaft und Wissenschaft.

Vorgeburtliche Untersuchungen, die gezielt nach Abweichungen und Fehlbildungen suchten, gehörten nicht zur Routine der Schwangerschaftsvorsorge; die stärke eugenische Tendenzen, heißt es in dem Zehn-Punkte-Kodex. Die Präimplantationsdiagnostik, die genetische Untersuchung von Embryonen schon im Reagenzglas, wird abgelehnt. Ebenso das Klonen.

Die Daten aus Gentests dürften nicht für kommerzielle Zwecke (etwa Versicherungen) und bevölkerungspolitische Ziele gebraucht werden, heißt es weiter. Die Gentherapie solle nur für schwere Krankheiten eingesetzt werden dürfen. Die Autoren warnen zugleich: „Der eingeengte Blick auf die Gene versperrt die Sicht auf die vielfältigen Facetten des Phänomens Krankheit [...]." Die IPPNW-Ärzte erkennen bei Organtransplantationen den Hirntod nicht als Tod des ganzen Menschen an. Für eine Organentnahme sei, mit Ausnahme von Kindern, die Zustimmung der Betroffenen erforderlich. Es könne aber auch eine Vertrauensperson benannt werden. Bei der Sterbebegleitung richtet sich der Kodex dagegen, vorzeitig Leben zu beenden und Hilfe zur Selbsttötung wird abgelehnt. Die Ärzte setzen sich zudem für eine gerechtere Verteilung medizinischer Ressourcen ein.

Der „Nürnberger Kodex" war Bestandteil des Urteils eines US-Militärgerichts gegen Mediziner, die in der NS-Zeit Verbrechen gegen die Menschlichkeit begangen hatten. Als Voraussetzung für Versuche mit und an Menschen schrieben die Richter damals die freiwillige Zustimmung der Betroffenen zwingend fest.

Michael Emmrich, in: Frankfurter Rundschau, 21.7.1997

Die Ärztevereinigung **„Internationale Ärzte gegen den Atomkrieg"** (IPPNW) wurde 1980 gegründet und erhielt 1985 den Friedensnobelpreis.

Klaus Bergdoldt: Das Gewissen der Medizin. Ärztliche Moral von der Antike bis heute. München (Beck) 2004

1. Welche Gefahren sieht Richter für die gegenwärtige Medizin? Wie könnte man ihnen begegnen?
2. In Indien wurden 1977 zur Eindämmung des enormen Bevölkerungszuwachses etwa 8 Millionen Männer zwangssterilisiert. Beschreiben Sie den Konflikt, in dem sich ein Arzt befindet, der an solchen Maßnahmen mitwirken soll. Wie sollte er sich verhalten?
3. Welche Grundsätze ärztlichen Handelns vertritt der IPPNW?
4. Nehmen Sie zu einzelnen Feststellungen der Ärzteorganisation begründet Stellung. Ziehen Sie zu den Themen Organtransplantation und Sterbehilfe auch die Seiten 342–345 heran.

Fortpflanzungsmedizin – Wunschkinder um jeden Preis?

Ungewollte Kinderlosigkeit wird immer seltener als schicksalsgegeben hingenommen. Bis Ende 2002 erblickten mit der Technik der „In-vitro-Fertilisation" weltweit etwa 400 000 außerhalb des Mutterleibs gezeugte Kinder das Licht der Welt. Die Labortechnik eröffnet darüber hinaus weitgehende Möglichkeiten der Selektion und Manipulation, deren Durchführung und Folgen schwerwiegende rechtliche, soziologische und ethisch-moralische Probleme aufwerfen.

Carl Djerassi (geb. 1923), amerikanischer Chemiker und Schriftsteller österreichischer Herkunft, arbeitete an der Universität Stanford (Kalifornien) und gilt als „Vater der Pille".

„Laborbabys werden mehr geliebt" – Ein Interview mit Carl Djerassi

SPIEGEL: Professor Djerassi, einst haben Sie die Anti-Baby-Pille entwickelt, heute beschäftigen Sie sich in Romanen und Theaterstücken mit der künstlichen Befruchtung. Worin besteht der Zusammenhang?

DJERASSI: In der Trennung von Sex und Fortpflanzung natürlich. Millionen von Menschen haben sich daran gewöhnt, Sex aus Spaß und Liebe zu haben, ohne dass dabei ein Kind entsteht. Deshalb fällt es ihnen jetzt so leicht, auch das Gegenteil zu akzeptieren: Leben erschaffen ohne Sex.

SPIEGEL: Verändert die moderne Reproduktionsmedizin die Welt ebenso stark wie die Pille?

DJERASSI: Zumindest in Zukunft könnte sie das durchaus – wobei mich übrigens der enorme Erfolg der Pille damals sehr überrascht hat. [...]

SPIEGEL: Und wieso glauben Sie, dass der Retortenzeugung eine ähnlich große Rolle zukommen könnte?

DJERASSI: Der Wunsch der Eltern, das bestmögliche Kind zu haben, wird die Fortpflanzung der Zukunft dominieren. Und genau das wird die Fortpflanzung im Labor bieten.

SPIEGEL: Finden Sie nicht, dass der Geschlechtsverkehr mit dem Ziel, ein Kind zu zeugen, etwas Besonderes, etwas Mystisches ist?

DJERASSI: Natürlich, und das wird in drei Vierteln der Welt auch weiter so sein. Ich spreche über das, was in den Wohlstandsländern bei den reichen Leuten passieren wird. Diese Paare wollen im Bett kein Kind mit einem Morbus Down[1] zeugen ...

SPIEGEL: ... sondern im Labor die genetischen Eigenschaften ihres Nachwuchses aussuchen?

DJERASSI: Warum denn nicht? Das ist ja nicht Genmanipulation, sondern Auswahl. Eigentlich steckt dahinter der Gedanke, der bereits jetzt ununterbrochen verfolgt wird: Wir versuchen, unsere Kinder in die beste Schule zu schicken, ihnen alles zu schenken, was ihre Zukunftsaussichten verbessern könnte. Die Präimplantationsdiagnostik eröffnet nun die Chance,

In-vitro-Fertilisation (IVF): künstliche Befruchtung außerhalb des Mutterleibs. Zur IVF werden reife Eizellen aus den (hormonell stimulierten) Eierstöcken entnommen. Nach der Befruchtung werden Embryonen in die Gebärmutter eingebracht und deren Einnistung hormonell unterstützt. (Die Erfolgsquote liegt in Deutschland bei etwa 30 %.)
Die (umstrittene) Präimplantationsdiagnostik (PID), bei der der künstlich befruchtete Embryo vor der Einpflanzung auf genetische Schäden und mögliche Erbkrankheiten untersucht wird, ist in Deutschland verboten.

[1] Morbus Down: eine angeborene komplexe Entwicklungsstörung

zwischen sechs oder acht Embryonen den genetisch besten Nachfahren auszuwählen. Das ist doch sehr praktisch, wenn auch nicht angenehm.

SPIEGEL: Manchen graust es davor.

DJERASSI: Solches Grausen kann ich verstehen, aber logisch ist es nicht. Mehr und mehr Frauen vertagen das Kinderkriegen auf ihre späten Dreißiger- oder sogar frühen Vierzigerjahre, ein Alter also, in dem es viel gefährlicher ist, ein Kind zu haben. Fast alle diese Frauen lassen eine Fruchtwasseruntersuchung über sich ergehen, um genau zu wissen, ob das Kind eine Krankheit haben wird, und zwar zu einem Zeitpunkt, wo sie bereits seit drei Monaten schwanger sind. Und wenn der Befund positiv ist, treiben die meisten das Kind ab. Ist es da nicht viel besser, den Test vorher zu machen?

SPIEGEL: Die In-Vitro-Befruchtung soll also zum Standard, der Embryonen-Check serienmäßig werden?

DJERASSI: Oh, nicht nur das. Ich gehe sogar noch weiter. Ich behaupte, dass am Ende Verhütungsmittel total unnötig sein werden. Die Menschen werden ihre Spermien und Eier in einer Bank auf Eis legen können und lassen sich anschließend sterilisieren. [...]

SPIEGEL: In Ihren Theaterstücken und Romanen haben Sie die Trennung von Fortpflanzung und Sex als einer der Ersten prophezeit. Haben Sie erwartet, dass die neuen Reproduktionstechniken so rasch die Welt erobern?

DJERASSI: Nicht so schnell, nein. Nehmen Sie das sogenannte ICSI-Verfahren, bei dem ein Spermium in die Eizelle gespritzt wird. Niemand hätte bei der Geburt des ersten ICSI-Babys 1991 in Belgien gedacht, dass heute, 2002, schon etwa 100 000 von ihnen die Welt bevölkern.

SPIEGEL: Was ist Ihrer Meinung nach der Grund für den verblüffend schnellen Siegeszug neuer Reproduktionstechniken in Deutschland und mehr noch in anderen Industriestaaten?

SPIEGEL: Das hängt maßgeblich mit dem Rückgang der Bevölkerungszahlen zusammen. Der Wert eines der wenigen Kinder wird viel, viel größer, und die Eltern werden älter. Die Reagenzglasbefruchtung ist aus dieser Welt nicht mehr wegzudenken.

SPIEGEL: Und alle sozialen Verwerfungen, die das mit sich bringt, muss man eben in Kauf nehmen?

DJERASSI: Ich weiß, viele Leute glauben, dass alle diese Tendenzen die traditionelle Familie abwerten und zerstören. Ich aber begegne den abschreckenden Schöne-Neue-Welt-Szenarien mit dem Gegenargument: Die im Labor gezeugten Kinder sind stets gewünscht: Sie werden deshalb mehr geliebt als natürlich gezeugte Kinder, was die Familie auch stärken könnte.

SPIEGEL: Sind die Kritiker der neuen Fortpflanzungswelt also alle hoffnungslose Romantiker?

DJERASSI: Vor allem sind sie Pessimisten. Und sie übersehen, wie schnell und grundlegend sich die Art unseres Zusammenlebens ständig verändert.

„Richtlinien über künstliche Befruchtung" der Bundesärztekammer: Beachtung des Embryonenschutzgesetzes; Transfer von maximal 3 Embryonen; keine Fertilisation von mehr Eizellen, als übertragen werden sollen; Verbot der Eizellenspende; Verbot der Ersatzmutterschaft; Verbot der missbräuchlichen Verwendung des Embryos; Verbot der Geschlechtswahl; Verbot der posthumen Fertilisation; Durchführung der IVF/ICSI nur zu Fortpflanzungszwecken; Vermeidung von Eugenik; Vermeidung überzähliger Embryonen; Reduzierung von Mehrlingen.

1. Setzen Sie sich mit Djerassis Argumenten für die moderne Reproduktionsmedizin kritisch auseinander.
2. Welche „sozialen Verwerfungen" (Z. 62) könnte die Fortpflanzungsmedizin nach sich ziehen?
3. Formulieren Sie zu jeder der Bestimmungen der Bundesärztekammer eine ethische Begründung. Welchen stimmen Sie zu, welchen nicht?

Organtransplantationen – der Körper als „Ersatzteillager"?

Der Arzt **Ellis E. Huber** war von 1987 bis 1998 Präsident der Ärztekammer Berlin.

Ellis E. Huber: „Der Arzt ist kein Bioingenieur"

Tausende von Menschen sind in Deutschland bereit, Organe zu spenden. Sie tragen einen Organspender-Ausweis mit sich und bekunden ihre Bereitschaft, im eigenen Sterbefall noch anderen Menschen zu helfen. Tausende von schwerstkranken Patienten warten aber auch auf ein Spenderorgan, das ihr Leben retten oder dramatisch verbessern kann. Es gibt aber zu wenig Spenderorgane. Im Prinzip finden viele Bürgerinnen und Bürger die Organtransplantation gut – aber sie können sich nicht mit dem Gedanken anfreunden, dass Ärzte nach ihrem Tode Verwertbares aus ihnen herausschneiden, dass sie als Ersatzteillager benutzt werden wie ein zu Schrott gefahrenes Auto. Plötzlich ist es da, ein widersprüchliches Gefühl zum eigenen Körper, zum eigenen Tod. Die Organspende konfrontiert uns mit unserem Selbstverständnis, mit unseren Beziehungen zum Körper, zu unseren Bekannten oder zu unseren Mitmenschen. Wir empfinden selbst, dass es eben nicht um Körpermaschinen geht, dass der Arzt kein Bioingenieur ist und Angehörige eines Verstorbenen auch nicht im Besitz einer Sache sind, über die sie einfach verfügen können. Es geht um Leben.

Die lebenserhaltende Therapie durch Organtransplantationen ist medizinisch nur zulässig, wenn zwischen Patient und Arzt Vertrauen herrscht und die Rechte und Bedürfnisse des Individuums höher bewertet werden als die von staatlichen oder öffentlichen Institutionen. Ärztliches Handeln darf die Heilung oder Hilfe für Kranke nicht dem wissenschaftlichen Ehrgeiz unterordnen. Es liegt an uns Ärzten, die Ehre der Toten zu schützen, mit den Angehörigen einfühlsam und respektvoll umzugehen und unser Tun jederzeit transparent zu machen. Deshalb gelten in Deutschland ethische Berufsregeln für die Organtransplantation, die von der ärztlichen Selbstverwaltung streng überwacht werden. Ärztinnen oder Ärzte, die dagegen verstoßen, müssen mit dem Entzug ihrer Berufserlaubnis rechnen.

Die Organ-Entnahme für eine Transplantation ist nur erlaubt, wenn zwei unabhängige, an der Organ-Entnahme oder Transplantation nicht beteiligte Ärzte den Hirntod zweifelsfrei festgestellt und dokumentiert haben. Die Ärzte stellen den Tod dann fest, wenn das Stammhirn bei zwei Untersuchungen im Abstand von zwölf Stunden keine Funktion mehr zeigt und alle Gehirnströme vollständig und unwiederbringlich erloschen sind. „Teilhirntode" oder „Hirnrindentote", sogenannte Apalliker, Säuglinge ohne Großhirn oder Menschen mit anderen Teilausfällen des Gehirns sind nicht tot. Eine Grenzziehung zwischen hirntot und herztot ist der Medizin möglich, seitdem Maschinen eine künstliche Beatmung ermöglichen und trotz des Hirntodes die Körperfunktionen künstlich aufrechterhalten werden können.

In Deutschland trat 1997 das **Transplantationsgesetz** in Kraft. Danach ist die Organentnahme bei Hirntoten erlaubt, die dieser Maßnahme (für jedes einzelne Organ) zuvor zugestimmt hatten. Sollte diese Person jedoch keine Verfügung getroffen haben, bleibt als notwendige Voraussetzung für die Organentnahme die Zustimmung der engsten Angehörigen („erweitere Zustimmungslösung"). Organentnahme und Transplantation sind medizinisch-organisatorisch streng voneinander getrennt. Eine unabhängige dritte Instanz, die Organspendezentrale Eurotransplant in Leiden/Holland, übernimmt die Vermittlung der Spenden. Organhandel und unrechtmäßiges Verhalten im Zusammenhang mit der Organtransplantation werden strafrechtlich verfolgt.

Linus Geisler: Über Organtransplantationen

Linus Geisler war Chefarzt eines Krankenhauses in Gladbeck.

Nach der endlos scheinenden Geburt eines Transplantationsgesetzes, das der Organbeschaffung die Pforten weit öffnet, trickreich den Hirntod lediglich als Voraussetzung zur Organentnahme verharmlost und seine Gleichsetzung mit dem Tod des Menschen verschleiert, nach euphemistischen Werbekampagnen (Organwechsel nach dem garbage-in-garbage-out-Prinzip[1]) dümpelt die Organtransplantation auf dem seit Jahren gleichen Level vor sich hin. Eine Abstimmung mit den Füßen? Es ist Organspende, und so gut wie keiner geht hin?
Verhieß da nicht die UNESCO, jeder zweite Eingriff nach dem Jahre 2000 werde eine Verpflanzung von Organen oder Gewebe sein? Am offerierten Menü kann es kaum liegen: Eierstöcke, Hoden, Hirngewebe – alles im Angebot und technisch unproblematisch. [...] Sollte es möglicherweise ein übergeordnetes „Abstoßungsphänomen“ geben?
Aber der systemeigene Expansionsdruck ist nicht aufzuhalten. Er bedient sich rigoros aller Mittel. Lebendspende[2] ist angesagt. Die Altlast des nil nocere[3] ist entsorgt. Renommierte Strafrechtler haben keine Bedenken gegen operative Eingriffe an Gesunden, trotz des Sterblichkeitsrisikos von zirka einem Promille (Nieren-Lebendspende). Die gesellschaftlichen Implikationen werden ausgeblendet. In den USA stammen bereits rund 25 Prozent der verpflanzten Nieren von Gesunden, aber der Chirurg Robert Montgomery spricht von „ungenügend genutzten Ressourcen“. Was wird, wenn eines Tages 80 Prozent der Mütter dialysepflichtiger Kinder eine Niere geopfert haben, mit den widerspenstigen restlichen 20 Prozent?

Hirntod: 1968 setzte ein Komitee der amerikanischen Harvard Medical School das Versagen messbarer Hirntätigkeit mit dem Tod gleich. Diese Todesdefinition, die bald allgemein akzeptiert wurde, schuf die Voraussetzung für eine Organentnahme, weil die Funktion der übrigen Organe mit maschineller Hilfe aufrechterhalten und damit transplantationsfähig gehalten werden kann.
Kritiker dieser Todesdefinition sehen Hirntote nicht als Tote oder Leichen, sondern als Sterbende an.

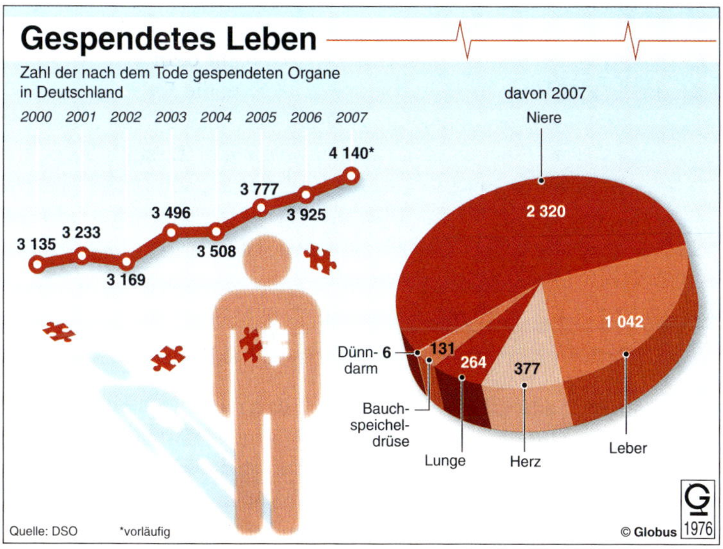

Welche ethischen Fragen bzw. Probleme wirft die Organtransplantationsmedizin auf? Erörtern Sie das Für und Wider. Versetzen Sie sich auch in die Lage eines Betroffenen.

[1] garbage (engl.): Müll
[2] In Deutschland betrug der Anteil der Lebendspenden an dem Gesamt der Nierentransplantationen im Jahr 2003 16 Prozent.
[3] nil nocere (lat.): nicht schaden

Sterbehilfe: Maßnahmen, die dem Sterbenden den Tod erleichtern sollen (Sterbebegleitung) oder die den Tod herbeiführen.
Als **„passive Sterbehilfe"** bezeichnet man das bewusste Unterlassen von lebensverlängernden Maßnahmen.
Bei **„aktiver Sterbehilfe"** unterscheidet man zwischen „indirekter aktiver Sterbehilfe" (Inkaufnahme möglicher Lebensverkürzung durch Verabreichung schmerz- oder leidenslindernder Medikamente) und „direkter aktiver Sterbehilfe" (das gezielte und tätige Herbeiführen des Todes).
Der Begriff **„Euthanasie"** (gr.: guter Tod, gutes Sterben) wird in Deutschland wegen seiner missbräuchlichen Verwendung für den Massenmord an Behinderten während des Dritten Reiches vermieden.

Hospiz-Bewegung: Der Begriff leitet sich von dem lat. Wort hospitium = Gastfreundschaft/gastliches Haus ab. Die moderne Hospiz-Bewegung wurde 1967 in England gegründet und hat sich zum Ziel gesetzt, Schwerstkranke und Sterbende zu Hause (ambulant) oder in stationären Einrichtungen zu betreuen. Die Mitarbeiter (Ärzte, Schwestern, Seelsorger, Psychologen) arbeiten ehrenamtlich und wollen den Patienten die Sicherheit geben, dass nichts ohne ihr Einverständnis entschieden wird und alles unterlassen wird, was „nur den Sterbevorgang verlängert und nicht das Leben".

Sterbehilfe – zwischen Helfen und Töten

Gibt es ein Recht auf selbstbestimmtes Sterben?*

Der Bundesgerichtshof (BGH) hatte im April 2003 über folgenden Fall zu entscheiden: Nach einem Herzinfarkt lag ein 72-jähriger Mann im Wachkoma. Zwei Jahre zuvor hatte er für einen solchen Fall ein Patiententestament verfasst und verfügt, dass er eine Intensivbehandlung ablehne und keine künstliche Ernährung stattfinden solle. Sein Sohn, den er als Betreuer bestellt hatte, verlangte unter Hinweis auf die Verfügung seines Vaters die Einstellung der künstlichen Ernährung, was die Ärzte jedoch ablehnten. Der BGH entschied, dass weder ein Patiententestament noch der Wille des Betreuers alleiniger Maßstab für die Entscheidung über Weiterbehandlung oder Abbruch sein dürfe, solange die Ärzte eine Weiterbehandlung anbieten. Darüber hinaus muss die Entscheidung eines Vormundschaftsgerichts eingeholt werden. Passive Sterbehilfe darf nur in dem Fall erfolgen, wenn die Ärzte keine Weiterbehandlung anbieten.
In der Europäischen Union besteht hinsichtlich der Sterbehilfe ein großer Dissens. Nicht nur der Begriff „Euthanasie" ist europaweit nicht eindeutig definiert, auch die gesetzlichen Regelungen innerhalb der EU sind höchst unterschiedlich: So erlauben z. B. Belgien und die Niederlande (unter Auflagen) die gezielte Tötung auf Verlangen, Portugal ahndet aktive Sterbehilfe mit bis zu fünf Jahren Gefängnis, in Deutschland ist gemäß § 216 StGB die „Tötung auf Verlangen" verboten.
Die ethisch-moralische sowie die juristische Diskussion bezüglich der aktiven Sterbehilfe ist nicht nur in Deutschland, sondern europaweit (noch) nicht abgeschlossen, schwankt zwischen Anerkennung des Patientenwillens und den Befürchtungen von ausufernden und unkontrollierten Tötungshandlungen und belässt somit Ärzte, Juristen, Patienten und Angehörige weiterhin in einer (nicht nur juristischen) Grauzone.

Mainzer Hospizgesellschaft: Dem Sterben den gebührenden Platz im Leben geben

Wenn wir mit Krankheit und Alter konfrontiert werden, beruhigen wir uns rasch mit dem Gedanken, unsere Schwerstkranken und Sterbenden seien in unseren Pflegeheimen oder Kliniken „gut aufgehoben". [...]
Die Wissenschaftsgläubigkeit hat zusätzlich dazu geführt, dass viele von der modernen Medizin unbedingten Erfolg im Kampf gegen den Tod erwarten. **Lebenserhaltung wird dann gleichgesetzt mit Lebensverlängerung um jeden Preis;** und so mancher sterbenskranke Patient gerät in die Zwänge einer hochtechnisierten Medizin, die auf vielen Gebieten segensreiche Erfolge feiern kann, hier jedoch manchmal nur das Sterben unnötig und unerträglich verlängert.
Zu ausschließlich ist unser ganzes Gesundheitssystem immer noch da-

rauf ausgerichtet, Krankheiten zu heilen, eben „gesund“ zu machen, wie schon der Name sagt. Muss das Sterben des Menschen dann nicht zwangsläufig als Scheitern erlebt werden? [...]

Sterbende brauchen einen Ort, an dem sie sich geborgen fühlen, wohl umsorgt von Verwandten und Freunden, und eine ärztliche und pflegerische Betreuung, die den Tagen Leben hinzufügt, und nicht nur dem Leben zusätzliche Tage. „Damit ihr letztes Stück Leben wirklich Leben und nicht bloßes Existieren ist“, wie Dr. Cicely Saunders, die Gründerin der modernen Hospizbewegung, es einmal formuliert hat.

Hospizarbeit und Palliativmedizin (= Lindern von Schmerzen und anderen Symptomen) wollen dazu beitragen, das Leben – und damit auch das Sterben als Teil des Lebens – für den Schwerstkranken lebenswert zu erhalten. „Den Tagen Leben geben“ bedeutet somit, den persönlichen Weg eines Menschen in der letzten Phase seines Lebens zu achten und zu unterstützen und die Qualität der Hilfen an der Einzigartigkeit seines Verlaufs auszurichten. [...]

Bei allen gewachsenen Unterschieden der Hospizbewegung in den verschiedenen Ländern und in allen unterschiedlichen Formen der Arbeit sind die **Grundüberzeugungen** die gleichen:

- Sterben ist ein Teil des Lebens: Es darf weder verdrängt noch künstlich verlängert oder gezielt beschleunigt werden.
- Alle Sterbenden sollen bis zuletzt jene Gastlichkeit erfahren, in der sie sich zu Hause, umsorgt und unterstützt erleben können auf ihrer letzten Wegstrecke.
- Wissen, dass der Sterbende für seine letzten „Lebensentscheidungen“ benötigt, darf ihm nicht vorenthalten werden. Alles, was gesagt wird, muss wahr sein, aber nicht alles, was wahr ist, muss gesagt werden.
- Die Möglichkeiten der Schmerztherapie sind konsequent anzuwenden, damit die Sterbenskranken ihr Leben bei klarem Bewusstsein zu Ende leben können und nicht in schmerzvoller Verzweiflung nach der „erlösenden Spritze“ rufen.
- Jeden seinen ganz persönlichen Tod finden lassen. Der Abschied vom Leben mit seinen Ängsten und Schmerzen rührt wie kaum etwas anderes an das Geheimnis eines Menschen. Im Antlitz des Sterbenden werden wir der „Heim-Suchung“ des Menschen gewahr. [...]

Wichtig für unser Selbstverständnis ist die klare Abgrenzung gegenüber Organisationen und Initiativen, die sich für aktive Sterbehilfe, für den „schnellen Tod“ von der Hand eines anderen Menschen, starkmachen und diese „Hilfen“ auch anbieten. **Wir lehnen eine aktive Sterbehilfe grundsätzlich ab.** Leid kann und soll nicht durch die Tötung des Leidenden abgeschafft werden.

Patientenverfügung:
Verfügung, in der man bestimmt, zu welchem Zeitpunkt man lebenserhaltende Maßnahmen ablehnt bzw. abzubrechen wünscht. Eine solche Willenserklärung ist ethisch und rechtlich umstritten. (Eine gesetzliche Grundlage wird zurzeit angestrebt.) Nach Ansicht der Enquete-Kommission des Bundestages „Ethik und Recht in der modernen Medizin“ soll die Patientenverfügung nur dann verbindlich sein dürfen, „wenn eine Krankheit irreversibel ist und trotz medizinischer Behandlung nach ärztlicher Erkenntnis zum Tode führen wird.“

Das Meer in mir (Regie: Alejandro Amenábar, Spanien/Italien 2004)

1. Bewerten Sie die Entscheidung des BGH. Handelt es sich bei dem Patienten um einen „Sterbenden“? Warum findet seine Patientenverfügung keine Berücksichtigung?
2. Erläutern Sie die Problematik von Patientenverfügungen und Sterbehilfemaßnahmen.
3. Was versteht die Hospiz-Bewegung unter „menschenwürdigem Sterben“? Was bedeutet in diesem Zusammenhang „helfen“?
4. Informieren Sie sich über eine Hospiz-Einrichtung in Ihrer Nähe und berichten Sie über deren Tätigkeit.

Wirtschaft und Ethik

Marktwirtschaft – eine moralfreie Zone?

Adam Smith (1723–1790), schottischer Moralphilosoph und Wirtschaftswissenschaftler, legte in seinen Werken die theoretischen Grundlagen für eine freiheitlich-liberale Wirtschaftsordnung. Er betrachtete menschliche Arbeit und Arbeitsteilung als Quellen des Wohlstandes.
Analog zum mechanistischen Weltbild (s. S. 74f.) sah er einen funktionierenden Marktmechanismus als Voraussetzung für die Arbeitsteilung.

Adam Smith: Moral durch die „unsichtbare Hand"

Es ist vergebens, dass der stolze und gefühllose Grundherr seinen Blick über seine ausgedehnten Felder schweifen lässt und ohne einen Gedanken an die Bedürfnisse seiner Brüder in seiner Fantasie die ganze Ernte, die auf diesen Feldern wächst, selbst verzehrt. Das ungezierte und vulgäre Sprichwort, dass das Auge mehr fasse als der Bauch, hat sich nie vollständiger bewahrheitet als in Bezug auf ihn. Das Fassungsvermögen seines Magens steht in keinem Verhältnis zu der maßlosen Größe seiner Begierden, ja, sein Magen wird nicht mehr aufnehmen können als der des geringsten Bauern. Den Rest muss er unter diejenigen verteilen, die auf das sorgsamste das Wenige zubereiten, das er braucht. [...]
Der Ertrag des Bodens erhält zu allen Zeiten ungefähr jene Anzahl von Bewohnern, die er zu erhalten fähig ist. Nur dass die Reichen aus dem ganzen Haufen dasjenige auswählen, was das Kostbarste und ihnen Angenehmste ist. Sie verzehren wenig mehr als die Armen; trotz ihrer natürlichen Selbstsucht und Raubgier [...] teilen sie doch mit den Armen den Ertrag aller Verbesserungen. [...] Von einer **unsichtbaren Hand werden sie dahin geführt, beinahe die gleiche Verteilung der zum Leben notwendigen Güter zu verwirklichen**, die zustande gekommen wäre, wenn die Erde zu gleichen Teilen unter alle ihre Bewohner verteilt worden wäre; und so **fördern sie, ohne es zu beabsichtigen, ja ohne es zu wissen, das Interesse der Gesellschaft** und gewähren die Mittel zur Vermehrung der Gattung. Als die Vorsehung die Erde unter eine geringe Zahl von Herren und Besitzern verteilte, da hat sie diejenigen, die sie scheinbar bei ihrer Teilung übergangen hat, doch nicht vergessen und nicht ganz verlassen. Auch diese letzteren genießen ihren Teil von allem, was die Erde hervorbringt. In all dem, was das wirkliche Glück des menschlichen Lebens ausmacht, bleiben sie in keiner Beziehung hinter jenen zurück, die scheinbar so weit über ihnen stehen. In dem Wohlbefinden des Körpers und in dem Frieden der Seele stehen alle Lebensstände einander nahezu gleich und der Bettler, der sich neben der Landstraße sonnt, besitzt jene Sicherheit und Sorglosigkeit, für welche Könige kämpfen. Das gleiche Prinzip, die gleiche Liebe zum geordneten Ganzen, die gleiche Rücksicht auf die Schönheit der Ordnung, der Kunst und wohl ersonnener Pläne, trägt häufig auch sehr viel dazu bei, uns jene Einrichtungen zu empfehlen, die bestimmt sind, die allgemeine Wohlfahrt zu fördern. [...] Es macht uns Vergnügen, die Vervollkommnung eines so schönen und großartigen Systems zu betrachten und **wir sind nicht ruhig, bis wir jedes Hindernis, das auch nur im mindesten die Regelmäßigkeit seiner Bewegungen stören oder hemmen kann, beseitigt haben.**

„Eigenliebe tut gut": Die Lehre des Adam Smith*

Einen engen Zusammenhang von Ethik und Ökonomie sah der Begründer der wissenschaftlichen Ökonomie: der englische Philosoph und Wirtschaftswissenschaftler Adam Smith. Er entwickelte zunächst eine „Theorie der ethischen Gefühle" (1759). Darin erklärte er im Gegensatz zu der Lehre von Thomas Hobbes[1], dass es keiner mächtigen Instanz bedürfe, um die Leidenschaften der Menschen im Zaume zu halten. In seinem Werk „Untersuchung über die Natur und die Ursachen des Wohlstandes der Nationen" (1776) übertrug er diese philosophische Lehre auf das Wirtschaftsleben. Er war der Überzeugung, dass „alle Menschen bestrebt seien, ihre Lebensbedingungen zu verbessern" und dass es eine „ursprüngliche Neigung zum Tausch und Handel" gebe: „Nicht vom Wohlwollen des Metzgers, Brauers und Bäckers erwarten wir das, was wir zum Essen brauchen, sondern davon, dass sie ihre eigenen Interessen wahrnehmen." Trotz dieses natürlichen Eigeninteresses verfüge der Mensch aber auch über Antriebe, die seinen egoistischen Neigungen Grenzen setzen würden: „Für wie selbstsüchtig man den Menschen auch halten mag, in seiner Natur finden sich offenbar Züge, die ihm das Geschick anderer angelegen sein lassen."

Beseitige man nun alle (staatlichen) Systeme der Einschränkung und Bevorteilung, stelle sich „von selbst das einfache System der natürlichen Freiheit" ein. Man solle demnach dem Menschen, sofern er nicht gegen die Gesetze der Gerechtigkeit verstoße, „völlige Freiheit lassen, sein Interesse in der ihm angenehmen Weise zu verfolgen". Ohne es nämlich zu beabsichtigen oder zu wissen, verfolge er auf diese Weise, wie von „unsichtbarer Hand" gelenkt, das Gesamtinteresse und Wohl der Gesellschaft. Der Staat habe nur solche Aufgaben zu übernehmen, die von privater Seite überhaupt nicht oder nur schlechter wahrgenommen werden können. Die Planung und Steuerung der Produktion jedenfalls könne nicht Aufgabe des Staates sein, weil der Markt dies wesentlich besser könne. Darüber hinaus sei der Wettbewerb ein gut funktionierendes Mittel zur Beschränkung der Macht. Nur dort, wo der Markt versage, z. B. bei der Tendenz zur Monopolbildung oder zur Ungerechtigkeit, seien Staatseingriffe gerechtfertigt: „Jener Gebrauch der natürlichen Freiheit durch einige wenige Individuen, welcher die Sicherheit der ganzen Gesellschaft gefährden könnte, wird zu Recht durch die Gesetze einer jeden Regierung beschränkt – der freiesten ebenso wie der willkürlichsten."

Adam Smith wird häufig als doktrinärer Vertreter eines wirtschaftlichen „Laissez-faire" bezeichnet. Er selbst hielt die freie Marktwirtschaft jedoch für höchst moralisch, weil dieses Wirtschaftsprinzip den natürlichen Interessen des Einzelnen gerecht werde, das Gesamtwohl fördere und darüber hinaus durch Eingriffsmöglichkeiten des Staates vor Ungerechtigkeit und Auswüchsen bewahrt werde.

1 Welches Bild vom Menschen liegt der Wirtschaftstheorie von Smith zugrunde?

2 Erläutern Sie Smiths Bild von der „unsichtbaren Hand".

3 Überprüfen Sie an Beispielen Smiths These, dass der freie Wettbewerb ein Mittel zur Beschränkung individueller Macht sei.

4 Welche Rolle soll nach Smith der Staat im Wirtschaftsgeschehen spielen?

5 Veranstalten Sie eine Podiumsdiskussion zu dem Thema: Ist die Lehre von Adam Smith überholt? Teilnehmer: ein neoliberaler Firmenchef, ein „Öko-Manager" (s. S. 358f.), ein Arbeitsloser, ein Kirchenvertreter (s. S. 353), ein Soziologe (s. S. 354f.) und Sie selbst.

[1] Thomas Hobbes (1588–1679): englischer Philosoph und Staatstheoretiker (s. S. 148ff.)

Karl Homann ist Professor für Wirtschaftsethik an der Universität München.

Karl Homann: Marktwirtschaft und Moral

Der Wettbewerb ist das Rückgrat der modernen Marktwirtschaft und die Grundlage unseres Wohlstands. Aber der Wettbewerb macht moralisches Verhalten für den Einzelnen schwierig. Solange nicht ganz klare Spielregeln vereinbart werden, die auch die Konkurrenten binden, wird der Ehrliche leicht über den Tisch gezogen. Moderne Gesellschaften lassen sich nur über solche Spielregeln steuern, über die Bedingungen, unter denen etwas passiert. Bloße Motivation reicht zur Steuerung nicht aus – entscheidend ist, welche Pflöcke rund um das Spielfeld eingeschlagen werden, wie weit es also von einer Rahmenordnung begrenzt wird, die den Mitspielern Anreize gibt, sich an die Spielregeln zu halten. Im Falle der Bekämpfung von Bilanzfälschung muss es etwa das Ziel sein, die Unternehmen zu Interessenten zu machen – sie müssen ein Interesse daran haben, ihre Bilanzen *nicht* zu fälschen. **Individuelle Moral, Handlungsmoral, ist auf institutionelle Stützen angewiesen**, wenn sie unter den Wettbewerbsbedingungen der modernen (Welt-)Gesellschaft im Alltag praktizierbar sein soll. [...]

Der Wettbewerb bringt zweifellos stark antagonistische Verhaltensweisen mit der Folge von Firmenzusammenbrüchen, Arbeitsplatzverlusten und der fortlaufenden Entwertung von Kapital mit sich, auch die Umstellung von immer mehr sozialen Beziehungen auf ökonomische Kalkulationen. Trotzdem haben die moralsensiblen Kritiker von Wettbewerb und Marktwirtschaft Unrecht. Denn Moral ist ein System von Regeln, und die Vorteilsbegründung der Moral bezieht sich auf die Regeln, also auf Sequenzen von Handlungen nach Regeln, nicht jedoch auf die einzelne Handlung als solche. In wettbewerblichen Handlungen darf es durchaus Verlierer geben, ohne dass dies zu einer theoretischen Inkonsistenz mit der Vorteilsbegründung der Regeln selbst führen würde. Über die Sequenz von solchen Handlungen haben alle vom System des Wettbewerbs Vorteile, auch jene, die im Einzelfall mal Verlierer sind. Denn die moderne Gesellschaft – in der der Wettbewerb zu Hause ist – ist im Unterschied zur Vormoderne eine Wachstumsgesellschaft. Es gibt keine Nullsummenspiele mehr: Trotz eines dramatischen Bevölkerungswachstums ist das Pro-Kopf-Einkommen in den Marktwirtschaften des Westens in den letzten zwei Jahrhunderten gewaltig gestiegen. Durch Reichtum und Kapitalbildung bei Einzelnen ist es möglich, auch den Wohlstand der anderen anzuheben – vermittelt über das System der Marktwirtschaft.

Das Erfolgsrezept der Marktwirtschaft besteht dabei vor allem darin, einzelne Verluste in Kauf zu nehmen, um über die Sequenz der Handlungen größere Vorteile für alle zu erzielen. Die soziale Marktwirtschaft will dabei mit dem System der sozialen Sicherung die Effizienz des Marktes und des Wettbewerbs noch weiter verbessern, indem sie die Risikobereitschaft der Akteure erhöht. **Risiko wird zu einem Produktionsfaktor aktiviert** werden, indem die Einzelnen im Falle des Scheiterns von einem sozialen Sicherungsnetz aufgefangen werden. Entgegen der Meinung der Kritiker ist der Wettbewerb also unter den Bedingungen der modernen Welt das beste bisher bekannte Mittel zur Verwirklichung gerade der Solidarität aller. **Wettbewerb ist solidarischer als teilen.** Daher ist der markt-

Eigentum verpflichtet. Sein Gebrauch soll zugleich dem Wohle der Allgemeinheit dienen.
Grundgesetz, Art. 14, Abs. 2

„Der Marktfundamentalismus ist eine falsche und gefährliche Ideologie. Er stellt private und öffentliche Interessen auf eine Stufe. Damit wird das egoistische Streben nach dem eigenen Besten, das angeblich zur bestmöglichen Welt führt, mit einer moralischen Qualität aufgeladen. Das kollektive Verfolgen des eigenen Interesses führt eben nicht zu größerer ökonomischer Stabilität, sondern, wie wir es derzeit erleben, zu enormer Instabilität."

George Soros, britischer Milliardär und Aktienspekulant, in seinem Aufruf „Moral an die Börse!"

wirtschaftliche Wettbewerb selbst eine moralisch gute Institution, und zwar nicht, obwohl er auf Eigennutz basiert, sondern gerade deswegen. [...]

Für die Frage, wie Moral und wirtschaftliches Handeln im Wettbewerb kompatibel bleiben, lässt sich folgern: Die **Befolgung moralischer Normen** kann von den Akteuren – den Einzelnen und den Unternehmen, aber auch den Politikern – heutzutage **nur dann erwartet werden, wenn sie sich davon Vorteile versprechen können**. Nur so lässt sich das Problem der Realisierung und Implementierung der Moral unter den Bedingungen des Wettbewerbs überzeugend lösen.

Dieser Ansatz unterscheidet sich damit deutlich von der herkömmlichen Ethik der Moderne, die sich bei der Frage nach der Implementierung von Moral allein auf das moralische Bewusstsein des Einzelnen verlässt.

Die Akteure, so die Auffassung, würden eine wohlbegründete Moral aus einer genuin moralischen Motivation heraus befolgen. Diese Argumentation birgt jedoch ein fundamentales philosophisches Problem: Warum sollten Menschen moralischen Normen folgen, wenn sie dafür unter den Wettbewerbsbedingungen der modernen Wirtschaft und Gesellschaft Nachteile in Kauf nehmen müssen, weil Konkurrenten die gleichen Normen mangels eigener Motivation nicht befolgen? Beispielsweise kann man nicht erwarten, dass Unternehmen moralische Probleme, die eine ganze Branche betreffen, im Alleingang bewältigen. Dazu zählen etwa teure Umweltschutzmaßnahmen oder der Bereich der Arbeitnehmerinteressen. Hier würde das aus eigenem Antrieb motivierte moralische Verhalten eines Unternehmens einen beträchtlichen Wettbewerbsnachteil bedeuten.

1. Zeigen Sie, inwieweit Homan von Adam Smith beeinflusst ist.
2. Was versteht Homann unter „institutioneller Stütze der Moral“? Wie begründet er dies? Nennen Sie konkrete Beispiele.
3. „Wettbewerb ist solidarischer als teilen“. Erklären und diskutieren Sie diese Aussage.
4. Zum Zeitungstext: Sollten (deutsche) Automobilhersteller aus moralischen Gründen keine Autos an Herrscher wie Mswati III. verkaufen? Wie würde Homann diese Frage beantworten? Führen Sie eine Pro-Kontra-Diskussion.

Der König fährt Maybach – und sein Volk hungert

Mswati III., König von Swasiland, macht der deutschen Autoindustrie Freude. Während sein Volk verarmt ist, kauft er Maybach-Limousinen und BMWs.

Der jüngste Großauftrag im Gesamtwert von mehr als einer Million Euro ist nicht der erste, mit dem der 36-jährige Autonarr Mswati III. die deutschen Limousinenbauer glücklich macht. Erst im vergangenen Jahr bezog der „Löwe“, wie sich Afrikas letzter absolutistischer Herrscher gerne nennen lässt, zehn BMWs der 7er-Reihe aus München. Vor drei Jahren überreichte er seinen Frauen je einen allradgetriebenen BMW X5 – für Ausflüge aufs Land. Der Herrscher selbst besitzt neben seinem 400 000 Euro teuren Maybach 62, der mit Fernsehempfänger, beheiztem Steuerrad, Bar, Kühlschrank und silbernen Champagnergläsern ausgestattet ist, unter anderem eine Mercedes-Stretchlimousine, in der fast die gesamte Familie Platz findet. Das will was heißen, denn Mswati III. nahm sich kürzlich seine 13. Ehefrau. [...] 70 % der knapp eine Million Einwohner Swasilands leben laut Weltbank von weniger als einem Dollar pro Tag, ein Drittel der Bevölkerung ist auf Nahrungsmittelhilfe angewiesen. Mit 38,8 % der Erwachsenen hat das Land die höchste HIV-Infektionsrate der Welt. [...]

Johannes Dieterich, in: Frankfurter Rundschau, 23.2.2005, S. 1

Moderner Kapitalismus in der Kritik

Vittorio Hösle (geb. 1960), ist Professor für Philosophie an der Universität Essen. In seinem 1997 erschienenen Werk „Moral und Politik“ entwirft er „Grundlagen einer politischen Ethik für das 21. Jahrhundert“.

Vittorio Hösle: Vor- und Nachteile des Kapitalismus in ethischer Hinsicht

Der Kapitalismus zeichnet sich durch drei Merkmale aus: Privateigentun u. a. an Produktionsmitteln, Steuerung des Wirtschaftsgeschehens über den Markt, Gewinnmaximierung als Wirtschaftszweck.
Hösle erläutert zunächst, dass auch Veränderungen im philosophisch-anthropologischen Denken zur Ausbildung des neuzeitlichen Kapitalismus geführt haben.

Richtig ist m. E. die These, dass der neuzeitliche Kapitalismus einen **neuen Menschentyp** teils voraussetzt, teils begünstigt, der nicht nur andere Werte hat und anders denkt, sondern der auch anders empfindet als der antike und mittelalterliche – einen Menschentyp, den zwei so verschiedene Wirtschaftsphilosophen wie **Karl Marx** und **Werner Sombart**[1] übereinstimmend „Bourgeois“[2] nennen. [...] Die wichtigsten bewusstseinsgeschichtlichen Weichenstellungen, die der Genese der modernen Subjektivität zugrunde liegen, sind erstens **Descartes'** Entgegensetzung von Physischem und Psychischem, Außen- und Innenseite, zweitens **Hobbes'** Versuch einer rein egoistisch-strategischen Moralbegründung und drittens Kants dualistische Theorie von Sein und Sollen. Auch wenn Hobbes' „Leviathan“ primär staatsphilosophische Ziele verfolgt, scheint mir doch offensichtlich, dass in diesem Werk die entscheidenden anthropologischen und ethischen Voraussetzungen der kapitalistischen Wirtschaft und insbesondere der späteren Wirtschaftstheorie mit größter Klarheit ausgearbeitet wurden. In gewisser Hinsicht lässt sich sagen, dass Hobbes viel moderner ist als **Adam Smith**. Denn während Smiths Wirtschaftstheorie ihre Grundlagen in einer ethischen Theorie hat, die neben egoistischen und unsozialen auch soziale Affekte und Sympathiegefühle annimmt, geht Hobbes erstens vom absoluten Egoismus als Grundmotiv menschlichen Handelns aus: Staat und Wirtschaft sollen auf den rationalen Eigennutz zurückgeführt werden; nicht umsonst hat sich der Begründer des englischen Utilitarismus, **Bentham**, auf Hobbes berufen. Und zweitens hat Hobbes – der mit schonungsloser Klarheit menschliche Arbeit als eine Ware neben anderen interpretiert – die spätere **Elimination des Wertbegriffes**[3] aus der Nationalökonomie schon vorweggenommen. [...]

„In den historischen Anfängen der kapitalistischen Produktionsweise – und jeder kapitalistische Parvenü macht dies historische Stadium individuell durch – herrschen Bereicherungssucht und Geiz als absolute Leidenschaften vor.“

Karl Marx (1818–1883)

Im Folgenden erläutert der Autor die Vorteile, die den Kapitalismus in ethischer Hinsicht positiv erscheinen lassen:

1. Wirtschaftliche Effizienz

2. Respekt vor der Freiheit und Gleichheit des Einzelnen

[1] Werner Sombart (1863–1941): Wirtschaftswissenschaftler

[2] Bourgeois (frz.): im marxistischen Sinn ein Vertreter der „herrschenden Klasse“ in der kapitalistischen Gesellschaft

[3] Elimination des Wertbegriffs: die Wertfreiheitsthese Max Webers (s. S. 324f.)

3. Herausbildung eines von der Willkür des Einzelnen unabhängigen und auf Rationalität beruhenden Systems

4. Nähe zu demokratischen Prinzipen

Kein anderes Wirtschaftssystem habe so vielen Menschen so viel Wohlstand gebracht. Darüber hinaus sei der Kapitalismus moralisch deswegen legitimiert, weil er der Freiheit einen großen Wert zubillige. Zur Freiheit gehöre aber auch die vom Kapitalismus garantierte Verfügung über das Eigentum, da nur im Eigentum die Person objektive Wirklichkeit erhalte. Desweiteren habe der Kapitalismus ein hohes Arbeitsethos herausgebildet, das mit der Entwicklung von Tugenden wie Rechtlichkeit, Verantwortlichkeit, Selbstdisziplin und der Fähigkeit, die Folgen des eigenen Handelns vorauszusehen, einhergehe. Aus diesem Streben nach Eigennutz gehe das Gemeinwohl hervor, weil es von sich zu institutionellen Rahmenbedingungen führe. Im Gegensatz zur Planwirtschaft müsse man sich nicht auf den guten Willen des Einzelnen verlassen. Und „die Tatsache, dass institutionalisierte Marktmechanismen einem viele Entscheidungen für das Moralischsein abnehmen, weil der Markt Fehler unmittelbar bestraft, stellt eine ungeheure Entlastung des Menschen dar“. Nicht zuletzt weise der Markt demokratische Strukturen auf, indem z. B. jeder Bürger mit seiner Konsumentscheidung Einfluss auf die Produktion habe und auch die persönlichen Abhängigkeiten geringer seien, weil jeder Arbeitnehmer im Prinzip eine Alternative zum derzeitigen Arbeitgeber habe.

Danach befasst sich der Autor mit den Mängeln des kapitalistischen Wirtschaftssystems und plädiert für eine Weiterentwicklung der Marktwirtschaft, die in stärkerem Maße die sozialen und ökologischen Probleme berücksichtigt.

50 Klassiker: Unternehmen. Von den Fuggern bis McDonald's, dargestellt von Ingo Rose, Hildesheim (Gerstenberg) 2005

Erstens ist das Problem der **Arbeitslosigkeit** zu erwähnen, das zu Folgen führen kann, die nicht zu Unrecht als neue soziale Frage bezeichnet worden sind. So komplex auch die Ursachen für das Phänomen der Arbeitslosigkeit sind und so sehr anzuerkennen bleibt, dass seine härtesten Konsequenzen durch den Sozialstaat abgemildert werden können, so wenig lässt sich bestreiten, dass hier ein Problem liegt, das eine grundsätzliche Grenze des Kapitalismus aufweist (und zwar ganz unabhängig von der Frage der Konjunkturzyklen). Denn einerseits ist der Kapitalismus durch eine äußerste Hochschätzung der Arbeit – und zwar ausschließlich der Erwerbsarbeit – gekennzeichnet, wie sie allen anderen Kulturen fremd war, die nahezu sämtlich der Muße einen größeren Wert zuschrieben; andererseits ist der Kapitalismus die einzige Wirtschaftsform, die – zumal nach der Verbindung mit der Technik – eine Welt in Aussicht stellen könnte, in der immer weniger physische Arbeit notwendig sein wird, ohne dass doch deswegen die Befriedigung der Grundbedürfnisse des Menschen infrage gestellt würde. Zwar bin ich der Überzeugung, dass eine derartige Welt keineswegs bevorsteht – ganz im Gegenteil werden die ökologische Frage und das Dritte-Welt-Problem schon bald zu einer zumindest schwierigen Phase der Weltgeschichte führen, was Spekulationen über ein mögliches Schlaraffenland geradezu geschmacklos erscheinen lässt. Und dennoch ist offenkundig, dass – wenn es der Menschheit gelingen sollte, die ökologische Krise zu meistern – das **Problem der Freizeitgesellschaft** sich machtvoll aufdrängen wird: und zwar als notwendi-

Demonstration vor einem Arbeitsamt (2005)

ges Resultat der ungeheuren Entfaltung der Produktion durch den Kapitalismus. Gleichzeitig aber wird der Kapitalismus durch seine extreme Förderung der Sphäre des Privaten die Fähigkeit der traditionellen Kultur, auf sinnerfüllende Weise Muße gemeinsam zu gestalten, vermutlich noch mehr zerstört haben, als er es bisher getan hat; und die Gefahr ist durchaus real, dass er – nachdem er sein Ziel erreicht hat, die Menschheit durch die größte Arbeitsanstrengung der Geschichte von der Arbeit zu befreien – den Menschen in eine sinnentleerte Welt stößt, die mit dem Rhythmus von Arbeit und Freizeit auch jeden Reiz verlieren wird. [...]

Ich weiß nicht, ob es tröstlich ist, dass vor dieser Perspektive vollständigen Sinn- und Wertverlustes sich zunächst einmal zwei reale Probleme drängen: **einerseits das ökologische, andererseits das Dritte-Welt-Problem.** [...] So wenig ich glaube, dass eine rationale Bewältigung des ökologischen Problems anders als auf marktwirtschaftlichem Wege möglich ist, so sehr muss doch daran festgehalten werden, dass die gegenwärtigen Rahmenbedingungen des Industriekapitalismus die Naturzerstörung vorantreiben wie keine Wirtschaftsform der Vergangenheit. Insbesondere ist es die Externalisierung von Kosten, die hier die entscheidende Rolle spielt. Das Abwälzen von Kosten auf andere – das können der Nachbar, die eigenen Angestellten, das eigene Unternehmen, aber auch der Staat und die kommenden Generationen sein – ist ein Grundgesetz egoistischen wirtschaftlichen Handelns, und es ist ein elementares Gebot der Ethik, zu fordern, dass diese Tendenz gestoppt wird – was freilich eher Aufgabe des Staates als der Wirtschaft ist. Das Verursacherprinzip muss zur Geltung kommen; ja, schon in den Preisen müssen die Kosten enthalten sein, die der Staat bzw. spätere Generationen erbringen müssen, um die Umwelt wiederherzustellen.

In der Tat scheint mir, dass es zu einer durch Umweltsteuern mitbedingten Veränderung unseres Preissystems keine Alternative gibt, wenn wir die gegenwärtige Zerstörung der Umwelt stoppen und eine **ökologisch-soziale Marktwirtschaft** einführen wollen, die das ethische Gebot der Stunde ist, auch wenn sie unvermeidlich den Konsum einschränken und deswegen als unsozial verschrieen werden wird. Denn trivialerweise muss das Lebensrecht kommender Generationen als höherrangig gelten gegenüber dem Recht auf schrankenlosen Konsum der gegenwärtigen Menschen, und wenn die soziale Marktwirktschaft ihre ethische Legitimation daraus bezieht, dass sie im Gegensatz zum Laissez-faire-Kapitalismus die sozial Schwächeren schützt, dann ist die Forderung nach einem wirtschaftspolitischen Schutz der Allerschwächsten, nämlich der kommenden Generationen, nur eine logische Folge des ethischen Prinzips der sozialen Marktwirtschaft. [...] Man mache sich nichts vor: An der ökologischen Krise sind keineswegs nur die Produzenten schuld, wie uns diejenigen weismachen wollen, die nach den Kosten nun auch Verantwortung externalisieren; auch der kleinste Konsument, also jeder von uns, entscheidet durch sein Kaufverhalten mit, wie stark die Umwelt belastet wird. Das ist die Last der demokratischen Momente der Marktwirtschaft. Aber es ist auch ihre Größe, und es liegt an uns, wie weit wir sie ins Positive wenden.

Fernando Pessoa: Ein anarchistischer Bankier (Erzählsatire, 1922), Frankfurt am Main (Fischer) 1990

1. Erläutern Sie das Menschenbild der im Text genannten Philosophen und ihre Bedeutung für den Kapitalismus.
2. Worin sieht der Autor die Vorteile des Kapitalismus? Nennen Sie Beispiele.
3. Welche Probleme ruft der Kapitalismus hervor? Wie könnte man sie lösen?
4. „Geiz ist geil", „Billig will ich!" – Welchen Einfluss haben solche oder ähnliche Werbeslogans auf Ihr Kaufverhalten? Worin liegt die Macht (und Ohnmacht) des Konsumenten in einer Marktwirtschaft?

Papst Paul VI.: Über liberalkapitalistisches Profitstreben

Papst Paul VI. (1897–1978) verfasste 1967 die Enzyklika (Lehrschreiben) „Populorum progressio" (Über den Fortschritt der Völker), aus dem der nebenstehende Text stammt.

Es haben sich unversehens Vorstellungen in die menschliche Gemeinschaft eingeschlichen, wonach der Profit der eigentliche Motor des wirtschaftlichen Fortschritts, der Wettbewerb das oberste Gesetz der Wirtschaft, das Eigentum an Produktionsmitteln ein absolutes Recht, ohne Schranken, ohne entsprechende Verpflichtungen der Gesellschaft gegenüber darstellt. Dieser ungehemmte Liberalismus führte zu jener Diktatur, die Pius XI. mit Recht als die Ursache des finanzkapitalistischen Internationalismus oder des Imperialismus des internationalen Finanzkapitals brandmarkte. Man kann diesen Missbrauch nicht scharf genug verurteilen. Noch einmal sei feierlich daran erinnert, dass die Wirtschaft ausschließlich dem Menschen zu dienen hat. Aber wenn es auch wahr ist, dass viele Übel, Ungerechtigkeiten und brudermörderische Kämpfe, deren Folgen heute noch zu spüren sind, sich von einer bestimmten Abart dessen, was man „Kapitalismus" nennt, herleiten, so würde man doch zu Unrecht der Industrialisierung als solcher die Übel anlasten, die in Wahrheit den verderblichen Auffassungen von der Wirtschaft zur Last zu legen sind, die neben dem wirtschaftlichen Aufschwung herliefen. Ganz im Gegenteil ist der unersetzbare Beitrag anzuerkennen, den die Organisierung der Arbeit und der industrielle Fortschritt zur Entwicklung geleistet haben.

5 Von welchen Vor- und Nachteilen spricht der Text in seiner Bewertung der Industrialisierung und des Kapitalismus?

Max Horkheimer/Theodor W. Adorno: Zwei Welten

Max Horkheimer (1895–1973), **Theodor W. Adorno** (1903–1969, s. S. 45), deutsche Philosophen. Aus ihrem grundlegenden Werk „Dialektik der Aufklärung" (1947) stammt der nebenstehende Text.

Hierzulande gibt es keinen Unterschied zwischen dem wirtschaftlichen Schicksal und den Menschen selbst. Keiner ist etwas anderes als sein Vermögen, sein Einkommen, seine Stellung, seine Chancen. Die wirtschaftliche Charaktermaske und das, was darunter ist, decken sich im Bewusstsein der Menschen, den Betroffenen eingeschlossen, bis aufs kleinste Fältchen. Jeder ist so viel wert wie er verdient, jeder verdient so viel er wert ist. Was er ist, erfährt er durch die Wechselfälle seiner wirtschaftlichen Existenz. Er kennt sich nicht als ein anderes. Hatte die materialistische Kritik der Gesellschaft dem Idealismus einst entgegengehalten, dass nicht das Bewusstsein das Sein, sondern das Sein das Bewusstsein bestimme, dass die Wahrheit über die Gesellschaft nicht in ihren idealistischen Vorstellungen über sich selbst, sondern in ihrer Wirtschaft zu finden sei, so hat das zeitgemäße Selbstbewusstsein solchen Idealismus mittlerweile abgeworfen. Sie beurteilen ihr eigenes Selbst nach dem Marktwert und lernen, was sie sind, aus dem, wie es ihnen in der kapitalistischen Wirtschaft ergeht. Ihr Schicksal, und wäre es das traurigste, ist ihnen nicht äußerlich, sie erkennen es an. Der Chinese, der Abschied nahm, „Sprach mit umflorter Stimme: Du mein Freund/Mir war das Glück in dieser Welt nicht hold./Wohin ich geh? Ich wandere in die Berge,/Ich suche Ruhe für mein einsam Herz."
I am a failure, sagt der Amerikaner. – And that is that.

6 Wie beschreiben die Autoren den Einfluss der kapitalistischen Wirtschaft auf den Menschen? Setzen Sie sich kritisch mit dieser Auffassung auseinander.

Der amerikanische Soziologe **Richard Sennett** ist Professor an der „London School of Economics". In seinem 1998 erschienenen Buch „Der flexible Mensch" kritisiert er die Ideologie des neuen Kapitalismus und sagt, dass „modische Mangement-Strategien", die auf kurzfristige Profite zielen, „den menschlichen Charakter schädigen" würden. Denn im Gegensatz zum „alten, sozialen Kapitalismus" erzeuge der „neue Kapitalismus" der Arbeit und dem Unternehmen gegenüber „nur ein geringes Maß an Loyalität und Vertrauen, dafür aber ein hohes Maß an Nutzlosigkeit". Den Menschen fehle somit ein „mentaler und emotionaler Anker", wie sie nur eine „durchgängige (Berufs-)Biografie" bieten könne.

„Der Kapitalismus verändert Ort und Zeit der Arbeit" – Ein Interview mit dem Soziologen Richard Sennett

ZEIT: Kurzfristigkeit als Merkmal des neuen Kapitalismus: und was noch?

SENNETT: Besonders interessant erscheint mir, dass sich eine **neue Bildungs- oder Ausbildungsethik** durchsetzt: Was heute zählt, sind allein Kenntnisse und Fähigkeiten, die den Leuten erlauben, schnell von Job zu Job, von Aufgabe zu Aufgabe zu wechseln. Und fast mehr noch als auf Handfertigkeiten und Wissen kommt es dabei auf soziale Anpassungsfähigkeit an.

ZEIT: Die Menschen werden in der Arbeit mobiler. Dagegen ist doch nichts einzuwenden.

SENNETT: Zweifellos haben all diese Veränderungen den Arbeitnehmern größere Freiheiten in der Ausübung ihrer Jobs gebracht. Und viele Leute haben heute Zugang zu Positionen, die ihnen früher niemals offengestanden hätten. Aber diese Flexibilisierung zieht auch eine Reihe von Problemen nach sich. Ein junger Hochschulabsolvent in Großbritannien muss heute darauf gefasst sein, im Laufe seines Lebens nicht weniger als zwölfmal den Arbeitgeber zu wechseln. **Es gibt keine linearen Berufskarrieren mehr:** Das heißt, dass die Arbeitnehmer eine ganz andere Art von Beziehung zu ihrem Unternehmen eingehen als früher, eine viel oberflächlichere.

ZEIT: Sind die Beziehungen der Kollegen untereinander auch unverbindlicher?

SENNETT: Ja. Man kann das gut daran erkennen, wie sich die Teamarbeit verändert hat. Ein Team zu sein, das hieß einmal, fest zusammenzuhalten, füreinander einzustehen. Heute ist Teamarbeit eher eine Übung in lockerem, flüchtigem Umgang miteinander. Auf Managementschulen wird heute gelehrt, dass man Teams alle sechs bis acht Monate völlig umkrempeln muss, damit die Leute sich nicht zu sehr aneinander gewöhnen. [...]

ZEIT: Woher kommt die Ideologie der Flexibilisierung – und finden Sie es überhaupt angemessen, in diesem Zusammenhang von einer Ideologie zu sprechen?

SENNETT: O ja.

ZEIT: Wer prägt solche intellektuellen Moden?

SENNETT: Sie entstehen in *business schools*: Dort sprechen die Leute unausgesetzt über Veränderung und Flexibilität! Das ist auch wunderbar für all diejenigen, die das nötige Geld haben, um Risikokapitalist zu spielen. Es ist keine ganz so berauschende Perspektive für einfache Arbeiter und Angestellte, die sich ständigem Anpassungsdruck ausgesetzt sehen. Ich frage mich, warum es über die dramatischen Folgen der modernen Arbeitsorganisation keine öffentliche Debatte gibt.

ZEIT: Und warum nicht?

SENNETT: Der intellektuelle Hintergrund dieser Entwicklung ist die Postmoderne[1]. Die Postmoderne negiert die Vorstellung eines einheitlichen menschlichen „Ichs", sie lehnt lineare Zeitvorstellungen ab, sie „dekonstruiert", was ihr in die Finger gerät. Die Theoretiker der Postmoderne singen das Hohelied des Fragments – auf Kosten des Ganzen. Seit 20 Jahren beeinflusst dieses Denken nun schon das Lehrangebot an den Hochschulen: Die Studenten ergehen sich in endlosem Gerede von grenzüberschreitenden Diskursen, sie interessieren sich für jede Form von Randständigkeit, für jeden Nebenkriegsschauplatz; aber das wirkliche Leben gerät ihnen aus dem Blick. Ich halte die Postmoderne für eine ausgesprochen elitäre Veranstaltung.

ZEIT: Haben nicht die Befreiungs- und die Selbstverwirklichungsvorstellungen der Sechzigerjahre genau dies ausgelöst: eine **radikale Individualisierung der Gesellschaft**? Mit viel Freiheit für einige Privilegierte – und der unaufhaltsamen Auflösung traditioneller Solidaritäten und Institutionen?

SENNETT: Der moderne Kapitalismus kann jedenfalls hervorragend mit den Individualisierungstendenzen der Sechzigerjahre leben: Sie konzentrieren sich schließlich nicht darauf, ihn zu kritisieren, sondern auf eine mehr oder weniger diffuse Revolutionierung dessen, was man wohl als „Lifestyle" bezeichnet.

ZEIT: Aber wo werden Sie heute noch Menschen finden, die ernsthaft nach dem Eigentum an Produktionsmitteln fragen? Kapitalismuskritik gilt im Augenblick nicht gerade als schick.

SENNETT: Das stimmt. Ich fürchte, die Postmoderne mit ihren Debatten hat uns eine ganze Generation junger Kritiker gekostet. Wir müssen uns der allgegenwärtigen **Entpolitisierung** entgegenstemmen. Aber, wer weiß, vielleicht entsteht gerade aus den Gefühlen der Vereinzelung und Verlorenheit am Arbeitsplatz eine neue Solidarität ...

ZEIT: Sie setzen Ihre Hoffnung auf etwas, das Sie das gefährliche Pronomen nennen: wir. Aber aus wem soll dieses „wir" bestehen?

SENNETT: Nach 20 Jahren steht das System des flexiblen Kapitalismus vor einer größeren Krise. Er verlangt den Menschen immer größere Individualisierungsleistungen ab, kann diese Zumutungen aber immer schlechter rechtfertigen. Über kurz oder lang werden wir Institutionen brauchen, die dieser Entwicklung etwas entgegenzusetzen haben. [...]

Ich glaube, dass die **Selbsterfahrung durch harte Arbeit im Sinne Max Webers den Menschen ein Grundbedürfnis ist**; dazu passt ein Arbeitsethos der aufgeschobenen Belohnung. Das funktioniert aber nur, wenn die Belohnung den Beschäftigten nicht durch ständige Umstrukturierungen vor der Nase weggenommen wird. Zu einer solchen Sicherheit, denke ich, müssten wir schon zurückfinden. Wir sollten diese ganze Rhetorik der Modernisierung, des permanenten Wandels und dauernden Risikos kritisch befragen: Wem nützt sie eigentlich?

[1] Postmoderne: die der Moderne folgende Zeit, die der Tendenz zur Vereinheitlichung die Vielfalt als Wert entgegensetzt und mit Formen und Stilen (spielerisch) umgeht

Max Weber (1864–1920, s. S. 164), Wirtschaftshistoriker und Soziologe, untersuchte u. a. die Wechselwirkung von Religion, Wirtschaft und Gesellschaft („Die protestantische Ethik und der Geist des Kapitalismus", 1905). Er sah in der religiösen Bewegung des Puritanismus mit seinem ethischen Rigorismus und seinem Arbeitsethos eine bewegende Kraft für die Entstehung des Kapitalismus.

1. Von welchen neuen Arbeitsformen spricht Sennett? Welche Bedenken äußert er? Sind diese Bedenken Ihrer Meinung nach gerechtfertigt?

2. Welche gesellschaftlichen Tendenzen macht Sennett für die Arbeitsformen des modernen Kapitalismus verantwortlich? Überlegen Sie, ob Sie diese Tendenzen auch in Ihrem gesellschaftlichen Umfeld antreffen.

3. Diskutieren Sie über Sennetts Feststellung, dass die „Selbsterfahrung durch harte Arbeit ein Grundbedürfnis des Menschen" ist.

4. Stellen Sie als zukünftiger Arbeitnehmer einen Erwartungskatalog an die Arbeitsorganisation Ihres möglichen Arbeitgebers zusammen.

Joseph Stiglitz (geb. 1943), amerikanischer Wirtschaftswissenschaftler und einer der weltweit bekanntesten Ökonomen, war von 1997–1999 Chefvolkswirt der Weltbank und erhielt 2001 den Nobelpreis für Wirtschaft. Der nebenstehende Text stammt aus seinem Buch „Die Schattenseiten der Globalisierung" (2002).

Joseph Stiglitz: Chancen und Gefahren der Globalisierung

Internationale Bürokratien – die gesichtlosen Symbole der Weltwirtschaftsordnung – sind überall Zielscheibe scharfer Kritik. Vormals farblose Konferenzen unbekannter Technokraten, die über langweilige Themen wie Kreditvergabe und Handelsquoten berieten, sind mittlerweile zum Anlass wilder Straßenkämpfe und gewaltiger Demonstrationen geworden. [...] Der Tod eines Demonstranten in Genua im Jahr 2001[1] war nur der Anfang von möglicherweise sehr viel mehr Opfern im Krieg gegen die Globalisierung.

Weshalb ist die Globalisierung – als eine Kraft, die so viel Gutes bewirkt hat – mittlerweile so heftig umstritten? Die Volkswirtschaft vieler Länder ist dank der Öffnung ihrer Märkte für den internationalen Handel sehr viel schneller gewachsen, als es ansonsten der Fall gewesen wäre. Der Welthandel fördert die ökonomische Entwicklung, wenn die Exporte eines Landes die treibende Kraft seines Wirtschaftswachstums sind. Exportinduziertes Wachstum war das Kernstück der Industriepolitik, der Millionen von Menschen in Asien ihren Wohlstand verdanken. **Aufgrund der Globalisierung leben viele Menschen auf der Welt heute länger als früher, und ihr Lebensstandard ist deutlich höher.** [...] Die Globalisierung hat das Gefühl des Ausgeschlossenseins verringert, das viele in der Dritten Welt empfinden, und sie hat vielen Menschen in den Entwicklungsländern Zugriffsmöglichkeiten auf Wissen eröffnet, die weit über das hinausgehen, was selbst den Vermögendsten in einem beliebigen Land vor hundert Jahren offenstand. Die Proteste der Globalisierungsgegner sind selbst das Resultat dieser Vernetzung. [...]

Diejenigen, die die Globalisierung geißeln, übersehen allzu oft ihre positiven Effekte. Doch die Verfechter der Globalisierung argumentieren noch einseitiger. Für sie ist die Globalisierung (die sie in der Regel mit dem triumphierenden Kapitalismus amerikanischer Prägung gleichsetzen) gleichbedeutend mit Fortschritt; Entwicklungsländer müssten dies anerkennen, wenn sie ihr Wirtschaftswachstum deutlich steigern und die Armut erfolgreich bekämpfen wollen. Aber vielen Menschen in der Dritten Welt hat die Globalisierung nicht die erhofften ökonomischen Früchte gebracht. [...] **Die Globalisierung hat weder die Armut verringert noch Stabilität gewährleistet.** Krisen in Asien und Lateinamerika haben die ökonomische Stabilität anderer Entwicklungsländer bedroht. Es gibt Ängste, dass sich Finanzkrisen epidemieartig um die Welt ausbreiten können. [...]

Während die Früchte der Globalisierung vielfach kümmerlicher ausfielen, als von ihren Anhängern verkündet, war der Preis oftmals höher, da die **Umwelt zerstört, politische Prozesse korrumpiert und der rasche Wandel den Ländern keine Zeit zur kulturellen Anpassung gab.** Im Gefolge der Krisen, die mit massiver Arbeitslosigkeit einhergingen, traten längerfristige Probleme der sozialen Desintegration auf – von massiver städtischer Gewaltkriminalität in Lateinamerika bis hin zu ethnischen

Globalisierung ist gekennzeichnet von der internationalen Verflechtung der Volkswirtschaften, der Internationalisierung des Handels, der Kapitalmärkte und der Produkt- und Dienstleistungsmärkte. Der Prozess der Globalisierung verändert nicht nur Wirtschaftsweisen und Unternehmensstrukturen, sondern hat auch weltweite politische, soziale und kulturelle Auswirkungen. Zentrale Lenkungsorgane sind: Internationaler Währungsfonds (IWF), die Weltbank und die Welthandelsorganisationen.

Gegner der Globalisierung sind verschiedene sogenannte „Nichtregierungs-Organisationen" (NGO) wie z. B. Attac (Association pour une Taxation des Transactions financières pour l'Aide aux Citoyens), eine französische Gründung aus dem Jahr 1998 (s. S. 120f.).

[1] s. S. 120f.

Konflikten in anderen Regionen der Welt, wie etwa in Indonesien. [...]
Die Globalisierung wird unter anderem deshalb angegriffen, weil sie scheinbar traditionelle Werte zersetzt. Diese Konflikte sind vorhanden und bis zu einem gewissen Grad unvermeidlich. Wirtschaftswachstum, auch wenn es sich der Globalisierung verdankt, fordert die Verstädterung, die traditionsgebundene ländliche Gemeinschaften zerstört. Leider haben diejenigen, die den Rahmen der Globalisierung spannen, zwar deren positiven Effekte gelobt, aber allzu oft deren Schattenseite, **die Bedrohung der kulturellen Identität und kultureller Werte**, nicht gebührend berücksichtigt. [...] Das Tempo der globalen Integration spielt eine Rolle: Bei einem sanften, schrittweisen Prozess können sich traditionelle Institutionen und Normen an die neuen Herausforderungen anpassen. **Ebenso wichtig sind die Auswirkungen der Globalisierung auf die Demokratie.** Die bislang betriebene Globalisierung versucht die Diktatur nationaler Eliten durch die Diktatur der internationalen Finanzmärkte zu ersetzen. Den Ländern wird klipp und klar zu verstehen gegeben, dass ihnen die Kapitalmärkte und der IWF keine weiteren Kredite mehr gewähren, wenn sie nicht gewisse Bedingungen erfüllen. Sie werden von den internationalen Finanzinstitutionen und -märkten im Grunde dazu gezwungen, ihre Souveränität aufzugeben. Die Abtretung der Souveränität hat unter anderem zur Folge, dass sie von den launenhaften Kapitalmärkten einschließlich der Spekulanten, die sich einzig für kurzfristige Profitchancen und nicht für die langfristigen Wachstumsaussichten oder die Steigerung des Lebensstandards interessieren, „diszipliniert" werden, die ihnen sagen, was sie tun und lassen sollen. Die Abtretung der Souveränität bedeutet auch, dass Länder auf demokratische Prozesse verzichten und einen zentralen Teil ihrer Entscheidungsfindung Experten überlassen, die oft die gleichen Interessen haben wie die Finanzelite. Entwicklungsländer werden dazu gezwungen, unabhängige Zentralbanken einzurichten, damit die Märkte die Sicherheit haben, dass die Inflationsbekämpfung und nicht etwa die Steigerung des Beschäftigungsniveaus Priorität genießt. [...]
Heute wird die Globalisierung weltweit in Frage gestellt. Viele Menschen sind unzufrieden mit ihren Folgen. Wenn die Globalisierung weiterhin so betrieben wird wie bisher, wenn wir nicht aus unseren Fehlern lernen, wird sie wie bisher Armut und Instabilität fördern und keinen Beitrag zur Entwicklung leisten. Dies wird eine Tragödie für die gesamte Weltwirtschaft sein – mehr noch aber für die Milliarden von Menschen, die von ihr hätten profitieren können.

Globalisierung. Hg. von der Bundeszentrale für politische Bildung (Heft 280, 2003)
George Soros: Der Globalisierungreport, Reinbek bei Hamburg (Rowohlt) 2003

1. Worin sieht Stiglitz die Licht- und Schattenseiten der Globalisierung? Veranschaulichen Sie dies an Beispielen (z. B. Bekleidungs- und Nahrungsmittelindustrie).
2. Globalisierung – eine Gefahr für Politik und Demokratie? Diskutieren Sie.
3. „Globale Werte für die Wirtschaft" – entwickeln Sie einen Forderungskatalog.

Gewinnorientierung und Moral: Unternehmerethik

„Ökomanager des Jahres 1997" – Dr. Claus Hipp und Alfred Ritter sind die Preisträger

Shareholder Value heißt das unternehmerische Motto der späten 90er-Jahre. Reduzieren die Unternehmen deshalb ihre Umweltschutzmaßnahmen? Sind Investitionen in die Umwelt Gift für die Gewinne? Natürlich nicht, dies ist zu kurz gedacht. Das beweisen nicht nur die „Ökomanager des Jahres", die die Umweltstiftung WWF-Deutschland seit jetzt acht Jahren gemeinsam mit dem Wirtschaftsmagazin „Capital" auswählt. In das gleiche Horn stößt jetzt auch eine aktuelle Studie des Wirtschaftlichen Zentrums der Universität Basel in Zusammenarbeit mit der Bank Sarasin & Co. Sie kommt zu dem Schluss, dass die zukunftsgerichtete und werterhaltende Komponente von Shareholder Value sich mit den Vorgaben des Umweltschutzes im Unternehmen durchaus decken kann. Auch der reduzierte Einsatz von Ressourcen macht sich positiv in der Bilanz bemerkbar, ebenso ein umweltfreundliches Image, das von Verbrauchern mit der Bereitschaft, deutlich höhere Preise zu zahlen, honoriert wird.

Die beiden diesjährigen Preisträger gehören sicher zu den bekanntesten Mittelständlern in Deutschland. Ihre Produkte sind nahezu jedermann ein Begriff. Beide stammen im weitesten Sinn aus der Ernährungsindustrie.

Wenn es Produkte gibt, bei denen nahezu jeder der Meinung ist, sie müssten frei von Schadstoffen und ökologisch sein, dann ist es Babynahrung. Inbegriff dessen ist Dr. Claus Hipp, den 99 von 100 Deutschen als Verfechter unverfälschter und ökologischer Säuglingsnahrung aus der Werbung kennen. In seinem Fall stimmt das Abbild in der Werbung mit der Wirklichkeit völlig überein. Dr. Hipp ist einer der größten Förderer des Biolandbaus und die Hipp-Werke sind der weltweit größte Verarbeiter organisch-biologischer Rohstoffe. Dass man damit Geld verdienen kann, zeigt der Umsatz von ca. 320 Millionen Mark[1] und die Tatsache, dass in Deutschland jedes zweite verkaufte Glas Babynahrung von Hipp stammt. Hipp behauptet sich gegen große internationale Konkurrenz wie Nestlé (Alete) und Nutricia (Milupa). Als erster großer Lebensmittelhersteller in Europa bestand das Hipp-Werk in Pfaffenhofen die EU-Umweltrichtlinie. Hipp erspart der Umwelt rund 2 000 Tonnen Kunstdünger und 5 000 kg Pestizide im Jahr. Somit werden etwa 83 Millionen m^3 Grundwasser geschützt. Organische Abfälle werden zu 96 % zu Dünger oder Tierfutter verarbeitet und bis zum Jahr 1999 sollen die Co_2-Emissionen um 30 % reduziert werden. Seit 1994 erstellt Hipp einen Umweltbericht und bestand 1995 das EU-Öko-Audit. Hipp lehnt genmanipulierte Babynahrung konsequent ab und kämpft gegen Pläne der EU, höhere Werte für die Rückstände chemischer Spritzmittel in der Säuglingskost zuzulassen.

Die berühmten Schokolade-Quadrate von Ritter Sport sind seit vielen Jahren bekannt. Weniger bekannt sind die Eigentümer und deren Umwelt-

[1] 1 DM entspricht 0,51 €.

Porsche-Chef rügt „reine Profitsucht"

Stuttgart (dpa). Der Vorstandsvorsitzende der Porsche AG, Wendelin Wiedeking, kritisiert das weltweite „Fusionsfieber" und die „reine Profitorientierung" vieler Konzerne. Untersuchungen hätten ergeben, dass bislang etwa zwei Drittel aller Fusionen gescheitert seien. Zur Zeit würde nur der Nutzen der Fusionen betont, „aber man sollte sich mal die Kosten anschauen". Es werde vor allem unterschätzt, dass die Mitarbeiter durch Übernahmen oder Fusionen „plötzlich die Heimat verlieren". Wiedeking monierte, dass sich eine ganze Industrie etabliert habe, „deren Aufgabe nur darin besteht, Firmen zu kaufen und dann wieder zu verkaufen". Deren Interesse sei rein profitorientiert. Der Automanager sagte weiter: „Wir haben als Unternehmer auch eine soziale Verantwortung, wir müssen eine Harmonie zwischen dem Gewinninteresse und den Interessen der Mitarbeiter herstellen." Die Sozialkompetenz der Unternehmer sei entscheidend dafür, „ob ein Unternehmen oder eine Nation auf Dauer Erfolg haben", fügte der Vorstandsvorsitzende hinzu.

Frankfurter Allgemeine Sonntagszeitung, 17.1.1999

Shareholder Value: Unternehmenspolitik, die hauptsächlich auf die Erhöhung der Rendite für die Anteilseigner (Aktionäre) ausgerichtet ist. Die Anliegen von Mitarbeitern, Kreditgebern und Standorten bleiben dabei weitgehend unberücksichtigt.

engagement. Neben seinem Umweltengagement bei Ritter Sport gründete Alfred Ritter auch zahlreiche innovative Firmen – von Solartechnik bis zum Investmenthaus für Umweltunternehmer. Das Unternehmen befindet sich in der dritten Generation im Besitz der Familie Ritter. In der 1912 gegründeten Schokoladenfabrik mit jetzt 850 Mitarbeitern und einem Jahresumsatz von etwa 470 Millionen Mark wird seit vielen Jahren aktiver Umweltschutz betrieben. Als erstes Unternehmen seiner Branche führte Ritter Sport ein Umweltmanagement nach der Öko-Audit-Verordnung ein. 1993 wurde die Umstellung auf die voll recyclingfähige Ritter Sport Einstoff-Verpackung abgeschlossen. Der typische Papier-Aluminium-Polypropylen-Verbund entfiel und damit konnten jährlich 50 LKW-Ladungen Abfall vermieden werden. Seit 1991 hat das Unternehmen sein Restmüll-Aufkommen um 90 Prozent reduziert. Auch in den Herkunftsländern der Schokoladen-Rohstoffe hat sich Ritter Sport engagiert. Seit 1990 wurde das agroforstliche Entwicklungsprojekt „CACAONICA“ in Nicaragua mit bisher ca. 2,5 Millionen DM unterstützt. Ziel des Projektes ist der nachhaltige Anbau von Kakao. Damit verbunden sind die Aufforstung von Regenwald, die Erhaltung der Fruchtbarkeit der Böden und die langfristige Sicherung der Existenz von ca. 400 Kleinbauern.

Öko-Audit: Von der EU 1995 verabschiedete Richtlinie, die den Umweltschutz in den Betrieben (ohne staatliche Zuschüsse) verbessern soll. Das Bestehen einer freiwilligen Umweltbetriebsprüfung von gewerblichen Unternehmen wird mit einem Zertifikat, mit dem auch geworben werden darf, honoriert.

Nachhaltige Entwicklung: entwicklungs- und umweltpolitisches Leitbild, nach dem erneuerbare Resourcen (z. B. Nutzpflanzen) nur insoweit ausgebeutet werden sollen, wie sie sich selbst regenerieren und die Umwelt nur so stark mit Schadstoffen belastet werden soll, wie sie mit ihrer Selbstreinigungskraft verarbeiten kann. Das Ziel der „nachhaltigen Entwicklung“ wurde 1992 auf der internationalen Umweltkonferenz in Rio de Janeiro verabschiedet.

Manager mit Liebe zur Natur

Jan Aström, Chef des Papierherstellers SCA, ist Ökomanager 2004

Die deutsche Sektion des World Wildlife Funds (WWF) und die Redaktion der Zeitschrift *Capital* haben den 48-jährigen Konzernchef kürzlich zum Ökomanager 2004 gewählt.

Der Papierhersteller Svenska Cellulosa Aktiebolaget (SCA) hat es sich zum Ziel gesetzt, nachhaltig zu wirtschaften. Der Konzern beschäftigt weltweit etwa 44 000 Mitarbeiter und erzielte zuletzt einen Umsatz von 9,6 Milliarden Euro. In Deutschland arbeiten 575 Menschen an mehr als 20 Standorten für den schwedischen Konzern. *Capital* schreibt, dass die Svenska Cellulosa Aktiebolaget „beim Sammeln und Verwerten von Altpapier die Nummer eins in Europa ist und bei der Abholzung von Wäldern ohne Kahlschlag und unter der Erhaltung der Ökosysteme an den Gewässern arbeitet“. Außerdem bemühe sich der Konzern, die Luftschadstoffe gering zu halten: Knapp ein Drittel des Stroms für die Papierfertigung erzeugt SCA den Angaben zufolge durch Kraft-Wärme-Kopplung. In Dänemark heize die Abwärme einer SCA-Fabrik 1000 Wohnungen in der Nachbarschaft.

Jan Aström, der seit 2002 Präsident und geschäftsführender Vorsitzender von SCA ist, hat in seinem Konzern einen sogenannten Nachhaltigkeitsrat gegründet, in dem sich unter seiner Leitung Führungskräfte mit Umweltthemen befassen – das ist ein großer Fortschritt gegenüber der Vergangenheit, als in der Papierindustrie bisweilen zügellos Wälder abgeholzt wurden und giftiges Chlor zum Bleichen benutzt wurde.

Gerhard Fischer, in: Süddeutsche Zeitung, 11.1.2005, S. 26

1. Wie versuchen die Unternehmer, Ökonomie und Ökologie miteinander zu verbinden?

2. Überlegen Sie, ob und inwieweit sich ihr Modell auch auf andere Unternehmen übertragen lässt. Informieren Sie sich dazu über unternehmerethische Leitlinien bzw. Aktivitäten von Firmen in Ihrem Umkreis.

Medien und Ethik

Berufsethos von Journalisten

Marion Gräfin Dönhoff (1909–2002) war ab 1973 Mitherausgeberin der Wochenzeitung „Die Zeit“.

Medienberichte, die Geschichte machten: 1929 berichtete die von Carl von Ossietzky (Friedensnobelpreis 1936) herausgegebene „Weltbühne“ über die geheime und rechtswidrige Aufrüstung der Reichswehr. Ossietzky wurde zu einer Haftstrafe verurteilt, später von den Nazis wegen kritischer Kommentare ins KZ gebracht, er starb 1938 an den Haftfolgen.
Redakteure des „Spiegel“ deckten skandalöse Vorkommnisse in der Bundeswehr auf. Herausgeber und Redakteure wurden wegen angeblichen Landesverrates kurzzeitig festgenommen, die Affäre führte schließlich zum Rücktritt von Verteidigungsminister Franz-Josef Strauß („Spiegel-Affäre“ 1962).
Recherchen zweier Journalisten der „Washington-Post“ über kriminelle Wahlkampftaktiken führten zum Rücktritt von US-Präsident Richard Nixon („Watergate-Affäre“ 1973/74).
1983 veröffentlichte die Illustrierte „Stern“ angebliche Tagebücher Adolf Hitlers: Sie erwiesen sich als Fälschungen.
1988 begleiteten Journalisten zwei Bankräuber, die mit zwei Geiseln nach einem Bankraub flüchteten, interviewten und filmten sie mit ihren Geiseln und behinderten die Arbeit der Polizei („Geiseldrama von Gladbeck“).

Marion Gräfin Dönhoff: Journalismus – Beruf ohne Moral?

Der Motor der zum Glaubensbekenntnis erhobenen Marktwirtschaft ist die Konkurrenz. Und der Treibstoff für den Motor ist der Egoismus. [...] Da der finanzielle Erfolg der Maßstab für alles ist – für Leistung, Ansehen, Lebensstandard –, darf niemand sich wundern, dass Leute ihren Ehrgeiz darauf richten, möglichst viel Geld zu machen. Dabei treten dann automatisch ethische Gesichtspunkte in den Hintergrund, werden störende moralische Schranken beiseite geräumt. Dies gilt für alle Teile der Gesellschaft, nicht nur für die Medien. [...] Nach dem Prinzip „Den Letzten beißen die Hunde“ wälzen die Politiker kurzerhand alle Schuld an den unerfreulichen Zuständen auf die Journalisten ab: Sie sprechen von Schmuddel- und Schnüffeljournalismus, vom Scheckbuchjournalismus, der die Redakteure und Reporter zu Handlangern von Interessenten macht. Es heißt ferner, die Kommentare der Journalisten seien mit Fleiß grundsätzlich gegen „die da oben“ gerichtet. Sie hätten, so heißt es, mit ihrer negativen Einstellung einen Erosionsprozess der Demokratie eingeleitet; sie seien es mithin, die für die wachsende Politikverdrossenheit verantwortlich sind. Viele Bürger stimmen ein in den Chor, ohne sich Rechenschaft darüber zu geben, dass ihre skandalsüchtige Nachfrage auf dem Markt der Medien viel zu den unerfreulichen Zuständen beigetragen hat.
Wie stellt sich der Bürger denn nun den „guten“ Journalisten vor? Doch wohl in etwa so: neugierig, offen, also ohne Vorurteile, objektiv, jede interessengebundene Fremdbestimmung ablehnend, der Verantwortung seines Berufes bewusst, ein engagierter Spürhund auf der Suche nach der Wahrheit. Viele Journalisten haben diese Ideale zum Kompass, aber es gibt eben auch solche, für die Ruhm und Karriere höher stehen als alles andere – sie lassen sich leicht zu unverantwortlichem Tun hinreißen. [...]
In Deutschland wären vermutlich ohne den *Spiegel* zahlreiche Skandale nie aufgedeckt worden. Die Kontrollfunktion der Presse ist eben unersetzbar – fraglich ist nur, wo **die Grenze verläuft zwischen Kontrollfunktion und reiner Lust am Enthüllen und Denunzieren**, um der Auflage oder der Einschaltquote willen. Was kann man tun, um diese Grenze zu markieren? Antwort: Wahrscheinlich gar nichts, denn jeder Fall ist anders. Man kann also keine Kasuistik[1] aufstellen, man kann auch nur schwer Kriterien postulieren, für das, was erlaubt oder nicht erlaubt ist. Mit Verboten ist dem Problem ohnehin nicht beizukommen, denn jede Form von Pressezensur wäre antidemokratisch und birgt überdies die Gefahr in sich, dass sie irgendwann

[1] Kasuistik: Lehre von den Einzelfällen

missbraucht wird; auch muss man bedenken, dass manch einer es ohne Angst vor dem *Spiegel* noch schlimmer treiben würde.
Das Einzige, was man sich vorstellen könnte, ist eine **Selbstkontrolle** der Verlage und Fernsehanstalten. In Deutschland ist am Anfang der Bundesrepublik versucht worden, dies durch die Gründung des **Presserats** zu erreichen. Das Ergebnis war enttäuschend. [...] Inzwischen hat das Problem einer Kontrolle der Medien infolge des privaten Fernsehens und der Enthemmung des Massenpublikums Dimensionen angenommen, die mit naiven Maßnahmen, wie der Presserat sie vorsieht, nicht bekämpft werden können.

1991 unterwarfen sich die US-Medien (und andere) in ihrer Berichterstattung über den Golfkrieg dem von der US-Regierung gebildeten „Presse-Pool" und sendeten nur die vom Militär hergestellten oder genehmigten Bilder und Berichte. Der Krieg wurde der Öffentlichkeit „virtuell" und ohne Konfrontation mit Toten oder Verwundeten präsentiert. 1998 berichtete die amerikanische Presse über eine außereheliche Beziehung des US-Präsidenten Clinton. Der detaillierte Ermittlungsbericht eines Sonderstaatsanwaltes und die Videoaufzeichnung der Vernehmung Clintons wurden schließlich im Internet und in anderen Medien veröffentlicht.

Herbert Riehl-Heyse: Journalismus – nur ein Geschäft?

Was kann man von der Ware Journalismus verlangen, die der Medienveranstalter produzieren lässt, durch seine Schreiber oder Fernsehautoren? Erstens doch wohl, dass einigermaßen stimmen soll, was da berichtet wird. Dass das eine vernünftige Erwartung ist, ergibt sich aus dem Umkehrschluss: Würde sich beim Publikum der Eindruck verfestigen, man könne fast nichts von dem glauben, was in den Zeitungen steht oder ihm im Fernsehen nahegebracht wird, würde es wohl eines nicht zu fernen Tages auf das Angebot dankend verzichten. [...] Wir reden von Geschäften – und verzichten deshalb aufs Grundsätzliche: Dass Nachrichten, Beobachtungen, Beschreibungen selten „wahr" sind in einem philosophischen Sinne, hat sich wohl herumgesprochen. Jeder noch so ehrliche Journalist hat, wie jeder andere Mensch auch, seine individuelle Sicht von dem, was er zu beschreiben hat – was zwangsweise dazu führt, dass drei verschiedene Agenturberichte über ein und dieselbe Bundestagsdebatte, bei größtem Bemühen um Objektivität, immer noch drei sehr verschiedene Wiedergaben derselben Realität ergeben können. Der erfahrene Leser hat das längst kapiert – und hätte es trotzdem sehr gern, dass diese Wiedergabe das Ereignis wenigstens nicht verfälscht, aus welchen Gründen auch immer. Das Produkt Journalismus fällt insoweit mit der Glaubwürdigkeit seiner Produzenten. Wir sind aber dabei, diese Glaubwürdigkeit, sofern sie überhaupt noch vorhanden ist, systematisch zu ruinieren – tatkräftig unterstützt von jenem Teil der Gesellschaft, dem an nichts so sehr gelegen ist, als uns Journalisten für seine Zwecke über den Tisch zu ziehen, mit unserer Hilfe irgendetwas zu verkaufen. [...]
Unbestreitbar ist leider: Immer mehr Journalisten lassen sich zu Büchsenspannern von Interessierten, zu Handlangern von Interessen machen. In dieser Abteilung unseres Gewerbes besteht die Welt aus prächtigen Artikeln über prächtige neue Kleider, Artikeln notabene, die in Magazinen hochseriöser Zeitungen erscheinen, bei denen aber der Leser beim besten Willen nicht mehr unterscheiden kann, ob es sich noch um eine redaktionelle Anstrengung oder um das mitgekaufte Umfeld von Annoncen handelt.
[...] Der für die Branche tödliche, jedenfalls hochgradig geschäftsschädigende Verdacht, der sich beim Publikum bestimmter Blätter oder Sendungen aufdrängt, ist der, dass Journalisten nicht mehr unabhängig genug sind, ihren Beruf ordentlich auszuführen: dass sie abhängig sind von Anzeigenkunden, denen sie ihr Brot, von den Politikern, denen sie ihre Karriere, von den Fußballspielern, denen sie ihre Informationen aus der Kabine verdanken.

Herbert Riehl-Heyse
(1940–2003) war Journalist bei der „Süddeutschen Zeitung" und beim „Stern". Er erhielt u. a. den Egon-Erwin-Kisch-Preis und den Theodor-Wolff-Preis für herausragende journalistische Arbeit.

1. Worin sieht Marion Gräfin Dönhoff Aufgabe und Funktion der Presse?
2. Vor welchen Gefahren warnen Dönhoff und Riehl-Heyse?
3. Warum sind Presseberichte „selten ‚wahr' im philosophischen Sinne" (Riehl-Heyse, Z. 10)?
4. Referieren Sie über die Journalisten Egon Erwin Kisch und Theodor Wolff sowie über Zielsetzung und Arbeit der Organisation „Reporter ohne Grenzen".

Der **Deutsche Presserat** wurde 1956 gegründet und ist das Selbstkontroll-Organ der deutschen Presse. Sein Pressekodex umfasst 16 berufsethische Grundsätze. Die nebenstehende Fassung stammt aus dem Jahr 2005.
Der Presserat ahndet Beschwerden mit einer Missbilligung oder mit einer öffentlichen Rüge. So z. B. rügte er 2004 die „Berliner Zeitung", die wegen des Titels „Berliner Forscher: Krebs besiegt" gegen Ziffer 14 des Pressekodex verstieß.

Deutscher Presserat: Publizistische Grundsätze

Präambel:
Die im Grundgesetz der Bundesrepublik verbürgte Pressefreiheit[1] schließt die Unabhängigkeit und Freiheit der Information, der Meinungsäußerung und der Kritik ein. Verleger, Herausgeber und Journalisten müssen sich bei ihrer Arbeit der Verantwortung gegenüber der Öffentlichkeit und ihrer Verpflichtung für das Ansehen der Presse bewusst sein. Sie nehmen ihre publizistische Aufgabe nach bestem Wissen und Gewissen, unbeeinflusst von persönlichen Interessen und sachfremden Beweggründen wahr. Die Publizistischen Grundsätze konkretisieren die Berufsethik der Presse. Sie umfasst die Pflicht, im Rahmen der Verfassung und der verfassungskonformen Gesetze das Ansehen der Presse zu wahren und für die Freiheit der Presse einzustehen. [...]

Ziffer 1:
Die Achtung vor der Wahrheit, die Wahrung der Menschenwürde und wahrhaftige Unterrichtung der Öffentlichkeit sind oberste Gebote der Presse.

Ziffer 2:
Zur Veröffentlichung bestimmte Nachrichten und Informationen in Wort und Bild sind mit der nach den Umständen gebotenen Sorgfalt auf ihren Wahrheitsgehalt zu prüfen. Ihr Sinn darf durch Bearbeitung, Überschrift oder Bildbeschriftung weder entstellt noch verfälscht werden. Dokumente müssen sinngetreu wiedergegeben werden. Unbestätigte Meldungen, Gerüchte und Vermutungen sind als solche erkennbar zu machen. Symbolfotos müssen als solche kenntlich sein oder erkennbar gemacht werden.

[...]

Ziffer 8:
Die Presse achtet das Privatleben und die Intimsphäre des Menschen. Berührt jedoch das private Verhalten öffentliche Interessen, so kann es im Einzelfall in der Presse erörtert werden. Dabei ist zu prüfen, ob durch eine Veröffentlichung Persönlichkeitsrechte Unbeteiligter verletzt werden. Die Presse achtet das Recht auf informationelle Selbstbestimmung und gewährleistet den redaktionellen Datenschutz.

Ziffer 9:
Es widerspricht journalistischem Anstand, unbegründete Behauptungen und Beschuldigungen, insbesondere ehrverletzender Natur, zu veröffentlichen.

[...]

Ziffer 11:
Die Presse verzichtet auf eine unangemessene sensationelle Darstellung von Gewalt und Brutalität. Der Schutz der Jugend ist in der Berichterstattung zu berücksichtigen.

Ziffer 12:
Niemand darf wegen seines Geschlechts oder seiner Zugehörigkeit zu einer rassischen, ethnischen, religiösen, sozialen oder nationalen Gruppe diskriminiert werden.

Kekilli siegt über „Bild"
Seit Monaten fühlt sich die Schauspielerin Sibel Kekilli von *Bild* verfolgt. Seit Februar 2004, als auf der Berlinale der Film „Gegen die Wand" gewann. Damals enthüllte das Boulevardblatt, dass Hauptdarstellerin Kekilli einst als Pornostar gearbeitet hatte und druckte Nacktfotos. Der Presserat protestierte, aber eine juristische Sanktion gab es nicht. Nun hat sie vor dem Kammergericht Berlin eine einstweilige Verfügung gegen *Bild* erwirkt: Sollte das Blatt noch mal ein Porno-Foto Kekillis bringen, droht ein Ordnungsgeld von bis zu 250 000 Euro. Das Gericht sah in dem *Bild*-Bild eine Verletzung der Persönlichkeitsrechte.
Süddeutsche Zeitung, 29./30.1.05, S. 18

[1] S. Artikel 5 des Grundgesetzes

Ziffer 13:
Die Berichterstattung über Ermittlungsverfahren, Strafverfahren und sonstige förmliche Verfahren muss frei von Vorurteilen erfolgen. Die Presse vermeidet deshalb vor Beginn und während der Dauer eines solchen Verfahrens in Darstellung und Überschrift jede präjudizierende Stellungnahme. Ein Verdächtigter darf vor einem gerichtlichen Urteil nicht als Schuldiger hingestellt werden. Über Entscheidungen von Gerichten soll nicht ohne schwerwiegende Rechtfertigungsgründe vor deren Bekanntgabe berichtet werden.

Ziffer 14:
Bei Berichten über medizinische Themen ist eine unangemessen sensationelle Darstellung zu vermeiden, die unbegründete Befürchtungen oder Hoffnungen beim Leser erwecken könnte. Forschungsergebnisse, die sich in einem frühen Stadium befinden, sollten nicht als abgeschlossen oder nahezu abgeschlossen dargestellt werden.

[...]

Ziffer 16:
Es entspricht fairer Berichterstattung, vom Deutschen Presserat öffentlich ausgesprochene Rügen abzudrucken, insbesondere in den betroffenen Publikationsorganen.

Ethik im Redaktionsalltag, hg. vom Deutschen Presserat, Konstanz (UVK) 2005

Schtonk (Regie: Helmut Dietl, Deutschland 1996)

Stefan Stosch: Fälschungen und Fiktionen

Der Journalismus ist dabei, sich seine Bilder selbst zu erfinden. Wenn die Wirklichkeit nicht mitspielt, spielen die Fernsehleute Wirklichkeit. [...] Die Unterscheidung zwischen Dokumentation und Fiktion zählt nicht mehr. Und im Fernsehsessel sitzt derweil der Zuschauer und hat keine Chance mehr, zu erkennen, was der Realität entspricht. Er muss glauben. Zu lernen ist von dem Schauprozess gegen Born[1], dass Bilder lügen. Aber vermutlich ist es noch schlimmer: Der Journalist selbst weiß oft nicht mehr, was Wirklichkeit und was bloße Vermutung oder geschickte PR von Interessengruppen ist. Dabei geht es nicht mehr allein um Fernsehjournalisten, die im Dienste der Aufklärung Märchen bebildern, die vielleicht auch wahr sein können. Es geht um die Journalisten, die verantwortungsbewusst arbeiten wollen, die Nachrichten kanalisieren und allein schon durch die Auswahl ein Bild der Realität herstellen. Und das ist die Mehrzahl der Journalisten. Sie sitzen in ihren Redaktionen, werden überschwemmt mit Agenturmaterial, Anrufen und Faxen und basteln sich daraus „ihre Wahrheit" zusammen. Wenn der Redaktionsschluss naht, ganz gleich ob bei den elektronischen oder den Printmedien[2], dann haben sie sie gefunden. Jeden Tag aufs Neue. Schon allein diese Arbeitsbedingungen sorgen für Vereinfachungen: Schnelligkeit zählt, Kürze auch, Differenzierung schon weniger: Wirklichkeit wird auf Zeilen oder Sekunden zusammengeschmolzen. Kompliziert darf die Realität nicht sein.

1 Sammeln Sie Presseveröffentlichungen und prüfen Sie, ob sie den infrage kommenden berufsethischen Grundsätzen entsprechen.

2 Wenden Sie die Kriterien des Presserates auf die Artikel und Bilder in Ihrer Schüler- oder Abitur-Zeitung an.

3 Marion Gräfin Dönhoff spricht von einer „Enthemmung des Massenpublikums", der die berufsethischen Leitlinien des Presserates nichts entgegensetzen könnten (s. S. 361). Erörtern Sie diese Ansicht auch hinsichtlich von „Talk-Shows" und „Doku-Soaps".

4 Auf welche Entwicklungen weist der Autor Stefan Stosch hin? Wie könnte man dem entgegensteuern?

[1] Der Filmemacher Michael Born wurde 1996 wegen manipulierter Filme zu einer vierjährigen Freiheitsstrafe verurteilt.

[2] Printmedien: Druckerzeugnisse (z. B. Zeitung, Zeitschrift, Buch)

Medienmacht, Pressefreiheit und Zensur

Verena Metze-Mangold ist Fachbereichsleiterin bei der Intendanz des Hessischen Rundfunks und Vizepräsidentin der Deutschen UNESCO-Kommission.

Verena Metze-Mangold: Bedrohungen der Presse- und Informationsfreiheit

Jede Veränderung, jeder historische Einschnitt und jede Form neuer Technologie bringt unvermeidlich eine Reihe von euphorischen Hoffnungen und dunkelsten Befürchtungen mit sich. Weder hat sich die Hoffnung nach dem Fall der Mauer bewahrheitet, dass die Geschichte an ihr Ende gelangt sei und nun endlich der Weltfrieden ausbreche, noch jene, dass das Internet und die neuen Möglichkeiten der Telekommunikation in der Lage seien, alle bisherigen Einschränkungen aufzuheben. Informations- und Kommunikationstechnologien bilden also bei dieser generellen Feststellung auch keine Ausnahme. Stattdessen blicken wir auf ein Jahrhundert des Übergangs zurück und entdecken eine ganze Reihe neuer Paradoxien. Zu beobachten ist eine **nie da gewesene Vielzahl von Kanälen und Medienprodukten und zugleich eine bislang unbekannte Zusammenballung von Medienmacht.** Die Stärkeren fressen die Schwächeren, die Schnelleren die Langsameren. Das Ergebnis ist eine wirtschaftliche Konzentration publizistischer Macht. [...]

Kommunikation ohne Grenzen ist gleichermaßen ein widersprüchlicher Begriff. Die Transnationalisierung der Medien macht es bestimmten Regimen zusehends schwerer, oppositionelle Sichtweisen zu unterbinden. Aber das heißt nicht, dass diese Zensur nicht mehr erfolgreich im Sinne der Machthaber durchgesetzt werden könnte. Im Gegenteil. In zynischer Abwandlung ist man geneigt, mit Hölderlin zu rufen: Wo die Gefahr wächst, wächst das Rettende auch. So haben nach sehr ernst zu nehmenden Schätzungen britischer Computer-Spezialisten die Chinesen 30 000 Mann im Einsatz zur Kontrolle der elektronischen Kommunikation. [...]

Es ist eine Tatsache, dass die sogenannten neuen Medien in vielen Übergangsstaaten die Rolle des Widerstands zur staatlichen Kontrolle eingenommen haben. Die Globalisierung dieser Kommunikationsnetze hat jedoch keineswegs die weltweite Einführung demokratischer Freiheiten befördert. Im Gegenteil. Erfolgreich wurden in den letzten Jahren politische, wirtschaftliche und journalistische Modelle zu Hybriden verheiratet. Partnerschaften aus wirtschaftlichem Kalkül hier, „Embedded Journalism“[1] dort.

Die Medien selbst sind vom Verständigungsgut einer Gemeinschaft zu einem globalen Wirtschaftsgut und zum Wachstumsmotor eines globalen Marktes mutiert. Mit der Folge, dass Medienkonzerne aufgrund ihrer Ansiedlungsinteressen in neuen Regionen der Welt – und das heißt auf Grund ihrer ökonomischen Interessen – zunehmend geneigt sind, sich autoritären Bedingungen von Staaten zu unterwerfen, wie z. B. Murdoch[2] in China.

Skulptur des koreanischen Videokünstlers **Nam June Paik** (1932 – 2006) vor dem Deutschen Postmuseum in Frankfurt/ Main, 1990

[1] „Embedded Journalism“: in staatliche Aktionen „eingebettete“ Journalisten (z. B. bei Kriegshandlungen)

[2] Rupert Murdoch: australischer Gründer eines Medienimperiums

Und wie steht es mit Beschränkungen, die demokratische Staaten einführen? [...] Die global ausgetragenen, dramatischen Ereignisse haben auch unser Sicherheitsbedürfnis verändert und deutlich erhöht. Und dies hat staatlichen Eingriffen aus Gründen der Sicherheit – man schaue nach Frankreich, den USA oder Deutschland – erheblich Vorschub geleistet. Auch wir sind offenbar bereit, **klaglos Freiheit gegen Sicherheit zu tauschen**. [...]

Inzwischen sehen manche Experten auch eine **neue Form der Zensur** heraufziehen, die der Meinungsfreiheit durch Zunahme von inhaltlichen Filtersystemen für Internetseiten droht. Diese Vorkehrungen zum Schutz der Öffentlichkeit, insbesondere der Kinder, unterliegen nicht nur Werturteilen, die zum einen zutiefst subjektiv und zum anderen auch in einer Gesellschaft äußerst plural sind. Diese Systeme variieren deutlich von Kultur zu Kultur. [...]

Nicht nur die Übergangsstaaten haben ihre Macht und ihren Einfluss im Blick auf die Medien kaum gelockert; auch die westlichen Demokratien beschränken Grundfreiheit – durchaus nicht ohne die mehrheitliche Zustimmung der Bürger – mit dem Argument der erhöhten Sicherheitsinteressen. Patriotische Empfindungen erzeugen **Selbstzensur**: Vom Angriff auf Afghanistan[1] wussten mehr als ein Dutzend Journalisten, die Bürger haben es nicht erfahren. In Konflikt- und Postkonflikt-Zonen ist die Informationsfreiheit massiven Einschränkungen unterworfen. Die Kapitalisierung des Medienmarktes hat zu einer Konzentration von internationaler Medienmacht bislang unbekannten Ausmaßes geführt, die nationalstaatlichen Regelungen Hohn spricht. [...]

Für die westlichen Gesellschaften lautet die **Schlüsselfrage der Informations- und Wissensgesellschaft des 21. Jahrhunderts, ob und wie es gelingt, informationelle Selbstbestimmung und kulturelle Identität und Vielfalt aufrechtzuerhalten**. Denn die Art und Weise, wie der Umgang mit Information künftig gesellschaftlich organisiert wird, entscheidet über demokratische Beteiligung und auch über unsere Chancen, Wissenschaft und Wirtschaft innovativ zu entwickeln.

Den davon Ausgeschlossenen wird der Zugang zur Information und damit zu einer Dimension des Lebens verwehrt, die zur Achse des Entwicklungsprozesses geworden ist. Die wachsende Anerkennung dieses Umstands hat zur Forderung geführt, Access, also den Zugang zur Information und das Recht auf Kommunikation, als Menschenrecht der elektronischen Informationsgesellschaft zu betrachten.

Die Organisation **„Reporter ohne Grenzen“** wurde 1985 in Frankreich gegründet und hat sich u.a. zum Ziel gesetzt, das „Recht auf freie Meinungsäußerung und freie Berichterstattung weltweit, unabhängig von wirtschaftlichen, religiösen und politischen Interessen zu verteidigen“. Nach Angaben der Internationalen Journalisten-Förderation war das Jahr 2004 das bisher gefährlichste für Journalisten: 120 Journalisten und andere Mitarbeiter von Medienunternehmen wurden getötet.

Das freie Wort und seine Feinde, hg. von Michael Haller, Konstanz (UVK) 2003

Antonio Tabucchi: Erklärt Pereira (Erzählung, 1994), München (dtv) [13]2004

1. Worin sieht die Autorin die Chancen und Gefahren einer Globalisierung und „Kapitalisierung des Medienmarktes“?

2. Zensur und Selbstzensur im Journalismus – erläutern Sie dies an Beispielen.

3. Kritischer und selbstbestimmter Umgang mit medienvermittelten Informationen – was bedeutet dies für Sie?

[1] Militäraktion der USA gegen das Taliban-Regime und Ausbildungslager des Al-Kaida-Terrornetzwerks (2002)

Medien, Wahrnehmung und Wirklichkeit

Der Franzose **Paul Virilio** (geb. 1932) gehört mit dem Amerikaner **Neil Postman** zu den schärfsten Kritikern der neuen Kommunikationstechnologien und Medienformen, weil an die Stelle von Wahrnehmungs- und Erkenntnisanstrengung das pure Zerstreuungsgeschäft trete, das zu einem Verfall der Urteilskraft und letztlich zur Unmündigkeit führe.

Paul Virilio: Augen zu, aufgepasst!

Früher mag es eine „Kunst des Sehens" gegeben haben, heute aber haben wir es mit einem „Unternehmen der wahrnehmbaren Erscheinungen" zu tun, das die Form einer vielleicht gefährlichen *Industrialisierung des Sehens* sein könnte.
Tatsächlich stellt sich die Frage, welcher der Bäume, die ich sehe, denn eigentlich der echte ist. Der, vor dem man stehen bleibt und dessen einzelne Äste und Blätter man ganz deutlich sehen kann, der, den man beim Vorbeifahren durch die Windschutzscheibe des Autos sieht, oder der, den man auf dem Fernseh-Bildschirm sieht?
Die Antwort auf diese scheinbar unsinnige Frage hat in Wahrheit eine Reihe ganz konkreter Folgen für das tägliche Leben.
Die Tatsache, dass die *Fotografie* in der Art, wie Niepce oder Daguerre sie erfanden, nicht mehr existiert, sondern dass es nur noch *Standbilder* gibt und darum die fixierten Bilder nichts anderes sind als „Stationen" auf dem Weg der abgespulten Filmsequenzen, deutet darauf hin, dass uns eine Leidenschaft des Blicks bevorsteht, bei dem die Kunst des Liebhaberblicks verschwinden und ersetzt werden wird durch eine Wahrnehmungsindustrie, die sich dem Motor verdankt, dem Sender/Empfänger der „Wellenpakete", die sowohl das Videosignal als auch das Radiosignal transportieren.
Im letzten Jahrhundert führte die Revolution der Transportmittel zu einer Erhöhung der allgemeinen Mobilität. Diese wurde noch gesteigert durch die *Automatisierung der Produktion* und die damit verbundene Revolutionierung der Übertragungstechniken. Heute dagegen sind wir konfrontiert mit den Ansätzen zu einer *Automatisierung der Weltwahrnehmung*. Ganz in diesem Sinne erklärte der Videokünstler Gary Hill: „Vision ist nicht mehr die Möglichkeit zu sehen, sondern die Unmöglichkeit, nichts zu sehen."
Auf das Bildverbot und den Sehverzicht bestimmter Religionen – im Islam zum Beispiel den Verzicht, das Gesicht der Frauen zu sehen – folgt im Moment geradezu ein kultureller Zwang zum Bild, der, so scheint es, verbunden ist mit der Unterbelichtung des Schriftzeitalters.
Haben wir es mit einem optischen, oder genauer gesagt: mit einem elektro-optischen Fetischismus zu tun? Müssen wir unseren Blick abwenden, schüchtern beiseitesehen und die dargebotene übermäßige Fokussierung vermeiden? All diese Fragen betreffen nicht nur die Ästhetik, sondern auch die *Ethik der heutigen Wahrnehmung*. Ich fürchte, dass wir mit einer Art Pathologie der unmittelbaren Wahrnehmung konfrontiert sind, die alles oder beinahe alles den jüngsten kinematografischen und computergrafischen Sehmaschinen verdankt. Da diese Maschinen die Aufgabe haben, die herkömmlichen Bilder zu mediatisieren, d.h. zu vermitteln, werden sie schließlich all ihre Glaubwürdigkeit verlieren.
„Seinen Augen nicht mehr zu trauen", ist tatsächlich nicht mehr Aus-

Blow up (Regie: Michelangelo Antonioni, Großbritannien 1966) druck des Erstaunens oder der Überraschung, sondern eher Ausdruck eines „Einwands des Gewissens", das sich der Macht des objektiven Bildes verweigert, der Macht eines Bildes, das nicht nur per Direktübertragung oder leicht zeitversetzt im Fernsehen vermittelt wird, sondern auch durch den Missbrauch einer *Mobilisierung des öffentlichen Raums* [...].

Da das optische Vorüberrauschen nicht mehr aufhört, ist es schwer, wenn nicht sogar unmöglich, an die Stabilität des Realen zu glauben, an die Fixierung eines Sichtbaren, das sich fortwährend verflüchtigt. Der öffentliche Raum des Gebäudes tritt schlagartig hinter die Instabilität eines allgegenwärtig gewordenen öffentlichen Bildes zurück.

Angesichts dieser „Wahrnehmungsstörung", die jeden von uns betrifft, müsste das Problem der Ethik der kollektiven Wahrnehmung vielleicht nochmals gründlich beleuchtet werden: Werden wir unseren Status als *Augenzeugen* der wahrnehmbaren Realität einbüßen zugunsten von technischen Substituten, (Video- oder Fernüberwachungs-) Prothesen jeder Art? Machen sie uns zu Unterstützungsempfängern und Sehbehinderten? Sind sie verantwortlich für die Hervorbringung einer Art paradoxer Blindheit, die sich aus der Überbelichtung des Sichtbaren sowie aus der Entwicklung der Sehmaschinen ohne Blick ergibt, die an das „indirekte Licht" der elektronischen Optik angeschlossen sind, das mittlerweile die „direkte Optik" der Sonne oder der Elektrizität ersetzt hat?

Das Kino steckt das Auge in eine Uniform, warnte Franz Kafka. Durch Videotechnik und digitalisierte Computergrafik ist diese Bedrohung heute zu einem Fakt geworden, sodass bald die Bildung einer Art „Ethikkommission der Wahrnehmung" notwendig sein wird, ohne die wir vielleicht die Auswüchse einer *Abrichtung der Augen* erleiden müssten, eines unterschwelligen, *optisch korrekten* Konformismus, der die Konformismen der Sprache und der Schrift vollenden würde.

Mit der einsetzenden Gewöhnung an extrem gewaltverherrlichende Filme einerseits und dem missbräuchlichen Umgang mit Zusammenschnitten von Fernsehsequenzen andererseits erleben wir bereits jetzt eine konstante Enteignung des Blicks, die aus der zunehmenden Machtentfaltung von Bild und Ton resultiert. Wenn wir nicht auf der Hut sind, werden wir morgen die wahrscheinlich unbewussten Opfer einer Art Verschwörung des Sichtbaren sein, ein durch die *ungeheure Beschleunigung der herkömmlichen Darstellung* gefälschtes Sichtbares.

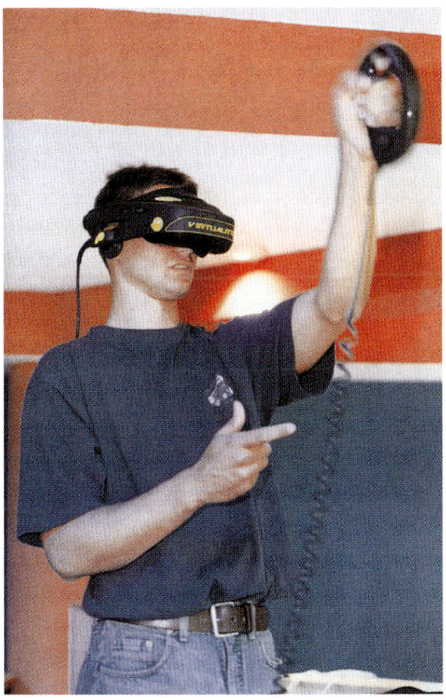

Cyberspace: Virtual Reality statt „wirklicher" Realität

❶ Welche Folgen hat nach Virilio die zunehmende Mediatisierung, d. h. Verbildlichung und Übertragung der Realität für den Menschen?

❷ Erläutern Sie, was Virilio mit
- Automatisierung der Wahrnehmung
- Zwang zum Bild
- Enteignung des Blicks

meint.

❸ Nennen Sie Beispiele für eine Verfälschung der Realität durch das Bild.

Glücklich leben – Aspekte der Lebenskunst

Freundschaft

Sándor Márai (1900–1989), ungarischer Schriftsteller. Der nebenstehende Text stammt aus seinem 1942 verfassten Roman „Die Glut“, in dem sich zwei langjährig befreundete Männer wegen der Liebe zu derselben Frau entzweien und sich nach 41 Jahren wieder begegnen.

Sándor Márai: Freundschaft ist stärker als Leidenschaft

Und jetzt muss ich dir sagen, was mir nur sehr langsam ins Bewusstsein gedrungen ist, was ich vor mir selber leugnete, ich muss dir diese beängstigende, überraschende Entdeckung mitteilen: Wir sind noch immer, noch jetzt Freunde. Offensichtlich vermag keine äußere Kraft etwas an den menschlichen Beziehungen zu ändern. Du hast in mir etwas getötet, du hast mein Leben ruiniert, aber wir sind immer noch Freunde. Und ich werde heute Abend etwas in dir töten, und dann lasse ich dich nach London zurückkehren, oder in die Tropen, oder in die Hölle, und dennoch bleibst du mein Freund. [...] Denn die Freundschaft ist keine ideale Stimmung. Die Freundschaft ist ein strenges Menschengesetz. In der alten Welt war es das stärkste Gesetz, auf das die Rechtsordnungen großer Kulturen gebaut waren. Jenseits persönlicher Regungen, jenseits der Selbstsucht lebte in den Herzen der Menschen das Gesetz der Freundschaft. Sie ist stärker als die Leidenschaft, die Männer und Frauen in hoffnungsloser Sehnsucht einander in die Arme treibt, und sie ist gegen Enttäuschung gefeit, denn sie will ja vom anderen nichts. Den Freund kann man töten, doch die Freundschaft, die in der Kindheit zwischen zwei Menschen entstanden ist, vermag vielleicht nicht einmal der Tod aufzuheben.

Michel de Montaigne (1533–1592), französischer Philosoph und Essayist (s. S. 73)

Michel de Montaigne: Oberflächliche und wahre Freundschaft

Zu nichts scheint uns die Natur mehr bestimmt zu haben, denn zu einem gesellschaftlichen Wesen. Hierzu sagt Aristoteles aber, die guten Gesetzgeber hätten noch mehr als für die Gerechtigkeit für den Schutz der Freundschaft Sorge getragen, und wirklich bildet sie die Krönung der Gesellschaft.

All jene menschlichen Beziehungen nämlich, die aus geschlechtlichem Bedürfnis oder Gewinnstreben, aus öffentlicher oder persönlicher Notwendigkeit entstehen und gepflegt werden, sind um so weniger schön und edel und daher um so weniger wahre Freundschaften, als sich hier andere Gründe, Zwecke, Erwartungen beimischen.

Auch die vier antiken Formen der verwandtschaftlichen, der geselligen, der gastlichen und der geschlechtlichen Freundschaft werden deren vollendeter Ausprägung nicht gerecht, weder einzeln noch zusammengenommen. [...]

Die Liebe zu den Frauen kann man, obwohl die ebenfalls unserer eigenen Wahl entspringt, genausowenig mit wahrer Freundschaft vergleichen

Elga Abramowitz (Hg.): Statt Blumen. Die schönsten Geschichten von Liebe und Freundschaft, Berlin (Aufbau) ²2000

noch überhaupt dieser Rangstufe zuordnen. Ihr Feuer, das muß ich zugeben, [...] ist zwar heftiger, beißender und verzehrender, aber es flackert nur flüchtig auf, in ständigem Wechsel hin und her wabernd: eine Fieberhitze, die bald steigt, bald fällt und bloß einen Zipfel von uns ergreift. Bei der Freundschaft hingegen umfaßt uns eine alles durchdringende, dabei gleichmäßige und wohlige Wärme, beständig und mild, ganz Innigkeit und stiller Glanz; nichts Beißendes ist in ihr, nichts, das uns verzehrte. Mehr noch: Allein nach eben dem, was uns flieht, packt uns in der geschlechtlichen Liebe ein irrsinniges Verlangen. [...] Sobald sie aber das Reich der Freundschaft betritt, des Harmonisierens zweier Willen, büßt sie alle Kraft ein und schwindet dahin. Der Vollzug ist ihr Ende, weil sie auf die Körper zielt und so der Sättigung unterliegt. Umgekehrt gehen bei der Freundschaft Begehren und Genuß derart Hand in Hand, daß die gerade durchs Vollziehen wächst und gedeiht, da sie geistig ist und die Seelen sich im Umgang miteinander immer weiter verfeinern. [...]

Bei dem, was wir gewöhnlich Freunde oder Freundschaft nennen, handelt es sich allenfalls um nähere Bekanntschaften, die bei gewissen Anlässen oder um irgendeines Vorteils willen geknüpft wurden und uns nur insoweit verbinden. Bei der Freundschaft hingegen, von der ich spreche, verschmelzen zwei Seelen und gehen derart ineinander auf, daß sie sogar die Naht nicht mehr finden, die sie einte. [...] Die gewöhnlichen Freundschaften kann man aufteilen: Man vermag in dem einen die Schönheit zu lieben, im anderen die Gefälligkeit der Umgangsformen, im dritten die Großzügigkeit, im vierten das väterliche Wohlwollen, im fünften die Brüderlichkeit und so weiter; die wahre Freundschaft aber ergreift vom ganzen Menschen Besitz und beherrscht ihn so uneingeschränkt, daß sie sich unmöglich vervielfachen läßt. Wenn zwei Freunde gleichzeitig Beistand erbäten, welchem würdest du zu Hilfe eilen? Und wie würdest du, wenn sie von dir bestimmte, sich ausschließende Dienste verlangten, die Sache regeln? Wenn der eine dir unter dem Siegel der Verschwiegenheit etwas anvertraute, das zu wissen für den anderen nützlich wäre, wie würdest du dich da aus der Klemme ziehen? [...]

Kurz, diese Dinge sind für denjenigen unvorstellbar, der sie nicht selbst erfahren hat; daher bewundere ich über alle Maßen die Antwort, die ein junger Soldat dem Kyros gab. Als er von diesem gefragt wurde, für wieviel er bereit sei, sein Pferd herzugeben, mit dem er gerade ein Rennen gewonnen hatte, und ob er es gegen ein Königreich eintauschen würde, erwiderte er: „Gewiß nicht, Herr; ohne Zögern aber würde ich mich von ihm trennen, um einen Freund zu gewinnen – falls ich einen Mann finde, der eines solchen Bündnis würdig wäre.“ Mit Recht sagte er *fände*, denn Menschen, die zu einer oberflächlichen Bekanntschaft taugen, fänden sich schnell genug. Aber bei der von mir gemeinten Freundschaft, wo man sich aus der tiefsten Tiefe des Herzens heraus dem anderen zuwendet und jeden Rückhalt aufgibt, ist es unabdingbar, daß alle Beweggründe völlig lauter und vertrauenswürdig sind.

(Aus lizenzrechtlichen Gründen ist dieser Text nicht in reformierter Rechtschreibung gedruckt.)

„Ein Freund, ein guter Freund, das ist das Beste, was es gibt auf der Welt.“

Das deutsche Sängerensemble „Comedian Harmonists“ (1928–1935)

1. Was sind nach Márai, was nach Montaigne Voraussetzungen und Kennzeichen einer Freundschaft? Vergleichen Sie diese mit Ihren eigenen Erfahrungen und Vorstellungen.

2. Wie grenzt Montaigne „gewöhnliche“ von „wahrer“ Freundschaft ab?

3. Schließt Montaigne eine Freundschaft zwischen Männern und Frauen aus? Wie ist Ihre Meinung dazu?

4. Beantworten Sie die Fragen in den Z. 43–48.

Lieben

Erich Fromm (1900–1980), amerikanischer Psychiater deutscher Herkunft (s. S. 241)

Erich Fromm: Lieben ist eine Kunst

Ist Lieben eine Kunst? Wenn es das ist, dann wird von dem, der diese Kunst beherrschen will, verlangt, dass er etwas weiß und dass er keine Mühe scheut. Oder ist Liebe nur eine angenehme Empfindung, die man rein zufällig erfährt, etwas, was einem sozusagen „in den Schoß fällt", wenn man Glück hat? [...]
Nicht als ob man meinte, die Liebe sei nicht wichtig. Die Menschen hungern geradezu danach; sie sehen sich unzählige Filme an, die von glücklichen oder unglücklichen Liebesgeschichten handeln, sie hören sich Hunderte von kitschigen Liebesliedern an – aber kaum einer nimmt an, dass man etwas tun muss, wenn man es lernen will zu lieben. Diese merkwürdige Einstellung beruht auf verschiedenen Voraussetzungen, die einzeln oder auch gemeinsam dazu beitragen, dass sie sich am Leben halten kann. Die meisten Menschen sehen das Problem der Liebe in erster Linie als das Problem, *selbst geliebt zu werden*, statt zu *lieben* und lieben zu können. Daher geht es für sie nur darum, wie man es erreicht, geliebt zu werden, wie man liebenswert wird. [...]
Hinter der Einstellung, dass man nichts lernen müsse, um lieben zu können, steckt zweitens die Annahme, es gehe bei dem Problem der Liebe um ein *Objekt* und nicht um eine *Fähigkeit*. Viele Menschen meinen, zu *lieben* sei ganz einfach, schwierig sei es dagegen, den richtigen Partner zu finden, den man selbst lieben könne und von dem man geliebt werde. [...]
Der dritte Irrtum, der zu der Annahme führt, das Lieben müsse nicht gelernt werden, beruht darauf, dass man das Anfangserlebnis, „sich zu verlieben", mit dem permanenten Zustand „zu lieben" verwechselt. Wenn zwei Menschen, die einander fremd waren – wie wir uns das ja alle sind –, plötzlich die trennende Wand zwischen sich zusammenbrechen lassen, wenn sie sich eng verbunden, wenn sie sich eins fühlen, so ist dieser Augenblick des Einsseins eine der freudigsten, erregendsten Erfahrungen im Leben. [...] Anfangs freilich wissen sie das alles nicht und meinen, heftig verliebt und „verrückt" nach einander zu sein sei der Beweis für die Intensität ihrer Liebe, während es vielleicht nur beweist, wie einsam sie vorher waren. [...]
Diese Auffassung, nichts sei einfacher als zu lieben, herrscht noch immer vor, trotz der geradezu überwältigen Gegenbeweise. Es gibt kaum eine Aktivität, kaum ein Unterfangen, das mit so ungeheuren Hoffnungen und Erwartungen begonnen wird und das mit einer solchen Regelmäßigkeit fehlschlägt wie die Liebe. Wäre das auf einem anderen Gebiet der Fall, wo würde man alles daransetzen, die Gründe für den Fehlschlag herauszufinden und in Erfahrung zu bringen, wie man es besser machen könnte oder man würde es aufgeben. Da letzteres im Falle der Liebe unmöglich ist, scheint es doch nur einen richtigen Weg zu geben, um ein Scheitern zu vermeiden: die Ursachen für dieses Scheitern herauszufinden und außerdem zu untersuchen, was „lieben" eigentlich bedeutet.

Bertolt Brecht: Schwächen

Du hattest keine.
Ich hatte eine:
ich liebte.

Dekalog 6: Ein kurzer Film über die Liebe (Regie: Chr. Kieslowsky, Polen 1988/89)

1. Erläutern Sie die von Fromm genannten drei „Irrtümer" über die Liebe. Warum hält er die Liebe für eine Kunst?
2. Deuten und diskutieren Sie das Gedicht von Bertolt Brecht.

John Wilson: Eine Checkliste für die Liebe

A. *Lieben* Sie ihn/sie wirklich, erotisch und mit Leidenschaft, oder kommen Sie nur ganz gut miteinander aus, teilen einige Interessen, sind einigermaßen zufrieden etc.?

B. Lieben Sie wirklich *ihn/sie*, für das, was er/sie tatsächlich ist, und nicht irgendein falsches Bild, das Sie sich von ihm/ihr machen?

C. Fühlen Sie sich an ihn/sie „gebunden“, *nicht* (ausschließlich oder hauptsächlich) in dem Sinn, daß Sie irgendeinen Vertrag abschließen, loyal sein wollen etc., sondern in dem Sinn, daß Sie einfach Teil seines/ihres Lebens sind und *umgekehrt* – also nicht, weil Sie dazu verpflichtet sind, sondern weil sie es innerlich so empfinden?

Denken Sie daran, daß es keine *Schande* ist, wenn Ihre ehrlichen Antworten den Anforderungen dieser Art von Liebe nicht gerecht werden. Vielleicht ist Ihr Interesse oder Ihre Leidenschaft für ihn/sie, wie stark auch immer, nicht fest oder dauerhaft genug. Möglicherweise bringen Sie ihm/ihr eine Art von Zuneigung oder Liebe entgegen. Vielleicht ist Ihre Liebe weniger „romantisch“, sondern überlegter, besonnener oder „rationaler“, und Sie führen ein glückliches und harmonisches Leben miteinander. Vielleicht möchten Sie Ihre Liebe für Ihre Kinder, Freunde, Kollegen oder andere Personen aufsparen. Oder Sie wollen unabhängiger von anderen Menschen sein und reservieren Ihre Liebe für unpersönliche, aber dennoch lohnende Objekte, wie Ihre Arbeit, Ihre Hobbies, für Kunst, Natur oder dergleichen. Wichtig ist nur, daß man sich die eigene Haltung, die eigenen Gefühle ehrlich eingesteht.

Wenn Sie nicht auf diese Weise lieben können, haben Sie zwei Möglichkeiten: Sie können entweder versuchen, diese Art Liebe zu lernen, wenn Sie diesen Lebensaspekt für wichtig und bedeutsam halten. Oder Sie können die Idee aufgeben und Ihr Leben in der Form gestalten, die Sie persönlich am glücklichsten macht. Es gibt in dieser Frage keine richtigen Antworten: Es kommt darauf an, was für ein Mensch Sie sind und welche allgemeine Lebensanschauung Sie haben. Aber Sie sollten beide Möglichkeiten sorgfältig prüfen. Auch hier ist das Entscheidende die Ehrlichkeit.

(Aus lizenzrechtlichen Gründen ist dieser Text nicht in reformierter Rechtschreibung gedruckt.)

Edvard Munch (1863–1944): Der Kuss

John Wilson ist Professor für Erziehungsfragen an der Universität Oxford/England.

50 Klassiker: Paare. Die berühmtesten Liebespaare, dargestellt von Barbara Sichtermann, Hildesheim (Gerstenberg) [3]2003

3 Erforschen Sie mithilfe der im Text genannten Fragen und Anregungen Ihre eigene Vorstellung von der Liebe.

4 Welche Deutung gibt Edvard Munch dem Kuss?

Gelassenheit

Wilhelm Schmid (geb. 1953), freier Schriftsteller und Philosoph

Wilhelm Schmid: Gelassenheit

Die Haltung der Gelassenheit ist zurückzubeziehen auf das epikureische und stoische „Freisein von Unruhe", die *Ataraxie*, frei von Verwirrung und Aufregung, vom Lärm und Getöse, von Furcht und Schrecken – eine Gelassenheit, die durch die feste Zusammenfügung der Seele, die „Seelenfestigkeit", erst entsteht, um schließlich „mit gleicher Seele" auch schwierige Situationen aushalten zu können und „Gleichmütigkeit" zu erreichen. Das kann bedeuten, unleidenschaftlich, nicht von Leidenschaften und ihrer willkürlichen Bewegung abhängig, wenngleich nicht leidenschaftslos zu sein: Die Gleichmütigkeit ist der Gegenbegriff zum unschlüssigen Hin und Her der Seele. [...]
Die Gelassenheit kann, angelehnt an ihre antike Gestalt, zum Signum der Lebenskunst in einer anderen Moderne werden, zum wertvollen, unverzichtbaren Einsatz im Spiel von Freiheit und Macht. Das in sich ruhende, ausgeglichene Selbst ist das eigentlich freie Subjekt, denn es ist am ehesten in der Lage, sich der Macht Anderer oder anonymer Verhältnisse nicht auszuliefern, sondern „über sich selbst die größte Macht zu haben" und sich selbst zu eigen zu sein, wie Seneca die Seelenruhe beschreibt. Mithilfe dieser gesteigerten Selbstaneignung und Selbstmächtigkeit ist es möglich, das Widerstrebende, das Üble, Schmerzliche und selbst Widerliche gelassen hinzunehmen, ebenso jedoch das Angenehme und Lustvolle, nämlich ohne Exaltation[1] und ohne sich daran zu klammern, sodass es mühelos wieder losgelassen werden kann. Und schließlich erstreckt sich die gelassene Hinnahme auch auf das Veränderliche und Wandelbare: Da ohnehin mit der Veränderlichkeit der Dinge gerechnet werden muss – das einzig Beständige ist die Veränderung – kommt es darauf an, sich für sie offenzuhalten; das aber bedarf der Festigkeit der Seele, die selbst dem überraschenden Wandel mit Ruhe entgegenblicken kann. [...]
Zur Gelassenheit gehört – das ist ihre Verwandtschaft mit der Ironie – der Blick von Außen auf die Dinge und Verhältnisse, um deren Bedeutung oder Bedeutungslosigkeit besser zu erkennen und verhaltener auf sie zu reagieren. Mit diesem Blick bewahrt sie die Distanz zur Unmittelbarkeit der Eindrücke, und seien sie noch so überwältigend, faszinierend oder deprimierend. Weder Gleichmütigkeit noch Nachlässigkeit gehen daraus hervor, sondern die Haltung der Geduld. Mit Geduld ist nicht Demut gemeint, keine unterwürfige Haltung, sondern ein langer Atem, ein Wartenkönnen, bis etwas herangereift ist, die Fähigkeit, sich selbst, Anderen und den Dingen Zeit zu lassen, bis der richtige Zeitpunkt gekommen ist und eine günstige Konstellation sich von selbst ergibt; auf den Zufall zu warten, der den richtigen Moment beschert, und sich disponiert zu halten für ihn, damit er einhaken kann und nicht abgleitet an der Glätte des Subjekts, das ohne ihn auszukommen hofft.

1. Was sind nach Schmid die Kennzeichen der Gelassenheit?

2. Inwiefern ist „das in sich ruhende, ausgeglichene Selbst das eigentlich freie Subjekt" (Z. 13f.)?

3. Schmid nennt die griechischen Philosophen Epikur und Seneca. Ergänzen Sie seine Verweise mit den Aussagen dieser Philosophen (s. S. 137–139). Nennen Sie konkrete Beispiele einer gelassenen Lebenshaltung.

[1] Exaltation: übertriebene Aufregung, Gefühlsüberspannung

Hans-Joachim Simm: Gelassenheit als weise Souveränität

„Ich habe entdeckt, dass alles Unglück der Menschen von einem einzigen herkommt: dass sie es nämlich nicht verstehen, in Ruhe in einem Zimmer zu bleiben.“

Dieser keineswegs nur scherzhaft gemeinte Satz des französischen Philosophen Blaise Pascal (1623–1662) könnte als Hinweis auf den einfachsten Weg zur Gelassenheit verstanden werden. – Was aber ist Gelassenheit? Ein anderes Wort für Ruhe, Entspannung, Beschaulichkeit, Besinnlichkeit? Für das Innehalten in der hektischen Bewegung des Alltags? Wenn es dies ist, wer wünschte sich nicht, heiter, entspannt, ruhig und gelassen zu sein? Auf diese Weise die Welt zu erleben, sich über das Gelungene zu freuen und die Fehler, eigene und fremde, nachsichtig zu verstehen, vielleicht sogar zu verzeihen – wer wünschte sich nicht solche Stärke, solche weise Souveränität?

Wir alle wissen, dass uns Gelassenheit rascher an ein Ziel zu bringen vermag als Aufregung und besinnungsloses Tun. Denn Gelassenheit besteht nicht im mitleidlosen Unberührtsein von dem, was uns bewegt, sondern in der Besinnung, in der Einkehr zu uns selbst, im Kräftesammeln, darin, neuen Mut zu finden, neue Hoffnung, vielleicht tiefere Einsichten und manchmal sogar Erleuchtung. Und in schmerzhaften Situationen mag sie auch helfen, im scheinbar Sinnlosen doch noch einen Sinn zu erkennen.

Gelassen zu sein aber scheint heute kaum möglich; die täglichen Nachrichten wecken neue Befürchtungen und befestigen alte Ängste. Dennoch war es nie anders. Immer standen Sehnsucht und Hoffnung vor dem, was wir Gelassenheit nennen; sie bleibt Aufgabe und wird nur selten verwirklicht. Doch mit ihr gelingt es uns vielleicht sogar, im Hier und Jetzt ein wenig von dem zu erfahren, was oft dem Jenseits zugeschrieben wird. [...] Daher haben sich alle Religionen, Weltanschauungen und Philosophien mit dem Zustand der Gelassenheit auseinandergesetzt.

Von der Gelassenheit. Texte zum Nachdenken. Hg. von Hans-Joachim Simm, Frankfurt am Main (Insel) 1997

4 Warum wird Gelassenheit „nur selten verwirklicht“ (Z. 24f.)?

5 Worin sieht der Autor Sinn und Notwendigkeit der Gelassenheit?

6 Schildern Sie Situationen, in denen Sie selbst oder andere Menschen Gelassenheit zeigen bzw. zeigen sollten.

Plakat verschiedener Verkehrsorganisationen an Autobahnen (2004)

Zeit – Muße – Stille

Harold Lloyd in „Ausgerechnet Wolkenkratzer" (1923)

Wir haben uns umstellt mit Maschinen, die die Zeit mechanisch zerhacken und verwalten. Überall Uhren – am Arm, im Handy, im DVD-Player, auf dem Desktop, am Küchenherd, auf dem Nachttisch, im Auto. Ständig beobachten wir die Zeit und werden von ihr beobachtet. Schon Sechsjährige richten sich nach Terminkalendern, die den Rhythmus ihres Lebens steuern. Und alles muss schnellgehen, denn „Zeit ist Geld". Schnellkochtöpfe, Hochgeschwindigkeitszüge, immer schneller getaktete CPUs, verkürzte Kindheit, Schulzeit, Jugend: rasantes Leben. Die Beschleunigung drängt sich in allen Lebensbereichen auf – mit der Behauptung, dadurch würden die Menschen Zeit sparen. Was machen wir aber mit all der gesparten Zeit? Haben wir gelernt, die eingesparte Zeit wirklich zu besitzen, tatsächlich „Zeit zu haben" für das Leben? Die meisten Menschen in den westlichen Industriegesellschaften, sofern sie im Arbeitsprozess stehen, fühlen sich gehetzt, obgleich sie von zeitsparenden Maschinen umgeben sind. Offensichtlich müssen wir lernen, die eigene Zeit zu entdecken, damit wir uns dem eigenen Leben und dem unserer Mitmenschen intensiv zuwenden können.

Robert Levine (geb. 1945) arbeitet als Professor für Psychologie in Kalifornien. In seinem Buch „Eine Landkarte der Zeit" schlägt er vor, etwas über das eigene Zeitgefühl anhand einer Tabelle von Fragen herauszufinden.

Robert Levine: Fragen zum eigenen Zeitgefühl

- **Interesse an der Uhrzeit:** Sind Sie sich – verglichen mit anderen Menschen – der jeweiligen Uhrzeit besonders bewusst? Schauen Sie zum Beispiel oft auf die Uhr? Oder gehören Sie vielmehr zu den Menschen, die manchmal die Zeit oder sogar den Wochentag vergessen?
- **Redemuster:** Wie hastig sprechen Sie? Neigen Sie dazu, schneller zu sprechen als andere Menschen? Wenn jemand zu lange braucht, um auf den Punkt zu kommen, haben Sie dann das Bedürfnis, ihn ein bisschen zu drängen? Akzeptieren Sie Unterbrechungen?
- **Essverhalten:** Wie hastig essen Sie? Sind Sie oft die erste Person am Tisch, die mit dem Essen fertig ist? Nehmen Sie sich die Zeit, drei Mahlzeiten am Tag in ruhiger und entspannter Atmosphäre einzunehmen?
- **Gehgeschwindigkeit:** Gehen Sie schneller als die meisten Menschen? Bitten andere Sie manchmal, langsamer zu gehen?
- **Fahrverhalten:** Regen Sie sich über zähfließenden Verkehr besonders auf? Wenn Sie hinter einem langsamen Fahrer festsitzen, hupen oder gestikulieren Sie dann manchmal, um ihn zum Schnellerfahren zu bewegen?
- **Zeitpläne:** Sind Sie süchtig danach, Zeitpläne zu erstellen und/oder einzuhalten? Weisen Sie jeder Tätigkeit einen gewissen Zeitrahmen zu? Sind Sie ein Pünktlichkeitsfanatiker?
- **Listen erstellen:** Sind Sie ein zwanghafter Listenschreiber? Machen Sie sich zum Beispiel, wenn Sie sich auf eine Reise vorbereiten, eine Liste der Dinge, die Sie am Reiseziel machen wollen oder die Sie von dort mitbringen wollen?
- **Warten:** Ärgern Sie sich mehr als die meisten Menschen, wenn Sie am Bankschalter, im Laden oder in einem Restaurant länger als ein paar Minuten Schlange stehen müssen, um bedient zu werden bzw. einen Tisch

1. Beantworten Sie die Fragen und erstellen Sie daraus ein Profil Ihres eigenen Zeitgefühls.

2. Sammeln Sie Beobachtungen aus Ihrer Umgebung: Wo und wann tritt starker Zeitdruck mit dem Empfinden von Gehetztheit auf?

zu bekommen? Gehen Sie manchmal wieder, wenn Sie auch nur mit einer kurzen Wartezeit rechnen müssen?

- **Warnsignale:** Wie oft sagen Ihre Freunde oder Ihr Partner/Ihre Partnerin, dass Sie sich weniger Stress machen oder weniger angespannt sein sollen?

Alan Lightman: Und immer wieder die Zeit

24. April 1905

In dieser Welt gibt es zwei Zeiten. Die mechanische Zeit und die Körperzeit . [...]

Viele sind überzeugt, dass es die mechanische Zeit nicht gibt. Wenn sie an der riesigen Uhr in der Kramgasse vorbeikommen, sehen sie sie nicht, und sie hören auch nicht ihre Glocken, während sie in der Postgasse Pakete aufgeben oder zwischen den Blumen im Rosengarten umherschlendern. Sie tragen eine Uhr am Handgelenk, aber nur als Zierde oder aus Gefälligkeit jenen gegenüber, die sie verschenken. Bei sich zu Hause haben sie keine Uhr. Stattdessen hören sie auf ihren Herzschlag. Sie spüren die Rhythmen ihrer Stimmungen und Begierden. Solche Menschen essen, wenn sie Hunger haben, gehen zu ihrer Arbeit im Modewarengeschäft oder in der Drogerie, wenn sie wach werden, gehen zu jeder Tageszeit mit dem oder der Geliebten ins Bett. Solche Menschen lachen über die Idee der mechanischen Zeit. Sie wissen, dass die Zeit ruckweise voranschreitet. Sie wissen, dass sie sich mit schwerer Bürde vorwärtskämpft, wenn sie mit einem verletzten Kind ins Spital eilen oder den starren Blick eines Nachbarn ertragen müssen, dem sie Unrecht getan haben. Und sie wissen auch, dass die Zeit dahinhuscht, wenn sie mit Freunden bei einem guten Essen sitzen, wenn sie gelobt werden oder in den Armen ihrer heimlichen Geliebten liegen.

Und dann gibt es jene, die meinen, ihr Körper existiere nicht. Sie leben nach der mechanischen Zeit. Morgens um sieben Uhr stehen sie auf. Um zwölf nehmen sie ihr Mittagessen, um sechs ihr Abendessen ein. Zu ihren Verabredungen kommen sie pünktlich, auf die Minute genau. Für die Liebe ist die Zeit zwischen acht und zehn Uhr abends vorgesehen. Wenn ihr Magen knurrt, blicken sie auf die Uhr, um zu sehen, ob Essenszeit ist. Sie wissen, dass der Körper nichts ganz Wunderbares ist, sondern eine Ansammlung von chemischen Substanzen, Gewebeteilen und Nervenimpulsen. Gedanken sind nichts anderes als elektrische Wellen im Gehirn. Sexuelle Erregung ist nichts anderes als ein Strom chemischer Substanzen zu bestimmten Nervenenden. Traurigkeit nur ein bisschen Säure, die sich im Kleinhirn festgesetzt hat. Kurz, der Körper ist eine Maschine, die denselben Gesetzen von Elektrizität und Mechanik unterliegt wie ein Elektron oder eine Uhr. Insofern muss man über den Körper in der Sprache der Physik sprechen. Und wenn der Körper spricht, dann sprechen eben nur bestimmte Hebel und Kräfte. Dem Körper muss man befehlen, nicht gehorchen.

Wer abends an der Aare entlanggeht, findet Beweise für zwei Welten in einer. Zwei Liebende, die am Ufer liegen, blicken träge auf, von den fernen Kirchenglocken aus einem zeitlosen Schlaf gerissen, erstaunt, dass es bereits dunkel ist.

Alan Lightman (geb. 1948), Professor für Astrophysik am Massachusetts Institute of Technology. Er veröffentlicht sowohl naturwissenschaftliche Arbeiten als auch Gedichte. „Und immer wieder die Zeit" ist sein erster Roman. Darin versetzt er sich in die innere Welt des jungen Physikers Einstein, der damals im Berner Patentamt beschäftigt war und gleichzeitig seine Relativitäts-Theorie entwarf. Die Figur „Einstein" erdenkt sich immer wieder neue Zeitwelten, datiert nach den Tagen des April 1905. Am 24. April denkt sich „Einstein" eine Welt, in der zwei Zeiten nebeneinander existieren: die „Körperzeit" und die „mechanische Zeit".

Ernst Barlach (1870–1938): Der Buchleser

1. Haben Sie auch schon in diesen zwei Welten gelebt? Suchen Sie Beispiele für die zwei Zeiten in Ihrem eigenen Erfahrungshorizont.

2. Diskutieren Sie: Ist es möglich oder wünschenswert, in der heutigen Gesellschaft, ausschließlich in der „Körperzeit" zu leben?

Glück und Unglück

Sigmund Freud (1856–1939, Biografie s. S. 382), österreichischer Nervenarzt und Begründer der Psychoanalyse.

Sigmund Freud: Lebenszweck und Glück

Die Frage nach dem Zweck des menschlichen Lebens ist ungezählte Male gestellt worden; sie hat noch keine befriedigende Antwort gefunden, lässt eine solche vielleicht überhaupt nicht zu. Manche Fragesteller haben hinzugefügt, wenn sich ergeben sollte, dass das Leben keinen Zweck hat, dann würde es jeden Wert für sie verlieren. Aber diese Drohung ändert nichts. Es scheint vielmehr, dass man ein Recht dazu hat, die Frage abzulehnen. Ihre Voraussetzung scheint jene menschliche Überhebung, von der wir so viel andere Äußerungen bereits kennen. Von einem Zweck des Lebens der Tiere wird nicht gesprochen, wenn deren Bestimmung nicht etwa darin besteht, dem Menschen zu dienen. Allein auch das ist nicht haltbar, denn mit vielen Tieren weiß der Mensch nichts anzufangen – außer, dass er sie beschreibt, klassifiziert, studiert. [...] Es ist nur die Religion, die die Frage nach einem Zweck des Lebens zu beantworten weiß. Man wird kaum irren zu entscheiden, dass die Idee eines Lebenszweckes mit dem religiösen System steht und fällt. [...]

Wir wenden uns darum der anspruchsloseren Frage zu, was die Menschen selbst durch ihr Verhalten als Zweck und Absicht ihres Lebens erkennen lassen, was sie vom Leben fordern, in ihm erreichen wollen. Die Antwort darauf ist kaum zu verfehlen; sie streben nach dem Glück, sie wollen glücklich werden und so bleiben. Dies Streben hat zwei Seiten, ein positives und ein negatives Ziel, es will einerseits die Abwesenheit von Schmerz und Unlust, andererseits das Erleben starker Lustgefühle. Im engeren Wortsinn wird „Glück" nur auf das letztere bezogen. Entsprechend dieser Zweiteilung der Ziele entfaltet sich die Tätigkeit des Menschen nach zwei Richtungen, je nachdem sie das eine oder das andere dieser Ziele zu verwirklichen sucht. – Es ist, wie man merkt, einfach das Programm des Lustprinzips, das den Lebenszweck setzt. Das Prinzip beherrscht die Leistung des seelischen Apparates vom Anfang an; an seiner Zweckdienlichkeit kann kein Zweifel sein, und doch ist sein Programm im Hader mit der ganzen Welt, mit dem Makrokosmos wie mit dem Mikrokosmos. Es ist überhaupt nicht durchführbar, alle Einrichtungen des Alls widerstreben ihm; man möchte sagen, die Absicht, dass der Mensch „glücklich" ist, ist im Plan der „Schöpfung" nicht enthalten. Was man im strengsten Sinn Glück heißt, entspringt der eher plötzlichen Befriedigung hoch aufgestauter Bedürfnisse und ist seiner Natur nach nur als episodisches Phänomen möglich. Jede Fortdauer einer vom Lustprinzip ersehnten Situation ergibt nur ein Gefühl von lauem Behagen; wir sind so eingerichtet, dass wir nur den Kontrast intensiv genießen können, den Zustand nur sehr wenig. Somit sind unsere Glücksmöglichkeiten schon durch unsere Konstitution beschränkt.

1. Welche Vorbehalte äußert Freud gegenüber dem „Zweck des Lebens"?
2. Wie definiert Freud „Glück"?
3. Verfassen Sie ein Streitgespräch zwischen Epikur (s. S. 137), Seneca (s. S. 138f.), Freud und Ihnen selbst über Lebenszweck, Glück und Lust.

Paul Watzlawick: Glücklichsein als Lebensziel?

„Was kann man von einem Menschen ... erwarten? Überschütten Sie ihn mit allen Erdengütern, versenken Sie ihn in Glück bis über die Ohren [...], geben Sie ihm ein pekuniäres Auskommen, dass ihm nicht anderes zu tun übrigbleibt, als zu schlafen, Lebkuchen zu vertilgen und für den Fortbestand der Menschheit zu sorgen – so wird er doch, dieser selbe Mensch, Ihnen auf der Stelle aus purer Undankbarkeit, einzig aus Schmähsucht einen Streich spielen. Er wird sogar die Lebkuchen aufs Spiel setzen und sich vielleicht den verderblichsten Unsinn wünschen, den allerunökonomischsten Blödsinn, einzig um in diese ganze positive Vernünftigkeit sein eigenes unheilbringendes fantastisches Element beizumischen. Gerade seine banale Dummheit wird er behalten wollen ...“

Diese Worte stammen aus der Feder des Mannes, den Friedrich Nietzsche[1] für den größten Psychologen aller Zeiten hielt: Fjodor Michailowitsch Dostojewskij[2]. Und doch drücken sie, wenn auch in beredterer Sprache, nur das aus, was die Volksweisheit seit eh und je weiß: *Nichts ist schwerer zu ertragen als eine Reihe von guten Tagen.*

Es ist höchste Zeit, mit dem jahrtausendealten Ammenmärchen aufzuräumen, wonach Glück, Glücklichkeit und Glücklichsein erstrebenswerte Lebensziele sind. Zu lange hat man uns eingeredet – und haben wir treuherzig geglaubt – dass die Suche nach dem Glück uns schließlich das Glück bescheren wird. [...]

Die Weltliteratur allein schon hätte uns längst misstrauisch machen sollen. Unglück, Tragödie, Katastrophe, Verbrechen, Sünde, Wahn, Gefahr – das ist der Stoff, aus dem die großen Schöpfungen bestehen. [...]

Machen wir uns nichts vor: Was oder wo wären wir ohne unsere Unglücklichkeit? Wir haben sie *bitter* nötig; im wahrsten Sinne des Wortes.

Henri Matisse: Lebensfreude (1905/06)

Paul Watzlawick (geb. 1921) amerikanischer Psychotherapeut österreichischer Herkunft, beschreibt in seinem zum Bestseller gewordenen Buch „Anleitung zum Unglücklichsein“ (1983) auf amusante und ironische Weise die Ursachen, wie man zum „wohlverdienten Unglücklichsein“ kommt.

4. Warum neigen Menschen dazu, einen Zustand des Unglücklichseins anzustreben bzw. zu erhalten? Wie beantwortet Watzlawick diese Frage?

5. Trifft das Bild von Matisse Ihre Vorstellungen von Lebensfreude und Glück?

6. Verfassen Sie einen kleinen Ratgeber zum Glücklichsein oder zum Unglücklichsein, basierend auf Ihren eigenen Erfahrungen.

Glück. Ein Lesebuch zur Lebenskunst, hg. von Andrea Löhndorf, München (dtv) ²2004

[1] Friedrich Nietzsche (1844–1900): deutscher Philosoph (s. S. 43, 385)

[2] Fjodor M. Dostojewskij (1821–1888): russischer Dichter (s. S. 165)

Altern

Altersfreuden

Was bedeutet „Alter"?

(1) „Das Alter ist für mich kein Kerker, sondern ein Balkon, von dem man zugleich weiter und genauer sieht." *(Marie Luise Kaschnitz, Schriftstellerin)*

(2) „Mit 40 fängt man an, das Wertvolle zu suchen und mit 50 kann man anfangen, es zu finden." *(Thornton Wilder, amerikanischer Autor)*

(3) „Es kommt nicht darauf an, wie alt man wird, sondern wie man alt wird." *(Ursula Lehr, Altersforscherin)*

(4) „Das Älterwerden ist weniger ein Zustand als eine Aufgabe. Löst man jene, so ist das Alter mindestens ebenso schön wie die Jugend und der Tod ist dann kein Ende, sondern Frucht." *(Eugen Diederichs, Verleger)*

(5) „Ich glaube an das Alter, lieber Freund, Arbeiten und Altwerden, das ist es, was das Leben von uns erwartet. Und dann eines Tages alt sein und noch lange nicht alles verstehen, nein, aber anfangen, aber lieben, aber ahnen ..." *(Rainer Maria Rilke, deutscher Lyriker in einem Brief an einen Freund im Alter von 30 Jahren)*

(6) „Ursprünglich wurden dem Menschen 30 Lebensjahre zugestanden. Mit dieser kurzen Spanne war der Mensch aber unzufrieden, und so nahmen die Götter dem Esel, dem Hund und dem Affen einige Jahre ab und geben sie dem Menschen. Der Mensch hat nun die ersten 30 Jahre seines Lebens zu eigen, die nächsten 18 Jahre muss er sich plagen wie ein Esel. Zwischen dem 48. und 60. Lebensjahr liegt er dann in der Ecke, knurrend wie ein alter Hund, und wenn es hoch kommt, sind ihm noch weitere 10 Jahre beschieden, in denen er närrisch ist wie ein Affe." *(Äsop, griechischer Fabeldichter der Antike)*

(7) „Die Altersweisheit gibt es nicht. Wenn man altert, wird man nicht weise, sondern nur vorsichtig." *(Ernest Hemingway, amerikanischer Erzähler und Nobelpreisträger)*

(8) „Die Jugend ist die Zeit, Weisheit zu erforschen, das Alter ist die Zeit, sie anzuwenden." *(Jean-Jacques Rousseau, Philosoph)*

(9) „Es schadet niemals, sich für alle Lebensabschnitte ein Stück Jugend zu bewahren, und es ist immer besser, im Alter jugendfrisch zu sein, als greisenhaft in jungen Tagen." *(Wilhelm Heinrich Riehl, deutscher Publizist)*

(10) „Die verschiedenen Altersstufen der Menschen halten einander für verschiedene Rassen. Alte haben gewöhnlich vergessen, dass sie jung gewesen sind, oder sie vergessen, dass sie alt sind, und Junge begreifen nie, dass sie alt werden können." *(Kurt Tucholsky, deutscher Schriftsteller und Kabarettist)*

1. Welches Bild vom Alter in der Zukunft unserer Wohlstandsgesellschaft entwirft diese Karikatur? Stellen Sie sich Ihr Alter auch so vor?

2. Wählen Sie drei der Zitate aus, die Ihrer Einstellung zum Alter am besten entsprechen, und begründen Sie, warum.

Susanne Paulsen: Die Kunst zu leben – Erkenntnisse der Lebenslauf-Forschung

Jeder altert. Den meisten gefällt das nicht. Man horcht entsetzt auf das Schnaufen beim täglichen Treppensteigen: Die Menge an Blut, die das Herz pro Minute in die Gefäße pumpen kann, vermindert sich bei Sportmuffeln vom zwanzigsten Lebensjahr an in jedem weiteren Jahrzehnt um etwa zehn Prozent. Oder man schaut auf die Silhouette: Muskel- und Knochensubstanz werden nach und nach durch Fett ersetzt. Dadurch wächst im Laufe des Erwachsenenalters die Taillenweite. Kein Trost, dass synchron dazu die Haare dünner werden! [...]

Viele nehmen, ohne es sich recht klarzumachen, den *Körper* für den *ganzen* Mann, die *ganze* Frau. Und plagen sich mit dem Bild, man sei mit 20, 25 eine fertig montierte Maschine. Die bleibt, wie sie ist. Nur dass sie im Laufe der Zeit eben anfängt zu rosten und zu klappern. [...] Inzwischen weiß man, dass das purer Unsinn ist. Innere Entwicklung kann und sollte ein Leben lang stattfinden. Viel zu einfach ist die Vorstellung vom jugendlichen Aufstieg bis zur Hochebene des Erwachsenseins, auf der Menschen mit Jogging, Yoga, Hanteltraining, mit Schminke, sorgfältiger Kleiderwahl und steter Fortbildung doch immer nur versuchen, sich zu erhalten und mit den Jüngeren mitzuhalten. Zu simpel auch das Bild vom Alter, das nichts als traurigen Abstieg bedeute. Das Leben ist kein in jungen Jahren erklommener Tafelberg. Eher eine Hügellandschaft voller Überraschungen. Denn unser Dasein birgt zahlreiche Höhepunkte, die keineswegs immer in den Jugendjahren zu finden sind. [...]

Der alternde Mensch nimmt erst jetzt wahr, dass die meisten Fragen mehrere Antworten haben. Wie wichtig Gefühle sind. Dass die Welt voller Unwägbarkeiten steckt. Dass unauflösbare Widersprüche zur Realität gehören, ja sogar besondere Erkenntnismöglichkeiten bieten. Er gewinnt also einen Hauch Weisheit. Oder, anders gesagt: Manche erwachsenen Männer und Frauen kehren, um Weltwissen und eine situationsangemessene Logik bereichert, um viele Illusionen ärmer in die kindliche Offenheit zurück. [...]

Mit der veränderten Sicht der Zeit hängt auch ein Bedürfnis zusammen, das nach Meinung vieler Psychologen typischerweise erst in der zweiten Lebenshälfte aufbricht: der Drang zur Selbstverwirklichung. „Was muss, was will ich noch verwirklichen, wenn ich die Person sein will, als die ich mich denke?“, fragt der Mensch. Zu welchen Antworten er tief im Innern kommt, entzieht sich der wissenschaftlichen Erkenntnis. Doch für viele gehört wohl zur Sinnsuche dazu, dass sie ihren Lebenszyklus betrachten und sich daraufhin wünschen, etwas zu tun, das über die eigene Lebenspraxis hinausweist.

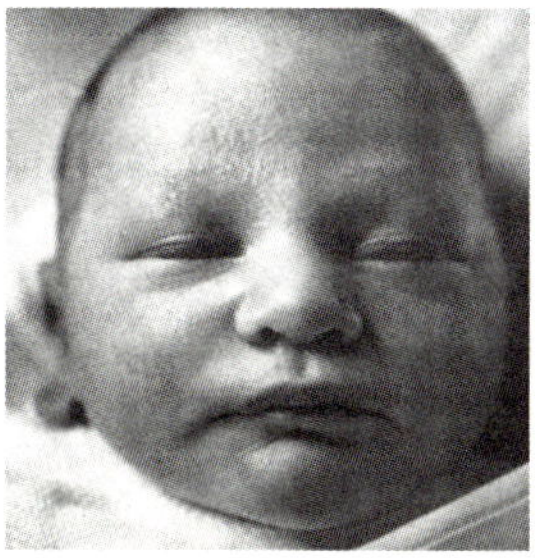

Susanne Paulsen ist Journalistin und schreibt für die Zeitschrift GEO.

Poesie der Lebensalter. Gedichte. Ausgewählt von Evelyne Polt-Heinzl und Christine Schmidjell, Stuttgart (Reclam) 2005

3 Betrachten Sie die Bilder: Welche Einsicht über das menschliche Leben könnten sie vermitteln?

4 Worin besteht – folgt man dem Text – Gewinn und Verlust des Älterwerdens?

5 Nehmen Sie das Bild der „Hügellandschaft“ aus dem Text auf und entwerfen Sie einen Lebensweg des Älter- und Altwerdens, den Sie gern gehen würden.

Hannah Arendt (1906–1975)

„Freisein heißt weder Herrschen noch Beherrschtwerden“

Hannah Arendt verfügte über die „große Tugend, sich selbst nicht zu bemitleiden und sich nie zu beklagen“, schrieb Bertolt Brecht über sie. Dabei hätte sie durchaus Grund dazu gehabt: Als sie sieben Jahre alt war, starb ihr Vater, 1933 floh sie nach kurzer Gestapo-Haft über die Tschechoslowakei nach Frankreich, 1937 wurde ihr die deutsche Staatsbürgerschaft aberkannt, 1940 wurde sie in einem Konzentrationslager in Südfrankreich inhaftiert, 1941 gelang ihr die endgültige Flucht in die USA. Woher kamen ihr Selbstbehauptungswille und ihre Charakterstärke? Zu einem wesentlichen Teil durch die Erziehung der Mutter, die, wie Hannah Arendt einmal schrieb, „vor allem eine Erziehung ohne Vorurteile und mit allen Möglichkeiten“ betrieb und die „immer auf dem Standpunkt stand: Man darf sich nicht ducken! Man muss sich wehren!“ Gerade wegen ihrer jüdischen Herkunft gab ihr diese Erziehung Mut und Selbstbewusstsein in der Konfrontation mit dem Antisemitismus und bestimmte schon früh ihren Weg als politische Denkerin.

Wegen ihres großen Interesses für Philosophie begann sie an den Universitäten Marburg und Freiburg das Studium von Philosophie, Theologie und Griechisch. Dort lernte sie berühmte Philosophen kennen: u.a. Martin Heidegger, Hans Jonas und Karl Jaspers. Diese schätzten ihren außerordentlichen Intellekt und ihre innere Unabhängigkeit und entnahmen ihrer Scharfsinnigkeit wichtige Anstöße für ihre eigenen Werke. An einer Universitätslaufbahn war Hannah Arendt jedoch nicht interessiert. Sie vertiefte sich stattdessen in die Erforschung der Chancen und Schwierigkeiten jüdischer Existenz. So schrieb sie z.B. eine Biografie über Rahel Varnhagen, einer bedeutenden Dichterin der Romantik.

In der amerikanischen Emigration arbeitete sie mit unterschiedlicher politischer Zielsetzung für verschiedene jüdische Organisationen. Kurz vor Kriegsende begann sie mit der Arbeit an ihrem Werk **„Elemente und Ursprünge totalitärer Herrschaft“**, das 1951 erschien und das sie schlagartig bekanntmachte. Darin bescheinigte sie der traditionellen Ethik, sie sei „unfähig, mit Verbrechen fertig zu werden, die die Zehn Gebote nicht vorhergesehen haben“.

Um solchen Verbrechen auf den Grund zu gehen, nahm sie 1961 in Israel an dem Prozess gegen Adolf Eichmann, der den Holocaust organisiert hatte, teil. Ihre Beobachtungen und Gespräche mit Eichmann fasste sie in dem Buch **„Eichmann in Jerusalem. Ein Versuch über die Banalität des Bösen“** (1963) zusammen (s. S. 160f.). Als Professorin an verschiedenen amerikanischen Universitäten arbeitete sie weiterhin an Studien über politische Herrschaft. Vor dem Hintergrund des Ost-West-Konflikts, der niedergeschlagenen Aufstände im Ostblock, des Vietnam-Krieges und internationaler Studentenunruhen entstanden ihre Werke **„Vita activa oder Vom tätigen Leben“** (1967) und **„Macht und Gewalt“** (1970, s. S. 262f.). Darin drückte sie die Überzeugung aus, dass Macht letzlich nicht durch Gewalt ersetzt werden kann, und dass Macht ihre Legitimität allein aus einer intakten, d.h. freien Öffentlichkeit mit politisch mündigen und handlungsbereiten Bürgern herleitet: „Freisein aber heißt weder Herrschen noch Beherrschtwerden.“ Dabei setzte sie auf das „grundsätzliche Vertrauen auf das Menschliche im Menschen. Anders geht es nicht.“

Aristoteles (384 – 322 v. Chr.)

„Ohne Ziel ist die Natur nicht tätig“

Neben Platon gilt Aristoteles als der einflussreichste Philosoph der Antike. Er wuchs in Stagira im Osten Makedoniens als Sohn des Arztes Nikomachos auf. Im Jahre 366 ging er nach Athen, um dort an Platons Akademie zu studieren. 20 Jahre blieb er dort, zunächst als Schüler, später als Lehrer. Nach dem Tode Platons reiste Aristoteles nach Assos und gründete dort am Hofe des Fürsten Hermias, dessen Schwester er heiratete, seine erste eigene Schule. Als die Perser Hermias besiegten, floh er zum Hofe seines Jugendfreundes Philipp, dem König Makedoniens, der ihn zum Erzieher seines vierzehnjährigen Sohnes Alexander bestimmte. Als Alexander König wurde, kehrte Aristoteles nach Athen zurück und gründete dort seine Schule, die man auch die „peripatetische“ nennt, da Aristoteles beim Lehren in den Gängen des Schulgebäudes, den Peripatoi, umherwandelte. Nach dem Tod seiner Frau hatte er ein Verhältnis mit seiner Haushälterin. Aus dieser Verbindung ging sein erster Sohn, Nikomachos, hervor. Im Jahr 323 drohte Aristoteles ein Prozess wegen Gotteslästerung. Er floh auf seine geerbten Besitztümer in Chalkis/Euböa. Angeblich wollte er mit seiner Flucht die Athener davor bewahren, sich – nach der Tötung des Sokrates – ein zweites Mal an der Philosophie zu versündigen. Kurze Zeit später starb er an einem Magenleiden.

„Alle Menschen streben von Natur nach Wissen.“ Mit dieser Aussage begründet Aristoteles sein philosophisches Interesse. Er wollte eine Synthese der sich zum Teil widersprechenden philosophischen Theorien seiner Zeit schaffen. Dazu hat er das ihm bekannte Wissen zusammengetragen und in verschiedene Gebiete eingeteilt, die wir heute als Disziplinen kennen: Philosophie, Naturwissenschaften, Geschichte, Medizin und Politik. Zugleich hat er dieses Wissen in eine Rangordnung gebracht. Die Philosophie als theoretische Wissenschaft von den Ursachen und Prinzipien des Seins gilt ihm als das Ziel aller anderen Wissenschaften.

Aristoteles teilt aber nicht Platons Geringschätzung der durch die Sinne erfahrbaren Welt. Er war ein leidenschaftlicher Naturforscher, der den Grundstein legte für die moderne Naturwissenschaft: „Vor der Untersuchung der niederen Lebewesen dürfen wir keinen kindischen Ekel verspüren, denn in allen Naturdingen ist etwas Wunderbares.“ Mithilfe Alexanders, der ihm aus allen Teilen der Welt Tiere und Pflanzen schickte, richtete er sich einen Zoo ein. Die **Sinneswahrnehmung** und die darauf basierende Erfahrung sind für ihn die Grundlage für Erkennen und Handeln. Im Alltag zeige sich oft, „dass die Erfahrenen mehr das Richtige treffen als diejenigen, die ohne Erfahrung nur den allgemeinen Begriff besitzen.“

In seiner **Metaphysik** bestimmt er den Zweck/das Ziel (griech. **telos**) als die entscheidende Ursache für den natürlichen Entwicklungsprozess (Entelechie) eines Dinges, vom unbearbeiteten Rohzustand, der Materie, bis zu seiner endgültigen Gestalt, seinem Wesen als dem Ziel dieses Prozesses. Die Dinge streben immer nach der vollkommenen Realisierung dessen, was der Möglichkeit nach bereits in ihnen angelegt ist. Das ursprüngliche Prinzip der Natur, die immer die beste von allen Möglichkeiten verwirklicht, ist die **Vernunft**.

Weil der Mensch im Gegensatz zu den anderen Lebewesen von der Natur mit Vernunft und Sprache ausgestattet wurde, gilt er Aristoteles als die Krönung der Schöpfung. Das höchste Gut des Menschen bestimmt er in der **Nikomachischen Ethik** als die **Eudämonie**, die Glückseligkeit. Er meint damit das vollkommen selbstbestimmte Leben des Weisen, der „denkend tätig ist und die Vernunft in sich pflegt“.

Sigmund Freud (1856 – 1939)

„Der Mensch ist nicht einmal Herr im eigenen Hause“

Freud untersuchte zunächst als Nervenarzt die Anatomie des menschlichen Gehirns. Er wandte sich dann den psychischen Krankheiten ohne organischen Befund **(Neurosen)** zu. Zuerst versuchte er durch **Hypnose** unbewusste Inhalte des Gedächtnisses, die zu einer seelischen Verletzung **(Trauma)** geführt hatten, durch Bewusstmachung der Entstehungsgeschichte und nachfolgender Abreaktion zu heilen. Freud stieß dabei auf innere Zusammenhänge psychischer Strukturen, die bis dahin unbekannt waren. Er nannte Erinnerungen, die jederzeit ohne innere Widerstände des Individuums aktualisiert werden konnten, **vorbewusst**. Erlebnisse, die im Moment vergessen waren, aber ohne Schwierigkeiten ins Gedächtnis gerufen werden konnten, bezeichnete er als **unterbewusst**, während er alle die Erinnerungen, die die Person verdrängt hatte und gegen deren Erwähnung sie sich wehrte, weil sie strafbewehrt oder tabuisiert waren, im **Unbewussten** ansiedelte. Freud wandte sich vor allem diesem unbewussten Bereich zu. Er fand heraus, dass verdrängte Erlebnisse und unerfüllte Wünsche in veränderter Form als Neurose oder Psychose wieder auftauchen und den Menschen krank machen können.

Freud entwickelte die psychoanalytische Methode, bei der der Patient im Gespräch mit dem Therapeuten seinen Assoziationen freien Lauf lassen sollte. Dabei lag der Patient, vom Therapeuten abgewandt, in entspannter Ruhe auf der Couch.

Die Arbeit des Therapeuten bestand im intuitiven Erkennen von krank machenden Zusammenhängen. Ziel der Behandlung war es, dem Patienten unbewusste Zusammenhänge vor Augen zu führen und dadurch eine Heilung auszulösen.

Freud hielt den Sexualtrieb **(Eros)** für den wichtigsten menschlichen Trieb, dessen Versagung zur Störung der Psyche führt.

Diese hohe Einschätzung der Sexualität führte anfangs zur Ablehnung seiner Forschung in der Gesellschaft.

1909 konnte Freud auf einer Reise nach Amerika die neue Wissenschaft dort bekanntmachen. Danach veröffentlichte er seine berühmtesten Fallgeschichten und psychoanalytische Interpretationen von Werken aus Kunst und Literatur. Dies führte zu einer starken Anerkennung der Psychoanalyse vor dem Ersten Weltkrieg.

Beeindruckt von diesem Krieg stellte er in der Psyche des Menschen den Todestrieb **(Thanatos)** als zweite Kraft und Gegenspieler des Eros fest.

Sigmund Freud ist nicht der Begründer der Psychologie. Seine Leistung liegt in der Ergänzung der vorher geleisteten Forschung. Von ihm stammt die Bezeichnung Psychoanalyse, er hat als Erster die Bedeutung des Unbewussten erkannt.

Seine Bücher wurden 1933 von den Nationalsozialisten verbrannt, weil er Jude war und weil seine wissenschaftlichen Ergebnisse der Ideologie der Nationalsozialisten zuwiderliefen; er selbst emigrierte 1938 nach London, wo er ein Jahr später an einem Krebsleiden starb.

Seine Tochter Anna – sie war Freuds jüngstes Kind und wurde von ihm „sein einziger Sohn“ genannt – blieb bis zu seinem Tod als Sekretärin und Krankenschwester bei ihm.

Sie führte sein Werk fort und widmete sich der Forschung auf dem Gebiet der Jugendpsychologie.

Immanuel Kant (1724 – 1804)

„Sapere aude" – „Wage es zu wissen"

Immanuel Kant wurde 1724 als Kind einer einfachen Handwerkerfamilie in Königsberg geboren. Er verließ seine Geburtsstadt bis zu seinem Tod 1804 nie. Mit 16 Jahren ging er auf die Universität und studierte Mathematik, Philosophie, Naturwissenschaften und Theologie. Nach Jahren als Hauslehrer wurde er Professor an der Universität Königsberg. Diese wenig aufregenden biografischen Daten zeigen ein schlichtes, geordnetes bürgerliches Leben; dies gibt aber nur den Rahmen ab für eine abenteuerliche geistige Existenz und ein großes philosophisches Werk, mit dem Kant das Denken der westlichen Welt tiefgreifend beeinflusste. Er hatte sich die Lebensaufgabe gestellt, die Grundlagen der menschlichen Erfahrung, Erkenntnis und des Glaubens einer genauen Prüfung zu unterziehen, sie also zu „kritisieren".

In der **„Kritik der reinen Vernunft"** (1781) arbeitete er heraus, dass das Bild der umgebenden Realität auf bestimmten angeborenen Voraussetzungen der sinnlichen Wahrnehmung und des Denkens beruht. Jedes Ding, das seine Sinne reizt, wird vom Menschen sofort in **Raum** und **Zeit** eingeordnet, nur so kann er es als Gegenstand erfassen. Im weiteren Verlauf der Gegenstandswahrnehmung wendet der Erkennende vorgegebene **logische Denkformen** an wie z. B. die Kausalität, den Ursache-Wirkung-Zusammenhang. Wie die Welt da draußen, das „Ding an sich", wirklich ist, kann der Mensch nicht wissen, er konstruiert sich eine Realität gemäß seinen menschlichen Voraussetzungen. Diese Theorie, die bis heute modern ist und von der Hirnforschung bestätigt wurde, stellte für die damalige Zeit eine Sensation dar. Was galt denn jetzt noch? War auch Gott nur ein menschlicher Entwurf? Gab es überhaupt so etwas wie wahre Wirklichkeit?

In seiner zweiten **„Kritik der praktischen Vernunft"** (1788) befragte Kant das ethische Handeln des Menschen mit strenger Logik: Was sollen wir tun? Er wollte nicht einzelne moralische Vorschriften untersuchen, sondern ein Verfahren finden, mit dem der Mensch eine moralische Handlung begründen kann. Das innere Gesetz, mit dem der Mensch mithilfe seiner Vernunft eine Entscheidung treffen kann, ist von Kant als **„kategorischer Imperativ"** bezeichnet worden: „Handle so, dass du jederzeit wollen kannst, die Maxime (= Regel) deines Handelns solle allgemeines Gesetz werden." Dahinter steht als letztes Motiv die Achtung vor der Person im anderen, vor der „Menschheit in mir und anderen": „Handle so, dass die Menschheit in dir und anderen niemals bloßes Mittel, sondern jederzeit zugleich Zweck sei." Damit hatte Kant die **Definition der Menschenwürde** gefunden.

In seiner letzten **„Kritik der Urteilskraft"** (1790) versuchte er unter anderem das Wesen der Kunst zu erfassen als ein Reich der Freiheit, in dem ein „interesseloses Wohlgefallen" am Schönen herrscht. Mit 71 Jahren entwirft Kant in der Abhandlung **„Vom ewigen Frieden"** ein politisches Modell, das vieles vorwegnimmt, was heute in der westlichen Welt gilt. Darin fordert er ein allgemeines **„Menschenrecht"**, das innerhalb der Staaten durch Verfassungen und zwischen den Staaten durch ein Vertragssystem geschützt werden soll, das dem heutigen Völkerrecht und der UNO nahekommt.

Hinter der jahrzehntelangen Arbeit dieses Philosophen stand ein sehr diszipliniertes Privatleben. Seine Pünktlichkeit war so exakt, dass die Königsberger ihre Uhren nach seinem Erscheinen an bestimmten Orten gestellt haben sollen. Kant blieb zeitlebens unverheiratet und verbot sich den von ihm geliebten Kaffee, da er seine berauschende Wirkung für schädlich hielt. Er war aber alles andere als langweilig. Im Umgang mit seinen Freunden, die er täglich an seiner Mittagstafel versammelte, war er witzig, schlagfertig und liebenswürdig.

Biografie

Karl Marx (1818 – 1883)

„Die Philosophen haben die Welt nur verschieden interpretiert, es kommt aber darauf an, sie zu verändern“

Karl Marx war für das 20. Jahrhundert ohne Zweifel der einflussreichste, folgenreichste, umstrittenste Denker. In seinem Namen brachen Revolutionen aus, für seine Ideen setzten Freiheitskämpfer wie Che Guevara ihr Leben ein. Ebenso sehr wurde seine Weltanschauung aber auch abgelehnt, seine Gegner hassten ihn so fanatisch wie seine Anhänger ihn verehrten.

Geboren wurde er 1818 in Trier als Sohn eines jüdischen Rechtsanwalts, der sich protestantisch hatte taufen lassen. In Berlin studierte er Jura und Philosophie. Nach seiner Promotion (1841) über antike Naturphilosophie arbeitete er zunächst als Journalist, später als Chefredakteur für die „Neue Rheinische Zeitung“. Schon hier lernte Marx politische Verfolgung kennen, denn die in ganz Deutschland bekannte liberale Zeitung wurde von den herrschenden Regierungen stark zensiert. Er ging deshalb nach Paris, wo damals ca. 85 000 Deutsche lebten, auf der Flucht vor den Bedrückungen der autoritären Adelsherrschaft im Deutschen Kaiserreich. Inzwischen hatte er mit 25 Jahren geheiratet: Jenny von Westphalen stammte aus altem Adel und gab viel auf, als sie sich aus Liebe mit diesem radikalen Gegner ihrer Klasse verband. Die Ehe überdauerte alle persönlichen und politischen Krisen und bestand unverbrüchlich ein Leben lang. Das Paar hatte vier Kinder miteinander.

In Paris wurde Marx klar, dass Philosophie, die auf die Menschen wirken will, sich mit dem neuen Phänomen der industriellen Massenproduktion und ihren ökonomischen Gesetzlichkeiten auseinandersetzen muss. In seiner frühen Schrift **„Die Deutsche Ideologie“** (1845/6) zeigte er, wie der Mensch von Beginn seiner Geschichte an durch Arbeit seine Bedürfnisse befriedigen muss und sich dabei in seinen Produkten als denkendes und planendes menschliches Individuum wiedererkennt. Spätestens seit der industriellen Revolution wurden die Tätigkeiten aber so hochgradig spezialisiert, dass viele Menschen in ihrer Arbeit Entfremdung von sich selbst und den anderen erfahren.

Aus seinem Denken leitete Karl Marx den Auftrag her, angesichts der Not vieler Menschen in den rasend wuchernden Industrien selbst politisch tätig zu werden, die Theorie mit der Praxis zu verbinden. „Die Philosophen haben die Welt nur verschieden interpretiert, es kommt aber darauf an, sie zu verändern“, lautet einer seiner berühmtesten Sätze. 1848 verfasste er zusammen mit seinem Freund und engen Mitarbeiter Friedrich Engels, einem Fabrikbesitzer und Manager, das **„Kommunistische Manifest“**, das auf die Revolution in Deutschland reagierte. Darin wurde die rasante Dynamik des Kapitalismus beschrieben, der weltweit auf immer neuen Märkten operiere und ausschließlich von dem ihm innewohnenden Zwang zu Wachstum und Profit geleitet werde. Das Manifest brandmarkte aber auch den Preis für diesen Fortschritt, die zunehmende Verelendung der Arbeiterschaft, dem Proletariat, und forderte: „Proletarier aller Länder, vereinigt euch!“

Nachdem Marx wegen seines politischen Engagements 1849 aus Deutschland ausgewiesen wurde, ging er nach London und lebte dort bis zu seinem Tode in äußerst beengten Verhältnissen. In mühevoller Arbeit, oft nachts in der riesigen Bibliothek des Britischen Museums, schuf er ein neues, epochemachendes Werk: **„Das Kapital“**, in dem er exakt Lohn und Profit, Wachstum und Krisenzyklen analysiert. Dass er diese Arbeit leisten konnte, verdankte er letzten Endes Friedrich Engels, der Marx und seiner Familie den Lebensunterhalt bis zu dessen Tod 1883 zahlte.

Friedrich Nietzsche (1844 – 1900)

„Philosophie ist das freiwillige Leben in Eis und Hochgebirge"

Nietzsches Leben und Werk sind eng miteinander verbunden. Nach dem frühen Tod seines Vaters, eines Pfarrers, wuchs Nietzsche in Naumburg auf. Er studierte klassische Philologie (Griechisch und Latein) und erhielt mit 24 Jahren eine Professur in Basel. Nietzsches eigentliches Interesse galt aber der Philosophie, die er durch die Bekanntschaft mit dem Denken Schopenhauers für sich entdeckt hatte. Schon bald distanzierte er sich von den von ihm bisher weitgehend bejahten Wertvorstellungen seiner Zeit: Seine Erlebnisse als Krankenpfleger im Deutsch-Französischen Krieg ließen ihn seinen Glauben an die Einheit von Kultur und Staat in der Nation aufgeben. Die Freiheit der Kunst setzte er einer Wissenschaft entgegen, die die Vielfalt des Lebens im Namen der Wahrheit unterdrückt. 1878 gab er die Professur auf, die er nicht mehr mit seinem Selbstverständnis als „unzeitgemäßer", freier Denker vereinbaren konnte. Er hatte den Anspruch „gegen die Zeit und dadurch auf die Zeit und hoffentlich zugunsten einer kommenden Zeit zu wirken". Sein Ausstieg aus der akademischen Welt war der Beginn seines eigentlichen philosophischen Schaffens, das von den meisten seiner Zeitgenossen kaum wahrgenommen oder verachtet wurde. Zwischen 1878 und 1888 schrieb er seine zentralen Werke und eine Fülle von Notizen und Briefen. Er vereinsamte zunehmend und unerträgliche Kopf- und Magenschmerzen sowie Sehstörungen ließen ihn ein unstetes Leben führen. Auf der Suche nach einem guten Klima reiste er in der Schweiz, in Italien und Südfrankreich umher. Außerhalb der bürgerlichen Gesellschaft lebend analysierte er die moralischen Grundlagen des Abendlandes von einem Standpunkt „jenseits von Gut und Böse" aus. In seinen aphoristischen, bewusst fragmentarischen und mehrdeutigen Texten attackiert er den Glauben an die **eine** Wahrheit und zeigt die geschichtliche und soziale Bedingtheit moralischer Werte auf. Werte wie Nächstenliebe oder Gleichheit sind für ihn nicht absolut, sie richten sich gegen die wenigen selbstständig denkenden Menschen und beruhen auf dem Hass und der Angst der Masse, die nicht in der Lage ist, die nach Nietzsche prinzipielle Sinnlosigkeit des Lebens und Leidens anzuerkennen und zu bejahen. Er fordert die Verneinung der der abendländischen Kultur zugrunde liegenden Moral, da sie selbst **nichts** wert, **nihilistisch**, sei. Er sieht aber in der Verneinung und **Umwertung aller Werte** die Voraussetzung für eine neue Lebensbejahung: Jeder Mensch muss lernen, ohne die vorgegebenen Ideale und Werte auszukommen. Ziel der menschlichen Entwicklung ist für ihn der **Übermensch**, der sich seinen Lebenssinn selber schafft. Durch seinen **Willen zur Macht** als Wille zum Leben erstrebt er einen höheren Seinszustand. In **„Also sprach Zarathustra"** wählt Nietzsche dafür die Metapher des Kindes: „Unschuld ist das Kind und Vergessen, ein Neubeginnen, ein Spiel, ein aus sich rollendes Rad, eine erste Bewegung, ein heiliges Ja-Sagen. Ja, zum Spiele des Schaffens, meine Brüder, bedarf es eines heiligen Ja-Sagens: **seinen** Willen will nun der Geist, **seine** Welt gewinnt sich der Weltverlorene."

Nietzsches Schaffen endete im Januar 1889 mit seinem seelischen und körperlichen Zusammenbruch. Man diagnostizierte eine „fortgeschrittene Paralyse", die aller Wahrscheinlichkeit nach auf eine Syphilisinfektion zurückzuführen ist. Die letzten 11 Jahre seines Lebens verbrachte er in Weimar in „geistiger Umnachtung". Seine jüngere Schwester stellte sein Werk später in den Dienst des Nationalsozialismus, indem sie Teile seiner zahlreichen nachgelassenen Schriften verfälschte.

Platon (427 – 347 v. Chr.)

„In der Welt des Erkennbaren ist die Idee des Guten die höchste“

Der griechische Philosoph Platon stammte aus einer vornehmen Athener Familie und kam durch Sokrates, dessen Schüler er acht Jahre lang war, zur Philosophie. Seine frühen Werke verfasste er in der Form von Dialogen, in deren Mittelpunkt Sokrates steht.

Nach der Darstellung Platons lebt der Mensch in einer Welt, die er als Realität wahrnimmt. **Die Gegenstände in ihr sind aber nur unvollkommene Abbildungen der vollkommenen Ideen.** Diese Ideen existieren für sich in einer jenseitigen Welt und haben untereinander Verbindung. Die ganze Welt ist eine Einheit. Der Mensch nimmt die Dinge der sichtbaren Welt mit seinen Sinnen wahr, unsichtbare Werte kann er durch seine Ratio begreifen, sie sind aber in der sichtbaren Welt nur verhüllt vorhanden. **Durch die Vernunft kann er die dahinterstehenden Ideen erfassen.** Dies geschieht durch Rückerinnerung, weil die Seele vor der Erzeugung des Menschen Einblick in das Reich der Ideen hatte: „Suchen und Lernen ist demnach ganz und gar Erinnerung.“

Das Wissen um die Ideen selbst kann nicht gelehrt werden, es ist nicht mitteilbar. Es zeigt sich aber zum Beispiel in der Erkenntnis logischer Zusammenhänge und auch daran, dass der Mensch eine Vorstellung von Vollkommenheit hat, die er in seinem Leben nicht erworben haben kann.

Der Philosoph soll sich von der vergänglichen Welt ab- und den unvergänglichen Ideen zuwenden, er soll nach Vollkommenheit in den höchsten Werten suchen. Platon sieht die **Seele als den eigentlichen Teil des Menschen**, der im Körper wie in einem Gefängnis eingeschlossen ist. Diese Seele ist dreigeteilt in Denken, Willen und Begierde, wovon nur das Denken, die Vernunft unsterblich und ihrem Wesen nach mit der Weltseele gleichartig ist. Der Tod befreit die unsterbliche Seele, die dann aufsteigend ins Reich der Ideen zurückkehrt. Bei dieser Rückkehr muss sie sich für ihr Leben auf der Erde verantworten.

Platon verstand Philosophie als Ethik. Es ist dem Menschen seiner Auffassung nach nämlich möglich, durch die Philosophie zur Erkenntnis des Guten zu gelangen.

Seine ethischen Vorstellungen hat Platon in dem Werk „Politeia“ (der Staat) auch staatsphilosophisch konkretisiert. Ihm schwebte ein **Idealstaat** vor, in dem die Philosophen Könige und die Könige Philosophen sind. In diesem monarchischen Staat gibt es allerdings auch untergeordnete Menschen, Arbeiter zum Beispiel, die eine dienende Funktion haben.

Wenn ein Staat dauerhaft sein soll, müssen die Menschen erzogen werden. Sie können durch die vier **Kardinaltugenden** Weisheit, Tapferkeit, Besonnenheit und Gerechtigkeit auf den Weg zum Guten gebracht werden.

Platon suchte nach dem Tod des Sokrates den Kontakt zu verschiedenen Philosophen, um seinen Horizont zu erweitern. Der Versuch, dem Tyrannen Dionysios von Syrakus seine staatsphilosophischen Ideen nahezubringen und so vielleicht einen Herrscher zum Philosophen zu machen, scheiterte. Wegen unbequemer Äußerungen wurde er von diesem sogar auf den Sklavenmarkt gebracht, aber von einem Athener Bürger freigekauft.

Er gründete danach in Athen die Akademie, einen Ort für das philosophische Gespräch und die philosophische Bildung junger Männer.

Jean-Jacques Rousseau (1712 – 1778)

„Der Mensch ist von Natur aus gut, gesellschaftliche Einrichtungen machen ihn schlecht“

Rousseaus Leben gleicht einer einzigen Odyssee. Als junger Mann übte er zwischen Italien, der Schweiz und Paris fast alle Berufe aus, die einem jungen Mann aus bürgerlichem Haus damals offenstanden: Handwerker, Priesterzögling, Musiklehrer, Kammerdiener, Sekretär, Erzieher, Dramenverfasser und Opernkomponist. Für diese wirre Zeit schreibt er sich selbst allerlei Laster zu: Diebereien, erotische Eskapaden mit einfachen Mädchen, einen Hang zum Masochismus und Exhibitionismus. Schließlich lernt er ein Stubenmädchen in einem Hotel kennen. Die fünf Kinder, die er mit ihr zeugt, lässt er ins Findelhaus bringen, weil sie zu teuer und zu laut sind. Zunehmend von Krankheit, Melancholie, Hypochondrie und nach der wachsenden Kritik an seinen Schriften auch von Verfolgungswahn geplagt, flieht Rousseau zu David Hume nach England, dem er ebenfalls bald misstraut. Mit 66 Jahren stirbt Rousseau vereinsamt in Ermonville.

Rousseaus Philosophie kreist im Wesentlichen um zwei Fragen:

- Was ist das **natürliche, ursprüngliche Wesen des Menschen?**
- Lässt sich dieses mit der jetzigen **Gesellschaft** und dem Staate vereinbaren?

In seinen frühen Schriften entwickelte er folgende Grundgedanken:

1. *Der Naturzustand*
- **Der Mensch ist von Natur aus gut.**
- Der Mensch lebte ursprünglich in einem **freien Naturzustand** in einer natürlichen Ordnung, die die Freiheit und Gleichheit aller ermöglichte. Er konnte sich völlig auf sein **Gefühl** verlassen.

2. *Die gegenwärtige Gesellschaft*
- Die Reflexion (als Gegenpol des Gefühls) ist die Ursache aller sozialen Übel.
- Die Entwicklung der Kultur (Sprache, Wissenschaft, Kunst) und die Gesellschaftsformen legen dem ursprünglich freien Menschen Ketten an und lösen die Gleichheit auf. Aus Selbstliebe wird Selbstsucht, z. B. durch die Einführung der Arbeitsteilung und des Privateigentums. Vernunft und Wissenschaft schwächen das natürliche Gefühl für die Sitten. Luxus und Manieren verweichlichen die Menschen. Mit dieser Kritik stellte Rousseau die Grundideen der Aufklärung grundsätzlich infrage.

3. *Die Lösung*

Auf der Grundlage dieser Erkenntnisse verfasste Rousseau seine zwei wichtigsten Schriften zur Erziehung und zur Staatsphilosophie:

- „Emile oder über die Erziehung“
  In vollkommenem Gegensatz zu damaligen Erziehungsvorstellungen fordert Rousseau in diesem Mischprodukt aus Roman und pädagogischer Abhandlung über die Entwicklung des Knaben Emile eine Erziehung, die die ursprünglich guten Anlagen eines Kindes fördert und die schädlichen Einflüsse der Gesellschaft fernhält. Das Kind soll **ohne Zwang und moralisierende Vorschriften** erzogen werden, da die **Entwicklung der Freiheit** die Grundlage des Gutseins ist.
- „Der Gesellschaftsvertrag“ („Contrat social“)
  In einem Staat, der notwendig Schranken auferlegen muss, ist dennoch Freiheit möglich, wenn dieser selbst in der Freiheit wurzelt. Das garantiert das Prinzip der „Volkssouveränität“. Der Einzelne muss sich dem Gemeinwohl unterordnen. So tauscht er die individuelle, natürliche Freiheit gegen einen freien Staat, in dem alle rechtlich gleichgestellt sind. Das ist nach Rousseau die „wahre“ Freiheit. Diese Forderungen wurden später von führenden Männern der Französischen Revolution übernommen.

Biografie

Jean-Paul Sartre (1905–1980)

„Der Mensch ist zur Freiheit verdammt“

Fünfzigtausend Menschen aus allen Schichten der Bevölkerung folgten dem Sarg Sartres am 19. April 1980 auf dem Weg zum Friedhof Montparnasse. Das zeigt eindrucksvoll die große Bedeutung, die dieser Philosoph und Schriftsteller für seine Zeit hatte, weit mehr als alle anderen Intellektuellen des zwanzigsten Jahrhunderts.

Am 21. Juni 1905 wurde er in Paris geboren. Er wuchs bei seinem Großvater auf, einem Gelehrten mit großer Bibliothek, in die das Kind früh eingeführt wurde. Nach dem Abitur studierte Sartre an der berühmten Pariser „Ecole normale superieure“ und legte die beste Abschlussprüfung seines Jahrgangs ab. Die zweitbeste Prüfung machte Simone de Beauvoir, seine spätere Lebensgefährtin. Von 1931 bis 1944 arbeitete Sartre an verschiedenen Gymnasien als Lehrer für Philosophie. Nach Militärdienst und deutscher Kriegsgefangenschaft (1940) veröffentlichte er sein erstes unvollendetes Hauptwerk **„Das Sein und das Nichts“** (1943). Darin entwickelte er die Philosophie des Existenzialismus: Der Mensch ist durch sein Bewusstsein „zur Freiheit verdammt“ (siehe auch die ausführliche Darstellung im Kap. „Freiheit und Determination“).

Diese radikale Freiheit des allein auf sich gestellten Menschen, die in der Möglichkeit des Freitodes gipfelt, korrigierte Sartre später unter dem Eindruck des Zweiten Weltkrieges und verschiedener Freiheitsbewegungen. Er engagierte sich nun heftig in der Politik, gründete eine einflussreiche politisch-philosophische Zeitschrift („Les temps modernes“) und wandte sich gedanklich dem Marxismus zu, den er mit dem Existenzialismus in seinem zweiten philosophischen Hauptwerk **„Kritik der dialektischen Vernunft“** (1960) zu verschmelzen suchte. Aus Protest gegen den Einmarsch der Sowjetunion in Ungarn (1956) trennte er sich von der Kommunistischen Partei Frankreichs.

Die besondere Stellung Sartres unter den Philosophen des Jahrhunderts fußt auch auf seiner Begabung, philosophische Probleme in literarisch gelungenen Romanen, Theaterstücken und Essays zu verarbeiten. Sein erster Roman **„Der Ekel“** (1938) handelt von dem existenzialistischen Ekel vor dem sinnlosen Dasein. In den erfolgreichen Theaterstücken „Bei geschlossenen Türen“ (1945), „Tote ohne Begräbnis“ (1946) und „Die schmutzigen Hände“ (1948) zeigte er, wie sich Menschen in extremen Grenzsituationen entscheiden müssen.

Ebenso wie seine provokanten gedanklichen Thesen wirkte das private Leben des Philosophen auf die Menschen seiner Zeit. Die offene Beziehung und geistige Partnerschaft mit der Schriftstellerin Simone de Beauvoir, die zu einer der wichtigsten Leitfiguren des Feminismus wurde, diente vielen als Vorbild für ein neues Verhältnis zwischen Mann und Frau. Die studentische Jugend Europas war um 1950 so stark von Sartres Gedankenwelt fasziniert, dass sie eine „existenzialistische Mode“ entwickelte (schwarze Kleidung, Jazzmusik, Kellerkneipen). 1964 wies Sartre den Nobelpreis und damit 250 000 Schwedische Kronen zurück: „Ich habe offizielle Auszeichnungen immer abgelehnt.“

Bis zu seinem Tode schrieb er, vor allem nachts, über die verschiedensten Themen. Als er blind wurde, diktierte er. Das Geheimnis seines unablässigen Schreibens, seiner ungeheuren Arbeitswut hatte er schon zuvor in der Autobiografie **„Die Wörter“** (1964) enthüllt: Als Kind fing er an zu schreiben, um sich die Achtung und die Liebe der Menschen zu erringen.

Arthur Schopenhauer (1788–1860)

„Leben ist Leiden" – „Mitleid ist das Fundament der Moral"

„In meinem 17. Jahre, ohne alle gelehrte Schulbildung, wurde ich vom Jammer des Lebens so ergriffen, wie Buddha in seiner Jugend, als er Krankheit, Alter, Schmerz und Tod erblickte." Was bewog den jungen Schopenhauer zu diesem Tagebucheintrag? Zum einen hatte er in Toulon/Frankreich das unvorstellbare Elend von Galeeren-Sklaven und die Gleichgültigkeit der Bevölkerung dem Leid dieser Menschen gegenüber gesehen. Zum anderen entsetzte ihn das Verhalten seiner Mutter, die sich seiner Meinung nach nicht genug um den schwer kranken Vater kümmerte.

Er zog daraus den Schluss, dass der „Jammer des Lebens" von zwei Grundtrieben des Menschen hervorgerufen wird: **Egoismus** und **Bosheit**.

Beim Nachdenken darüber kommt er zu Erkenntnissen, die für seine vom Geist der Aufklärung bestimmte Zeit kaum nachvollziehbar waren:

- Das menschliche Leben und Handeln ist nicht von der Vernunft, sondern von übermächtigen Bedürfnissen und von einem blinden, ziellosen und unbändigen **Willen** geleitet. Vor allem im Geschlechtstrieb wird dies deutlich.
- Die Quelle dieses unstillbaren Lebensdurstes entspringt „aus Bedürfnis, also aus Mangel, also aus Leiden". Somit ist jede Lebensgeschichte eigentlich eine „Leidensgeschichte", hervorgerufen durch letztlich unerfüllbare Wünsche.
- Tugendlehren wie die von Platon oder moralische Imperative wie der von Kant vermögen in ihrem Vertrauen auf die Vernunft nichts gegen den Willen auszurichten.
- Egoismus und Bosheit können nur vom intuitiven Gefühl des Mitleids, dem dritten Grundtrieb, gemildert werden. Mitleid führt nämlich vom Willen weg und ist somit das Fundament der Moral.
- Wirkliche Überwindung des Leidens gelingt nur durch das Schaffen und Genießen des reinen, zweckfreien **Kunstwerkes** einerseits und andererseits durch die „Verneinung des Willens zum Leben". Während der Kunstgenuss nur von kurzer Dauer ist, stellt die **Absage an den Lebenswillen** den einzig möglichen Weg dar, dem Kreislauf des Leidens zu entkommen. Die Verneinung des Lebenswillens äußert sich im Erreichen einer inneren und äußeren Ruhe, die sich in der Bedürfnislosigkeit und Leidenschaftslosigkeit einstellt, ähnlich der Haltung eines buddhistischen Asketen.

Dieses Welt- und Menschenverständnis veröffentlichte Schopenhauer in seinem (bereits im Alter von 30 Jahren vollendeten) **Hauptwerk „Die Welt als Wille und Vorstellung"**. Seine Ideen stießen jedoch auf wenig öffentliches Interesse und auf Unverständnis. Dies empfand Schopenhauer als schwere Kränkung und bestärkte ihn noch mehr in seinem Pessimismus. Er zog verbittert nach Frankfurt/Main und verbrachte sein Leben fortan dort völlig zurückgezogen. Seinen Mitmenschen gegenüber begegnete der Junggeselle äußerst misstrauisch und abweisend, er hielt die „Gesellschaft von Zweibeinern" schließlich gar für „entbehrlich" und sah nur in seinem Hund, einem Pudel, „Intelligenz ohne menschliche Verstellung". Erst durch seine weiteren Veröffentlichungen, darunter **„Die beiden Grundprobleme der Ethik"** (1841) und die **„Aphorismen zur Lebensweisheit"** (1851), die Erläuterungen zu seinem Hauptwerk darstellten, wurde die Öffentlichkeit auf seine Philosophie aufmerksam. Schopenhauer empfand diese späte Ehrung als Genugtuung: „Die Menschheit hat einiges von mir gelernt, was sie nie vergessen wird."

Biografie

Sokrates (um 470 – 399 v. Chr.)

„Wie zahlreich sind doch die Dinge, deren ich nicht bedarf“

„Keiner ist weiser als Sokrates“, hatte das Orakel von Delphi verkündet. Ein merkwürdiger Spruch, galt er doch einem Mann, dessen berühmteste Aussage lautete: „Ich weiß, dass ich nichts weiß.“ Aufgewachsen in Athen als Sohn einer Hebamme und eines Bildhauers, erlernte Sokrates den Beruf eines Steinmetzes. Auf Dauer hielt es ihn aber nicht in seinem Atelier, sondern es trieb ihn, sehr zum Ärgernis seiner Ehefrau Xanthippe und seiner drei Kinder, hinaus auf die Straßen und Plätze, um mit den Menschen ins Gespräch zu kommen. Denn ihn bedrückte der Zustand des Staates und der Gesellschaft, die er von Werteverfall und geistiger Orientierungslosigkeit bedroht sah. Er fühlte sich berufen, den **Kampf gegen den ethischen Relativismus** aufzunehmen, der vor allem von den sogenannten Weisheitslehrern, den Sophisten (s. S. 41f.) vertreten wurde. Diese stellten den Wahrheitsanspruch der geltenden Moral infrage und bezeichneten diese als zeit- und herrschaftsgebunden. Sokrates' Bestreben war, die Argumentationsweise der Sophisten als rhetorisch geschickte Überredungskunst zu entlarven. Während diese den Dialog nur dazu benutzten, ihre Meinung durchzusetzen, hatte für ihn der Dialog nur dann eine ethische Qualität, wenn er die Gleichwertigkeit und Ernsthaftigkeit der Gesprächspartner anerkannte und ein Mittel zur Erkenntnis der Wahrheit und des Guten war. Dazu entwickelte er die sogenannte **„Sokratische Methode“**, ein Dialogprinzip, das unvoreingenommen und mit Mitteln der Sprachkritik und der Logik die Begründbarkeit moralischer Urteile zum Gegenstand hat. Insofern lässt sich Sokrates als Vordenker der sogenannten Diskursethik bezeichnen (s. S. 185ff.).

Sokrates war der Überzeugung, **dass derjenige, der das Gute kennt, auch danach handelt**. Es gelte also, die Menschen von ihrer Unkenntnis zu befreien. Zwar kenne auch er nicht das Wesen der Dinge, weil die reine Wahrheit nur Gott vorbehalten sei, aber im Gegensatz zu denen, die nur glauben, etwas zu wissen, wisse er wenigstens, dass er nichts wisse. Statt im Scheinwissen zu verharren, bringe deswegen nur das fragende Suchen den Menschen weiter. Sein einfaches, asketisches Leben und seine Lehre, dass sich mit der Erkenntnisfähigkeit der Vernunft und mit der Methode des Diskurses das Gute ermitteln lasse, verschafften ihm zahlreiche Anhänger, vor allem im Kreis der Jugend. Der bedeutendste seiner Schüler war Platon, der die Dialoge und Reden seines Lehrers, der selbst nichts Schriftliches hinterlassen hat, aufschrieb und ihn in seinen Spätschriften zum Sprachrohr seiner eigenen Philosophie machte.

Sein unablässiges Fragen wurde Sokrates zum Verhängnis. Er wurde angeklagt, die Jugend zu verführen, indem er sie lehrte, das Wissen kritisch zu hinterfragen und selbstständig zu denken. Zudem warf man ihm Gotteslästerung vor, weil er der Vernunft einen gottähnlichen Status zugestand. Trotz seiner überzeugenden Verteidigungsrede verurteilte ihn das Athener Gericht zum Tode. Er nahm das Urteil an, machte von der ihm angebotenen Fluchtmöglichkeit keinen Gebrauch und starb im Kreis seiner Freunde.

Die Gradlinigkeit seines Denkens und Lebens und seine unablässige Wahrheitssuche machen bis heute die Faszination dieses Philosophen aus. Goethe und Schiller schrieben in Anspielung an den oben zitierten Orakelspruch: „Dich erklärte der Pythia Mund für den weisen Griechen. / Wohl! Der Weiseste mag oft der Beschwerlichste sein.“

Die Philosophie der Stoiker

„Secundum naturam vivere“ – gemäß der eigenen Natur leben

Reiterdenkmal Mark Aurels auf dem Kapitol in Rom. Es ist das einzige aus der Antike erhaltene Reiterdenkmal. Seinen Erhalt verdankt es einer Verwechslung: Man hielt den abgebildeten Kaiser für Konstantin, der das Christentum im Römischen Reich zuließ.

Stoa – das ist eine Säulenhalle. In ihr trafen sich um 300 v. Chr. im alten Athen Philosophen, die hier ihr Weltbild entwickelten, das schließlich den Namen des Ortes bekam, an dem sie sich trafen. Zenon und Kleanthes waren die Gründer dieser älteren Stoa. Neue Aktualität erhielt die Lehre in der mittleren Stoa im zweiten und ersten Jahrhundert v. Chr. durch Panaitios und Poseidonius.

Die Stoa sah die Welt als einen für die Menschen geordneten Kosmos an. Ihr Schöpfer ist ein Gott, der mit der allumfassenden Weltvernunft gleichzusetzen ist. Als feuriges Pneuma (Geist) beseelt sie die ganze Welt. Der Mensch ist in ein System eingebunden, in dem sein ganzes Schicksal vorherbestimmt ist. **Seine Freiheit besteht darin, das für ihn bestimmte Fatum (Schicksal) anzunehmen. Er muss dazu seine eigene Natur finden und nach ihr leben.** Dies führt zur Gelassenheit in der Lebensführung. Dadurch kann er Affekte wie Furcht, Schmerz, Lust oder Zorn meiden, denn diese führen ihn weg von seinem Fatum. Der Mensch ist als Gemeinschaftswesen dazu bestimmt, mit anderen vernünftigen Wesen zusammenzuleben. Grundlage des Zusammenlebens ist die Gerechtigkeit, die in jedem Menschen von Natur aus angelegt ist. Deshalb müssen auch die Gesetze dieser Gerechtigkeit entsprechen.

Der Mensch hat Verpflichtungen der Gemeinschaft gegenüber. Er soll als Politiker oder als Philosoph wirken und kann dafür mit einem Platz im Elysium rechnen. Zu den Pflichten gehört auch die Schließung einer Ehe und das Zeugen von Kindern. Im Tode wird man aus dem Körper, dem Gefängnis der Seele, befreit. Man darf sich aber nicht selbst von seinem Körper lösen (abgesehen von fest umschriebenen Ausnahmen), da das Leben eine Bewährungszeit ist, aus der einen nur der Gott abberufen kann.

Nach dem Tod kann die Seele ins Elysium, den Bereich der Seligen in der Unterwelt, zurückkehren und so wieder Teil des Pneumas werden, oder sie wird wieder in einen Körper geschickt zu einer neuen Bewährung.

Gegen Ende der republikanischen Zeit wurde die Stoa in Rom bekannt. Da die alten mythischen Gottesvorstellungen ihre Attraktivität verloren hatten, **wurde diese Philosophie in Rom um die Zeitenwende zur Religion der Gebildeten.** Diese jüngere Stoa wurde von römischen Denkern wie Seneca, Epiktet und Mark Aurel fortgeführt. Mit Mark Aurel wurde eine Vorstellung, die schon Platon geäußert hatte, Wirklichkeit: Mit ihm kam ein stoischer Weiser auf dem römischen Kaiserthron (161–180 n. Chr.). Er war ein feinsinniger Mensch, musste aber fast ständig Kriege führen, da das Römische Reich durch Angriffe von außen bedroht war. Mark Aurel starb im Feldlager.

Die Vorstellung der Stoa, dass der Mensch im Jenseits Lohn und Strafe zu erwarten habe, hatte starken Einfluss auf die christliche Vorstellung von Hölle, Himmel und Fegefeuer.

Textquellen

Mit * gekennzeichnete Texte sind Originalbeiträge der Autoren für diesen Band.

Adorno, Theodor W.: **Toleranz und Gleichheit**
In: Theodor W. Adorno: Minima Moralia. Reflexionen aus dem beschädigten Leben. Frankfurt am Main: Suhrkamp, 31. Auflage 1993, S. 130f. 45

Apel, Karl-Otto: **Egoismus kann keine Ethik begründen**
In: Funk-Kolleg Praktische Philosophie/Ethik. Frankfurt am Main: Fischer 1984, S. 122ff. 153

Aquin, Thomas von: **Über das Erlaubtsein des Krieges**
In: Krieg. Philosophische Texte von der Antike bis zur Gegenwart. Stuttgart: Reclam 2004, S. 16f. 248

Arendt, Hannah:
Eichmann und die Ethik Kants
In: Hannah Arendt: Eichmann in Jerusalem. Ein Bericht über die Banalität des Bösen. München: Piper 1986, S. 174f. 160
Nackte Gewalt tritt auf, wo Macht verloren ist
In: Hannah Arendt: Macht und Gewalt. Übersetzt von Gisela Uellenberg. München: Piper, 10. Auflage 1995, S. 43, 45, 51–57 262

Aristoteles:
Die Hand – „Werkzeug aller Werkzeuge"
In: Aristoteles: Die Lehrschriften. Hg. und übersetzt von P. Gohlke. Paderborn: Schöningh 1959 68
Der Mensch braucht Gemeinschaft
In: Aristoteles: Politik. Übersetzt von Eugen Rolfes. Hamburg: Felix Meiner 1990, S. 2–6 69
Die drei Wege glückseligen Lebens
In: Aristoteles: Nikomachische Ethik. Übersetzt von O. Gigon. München: Deutscher Taschenbuch Verlag 1986, S. 59f., 64f., 294–297 134
Tugend als Mitte
In: Aristoteles: Nikomachische Ethik. Übersetzt von O. Gigon. Düsseldorf und Zürich: Artemis und Winkler, 2. Auflage 1967, S. 1106bf. 135

Bacon, Francis:
Die Kunst der Naturbeherrschung
In: Francis Bacon: Das neue Organo. Hg. von M. Buhr. Berlin: Akademie-Verlag 1962, S. 136ff. 296
Die Insel der Wissenschaft
Aus: Francis Bacon: Nova Atlantis. In: Der utopische Staat. Hg. und übersetzt von Klaus J. Heinisch. Reinbek bei Hamburg: Rowohlt 1960, S. 192ff. 296

Bentham, Jeremy: **Das Prinzip des größten Glücks als Grundlage der Moral**
In: Einführung in die utilitaristische Ethik. Hg. von Otfried Höffe. München: Beck 1975, S. 50f. 175

Bisky, Jens: **Soziale Herkunft und Bildungschancen**
In: Süddeutsche Zeitung, 14.9.2004, S. 11 280

Bloch, Ernst: **Das Märchen als Hoffnung**
In: Ernst Bloch: Das Prinzip Hoffnung. Bd. 1. Frankfurt am Main: Suhrkamp 1974, S. 228 123

Boethius: **Wahres und falsches Glück**
In: Trost der Philosophie. München: Goldmann-Taschenbuchverlag 1961, S. 62ff. 140

Böhme, Gernot: **Entfesselte Naturgewalten – Interview zur Seebeben-Katastrophe 2004**
Aus: Gernot Böhme: Es ist eine große Enttäuschung eingetreten. In: Frankfurter Rundschau, 10.1.2005 298

Born, Nicolas: **Die Welt der Maschine**
In: Nicolas Born: Die Welt der Maschine. Reinbek bei Hamburg: Rowohlt 1980, S. 12ff. 110

Brecht, Bertolt:
Was nützt die Güte?
In: Lesebuch der Ethik. Philosophische Texte von der Antike bis zur Gegenwart. Hg. von Otfried Höffe. München: Beck 1998, S. 365; © Suhrkamp 44
Maßnahmen gegen die Gewalt
In: Bertolt Brecht: Gesammelte Werke. Bd. 12. Frankfurt am Main: Suhrkamp 1967, S. 375f. 265

Breidbach, Olaf: **Ohne freien Willen können wir die Welt nicht begreifen**
In: Geo 01/2003, S. 88f. 107

Breytenbach, Breyten: **Es gibt keinen Fortschritt**
In: Die Zeit, 2.12.2004 87

Brieskorn, Norbert: **Menschenrechtsbewegungen**
In: Rechtsphilosophie. Stuttgart: Kohlhammer 1990, S. 154 291

Büchner, Georg: **Der Fatalismus in der Geschichte**
In: Georg Büchner: Werke und Briefe. Hg. von Karl Pörnbacher u.a. München: Deutscher Taschenbuch Verlag 1988, S. 288 80

Buddha: **Erste Rede in Benares an die fünf neu gewonnenen Jünger**
In: Reden des Buddha. Aus dem Pali-Kanon übersetzt von Ilse-Lore Gunsser. Stuttgart: Reclam 1957, S. 32f. 216

Camus, Albert: **Der Mensch in der Revolte**
In: Albert Camus: Der Mensch in der Revolte. Übersetzt von Justus Streller. Reinbek bei Hamburg: Rowohlt 1988, S. 14f. 119

Chatwin, Bruce: **Traumpfade**
In: Bruce Chatwin: Traumpfade. Aus dem Englischen von Anna Kamp. Frankfurt am Main: Fischer Taschenbuch Verlag 1992, S. 103ff. 64

Clausewitz, Carl von: **Krieg als politisches Instrument**
In: Krieg. Philosophische Texte von der Antike bis zur Gegenwart. Stuttgart: Reclam 2004, S. 70ff. 246

Comte, Auguste: **Der Fortschritt der Geschichte in drei Stadien**
In: Auguste Comte: Die Soziologie. Die positive Philosophie im Auszug. Hg. von Friedrich Blaschke. Leipzig: Kröner 1974, S. 1ff. 86

Crescenzo, Luciano De: **Einige Betrachtungen über die Stoiker und die Epikureer**
In: Luciano De Crescenzo: Geschichte der griechischen Philosophie. Von Sokrates bis Plotin. Zürich: Diogenes 1990, S. 200ff. 141

Dagerman, Stig: **Ein Kind töten**
In: Stig Dagerman: Spiele der Nacht. Erzählungen. Wiesbaden: Limes Verlag 1961 100

Dallinger, Ursula: Ungleichheit zwischen Alt und Jung
In: Aus Politik und Zeitgeschichte. Beilage zur Wochenzeitung Das Parlament, 08/2005, S. 29ff. 282

Descartes, René: Körper und Geist sind verschieden
In: René Descartes: Meditationen über die Grundlage der Philosophie. Auf der Grundlage von Artur Buchenau neu hg. von Lüder Gäbe. Hamburg: Felix Meiner 1977, S. 67, 74 und ders.: Von der Methode des richtigen Vernunftgebrauchs und der wissenschaftlichen Forschung. Übersetzt von Lüder Gäbe. Hamburg: Felix Meiner 1978, S. 45–58 74

Deutscher Presserat: Publizistische Grundsätze
In: Deutscher Presserat: Publizistische Grundsätze (Pressekodex) in der Fassung vom 14.02.1996. Bonn 1996 362

Djerassi, Carl: „Laborbabys werden mehr geliebt" (Interview)
In: Der Spiegel, 4/2002, S. 76f. 340

Dönhoff, Marion Gräfin:
Vom Recht auf Würde
In: Die Zeit, 26.12.1997, S. 1 29
Journalismus – Beruf ohne Moral?
In: Die Zeit 360

Dostojevskij, Fjódor M.: Der Großinquisitor
In: Fjódor M. Dostojevskij: Der Großinquisitor. Übersetzt von Hermann Röhl. Stuttgart: Reclam 1949, S. 24ff. 165

Dürrenmatt, Friedrich: Über die Gerechtigkeit
In: Philosophie und Naturwissenschaft. Essays und Reden. Zürich: Diogenes 1998, S. 38 274

Ehrenfeld, David: Wie die Natur schützen?
Aus: Das Naturschutzdilemma. In: Ökophilosophie. Hg. von Dieter Birnbacher. Stuttgart: Reclam 1997, S. 134f., 172ff. 303

Eibl-Eibesfeldt, Irenäus: Aggressionstheorien
Aus: Krieg und Frieden. Zur Naturgeschichte der Aggression. In: Funkkolleg „Der Mensch", Studienbrief 10. Tübingen: Beltz 1993, S. 18–20; © Deutsches Institut für Fernstudien 236

Einstein, Albert:
Warum Krieg?
In: Albert Einstein/Sigmund Freud: Warum Krieg? Zürich: Diogenes 1972, S. 18–21 245
Wissenschaft als „matter of fact"-Denken?
In: Albert Einstein: Mein Weltbild. Zürich: Europa Verlag 2005, S. 23f., 27f. 325

Eisenberg, Götz/Gronemeyer, Reimer: Kultivierung von Aggression
In: Jugend und Gewalt. Der neue Generationenkonflikt. Reinbek bei Hamburg: Rowohlt 1993, S. 96ff. 243

Epikur: Lust als höchstes Lebensziel
In: Epikur: Von der Überwindung der Furcht (Brief an Menoikeus). Eingeleitet und übersetzt von O. Gigon. Zürich: Artemis und Winkler 1968 137

Fetscher, Iring: Ermutigung zur Zivilcourage. Plädoyer für eine zu wenig beachtete Tugend
In: Über die Fähigkeit, menschlicher zu leben. Hg. von Karl Rahner und Bernhard Welte. Freiburg: Herder 1979, S. 94ff. 143

Feuerbach, Ludwig: Gott ist eine Projektion
In: Das Wesen des Christentums. Stuttgart: Reclam 1974, S. 400ff., 406 228

Finkielkraut, Alain: Das Antlitz
In: Alain Finkielkraut: Die Weisheit der Liebe. Übersetzt von Nicola Volland. Reinbek bei Hamburg: Rowohlt 1989, S. 32-34, © C. Hanser 170

Foerster, Heinz von: Erkenntnis und Verantwortung
In: Heinz von Foerster/Bernhard Pörksen: Wahrheit ist die Erfindung eines Lügners. Gespräche für Skeptiker. Heidelberg: Carl Auer-Systeme Verlag 1998, S. 154–164 314

Franke, Klaus: Widersprüche des wissenschaftlichen Fortschritts
In: Spiegel Special, „Die Erde 2000", 04/1993, S. 81f. 312

Freud, Sigmund:
Die Macht des Es
In: Sigmund Freud: Abriß der Psychoanalyse. Frankfurt am Main: S. Fischer 1972, S. 12–14 79
Kultur und Aggression
In: Sigmund Freud: Kulturtheoretische Schriften. Frankfurt am Main: S. Fischer 1986, S. 186–189 242
Lebenszweck und Glück
Aus: Sigmund Freud: Das Unbehagen an der Kultur. In: Gesammelte Werke, Band XIV. Frankfurt am Main: Fischer 1976, S. 433 376

Fromm, Erich:
Was ist Autorität?
Aus: Erich Fromm: Psychoanalyse und Ethik. In: Erich Fromm – Gesamtausgabe in 12 Bänden. Hg. von Rainer Funk. München: DVA und dtv 1999, Bd. II, S. 10f. 241
Lieben ist eine Kunst
In: Erich Fromm: Die Kunst des Liebens. Aus dem Amerikanischen übersetzt von Liselotte und Ernst Mickel. Berlin: Ullstein 2003, S. 11f. 370

Gehlen, Arnold/Adorno, Theodor W.: Wertevermittlung durch Institutionen?
In: Anthropologische Forschung. Reinbek bei Hamburg: Rowohlt 1971, S. 63–66 18

Gehlen, Arnold: Der Mensch als Mängelwesen und als Prometheus
In: Anthropologische Forschung. Reinbek bei Hamburg: Rowohlt 1961, S. 46ff. 71

Geisler, Linus: Über Organtransplantationen
In: Frankfurter Rundschau, 8.1.2000, S. 26 343

Gerlitz, Peter: Die Bedeutung der Ethik
Aus: Das Ethos des Buddhismus. In: Das Ethos der Weltreligionen. Hg. von Adel Th. Khoury. Freiburg: Herder 1993, S. 59f. 218

Gesang, Bernward: Elemente eines humanen Utilitarismus
In: Bernward Gesang: Eine Verteidigung des Utilitarismus. Stuttgart: Reclam 2003, S. 57f., 62, 65, 87f., 95 182

Gilligan, Carol: Gerechtigkeit und Fürsorge
In: Lesebuch der Ethik. Philosophische Texte von der Antike bis zur Gegenwart. Hg. von Otfried Höffe. München: Beck 1998, S. 401–405 36

Glasersfeld, Ernst von: Ist unser Bild von der Wirklichkeit „wahr"?
In: Die erfundene Wirklichkeit. Wie wissen wir, was wir zu wissen glauben. Beiträge zum Konstruktivismus. Hg. von Paul Watzlawick. München: Piper 1995, S. 24f. 326

Krämer, Gudrun: Anpassung oder Re-Islamisierung?
Aus: Kritik und Selbstkritik. Reformistisches Denken im Islam. In: Der Islam im Aufbruch? Perspektiven der arabischen Welt. Hg. von M. Lüders. München: Piper 1992, S. 212 **212**

Küng, Hans:
Die gesellschaftliche Relevanz des Christseins
In: Hans Küng: Christ sein. München: Piper 1974, S. 549f. **209**
Weltreligionen und Weltethos
In: Universitas. Zeitschrift für interdisziplinäre Wissenschaft. Stuttgart: Wissenschaftliche Verlagsanstalt, 7. Auflage 1991, S. 633f. **220**

Lee, Eun-Jeung: „Asien" und seine „asiatischen Werte"
In: Aus Politik und Zeitgeschichte. Beilage zur Wochenzeitung Das Parlament, 25.8.2003, S. 3-6 **24**

Levine, Robert: Fragen zum eigenen Zeitgefühl
Aus: Robert Levine: Eine Landkarte der Zeit. Übersetzt von Chr. Broermann und K. Schuler. München: Piper 1998, S. 51–53 **374**

Lightman, Alan: Und immer wieder die Zeit
In: Alan Lightman: Und immer wieder die Zeit. Übersetzt von Fr. Griese. München: Heyne, 3. Auflage 1996, S. 29ff. **375**

Lütz, Manfred: Wege und Irrwege der „Gesundheitsreligion"
In: Frankfurter Allgemeine Sonntagszeitung, 21.9.2003, S. 13 **334**

Mainzer Hospizgesellschaft Christopherus e.V.: Dem Sterben den gebührenden Platz im Leben geben
In: zuhören – annehmen – begleiten. Mainz: 3. erweiterte Auflage 2004, S. 6, 7, 12, 13, 14, 20 **344**

Márai, Sándor: Freundschaft ist stärker als Leidenschaft
In: Sándor Márai: Die Glut. Roman. Aus dem Ungarischen von Christina Viragh. München: Piper 2000, S. 143 **368**

Marcuse, Herbert: Revolution und Terror
In: Herbert Marcuse: Kultur und Gesellschaft. Frankfurt am Main: Suhrkamp 1967, S. 133ff., 139 **250**

Marx, Karl:
Durch die Arbeit verändert der Mensch seine eigene Natur
In: Karl Marx: Das Kapital. Bd. 1. Frankfurt am Main: Europäische Verlagsanstalt 1968, S. 192f. **70**
Religion ist Opium des Volkes
In: Karl Marx: Werke. Bd. 1. Berlin: Dietz 1973, S. 28ff. **230**

Merchant, Carolyn: Der Tod der Natur
In: Der Tod der Natur. Frauen und neuzeitliche Naturwissenschaft. München: Beck 1994, S. 289f. **297**

Mettrie, Julien Offray de La: Der Mensch ist eine Maschine, der Geist ist ein Teil davon
In: Julien Offray de La Mettrie: Der Mensch als Maschine. Übersetzt von Bernd A. Laska. Nürnberg: LSR-Verlag 1985, S. 67f., 85ff. **75**

Metze-Mangold, Verena: Bedrohungen der Presse- und Informationsfreiheit
In: Michael Haller (Hg.): Das freie Wort und seine Feinde. Konstanz: UVK 2003, S. 128ff. **364**

Miersch, Michael: Eine Antwort auf Peter Singer
Aus: Magna Charta für Fifi. In: Zeitpunkte Nr. 2/95, S. 82f. **309**

Milgrams, Stanley: Ein Experiment über Autorität und Gehorsamkeitsbereitschaft
In: C. E. Linsenmair/G. Mikula: Funkkolleg Psychobiologie, Studienbrief 8. Weinheim: Beltz 1987, S. 85f., © Deutsches Institut für Fernstudien **238**

Mill, John Stuart: Die Lebensauffassung des Utilitarismus
In: John Stuart Mill: Der Utilitarismus. Hg. und übersetzt von Dieter Birnbacher. Stuttgart: Reclam 1976, S. 13-22 **176**

Montaigne, Michel de:
„Nicht fürs Leben, für die Schule lernen wir, leider"
Oberflächliche und wahre Freundschaft
In: Michel de Montaigne: Essais. Erste moderne Gesamtübersetzung von Hans Stilett. Frankfurt am Main: Eichborn Verlag 1998, S. 208ff., 285ff. **73, 368**

Morus, Thomas: Die Vermittlung der Gelehrsamkeit
In: Die Kultur des Humanismus. Hg. von Nicolette Mout. München: Beck 1998, S. 174f. **73**

Münkler, Herfried:
Die neuen Kriege
Die Fragwürdigkeit der Lehre vom „gerechten Krieg"
In: Herfried Münkler: Die neuen Kriege. Reinbek bei Hamburg: Rowohlt 2002, S. 7, 240, 110ff. **247, 249**

Nagel, Thomas: Pfirsich oder Torte?
In: Thomas Nagel: Was bedeutet das alles? Eine ganz kurze Einführung in die Philosophie. Aus dem Englischen übersetzt von Michael Gebauer. Stuttgart: Reclam 1990, S. 41ff. **105**

Nietzsche, Friedrich:
Moral als Ressentiment
In: Friedrich Nietzsche: Sämtliche Werke. Kritische Studienausgabe Band 5. Hg. von G. Colli und M. Montinari. München: Deutscher Taschenbuch Verlag 1980, S. 274f. **43**
Der Wille zum Leiden und die Mitleidigen
Aus: Friedrich Nietzsche: Die fröhliche Wissenschaft, Viertes Buch. In: Friedrich Nietzsche: Um Leib und Leben. Auswahl aus seinem Werk von Rüdiger Safranski, hg. von Joachim Fest und Wolf Jobst Siedler. Gütersloh: Bertelsmann o.J., S. 347f. **172**
Gott ist tot
In: Friedrich Nietzsche: Sämtliche Werke. Kritische Studienausgabe Band 3. Hg. von G. Colli und M. Montinari. München: Deutscher Taschenbuch Verlag 1980, S. 480ff. **231**

Nunner-Winkler, Gertrud: Gibt es eine weibliche Moral?
In: Weibliche Moral. Die Kontroverse über die geschlechtsspezifische Ethik. Hg. von Gertrud Nunner-Winkler. München: Deutscher Taschenbuch Verlag 1995, S. 155ff. **38**

Nüsslein-Volhard, Christiane: Ab wann ist der Mensch ein Mensch?
Christiane Nüsslein-Volhard: Von Genen und Embryonen. Stuttgart: Reclam 2004, S. 66f. **328**

Papst Paul VI.: Über liberalkapitalistisches Profitstreben
In: Texte zur katholischen Soziallehre. Die sozialen Rundschreiben der Päpste und andere kirchliche Dokumente. Hg. vom Bundesverband der Katholischen Arbeitnehmerbewegung Deutschlands, 3. Auflage 1996, S. 445ff. **353**

Paulsen, Susanne: Die Kunst zu leben – Erkenntnisse der Lebenslauf-Forschung
Aus: Susanne Paulsen: Lebenslaufforschung: Die Kunst zu leben. In: Geo 08/2002 379

Perlemann, Chaim: Gerechtigkeitskriterien
In: Chaim Perelmann: Über die Gerechtigkeit. München: Beck 1967, S. 14–20 274

Pieper, Annemarie: „Andere Länder – andere Sitten" – Ist in der Moral alles relativ?
In: Annemarie Pieper: Einführung in die Ethik. Tübingen: Francke, 2. Auflage 1991, S. 31f., 50f. 26

Platon:
Der griechische Mythos vom Eros
In: Platon: Hauptwerke. Ausgewählt, eingeleitet und übersetzt von Wilhelm Nestle. Stuttgart: Kröner 1931, S. 115–119 58
Der griechische Mythos von Prometheus
In: Platon: Frühdialoge. Zürich und München: Artemis 1974, S. 202–204 60
Das Höhlengleichnis – ein philosophischer Mythos
In: Platon: Der Staat. Übersetzt von August Honeffer. Stuttgart: Kröner 10. Auflage 1973, S. 226ff. 66

Popper, Karl R.: Grundlagen einer neuen Berufsethik
In: Auf der Suche nach einer besseren Welt. Vorträge und Aufsätze aus dreißig Jahren. München: Piper 1984, S. 225–229 318

Prantl, Heribert: Krisenzeiten und religiöser Fundamentalismus
In: Süddeutsche Zeitung 2004 226

Preuß, Ulrich K.: Kennzeichen des Terrorismus
In: Ulrich K. Preuß: Krieg, Verbrechen, Blasphemie. Gedanken aus dem alten Europa. Berlin: Wagenbach 2003, S. 75f. 251

Radbruch, Gustav: Gesetzliches Unrecht und übergesetzliches Recht
In: Süddeutsche Juristen-Zeitung, 1946, S. 103ff. 270

Radisch, Iris: Scheinheiliges Mitleid mit den Kühen
In: Die Zeit, 8.2.2001 310

Randow, Gero v.: Mensch und Maschine
Aus: Gero von Randow: Roboter. Unsere nächsten Verwandten. Reinbek bei Hamburg: Rowohlt 1997, S. 299 110

Rawls, John: Gerechtigkeit als Fairness
In: John Rawls: Eine Theorie der Gerechtigkeit. Übersetzt von Hermann Vetter. Frankfurt am Main: Suhrkamp 1979, S. 19–32 276

Reiter, Johannes: Menschenwürde als Maßstab – Begriffsgeschichte und Begründung der Menschenwürde
In: Aus Politik und Zeitgeschichte, Beilage zur Wochenzeitung Das Parlament, Heft 23-24/2004, S. 6f. 30

Richter, Horst Eberhard: Medizin und Gewissen
In: Universitas. Zeitschrift für interdisziplinäre Wissenschaft, Nr. 02/1997, S. 112f. 338

Riehl-Heyse, Herbert: Journalismus – nur ein Geschäft?
In: Spiegel-Special, Nr. 01/1995, S. 145–148 361

Rothermund, Dietmar: Mahatma Gandhis Vermächtnis
In: Dietmar Rothermund: Mahatma Gandhi – eine politische Biographie. München: Beck 1997 256

Rotterdam, Erasmus von: Die Klage des Friedens
Erasmus von Rotterdam: Die Klage des Friedens. Übertragen und hg. von Kurt Steinmann. Frankfurt: Insel 2001, S. 46, 69, 72, 74f. 244

Rousseau, Jean-Jacques:
Der gute Mensch des Anfangs
In: Jean-Jacques Rousseau: Diskurs über die Ungleichheit. Kritische Ausgabe, übersetzt und kommentiert von Heinrich Meier. Paderborn: Schöningh 1984, S. 197 82
Mensch, die Übel rühren von dir her!
Das Gewissen und das Gefühl der Freiheit
In: Jean-Jacques Rousseau: Emil oder Über die Erziehung. Übersetzt von Ludwig Schmidts. Paderborn: Schöningh 1981, S. 295, 301f., 289–301 92, 104

Russell, Bertrand:
Gibt es ein sittliches Wissen?
In: Bertrand Russell: Macht und Politik. Aus dem Englischen von Ruth Gillischewski. Frankfurt am Main: Fischer Taschenbuch Verlag 1988, S. 21ff.; © Nymphenburger 51
Der Mensch ist nicht nur Egoist
In: Texte zur Ethik. Hg. von Dieter Birnbacher und Norbert Hoerster, übersetzt von Dieter Birnbacher. München: Deutscher Taschenbuch Verlag 1976, S. 189–196 152
Die Religion stützt sich auf Angst
In: Bertrand Russell: Warum ich kein Christ bin. Übersetzt von Marion Steipe. Reinbek bei Hamburg: Rowohlt 1969 232

Safranski, Rüdiger: „Wir müssen uns dem Bösen stellen" (Interview)
In: der blaue reiter. Journal für Philosophie, Heft 17. Stuttgart: Omega-Verlag 2003, S. 70ff. 94

Sartre, Jean-Paul: Tote ohne Begräbnis
In: Jean-Paul Sartre: Tote ohne Begräbnis. Übersetzt von Traugott König. Reinbek bei Hamburg: Rowohlt 1988, S. 46–48 114

Schaefer, Hans-Christoph: Wertevermittlung durch Vorbilder?
In: Frankfurter Allgemeine Sonntagszeitung, 27.9.1998, S. 4 16

Schmid, Wilhelm:
„Exkursion in die Philosophie" – Edward Hoppers Bild Gelassenheit
In: Wilhelm Schmid: Schönes Leben? Frankfurt am Main: Suhrkamp 2000, S. 11–17, 120f. 10, 372
Das Spiel des Lebens als Lebenskunst
In: Psychologie heute, Heft 5, Mai 2004, S. 20ff. 127

Schopenhauer, Arthur:
Der Kreis als allgemeinste Form der Natur
In: Arthur Schopenhauer: Werke in 5 Bänden. Bd. 2, hg. von Ludger Lütkehaus. Zürich: Haffmans, S. 552ff. 81
Freiheit ist Charakter
Aus: Preisschrift über die Freiheit des Willens. In: Arthur Schopenhauer: Werke in 5 Bänden. Bd. VI. Zürich: Diogenes 1977, S. 266–269 104
Die Tugend der Menschenliebe
Aus: Arthur Schopenhauer: Die beiden Grundprobleme der Ethik. In: Werke in 10 Bänden, Bd. II. Zürich: Diogenes 1977, S. 479ff. 168

Schulz, Walter:
Verharmlosen Aufklärung und Wissenschaft das Böse? Zur Kritik an der Mitleidsethik
In: Walter Schulz: Philosophie in der veränderten Welt. Vormals verlegt bei Günther Neske. Klett-Cotta, © J.G. Cotta'sche Buchhandlung Nachfolger GmbH, gegr. 1659, Stuttgart 1972 97, 173

Schweitzer, Albert: Die Ehrfurcht vor dem Leben
In: Albert Schweitzer: Die Ehrfurcht vor dem Leben. München: Beck, 6. Auflage 1991 162

Searle, John R.: Die „wirkliche Welt" ist erkennbar
In: John R. Searle: Geist, Sprache und Gesellschaft. Frankfurt am Main: Suhrkamp 2001, S. 19 326

Seibt, Gustav: Ein neuer Kulturkampf?
In Süddeutsche Zeitung, 13./14.11.2004, S. 4 227

Seneca: Glück, Tugend und Laster
In: Seneca-Brevier. Hg. und übersetzt von Ursula Blank-Sangmeister. Stuttgart: Reclam 1996, S. 111, 204, 206, 214, 242, 245 138

Sennett, Richard: „Der Kapitalismus verändert Ort und Zeit der Arbeit" (Interview)
In: Die Zeit, Nr. 49/1998, S. 28 f. 354

Simm, Hans-Joachim: Gelassenheit als weise Souveränität
Aus: Hans-Joachim Simm: Von der Gelassenheit. Frankfurt am Main: Insel 1997, S. 149f. 373

Singer, Marcus George: Warum es nicht richtig ist zu lügen
In: Verallgemeinerungen in der Ethik. Frankfurt am Main: Suhrkamp 1984, S. 150–152 155

Singer, Peter:
Nur Personen haben ein Recht auf Leben
Aus: Eine nicht gehaltene Rede. In: Die Woche, 3.5.1996, S. 20 180
Gleichheit für Tiere
In: Praktische Ethik. Stuttgart: Reclam 1984, S. 73–76 308

Smith, Adam: Moral durch die „unsichtbare Hand"
In: Adam Smith: Theorie der ethischen Gefühle. Zitiert nach: Robert Kurz: Schwarzbuch Kapitalismus: Ein Abgesang auf die Marktwirtschaft. Frankfurt am Main: Eichborn 1999, S. 70f. 346

Sokrates: Sokrates im Gespräch mit Menon: Was ist die Tugend?
In: Grundkurs Philosophie. Hg. und übersetzt von Bruno Heller. Bd. 1. München: Bayerischer Schulbuchverlag 1991, S. 74ff. 186

Sontag, Susan: Warum Kriegsbilder?
Aus: Susan Sontag: Das Leiden anderer betrachten. Aus dem Englischen von Reinhard Kaiser. München: Hanser 2003, S. 29, 82, 98f., 104, 133f. 254

Spaemann, Robert:
Ethik und Recht
In: Ethik-Lesebuch. Von Platon bis heute. Hg. von Robert Spaemann. München: Piper 1987, S. 267 21
Alle Menschen sind Personen
In: Personen. Versuche über den Unterschied zwischen „etwas" und „jemand". Stuttgart: Klett Cotta 1996, S. 262ff. 181
Das Prinzip der Güterabwägung
In: Funkkolleg praktische Philosophie/Ethik. 6. Studienbegleitbrief. Weinheim und Basel: Beltz 1981, S. 67/68; © Deutsches Institut für Fernstudien an der Universität Tübingen 307

Steinbeck, John: Früchte des Zorns
In: John Steinbeck: Früchte des Zorns. Roman. Aus dem Englischen von Klaus Lambrecht. © Paul Zsolnay Verlag Wien 1993 und 2002 235

Sternberger, Dolf: Von den drei Wurzeln der Politik
In: Frankfurter Allgemeine Zeitung, 28.9.1972 264

Stiglitz, Joseph: Chancen und Gefahren der Globalisierung
Aus: Joseph Stiglitz: Die Schatten der Globalisierung. Berlin: Siedler 2002, S. 17–19, 283–285 356

Stirner, Max: Der Egoist fährt am besten
In: Philosophiekurs Ethik. Materialien für den Philosophieunterricht in der Sekundarstufe 2. Hg. von Ossner/Rumpf/Vahland. Heidelberg: Quelle und Meyer 1982, S. 41f. 147

Stosch, Stefan: Fälschungen und Fiktionen
In: Hannoversche Allgemeine Zeitung, 22.11.1996, S. 6 363

Thoma, Ludwig: Moral
Aus: Ludwig Thoma: Moral. Komödie in drei Akten. Stuttgart: Reclam 1970, S. 44ff. 46

Thoreau, Henry David: Von der Pflicht des Ungehorsams gegenüber dem Staat
In: Henry David Thoreau: Über die Pflicht des Ungehorsams gegenüber dem Staat. Übersetzt von Fred Güttinger. Zürich: Diogenes o.J., S. 7ff. 118

Thrasymachos: Die Gerechtigkeit ist der Vorteil des Ungerechten
In: Platon. Der Staat. Übersetzt und hg. von Karl Vretska. Stuttgart: Reclam 1982, S. 106ff. 42

Toynbee, Arnold J.: Die Bedeutung der Weltreligionen
In: Menschheit – woher und wohin? Stuttgart: Kohlhammer 1969, S. 151ff. 198

Vergès, Jacques: „Das Böse ist die Erniedrigung" (Interview)
In: Süddeutsche Zeitung. Magazin 09/2004, S. 33f. Interview: Sascha Lehnartz 96

Virilio, Paul: Augen zu, aufgepasst!
In: Moral. Erkundungen über einen strapazierten Begriff. Hg. von Ruth Stäblein, übersetzt von Bernd Wilczek. Bühl-Moos: Elster 1993, S. 17–20 366

Voltaire:
Was heißt es, frei zu sein?
In: Geschichte der Philosophie in Text und Darstellung. Bd. 5: Rationalismus. Hg. und übersetzt von Rainer Specht. Stuttgart: Reclam 1990, S. 306–309 102
Alle Fanatiker sind Schurken mit gutem Gewissen
In: Hubert Schleichert: Von Platon bis Wittgenstein. Ein philosophisches Lesebuch. München: Beck 1998, S. 168ff. 224

von der Pfordten, Dietmar: Ziviler Ungehorsam und Widerstand
In: Julian Nida-Rümelin: Angewandte Ethik. Die Bereichsethiken und ihre theoretische Fundierung. Stuttgart: Kröner 1996, S. 275–278 292

von Uthmann, Jörg: Über den Vorteil des Lasters
In: Jörg von Uthmann: Das Buch der Laster. Berlin: Siedler 1996, S. 14f. 144

Wallraff, Günter: Am Fließband
In: Industriereportagen. Reinbek bei Hamburg: Rowohlt 1970, S. 8ff. 109

Walser, Robert: Basta
In: Robert Walser: Das Gesamtwerk. Band 2. Frankfurt am Main: Suhrkamp 1978, S. 262ff. 111

Watzlawick, Paul: **Glücklichsein als Lebensziel?**
In: Paul Watzlawick: Anleitung zum Unglücklichsein. München: Piper 1985, S. 9–12, 99–102 377

Weber, Max:
Gesinnungsethik und Verantwortungsethik
In: Max Weber: Politik als Beruf. Stuttgart: Reclam 1992, S. 70–71 164
Ist wissenschaftlich-technischer Fortschritt „sinnlos"?
Aus: Max Weber: Vom inneren Beruf zur Wissenschaft. In: Soziologie – Universalgeschichtliche Analysen – Politik. Hg. von J. Winckelmann. Stuttgart: Kröner 1966, S. 316–323 324

Weinrich, Harald: **Die Diktatur des Sitzfleisches**
In: Merkur 26, 1972, S. 801–812 192

Weizsäcker, Ernst Ulrich von: **Ökodiktatur vermeiden!**
In: Jahrbuch Ökologie 1993. Hg. von Günther Altner u.a. München: Beck 1992, S. 207–210 300

Wesel, Uwe: **Kleine Geschichte des Rechts**
In: Uwe Wesel: Geschichte des Rechts. München: Beck 1997, S. 45–49 266

Wilson, John: **Eine Checkliste für die Liebe**
In: Das Abenteuer Liebe. Bestandaufnahme eines unordentlichen Gefühls. Hg. von P. Kemper und U. Sonnenschein. Frankfurt am Main: Suhrkamp 2004, S. 140f. 371

Wolken, Simone: **Ursprünge des Asylrechts**
In: Platz zum Leben gesucht. Lesebuch Asyl. Hg. von G. Klemt-Kozinowski u.a. Baden-Baden 1987, S. 16-17; zitiert nach Wochenschau 11, Nr. 6, Nov./Dez. 1992 291

Wollschläger, Hans: **Tiere sehen dich an**
In: Tiere sehen dich an oder Das Potential Mengele. Göttingen: Wallstein Verlag 2002, S. 7, 8, 14-16 306

Wuketis, Franz M.: **Die Natur des Bösen**
In: der blaue reiter. Journal für Philosophie, Heft 17, S. 28ff. 92

Wunderlich, Dieter: **Der ideale Diskurs ist utopisch**
In: DU 4, 1970, S. 30f. 193

Zippelius, Reinhold:
Das Prinzip der Gegenseitigkeit Straftheorien
In: Rechtsphilosophie. München: Beck, 4. Auflage 2003, S. 110f., 248 284, 285

Allgemeine Erklärung der Menschenrechte vom 10. Dezember 1948
In: Menschenrecht. Ihr internationaler Schutz. Hg. von B. Simma. München: Beck, 2. Auflage 1985 289

Embryonenschutzgesetz
Zitiert nach: Ethik in der Medizin. Ein Studienbuch. Hg. von Urban Wiesing. Stuttgart: Reclam 2004, S. 398ff. 329

„Gehirn und Geist" – Aus einem Manifest von Hirnforschern
Aus: Gehirn & Geist, Nr. 6/2004, S. 30–33 76

„Ökomanager des Jahres 1997" – Dr. Claus Hipp und Alfred Ritter sind die Preisträger
In: Gruner und Jahr Pressedienst, Fax vom 26.03.1998 358

Personenregister

Sachregister